Law
notes
法学笔记系列

国际私法入门笔记

Private International Law in a Nutshell

何其生·主 编

法律出版社
LAW PRESS·CHINA
北京

总　　序

法学、神学与医学是人类最古老的知识体系，其知识谱系的演变体现了人类文明与法治的进步。在我国，法学教育对于建设法治国家具有基础性、根本性与前瞻性的作用，是全面实施依法治国伟大工程中的重要一环。改革开放以来，我国的法学教育发展取得了显著成绩，为社会主义法治国家建设提供了有力的支持与人才保障。目前，随着我国法治事业的不断发展与法律服务市场的变化，社会需要越来越多适应时代要求的法治人才，这对大学的法学教育提出了新要求。如何提高法律人才培养质量，满足社会需求，已成为我国法学教育改革所面临的重要课题与挑战。

法学教育的本质并非传授单一的知识点，而是培养一种综合的法律思维能力。法律是一种职业，一种技术含量非常高的专业化的职业，这个职业有不同的研究方法，也有多元的思维方式。我们应该培养像法律人那样思考问题、解决问题的能力。随着全球化、信息化时代的到来，法律制度发生了新的变化，法律现象呈现日益综合化的趋势。如何有效地分析和解决特定的法律问题，已经不能再局限于某一单一法学学科，而应以整体系统的法学教育为背景，通过综合的法律思维去分析、解决问题。因此，为适应社会需求，法科学生需要在短时间内系统地学习法学的理论精髓，并融会贯通。这也为法律人才培养提出了更高的要求。

在法学教育中，教师是教学的核心，尤其是青年教师，站在教学第一线。青年教师入职后面对的挑战可能不是科研，而是教学。青年教师历经数十年的寒窗苦读、精耕科研，如何以最短的时间从研究者转换为授业者，是每一位初登讲堂者须完成的必修课。教学大纲的设计、知识点的选取、典型案例的收集、寓理论于案例的深入浅出等均是作为"初学者"的青年教师需要攻克的难关。初登讲堂者往往都是学富五车的博士，但经历了漫长的学习生涯与科学研究过程，他们恐怕一时难以用通俗易懂的语言将法学的乐趣深入浅出地描绘给学生。

作为法学职业教育的共同体，我们须认识到，法学教育的目的是培养造就一批信念执着、品德优良、知识丰富、本领过硬的高素质法律人才，包括法学研究型人才、法律应用型人才、复合型法律人才等适应不同层次社会需求的法律人才。为了形成知识、能力和实践之间的融合，我们需要系统地学习法律知识，但是知识并不是最重要的，关键是通过法学知识的传授培养一种能力，用能力来解决法律实践中的具体问题。对于研究型人才，我们应训练其法学思维，启迪其独立研究和思考；对于应用型人才，我们也须培养其法律思维，将理论应用于实践；对于复合型人才，我们要培养其综合性应用思维，扩展其法律知识面。

法学教育的载体和纽带在于教材的编写和选用。无论是学生的学习，还是教师的讲授，都依赖于课程的教材。传统的法学教材，植根于各学科基础理论，汇集各家观点，力求完整、全面地为读者介绍本学科的基本情况，归纳本学科的基本理论体系，诠释本学科的基本法律规范。但对于正在接受系统法学教育洗礼的本科生乃至硕士生等群体而言，存在一种"瓶颈"性的困境。因缺乏系统的法学知识，在各家学说与艰深理论面前，法学初学者往往会"望而却步"，期待一种通俗易懂的教材。事实上，法学是美妙而充满魅力的科学，如果有一本教材能够让学生在轻松的阅读学习中，直观了解法学知识的初貌，培养学生对深入学习本学科法学理论的浓厚兴趣，逐步引导其对这门学科开展探索，这必将是法学初学者的一种幸事。

此外，在信息化时代，法学初学者又须防范迷失于信息量过大而难以取舍、信息良莠不齐而缺乏甄别能力、知识的碎片化而难以形成法律思维等困境之中。事实上，法学知识和法律知识载体的多样化、新型化也给法学教育工作者提出了新的课题。例如，如何为法学本科生的每门专业课选择正确、适量、重点突出、便于理解的教学素材，如何使教学素材的载体既小又大，即教材的页码少但有用信息量大；如何使教学素材的载体既简单又复合，即教材所载学科理论和法律知识的信息重点一目了然但功能多用，能够满足学科入门、理论体系的提炼、法律知识的串联、司法考试知识点等复合型功能需求。

可喜的是，法律出版社计划出版一套"法学笔记系列"教材，这套教材由我国青年法学学者编写，突出教材的"笔记"特色。丛书编委均是具有长期丰富一线教学经验的中青年法学才俊。当中国人民大学法学院竺效教授与我交流时提及这套新型法学教材后，我开始关注这套教材的出版进展，也浏览了由他主编的第一本教材《环境法入门笔记》。我认为，这套教材的新意在于，将目标集中于引领法学初学者进入各个法学学科领域，使法学入门者能对各学科理论有全面系统的了解，掌握其中重点，对各学科涉及的法律规定能在准确理解的基础上尝试应用，借助该套教材，激发读者深入研习法学的兴趣。同时，也有望这套教材能为初入讲堂的青年教师提供较为高效的“教学入门速成课”。甚至可能成为那些由于各种原因从其他专业转而从事法律实践的应用型、复合型人才，提供法学各学科法律实践的入门级“工具书”。

作为从事教学工作近三十年的法学教育者，看到这套新型教材的问世，感到欣慰与欣喜——欣慰于青年教师们能够想读者之所想，想后辈之所想，想学生之所想；欣喜于青年教师们青出于蓝而胜于蓝。希望日后有更多青年学者加入本套教材的编写，为本套教材的完善提出真知灼见，在从事学术研究的同时不忘初心，致力于我国法学教育事业的发展。

中国法学教育研究会常务副会长、
中国人民大学法学院教授、博士生导师
韩大元
2016 年 12 月 25 日

序　　言

《国际私法入门笔记》一书，既是一本国际私法的入门教材，又力求成为一本易读且具有一定趣味的国际私法读物，也可成为律师处理涉外案件的实用手册。

长久以来，国际私法因为高冷和晦涩，一直难以获得应有的认可。在获邀主编《国际私法入门笔记》后，我力邀国际私法学界的当红教授和青年才俊参与撰写这本教材，旨在聚众贤之智，集思广益，为国际私法的普及贡献智慧，并初步按章节分工如下：

何其生（北京大学法学院教授）：第1、2、17章；
宋　晓（南京大学法学院教授）：第3、4章；
乔雄兵（武汉大学法学院副教授）：第5、6章；
向在胜（中南财经政法大学国际法学院教授）：第7、8章；
杜焕芳（中国人民大学法学院教授）：第9章；
张文亮（中国人民大学法学院副教授）：第10章；
范晓亮（安徽大学法学院讲师）：第11章；
孙尚鸿（西北政法大学国际法学院教授）：第12章；
张春良（西南政法大学国际法学院教授）：第13、14章；
杜　涛（华东政法大学国际法学院教授）：第15、16章；
刘　力（中国政法大学国际法学院教授）：第18、19章；
万　钧（华北水利水电大学法学院副教授）：第20、21章；
许军珂（外交学院国际法系教授）：第22、23章；
王承志（中山大学法学院副教授）：第24、25章。

教授们通常功力深厚，因此，对于惠赐的稿件，我针对性地进行了"瘦身"，删除了许多我自己都不忍心删除的理论阐述，充分地理解了"忍痛割爱"的含义。作为统稿人，我深深感谢各位撰稿人的信任，毫无保留地允许我“改动”他们的作品。

本书有以下三个特点：一是内容相对简洁，力求通俗易懂；二是强化中国国际私法的“戏份”，突出对中国国际私法法律规定的解读；三是为求“易懂”，书中多有范例示之，并结合中国案例，向读者展示：新时代，国际私法何以重要！

书稿编辑过程中，我在武汉大学的研究生：张霞光、马方涵、蒋聪、张无忧、万钧、许偲、钱振球、刘桂强、陈泰铭给予了我最大的支持。他们帮我收集和编辑稿件，并核查了文献和法条。特别感谢王佩瑶帮我核查了“司法考试国际私法真题汇总（2002～2017）”；感谢张霞光和马方涵宝贵的修改意见以及他们在核校过程中所付出的辛苦和努力。

本书作为“入门笔记”，肯定存在诸多不足，恭请读者批评指正，我们将继续努力完善。

何其生

2018年6月6日于北大陈明楼

缩 略 语 表

全　　称	简　　称
《中华人民共和国民事诉讼法》	《民事诉讼法》
最高人民法院《关于适用〈中华人民共和国民事诉讼法〉的解释》	《民事诉讼法解释》
《中华人民共和国涉外民事关系法律适用法》	《涉外民事关系法律适用法》
最高人民法院《关于适用〈中华人民共和国涉外民事关系法律适用法〉若干问题的解释(一)》	《涉外民事关系法律适用法解释(一)》
《中华人民共和国物权法》	《物权法》
《中华人民共和国企业破产法》	《企业破产法》
最高人民法院《关于涉外民事或商事案件司法文书送达问题若干规定》	《民商事司法文书送达解释》
《中华人民共和国外商投资法》	《外商投资法》
《中华人民共和国技术进出口管理条例》	《技术进出口管理条例》
最高人民法院《关于民事诉讼证据的若干规定》	《民事诉讼证据规定》
《中华人民共和国海事诉讼特别程序法》	《海事诉讼特别程序法》
《中华人民共和国合同法》	《合同法》
《中华人民共和国票据法》	《票据法》
《中华人民共和国民用航空法》	《民用航空法》
《中华人民共和国仲裁法》	《仲裁法》
最高人民法院《关于适用〈中华人民共和国仲裁法〉若干问题的解释》	《仲裁法解释》
最高人民法院《关于适用〈中华人民共和国海事诉讼特别程序法〉若干问题的解释》	《海事诉讼特别程序法解释》
《中华人民共和国海商法》	《海商法》
《中华人民共和国著作权法》	《著作权法》

续表

全　　称	简　　称
1992年最高人民法院《关于适用〈中华人民共和国民事诉讼法〉若干问题的意见》	《民事诉讼法意见》
《中华人民共和国民法通则》	《民法通则》
最高人民法院《关于贯彻执行〈中华人民共和国民法通则〉若干问题的意见(试行)》	《民法通则意见》
《中华人民共和国继承法》	《继承法》
《中华人民共和国专利法》	《专利法》
《中华人民共和国商标法》	《商标法》
《中华人民共和国婚姻法》	《婚姻法》
2012年《欧洲议会和欧洲联盟理事会关于在遗产继承领域的管辖权、准据法、判决的承认与执行、公证书的接受与执行以及关于欧洲遗产继承证书的设立的第650/2012号(欧盟)规则》(Regulation (EU) No. 650/2012 of the European Parliament and of the Council of 4 July 2012 on Jurisdiction, Applicable Law, Recognition and Enforcement of Decisions and Acceptance and Enforcement of Authentic Instruments in Matters of Succession and on the Creation of a European Certificate of Succession)	《欧盟继承条例》
2008年《合同义务法律适用的593/2008号条例》(Regulation (EC) No. 593/2008 of the European Parliament and of the Council of 17 June 2008 on the law applicable to contractual obligations (Rome I))	《罗马条例Ⅰ》
2007年《非合同之债法律适用864/2007号条例》(Regulation (EC) No 864/2007 of the European Parliament and of the Council of 11 July 2007 on the law applicable to non-contractual obligations (Rome II))	《罗马条例Ⅱ》
2005年海牙《协议选择法院公约》(Convention of 30 June 2005 on Choice of Court Agreements)	《选择法院协议公约》
1994年《美洲国家间国际合同法律适用公约》(the Inter-American Convention on the Law Applicable to International Contracts)	《美洲国家间国际合同法律适用公约》
1993年联合国《船舶优先权和抵押权国际公约》(International Convention on Maritime Liens and Mortgages)	《船舶优先权和抵押权国际公约》

续表

全　称	简　称
1988年海牙《死者遗产继承法律适用公约》(Convention of 1 August 1989 on the Law Applicable to Succession to the Estates of Deceased Persons)	《死者遗产继承法律适用公约》
1985年联合国《国际商事仲裁示范法》(International Commercial Arbitration Model Law)	《国际商事仲裁示范法》
1980年海牙《国际司法救助公约》(Convention of 25 October 1980 on International Access to Justice)	《国际司法救助公约》
1973年签订,1993年生效的海牙《遗产国际管理公约》(Convention of 2 October 1973 Concerning the International Administration of the Estates of Deceased Persons)	《遗产国际管理公约》
1971年海牙《民商事件外国判决的承认和执行公约》(Convention of 1 February 1971 on the Recognition and Enforcement of Foreign Judgments in Civil and Commercial Matters)	《海牙判决承认与执行公约》
1970年海牙《关于从国外调取民事或商事证据的公约》(Convention of 18 March 1970 on the Taking of Evidence Abroad in Civil or Commercial Matters)	《海牙取证公约》
1965年海牙《关于向国外送达民事或商事司法文书和司法外文书公约》(Convention of 15 November 1965 on the Service Abroad of Judicial and Extrajudicial Documents in Civil or Commercial Matters)	《海牙送达公约》
1961年签订,1964年生效的海牙《遗嘱处分方式法律冲突公约》(The Convention on the Conflict of Laws Governing Wills)	《海牙遗嘱处分公约》
1964年《维也纳外交关系公约》(Vienna Convention on Diplomatic Relations)	《维也纳外交关系公约》
1963年《维也纳领事关系公约》(Vienna Convention on Consular Relations)	《维也纳领事关系公约》
1958年联合国《承认及执行外国仲裁裁决公约》(United Nations Convention on the Recognition and Enforcement of Foreign Arbitral Awards)	《纽约公约》
1954年海牙《民事诉讼程序公约》(Convention Relating to Civil Procedure)	《民事诉讼程序公约》

续表

全　称	简　称
1910 年《统一船舶碰撞若干法律规定的国际公约》(International Convention for Unification of Certain Rules of Law with respect to Collisions between Vessels)	《统一船舶碰撞若干法律规定的国际公约》
2007 年 1 月 1 日施行的《日本法律适用通则法》	《日本法律适用通则法》
1999 年 4 月 1 日生效的《瑞典仲裁法》	《瑞典仲裁法》
1998 年《德国民事诉讼法典》	《德国民事诉讼法典》
1987 年 12 月 18 日通过, 2017 年修订的瑞士《关于国际私法的联邦法》	《瑞士联邦国际私法法规》
1978 年 6 月 15 日通过,2015 年修订的《奥地利联邦国际私法法规》	《奥地利联邦国际私法法规》
1972 年《加蓬民法典》	《加蓬民法典》
1971 年美国《第二次冲突法重述》[Restatement (Second) of Conflict of Laws]	《第二次冲突法重述》
1966 年的《波兰国际私法》	《波兰国际私法》
1940 年 8 月生效,1979 年 6 月修改,1987 年 2 月再次修订的《意大利民法典》	《意大利民法典》
1898 年《日本民法典》	《日本民法典》
1896 年 8 月 18 日批准,1900 年 1 月 1 日生效的《德国民法施行法》	《德国民法施行法》
1869 年 9 月 29 日颁布,1871 年 1 月 1 日生效的《阿根廷民法典》	《阿根廷民法典》
1804 年《法国民法典》	《法国民法典》
1965 年《关于解决国家与他国国民之间投资争端的公约》(Convention on the Settlement of Investment Disputes Between States and Nationals of Other States)	《华盛顿公约》

目　　录

第一编　国际私法总论

第二编 冲 突 法

第五编 国际商事仲裁

第一编

国际私法总论

第1章　国际私法概述

教学目标

1. 本章是学习国际私法的基础，应重点掌握国际私法的调整对象、国际私法的内容和体系。
2. 理解国际私法上的法律冲突。
3. 了解国际私法的重要价值。

推荐参考资料

1. 韩德培主编:《国际私法》(第3版),高等教育出版社、北京大学出版社2014年版。
2. 李双元、欧福永主编:《国际私法》(第5版),北京大学出版社2018年版。
3. 黄进主编:《国际私法》(第2版),法律出版社2005年版。
4. 肖永平:《国际私法原理》(第2版),法律出版社2007年版。
5. 黄进、何其生、萧凯编著:《国际私法:案例与资料》,法律出版社2004年版。
6. 沈涓:《冲突法及其价值导向》,中国政法大学出版社2002年版。

知识要点

1.1　国际私法的名称

国际私法是一个体系庞大、内涵丰富的学科。其英文翻译之一 international private law,通常是指国际民商事法律,调整的是国际民商事法律关系。而其另外的翻译之一 private international law 则通常是指法律适用法,是在具体的案件中用来确定实体法的法律选择规则。

在英美法系，通常称其为“冲突法”（conflict of laws）。这一称谓自17世纪以来一直使用。在欧洲大陆，通常称为“private international law”。因为它首先是国际法，即在各国管辖权和法律之间来进行选择的法律部门。但此“国际”一词，并非支配国家之间的关系。在中国，用“国际私法”这一名称来称呼这一法律部门或法律学科已约定俗成。

1.2　国际私法的调整对象

国际私法调整的对象，从国际的层面来看，它所调整的是国际民商事关系；从国内的层面来看，是涉外民商事关系。在现代人的日程生活中，“涉外”因素可以说无处不在。

> **[示例1.1]**　日常生活充满涉外因素。例如，早上7:30，中国中部某城市，从事法律行业的何子雨从“宜家”床上起床，洗刷完毕后，喝了一杯“雀巢”咖啡，带上“劳力士”手表，找到“苹果”手机，提上她的“戴尔”电脑，出门搭乘地铁到公司上班。一路上何子雨在考虑，是否应该购买一辆小汽车了，国际油价不断攀升，究竟是购买日本的“本田”车好呢，还是德国的“奔驰”车好呢？
>
> 同一时间，美国西部某城市，哈里森一家迎来了一个愉快的假期。哈里森先生在客厅里仔细品尝通过阿里巴巴购买的来自中国的“信阳毛尖”茶。哈里森夫人正在厨房准备美味的早餐，她打开“海尔”冰箱寻找食物，然后用“格兰仕”微波炉加热食物。女儿索菲一边抱着“中国制造”的玩具，一边心不在焉地看着“创维”电视机中播放的“中美贸易战”的新闻。哈里森夫人准备再为索菲购买一双来自中国的布鞋，这种布鞋美观舒适，价格实惠，能为家庭节约开支。

对于“涉外民事关系”中“涉外”的界定，最高人民法院在《涉外民事关系法律适用法解释(一)》第1条中指出，民事关系具有下列情形之一的，人民法院可以认定为涉外民事关系：

(1)当事人一方或双方是外国公民、外国法人或者其他组织、无国籍人；

(2)当事人一方或双方的经常居所地在中华人民共和国领域外；

(3)标的物在中华人民共和国领域外；

(4)产生、变更或者消灭民事关系的法律事实发生在中华人民共和国领域外；

(5)可以认定为涉外民事关系的其他情形。

对于"民商事关系"，也应从广义的角度来理解，不仅包括具有外国或涉外因素的各类财产关系、人身非财产关系。由于一些国家"民商事项"并没有分立，因此，又统称为涉外民事关系。

> **[示例1.2]**　我国国际私法的主要规范法律名称就是《涉外民事关系法律适用法》。而且其第1条规定"为了明确涉外民事关系的法律适用，合理解决涉外民事争议，维护当事人的合法权益，制定本法"。

在国际社会，"民商事项"也被广泛使用，诸如，1965年《海牙送达公约》和1970年《海牙取证公约》，2005年《选择法院协议公约》等。从本质上来说，民商事项的判断要考虑如下因素：

(1)民商事项的范围由争议当事人间法律关系的特征性元素或者标的来决定，即关于"民商事项"争议的识别由争议的性质决定。

(2)民商事项的性质不由法院的性质或当事人的情况(私人或者国家机关)决定。

(3)"民商事项"是和"公法或者刑法"相对而用，对于后者，国家是以主权者身份行事。如果一方当事人是以行使公权力行事，则争议就不能识别为"民商事项"。

(4)为了确定诉讼是否是民商事项，有必要识别争议当事人的法律关系。

1.3　国际私法秩序与国际法律冲突

1.3.1　国际统一私法秩序

法律因其性质，可区分为公法和私法。作为区分的首创者，古罗马法学家乌尔比安在其著作中写道："它们有的造福公共利益，有的造福于私人。"[1]之后，这一区分被查士丁尼钦定的《法学阶梯》所肯定："法律学习分为两部分，即公法与私法。公法涉及罗马帝国的政体，私法则涉及个人利益。"[2]按此区分，国际法作为法律，

---

[1]　[意]彼德罗·彭梵得：《罗马法教科书》，黄风译，中国政法大学出版社1992年版，第9页。

[2]　[罗马]查士丁尼：《法学总论：法学阶梯》，张企泰译，商务印书馆1989年版，第5页。

当然有公法和私法之分。其所调整的国际法律关系或者维护的国际法律秩序,因而有国际公法秩序和国际私法秩序之分。国际私法秩序聚焦于私权即私人利益,调整的是私人之间的跨国法律关系,即国际民商事法律关系。它是对全球性国际公法秩序的重要补充。[1]

有社会就有法律(ubi societas,ibi ius),古罗马人用这样一句格言描述了一个社会现实。同样,有国家,有国际社会,就有国际法。[2] 主权国家的民族性根植于历史和现实的土壤,文化、种族、肤色、宗教和社会制度等都是培养民族性的根基,民族性决定了各国法律制度的差异性。但国际交往又使国家之间相互依存。"不同民族之间更加多变、更加主动的交往……民族性之间的悬殊差异必然为之消除"。[3] 亦如菲德罗斯的观点,众多独立主权国家的存在是国际法的前提,而国家间往来的事实则是另一个前提,国家交往生成和发展了法律规则。[4] 尤其是私人之间的跨国交往,一些共通性的法律原则,诸如主体地位平等、当事人意思自治、公平原则、诚实信用、约定必须遵守、不可抗力免责、公序良俗等原则,形成共同珍视的价值和原则。这些原则和规则进而形成统一的私法秩序。因此,民族性决定了法律之间的差异,而相互依存性则要求一定的国际性私法规则来维护这种共同的秩序。

1.3.2 国际法律冲突

传统的国际私法理论中,法律的差异性所导致的法律冲突经常被视为主权的冲突。[5] 因此,在国际民事诉讼法和法律适用法中,存在大量维护国家主权利益的制度,如对等原则、法院地法、主权豁免、强制性规则、法律规避、公共政策等。但私权争议的本质是私人主体对于私权的纠纷,不是国家主权之争。不能因为私权争议跨越国界,就将其上升到国家之间的主权之争。实际上,在国民待遇和最惠国待遇成为一般性待遇制度的当代国际社会,保护私人的合法权益既是主权国家的权利,也是其义务。而私人之间跨国法律关系,由于各国法律制度的差异,无疑需要一定的制度和方法来协调这种差异。

---

〔1〕 See Hans van Loon, "The Global Horizon of Private International Law", *Recueil des cours*, Vol. 380, Brill NiJhoff, 2016, offprint.

〔2〕 参见梁西:《国际法的社会基础和法律性质》,载《武汉大学学报》(社会科学版)1992 年第 4 期。

〔3〕 [德]弗里德里希·卡尔·冯·萨维尼:《法律冲突与法律规则的地域和时间范围》,李双元等译,法律出版社 1999 年版,第 9 页。

〔4〕 参见[奥]菲德罗斯等:《国际法》,李浩培译,商务印书馆 1981 年版,第 10 ~ 19 页。

〔5〕 See Yasamine J. Christopherson, "Conflicted about Conflicts: A Simple Introduction to Conflicts of Law", *South Carolina Lawyer* 21, 2009.

国际私法上的法律冲突不同于国内法上的法律冲突，它是指两个或两个以上不同国家或法域的民事法律（不管对该民事关系的规定是否相同），由于与某一法律关系的联系，可能竞相适用于该民事关系，从而造成的该民事关系在法律适用上存在的潜在冲突现象。

法律冲突的直观表现是因为不同国家或法域的法律，对于同一民事关系规定不同而产生的冲突；实际上，即使多个法律内容相同，也存在效力上的冲突。因此，法律冲突是指法律内容和效力的双重冲突。国际私法上的法律冲突，首先是效力上的冲突，即外国法律的域外效力与本国法律的域内效力之间或本国法律的域外效力与外国法律的域内效力之间发生的冲突。[1]

古代，战争无疑是一种解决法律冲突的方式。罗马的万民法就是随着罗马帝国的扩张而不断延伸适用的范围。这种方式今天无疑不具有可适用性。而对于严格的属地主义，即法院在审理涉外民事案件时只适用内国法，根本不考虑外国法的适用，也已经被抛弃。因此，现在解决法律冲突的方法主要为国际私法方法。

（1）冲突法方法，即针对各种不同性质的国际民商事法律关系，通过制定国内的冲突规范，来确定应适用何种法律，从而解决国际民商事法律冲突。冲突法方法尊重各国法律制度的差异，同时通过冲突规则的指引，来确定涉外民事关系的法律适用，而并不是只适用内国法或外国法，可以说是费孝通先生所言的“各美其美，美人之美”。

（2）统一法方法，具体来说是统一国际私法方法，即通过制定国际公约或国际惯例，规范当事人的权利与义务，调整国际民商事法律关系，从而避免或消除国际民商事法律冲突。统一国际私法包括统一私法即统一实体法、统一冲突法和统一程序法。“统一实体法通过把同一法律关系置于一个共同的、统一的实体性质法律规范之下来直接调整国际民商关系，规范国际民商事行为。”[2]相对于冲突规范来说，它更加符合国际民商事关系的本质要求，能够增加法律的可预见性与确定性，真正能够达到“美美与共，天下大同”的理想秩序。

在现代中国的对外交往中，提倡“要尊重世界文明多样性，以文明交流超越文明隔阂、文明互鉴超越文明冲突、文明共存超越文明优越”。而上述两种方法无疑契合了时代主题。但这两种方法所形成的国际规则和秩序并不相同。后者因为其是统一法的方法，所形成的是统一性的法律制度和秩序；前者因为冲突法主要是国

---

〔1〕 参见姚壮、任继圣：《国际私法基础》，中国社会科学出版社1981年版，第22～23页。

〔2〕 李双元、徐国建主编：《国际民商新秩序的理论构建：国际私法的重新定位与功能转换》，武汉大学出版社1998年版，序言第4～5页。

内法,在某种程度上是对国外文明和制度的认同。这种制度能否形成统一性的法律秩序,实际上还取决于各国冲突法制度和实体法制度的一致性程度。否则,只能形成非体系性和碎片化的秩序。但无论如何,国际私法方法,作为解决涉外法律冲突唯一的方法,无疑应该成为中国未来推进国际合作、积极参与国际规则制定的重要手段和方法。

1.4 国际私法的体系和价值

1.4.1 国际私法的体系

由于各国法律传统和制度的不同,在全球范围内,国际私法并没有固定的内容和体系。其最狭义的内容是法律选择,即我国所称的"法律适用法"。这一内容是全球所共同认可的。

除此之外,英美法系国家的学者大都主张国际私法就是冲突法,它主要解决涉外案件的管辖权、法律适用、外国法院判决和仲裁裁决的承认与执行。因此,国际私法范围包括三种规范,即对涉外案件的管辖权规范、冲突规范(也就是法律适用规范或法律选择规范)、承认与执行外国法院判决以及仲裁裁决的规范。[1]

在大陆法系国家,因国别的差异而有所不同。许多学者认为国际私法通常包括四种规范,即国籍法规范、外国人的法律地位规范、法律适用规范以及有关涉外民商事案件的管辖权规范。

[示例1.3] 关于国际私法的对象的结论——法国的传统将国籍、外国人地位、法律冲突和管辖权冲突归为同一类问题,这样就对个人在各种国际性私法关系中的法律地位问题给予了一个完整的答案。法国传统的国际私法依次研究权利主体(国籍和外国人地位),权利的行使(法律冲突)和权利的承认(管辖权冲突)。这些不同问题由于某些事件,例如外国人的移居,会同时受到影响,这可以由果溯因地表明它们之间的关系。[2]

---

[1] See PM North and JJ Fawcett, *Cheshire and North's Private International law* 7, 13th ed, Oxford University Press, 1999.

[2] 参见[法]巴蒂福尔、拉加德:《国际私法总论》,陈洪武等译,中国对外翻译出版公司1989年版,第7~8页。

在中国，应该说，对于国际私法的范围，学者所处的时代和认识问题的视角不同，观点也不同。我们认为，从国际私法主要是调整国际民商事法律关系的角度，国际私法的主要内容包括：

(1)国际统一实体规范，即国际民商事领域的国际公约和国际惯例；

(2)冲突法规范，即通常所说的法律适用规范；

(3)国际民事诉讼规范和国际商事仲裁规范。

[示例 1.4]　韩德培教授认为，国际私法就如同一架飞机一样，其内涵是飞机的机身，其外延是飞机的两翼。具体在国际私法上，这内涵包括冲突法，也包括统一实体法、甚至还包括国家直接适用于涉外民事关系的法律。而两翼之一则是国籍及外国人法律地位问题，这是处理涉外民事关系的前提；另一翼则是在发生纠纷时，解决纠纷的国际民事诉讼及仲裁程序，这包括管辖权、司法协助、外国判决和仲裁裁决的承认与执行。[1]

韩德培教授飞机论非常形象，而且比较全面。本书简化认为，国际私法的主干是法律适用法，也即冲突规范或法律选择规范；一翼是统一实体法；另一翼则是国际民商事争议解决法。

图 1－1　韩德培教授的飞机论

1.4.2　国际私法的价值

国际私法的上述内容决定了它在现代国际社会有着重要的价值，以英美冲突

〔1〕　参见韩德培主编：《国际私法》(第 3 版)，高等教育出版社、北京大学出版社 2014 年版，第 7 页。

法为例,冲突法制度和方法贯穿国际民商事案件处理的全过程。

(1)管辖权问题是一国是否有权审理案件的前提。

(2)法院地的冲突规则是该国法院处理涉外案件必须适用的法律,法院不能逾越法律适用法而直接适用某一国实体法。例如,对于中国涉外民商事案件的审理,必须要适用《涉外民事关系法律适用法》等法律所规定的冲突规范,来指引程序问题和实体问题的准据法。这是因为该法第2条明确规定:“涉外民事关系适用的法律,依照本法确定……”

(3)判决的承认和执行既涉及当事人权利义务的最终实现,也涉及该国法院判决的效力。

考虑到国际私法主要调整的是国际民商事法律关系,维护的是国际社会的私法秩序,其是涉外民商事交往必备的法律知识。

法律与规范链接

▲ 必读法条

《宪法》

第18条 中华人民共和国允许外国的企业和其他经济组织或者个人依照中华人民共和国法律的规定在中国投资,同中国的企业或者其他经济组织进行各种形式的经济合作。

在中国境内的外国企业和其他外国经济组织以及中外合资经营的企业,都必须遵守中华人民共和国的法律。它们的合法的权利和利益受中华人民共和国法律的保护。

第32条第1款 中华人民共和国保护在中国境内的外国人的合法权利和利益,在中国境内的外国人必须遵守中华人民共和国的法律。

《涉外民事关系法律适用法》

第1条 为了明确涉外民事关系的法律适用,合理解决涉外民事争议,维护当事人的合法权益,制定本法。

第2条 涉外民事关系适用的法律,依照本法确定。其他法律对涉外民事关系法律适用另有特别规定的,依照其规定。

本法和其他法律对涉外民事关系法律适用没有规定的,适用与该涉外民事关系有最密切联系的法律。

《民法通则意见》

178. 凡民事关系的一方或者双方当事人是外国人、无国籍人、外国法人的；民事关系的标的物在外国领域内的；产生、变更或者消灭民事权利义务关系的法律事实发生在外国的，均为涉外民事关系。

人民法院在审理涉外民事关系的案件时，应当按照民法通则第八章的规定来确定应适用的实体法。

《涉外民事关系法律适用法解释（一）》

第 1 条　民事关系具有下列情形之一的，人民法院可以认定为涉外民事关系：

（一）当事人一方或双方是外国公民、外国法人或者其他组织、无国籍人；

（二）当事人一方或双方的经常居所地在中华人民共和国领域外；

（三）标的物在中华人民共和国领域外；

（四）产生、变更或者消灭民事关系的法律事实发生在中华人民共和国领域外；

（五）可以认定为涉外民事关系的其他情形。

典型案例

北京朝来新生体育休闲有限公司
申请承认和执行外国仲裁裁决案〔1〕

【案情概述】

申请人北京朝来新生体育休闲有限公司（以下简称朝来新生公司）是在北京市工商行政管理局朝阳分局注册成立的有限责任公司（自然人独资）；被申请人北京所望之信投资咨询有限公司（以下简称所望之信公司）是在北京市工商行政管理局注册成立的有限责任公司（外国自然人独资），股东（发起人）安某某，大韩民国公民。2007 年 7 月 20 日，朝来新生公司（甲方）与所望之信公司（乙方）签订《合同书》约定，甲、乙双方合作经营甲方现有的位于北京市朝阳区的高尔夫球场，并就朝来新生公司的股权比例、投资金额等相关事宜达成协议。合同中写明签订地在中国北京市。合同中还约定：如发生纠纷时，甲乙双方首先应进行友好协商，达成协议，对于不能达成协议的部分可以向大韩商事仲裁院申请仲裁，仲裁结果对于甲乙

---

〔1〕〔2013〕二中民特字第 10670 号。

双方具有同等法律约束力。

合同签订后，双方开始合作经营，在经营过程中高尔夫球场土地租赁合同解除，土地被收回。因土地租赁合同解除，高尔夫球场获得补偿款1800万元，朝来新生公司与所望之信公司因土地补偿款的分配问题发生纠纷。为此，所望之信公司于2012年4月2日向大韩商事仲裁院提起仲裁。

大韩商事仲裁院依据双方约定的仲裁条款，并根据中华人民共和国法律作为准据法，作出了有利于朝来新生公司的裁决。裁决作出后，朝来新生公司向北京市第二中级人民法院提出申请，请求法院承认上述仲裁裁决。

法院认为：根据《中华人民共和国民事诉讼法》和《中华人民共和国仲裁法》的规定，涉外经济贸易、运输、海事中发生的纠纷，当事人可以通过订立合同中的仲裁条款或者事后达成的书面仲裁协议，提交我国仲裁机构或者其他仲裁机构仲裁。但法律并未允许国内当事人将其不具有涉外因素的争议提请外国仲裁。

《最高人民法院〈关于适用中华人民共和国民事诉讼法〉若干问题的意见》第304条规定："当事人一方或者双方是外国人、无国籍人、外国企业或者组织，或者当事人之间民事法律关系的设立、变更、终止的法律事实发生在外国，或者诉讼标的在外国的民事案件，为涉外民事案件。"

《中华人民共和国外资企业法》第2条规定："本法所称的外资企业是指依照中国有关法律在中国境内设立的全部资本由外国投资者投资的企业，不包括外国的企业和其他经济组织在中国境内的分支机构。"第8条规定，"外资企业符合中国法律关于法人条件的规定的，依法取得中国法人资格。"所望之信公司是在中华人民共和国境内注册成立的由外国自然人独资成立的有限责任公司，根据前述规定，所望之信公司系中国法人。

本案中朝来新生公司与所望之信公司均为中国法人，双方签订的《合同书》，是双方为在中华人民共和国境内经营高尔夫球场设立的合同，转让的系中国法人的股权。双方之间的民事法律关系的设立、变更、终止的法律事实发生在我国境内、诉讼标的亦在我国境内，不具有涉外因素，故不属于我国法律规定的涉外案件。因此，《合同书》中关于如发生纠纷可以向大韩商事仲裁院申请仲裁的约定违反了《中华人民共和国民事诉讼法》《中华人民共和国仲裁法》的相关规定，该仲裁条款无效。

西门子国际贸易(上海)有限公司诉上海黄金置地(上海)有限公司案[1]

【案情概述】

本案中,西门子公司申请承认与执行新加坡国际仲裁中心作出的仲裁裁决。在该案中,西门子公司、黄金置地公司均为在我国注册设立的外商独资企业,属中国法人,双方的注册地均在上海自贸区。法院认为:

双方当事人在《货物供应合同》中约定:合同争议须提交新加坡国际仲裁中心进行仲裁解决。上述仲裁条款是双方当事人的真实意思表示,且文字约定明确,将争议提交仲裁机构解决的意思表示清楚。影响该条款效力的判断关键在于系争合同关系是否具有涉外因素,如果本案纠纷系涉外合同纠纷,则当事人协商将合同争议提交外国仲裁机构的约定应为有效;反之则应认定仲裁条款无效。

根据《最高人民法院关于适用〈中华人民共和国涉外民事关系法律适用法〉若干问题的解释(一)》第1条的规定,法院进一步认为:本案中,申请人西门子公司与被申请人黄金置地公司均为中国注册的公司法人,合同约定的交货地、作为合同标的物的设备目前所在地均在我国境内,该合同表面上看并不具有典型的涉外因素。然而,综观本案合同所涉的主体、履行特征等方面的实际情况,该合同当前存在与普通国内合同有明显差异的独特性,可以认定为涉外民事法律关系,主要理由有:第一,本案合同的主体均具有一定涉外因素。西门子公司与黄金置地公司虽然都是中国法人,但注册地均在上海自贸试验区区域内,且其性质均为外商独资企业,由于此类公司的资本来源、最终利益归属、公司的经营决策一般均与其境外投资者关联密切,故此类主体与普通内资公司相比具有较为明显的涉外因素。在自贸试验区推进投资贸易便利的改革背景下,上述涉外因素更应给予必要重视。第二,本案合同的履行特征具有涉外因素。合同项下的标的物设备虽最终在境内工地完成交货义务,但从合同的签订和履行过程看,该设备系先从我国境外运至自贸试验区(原上海外高桥保税区)内进行保税监管,再根据合同履行需要适时办理清关完税手续、从区内流转到区外,至此货物进口手续方才完成,故合同标的物的流转过程也具有一定的国际货物买卖特征。因此,本案合同的履行因涉及自贸试验区的特殊海关监管措施的运用,与一般的国内买卖合同纠纷具有较为明显的区别。

---

[1] 参见上海市第一中级人民法院[2013]沪一中民认(外仲)字第2号民事裁定书。

综合以上情况，本院认为，本案合同关系符合《涉外法律适用法司法解释》第1条第5项规定的“可以认定为涉外民事关系的其他情形”，故系争合同关系具有涉外因素，双方当事人约定将合同争议提交新加坡国际仲裁中心进行仲裁解决的条款有效。

延伸阅读

1. 王胜明：《涉外民事关系法律适用法若干争议问题》，载《法学研究》2012年第2期。

2. 王胜明：《〈涉外民事关系法律适用法〉的指导思想》，载《政法论坛》2012年第1期。

3. 黄进：《中国涉外民事关系法律适用法的制定与完善》，载《政法论坛》2011年第3期。

4. HE Qisheng, "The EU Choice of law Communitarization and the Modernization of Chinese Private International Law", *RabelsZ* 76(1), 2012.

5. 何其生：《国际私法秩序与国际私法的基础性价值》，载《清华法学》2018年第1期。

第2章　国际私法的渊源

教学目标

1. 理解国际私法的不同渊源及其作用。
2. 了解目前国际私法主要涉及的条约,以及代表性的国际商事惯例。
3. 重点掌握国际私法的国内立法模式、特点和发展趋势,我国参加的有关国际条约、国际惯例在我国的适用。
4. 正确理解司法判例在我国国际私法体系中的作用。

推荐参考资料

1. 邹国勇译注:《外国国际私法立法选译》,武汉大学出版社2017年版。[1]
2. 黄进、杜焕芳等:《中国国际私法司法实践研究(2001—2010)》,法律出版社2014年版。
3. 中华人民共和国外交部条约法律司编:《海牙国际私法会议公约集》,法律出版社2012年版。
4. 万鄂湘主编:《中华人民共和国涉外民事关系法律适用法条文理解与适用》,中国法制出版社2011年版。
5. 黄进主编:《中华人民共和国涉外民事关系法律适用法建议稿及说明》,中国人民大学出版社2011年版。
6. 杜涛:《涉外民事关系法律适用法释评》,中国法制出版社2011年版。

---

〔1〕 本书在欧盟国际私法条例,奥地利、瑞士、德国等国家国际私法法规上,采纳了邹国勇译注的《外国国际私法立法选译》。

2.1 国内法渊源

知识要点

2.1.1 国内立法

国际私法的国内立法主要有以下几种形式:

(1)在民法典不同篇章中分别列入相关的冲突规范,或者在民法总则中规定冲突规范。例如1804年《法国民法典》等。

(2)以专门法典或单行法规的形式制定系统的国际私法规范。诸如,2010年中国《涉外民事关系法律适用法》、1987年《瑞士联邦国际私法法规》、1896年《德国民法施行法》等。

(3)在民法典或其他法典中专节、专章、专编比较系统地对冲突规范加以规定。例如,1986年《民法通则》等。

(4)在单行法规中就该法规所涉及的问题规定冲突规范。例如,1882年英国《汇票法令》、1962年美国《统一商法典》、1999年中国《合同法》等。

中国的冲突法立法日渐增多,不仅制定了单行的《涉外民事关系法律适用法》,而且在商事法律中就所涉法律问题制定了专门的冲突法规范。另外,在中国的国际私法实践中,还采取以司法解释的形式来补充和扩大其立法范围。例如,1988年最高人民法院《民法通则意见》、2012年《涉外民事关系法律适用法解释(一)》等。

2.1.2 国内判例

在英美普通法系国家,虽然在成文法中也有一些零星的国际私法规范,但大量的、主要的国际私法规则来自法院的司法判例。国际私法的许多制度,都是根据权威判例建立的。例如,在英国国际私法上,契约准据法适用当事人意思自治原则一般认为系自1760年Lord Mansfield法官在Robinson v. Bland一案判决以后,经过一系列案例支持而确立。

由于判例较多且十分凌乱,一些著名的国际私法学者和民间机构便开始了系统的汇编和整理工作。其中,英国学者戴西(A. V. Dicey)于1896年编著出版的《冲突法》,便是这方面的名著。在美国,美国法学会(the American Law Institute)这一非官方的机构承担了冲突法的编纂工作。1934年比尔(J. H. Beale)任报告员出版了《第一次冲突法重述》[Restatement (First) of the Law of Conflict of Laws],1971 年以里斯(W. L. M. Reese)为报告员出版了《第二次冲突法重述》。这两次重述可以说是美国冲突法判例规则的重要总结。

在大陆法系国家,判例也有重要的意义。法国国际私法的主要渊源至今还是最高法院及其下属法院的判例。[1]

在中国现行法律体制下,判例不是正式的法律渊源。但由于涉外民事关系的特殊性和复杂性,尤其是新兴的涉外民事关系不断涌现,仅仅依靠我国现有成文法来处理涉外案件,难以满足客观的需要。另外,在涉及外国法适用的情况下,如果该外国法以判例为主要的法律渊源,直接援引有关判例就势所必然。

> **[示例 2.1]** 在香港泉水有限公司诉宏柏家电(深圳)有限公司[2]案中,双方当事人关于争议的解决方式既约定了诉讼又约定了仲裁,对于仲裁协议是否有效的问题,深圳市中级人民法院委托深圳市蓝海现代法律服务中心对涉案美国相关法律进行查明,法律专家不仅提供了美国《联邦仲裁法》和加利福尼亚州《民事诉讼法》的规定,而且提供了 9 个美国联邦法院和州法院的案例。深圳市中级人民法院分别分析了这 9 个案例,并得出仲裁协议有效的结论。

在中国法院的实践中,司法判例的作用主要体现为以下三种方式:

(1)最高人民法院总结我国涉外民事审判的实践经验,对有关法律条文进行解释,或对司法审判中的具体问题作出“解答”“批复”,这类司法解释对法院和其他有关机关、个人具有拘束力。

(2)最高人民法院针对地方各级人民法院的个案请求所作出的各种“答复”等。这类答复在仲裁的司法审查方面,表现得尤为突出。

> **[示例 2.2]** 2016 年,最高人民法院《关于申请人保罗·赖因哈特公司与被申请人湖北清河纺织股份有限公司申请承认和执行外国仲裁裁决一案请示的答复》[3]就明确指出,在外国仲裁裁决的承认与执行中,中国法院对仲裁裁决是否存在《纽约公约》第 5 条第 1 款拒绝承认和执行情形,必须依当事人的请求进行审查;当事人未请求的,人民法院不予审查。

---

[1] 参见[法]巴蒂福尔、拉加德:《国际私法总论》,陈洪武等译,中国对外翻译出版公司 1989 年版,第 22 页。

[2] 广东省深圳市中级人民法院〔2015〕深中法涉外仲字第 91 号民事裁定书。

[3] 贺荣主编:《涉外商事海事审判指导》(总第 32 辑),人民法院出版社 2017 年版,第 116~117 页。

这类答复虽然是对个案审判的指导性意见，但对下级人民法院审理同类案件无疑具有普遍性的指导作用。

(3)最高人民法院及其业务部门编辑出版了一些案例资料，例如，最高人民法院在《最高人民法院公报》上发布的案例，最高人民法院民四庭在《涉外商事海事审判指导》上发布的案例，对下级人民法院审理案件具有参考作用，能够统一地方各级法院在相同或类似案件上的做法。

2.2 国际法渊源

2.2.1 多边国际私法公约

我国《民法通则》第142条规定，中华人民共和国缔结或者参加的国际条约同中华人民共和国的民事法律有不同规定的，适用国际条约的规定，但中华人民共和国声明保留的条款除外。从该规定来看，国际条约是国际私法的重要的渊源。

目前，世界上包含国际私法规范的国际条约很多，大致可归纳为以下几类：关于统一实体法规范的国际条约、关于冲突法规范的国际条约、关于国际民事诉讼的国际公约和关于国际商事仲裁的国际公约。

☆统一实体法方面的国际条约

在统一实体法领域，国际条约众多，其中重要领域的重要条约包括：

(1)关于货物买卖即传统的国际贸易条约，诸如1980年《联合国国际货物销售合同公约》、1974年《联合国国际货物买卖时效期限公约》、2005年《联合国国际合同使用电子通信公约》。

(2)在海事运输方面，如1924年《统一提单的若干法律规则的国际公约》(海牙规则)、1968年《修改1924年8月25日在布鲁塞尔签订的统一提单的若干法律规则的国际公约的议定书》(维斯比规则)、1974年《海上旅客及其行李运输雅典公约》、1978年《联合国海上货物运输公约》(汉堡规则)、1980年《联合国国际货物多式联运公约》、2008年《联合国全程或部分海上国际货物运输合同公约》(鹿特丹规则)。

(3)在航空运输方面，如1929年《统一国际航空运输某些规则的公约》(华沙公约)、1955年《修改1929年10月12日统一国际航空运输某些规则的华沙公约的议定书》(海牙议定书)、1961年《统一非缔约承运人所办国际航空运输某些规则以补充华沙公约的公约》（瓜达拉哈拉公约）。

（4）在铁路运输方面，如 1961 年《铁路货物运输国际公约》（国际货约）。

（5）在国际支付方面，例如，1930 年日内瓦《统一汇票及本票法公约》、1931 年日内瓦《统一支票法公约》、1988 年《联合国国际汇票和国际本票公约》。

（6）在知识产权方面，主要有：1883 年《保护工业产权的巴黎公约》、1886 年《伯尔尼保护文学和艺术作品公约》、1891 年《商标国际注册马德里协定》、1952 年《世界版权公约》（1971 年 7 月 24 日于巴黎修订）。

☆冲突规范方面的国际条约

综合性国际私法公约，诸如《关于国际私法的公约》（附件为国际私法典，即 1928 年《布斯塔曼特法典》）、1979 年《美洲国家间关于国际私法通则的公约》。

对于特别事项的冲突法公约，数量也不少，简要介绍如下：

（1）国籍与住所方面，如 1930 年海牙《关于国籍冲突若干问题的公约》、1955 年海牙《解决本国法和住所地法冲突的公约》。

（2）外国人（法人）的法律地位方面，如 1928 年哈瓦那《关于外国人地位的公约》、1954 年纽约《关于无国籍人地位的公约》、1956 年海牙《承认外国公司、社团和财团法律人格的公约》、1968 年布鲁塞尔《关于相互承认公司和法人团体的公约》、1979 年蒙得维的亚《美洲国家间关于贸易公司法律冲突的公约》。

（3）财产方面，如 1958 年海牙《国际有体动产买卖所有权移转法律适用的公约》、1955 年海牙《国际有体动产买卖法律适用公约》。

（4）债方面，如 1971 年海牙《公路交通事故法律适用公约》、1973 年海牙《产品责任法律适用公约》、1978 年海牙《代理法律适用公约》、1980 年罗马《关于合同义务法律适用的公约》、1986 年海牙《国际货物买卖合同法律适用公约》。

（5）票据方面，诸如 1930 年日内瓦《解决汇票、期票法律冲突公约》（附议定书）、1931 年日内瓦《解决支票法律冲突公约》（附议定书）。

（6）婚姻方面，如 1902 年海牙《婚姻法律冲突公约》、1902 年海牙《离婚及分居法律冲突与管辖冲突公约》、1905 年海牙《婚姻对夫妻身份和财产关系效力的法律冲突公约》、1931 年斯德哥尔摩《关于婚姻、收养和监护的某些国际私法规定的公约》、1978 年海牙《夫妻财产制法律适用公约》、1980 年海牙《结婚仪式和承认婚姻有效公约》。

（7）家庭方面，如 1980 年海牙《国际性诱拐儿童民事方面的公约》、1993 年海牙《关于跨国收养的儿童保护和合作的公约》、1996 年海牙《关于保护儿童的父母责任和措施的管辖权、准据法、承认、执行和合作的公约》。

(8)继承方面,如1961年《海牙遗嘱处分公约》、1973年《遗产国际管理公约》、1973年华盛顿《国际遗嘱方式统一法》、1989年海牙《死者遗产继承法律适用公约》。

☆国际民事诉讼方面的公约

国际民事诉讼程序方面公约,与日俱增,重要的国际公约如:

●1961年海牙《关于取消要求外国公文认证要求公约》;

●1965年《海牙送达公约》;

●1970年《海牙取证公约》;

●1980年海牙《国际司法救助公约》;

●2005年海牙《选择法院协议公约》。

☆国际商事仲裁方面的公约

主要的国际条约有:1958年《纽约公约》、1965年《关于解决国家与他国国民之间投资争端的公约》(简称《华盛顿公约》)。

☆中国缔结或参加的主要国际私法公约

目前,中国缔结或参加的主要国际私法公约有:

●1883年《保护工业产权的巴黎公约》(1967年斯德哥尔摩修订文本);

●1886年《伯尔尼保护文学和艺术作品公约》;

●1891年《商标国际注册马德里协定》(1967年斯德哥尔摩修订文本);

●1929年《统一国际航空运输某些规则的公约》;

●1951年《关于难民地位的公约》;

●1955年《修改1929年10月12日统一国际航空运输某些规则的华沙公约的议定书》;

●1958年《纽约公约》;

●1965年《华盛顿公约》;

●1965年《海牙送达公约》;

●1967年《关于难民地位的议定书》;

●1969年《国际油污损害民事责任公约》及1976年、1985年议定书;

●1970年《专利合作条约》;

●1970年《海牙取证公约》;

●1971年《修订〈世界版权公约〉》;

●1980年《联合国国际货物销售合同公约》;

- 1989 年《关于集成电路的知识产权公约》；
- 1989 年《关于商标国际注册马德里协定的议定书》；
- 1993 年《船舶优先权和抵押权国际公约》。

2.2.2　双边国际条约

1949 年以来，中国与其他国家缔结了大量的双边条约和协定，涉及许多领域。在民商事方面，有商务条约、通商航海条约、贸易协定、支付协定和贸易支付协定、交货共同条件议定书、贷款协定、经济援助协定、领事条约与协定、关于相互赋予最惠国待遇的协定、关于商标注册的换文和议定书、关于保护知识产权的协定、关于投资保护的协定以及民商事司法协助协定，等等。在这些双边条约或协定中，既含有关于外国人的民商事法律地位规范和调整涉外民商事法律关系的实体规范，也含有冲突规范和有关国际诉讼程序与国际商事仲裁的规范。特别值得一提的是，自 1987 年以来，中国与 30 多个国家签订了双边民商事司法协助协定，极大地便利了中国同其他缔约国在民商事领域开展司法协助。

2.2.3　国际惯例

1986 年《民法通则》第 142 条第 3 款规定："中华人民共和国法律和中华人民共和国缔结或者参加的国际条约没有规定的，可以适用国际惯例。"

对于国际惯例（international custom），[1]《国际法院规约》第 38 条给国际惯例下过一个权威定义，即"作为通例（general practice）之证明而经接受为法律者"。根据该定义，国际惯例由两个因素组成：一是客观因素，即各国重复的类似行为或实践，进而形成"通例"；二是主观因素，即被"接受为法律"。

对于国际惯例，有两种不同的类型：一是强制性的国际惯例。这类惯例不需要当事人选择而必须遵守。例如，通过长期国际实践形成的"国家及其财产豁免"原则就属于这种惯例。二是任意性的国际惯例。这类惯例只有经过当事人选择，才对其有约束力。如国际货物买卖中的 FOB、CIF 等价格条件。这些条款不仅是买卖中成交的价格条款，而且也是划分买卖双方当事人权利与义务的依据。

---

〔1〕 需要注意的是，《国际法院规约》第 38 条第 1 款的正式中文本将 international custom 译为"国际习惯"。但我国外交文件和国内法规中很少适用"国际习惯"这一表达，取而代之的是"国际惯例"。例如，1970 年 10 月 13 日《中加（加拿大）两国建立外交关系的联合公报》中声称："中、加两国政府商定……在平等互利的基础上，根据国际惯例，在各自首都对方的建馆及执行任务提供一切必要的协助。"

目前主要的国际惯例有：

- 英国伦敦保险协会:《伦敦保险协会货物条款》,1912年(目前为1983年修订本);
- 国际法协会:《1932年华沙—牛津规则》;
- 美国商会、美国进口协会及美国全国对外贸易协会所组成的联合委员会:《1941年美国对外贸易定义修订本》,1941年;
- 国际海事委员会:《1974年约克—安特卫普规则》;
- 国际商会:《联合运输单证统一规则》,1975年修订;
- 国际商会:《合同担保统一规则》,1978年;
- 国际商会:《托收统一规则》,1995年修订;
- 联合国国际贸易法委员会:《电子商务示范法》,1996年;
- 国际统一私法协会:《国际商事合同通则》,2004年修订;
- 国际商会:《跟单信用证统一惯例》(UCP600),2007年修订;
- 国际商会:《见索即付担保统一规则》,2010年修订;
- 国际商会:《国际贸易术语解释通则》(Incoterms 2010),2010年修订。

除了前述法律渊源外,对于法理、法律学说,尽管多有讨论,但从目前立法和司法实践来看,均不构成我国的法律渊源。

法律与规范链接

▲ 必读法条

《民法通则》

第142条　涉外民事关系的法律适用,依照本章的规定确定。

中华人民共和国缔结或者参加的国际条约同中华人民共和国的民事法律有不同规定的,适用国际条约的规定,但中华人民共和国声明保留的条款除外。

中华人民共和国法律和中华人民共和国缔结或者参加的国际条约没有规定的,可以适用国际惯例。

《海商法》

第268条第1款　中华人民共和国缔结或者参加的国际条约同本法有不同规定的,适用国际条约的规定;但是,中华人民共和国声明保留的条款除外。

《票据法》

第95条　中华人民共和国缔结或者参加的国际条约同本法有不同规定的,适用国际条约的规定。但是,中华人民共和国声明保留的条款除外。

本法和中华人民共和国缔结或者参加的国际条约没有规定的,可以适用国际惯例。

《民用航空法》

第184条　中华人民共和国缔结或者参加的国际条约同本法有不同规定的,适用国际条约的规定;但是,中华人民共和国声明保留的条款除外。

中华人民共和国法律和中华人民共和国缔结或者参加的国际条约没有规定的,可以适用国际惯例。

《涉外民事关系法律适用法解释(一)》

第4条　涉外民事关系的法律适用涉及适用国际条约的,人民法院应当根据《中华人民共和国民法通则》第一百四十二条第二款以及《中华人民共和国票据法》第九十五条第一款、《中华人民共和国海商法》第二百六十八条第一款、《中华人民共和国民用航空法》第一百八十四条第一款等法律规定予以适用,但知识产权领域的国际条约已经转化或者需要转化为国内法律的除外。

第5条　涉外民事关系的法律适用涉及适用国际惯例的,人民法院应当根据《中华人民共和国民法通则》第一百四十二条第三款以及《中华人民共和国票据法》第九十五条第二款、《中华人民共和国海商法》第二百六十八条第二款、《中华人民共和国民用航空法》第一百八十四条第二款等法律规定予以适用。

第9条　当事人在合同中援引尚未对中华人民共和国生效的国际条约的,人民法院可以根据该国际条约的内容确定当事人之间的权利义务,但违反中华人民共和国社会公共利益或中华人民共和国法律、行政法规强制性规定的除外。

典型案例

阿氏诉中国东方航空股份有限公司航空旅客运输合同纠纷案[1]

【案情概述】

原告阿氏购买了一张由香港国泰航空公司(以下简称国泰航空公司)作为出票人的往返机票。机票列明的航程安排为:2004年12月31日上午11点,上海起飞至

〔1〕 最高人民法院第十批指导性案例51号,最高人民法院审判委员会讨论通过2015年4月15日发布。

香港,再由香港起飞至卡拉奇。其中,上海与香港间的航程由中国东方航空股份有限公司(以下简称东方航空公司)实际承运,香港与卡拉奇间的航程由国泰航空公司实际承运。机票背面条款注明,该合同应遵守华沙公约所指定的有关责任的规则和限制。该机票为打折票,机票上注明“不得退票、不得转签”。

由于起飞前一日上海浦东机场下中雪,东方航空公司当日的航班也因为天气原因延误,导致阿氏及其家属到达香港机场后未能赶上国泰航空公司飞卡拉奇的衔接航班。东方航空公司工作人员告知阿氏只有两种处理方案:其一是阿氏等人在机场里等候3天,然后搭乘国泰航空公司的下一航班,3天费用自理;其二是阿氏等人出资,另行购买其他航空公司的机票至卡拉奇,费用为25,000港元。阿氏当即表示无法接受该两种方案,最终由香港机场工作人员交涉,阿氏及家属重新购买了阿联酋航空公司的机票及行李票,共计5480港元。

阿氏认为,东方航空公司的航班延误,又拒绝重新安排航程,给自己造成了经济损失,遂提出诉讼,要求判令东方航空公司赔偿机票款和行李票款,并定期对外公布航班的正常率、旅客投诉率。

东方航空公司辩称,航班延误的原因系天气条件恶劣,属不可抗力;其已将此事通知了阿氏,阿氏亦明知将错过香港的衔接航班,其无权要求东方航空公司改变航程。阿氏称,其明知会错过衔接航班仍选择登上飞往香港的航班,系因为东方航空公司对其承诺会予以妥善解决。

上海市浦东新区人民法院裁决中国东方航空股份有限公司应在判决生效之日起十日内赔偿阿氏损失共计人民币5863.60元;同时,驳回阿氏的其他诉讼请求。[1]

【关键问题】

阿氏可以依据哪些国际条约寻求救济?

【简要评论】

本案中,原告阿氏是巴基斯坦国公民,其购买的机票,出发地为我国上海,目的地为巴基斯坦卡拉奇。我国《民法通则》第142条第2款规定:“中华人民共和国缔结或者参加的国际条约同中华人民共和国的民事法律有不同规定的,适用国际条约的规定,但中华人民共和国声明保留的条款除外。”

我国和巴基斯坦都是《经1955年海牙议定书修订的1929年华沙统一国际航空

---

〔1〕〔2005〕浦民一(民)初字第12164号民事判决。宣判后,中国东方航空股份有限公司提出上诉。上海市第一中级人民法院于2006年2月24日作出〔2006〕沪一中民一(民)终字第609号民事判决:驳回上诉,维持原判。

运输一些规则的公约》(以下简称《1955年在海牙修改的华沙公约》)和1961年《统一非立约承运人所办国际航空运输的某些规则以补充华沙公约的公约》(以下简称《瓜达拉哈拉公约》)的缔约国,故这两个国际公约对本案适用。上海市浦东新区人民法院有权对这起国际航空旅客运输合同纠纷进行管辖。根据《瓜达拉哈拉公约》第1条第2款和第7条,以及《1955年在海牙修改的华沙公约》第19条和第20条第1款的规定,法院认为:

首先,对航空旅客运输实际承运人提起的诉讼,可以选择对实际承运人或缔约承运人提起诉讼,也可以同时对实际承运人和缔约承运人提起诉讼。被诉承运人申请追加另一方承运人参加诉讼的,法院可以根据案件的实际情况决定是否准许。

其次,当不可抗力造成航班延误,致使航空公司不能将换乘其他航班的旅客按时运抵目的地时,航空公司有义务及时向换乘的旅客明确告知到达目的地后是否提供转签服务,以及在不能提供转签服务时旅客如何办理旅行手续。航空公司未履行该项义务,给换乘旅客造成损失的,应当承担赔偿责任。

最后,航空公司在打折机票上注明“不得退票,不得转签”,只是限制购买打折机票的旅客由于自身原因而不得退票和转签,不能据此剥夺旅客在支付票款后享有的乘坐航班按时抵达目的地的权利。

延伸阅读

1. 宋晓:《国际私法与民法典的分与合》,载《法学研究》2017年第1期。
2. 单文华:《中国有关国际惯例的立法评析》,载《中国法学》1997年第3期。
3. 陈安:《论适用国际惯例与有法必依的统一》,载《中国社会科学》1994年第4期。

第3章　国际私法的历史

教学目标

1. 了解国际私法从罗马法时代经种族法时代到领土法时代的萌芽。
2. 识记唐律关于国际私法问题的规定。
3. 了解和识记法则区别学说产生的背景和代表观点,了解法则区别学说的困境和发展,了解和识记国家主权学说对法则区别学说的贡献,并了解法则区别学说影响下早期的法典化实践。了解并识记19世纪以来的重要学说。

推荐参考资料

1. 李双元、徐国建主编:《国际民商新秩序的理论建构:国际私法的重新定位与功能转换》,武汉大学出版社2016年版。
2. 萧凯编译:《当代冲突法的理论变迁》,法律出版社2012年版。
3. 李建忠:《古代国际私法溯源:从古希腊、古罗马社会到法则理论的荷兰学派》,法律出版社2011年版。
4. [德]马丁·沃尔夫:《国际私法》,李浩培、汤宗舜译,北京大学出版社2009年版。
5. 肖永平:《法理学视野下的冲突法》,高等教育出版社2008年版。
6. 宋晓:《当代国际私法的实体取向》,武汉大学出版社2004年版。
7. 韩德培、韩健:《美国国际私法(冲突法)导论》,法律出版社1994年版。

3.1　国际私法的萌芽

知识要点

国际私法的萌芽时期，可简要分为三个时代，即罗马法时代、种族法时代和领土法时代。具体可见图3－1：

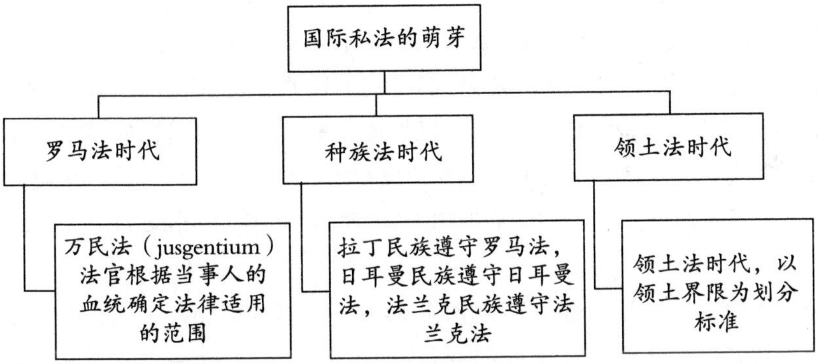

图3－1　国际私法的萌芽时期

3.1.1　罗马法时代

到13世纪时，欧洲大陆的一些国家已有不少对外交往，如古希腊、古罗马等国家均有外国侨民居住。然而，它们普遍否认外国人享有法律关系的主体地位。以古希腊为例，其各城邦的法律，对于外国人的婚姻与财产受到侵害均不予保护，甚至外国人遭海盗劫掠时也不予保护。古罗马建国初期同古希腊一样，仅承认罗马公民是权利主体，外国人被视为敌人，他们因被俘虏沦为奴隶而不受法律保护。

☆市民法与万民法

古罗马逐渐扩张中，与其他民族交往增加，便注意到其他法的存在，同时也提出了如何处理罗马法和异邦人的关系的问题。罗马征服邻邦时，并未把那里的人同罗马人一样对待，因此产生了一种专门调整罗马市民与非罗马市民之间、非罗马市民之间民事关系的“万民法”(jusgentium)。[1]

“万民法”作为与“市民法”对应的概念,在罗马法中的显著特征是由法官根据当事人的血统确定法律的适用范围。而万民法并没有形成完整的体系,它也不是法律适用规则。罗马法学家比较罗马和外邦的市民法时,认为外邦的法律“粗制滥造”(西塞罗语),当时还没有法律选择的思想。因此,罗马时代不存在严格意义上的国际私法。

3.1.2 蛮族时代到封建时代

☆种族法

公元476年西罗马帝国灭亡,欧洲大陆发生剧变,各民族之间迁徙频繁。但在日耳曼法律下,无论一个人到何处去,都受其本民族法约束,称为“属人的原籍地法”,如撒克逊人受撒克逊法支配、拉丁民族遵守罗马法、日耳曼民族遵守日耳曼法、法兰克民族遵守法兰克法,一个民族的法律仅支配本民族,不以领土划分法域,自西罗马帝国灭亡后大约持续了400年,后世称之为“种族法时代”(period of racial laws)。

☆领土法

公元10世纪后,西欧确立了封建制,形成了割据局面,建立了许多封建王国。领土观念逐渐增强使得属地法主义逐渐替代属人法主义。在一国居住的任何民族都必须服从当地的法律和习惯。这种极端的属地法时代可称为“领土法时代”。

3.2 法则区别说时代

知识要点

法则区别说时代,主要是适应资本主义经济的发展,在对罗马法进行诠释和研究过程中而产生的一些确定法律适用学说,见图3-2。

---

[1] [法]亨利·巴蒂福尔、保罗·拉加德:《国际私法总论》,陈洪武等译,中国对外翻译出版公司1989年版,第11页。

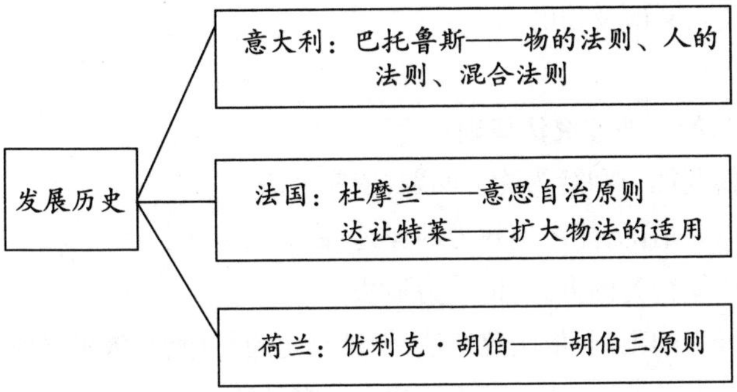

图3－2　法则区别说

3.2.1　国际私法在意大利产生

11世纪起，意大利半岛成为东西方交通要道，从西方的法国到东方的波斯、中国都必须经由该地。有利的地理条件促进了资本主义经济的发展，带来了商业和手工业的繁荣，城市中的市民阶层逐渐扩大，许多大城市取得了自治权，形成了许多城市共和国，即城邦（city－states）。随着城邦的建立，罗马法的研究又兴盛起来。12世纪初，法学家伊纳利斯（Irnerius）率先在波伦那（Bologna）大学建立法学院，从事罗马法研究工作，对罗马法进行注释，被称作“注释法学派”。14世纪起，注释法学派把罗马法和现实生活结合起来，探讨现实生活中的新问题，提出新的理论，进入“后期注释法学派”阶段。

13世纪的意大利北部，各城邦实施两种法律：一是作为普通法的罗马法，它在各城邦都有效；二是各城邦自己的法律，包含在“法则”（Statuta）中。法则主要汇集本城邦和它的商业界的较古老的习惯法。各城邦在处理涉外案件时，如本城邦法则有规定则依其规定，无规定则依罗马法；罗马法与城邦法则冲突则按“特别法优于普通法”依城邦法律解决，而各城邦法律规定不一致应适用何法，罗马法则未提及。在此背景下，法则区别说在意大利产生。

☆意大利的法则区别学说

意大利法则区别说是由以巴托鲁斯（Bartolus）为代表的一批学者所创立的。该学派主张从法则本身的性质入手，把所有的“法则”分为“物的法则”（statuta realia）、“人的法则”（statuta personalia）和“混合法则”（statuta mixta）。“物的法则”是属地的，其适用只能而且必须及于制定者领土之内的物；“人的法则”是属人的，它不但应适用于制定者管辖领土内的属民，而且在其属民到了别的主权者管辖领域时，也应适用；“混合法则”是涉及行为的法则，适用于在法则制定者领土内订立的契约,是既涉及人又涉及物的。[1]

● **巴托鲁斯提出的一些冲突法规则:**

(1)关于权利能力和行为能力问题,依属人法。

(2)按照当时情况,能产生效力的契约,依契约地法。

(3)关于法律行为的方式,依行为地法。

(4)关于行为的限制,依法院地法,但已指定履行地者,依履行地法。

(5)关于继承的冲突,法定继承依物之所在地法;关于遗嘱执行的方式,依行为地法。

(6)关于物权,依物之所在地法。

(7)关于诉讼程序,依诉讼地法。

☆巴托鲁斯学说的评价

从根本上讲,一切法律关系都是人与人的关系,现实生活中并没有纯粹关于物和纯粹关于人的法则。巴托鲁斯完全借助法则的语法结构来划分"人法"和"物法"是十分牵强的。适用法则区别说最大的困难便在于断定一个特定的规则在性质上究竟是关于人的,还是关于物的。

3.2.2 法国的法则区别学说

☆杜摩兰(Charles Dumoulin)的主张

16世纪,巴黎律师杜摩兰在其著作《巴黎习惯法评述》中认为,法则分为人法、物法和行为法三类,而只有不依据双方当事人的自主意思时,才有必要做这种划分。杜摩兰极力主张扩大"人法"的适用范围,提出"意思自治"原则。

☆达让特莱(D'Argentré)的主张

与杜摩兰不同,达让特莱反对契约当事人"意思自治",极力推崇属地原则,主要观点:

(1)一切习惯法原则上都是属地的,仅在立法者境内有效。由于主权是属地的,主权只及于它的境内,法律也只及于它的境内,在境外无效。据此他提出物权问题依物之所在地法,不动产继承依不动产所在地法。

(2)在适用属地原则的条件下亦有例外,关于纯属人的身份能力的法律,如规定成年年龄的法则、规定亲权的法则等,可例外适用属人法。

---

〔1〕 韩德培主编:《国际私法》(第3版),高等教育出版社、北京大学出版社2014年版,第36页。

(3)除了人法和物法之外,还有一种"混合法则",即同一法则兼及人和物两个方面。他认为"混合法则"也适用属地法。[1]

3.2.3　荷兰的法则区别学说

☆国家主权学说及影响

16世纪末17世纪初,法国学者博丹(Jean Bodin)发表的《论共和》,荷兰学者格劳秀斯(Hugo Grotius)发表的《战争与和平法》提出"国家主权"这个现代国际法上的基本概念。由此,国家之间立法权力的划分,并不使国家在具体案件中承担适用外国法的责任,从此出发荷兰学者探讨适用外国法的理由。

☆国际礼让说

胡伯(U. Huber)提出"国际礼让说",即著名的"胡伯三原则":

(1)任何主权者的法律必须在其境内行使并且约束其臣民,但在境外无效;

(2)凡居住在其境内的人,包括常住的与临时的,都可视为主权者的臣民;

(3)每一国家的法律已在本国领域内实施,根据礼让,行使主权权力者也应让它在自己境内保持其效力,只要这样做不致损害自己的主权权力及臣民的利益。

3.2.4　早期英格兰法

早在1607年,英格兰法院已经认为依照国际法或者国际礼让,自己是有义务承认外国判决的效力的。从17世纪末叶以来,英格兰法院有时在一些涉外案件中拒绝适用英格兰法,而适用行为地法或者财产所在地法来代替英格兰法。英格兰的法律冲突规则发展于18世纪中叶以后,这些规则除受到荷兰学者学说的影响外,受意大利和法国法则区别说的影响很小。

3.3　早期国际私法的成文化

知识要点

☆中国唐朝《永徽律》

唐高宗时《永徽律》之《名例篇》:"诸化外人,同类相犯者,各依其本俗法;异类

---

[1]　韩德培主编:《国际私法》(第3版),高等教育出版社、北京大学出版社2014年版,第37~38页。

相犯者,以法律论。”

☆**《巴伐利亚法典》**

1756年《巴伐利亚法典》采取了法则区别说所规定的几个原则,并不采取动产从人的规则,而用“不论是不动产或者动产,也不论是有体物或者无体物”都应适用财产所在地法来代替。

☆**《普鲁士邦一般法典》**

1794年《普鲁士邦一般法典》采取了法则区别学派理论家的许多规则,也发展了几个它自己的、值得注意的规则,如其采取的把“维持法律行为的效力”的原则适用于国际私法的方法。

☆**《法国民法典》和《奥地利民法典》**

1804年《法国民法典》含有一个影响深远的新规则:以当事人的本国法代替其住所地法。1811年《奥地利民法典》采取了法国的国籍原则来解决人的身份和能力问题。

3.4 19世纪的国际私法学说

知识要点

在19世纪,国际私法的发展主要归功于四位法学家:一位美国的法官(斯托雷),一位德国的教授(萨维尼),一位意大利的政治家(孟西尼),以及一位英国的教授(戴西),见表3-1。

表3-1 19世纪国际私法代表学者

学者	国家	著 作	学 说
斯托雷	美国	1834年《冲突法评论》	礼让说
萨维尼	德国	1849年《现代罗马法体系》	法律关系本座说
孟西尼	意大利	1851年《国籍乃国际法的基础》	民族主义、意思自治、公共秩序三原则
戴西	英国	1896年《法律冲突法》	既得权理论

3.4.1 斯托雷

斯托雷(J. Story)是美国哈佛大学教授、北美合众国高等法院法官、英美属地学派的创始人。他承袭了17世纪荷兰“法则区别说”代表人物胡伯的属地主义和“国际礼让说”,用汇集、编纂、解释判例的方法提出了其属地主义的学说和一些的冲突原则。斯托雷在其1834年发表的《冲突法评论》一书中提出了解决法律冲突的三大原则:

(1)各国的法律根据领土主权而存在,一国在其领土内享有绝对的管辖权、审判权,凡在其领土上的人和物,都应服从之。

(2)根据主权原则,任何国家法律不得拘束在其领土以外的人和物,即法无域外效力。

(3)根据国际礼让原则,一国法院可在不危及本国主权和利益的前提下适用外国法。

斯托雷的学说适应了美国统治者的实际需要,美国是外来移民最多的国家,采用属地主义原则可以扩大美国法的适用范围。斯托雷的属地学说统治英美国家冲突法领域长达一个世纪之久,其《冲突法评论》一书被认为是国际私法领域“最具有影响力的著作”,至今仍然被视为西方国家国际私法的经典著作之一。

3.4.2 萨维尼

萨维尼(F. C. Savigny)是19世纪德国最著名的国际私法学家,为柏林大学教授。萨维尼批判了传统的法则区别说,认为法律关系是国际私法的固有本质,以法律关系为中心的学说代替了传统法则中心理论。萨维尼主张各国应相互依赖,相互适用法律,使一个法律体系不论在哪国产生,都适用于同一个法律,作出同样的判决。

☆法律关系本座说

萨维尼在1849年出版的名著《现代罗马法体系》中提出了令人耳目一新的“法律关系本座说”。该学说认为,每种法律关系像人有住所一样,都有自己的本座,一个人的住所存在于一个特定的空间。因此,解决法律冲突的方法就是对每一法律关系进行分析,确定其性质,然后按照这一性质,求得其应适用的某一特定的国家实体法。

萨维尼把涉外民事法律关系分为人的关系、物的关系、契约关系等几类,按照这些法律关系的性质,分别决定其各自的本座:

(1)关于人的法律关系,以其住所地为本座,适用住所地法;

(2)关于物的法律关系,以物之所在地为本座,适用物之所在地法;

(3)契约关系,如没有明确的意思表示,则以契约履行地为本座,适用契约履行地法。[1]

萨维尼的这一学说在适用时也有例外,如果在依据上述各标准时,法院地的国内强行法反对外国法的适用或无法确定外国法的内容,则适用法院地法。

萨维尼更新了传统的国际私法理论和研究方法,他的学说极大推动了19世纪后半期欧洲国际私法立法的发展,支配了整个欧洲大陆,并影响了英美国际私法学者的思想。直到现在,萨维尼的学说仍然影响着许多国家国际私法的理论和立法。

3.4.3 孟西尼

意大利近代国际私法学以孟西尼(P. S. Mancini)为主要代表。孟西尼为意大利著名的政治家、属人法学派的创始人。当时的意大利尚未统一,孟西尼主张超地域适用属人法以反对封建的属地法原则。

☆孟西尼三原则

孟西尼提出了解决法律冲突的三大原则:

(1)民族主义原则——国籍原则。按照这一原则,凡有关人的身份能力、亲属关系、继承关系都要适用当事人的本国法,即属人法。

(2)意思自治原则——自由原则。即应该尊重人的自由,有关物权和债权的法律关系,应适用当事人选择的法律。

(3)公共秩序原则——属地主权原则。即一国以公共秩序为目的的法律,应适用于该国领域内的一切人,不管他是本国人还是外国人。

孟西尼的属人法学派说反映了意大利要求统一国家、维护民族主权和保护居住于外国的本国移民的愿望,这一学说在意大利民法典冲突规范中得到体现,成为了意大利国际私法学说的基础。

3.4.4 戴西

戴西(A. V. Dicey)是牛津大学教授。1896年戴西出版的《法律冲突法》,提出

---

〔1〕 关于萨维尼的法律关系本座说可参见[德]弗里德里希·卡尔·冯·萨维尼:《现代罗马法体系(第8卷):法律冲突与法律规则的地域和时间范围》,武汉大学出版社2016年版。

了既得权说(doctrine of vested rights)。

☆**既得权说**

戴西认为,凡依他国法律有效取得的任何权利,一般都应为英国法院所承认与执行,而非有效取得的权利,英国法院则不应承认与执行(第一原则);但如承认与执行这种依外国法合法取得的权利,与英国成文法的规定、英国的公共政策和道德原则,以及国家主权相抵触,则可作为例外,而不承认与执行(第二原则);但是,为了判定某种既得权利的性质,应该依据产生此种权利的该外国的法律(第三原则)。

既得权理论的核心是法官只负有适用内国法的义务,他既不能直接承认或适用外国法,也不能直接执行外国的判决,他只不过是保护当事人根据外国法或外国判决已取得的权利。[1]

既得权说至今在国际私法领域,尤其是外国判决的承认与执行上,依然有着重要的影响。

3.5　现代国际私法立法

知识要点

3.5.1　法典化地区

☆**《法国民法典》**

在国际私法的国内立法中,1804 年的《法国民法典》意义最为重大。该法典又被称为《拿破仑法典》,采用分散在法典的有关编章中附带规定相应国际私法的立法形式,法典的第 3、11、47、48、170、999、1000、2123、2128 条等条文都是解决产生于涉外民事法律关系中的法律冲突的冲突规范。如该法典第 3 条规定,"警察与安全的法律,拘束居住于域内的一切人""不动产即使是外国人所有,仍依法国法""关于人的身份能力的法律,支配法国人,即使他们居住于外国亦同"。这三个规定对法律进行了分类,分类法律都有各自的适用范围,同"法则区别说"学者提出的解决法律冲突的方法不谋而合。

---

〔1〕 参见韩德培主编:《国际私法》(第 3 版),高等教育出版社、北京大学出版社 2014 年版,第 43 页。

在国际私法的发展史上,《法国民法典》具有十分重要的历史地位,该法典对以后不少国家制定民法典,具有普遍的指导意义。

☆《德国民法施行法》

1896 年《德国民法施行法》中编纂了不少国际私法规则,但是有意地留下了一些缺漏,尤其是在契约和准契约方面,因为关于这方面的问题似乎不能拟出令人满意的一般规则。德国法影响了日本(1898 年)和中国(1918 年)的立法。

3.5.2 无法典地区

在斯堪的纳维亚半岛的一些国家(挪威、瑞典)以及芬兰、苏联、英国、美国并未尝试过编纂国际私法的工作。

挪威、瑞典和芬兰的法律是习惯法。从 1931 年以来,这些国家缔结了一系列的条约,借以在一定程度上达成法规的一致;但是一致的程度有限,因为这些法规只是在所有的当事人都是这些国家国民的情况下才适用。

英联邦的法律,除了加拿大魁北克省的法律以外,并未编纂成为法典;1866 年魁北克省的法典含有起源于法国民法典的几条法律冲突规则。

在美国,关于法律冲突的规则同英格兰极为相似。有一个非官方的"冲突法重述",这个编纂和法典很相似。

3.5.3 国际公约

在一些国家中,有关国际私法的国际公约补充了国家的立法。甚至在萨维尼以前,已经有人建议缔结这些国际公约。而从孟西尼以来,国家间制定国际私法规则的运动不断发展。荷兰法学家阿塞教授是推动这种倾向的欧洲人中最成功的一个。在他的影响下,荷兰政府在 1892 年邀请了一些主要的欧洲国家举行会议,以便协商对法律冲突规则进行国际性的编纂。在 1893 年、1894 年、1900 年、1904 年、1925 年、1928 年,在海牙举行了六次会议。会议上先后讨论并且通过了有关结婚、离婚、监护、无能力人的禁治产、继承和遗嘱、民事诉讼程序、破产、外国判决的承认和执行问题等方面的国际私法条约。

1951 年,第七届海牙国际私法会议(Hague Conference on Private International Law,HCCH)通过了《海牙国际私法会议章程》,标志着它已演变成以统一国际私法为目的的常设政府间国际组织。实践证明,海牙国际私法会议已成为在统一冲突法和程序法方面最有成效、最有影响的国际组织。海牙国际私法会议主要以制定条约等硬性规范为主,截至 2018 年,制定了 39 项国际公约和一部国际软法即《国际商事合同的法律选择通则》。

● 在家庭和财产关系方面涉及儿童和成年残疾人的国际保护、夫妻关系、遗嘱、财产与信托。

● 国际司法合作和诉讼方面涉及民事诉讼程序、送达、取证、司法救助、管辖权和判决的承认与执行。

● 国际商事和金融方面包括合同、侵权、证券、信托、公司地位认可等方面的国际公约。

延伸阅读

1. Hessel E. Yntema, "The Historical Bases of Private International Law", 1 *Am. J. Comp. L.* 297, 1953.
2. [比]海尔特・范・卡尔斯特:《欧洲国际私法》,许凯译,法律出版社 2016 年版。
3. [英]阿德里安・布里格斯:《冲突法》(第 3 版),杜焕芳、张文亮、李沣桦注释,中国人民大学出版社 2016 年版。
4. [日]志田钾太郎口述,熊元楷、熊仕昌编:《国际私法》,上海人民出版社 2013 年版。
5. [德]马丁・沃尔夫:《国际私法》(第 2 版),李浩培、汤宗舜译,北京大学出版社 2009 年版。
6. [日]山田三良:《国际私法》,李倬译,中国政法大学出版社 2003 年版。
7. [法]巴蒂福尔、拉加德:《国际私法总论》,陈洪武等译,中国对外翻译出版公司 1989 年版。
8. [日]北胁敏一:《国际私法:国际关系法》,姚梅镇译,法律出版社 1989 年版。
9. [德]马丁・沃尔夫:《国际私法》,李浩培、汤原舜译,法律出版社 1988 年版。
10. 徐鹏:《涉外法律适用的冲突正义——以法律关系本座说为中心》,载《法学研究》2017 年第 3 期。

第4章　国际私法的主体

教学目标

1. 了解自然人国籍冲突及其解决,掌握自然人住所的冲突及其解决。
2. 了解确定法人国籍的不同理论和方法,掌握法人国籍、住所地、营业所的确定,掌握外国法人的认可。
3. 掌握国家及其财产的豁免制度。
4. 了解国际组织作为国际私法主体的法律特征。理解外国人民事法律地位的基本制度及其应用。

推荐参考资料

1. 龚刃韧:《国家豁免问题的比较研究》,北京大学出版社1994年版。
2. 黄进:《国家及其财产豁免问题研究》,中国政法大学出版社1987年版。
3. 李金泽:《公司法律冲突研究》,法律出版社2001年版。

4.1　自　然　人

知识要点

4.1.1　自然人国籍的冲突及其解决

☆**国籍的概念**

国籍是指一个人隶属于某一国家的国民或公民的法律资格。

☆**国籍的冲突及其解决**

由于国籍的确定在原则上属于国内法问题,而各国国籍法的规定存在很大差异,因而出现了国籍冲突现象。国籍冲突可分为两类:

(1)国籍的积极冲突,即一个人同时具有两个或两个以上国家的国籍;

(2)国籍的消极冲突,即一个人不具有任何国家的国籍。

自然人国籍积极冲突的主要解决方法有:

(1)内外国籍冲突,国际上通行按照"内国国籍优先"解决,以内国法为当事人的本国法。

(2)数个外国国籍冲突,有如下四种方法:

- 取得在先的国籍优先;
- 取得在后的国籍优先;
- 住所或惯常居所地国籍优先;
- "实际国籍"优先。

对于自然人国籍的消极冲突,以当事人住所地所在国的法律为其本国法,如果当事人无住所或其住所不能确定时,以其居所所在地国法为其本国法。

☆**中国的实践**

中国《涉外民事关系法律适用法》第19条规定,依照本法适用国籍国法律,自然人具有两个以上国籍的,适用有经常居所的国籍国法律;在所有国籍国均无经常居所的,适用与其有最密切联系的国籍国法律。自然人无国籍或者国籍不明的,适用其经常居所地法律。

典型事例

中国恢复对澳门行使主权后,澳门居民国籍的确定——双重国籍的解决

【事例概述】

1999年12月20日,中国恢复对澳门行使主权。由于历史的原因,澳门当时有10万余居民持葡萄牙护照,具有葡萄牙国籍。1988年全国人大常委会《关于国籍法在澳门特别行政区实施的几个问题的解释》第1条第1款规定:凡具有中国血统的澳门居民,本人出生在中国领土(含澳门)者,以及其他符合《中华人民共和国国籍法》规定的中国国籍的条件者,不论其是否持有葡萄牙旅行证件或身份证件,都是

中国公民。

根据上述解释的规定，澳门有10万余持葡萄牙护照的中国居民将获得中国国籍。这样，这10万余人将有中国、葡萄牙双重国籍。

【关键问题】

我国国籍法中关于双重国籍问题有何规定？

【简要评论】

我国不承认双重国籍或者无国籍，因此，我国的相关法律法规也致力于消除双重国籍或无国籍现象。1988年全国人大常委会《关于国籍法在澳门特别行政区实施的几个问题的解释》第1条第2款规定：凡具有中国血统但又具有葡萄牙血统的澳门特别行政区居民，可根据本人意愿，选择中华人民共和国国籍或葡萄牙共和国国籍，确定其中一种国籍，即不具有另一种国籍。上述澳门特别行政区居民，在选择国籍之前，享有澳门特别行政区基本法规定的权利，但受国籍限制的权利除外。

4.1.2 自然人住所的冲突及其解决

☆住所的概念

住所就是一个人的经常居住地，是个人与主要居住地之间形成的法律关系，借以表明一个人的民事身份，以及其权利与义务应受该地法律的管辖。一般认为，居住者的主观常住意图和客观久住事实是决定住所的两个重要因素。

☆自然人住所的冲突

各国法律几乎都承认个人享有改变与选择住所的自由。由于不同国家关于住所的法律规定不同，就会造成某人既丧失了原有住所，又未取得新住所，成为无住所之人；或者同时拥有两个以上的住所。

(1)住所的积极冲突：一个人同时在两个或两个以上国家有住所；

(2)住所的消极冲突：一个人在任何国家都没有住所。

☆自然人住所冲突的解决

住所积极冲突的解决原则大体与解决国籍积极冲突相似：

(1)如果自然人多个住所中既有内国住所，又有外国住所时，以内国住所优先，而不论其取得住所时间的先后。

(2)如果自然人多个住所均在外国，且不是同时取得的，一般以最后取得的住所优先；同时取得的，一般以其居所或与当事人有最密切联系的那个国家的住所为其住所。

对于住所的消极冲突，各国主要采取两种方法：

(1)以居所或惯常居所代替住所;以最后住所为住所,若无最后住所,则以居所或惯常居所代替住所。

(2)如果当事人既无住所又无惯常居所,通常以当事人的实际所在地为住所地,即以现在所在地法为其住所地法。

☆**中国的实践**

中国《涉外民事关系法律适用法》第 20 条规定,依照本法适用经常居所地法律,自然人经常居所地不明的,适用其现在居所地法律。

典型案例

刘岳某等诉刘复某遗产继承案[1]

【案情概述】

1949 年前,刘某某与汪某某在大陆结婚,婚后生育 5 个子女,依次是刘岳某、刘靖某、刘湘某、刘树某、刘复某。1949 年,刘某某由大陆去台湾地区,去台湾地区后未再婚。1972 年,刘某某之妻汪某某在长沙去世。1988 年起,刘某某先后 5 次回大陆探亲,最后一次是 1994 年 7 月 15 日,1995 年 2 月 8 日,刘某某在长沙去世。刘某某去世后,留有若干遗产。为继承遗产,刘某某子女之间发生争议,刘岳某、刘靖某、刘湘某、刘树某以刘复某为被告诉至长沙市某区人民法院。

【关键问题】

本案应适用什么地方的法律?被继承人刘某某的住所应如何确定?

【简要评论】

在本案中,被继承人是我国台湾地区居民,其子女始终居住在大陆,是大陆居民。大陆居民继承台湾地区居民的遗产,属于涉外继承。本案的关键是被继承人住所的确定问题。从刘某某 1994 年 7 月 15 日回大陆探亲到 1995 年 2 月 8 日在大陆死亡时止,期间为 6 个月,不足 1 年,所以,刘某某死亡时的住所在台湾地区而不是大陆。

---

[1] 李双元、欧福永主编:《国际私法教学案例》(第 2 版),北京大学出版社 2012 年版,第 38 页。

4.2 法　　人

知识要点

4.2.1 法人的国籍

法人是指按法定程序设立，有一定组织机构和独立的财产，并能以自己的名义享有民事权利、承担民事义务的社会组织。由于各国对法人成立的条件不同，在一国成立的法人要到外国以法人的名义从事活动，其法人资格需得到外国的承认。法人由哪国、并依据什么法律赋予其人格，用什么标准区分内、外国法人，法人成为民事权利与义务主体应具备的条件，这些问题的解决在国际私法领域具有重要意义。

法人的国籍和住所是确定法人属人法的前提，因而有必要讨论法人的国籍和住所的确定问题。

☆确定法人国籍的理论和标准

法人的国籍是对自然人国籍的扩展适用，它表明法人与某一国家之间特定的法律联系。如何确定一个法人的国籍，国际上无一致的做法，主要有下列不同主张：

(1)“法人登记地说”，又称“设立地说”，即以注册登记地确定法人的国籍，凡在内国设立的法人即为内国法人，凡在外国设立的法人即为外国法人。这一主张所依据的理由是：一方面，国家的批准和登记创造了法人，因而法人应具有设立国国籍；另一方面，法人的登记地容易确定、分辨。但是，该标准极易导致法律规避。

(2)“成员国籍说”，亦称“资本控制主义”，即依法人的成员或依董事会董事的国籍决定法人的国籍。这种主张认为，法人是由其设立人建立起来的组织，法人的权利实际上属于设立法人的自然人，因而法人不能脱离其设立人而独立，法人只能与其设立人同一国籍。该主张在实践中的难处在于，难以确定法人的资本究竟掌握在何国人手中，且控制资本的股东是经常变动的，而一旦法人发行无记名股票，其国籍就更难确定了。另外，股东人数众多，且国籍不同时，究竟该以人数的多少还是出资额的多寡来确定国籍，亦有争议。

(3)“住所地主义说”，即依法人的住所决定其国籍。其依据在于法人的经营管理和经济活动中心是其住所。但是，对于究竟应以何处为法人的住所，学者见解和各国实践尚不一致。对住所地主义持反对意见的人认为,该学说为法人规避法律提供了突破口,法人可以随意选择住所来改变其国籍。

(4)“法人设立准据法说”,即以法人设立时所依据的准据法为标准确定法人的国籍。其理由是任何法人都是依一定国家法律的规定并基于该国明示或默示认可而成立的。如果法人的实际活动处所不在其成立国而在另一国,并按另一国的法律具有其国籍,则应视为该另一国的法人。

(5)“实际控制说”,即依法人资本实际控制国决定法人的国籍。其所依据的理由是应透过表面现象,看法人实际为哪一个国家所控制,为哪一个国家的利益服务。但随着法人股份化现象日益突出,该主张在现代难有普遍影响力。

(6)“复合标准说”,即综合运用上述标准以决定法人的国籍。法人在国际经济交往中的作用不断增强,特别是跨国公司的发展,一个一成不变的形式主义标准往往不能圆满解决问题。通常有两种情况:一是法人设立地和法人住所地并用,二是法人住所地或设立的准据法并用。

总之,如何确定法人的国籍,国际上尚无统一的标准,各国在实践中总是根据自己的利益和需要来确定标准,并随着情势的变化而变化。因此,在确定某一法人的国籍时,有必要考察相关国家的法律规定和司法实践。

4.2.2　法人的住所

英美法系国家往往强调法人的属人法,亦即法人的住所地法,因此,对法人住所的确定,也有重要意义。但各国对法人住所的理解也各有不同,主要有如下主张:

(1)“管理中心所在地说”,即主张法人的董事会和监事会所在地为法人住所。该主张认为法人的管理中心是法人的首脑机构,它决定该法人活动的总体方针,并监督其实施情况。但是,法人主事务所设于何处是法人自行决定的事情。如果采取这种主张确定法人的住所,那么,可能出现法人本在内国从事经营活动,却将主事务所设在国外,取得外国住所,借以规避内国法律适用的情况。

(2)“营业中心所在地说”,即以法人实际从事营业活动的所在地为法人住所。其理由在于:一个法人运用自己的资本进行营业活动的地方,是该法人实现其经营目的的地方,与该法人的生存有着重要联系;另外,法人的营业中心地相对稳定,不会因为当事人意欲规避法律而任意变更。但从事保险、运输或银行业的法人,其营业范围跨越数国,营业中心难以确定。

(3)“法人住所依其章程规定说”,也称“章程指定住所说”。该说认为,法人的住所,依法人章程的规定。在章程未指定时,才以其他标准如主事务所来确定法人的住所。一些大陆法系国家,如葡萄牙等国,采取这种主张。

(4)主要办事机构所在地说,即法人的住所为法人的主要办事机构所在地。这是兼采管理中心所在地说和营业中心所在地说的一种主张,因为主要办事机构所在地既可能是管理中心所在地,也可能是营业中心所在地。我国立法采此说。我国《涉外民事关系法律适用法》第14条规定,法人的经常居所地,为其主营业地。

4.2.3　外国法人的认可

承认外国的法人,并不使它转变为本国法人,而是承认该法人在本国享有人格。对外国法人的认可包含两方面的内容:

(1)外国法人依有关外国法律是否已有效成立;

(2)依外国法已有效成立的外国法人,内国法律是否也承认它作为法人在内国活动。

对于第一个方面,应当由法人的属人法决定;第二个方面则应由内国的外国人法决定。因此,外国法人要进入内国从事经营活动,必须同时符合其属人法和内国的外国人法所规定的条件。

☆外国法人的认可方式

外国法人的认可方式有两种:一是,国际立法认可,即有关国家通过制定国际条约保证相互认可各自的法人。1956年海牙《承认外国公司、社团和财团法律人格的公约》和1968年布鲁塞尔《关于相互承认公司和法人团体的公约》即属采取这种方式。

二是,国内立法认可,即一国通过国内立法确定一些具体的方式认可外国法人。国内立法认可又有如下几种方式:

(1)一般认可制,即内国对于外国特定种类的法人,不问其属于何国,只需办理必要的登记或注册手续,即可取得在内国活动的权利。

(2)相互认可制,又称概括认可,即以缔约为前提,相互认可对方有效成立的法人。

(3)特别认可制,即外国法人只有通过内国规定的特别批准程序,才能在内国取得法人地位的认可制度。外国法人一经内国认可,即表明该外国法人所具有的权利能力和行为能力在该内国得到确认,有资格并可以有效地在该内国从事民商事活动。至于外国法人在内国可以在多大的范围内从事民商事活动。或者说,外国法人在内国可以从事哪些民商事活动,不能从事哪些民商事活动,应受制于内国法的规定。

(4)分别认可制,即内国对外国法人分门别类,分别采取不同的认可方式。如日本规定对商业性法人采取一般认可制,而对于非商业性法人采用特别认可制。

☆外国法人在中国的认可

我国关于外国法人认可的规定,1980年10月国务院颁布的《关于管理外国企业常驻代表机构的暂行规定》第2条规定:“外国企业确有需要在中国设立常驻代表机构的,必须提出申请,经过批准,办理登记手续。未经批准登记的,不得开展常驻业务活动。”自此以后,在对外国法人常驻代表机构认可的问题上,我国采取了特别认可程序。对来中国从事投资活动的外国法人,因合同要经过政府机关批准才生效,审批的过程也包括了对外国法人资格的审查,故可理解为特别认可程序。但对来中国进行货物买卖的外国法人,没有政府审查批准程序,可理解为一般认可程序。

法律与规范链接

▲ 必读法条

《涉外民事关系法律适用法》

第14条 法人及其分支机构的民事权利能力、民事行为能力、组织机构、股东权利义务等事项,适用登记地法律。

法人的主营业地与登记地不一致的,可以适用主营业地法律。法人的经常居所地,为其主营业地。

《涉外民事关系法律适用法解释(一)》

第16条 人民法院应当将法人的设立登记地认定为涉外民事关系法律适用法规定的法人的登记地。

典型案例

苏伊士运河公司国有化案——法人国籍的确定[1]

【案情概述】

1956年埃及把苏伊士运河公司收归国有。其理由是:按照国际私法,苏伊士运

〔1〕 参见李双元、欧福永主编:《国际私法教学案例》(第2版),北京大学出版社2012年版,第39页。

河的营业中心地在埃及,是埃及公司,埃及有权将其收归国有。埃及的国有化政策遭到英法反对,英法认为苏伊士运河公司的最高管理机关——董事会在英国,其资本属于英法两国的自然人、法人所有。苏伊士运河公司不是埃及公司,埃及无权对其采取国有化政策。但埃及无视英法的抗议,于是英法联军向埃及进攻,导致“苏伊士运河战争”,英法战败。

【关键问题】

在确定苏伊士运河公司国籍时,埃及和英法分别采用了什么标准?

【简要评论】

本案中,在确定苏伊士运河公司的国籍时,埃及和英法都采用了法人住所地说,但在具体如何认定法人住所时,产生了分歧:埃及根据法人的营业中心所在地来确定法人的住所,而英法则是以法人管理中心地为法人的住所。

4.3 国 家

知识要点

4.3.1 国家作为国际私法关系主体的特殊性

同自然人和法人一样,国家可以依据民事法律,与自然人、法人、其他国家和国际组织发生民商事法律关系,取得民事权利,承担民事义务,从而成为国际私法关系的主体。当国家作为国际私法主体时,其特殊性主要表现在:

- 国家作为主权者,其能参与的民商事活动的场合和范围十分有限,故而国家是国际私法关系的特殊主体。

- 尽管国家以主权者的身份参与民商事活动,但它还是需要遵守民商事法律关系的平等性原则,以民事主体身份出现,自我限制其主权者的地位。

- 国家参加国际民商事活动必须以国家本身的名义,且由其授权的机关或负责人进行。因此,国有公司和企业不能代表国家。

- 国家作为国际私法关系主体时,以国库财产承担因此而产生的民事法律责任,因而承担的是无限责任。

- 国家享有豁免权,国家虽作为民事主体参与国际民商事法律关系,但它毕竟是主权者,国家及其财产享有司法豁免权。

典型案例

贝克曼诉中华人民共和国案

【案情概述】

原告卡某·贝克曼和阿某·贝克曼为本案奇某的孩子和继承人，他们在瑞典斯德哥尔摩市法院对中华人民共和国提起诉讼，并向该法院申请对中华人民共和国送达传票。他们声称，1954 年 10 月 4 日，位于斯德哥尔摩并属于他们父亲遗产的某不动产，未经他们同意，被其父的遗产管理人卖给了中华人民共和国。他们进一步指出，该项出售并非遗产管理人的权限，并且对他们是不利的。据此，他们请求法院宣告该项购买无效。经瑞典外交部向中国大使馆询问，中国大使馆认为它享有外交豁免，拒绝应诉。

斯德哥尔摩市法院裁定，原告申请对中国送达传票应予驳回。因为该法院认为，原告申请中所指的争议，涉及中国购买的并拟用于该国大使馆的财产的所有权问题。在这项争议中，中国享有豁免。而以此种争议为依据提起的诉讼应予禁止。在上诉审中，市法院的裁定得到上诉法院的肯定。

1956 年 5 月 9 日，原告就该案上诉到瑞典最高法院。审理该案的多数法官认为，因为本案所涉及的财产用于中华人民共和国在瑞典的大使馆，所以，中国有权对卡某和阿某提起的诉讼主张豁免。最高法院确认上诉法院的裁决。

4.3.2　国家豁免

☆国家豁免的根据

国家豁免的根据是国家主权原则，源自“平等者之间无管辖权”。主权是国家具有的独立自主地处理自己的对内和对外事务的最高权力，因此主权具有对内最高性，对外独立性和平等性。

☆国家豁免的含义和内容

国家豁免包括司法管辖豁免、诉讼程序豁免和执行豁免三种。

司法管辖豁免指国家不得成为一国内国法院的被告，亦不得将国家财产作为诉讼标的在外国法院起诉。因为这种豁免主要涉及国家的法律人格，因此也有西方学者将其称为“属人理由的豁免”。

诉讼程序豁免主要是指，即使一国放弃管辖豁免，也仍然享有诉讼程序上的豁免。未经其同意，不得强制它出庭作证或提供证据以及为其他诉讼行为，也不得对它的财产采取诉讼保全措施等诉讼程序上的强制措施。在 1956 年“希腊王国诉朱利叶斯·巴尔公司案”中,[1]瑞士联邦法院指出,即使承认外国在瑞士法院可以成为确定其权利和义务的诉讼当事人,也必须承认外国在瑞士应服从为执行判决的强制措施,否则“判决将缺乏其最本质的属性”。[2]

执行豁免指国家所有的财产不能在别国法院的执行程序中采取诉讼保全措施或执行措施,即使一国以明示方式放弃司法管辖豁免,也不意味着同时放弃了执行豁免。因此,未经国家的同意,不得对国家财产采取诉讼保全和强制执行措施。由于其主要涉及国家的财产,因此西方学者称之为属物理由的豁免。

☆**国家豁免的理论**

传统的豁免理论主要有以下四种:

(1)绝对豁免论(Doctrine of Absolute Immunity)

绝对豁免论是最古老的关于国家豁免的理论。它认为,一个国家,不论其行为的性质如何,在他国享有绝对的豁免,除非该国放弃其豁免权。享有国家豁免的主体包括国家元首、国家本身、中央政府及各部、其他国家机构、国有公司或企业等;国家不仅在直接被诉的情况下享有豁免,而且在涉及国家的间接诉讼中也享有豁免;另外,它主张在国家未自愿接受管辖的情况下,一律通过外交途径解决有关国家为当事人的民商事争议。在19世纪,绝对豁免论几乎得到所有西方国家的实践支持。目前,不少发展中国家仍坚持绝对豁免论。绝对豁免论对国家豁免原则在国际法上的确立发挥了巨大的作用,它是一些社会主义国家和发展中国家在国际民商事交往中用来保护自己、反对强权和维护国家主权的武器。但绝对豁免论在提法上欠科学;而且,把国家本身同国有公司或企业在豁免问题上混同起来也是不当的;此外,过分强调通过外交途径解决涉及国家的民商事争议的主张也不便于国际民商事纠纷的及时解决。

(2)限制豁免论(Doctrine of Restrictive Immunity)

限制豁免论,又称有限豁免论或相对豁免论(Doctrine of Relative Immunity)。限制豁免论把国家的活动划分为主权行为和非主权行为,或统治权行为和事务权行为,或公法行为和私法行为。按照这种理论,在国际交往中,一个国家的主权行为在他国享有豁免,而其非主权行为在他国则不享有豁免。抽象地说,它仍然承认国家豁免是国际法上的一般原则,但却将国家不享有豁免的情况作为各种例外,并规定得非常具体。依限制豁免论区分主权行为和非主权行为的标准有三种,即目的

[1] 《国际法判例汇编》(第23卷)美国联邦法律文件,第195页、第198页。

[2] 龚刃韧:《国家豁免问题的比较研究》,北京大学出版社1994年版,第351~353页。

标准、行为性质标准和混合标准,赞同行为性质标准的人居多。限制豁免论还主张以法院地法来识别外国国家的所谓主权行为和非主权行为。

(3)废除豁免论(Doctrine of Abolishing Immunity)

废除豁免论主张从根本上废除国家豁免原则,国家不享有豁免是原则,而少数情况下有豁免是例外。它不仅反对绝对豁免论,也与限制豁免论所主张的国家享有豁免是一般原则,不享有豁免是例外的观点相反。在立法技术上,它主张采用否定列举式。这种观点目前只停留在少数学者的学说阶段,在实践中还没有哪个国家采用。

(4)平等豁免论(Doctrine of Equal Immunity)

平等豁免论由德国学者弗里兹·恩德林首先提出,他认为国家豁免是平等原则派生出来的权力,同时,又是国家主权的一个实质组成部分。由于国家主权不是绝对的,国家豁免也同样不是绝对的。因此,国家不享有绝对豁免,只享有平等豁免。

平等豁免论将国家的司法管辖豁免称为“关于组织的豁免”,而把执行豁免称为“关于资产的豁免”。它把“关于组织的豁免”分为两类:一类是要求国家豁免的组织,指靠国家预算维持并实现政治、行政或社会和文化职能的国家机构或组织;另一类是当然已放弃豁免的组织,指具有独立经济责任的国营公司或企业。这种理论是在绝对豁免说和废除豁免说之间的一种折中,但还有待于进一步发展、完善。

☆中国对国家豁免的立场

中国曾被动地在其他一些国家或地区被诉,例如,“贝克曼诉中华人民共和国案”“光华寮案”“湖广铁路债券案”。在这些案件中,我国表明了自己的立场,归纳起来,主要有以下几点:

(1)坚持国家及其财产豁免是国际法上的一项原则,反对限制豁免和废除豁免论。

(2)坚持国家本身或者说以国家名义从事的一切活动享有豁免,除非国家自愿放弃豁免。

(3)在对外贸易及司法实践中,我国把国家本身的活动和国有公司或企业的活动区别开来,认为国有公司或企业是具有独立法律人格的经济实体,不应享受豁免,因而,中国坚持的绝对豁免论与原来意义上的绝对豁免论不同。

(4)赞成通过协议来消除各国在国家豁免问题上的分歧。根据我国参加的1969年《国际油污损害民事责任公约》第11条的规定,我国实际上已经放弃了油污损害发生地的缔约国法院的管辖豁免。

(5)如果外国国家无视我国主权,对我国或我国财产强行行使司法管辖权,我国保留对该国进行报复的权利。

(6)我国在外国法院出庭主张豁免权的抗辩不得视为接受外国法院管辖。

典型案例

湖广铁路债券案〔1〕

【案情概述】

1979年5月1日,美国债券持有人杰某等9人代表243名持券者,在美国亚拉巴马州北区地方法院对中华人民共和国提起诉讼,要求中国政府偿还他们的债券本息。该地方法院受理了此案件,并且作出缺席判决,判决中国偿付湖广铁路债券本息4300万美元。

该案起因于中国清朝政府的一项外国借款债务。1911年5月20日,中国清政府以修筑湖广铁路——湖北、湖南、广东和四川等地四段铁路的名义,向英国汇丰、法国东方汇理、德国德华和美国花旗等银行借款,为此签订了总值为600万英镑的湖广铁路借款合同。债券通过金融市场出售分散到私人手中。清政府所借的湖广铁路债务,名义上是修筑铁路,而实际上是筹集镇压人民革命的资金而向帝国主义借的外债。根据国际法,新政府对于通过革命推翻的旧政府的债务多不予全面继承。

中美建交之后,在平等互利的基础上,于1979年5月11日,两国签订了解决历史遗留资产问题的协议。中国政府给予美国8000万美元作为美国政府和国民对中国政府提出资产要求的完全彻底解决方案。此后一国国民向对方政府提出协议范围内的资产要求,就转给该国民所属国的政府解决。

然而,1979年11月5日,美国亚拉巴马州北区地方法院却正式受理了杰某等提起的诉讼。11月13日,该地方法院向中华人民共和国发出传票,要求在收到传票20日内提出答辩。对此,中国外交部照会美国国务院,声明中国是一个主权国家,按照国际法享有司法豁免权,不受美国法院管辖。因此,中国政府拒绝接受传票,但美国该地方法院无视中国外交部的照会,于1982年9月1日开庭审理了这个案件,并且作出了缺席判决。最后还声称,如果中国政府对本判决置之不理,美国法

〔1〕 参见黄进、何其生、萧凯编:《国际私法:案例与资料》,法律出版社2004年版,第106~107页。

院将扣押中国在美国的财产,以强制执行判决。其判决理由是:首先,根据 1976 年美国《外国主权豁免法》,外国国家从事商业活动不能享受主权豁免。清政府在美国发行销售债券属于商业活动,所以,法院对于以中国作为被告的债券案具有管辖权。其次,根据国家继承原则,一国政府变动并不影响其国家地位,中华人民共和国政府是清政府的继承者,应当继承清政府的权利和义务。最后,按照美国程序法,美国法院早已给中国发出传票,中国一直拒绝出庭应诉,因此美国法院只有进行缺席判决,判定原告胜诉。

1983 年 2 月 2 日,中国外交部针对这一判决向美国国务院递交了一份备忘录,严正指出美国法院的这一做法完全违反主权原则和联合国宪章,中国政府对历届反动政府的旧债概不承认,也不承担偿还义务。如果美国政府无视国际法、强制扣押中国在美国的财产,中国政府保留采取相应措施的权利。

由于中国政府的抗议,美国司法部向亚拉巴马州地方法院提出了美国利益声明书。在此情况下,1984 年 1 月 7 日,美国该地方法院重新开庭,为维护中美关系发展的大局,中国政府委派了律师在法院作了"特别出庭",直接向法院阐明中国政府的立场,要求撤销 1982 年 9 月 1 日的缺席判决。并驳回原诉,同时声明中国政府这样做并不意味着接受美国 1976 年《外国主权豁免法》下的管辖,也不意味着中国政府放弃国家主权绝对豁免的一贯立场。1984 年 2 月 27 日,亚拉巴马州地方法院作出裁定,撤销其原来的缺席判决。其理由是:依据 1976 年的《外国主权豁免法》审判湖广铁路债券案件需要具有追溯力,但该法是否具有追溯效力而适用于 65 年以前的案件,国会的意图不明确;再者,传票未译成适当的汉语,通知方式也不合程序规定。因此,法院的管辖权和诉讼程序均未很好确立,缺席判决理应撤销。

中华人民共和国外交部就"湖广铁路债券案"给美国国务院的备忘录

(1983 年 2 月 2 日)

中华人民共和国外交部谨就湖广铁路债券案申述如下:

(一)1979 年 11 月,美国公民杰某等九人在美国阿拉巴马州地方法院对中华人民共和国提起诉讼,要求偿还他们所持有的清政府于 1911 年发行的湖广铁路债券的本息。对此,中国政府曾多次照会美国国务院,提出交涉,申明中国根据国际法,享有主权豁免,不受任何外国法院审判;中国政府对历届反动政府的旧债概不承认,也不承担偿还的义务。但美国法院置中国政府的严正立场于不顾,竟然于 1982 年 9 月 1 日作出缺席判决,要求中国向原告偿还四千多万美元。美方甚至声称,如果中国政府对美国法院的判决置之不理，原告将要求美法院强制执行上述判决，扣押中国政府在美国的财产。这就使问题发展到了十分严重的地步。

（二）中国政府对于历届旧政府的外债，一概不予承认，也不承担偿还的义务。这是我国政府的一贯立场。恶债不予继承是国际法久已公认的一项原则。在世界上，革命政权在推翻旧政权后对旧政权为维护其反动统治而借的外债不予偿还，也不乏先例。在半殖民地半封建的旧中国，帝国主义、封建主义、官僚资本主义给中国人民造成了深重的灾难。所谓湖广铁路债券是丧权辱国的清朝政府，为维护其反动统治和镇压人民，勾结在华划分势力范围的帝国主义列强，加紧压迫和掠夺中国人民的产物。对于这类旧外债，中国政府理所当然地不予承认。中国政府这一立场完全符合国际法原则，有充分的法理根据。

（三）国家主权豁免是国际法的一项重要原则，其根据是联合国宪章所确认的国家主权平等的原则。中国作为一个主权国家无可非议地享有司法豁免权。美国地方法院对一个主权国家作为被告的诉讼，行使管辖权，作出缺席判决甚至以强制执行其判决相威胁，完全违反国家主权平等的国际法原则，违反联合国宪章。对于这种将美国国内法强加于中国，损害中国主权、损害中国民族尊严的行为，中国政府坚决拒绝。如果美方无视国际法，强制执行上述判决，扣押中国在美国的财产，中国政府保留采取相应措施的权利。

（四）中国政府一贯主张在和平共处五项原则的基础上发展中美两国的关系。对湖广铁路债券案，中方从一开始就表明了自己的立场，要求美方作出妥善处理。但美国国务院却一直采取推卸责任的态度，致使事态发展到目前的地步。中国政府希望，美国政府切实负起责任，严格遵照国际法原则行事，采取积极步骤，制止事态发展，妥善处理此案，不使它给中美关系以及两国间正常的经济贸易往来造成损害。

1983 年 2 月 2 日于北京

☆《联合国国家及其财产管辖豁免公约》

在当代国际社会，国家及其财产豁免的理论呈多元化方向发展，而占主流趋势的则是限制豁免理论的发展。2004 年 12 月 2 日，第 59 届联合国大会通过了《联合国国家及其财产管辖豁免公约》（以下简称《国家豁免公约》）（*United Nations Convention on Jurisdictional Immunities of States and Their Property*）。尽管公约尚未生效，但应该代表着国家及其财产豁免的发展趋势，其主要规定如下：[1]

---

〔1〕 以下内容参见《国家豁免公约》中文文本的内容，该版本可查阅联合国网站：https://treaties.un.org/doc/Publication/CN/2005/CN.419.2005 – Eng.pdf，最后访问日期：2019 年 5 月 1 日。

1. 管辖豁免

根据《国家豁免公约》，国家及其财产的管辖豁免为一项普遍接受的习惯国际法原则。一国本身及其财产遵照公约的规定在另一国法院享有管辖豁免，也即享有司法管辖豁免和财产执行豁免的权利。一国应避免在其法院对另一国提起的诉讼行使管辖，并应为此保证其法院主动地确定该另一国所享有的司法管辖豁免和财产执行豁免得到尊重。

首先，国家豁免的主体。依照《国家豁免公约》第2条对公约中"国家"一词的解释，享有国家豁免权的主体具体有四类：一是国家及其政府的各种机关；二是有权行使主权权力并以该身份行事的联邦国家的组成单位或国家的政治区分单位；三是国家机构、部门或其他实体，但须它们有权行使并且实际在行使国家的主权权力；四是以国家代表身份行事的国家代表。

其次，国家豁免的放弃。《国家豁免公约》第7～9条规定，一国如以下列方式明示同意另一国法院对某一事项或案件行使管辖，就不得在该法院就该事项或案件提起的诉讼中援引管辖豁免：(1)国际协定；(2)书面合同；(3)在法院发表的声明或在特定诉讼中提出的书面函件，此即国家豁免的明示放弃形式。依照公约的规定，如果一国本身就该事项或案件在他国法院提起诉讼、介入诉讼或提起反诉，则亦不得在另一国法院中援引管辖豁免，此即国家豁免的默示放弃形式。为避免对被诉国国家主权的任意贬损，下列行为不应解释为同意另一国的法院对其行使管辖权：(1)一国同意适用另一国的法律；(2)一国仅为援引豁免或对诉讼中有待裁决的财产主张一项权利之目的而介入诉讼；(3)一国代表在另一国法院出庭作证；(4)一国未在另一国法院的诉讼中出庭。

最后，国家司法管辖豁免的限制。虽然《国家豁免公约》确认了国家在他国享有司法管辖豁免权之原则，但受限制豁免主义理论和发达国家豁免实践之影响，《国家豁免公约》第10～16条规定，一国在因下列事项而引发的诉讼中，不得向另一国原应管辖的法院援引管辖豁免：(1)商业交易；(2)雇佣合同；(3)人身伤害和财产损害；(4)财产的所有、占有和使用；(5)知识产权和工业产权；(6)参加公司或其他集体机构；(7)国家拥有和经营的船舶。不过，在一些特定的情势中，如有关国家间另有协议，被告国亦可主张管辖豁免。

2. 国家财产的执行豁免

与国家援引管辖豁免存在诸多限制相比，一国在国家财产的执行豁免方面具有更多的"绝对性"。公约规定，除非一国明示同意放弃执行豁免，或者该国已经拨出或专门指定某项财产用于清偿对方的请求，另一国法院不得在诉讼中对该国财产采取判决前的强制措施，如查封和扣押措施，亦不得采取判决后的强制措施，如查封、扣押和执行措施。也就是说，在执行豁免方面，国家豁免的放弃只存在明示放弃的形式，而不存在默示放弃的形式。即使认定一国明示同意放弃管辖豁免，另一国亦不得基于此而认为该国已默示同意对其国家财产采取强制措施。

《国家豁免公约》第一次以普遍国际公约的方式确立了限制豁免原则，规定国家诉讼程序中不得援引管辖豁免的情形，并允许法院地国在一定条件下对被诉外国的财产采取强制措施。这些规定反映了多数国家的立法和司法实践。《国家豁免公约》的通过和开放签署，标志着限制豁免原则已为越来越多的国家接受，限制豁免原则将成为国家豁免立法的发展趋势。

典型案例

蓝某诉马某和荷兰驻广州总领馆机动车交通事故责任案〔1〕

【案情概述】

在蓝某诉马某和荷兰驻广州总领馆机动车交通事故责任案件中，原告与被告马某在公路上发生碰撞，交警认定二人在此次事故中承担同等责任。原告三处伤残，并造成原告医疗费、护理费、营养费等直接损失近 50 万元。而被告马某和荷兰驻广州总领事馆仅支付了 17.5 万元。

最高人民法院在此案中再次明确了绝对豁免原则，即“荷兰驻广州总领事馆系荷兰派驻我国的外交代表机构，其不具备民事诉讼主体资格，不应作为本案被告参加诉讼，且根据我国一贯坚持的国家绝对豁免原则，亦不能将该领事馆的派遣国荷兰作为本案的被告，故对于蓝某以荷兰驻广州总领事馆为被告提起的诉讼，人民法院不应受理”。〔2〕 马某虽然为荷兰驻广州总领事馆领事，但根据《维也纳领事关系公约》及《中华人民共和国领事特权与豁免条例》的相关规定，对于因车辆在我国境内造成的事故涉及损害赔偿的诉讼，领事官员并不享有司法豁免权。蓝某以马某为被告提起的诉讼，符合《民事诉讼法》规定的受理条件，人民法院应予受理。

---

〔1〕 参见万鄂湘主编：《涉外商事海事审判指导》（第 25 辑），人民法院出版社 2013 年版，第 172 ~ 173 页。

〔2〕 参见《最高人民法院关于原告蓝婕诉被告马腾和荷兰驻广州总领事馆等机动车交通事故责任纠纷一案受理问题的请示的复函》（〔2012〕民四他字第 31 号）。

4.4　国际组织

知识要点

☆国际组织作为民事关系主体的特殊性

(1)国际组织以自身名义参加涉外民事法律关系。

(2)国际组织所从事的民事活动是执行职务及实现其宗旨所必要的。

(3)政府间国际组织在参与国际民商事法律关系时享有一定的特权与豁免。

(4)不同的国际组织在国际民商事关系中法律地位差异较大。

☆政府间国际组织的特权与豁免

就目前国际社会的立法和司法实践来看,政府间的国际组织基于一定的国际条约,在有关国家的法院诉讼程序中一般都享有一定的特权和豁免权。如《联合国宪章》第105条明确规定,联合国组织在各成员国境内享有达成其宗旨所必需的特权与豁免,联合国各会员国的代表及联合国的职员也同样享有独立行使关于本组织职务所必需的特权与豁免。1946年《联合国特权及豁免公约》进一步明确规定,联合国组织享有对一切法律诉讼的完全豁免权。

国际组织作为派生的国际法主体,其享有的豁免权与国家并不完全相同,国际组织的豁免权最初来源于外交特权和豁免,早期的一些国际组织大都直接适用有关外交特权与豁免的法则。

国际组织的豁免权来自成员国的授权,关于该授权有两种解释:

(1)职能说。职能说认为,国际组织之所以享有特权和豁免,是成员国为了使其更好地履行作为国际组织的职能,完成有关公约及其组织章程规定的宗旨和任务,而授予其享有主权国家才享有的特权和豁免权。

(2)代表说。代表说认为成员国之所以授予国际组织以特权和豁免权,是因为国际组织在一定程度上或某些方面代表着成员国的愿望和利益。

国际组织在涉外民事法律关系中享有特权和豁免的主要内容有:国际组织的会所、公文档案不受侵犯,国际组织的财产和资产免受搜查、征用、侵夺和其他任何形式的干涉等。

典型案例

李某某诉红十字国际委员会东亚地区代表处房屋租赁合同纠纷案〔1〕

【案情概述】

原告李某某诉称:2007 年 9 月 10 日,其将其拥有的北京朝阳区西大望路蓝堡国际公寓 H-903 号房间出租给被起诉人,双方约定租期至 2009 年 9 月 9 日,房屋仅做住宅使用,同时约定因承租人过失致房屋及设施损坏的由承租人承担赔偿责任;2008 年 8 月 1 日,被起诉人提出要提前终止合同,起诉人同意,但在双方办理交房过程中,起诉人发现房屋的墙面、门窗、地板等存在大量损坏,对此,物业公司进行了记录并由装修公司进行评估,被起诉人虽认可损害事实,但明确表示需要通过诉讼途径解决该赔偿问题,故起诉人诉至法院,要求被起诉人赔偿损害。在审理过程中,红十字国际委员会东亚地区代表处向法院提出豁免申请。

根据《中华人民共和国政府和红十字国际委员会协议》第 4 条第 1 款规定,红十字国际委员会及其财产和资产享有法律程序豁免,包括免受搜查、征用、没收和征收。在特殊情况下,经红十字国际委员会明示放弃其豁免时,不在此限。据此,最高人民法院认为,东亚地区代表处作为红十字国际委员会在我国境内设立的代表机构,享有该条规定的法律程序豁免。双方当事人在租赁合同第 10 条中的约定系对准据法的约定,并不构成东亚地区代表处对豁免权的放弃,也没有其他证据证实该会愿意接受我国法院的管辖。

至于国际组织在我国人民法院的民事诉讼地位问题,根据 2012 年《民事诉讼法》第 261 条的规定,对享有外交特权与豁免的外国人、外国组织或者国际组织提起的民事诉讼,应当依照中华人民共和国有关法律和中华人民共和国缔结或者参加的国际条约的规定办理。我国目前虽然还没有这方面的专门立法,但我国已经参加了一些相关的国际条约,如 1946 年《联合国特权及豁免公约》和 1965 年《关于解决国家与他国国民之间的投资争端的公约》等。这些国际条约中有关国际组织司法豁免权的规定,是我国人民法院在确定国际组织民事诉讼地位时重要的法律依据。

---

〔1〕 参见《最高人民法院关于李晓波诉红十字国际委员会东亚地区代表处房屋租赁合同纠纷一案豁免问题的请示的复函》(〔2009〕民四他字第 25 号,2009 年 10 月 14 日)。

伯氏伯爵被害案[1]

【案情概述】

1948 年 9 月 17 日，联合国派往巴勒斯坦调解纠纷的伯氏伯爵在耶路撒冷以色列控制区被人开枪暗杀，于是围绕联合国本身对其工作人员受害的事件能否要求赔偿问题产生了争论。根据安理会的要求转请联合国大会对此案进行审议。大会第六委员会提议，此案提交国际法院征询意见。

征询意见的两个问题是：(1) 当联合国工作人员在执行公务时遭到伤害，某个国家对此负有责任时，联合国是否有权求偿？(2) 如果有权提出这种要求，那么应该如何理解这与被害人的国籍所属国理应有权行使外交保护权之间的关系。国际法院于 1949 年 4 月 11 日对上述问题发表了咨询意见，大致如下：

关于第一个问题，即联合国是否具有国际法律关系中的人格问题。这从联合国宪章文字中难以断定，需要从宪章的整个宗旨来考察。从今天所处的阶段看，联合国这样的国际组织，如果不具有法律人格，就无法进行工作。因此，关于国际求偿的问题，从必要性来讲是应该肯定的。对这种求偿权历来是根据外交保护进行的，联合国能行使这种权利，应从联合国宪章规定的含义中加以肯定。宪章要求，为了使工作人员脱离其国籍所属国而从国际的角度进行活动，必须使其受到联合国的保护，会员国也要对此予以承认。即使被要求的国家是非会员国，也不能否认国际社会大多数国家组成的联合国以独立的法律人格行使求偿权。

关于第二个问题，联合国的求偿权与国籍所属国的求偿权处于冲突的状态，应该在两者之间决定优先次序，但是这将能由当事者通过善意和常识取得解决，即使受害的工作人员是被要求国的公民，也不致成为联合国组织按求偿权提出赔偿要求的障碍。

上述意见明确地肯定了联合国具有法律人格，为了使其工作人员站在联合国的立场上有效地执行任务，联合国应享有求偿权。

该案经联合国秘书长 1950 年 4 月 21 日的要求，以色列直接向联合国支付 54,628 美元赔偿联合国的损失了结。

---

〔1〕 参见袁成第：《涉外法律适用原理》，同济大学出版社 1988 年版，第 123 ~ 124 页。

4.5 外国人民事法律地位的几种制度

知识要点

外国人民事法律地位是指外国的自然人和法人能在内国享有民事权利和承担民事义务的法律状况,是外国人在内国从事民事活动的前提条件。外国人的民事法律地位主要有如下几种:

★国民待遇

国民待遇是指一国给予外国人的民事法律地位不低于其给予本国人的民事法律地位,即给予外国人与本国人同等的待遇。

★最惠国待遇

最惠国待遇是指施惠国给予受惠国的待遇不低于施惠国已经给予或将来给予任何第三国的待遇。

★优惠待遇

优惠待遇是指一国为了某种目的给予外国及其自然人和法人以特定优惠的一种待遇。

★普遍优惠待遇

普遍优惠待遇是指发达国家单方面给予发展中国家以免征关税或减征关税的优惠待遇。

★不歧视待遇

不歧视待遇是指有关国家约定互相不把对其他国家或仅对个别国家所加的限制加在对方身上,从而使自己不处于比其他国家更差的地位。

典型案例

荷兰某贸易公司和江苏省某特殊钢绳厂买卖合同案
——普遍优惠制度[1]

【案情概述】

1998年6月10日，荷兰某贸易公司（以下简称荷兰公司）向江苏省某特殊钢绳厂（以下简称钢绳厂）发来电传，邀请钢绳厂向其报特殊钢绳的实盘。1998年6月12日，钢绳厂向对方发盘：B型号特殊钢绳1000公吨，每公吨1200美元CIF阿姆斯特丹，即期装运，不可撤销即期信用证。6月15日对方回电，要求将数量增到2000公吨，价格降为每公吨1100美元CIF阿姆斯特丹。6月17日钢绳厂回电，说明亚洲金融危机后，我方出口市场受到很大冲击，我方一直在微利经营，所报价格已经非常低，但考虑到贵方购买数量增加为2000公吨，价格可降为每公吨1150美元CIF阿姆斯特丹。6月20日对方回电，仍然要求降低价格。6月23日钢绳厂回电答复，价格仍为每公吨1150美元CIF阿姆斯特丹，但可以提供普惠制证书。

对方接到钢绳厂答复后，经研究认为，在提供普惠制证书的情况下可以享受优惠关税，从而降低其进口成本。因此，于6月28日回电表示无条件接受。

【关键问题】

什么是普惠制？它有何特点？

【简要评论】

普遍优惠待遇制度是指发达国家单方面给予发展中国家以免征关税或减征关税的优惠待遇制度。它又被称为“关税普惠制”或“普惠制”。它具有如下三个特点：普遍的，即所有发达国家对所有发展中国家在出口制成品和半制成品时给予普遍的优惠制度；非歧视的，即应使所有发展中国家都无歧视、无例外地享受到普惠制待遇；非互惠的，即由发达国家单方面给予发展中国家以特别的关税转让，而不要求对等。

延伸阅读

1. 刘仁山：《现时利益重心地是惯常居所地法原则的价值导向》，载《法学研究》2013年第3期。
2. 宋晓：《属人法的主义之争与中国道路》，载《法学研究》2013年第3期。
3. 何其生：《我国属人法重构视阈下的经常居所问题研究》，载《法商研究》2013年第3期。

---

〔1〕 参见李双元、欧福永主编：《国际私法教学案例》（第2版），北京大学出版社2012年版，第46～47页。

第二编

冲　突　法

第 5 章　冲突规范与准据法

教学目标

1. 识记冲突规范的概念、特点和结构，了解冲突规范的类型。
2. 识记连结点和系属公式的概念，了解连结点和系属公式的类型。
3. 识记准据法的概念和特点，了解特殊情况下准据法的确定。
4. 识记先决问题的概念，了解先决问题的构成要件。

推荐参考资料

1. [德]弗里德里希·卡尔·冯·萨维尼:《法律冲突与法律规则的地域和时间范围》,李双元等译,武汉大学出版社 2016 年版。
2. [德]格哈德·克格尔:《冲突法的危机》,萧凯、邹国勇译,武汉大学出版社 2008 年版。
3. [美]弗里德里希·K. 荣格:《法律选择与涉外司法》,霍政欣、徐妮娜译,北京大学出版社 2007 年版。
4. [英]J. H. C. 莫里斯主编:《戴西和莫里斯论冲突法》,李双元等译,中国大百科全书出版社 1998 年版。
5. [英]J. H. C. 莫里斯:《法律冲突法》,李东来等译,中国对外翻译出版公司 1990 年版。

5.1　冲突规范的概念及类型

知识要点

5.1.1　冲突规范概述

☆冲突规范的概念

冲突规范(conflict rules)是指由国内法或国际条约规定的,指明某一涉外民商事法律关系应当适用何种法律的规范。冲突规范又称为“法律适用规范”(rules of application of law)或“法律选择规范”(choice of law rules)。[1] 在把国际私法只理解为冲突法时,也可以把它称为“国际私法规范”(rules of private international law)。

☆冲突规范的特点

冲突规范是特殊的法律规范,它具有以下几个特点:

(1)冲突规范不同于一般的实体法规范,它是法律适用规范,仅指明某种涉外民商事关系应当适用何种法律,并不直接规定当事人的权利义务;

(2)冲突规范不同于一般的诉讼法规范,它是法律选择规范,不同于以诉讼关系为调整对象的诉讼法规范,冲突规范主要指导一国法院如何选择和适用法律;

(3)冲突规范是一种指引规范,因而缺乏一般法律规范所具有的明确性和预见性,冲突规范需要与其指引的实体规范相结合才能最终确立当事人的权利义务,因此缺乏实体规范的预见性和明确性;

(4)冲突规范的结构不同于一般的法律规范,一个有效的法律规范应当包括规范适用的条件、概括的行为模式和法律后果,而冲突规范由范围和系属两部分组成。

☆冲突规范的结构

(1)范围,又称为连结对象(object of connection)、起作用的事实(operative facts)、问题的分类(classification of issue)等,是指冲突规范所要调整的民商事关系或所要解决的法律问题。

(2)系属,是指规定冲突规范中“范围”所应适用的法律。它指令法院在处理某一具体涉外民商事法律问题时应如何适用法律,或允许法院在冲突规范规定的范围内选择应适用的法律。其语言结构通常表现为“……适用……法律”或“……依……法律”。如在“不动产物权,适用不动产所在地法律”这一冲突规范中,“不动产物权”是范围,“适用不动产所在地法律”是系属。

☆冲突规范的类型

★(1)单边冲突规范(unilateral conflict of rules),是用来直接规定适用某国法律的规范,它既可以明确规定适用内国法,也可以明确规定适用外国法。

例如,合营企业合同的订立、效力、解释、执行及其争议的解决,均应适用中国的法律。

---

[1] 黄进主编:《国际私法》,法律出版社2005年版,第173页。

这种规范适用起来比较直截了当,但是法院在适用法律上会留下空缺,因此,现代各国的国际私法立法已越来越少地使用单边冲突规范。但它仍有不可缺少的价值,是冲突规范中的一种特殊形式。

★(2)双边冲突规范(bilateral conflict of laws,all - sided conflict of rules),指并不直接规定适用内国法或外国法,只规定一个可推定的系属,再根据此系属结合实际情况寻找应适用的某一国家法律的冲突规范。

例如,侵权责任,适用侵权行为地法律。

"侵权行为地"是一个需要推定的系属,既可能指内国法,也可能指外国法,体现了对内外国法律的平等对待。因此,双边冲突规范是现代各国国际私法立法中最常用的一种规范。

★(3)重叠适用的冲突规范(double rules for regulating the conflict of laws),指系属中有两个或两个以上的连结点,它们所指引的准据法同时适用于某一国际民商事关系的冲突规范。在许多情况下,重叠适用的冲突规范中有一个是法院地法,因为立法者试图维护法院地的公共秩序不受侵害。

例如,收养的条件和手续,适用收养人和被收养人经常居所地法律。

★(4)选择适用的冲突规范(choice rules for regulating the conflict of laws),指系属中有两个或两个以上的连结点,但只能选择其一来调整有关的国际民商事关系的冲突规范。

- 无条件选择适用的冲突规范。在这种规范中,人们可以任意或无条件地选择系属中的若干连结点中的一个来确定准据法并调整某一涉外民商事法律关系。例如,我国《涉外民事关系法律适用法》第22条规定:"结婚手续,符合婚姻缔结地法律、一方当事人经常居所地法律或者国籍国法律的,均为有效。"在这一冲突规范中,婚姻缔结地法律、一方当事人经常居所地法律和国籍国法律在确定婚姻手续的有效性上具有同等价值,没有轻重之分。
- 有条件的选择适用的冲突规范,指系属中有两个或两个以上的连结点,但只允许顺序或有条件地选择适用。例如,《涉外民事关系法律适用法》第23条规定:"夫妻人身关系,适用共同经常居所地法律;没有共同经常居所地的,适用共同国籍国法律。"

5.1.2 冲突规范的发展趋势

目前,冲突规范呈现灵活化的发展趋势。常见的方法包括:

(1)用灵活的开放系属代替僵硬的封闭系属,主要包括"当事人意思自治原则"

和“最密切联系原则”的采用。

(2)增加连结点的数量从而增加可选性,这种方法主要适用于法律行为的形式和对一个国家没有重要利益的国际民商事关系。

(3)对同类法律关系进行切割,依其不同性质规定不同的连结点。例如,在合同法领域,出于对弱方当事人的保护,对雇佣合同和消费者合同单独规定不同的冲突规范;在侵权法领域,针对产品责任、交通事故、环境污染、国际诽谤等规定不同的冲突规范。

(4)对一个法律关系的不同方面进行分割,对不同部分或不同环节规定不同的连结点,这种方式被称为分割方法(Depesgae)。

典型案例

某留学生B侵权案

【案情概述】

2014年4月20日下午,某大学工人A在该校校园内骑自行车向右拐弯时,未打手势示意,被从后面超车的该校留学生B骑自行车撞倒。经检查,A右内踝关节挫伤,他的自行车前轮被撞坏,造成经济损失约600元。学校曾为双方进行调解,但双方在B应付给A的赔偿数额上未能取得一致意见。于是A向当地人民法院起诉。法院受理了本案。

【关键问题】

此案是否涉及冲突规范的适用?

【简要评论】

本案为涉外一般侵权纠纷。因此,法院受理此案后,应首先适用有关涉外侵权的冲突规则,也就是《涉外民事关系法律适用法》第44条的规定确定适用的准据法。

5.2 连　结　点

知识要点

☆**连结点的概念**

连结点(point of contact)或连结因素(connecting factor)是冲突规范借以确定国际民商事关系应当适用什么法律的依据。如我国《涉外民事关系法律适用法》第42条规定,消费者合同,适用消费者经常居所地法律。这一冲突规范以“消费者经常居所地”为确定消费者合同法律关系适用法律的根据。

☆**连结点的意义**

(1)从形式上看,它是一种把冲突规范中“范围”所指的法律关系与一定地域的法律联系起来的纽带或媒介。

(2)从实质上看,这种纽带或媒介反映了该法律关系与一定地域的法律之间存在着内在的、实质的联系或隶属关系,它表明某种法律关系应受一定国家法律的约束。

☆**连结点的分类**

(1)客观连结点和主观连结点。客观连结点是一种客观实在的标志,主要包括国籍、住所、居所、物之所在地和法院地等;主观连结点为意定的连结点,主要包括当事人之间的合意和最密切联系地等。主观连结点主要作为确定适用于合同关系的准据法的依据。

(2)静态连结点(constant point of contact)和动态连结点。静态连结点是指固定不变的连结点,主要包括不动产所在地以及涉及过去的行为或事件的连结点,如婚姻举行地、合同缔结地、法人登记地、侵权行为发生地等;动态连结点指可变的连结点,包括国籍、住所、居所等。动态连结点的存在一方面加强了冲突规范的灵活性,另一方面为当事人规避法律提供了可能。

☆**连结点的选择**

连结点的选择是指在一个法律关系诸多构成要素当中,选择一个最能反映“范围”中所要解决问题的本质,并以与之有最重要联系的要素作为连结点,以指引准据法的选择,从而公平合理地解决涉外民商事纠纷。

此外,作为一种法律规范,冲突规范必须具备一定的抽象性和概括性,否则很难被反复适用。立法者必须根据法律关系的组合情况,运用抽象的方法,利用连结点来指引准据法,因此连结点的选择是冲突规范立法的中心任务。

5.3 系属公式

知识要点

☆系属公式的概念

所谓系属公式(formula of attribution),就是把一些解决法律冲突的规则固定化,使之成为国际上公认的或为大多数国家所采用的处理原则,以便解决同类性质法律关系的法律适用问题。系属公式本身并不是冲突规范,只有与冲突规范的范围部分结合起来,才构成完整的冲突规范。[1]

☆几种常见的系属公式

★(1)属人法(lex personalis),包括本国法和住所地法,是以法律关系当事人的国籍、住所或惯常居所作为连结点的系属公式,一般用来解决人的身份、能力及亲属、继承关系等方面的民事法律冲突。国际上对属人法有两种不同的理解,即本国法(lex patriae)和住所地法(lex domicilii),从而形成了属人法的两大派别。为了调和两大法系在属人法上的矛盾,现在常常用惯常居所来代替住所地法或本国法作为属人法。

★(2)物之所在地法(lex rei sitae;lex situs),指民事法律关系的客体所在国家的法律,常用来解决有关物权,特别是不动产物权的法律冲突问题。

★(3)行为地法(lex loci actus),指法律行为发生地所属法域的法律,起源于"场所支配行为"(locus regitactum)这一法律古谚。行为地法又派生出下列系属公式。

● 合同缔结地法(lex loci contractus),一般用来解决合同的成立、合同内容的合法性等法律冲突问题。

● 合同履行地法(lex loci solutionis),一般用来解决合同内容,特别是合同履行方面的法律冲突问题。

● 婚姻举行地法(lex loci celebrationis),一般用来解决涉外婚姻关系尤其是婚

〔1〕 参见黄进主编:《国际私法》,法律出版社2005年版,第184页。

姻方式方面的法律冲突问题。

● 侵权行为地法(lex loci delicti),一般用来解决涉外侵权行为之债的法律冲突问题。

★(4)当事人合意选择的法律(lex voluntatis),体现了当事人意思自治原则,主要用来解决涉外合同等的法律适用问题。

★(5)法院地法(lex fori),是审理国际民商事案件的法院所在地国的法律,主要用来解决国际民事诉讼方面的法律冲突问题。

★(6)最密切联系地法(law of the place of the most significant relationship),指与国际民商事关系有最密切联系的国家的法律,可追溯至萨维尼的"法律关系本座说"。

5.4　准据法及确定

知识要点

5.4.1　准据法的概念及特点

☆准据法的概念

准据法(applicable law, *lex causae*),指经冲突规范指引的用来解决民商事争议的具体实体法规则。

☆准据法的特点

(1)准据法是能够确定当事人权利义务关系的实体法规范。

(2)准据法必须是经过冲突规范指定的实体法,不经冲突规范的指引而直接适用的法律不是准据法,如一国的强制性法律规则不是准据法。

(3)准据法不是冲突规范逻辑结构的组成部分,必须结合具体的案情事实才能确定。

(4)准据法不是笼统的法律制度或法律体系,而是一项项具体的"法",即具体的实体法规则或法律文件。

5.4.2　实体问题与程序问题

各国国际私法在考虑法律适用问题时,首先将所涉问题分为实体问题(substance)和程序问题(procedure)。如果一个问题被识别为程序问题,就适用法院地

法;如果被识别为实体问题,就根据冲突规范选择所适用的法律。但是如何识别实体问题和程序问题仍存在困难,原因在于:

(1)确立程序问题和实体问题由法院依其自身的标准决定,但各国并没有识别程序问题和实体问题的统一标准。

(2)一些英美法系国家常常把某些问题识别为程序问题,借以排除外国法的适用。

5.4.3　特殊情况下准据法的确定

特殊问题的准据法确定,主要包括在区际法律冲突、人际法律冲突和时际法律冲突情况下准据法的确定。

☆区际法律冲突与准据法的确定

所谓区际法律冲突,就是在一个国家内部不同地区的法律制度之间的冲突。或者说,是一个国家内部不同法域之间的法律冲突。[1] 中国内地、香港特别行政区和澳门特别行政区相互之间的法律冲突就是区际法律冲突。在实践中,针对区际法律冲突,通常存在以下几种解决方法:

- 根据外国的区际私法来确定准据法,即该国用以调整其国内各法域之间法律冲突的法律规定加以确定。
- 直接依据冲突规范中的连结点,如住所地、居所地、行为地等直接确定适用该具体地点的法律。
- 适用最密切联系原则确定准据法。
- 以当事人的住所地法、居所地法或所属地方的法律代替其本国法。

《涉外民事关系法律适用法解释(一)》

第19条　涉及香港特别行政区、澳门特别行政区的民事关系的法律适用问题,参照适用本规定。

☆人际法律冲突与准据法的确定

人际法律冲突是指同一国家中,适用于不同民族、种族、宗教、部落或阶级成员的民商事法律之间在效力上的冲突。或者说,是适用于不同成员集团的民商事法律之间的冲突。通常的解决办法是由该外国的人际冲突法或人际私法决定。

☆时际法律冲突与准据法的确定

时际法律冲突是指先后于同一地区施行并涉及相同问题的新旧法律或前后法

---

〔1〕 参见黄进:《区际冲突法研究》,学林出版社1991年版,第48~49页。

律之间在时间效力上的冲突。时际法律冲突有两大原则：

- 法律不溯及既往原则；
- 新法优于旧法或后法优于前法原则。

法律与规范链接

《涉外民事关系法律适用法》

第6条　涉外民事关系适用外国法律，该国不同区域实施不同法律的，适用与该涉外民事关系有最密切联系区域的法律。

《涉外民事关系法律适用法解释(一)》

第2条　涉外民事关系法律适用法实施以前发生的涉外民事关系，人民法院应当根据该涉外民事关系发生时的有关法律规定确定应当适用的法律；当时法律没有规定的，可以参照涉外民事关系法律适用法的规定确定。

第3条　涉外民事关系法律适用法与其他法律对同一涉外民事关系法律适用规定不一致的，适用涉外民事关系法律适用法的规定，但《中华人民共和国票据法》、《中华人民共和国海商法》、《中华人民共和国民用航空法》等商事领域法律的特别规定以及知识产权领域法律的特别规定除外。

涉外民事关系法律适用法对涉外民事关系的法律适用没有规定而其他法律有规定的，适用其他法律的规定。

典型案例

周依某诉豪德(厦门)石材有限公司、厦门市万邦实业有限公司、王文某、王和某、何创某债权纠纷案[1]

【案情概述】

2005年10月8日，融泰公司、万邦公司、豪德公司签订一份《合作协议书》，约定了欲将豪德公司用地开发建设为安置房项目的相关权利义务。

2005年8月16日至10月21日，融泰公司通过银行转账给豪德公司合计1250万元。

---

〔1〕　最高人民法院〔2013〕民四终字第33号民事判决书。

2007年8月16日，融泰公司、万邦公司、豪德公司签订一份《终止合作确认书》，确认截至2007年8月16日，融泰公司投入的各项资金和支出累计达2190万元。相关凭证各方均已收回。豪德公司计划在2007年10月31日前偿还上述款项。

2009年7月9日，融泰公司与马来西亚公民周依某签订一份《债权转让协议书》，约定融泰公司将其对万邦公司、豪德公司及连带责任保证人王和某、王文某享有的应返还的房地产项目投资和支出款项2190万元及逾期付款违约金等债权转让给周依某。

2009年7月30日，周依某依据《合作协议书》、《终止合作确认书》和《债权转让协议书》向福建省厦门市中级人民法院起诉，要求支付欠款和违约金。

关于法律适用，福建省高级人民法院认为：案涉合同均未约定法律适用问题，根据《中华人民共和国民法通则》第145条的规定，本案应适用中华人民共和国法律。

最高人民法院则认为：周依某是马来西亚公民，其以受让中华人民共和国公民郑振某的债权为依据，以豪德公司和王文某等中华人民共和国公司和个人为被告，提起本案诉讼主张债权，故本案为涉外债权纠纷。根据最高人民法院《关于适用〈中华人民共和国涉外民事关系法律适用法〉若干问题的解释(一)》第2条的规定，本案应根据涉外民事关系发生时的有关法律确定应适用的法律。当事人没有对解决本案纠纷应适用的法律作出约定，根据《中华人民共和国民法通则》第145条第2款的规定，一审法院适用与本案纠纷有最密切联系的中华人民共和国法律审理本案是正确的。

5.5 先决问题

知识要点

☆先决问题的概念

先决问题(preliminary question)，又称附带问题(incidental problem)，是指一国法院在处理国际私法的某一争讼问题时，如果必须以解决另外一个问题为先决条件，便可以把该争讼问题称为“本问题”或“主要问题”，把需要首先解决的另一问题称为“先决问题”或“附带问题”。

☆先决问题的构成要件

（1）主要问题依法院地国的冲突规范必须以外国法作为准据法。

（2）需要解决的先决问题具有独立性，可以作为一个单独的争议向法院提起诉讼，并且有自己的冲突规范可供援用。

（3）法院地的法律和主要问题准据法所属国的法律在处理先决问题时有所不同。

★先决问题准据法确定的学说

（1）主要问题准据法地学说支持者认为：先决问题应该受到所要解决主要问题的准据法所属国的冲突规范指定的法律支配。其理由是，先决问题和主要问题是两个互相联系的问题，在确定先决问题的准据法时，要考虑主要问题准据法所属国冲突规则，这样才能获得协调一致的判决结果。

（2）法院地法学说支持者认为：先决问题应由法院地国冲突规范来确定其准据法。其理由是，先决问题既是一个独立的问题，就应该与解决主要问题的准据法一样，概由法院地国冲突规则决定。这样才可以使得判决获得内部一致。

★中国立法中的先决问题准据法

中国《涉外民事关系法律适用法》没有对先决问题作出规定。中国司法实践对于先决问题的准据法确定采纳的是法院地法说。《涉外民事关系法律适用法解释（一）》第12条规定："涉外民事争议的解决须以另一涉外民事关系的确认为前提时，人民法院应当根据该先决问题自身的性质确定其应当适用的法律。"这表明中国法院确定先决问题准据法，会依据《涉外民事关系法律适用法》中有关该先决问题的冲突规范来确定准据法，而不论主要问题的准据法。

法律与规范链接

▲ 必读法条

《涉外民事关系法律适用法解释（一）》

第12条　涉外民事争议的解决须以另一涉外民事关系的确认为前提时，人民法院应当根据该先决问题自身的性质确定其应当适用的法律。

典型案例

李某某房产继承案

【案情概述】

李某某于1938年在家乡广东台山与范某某结婚,婚后一直无子女。1943年李某某前往美国定居,住在加利福尼亚州洛杉矶。1967年11月,李某某与周某某在美国内华达州结婚。1981年7月,李某某在美国洛杉矶去世。在李某某的遗产中,有一栋位于广州的四层楼房。1986年5月,已离开广东台山到香港定居多年的范某某得知李某某在美国去世后,到广州某公证处办理了继承上述房产的有关证明,同年7月领得房屋产权证。周某某在美国得知这一情况后,立即委托代理人在广州某区人民法院起诉,要求继承其亡夫留下的上述房产。

法院认为,(香港居民)范某某是(定居美国38年的)李某某之结发妻子,李某某在未与范某某解除婚姻关系的情况下,与在美国的周某某结婚属重婚,确认无效,并根据《中华人民共和国婚姻法》第2条规定,判决驳回原告请求继承上述房产之诉。

【关键问题】

本案的主要问题是什么？是否有先决问题？为什么？

【简要评论】

此案涉及先决问题的认定问题。本案的主要问题是不动产继承问题,根据我国冲突规则,不动产适用不动产所在地法,故本案的准据法是中国法。因此,如果严格根据先决问题的构成要件,本案不涉及国际私法先决问题的法律适用问题。

延伸阅读

1. [澳]迈克尔·J.温考普、玛丽·凯斯:《冲突法中的政策与实用主义》,阎愚译,北京师范大学出版社2012年版。
2. [英]J. G. Collier:《冲突法(导读本)》,郭玉军编注,中国人民大学出版社2005年版。
3. HE Qisheng, "Reconstruction of Lex Personalis in China", 62 *Int'l & Comp.* L. Q. 137, 2013.
4. 陈卫佐:《法院地国家国内法中的冲突规则与国际条约的关系》,载《法学研究》2013年第2期。
5. 宋晓:《程序法视野中冲突规则的适用模式》,载《法学研究》2010年第5期。
6. 李双元、张明杰:《论冲突规范的软化处理》,载《中国法学》1989年第2期。

第6章　冲突法的一般问题

教学目标

1. 了解和识记识别冲突法一般问题所涉及的基本概念，了解和识记冲突法一般问题的各种理论。
2. 了解和识记中国现行立法对冲突法一般问题的相关规定，学会运用冲突法基本知识解决有关涉外民商事纠纷。

推荐参考资料

1. 高晓力：《国际私法上公共政策的运用》，中国民主法制出版社2008年版。
2. 粟烟涛：《冲突法上的法律规避》，北京大学出版社2008年版。
3. 刘来平：《外国法的查明》，法律出版社2007年版。
4. 王葆莳：《国际私法中的先决问题研究》，法律出版社2007年版。
5. 贺连博：《反致问题研究》，知识产权出版2006年版。

6.1　识　　别

知识要点

6.1.1　识别的概念

识别（qualification）是在适用冲突规范时，依据一定的法律观念，对有关的事实作出"定性"或分类，将其归入一定的法律范畴，从而确定应援用哪一冲突规范的认

识过程。[1] 识别从本质上来讲,包含两个方面:

(1)对涉外民事案件所涉及的事实或问题进行定性或分类,将其归入特定的法律范畴。

(2)对冲突规范本身进行识别,对冲突规范使用的名词进行解释。

6.1.2 识别冲突

☆识别冲突的概念

识别冲突是指由于法院地国与有关外国法律对同一事实构成作出不同的分类,采用不同国家的法律观念进行识别就会导致适用不同冲突规范和不同准据法的结果。从法院地国角度来看,识别冲突就是依内国法识别和依有关外国法识别的冲突。[2]

☆识别冲突的产生原因

(1)不同国家对同一个事实赋予了不同的法律性质。例如,欺诈消费者,有些国家认定为侵权,有些则认定为违约,产生不同的法律适用后果。

(2)不同国家对于同一内容的法律问题可能在不同的法律部门中予以规定。例如,关于诉讼时效,有些国家认为是程序问题,有些国家认为是实体问题,从而会导致适用不同法律部门的法律,产生识别冲突。

(3)不同国家对同一问题规定的冲突规范具有不同的含义。例如,不动产适用不动产所在地法,由于各国对于“不动产”的界定不同,从而可能产生识别差异。

(4)不同国家有时有独特的法律概念。此时就需要进行识别,然后才能确定应适用的冲突规范和准据法。

6.1.3 解决识别冲突的方法

对解决识别冲突的方法,主要学说有:

(1)法院地法说(lex fori doctrine):主张以法院地国家的实体法作为识别的标准。这个学说的理由主要是:一是冲突规范是国内法,因此其使用的概念只能依据法院地法来解释;二是法院更熟悉本国的法律概念,依据法院地法识别更为简单准确;三是识别先于法律适用,识别冲突无法适用外国法。

(2)准据法说(lex causae doctrine):主张以解决争议问题的准据法来对争议问

---

〔1〕 参见韩德培主编:《国际私法》(第3版),高等教育出版社、北京大学出版社2014年版,第126页。
〔2〕 同上注,第127页。

题的性质进行识别。识别的目的在于确定冲突规范，找到应适用的准据法，此说将确定准据法置于识别之前，属于逻辑错误。

(3)个案识别说(qualification case - by - case)：主张识别不应采取统一解决方法，而应该根据冲突规范的目的，考虑依法院地法还是依准据法。

法律与规范链接

▲ 必读法条

《涉外民事关系法律适用法》

第8条　涉外民事关系的定性，适用法院地法律。

《涉外民事关系法律适用法解释(一)》

第13条　案件涉及两个或者两个以上的涉外民事关系时，人民法院应当分别确定应当适用的法律。

典型案例

英国人C结婚效力案

【案情概述】

一个住所在法国的19岁法国人A，未取得父母同意，去英国与一位住所在英国的妇女B结婚。后来，其丈夫A以未取得父母同意为由认为他没有结婚能力并经法国法院判决婚姻无效。此后，妻子又在英国与一在英国有住所的英国人C结婚。在本案中，原告C(英国男子)以他与该妇女结婚时，该妇女尚有合法婚姻存在而请求英国法院宣告他们的婚姻无效。解决本案的前提是要确定该妇女前一婚姻的有效性；而这又取决于对该法国男子A未满25岁又未获得其父母同意就结婚这一事实作出定性。若按英国法识别，这种同意为婚姻的形式要件，而婚姻的形式要件适用婚姻举行地法，即英国法。英国法对未满25岁子女结婚并无“需要父母同意”的限制，该妇女的前婚姻有效，可以满足原告的要求。若依法国法识别，这种同意为婚姻能力问题，而婚姻能力依当事人的住所地法，即法国法，就要承认法国法院的婚姻无效判决，故应驳回原告的请求。

【关键问题】

此案涉及国际私法的什么问题？

【简要评论】

此案主要涉及国际私法中的识别问题。此案主要涉及未满25岁又未获得其父母同意就结婚这一事实的定性问题，该事实根据不同国家法律识别会得出不同结果。识别问题是国际私法中解决涉外民商事法律冲突必须首先要解决的问题。由于各国对同一法律概念或同一事实性质理解不同，从而可能导致援引不同性质的冲突规范，并作出不同的判决。可见，识别是国际私法中非常重要的一个问题。

高银某与冯炳某案外人执行异议之诉特殊程序案〔1〕

【案情概述】

冯某与高银某系夫妻关系，于1985年5月18日在香港登记结婚。在冯炳某与冯某、冯伟某、冯显某因股权转让纠纷一案中，法院判决冯某、冯伟某、冯显某应向冯炳某支付股权转让款430万元及逾期付款利息，并负担诉讼费用。在案件执行过程中，原审法院依法拍卖了位于佛山市顺德区容桂街道办容山居委会丰宁路18号房屋。该房屋登记权属人原为冯某、冯伟某，每人所占有房屋份额均为1/2。本案高银某提出执行异议，认为其与冯某系夫妻关系，涉案房产是其与冯某的夫妻共同财产，但高银某本人并非被执行人，法院不应将其财产当作被执行人即本案冯某的个人财产予以执行，请求法院中止对涉案房产的执行。此外，高银某及冯某的经常居所地均在香港。

法院认为，实体法方面，各方当事人并未就实体问题选择适用的实体法律，而关于高银某是否对案涉争议房产享有份额的问题，实质上是夫妻财产关系所产生的纠纷，根据《中华人民共和国涉外民事关系法律适用法》（以下简称《涉外民事关系适用法》）第二十四条“夫妻财产关系，当事人可以协议选择适用一方当事人经常居所地法律、国籍国法律或者主要财产所在地法律。当事人没有选择的，适用共同经常居所地法律；没有共同经常居所地的，适用共同国籍国法律”的规定，本案应适用高银某及冯某的共同经常居所地即香港特别行政区的法律进行审理。高银某及冯某认为应适用不动产所在地法律的问题，因《涉外民事关系适用法》第三十六条关于“不动产物权，适用不动产所在地法律”的规定中不动产物权纠纷是指不动产物权的设立、变更、转让和消灭所产生的纠纷，该规定不适用于本案因夫妻财产关系而产生的纠纷，故高银某及冯某提出的意见不能成立。

---

〔1〕 广东省佛山市中级人民法院〔2015〕佛中法执民经字第3号民事判决书。

6.2 反　　致

知识要点

6.2.1 反致的类型

☆反致的概念

反致(renvoi)有广义与狭义之分。广义的反致包括狭义的反致、转致以及间接反致。[1]

狭义的反致(remission),是指对于某一涉外民商事案件,法院依照本国的冲突规范本应适用外国法,而该外国法中的冲突规范指定应适用法院地法,最后法院适用了法院地国的实体法。

狭义反致:A国 ⇄ B国

☆转致的概念

转致(transmission)是指对于某一涉外民商事案件,A国法院依据本国冲突规范应当适用B国法,B国冲突规范又指定适用C国法,A国法院因此适用了C国实体法。

转致:A国 → B国 → C国

☆间接反致的概念

间接反致是指对于某一涉外民商事案件,A国法院依据本国冲突规范应当适用B国法(包括B国冲突规范),但B国法又指定适用C国法,C国法指定适用A国实体法作准据法,最后A国法院适用本国实体法作为准据法裁判案件。

间接反致:A国 → B国 → C国 → A国

☆二重反致的概念

二重反致是英国独有的制度,是指在处理某一涉外民商事案件的时候,如果依照英国的冲突规范应当适用某一外国法,英国法官应“设身处地”地将自己视为在外国审判,再依照该国对反致所持态度决定应当适用的法律。如果英国冲突规范

[1] 参见李双元主编:《国际私法》,北京大学出版社2011年版,第106页。

指向的外国法承认反致,那就会出现“双重反致”;如果英国冲突规范指向的外国法不承认反致,那么就会出现“单一反致”。

6.2.2 反致问题在理论上的分歧

☆**支持反致的理由**

(1)采用反致可以维护外国法律的完整性。适用外国法应当包括适用外国冲突规范,从而不会导致曲解外国法的立法目的。

(2)接受反致无损国家主权,反而可能扩大内国法的适用。

(3)采用反致在一定程度上有利于实现国际私法所追求的判决结果一致的目标。

(4)采用反致有可能得到更合理的判决结果。

☆**反对反致的理由**

(1)采用反致显然违背了本国冲突法指向外国法的宗旨。本国冲突规范指定某一涉外民事关系应由外国法调整,就表明该法律关系与该外国有更密切的联系。

(2)采用反致有损内国国家主权。适用外国冲突法将涉外民商事关系由何法律调整的立法权交给了外国。

(3)采用反致浪费司法资源。外国法调查成为法院和当事人的负担。

(4)采用反致会导致恶性循环。各国之间相互指定法律会使得准据法无法确定。[1]

6.2.3 中国对反致的一般态度

《涉外民事关系法律适用法》第 9 条规定,涉外民事关系适用的外国法律,不包括该国的法律适用法。该条主要规定了我国不承认国际私法上的反致制度。据此规定,涉外民事关系适用的外国法律,仅仅适用外国法中的实体法,而不包括该国的冲突规范,不存在反致的条件。

在合同领域,原《关于适用〈中华人民共和国涉外经济合同法〉若干问题的解答》中曾明确规定在合同领域不采纳反致制度,这与国际上的普遍实践是一致的。2007 年最高人民法院在《关于审理涉外民事或商事合同纠纷案件法律适用若干问题的规定》第 1 条再一次明确中国不承认反致制度。

---

〔1〕 参见李双元主编:《国际私法》,北京大学出版社 2011 年版,第 109 页。

法律与规范链接

▲ **必读法条**

《涉外民事关系法律适用法》

第9条 涉外民事关系适用的外国法律,不包括该国的法律适用法。

△ **延伸法条**

1991年美国《路易斯安那州民法典》第3517条;

1992年《罗马尼亚国际私法》第4条;

2001年海牙国际私法会议《关于成年人国际保护公约》第19条;

1989年海牙国际私法会议《死者遗产继承法律适用公约》第4条。

典型案例

英国达拉阿尔巴拉卡投资公司诉巴哈马曲母普航运公司抵押案〔1〕

【案情概述】

1994年12月12日,原告英国达拉阿尔巴拉卡投资有限公司(以下简称投资公司)与巴哈马康斯特瑞新船舶管理公司(CONSTELLATIONSHIPMANAGEMENT-BAHAMAS,以下简称管理公司)签订借贷协议。协议约定由投资公司向管理公司贷款175万美元,用于管理公司购买被告巴哈马曲母普航运公司(以下简称航运公司)所属的"曲母普海"(SEATRAMP)轮的股份。

1994年12月15日,投资公司与航运公司签署抵押契据,抵押船舶为"曲母普海"轮,船东为航运公司。同日,投资公司与航运公司签订保证书,并对"曲母普海"轮进行了抵押权登记。抵押登记注册书上载明投资公司对该轮享有第一优先抵押权。1996年4月18日,"曲母普海"轮更名为"曲母普马兹"(MATTZTRAMP)轮,其船舶所有人、船籍及其他登记事项均未变更。

1997年12月20日,"曲母普马兹"轮因船舶保赔保险合同纠纷被武汉海事法院另案扣押。1998年3月11日,原告投资公司向武汉海事法院提起诉讼,请求法院确认投资公司对航运公司所属"曲母普马兹"轮享有船舶抵押权,并准许投资公司对该轮行使第一优先抵押权,并同意本案适用中国法律。被告航运公司在庭审

〔1〕 参见杜涛:《国际经济贸易中的国际私法问题》,武汉大学出版社2005年版,第85~86页。

中认可投资公司的请求,并同意本案适用中国法律。

武汉海事法院经审理认为:本案系船舶抵押权纠纷。依照中华人民共和国法律规定,合同双方当事人有权选择处理合同争议所适用的法律。原、被告均同意本案适用中国法律。但依照《中华人民共和国海商法》第271条第1款的规定,船舶抵押权应适用船旗国法律,故本案应适用巴哈马共和国有关法律。原告投资公司与管理公司签订的借贷协议以及与被告航运公司签订的抵押契据、保证书均合法有效,且船舶抵押已在当地船舶登记机构登记,因此投资公司与航运公司之间的抵押关系依法成立,投资公司享有对"曲母普马兹"轮的第一优先抵押权。管理公司未在约定期限内履行还款义务,根据保证书的约定,航运公司应对投资公司承担主债务人的责任。依照巴哈马共和国《商船法》第246章第33条,《中华人民共和国民事诉讼法》第128条之规定,该院判决如下:被告航运公司支付原告投资公司贷款本金175万美元及相应利息(利息按合同约定进行计算),于本判决生效之日起十日内一次付清。

判决宣判后,双方均未上诉。

【关键问题】

此案的法律适用是否正确?

【简要评论】

本案是一起涉外船舶抵押合同纠纷,最主要的问题是如何选择处理实体纠纷的法律问题。按国际私法的基本原则,选择的准据法必须是能够确定当事人权利义务关系的具体实体法律规范或法律文件。当事人选择适用我国法律,法院即须依本案法律关系的性质寻找可适用的我国某一法律。本案因属涉外船舶抵押合同纠纷,当然应适用我国《海商法》。我国《海商法》的立法体例较特别,其第十四章规定了涉外海事法律关系的法律适用问题,故《海商法》虽为调整我国海上运输关系、船舶关系的实体法,但因第十四章的规定,使其具有实体法与冲突法相结合的特点。但根据我国有关司法解释的规定,我国不承认反致制度,因此,本案最终适用的法律应为《海商法》实体法部分规则。尽管当事人均未上诉,但法院在该案中的法律适用是不恰当的,错误地适用了有关反致制度。

6.3　法 律 规 避

知识要点

6.3.1　法律规避概述

☆法律规避的概念

法律规避(evasion of law),又称僭窃法律(fraude a la loi)或欺诈设立连结点(fraudulent creation of point of contact),是指涉外民事关系当事人为适用某一冲突规范,故意制造某种连结点的构成因素,以避开本应适用的强制性规范或禁止性规定,从而使对其有利的法律得以适用的逃法或脱法行为。

典型案例

鲍富莱蒙王妃婚姻效力案

【案情概述】

原告鲍富莱蒙(Bauffremont)王子的王妃,原为比利时人,因与鲍富莱蒙结婚而取得法国国籍,后欲离婚与一罗马尼亚王子比贝斯哥(Bibesco)结婚,但当时法国的法律不准离婚(1884 年以前),她便只身移居德国并归化为德国人,随即在德国获得离婚判决,然后在柏林与比贝斯哥结婚。鲍富莱蒙遂申请法院宣告其妻加入德国国籍及离婚、再婚均属无效。法国最高法院认为,依照法国法,离婚虽然应适用当事人的本国法,但鲍富莱蒙妃子取得德国国籍的动机,显然是为了逃避法国法律禁止离婚的规定,因而构成法律规避,判决她在德国的离婚和再婚无效。[1]

☆法律规避的构成要件

从上述概念可以看出,法律规避的构成要件如下:

(1)行为主体上,法律规避行为必须是当事人自己的行为造成的。

(2)主观上,当事人具有法律规避的意图。也就是说,当事人所为的行为是以规避某种法律的适用为目的的,如果没有规避法律的意图,而是由于其他原因导致

---

〔1〕 韩德培主编:《国际私法》(第 3 版),高等教育出版社、北京大学出版社 2014 年版,第 137 页。

冲突规范所指向的法律未得以适用,就不构成法律规避。

(3)被规避的对象上,被规避的法律必须是依冲突规范应当适用的强制性或禁止性法律。任意性法律在有关法律关系中并非必须遵守,因而不存在规避任意性法律的问题。

(4)行为方式上,法律规避是当事人通过人为制造或改变连结点的事实因素以逃避本应适用的法律而得以实现的。从法律规避的实践来看,当事人常用的方法包括改变国籍、住所、行为地、物之所在地、交通运输工具的旗帜或登记地等。

(5)客观结果上,当事人的规避行为已经完成,且按当事人的意愿应当适用对其有利的法律。

6.3.2　法律规避的效力

☆法律规避效力概述

法律规避的效力是指当事人规避法律的行为是否有效以及这种行为将会产生何种法律后果。对于这一问题的认定不同,将会导致有关的涉外民事关系适用不同国家的法律。

对于法律规避的效力,各国理论上、立法上和司法实践中存在较大分歧,归纳起来可分为以下三种情况:

(1)肯定规避外国法的效力。确立规避外国法有效原则的判例是1922年法国法院审理的佛莱(Ferrai)案。

该案当事人佛莱夫妇为意大利人,为了规避意大利法律中只许别居、不许离婚的限制性规定,两人商定由妻子归化为法国人,并向法国法院提出离婚请求。当时的法国法律已经取消了限制离婚的规定。法国法院在审理案件的过程中不仅没有否定女方规避意大利法律的行为,而且依法国冲突规范适用当事人本国法,作出了准予离婚的判决。

(2)否定规避内国法的效力。绝大多数国家的立法都明确否定了当事人规避内国法的效力,而对规避外国法律的效力不作规定。

(3)所有法律规避行为均无效。这一主张的理论依据是“欺诈使一切行为归于无效”(Fraus Omnia Corrumpit),欧洲大陆的学者大多持此种观点,如法国学者巴丹和巴迪福认为,规避法律的行为损害了冲突规范及其指定的准据法的威信,本质上是一种欺诈行为，只要不存在其他相反解释，就不应承认其效力。[1] 在立法上，也有一些国家作了明文规定，如《阿根廷民法典》第1207条、第1208条。

☆我国关于法律规避的效力的规定

根据最高人民法院司法解释的规定，一方当事人故意制造涉外民事关系的连结点，规避中华人民共和国法律、行政法规的强制性规定的，人民法院应认定为不发生适用外国法律的效力。可以看出，这些司法解释都只规定了当事人规避我国法律无效的原则，但没有涉及当事人规避外国法律的效力问题。一般而言，当事人规避外国法律的效力应当视情况而定。如果当事人规避外国法律中正当的、合理的规定，应当认定该规避行为无效；反之，应当认为规避行为有效。

法律与规范链接

▲ 必读法条

《民法通则意见》

194. 当事人规避我国强制性或者禁止性法律规范的行为，不发生适用外国法律的效力。

《涉外民事关系法律适用法解释(一)》

第11条 一方当事人故意制造涉外民事关系的连结点，规避中华人民共和国法律、行政法规的强制性规定的，人民法院应认定为不发生适用外国法律的效力。

△ 延伸法条

《加蓬民法典》

第31条 任何人不得利用规避加蓬法而使某个外国法得以适用。

《阿根廷民法典》

第1207条 在国外缔结的规避阿根廷法律的契约是毫无意义的，虽然这个契约依缔结地法律是有效的。

第1208条 在阿根廷缔结的规避外国法的契约是无效的。

---

[1] 参见韩德培主编：《国际私法》(第3版)，高等教育出版社、北京大学出版社2014年版，第138～139页。

典型案例

香港中成财务有限公司与香港鸿润(集团)有限公司、广东省江门市财政局借款合同纠纷案[1]

【案情概述】

1995年5月10日,香港中成财务有限公司(以下简称中成公司)与香港鸿润(集团)有限公司(以下简称鸿润集团)签订了《贷款协议书》,约定由中成公司借款1000万元港币给鸿润集团,还款日为1995年11月28日,利息及手续费100万元港币。鸿润集团提供远期可兑现公司支票给中成公司作抵押;中成公司接受鸿润集团推荐的广东省江门市财政局(以下简称江门财政局)为其做担保人,江门财政局向中成公司出具了《不可撤销担保书》,承诺为鸿润集团向中成公司贷款进行担保,担保书适用香港法律。江门市人民政府办公室在见证人处盖章。后来,鸿润集团未能按期偿还借款。中成公司要求江门财政局履行担保义务未果,遂于2000年8月25日向江门市中级人民法院提起诉讼,请求判令鸿润集团偿还借款本金及利息,江门财政局承担连带清偿责任。

【关键问题】

此案是否涉及法律规避问题?

【简要评论】

由于我国现行法律、法规和司法解释都明确规定国家机关不得做担保人。江门财政局为了为鸿润集团向中成公司贷款提供担保,在《不可撤销担保书》中承诺"本担保书适用香港法律",明显规避了内地禁止性法律、法规的规定。虽然我国《民法通则》中未就法律规避问题作出规定,但最高人民法院《民法通则意见》第194条规定:"当事人规避我国强制或者禁止性法律规范的行为,不发生适用外国法律的效力。"因此,本案中"不可撤销担保书"约定适用香港地区法律的协议是无效的。

---

〔1〕 参见吕伯涛主编:《涉外商事案例精选精析》,法律出版社2004年版,第29~33页。

6.4　外国法内容的查明

知识要点

6.4.1　外国法内容查明

☆外国法的性质

在国际私法层面上,“外国法”(foreign law)是指被法院地国赋予法律效力的外国法律规则,是相对于本国法(local law)而言的。对于外国法的性质,主要有以下三种主张:

(1)事实说。英美等普通法系国家持此种观点。它们认为,依本国冲突规范而适用的外国法相对于内国只是一个单纯的事实,而非法律。

(2)法律说。意大利、法国等国家主张这种理论。该说认为,内国法院适用外国法,是根据法律关系的性质而适用的;由于内、外国法律完全平等,因此本国法官适用外国法与适用内国法一样,没有什么区别。

(3)折中说。该说主要是为了调和事实说和法律说之间的矛盾,主张外国法既非单纯的事实,也非绝对的法律,而是依本国冲突规范的指引确定应适用的外国法律。从本国法的观点而言,它适用的是外国法;从外国法的观点看来,它是依据法院地国法而被援用的。因此,它既有别于外国法,又有别于内国法,是一种特殊的法律事实。

☆外国法内容查明的含义

外国法的查明(ascertainment of foreign law),也被称为外国法的证明(proof of foreign law)或外国法内容的确定,是指一国法院在审理涉外民商事案件时,如果根据冲突规范的指引应当适用某外国的实体规范调整当事人的权利义务,如何查明该外国法关于这一具体问题的过程。

6.4.2　外国法查明的方法

(1)当事人举证证明

英美等普通法系的国家和部分拉美国家采用这种做法,它们将外国法看作单纯的“事实”,用确定事实的程序来确定外国法的内容,即关于外国法中有无相关规定及其内容,完全由当事人举证证明,法官无依职权查明的义务。

(2)法官依职权查明,无须当事人举证

奥地利、意大利、法国等主张外国法也是法律的国家依据“法官知法”(juranovit curia)原则,认为法官应当负责查明外国法的内容。

(3)法官依职权查明,当事人负有协助义务

采取这种做法的国家有德国、瑞士、土耳其、秘鲁等。它们主张对外国法的查明,既不同于查明内国法的程序,又不同于查明“事实”的程序,原则上应由法官依职权查明,当事人也负有协助义务。

6.4.3 外国法无法查明时的解决办法

(1)直接适用内国法。这是大多数国家采取的方法。

(2)类推适用内国法。如英国法院,在当事人无法提出关于外国法内容的证据,或法院认为该项证据不充分时,就推定该外国法与英国法内容相同,从而适用英国法。

(3)驳回当事人的诉讼请求或抗辩。美国在实践中采取此种做法。在美国的司法实践中,在外国法为普通法系国家的法律且不能被当事人证明时,法院推定外国法与美国法相同而适用美国法。但在外国法为非普通法系国家的法律且不能被当事人证明的情况下,法院会驳回或不予采纳当事人的诉讼请求或抗辩。

(4)适用与本应适用的外国法相近似或类似的法律。德国[1]和日本[2]有过此种案例。

(5)适用一般法理。这种主张认为,外国法无法查明或欠缺规定时,应依据法理进行裁判,日本的学说和判例大多持此主张。[3]

6.4.4 外国法适用错误的救济

外国法适用错误通常有两种情况:一是适用冲突规范的错误,二是适用外国法的错误。

☆适用冲突规范的错误

适用冲突规范的错误是指一国法院依据冲突规范本应适用某一外国的法律,却错误地适用了另一外国或内国的法律,或本应适用内国法却适用了外国法律。这类错误从本质上讲构成了对内国法的直接违反,应当允许当事人上诉,以纠正这

---

〔1〕 参见[德]马丁·沃尔夫:《国际私法》,李浩培等译,法律出版社1988年版,第323~324页。

〔2〕 参见[日]北胁敏一:《国际私法》,姚梅镇等译,法律出版社1989年版,第63~64页。

〔3〕 参见韩德培主编:《国际私法》(第3版),高等教育出版社、北京大学出版社2014年版,第155页。

种错误。

☆**适用外国法的错误**

对于这类错误,是否允许当事人上诉予以纠正,存在两种不同主张:

(1)不允许当事人上诉。持这种主张的国家将对外国法的认定看作一种事实的认定,而其最高法院只是作为法律审(revisio in jure)法院,即它必须接受下级法院对于事实的认定,其工作只限于审查从事实得出的法律上的结论。因此,对适用外国法的错误不允许上诉到最高法院。另外,一些将外国法看作法律的国家认为,最高法院的设立目的在于保证本国法律解释的正确性与一致性,至于外国法律,不属于其职责范围,因此也不接受当事人的上诉。

(2)允许当事人上诉。允许当事人以适用外国法错误为由提起上诉的国家大致有两种类型:

一是奥地利、葡萄牙、芬兰、意大利、波兰以及一些美洲国家。它们认为,对外国法内容的确定与解释有误,就是对内国冲突规范的错误适用,因此,应当允许当事人上诉予以纠正。

二是英美等普通法系的国家。它们认为,虽然冲突规范所援引的外国法律是"事实",但由于在诉讼程序上规定了上诉法院有权利和责任对下级法院所认定的事实进行审查,因此允许当事人以适用外国法错误为由提起上诉。

6.4.5　我国关于外国法查明的规定

☆**外国法查明的方法**

《涉外民事关系法律适用法》第10条第1款规定:"涉外民事关系适用的外国法律,由人民法院、仲裁机构或者行政机关查明。当事人选择适用外国法律的,应当提供该国法律。"从规定中可以看出,在当事人意思自治选择外国法律时,由当事人提供外国法律的内容;非基于当事人选择而适用外国法律时,由法院查明。

由人民法院查明外国法时,查明方法根据最高人民法院司法解释的规定,包括:

(1)由当事人提供;

(2)由与我国订立司法协助协定的缔约对方的中央机关提供;

(3)由我国驻该国使领馆提供;

(4)由该国驻我国使馆提供;

(5)由中外法律专家提供。

☆**外国法无法查明的解决办法**

根据我国《涉外民事关系法律适用法》第10条第2款的规定,不能查明外国法律或者该国法律没有规定的,适用中华人民共和国法律。

☆适用外国法错误的救济

关于适用外国法的错误,我国目前尚无这方面的立法或判例。但从我国民事诉讼并不严格区分法律审和事实审来看,无论是外国法适用错误还是解释错误,都可以提起上诉予以纠正。

法律与规范链接

▲ 必读法条

《涉外民事关系法律适用法》

第10条 涉外民事关系适用的外国法律,由人民法院、仲裁机构或者行政机关查明。当事人选择适用外国法律的,应当提供该国法律。

不能查明外国法律或者该国法律没有规定的,适用中华人民共和国法律。

《民法通则意见》

193. 对于应当适用的外国法律,可通过下列途径查明:(1)由当事人提供;(2)由与我国订立司法协助协定的缔约对方的中央机关提供;(3)由我国驻该国使领馆提供;(4)由该国驻我国使馆提供;(5)由中外法律专家提供。通过以上途径仍不能查明的,适用中华人民共和国法律。

《涉外民事关系法律适用法解释(一)》

第17条第1款 人民法院通过由当事人提供、已对中华人民共和国生效的国际条约规定的途径、中外法律专家提供等合理途径仍不能获得外国法律的,可以认定为不能查明外国法律。

△ 延伸法条

《奥地利联邦国际私法法规》

第4条 外国法应由法官依职权查明。允许采用的辅助方法包括有关人员的协助、联邦司法部的咨询答复及专家的鉴定意见。

如经充分努力,在适当时期内外国法仍不能查明,适用奥地利法。

《瑞士联邦国际私法法规》

第16条 外国法的内容由法院依职权查明。为此,可以要求当事人予以合作。涉及财产请求权的,可令当事人负举证之责。

如果应适用的外国法内容无法查明,则适用瑞士法律。

典型案例

德力西能源私人有限公司(DelixyEnergyPte)与东明中油燃料石化有限公司国际货物运输合同纠纷上诉案[1]

【案情概述】

在上诉人德力西能源私人有限公司(以下简称德力西公司)因与被上诉人东明中油燃料石化有限公司(以下简称东明公司)国际货物运输合同纠纷案一审中,德力西公司提交了英国夏礼文律师事务所出具的英国法专家报告,用以证明英国相关法律。报告内容包括对本案所涉法律问题的意见,及与法律问题相关的三个英国案例、一份英国出版物的内容。其中,法律意见针对以下三个问题作出答复:1. 东明公司未能在合同规定的2008年10月16日最后期限之前开出信用证是否构成根本违约,使德力西公司有权终止合同;2. 口头协议是否可以变更书面合同;3. 10月的信用证能否构成证明双方之间就买卖合同进行变更的证据。所附的第一个判例系针对上述第1个问题提供,用以说明“未能在限期内提供符合条件的信用证构成预期违约行为使得卖方有权终止合同”;所附的英国出版物内容系针对上述第2个问题提供,用以说明“书面协议可以被口头协议变更”;所附的第二个判例用以说明“当事人在合同成立之后所说的或者所做的任何事情,作为证据不被采信的,不可以用来作为对合同解释的证据”;所附第三个判例用以说明“双方之间的口头协议成立之后的行为是可以被当作证据所采信,以验证双方之间对已经口头达成协议的回忆”。针对上述第3个问题,该法律意见给出的最终意见是“接受了对信用证的修改就是改变了基础买卖合同”,但并未提供英国的相关判例或成文法。

一审法院认为:本案德力西公司为我国境外注册的法人,本案为涉外案件,应适用涉外民事诉讼的有关规定。本案经最高人民法院提审,裁定一审法院作为本案合同项下标的物所在地法院对本案享有管辖权。根据《民法通则》第145条规定:“涉外合同的当事人可以选择处理合同争议所适用的法律,法律另有规定的除外。涉外合同的当事人没有选择的,适用与合同有最密切联系的国家的法律。”《涉外民事关系法律适用法》第10条规定:“涉外民事关系适用的外国法律,由人民法院、仲裁机构或者行政机关查明。当事人选择适用外国法律的,应当提供该国法律。

---

〔1〕 山东省高级人民法院〔2016〕鲁民终1891号民事判决书。

不能查明外国法律或者该国法律没有规定的,适用中华人民共和国法律”。《涉外民事关系法律适用法解释(一)》第17条第2款规定:“根据涉外民事关系法律适用法第十条第一款的规定,当事人应当提供外国法律,其在人民法院指定的合理期限内无正当理由未提供该外国法律的,可以认定为不能查明外国法律。”本案中,当事人选择处理合同争议所适用的法律为英国法,但东明公司未提交英国法,德力西公司虽提供了英国夏礼文律师事务所出具的英国法专家报告,但该报告系对于涉案案件处理的一份法律意见书,该法律意见书仅表明了律师的单方意见,不具备客观性,其所提供的案例也与本案纠纷的实际情况不同,对本案处理并无实质性的指导及帮助意义,不足以就此认为已查明英国法律如何认定合同价格是否变更的基本法律内容,且该专家报告亦未经过公证认证;此外,双方也未进一步通过法律规定的其他途径证明其选择适用的英国法律内容,故本案处理应适用中华人民共和国相关法律。

对此问题,德力西公司的上诉请求如下:涉案合同约定适用英国法,一审法院以外国法不能查明为由拒绝适用英国法不当。德力西公司已提交了夏礼文律师事务所出具的专家报告,出具该报告的律师为英国法专家,其知晓是向法庭提供,报告内容完全客观公正。报告中的案例均为国际贸易案件,涉及跟单信用证。德力西公司提交外国法的形式符合《民法通则意见》、《第二次全国涉外商事海事审判工作会议纪要》的规定。德力西公司为节省诉讼时间,未对专家报告进行公证认证。一审法院在没有任何指示的情况下,以专家报告未作公证认证为由不予采信,有违程序公正和公开原则……

二审法院认为,德力西公司系在新加坡共和国登记注册的公司法人,本案具有涉外因素,应据涉外民事诉讼程序审理。双方当事人在合同中约定“此合同应受到英国法律的管辖并且按照英国法律进行解释”,应视为双方均选择适用英国法律解决争议。当事人负有向法院提供英国法律的义务。英国系判例法国家,其法律的存在形式包括判例和成文法。当事人应以提交判例或成文法的形式提供该国法律,并且可以附带法律专家、法律服务机构等出具的法律意见及理由。一审中,德力西公司提交了英国夏礼文律师事务所出具的英国法专家报告。该份专家报告能否被视为查明的英国法律适用于本案,应视该专家报告的内容是否准确、全面,能否解决本案争执的焦点。本案双方当事人争执的焦点为买卖合同的成立时间、双方是否通过信用证的开立就第一船货物的价格进行了变更。对于合同的成立时间问题,该份专家报告没有关于英国法对合同成立时间确认的相关内容。对于信用证是否变更了合同约定价款的问题,英国专家报告虽然包括专家意见,并附带了三个英国判例及一份英国出版物(该报告的具体内容前文已述),但对该焦点问题,专家报告仅有“接受了信用证的修改就是改变了基础买卖合同”的法律意见,并无英国判例或成文法予以支持。该法律意见不足以客观说明英国就此问题的法律规定。因此,德力西公司提交专家报告的内容不能够解决本案争议的两个焦点问题。根据《涉外民事关系法律适用法》第十条第一款的规定,对当事人选择适用外国法律的情形,外国法律应由当事人提供。本案当事人未完成提供外国法的义务,应视为英国法未查明。同时,根据《涉外民事关系法律适用法》第10条第2款的规定,我国法律是审理本案应适用的准据法。

【简要评论】

根据《涉外民事关系法律适用法》第10条的规定,在当事人约定适用外国法的情形下,当事人对外国法查明负有举证义务,当事人未举证将承担举证不能的责任。

若需要查明的外国法存在成文的法律条文,提供此类法律条文对于查明外国法大有裨益。若适用的外国法为普通法系国家或地区的法律,判例对于外国法的查明有着重要作用,建议在提供判例时应注意选择与案件涉及的情况有较强的关联性的判例。若适用的是外国的习惯法、法理的,则尽可能提供公认的权威法律著述、法律介绍资料等法律资料佐证该外国法。当事人提供外国法律条文或判例裁判规则的,可以通过专家出具法律意见书对法条或判例裁判规则的适用进行解释说明。此时境外法律专家的权威性、相关的经历、专家报告的完整性、符合公证认证等程序性要求对于查明外国法也十分重要。

6.5　公共秩序保留

知识要点

6.5.1　公共秩序保留的基本理论

☆公共秩序保留的概念

公共秩序保留(reservation of public order)也被称为公共政策(public policy)、公共秩序(ordre public),是指一国法院应依冲突规范适用外国法时,或者应承认与执行外国法院判决或仲裁裁决时,或者应提供司法协助时,因与法院地国的重大利益、基本政策、法律的基本原则或道德的基本观念相抵触而有权排除和拒绝的保留制度。

☆**公共秩序保留的立法形式**

公共秩序保留条款的立法方式包括以下三种：

(1)直接限制的立法方式。这种规定是在立法中明文指出，外国法的适用不得违背内国公共秩序；反之不予适用，也被称为排除条款。如1896年《德国民法施行法》第30条的规定。

(2)间接限制的立法方式。这种规定只指出内国的某些法律具有绝对的强行性，或者是必须直接适用的，从而排除外国法的适用，也被称为保留条款。如1804年《法国民法典》第3条第1款。

(3)综合限制的立法方式。即在同一法典中兼采直接限制与间接限制两种方式。如1978年《意大利民法典》第28条、第31条。

☆**公共秩序保留排除外国法适用的结果**

在援用公共秩序保留排除外国法的适用后，就出现了适用何国法来规制该涉外民事法律关系的问题。

(1)适用法院地法。过去多认为排除外国法的适用后，适用法院地法的相关规定取代被排除的外国法，如1978年的《奥地利联邦国际私法法规》第6条。

(2)适用密切联系国家的法律。[1] 依照国际私法规范适用的外国法是与该涉外民事关系有最密切联系的国家法律，在该外国法的适用违反了法院地国家的公共秩序时，应适用与该涉外民事法律关系有次密切联系国家的法律。[2]

(3)拒绝审判。有些学者主张在外国法被排除后，法院可拒绝审判。因为冲突法既已规定应适用的外国法，便表明它不允许用其他法律代替。

6.5.2　我国关于公共秩序保留的规定

《涉外民事关系法律适用法》第5条规定："外国法律的适用将损害中华人民共和国社会公共利益的，适用中华人民共和国法律。"可以看出，我国关于公共秩序保留采取的是直接限制的立法方式，且人民法院在排除外国法的适用后，就该涉外民事法律关系适用我国法律。

---

〔1〕　参见李旺：《国际私法》，法律出版社2011年版，第87页。

〔2〕　参见[日]折茂丰：《国际私法研究》，有斐阁1992年版，第177页以下。转引自李旺：《国际私法》，法律出版社2011年版，第87页。

法律与规范链接

▲ 必读法条

《涉外民事关系法律适用法》

第5条　外国法律的适用将损害中华人民共和国社会公共利益的，适用中华人民共和国法律。

《民法通则》

第150条　依照本章规定适用外国法律或者国际惯例的，不得违背中华人民共和国的社会公共利益。

《海商法》

第276条　依照本章规定适用外国法律或者国际惯例，不得违背中华人民共和国的社会公共利益。

△ 延伸法条

2017年修订的《德国民法施行法》

第6条　公共秩序

其他国家的法律规范，如果其适用会导致与德国法律的根本原则明显不相等的结果，则不予适用。尤其当该法律的适用违背基本权利时，不予以适用。

1804年《法国民法典》

第3条第1款　有关警察与公共治安的法律，对于居住在法国境内的居民均有强行力。

1987年《意大利民法典》

第28条　刑法、警察法和公民安全法，对在意大利领土上的一切人均有强行力。

第31条　……在任何情况下，外国的法律和法规，一个组织或法人的章程和规定，以及私人间的规定和协议，如果违反公共秩序或善良风俗，在意大利领土上无效。

《奥地利联邦国际私法法规》

第6条　外国法的规定，其适用会导致与奥地利法律的基本价值相抵触的结果时，不得适用。如有必要，应代之以适用奥地利法律中的相应规定。

典型案例

徐某某与胡某某合同纠纷案[1]

【案情概述】

本案是上诉人徐某某与被上诉人胡某某确认合同效力纠纷。2012 年 1 月,原、被告双方签订合作协议,共同投资港币 20,000,000 元用于澳门博彩业转码获取码粮经营。[2] 合同签订后,原告于 2012 年 1 月 21 日分两次通过工商银行、农业银行共计汇款 8,181,000 元给被告。随后原、被告共同至澳门参与经营活动。后在经营活动中发生争议。原告诉请解除双方签订的《合作协议》;返还投资款人民币,并支付违约金。

贵州省高级人民法院认为,本案争议的焦点可以归纳为:一、本案的准据法应为内地法律还是澳门特别行政区法律;二、若适用澳门特别行政区法律,则是否应当适用公共秩序保留原则;三、上诉人的利益是否应当得到保护。

对于第一个争议焦点,一审法院根据《最高人民法院关于适用若干问题的解释(一)》第 1 条第 4 项"民事关系具有下列情形之一的,人民法院可以认定为涉外民事关系:产生、变更或者消灭民事关系的法律事实发生在中华人民共和国领域外"和第 19 条"涉及香港特别行政区、澳门特别行政区的民事关系的法律适用问题,参照适用本规定"之规定,认定本案应参照适用对涉外案件的相关法律规定进行处理。

关于本案准据法的确定,《涉外民事关系法律适用法》第 41 条规定:"当事人可以协议选择合同适用的法律。当事人没有选择的,适用履行义务最能体现该合同特征的一方当事人经常居所地法律或者其他与该合同有最密切联系的法律。"本案中,双方当事人对合同适用的法律并无约定,而涉案合同的签订地、尤其是营业活动发生地即合同实际履行地均在澳门特别行政区,与该合同有最密切联系的法律应为澳门特别行政区法律。

---

〔1〕 贵州省高级人民法院〔2015〕黔高民三终字第 7 号民事判决书。

〔2〕 原、被告均认可,协议中约定的"转码",是指当事人先向博彩厅缴纳 20,000,000 元港币保证金(双方筹借的资金),有赌客来的时候,当事人从博彩厅拿到筹码交付给赌客,赌客在赌博结束后如果赢取了筹码,则当事人负责将筹码换成现金,如果赌客输了就应当将现金还给当事人,当事人交给赌场;协议中约定的"码粮"是指博彩厅支付给当事人的佣金。原、被告于 2012 年 2 月 1 日共同向新皇宫博彩中介一人有限公司分五次借款 7,900,000 元。转码行为就是转码人拿现金交给澳门赌场,赌场给转码人双倍面额的筹码,再由转码人将筹码提供给赌客,事后与赌客进行结算;转码盈利的收入,就是赌场给的筹码百分之一的返点。向新皇宫博彩中介一人有限公司的"借款",实际是以借款的名义向赌场提供担保来换取筹码,以便从事转码活动。

对于第二个争议焦点，双方当事人所从事的转码行为在澳门特别行政区属于博彩中介服务的一种，但在内地则系为赌博提供直接帮助的行为，若承认其合法并对其提供保护，显然与我国内地的社会公共秩序和善良风俗相违背。《涉外民事关系法律适用法》第5条规定："外国法律的适用将损害中华人民共和国社会公共利益的，适用中华人民共和国法律。"因此，本院在对涉案合同及上诉人权利进行评判时，参照该条法律规定，审慎适用公共秩序保留原则，以中华人民共和国内地法律作为处理本案的法律依据和判断标准。

对于第三个争议焦点，首先，《合同法》第52条第4项规定："有下列情形之一的，合同无效：损害社会公共利益"。因此，当现行法律对损害社会公共利益的合同效力及后果等已经作出具体明确的规定，即存在专门调整合同之债法律关系的法律规定时，处理合同纠纷理应优先适用该类规定。而适用《民法通则》第5条处理本案，否认当事人的胜诉权，将使不诚信的相对方不正当获得巨大利益，显失公平。根据前述《合同法》第52条第4项的规定，本案双方当事人签订的合作协议依法应认定为无效，而对上诉人要求解除合同的诉讼请求本院不予支持。其次，《合同法》第58条规定："合同无效或者被撤销后，因该合同取得的财产，应当予以返还；不能返还或者没有必要返还的，应当折价补偿。有过错的一方应当赔偿对方因此所受到的损失，双方都有过错的，应当各自承担相应的责任。"《民法通则》第92条规定："没有合法根据，取得不当利益，造成他人损失的，应当将取得的不当利益返还受损失的人。"本案中，上诉人已经举证证明被上诉人收到上诉人给付的8,181,000元人民币投资款，被上诉人对此亦予以认可，现因合同无效，被上诉人合法取得该笔款项的原因已不复存在，理应按照前述法律规定予以返还。此外，《民事诉讼法》第64条第1款规定："当事人对自己提出的主张，有责任提供证据。"《最高人民法院关于适用〈中华人民共和国民事诉讼法〉的解释》第90条第1款规定："当事人对自己提出的诉讼请求所依据的事实或者反驳对方诉讼请求所依据的事实，应当提供证据加以证明，但法律另有规定的除外。"被上诉人在返还该笔款项时，对资金的实际使用情况、盈亏状况及现状等可以提供证据加以说明，但在其主要负责经营管理并聘请有专职会计的情况下，对此并未提供任何证据。最后，上诉人作为具有完全民事行为能力的中国公民，理应了解商业活动所应遵循的规范和所具备的风险，更应认识到其与被上诉人相约从事的行为不仅与我国公共秩序和善良风俗相悖，更有可能违反法律规定，因此其本身对合同无效具有过错，应自行承担相应的责任，不得因合同无效而要求被上诉人进行赔偿。

延伸阅读

1. 许庆坤:《国际私法中的法律规避制度:再生还是消亡》,载《法学研究》2013 年第 5 期。

2. 肖永平、龙威狄:《论中国国际私法中的强制性规范》,载《中国社会科学》2012 年第 10 期。

3. 宋晓:《识别的对象与识别理论的展开》,载《法学研究》2009 年第 6 期。

4. J. J. Fawcett,"Evasion of Law and Mandatory Rules in Private International Law",*Cambridge Law Journal*,Vol. 49,1990,pp. 44 – 62.

第 7 章　合同之债的法律适用

教学目标

1. 在了解国外立法关于涉外合同界定的基础上，理解我国关于涉外合同法律适用的确定标准；了解合同法律适用的历史沿革和理论争议。
2. 理解和识记合同准据法的确定方法以及消费者合同与劳动合同法律适用的特殊性。
3. 识记我国关于涉外合同法律适用的相关规定，并能运用这些规定解决涉外合同纠纷的法律适用问题。

推荐参考资料

1. 刘益灯：《跨国消费者保护的法律冲突及其解决对策》，法律出版社 2008 年版。
2. 许军珂：《国际私法上的意思自治》，法律出版社 2006 年版。
3. 王军、陈洪武：《合同冲突法》，对外经济贸易大学出版社 2003 年版。
4. 沈涓：《合同准据法理论的解释》，法律出版社 2000 年版。
5. 傅静坤：《契约冲突法理论》，法律出版社 1999 年版。
6. 邵景春：《国际合同法律适用论》，北京大学出版社 1997 年版。

7.1　合同法律适用概述

知识要点

7.1.1　涉外合同的含义

合同又称契约，是双方当事人为设定、变更或消灭某种权利义务关系而订立的协议。涉外合同是指含有涉外因素的合同。但国内外立法对何为涉外合同有不同做法。根据英国1977年《不公平合同条款法》第26条的规定，两个国籍相同的人在外国缔结了一个纯粹由二者在国内履行的合同时，该合同并不是涉外合同。但也有一些立法对何为涉外合同持较为宽松的态度。如根据1980年欧共体《合同之债法律适用公约》（以下简称《罗马公约》）第3条第3款的规定，即使是一个纯粹的国内合同，当事人也可以选择外国法作为准据法，只要此种选择不违反国内法的强制性规则。由此，一个纯粹的国内合同也会因为当事人选择了外国法而成为涉外合同，从而接受《罗马公约》的调整。[1]

根据2012年最高人民法院发布的《涉外民事关系法律适用法解释（一）》第1条的规定，只要合同法律关系在主体、标的物或相关法律事实等任一方面存在涉外因素，即可认定为涉外合同。

7.1.2　合同法律适用的历史沿革和理论分歧

☆合同法律适用的历史沿革

在历史上，关于合同法律适用大致经历了以下三个发展阶段：[2]

（1）以缔约地法为主的单纯依空间连结因素确定合同准据法的阶段。这一阶段在确定合同准据法时主要以缔约地、履行地等作为连结点。由于早期国际民商事交往尚不复杂，因而适用缔结地法等所具有的确定性和可预见性的优势得以凸显，其符合国际私法产生之初社会发展和国际贸易的实际需要。正因如此，自法则区别说产生到16世纪意思自治说提出，此种以单纯空间连结因素作为确定合同准据法连结点的做法一直在合同法律适用理论中占据统治地位，并一直持续到19世纪上半叶才逐渐退出历史舞台。

（2）以意思自治为主，强调以当事人主观意志确定合同准据法的阶段。虽然合同准据法应根据当事人主观意愿确定的思想早在16世纪甚至更早，即已提出，但该思想并没有在其产生之初就在合同法律适用领域取代原来的做法而占据主导地位。不过，由于符合资本主义经济快速发展的需要，意思自治理论现已成为各国确定合同准据法的一般原则。

（3）以意思自治为主而以最密切联系原则为辅的阶段。20世纪后，意思自治原则虽然成为各国解决合同法律适用的主要原则，但一些新的理论如最密切联系理

---

〔1〕　在2008年7月24日生效的欧盟《罗马条例Ⅰ》中，《罗马公约》第3条第3款的上述规定得以延续。

〔2〕　参见韩德培主编：《国际私法》（第3版），高等教育出版社、北京大学出版社2014年版，第198页。

论、特征履行说等，也开始在合同法律适用中占据重要地位。意思自治原则与最密切联系理论的结合，或者更确切地说，以意思自治原则为主而以最密切联系原则为辅，成为世界大部分国家解决合同法律适用的基本做法，而特征履行说等理论则为确定最密切联系地提供了方法论基础。

☆合同法律适用的理论分歧

由于合同关系本身具有高度的人为性质，加之合同的种类越来越多，合同的内容也越来越复杂，合同的法律适用问题遂成为国际私法中最为复杂的问题之一，有关合同法律适用的理论与学说也不无分歧。

★分割论与统一论

分割论与统一论的分歧主要体现在，对于一个合同的不同方面，到底是应该分别确定其准据法，还是应该适用同一个法律作为准据法?

(1)分割论主张，对于合同的不同方面，诸如当事人缔约能力、合同形式、合同成立及合同效力等，应分别依据各自的冲突规则确定准据法。例如，2015 年《海牙国际商事合同法律选择通则》第 2 条第 2 款明确规定，当事人可以选择适用于合同全部和一部分的法律，也可以选择不同的法律适用于合同的不同部分。

(2)统一论，指涉外合同的所有事项，诸如当事人缔约能力、合同形式、合同成立及效力等，均应受同一法律支配。统一论的支持者认为，在法律适用问题上采取分割方法在问题性质比较复杂、不能简单将其归入某一范畴的情况下往往会带来不便，无论从经济观点还是从法律观点看，一项合同都应该是一个整体，因而合同的履行、解释、解除等都应该只由一个法律支配。[1]

分割论与统一论各有利弊。分割论强调合同内在要素的相对独立性，统一论则强调合同内在要素的统一性。但从当今世界各国立法与司法实践来看，各国在合同法律适用领域几乎都不同程度地采用分割论。最普遍的分割是将缔约能力、合同形式和以合同的成立与效力为中心的合同主体问题三者进行分割。

我国在合同法律适用领域采用的也是分割论。2007 年最高人民法院《关于审理涉外民事或商事合同纠纷案件法律适用若干问题的规定》第 2 条规定："本规定所称合同争议包括合同的订立、合同的效力、合同的履行、合同的变更和转让、合同的终止以及违约责任等争议。"这意味着，在我国，合同法律适用被分割为三个方面，即当事人缔约能力、合同形式要件，以及以合同的成立与效力为中心的合同问

〔1〕 参见李双元:《国际私法(冲突法篇)》(修订版)，武汉大学出版社 2001 年版，第 503～504 页。

题。调整后者的准据法通常被称为合同准据法。

★主观论与客观论

在合同法律适用理论的演进中，还存在主观论与客观论的对立。

（1）主观论认为，当事人既然在合同中有权按照自己的意志创设彼此的权利义务，其当然也有权选择用于确定彼此权利义务的准据法。

（2）客观论认为，合同的成立与效力总是与一定的场所相联系，因而合同应适用何国法律不能根据当事人的意志进行选择，而应根据合同与某个场所（或地域）之间的客观联系来确定。或者说，合同应适用其被"场所化"了的地方的法律。

如前所述，两种理论在不同历史时期均曾在合同法律适用中发挥过重要作用。从当今世界各国的理论与实践来看，合同法律适用进入了一个以意思自治为主而以最密切联系原则为辅的阶段，这意味着主观论与客观论并非相互排斥的关系，二者密切配合、相辅相成，共同构成了合同法律适用的两个重要方法。

7.2 合同准据法的确定方法

知识要点

7.2.1 意思自治原则

☆意思自治原则的含义

合同法律适用中的当事人意思自治原则（autonomy of parties），是指合同当事人可以通过协商一致的意思表示，自由选择合同受哪一国或地区的法律支配的一项法律选择原则。

由当事人自己选定支配合同的准据法这一观念，在十四五世纪的意大利即已有学者提出。[1] 但这种思想在当时没有引起太多关注。意思自治理论再次受到世人的广泛关注，是在16世纪杜摩兰再次提出该理论之后的事。

杜摩兰在1525年对加内（Ganey）夫妇的夫妻财产制问题的咨询中，明确支持对加内夫妇的全部财产适用其结婚时的共同住所地即巴黎的习惯法。其如此主张的理由是，夫妻财产制应被视为一种默示合同，在这种合同中，可以认为夫妻双方

---

〔1〕 参见［法］巴蒂福尔、拉加德：《国际私法总论》，陈洪武等译，中国对外翻译出版公司1989年版，第305页。

已默示同意将该合同置于其婚姻住所地法的支配之下。杜摩兰在其《巴黎习惯法评述》一书中对意思自治理论作了系统阐述。[1]

在普通法系国家,英格兰最先在判例法中承认意思自治原则。大陆法系国家中最早通过立法明确接受意思自治原则的是1865年的《意大利民法典》,其第25条规定,在任何情况下,如当事人另有意思表示,从当事人的选择。此外,一些重要国际公约如海牙国际私法会议通过的1955年《国际有体动产买卖法律适用公约》等,也都采用了意思自治原则。

意思自治原则能够得到各国国际私法的广泛接受,不仅有其深刻的政治经济背景,同时也因为其在合同法律适用上具有确定性、可预见性、一致性以及易于当事人解决纠纷等一系列优点。

☆当事人协议选择法律的时间

关于当事人选择法律的时间,主要涉及两个问题:

(1)当事人订立合同后是否还可以选择支配合同的准据法?

(2)当事人订立合同后可否变更其在订立合同当时所选择的准据法?

从晚近各国立法及国际公约的规定来看,绝大部分国家在当事人选择法律的时间问题上都持较为宽松的态度,当事人不仅可以在订立合同后选择法律,而且还可以在订立合同后变更其以前作出的选择。应该说,允许当事人事后选择或变更选择法律,不仅是当事人的自由,而且也更为符合意思自治原则的本意。不过,从国际国内立法的情况看,当事人事后选择或事后变更选择法律也要接受一定的限制,即其不得使合同归于无效或使第三人的合法权利遭受损害。如《罗马条例Ⅰ》第3条第2款即规定:"当事人可随时协议变更原先支配合同的法律,无论这种支配是根据本条款规定的结果,还是根据本条例其他条款规定的结果。合同订立后,所做出的任何关于法律适用的变更,不得损害第11条所规定的合同形式效力,也不得对第三人的权利造成任何不利影响。"

☆当事人协议选择法律的方式

当事人选择法律的方式,是指合同当事人表达其选择合同准据法意向的形式,通常包括明示和默示两种。

(1)以明示方式选择法律,亦即通过合同中的法律选择条款或合同之外的专门法律选择协议来选择法律,因其具有较高透明度,且在法律适用上具有确定性和可

---

〔1〕 刘仁山主编:《国际私法》,中国法制出版社2012年版,第223页。

预见性的优点，而得到各国立法普遍首肯。

（2）对于默示选择，各国立法与司法实践则有不同态度：有些国家，如土耳其、秘鲁等，不承认任何形式的默示选择；有些国家，如荷兰、瑞士等，则是有限度地承认默示选择。如瑞士于 2010 年修订的《瑞士联邦国际私法法规》第 116 条第 2 款规定："法律选择必须是明示的，或在合同条款或具体情况中有明确体现。"美国 1971 年《第二次冲突法重述》亦是如此。

有些国家如英国等，则对默示选择没有太多限制，允许法官在审理案件时推定当事人的选法意图。从英国的司法实践来看，当事人对争议解决地点的选择，对合同格式、用语及特有法律术语的选择，当事人的住所与国籍、合同标的的特点及位置等，均可以作为法官推定当事人选法意图的依据。在中国的司法实践中，也有推定当事人意图的个案。

［示例 7.1］　在杨某康与卢某积、卢某余民间借贷纠纷案[1]中，广东省佛山市中级人民法院认为：本案是民间借贷纠纷。卢某池是外国人。卢某积、卢某余是香港居民。本案具有涉外、涉港因素，属于涉外、涉港民事纠纷。本院依法适用涉外民事诉讼程序的特别规定审理本案。本案属于合同债权类纠纷。杨某康明示选择中国内地法律。卢某积、卢某余、卢某池、耀德公司、耀中公司没有明示选择本案纠纷的准据法。根据法院地法《涉外民事关系法律适用法》第 41 条的规定，本院将根据最密切联系原则确定本案的准据法。经审查，《个人客户借款合同》《最高额保证担保合同》在合同序言部分明示根据"国家有关法律"订立合同。因为上述两份合同均使用中国内地简化字行文，合同当事人有部分是中国内地居民、法人，所以，合同序言所显示的"国家"应推定为中国。与借款合同相关的借款行为发生在中国内地。贷款人杨某康是中国内地居民。基于以上事实，中国内地与《个人客户借款合同》《最高额保证担保合同》有最密切联系。因此，本案的准据法应确定为中国内地法律。

☆当事人协议选择法律的范围

关于当事人选择法律的范围，首先涉及当事人所选法律是仅限于其所选国家法律中的实体法，还是亦包括该国的冲突法。对此，绝大多数国家立法和国际公约均一致认为，当事人依据意思自治原则所选择的法律应仅限于被选国家的实体法，

［1］　广东省佛山市中级人民法院〔2015〕佛中法民二初字第 309 号民事判决书。

而不包括该国的冲突法。这就是所谓“合同法上无反致”。[1]

其次就是当事人选择法律的空间范围问题，亦即当事人可否选择与合同没有实际联系的法律。对此各国有不同做法。一些国家要求当事人不得选择与合同毫无实际联系的法律。当事人只能在缔约地法、履行地法、物之所在地法、当事人的住所地法或国籍国法等法律之间进行选择。

例如，美国《统一商法典》第1章第105条也规定，当事人可以选择买方、卖方甚至第三国的法律，但这些国家应与合同具有合理联系。美国学者在阐释《第二次冲突法重述》时，也强调认为，允许当事人在通常情况下选择准据法，并不等于给予他们完全按照自己的意愿缔结合同的自由，因为当事人在选择法律时，必须得有合理依据，而这种合理依据通常即表现为当事人或合同与所选法律之间具有重要联系。

不过，以英国为代表的一些国家则反对上述做法，认为不应要求当事人所选法律与合同之间必须得有客观联系。英国之所以持这一主张，主要是因为英国曾经是海上贸易大国，其在国际贸易和海上航运领域的法律非常发达和完善，如果强行要求当事人选择的法律与合同之间具有客观联系，将会阻碍各国当事人在国际贸易合同中选择适用英国法。[2]

总体而言，从目前大部分国家立法和一些最新国际性立法的规定来看，第二种主张占据上风。也就是说，在当事人选择法律的空间范围方面，立法往往没有特别的限制。如瑞士2010年《瑞士联邦国际私法法规》第116条第1款即规定：“合同适用当事人所选择的法律。”其对当事人选择法律的空间范围没有任何限制。《罗马条例Ⅰ》第3条第1款亦有类似规定。

☆我国立法关于意思自治原则的规定

在我国法律中，意思自治原则是涉外合同法律适用的首要原则。《涉外民事关系法律适用法》第41条规定，当事人可以协议选择处理合同适用的法律。根据我国现有立法及司法解释，我国对意思自治原则的具体适用有以下规定：

首先，关于当事人选择法律的时间，《涉外民事关系法律适用法解释（一）》第8条规定，当事人在一审法庭辩论终结前通过协商一致，选择或者变更选择合同争议应适用的法律的，人民法院应予准许。

其次，关于当事人选择法律的方式，《涉外民事关系法律适用法》第3条要求采

---

〔1〕 莫里斯主编：《戴西和莫里斯论冲突法》，中国大百科全书出版社1998年版，第1116页。

〔2〕 参见李双元：《国际私法（冲突法篇）》（修订版），武汉大学出版社2001年版，第530～531页。

用明示方式。但《涉外民事关系法律适用法解释(一)》第8条第2款规定,各方当事人援引相同国家的法律且未提出法律适用异议的,人民法院可以认定当事人已经就涉外民事关系适用的法律做出了选择。

最后,关于当事人选择法律的范围,我国在实践中的做法是,当事人既可以选择中国法,也可以选择港澳地区的法律或外国法,但当事人选择的法律必须是现行的实体法,不包括有关国家的冲突法和程序法,由此排除了反致在当事人根据意思自治原则选择法律时的适用。关于当事人选择的法律是否必须与合同存在一定的联系,《涉外民事关系法律适用法解释(一)》第7条规定,一方当事人以双方协议选择的法律与系争的涉外民事关系没有实际联系为由主张选择无效的,人民法院不予支持。

7.2.2　最密切联系原则

☆最密切联系原则的含义

最密切联系原则(the doctrine of the most significant relationship),是美国学者里斯(Reese)在研究借鉴美国法院相关判例的基础上,通过对美国学者在美国冲突法革命期间提出的相关理论学说进行折中改良而提出的一项法律适用理论。其最先于美国1971年《第二次冲突法重述》中得到肯定。该理论要求,对涉外民事案件,应适用与之有最密切联系的国家或地区的法律。在20世纪中期美国冲突法革命期间,美国法院的一些判例,其中较为知名的有纽约州上诉法院先后于1954年和1963年审理的“奥登诉奥登”案(Auten v. Auten)和“贝科克诉杰克逊”案(Babcock v. Jackson),开始采用“重力中心地”(center of gravity)或“联系聚集地”(grouping of contacts)理论进行法律选择。美国司法实践中的这些选法理论都蕴含了最密切联系原则的思想,对里斯创设最密切联系原则显然有很大启发作用。

最密切联系原则目前已得到各国普遍接受,在合同法律适用方面尤其如此。一项合同之所以要适用某一国家的法律,并不是因为该国是合同的缔结地或履行地,而是因为从合同的整体情况看,合同与该国有着最密切联系。这就要求法院必须根据案件的具体情况,对案件应适用何国法律作出灵活而妥当的判断,这无疑有助于国际民商事案件公正合理的处理。

☆特征履行说

最密切联系原则往往赋予法官较大的自由裁量权,为此有必要采取一些应对措施以防止法官在对最密切联系地进行具体化的过程中拥有太大的主观随意性。特征履行说即是许多大陆法系国家所采取的用以具体实施最密切联系原则的一种理论。所谓特征履行说(the doctrine of characteristic perfomance),是指在合同当事人未选择合同准据法的情况下，根据合同的特殊性质确定合同准据法。具体而言，即通过考察合同的功能，尤其是合同企图实现的具体社会目的，确定各种合同所具有的特殊功能，进而确定其特征履行，并最终适用其特征履行地的法律。[1]

★特征履行说适用的两个步骤

在逻辑上，特征履行说的适用分为以下两步：

第一步是确定一项合同的特征履行行为。所谓特征履行行为，是指能够使此种合同区别于其他各种合同，即能够反映合同本质特征的一方当事人的履行行为。但究竟如何确定合同的特征履行行为，无论在理论上还是在实践中，都存在较大分歧。一般而言，在双务合同中，特征履行就是“非支付价款履行行为”，如货物买卖合同中卖方的交货行为一般被认为是该种合同的特征履行行为，因为该交货行为能够使货物买卖合同与货物运输合同和货物运输保险合同区别开来，即该行为能够反映出货物买卖合同的本质特征。

第二步是确定特征履行地。关于如何确定合同的特征履行地，理论上也存在分歧，但从各国实践看，合同的特征履行地一般是指特征履行行为方的住所地、惯常居所地或营业所所在地等。因此，如果以特征履行说作为对最密切联系原则进行具体化的依据，则合同的最密切联系地法通常就是指合同特征履行行为方的住所地法或惯常居所地法。

★对特征履行说的评价

特征履行说是大陆法系国家国内立法中广泛采用的用于具体化最密切联系原则的法律选择方法，同时其也为一些国际性立法所采用，如1980年《罗马公约》以及1986年海牙《国际货物买卖法律适用公约》等。

但在英美法系国家，一些学者却对特征履行说持排斥态度，这导致英美法系一些国家在合同法律适用中拒绝采用特征履行说，甚至在这些国家参加的国际公约中，特征履行说也同样遭到排斥，最为典型的例子就是1994年《美洲国家间国际合同法律适用公约》。对于合同的法律适用，《美洲国家间国际合同法律适用公约》首先亦承认当事人意思自治，如果当事人没有选择法律或其选择无效，则根据该公约第9条，合同应适用与之有最密切联系的国家的法律。根据该条规定，在判断最密切联系地时，法院应考虑合同的所有主客观因素，同时还要考虑国际组织已经承认的国际贸易法原则。显然，对于最密切联系原则，《美洲国家间国际合同法律适用

---

〔1〕 参见韩德培主编：《国际私法》（第3版），高等教育出版社、北京大学出版社2014年版，第205页。

公约》明确排除了特征履行说。

《美洲国家间国际合同法律适用公约》所以排除特征履行说,原因主要有二:

(1)公约起草者认为,以特征履行说为基础的推定规则不仅在实施中会带来混乱,而且不利于公平正义。具体说来。

● 在很多场合很难判断哪一方当事人的履行为特征履行,如在诸如出版合同、易货贸易合同等相对较为简单的合同中存在此种情况,在更为复杂的合同中,此种情况尤甚。

● 根据特征履行说,应适用提供货物或服务的当事方的住所地法。此种做法将此类当事方置于较为有利的位置。但在实践中,此类当事方大多经常性地从事国际贸易,与顾客相比较,其风险评价能力相对更强,其完全可以通过灵活采用法律选择条款、法院选择条款乃至仲裁条款而降低各种风险。

(2)美国在公约起草途中反对采用该说。美国《第二次冲突法重述》第 188 条规定,当事人未作有效选择准据法时,当事人根据最密切联系原则来确定法律适用,应考虑的联系包括合同缔结地,合同谈判地,合同履行地,合同标的物所在地以及当事人的住所、居所、国籍、公司成立地以及营业地。对这些联系将按照对合同问题的重要程度加以衡量。

总体而言,对特征履行说应一分为二地看待。一方面,作为为具体实施最密切联系原则而制定一系列推定规则的选法方法,其在实现法律选择的可预测性和一致性方面具有值得肯定的价值。但另一方面,这一理论也存在明显的缺陷,其不能适用于所有种类的合同,而且在具体实施中也存在不统一之处。

☆我国立法关于最密切联系原则的规定

《民法通则》第 145 条、《合同法》第 126 条、《海商法》第 269 条以及《民用航空法》第 188 条同时都规定,在涉外合同的当事人没有选择法律时,适用与合同有最密切联系的国家的法律。但上述这些法律都只是笼统地规定最密切联系原则,并没有规定法院具体应如何确定最密切联系地。2007 年最高人民法院《关于审理涉外民事或商事合同纠纷案件法律适用若干问题的规定》第 5 条第 2 款明确规定,应根据特征履行说和合同的特殊性质来确定最密切联系地。该款规定,人民法院根据最密切联系原则确定合同争议应适用的法律时,应根据合同的特殊性质,以及某一方当事人履行的义务最能体现合同的本质特性等因素,确定与合同有最密切联系的国家或者地区的法律作为合同的准据法。《涉外民事关系法律适用法》第 41 条规定,当事人没有选择(准据法)的,适用履行义务最能体现该合同特征的一方当事人经常居所地法律或者其他与该合同有最密切联系的法律。考虑到《涉外民事关系法律适用法》第2条第2款关于最密切联系原则的规定,从该条文的措辞来看,在如何确定最密切联系地的问题上,即以特征履行说作为确定最密切联系地的主要方法,但根据合同的具体情况,也可以适用其他与合同有最密切联系的法律。

[示例7.2] 在2013年永华油船公司与江西海星航运有限公司、王某某船舶物料和备品供应合同纠纷案[1]中,厦门海事法院就认为:本案案由为船舶物料和备品供应合同纠纷。因原告系香港注册登记法人,且加油行为发生在香港水域,属于具有涉港因素的合同纠纷,故双方应先明确本案裁决的适用法律。因双方未事先约定,且在庭审中,因原告主张适用香港法律,而被告星海公司则主张适用中华人民共和国法律,根据《最高人民法院关于适用〈中华人民共和国涉外民事关系法律适用法〉若干问题的解释(一)》第19条规定,本案的法律适用问题,参照适用《法律关系适用法》。本案中,原告作为提供油料一方,其履行义务最能体现案涉合同特征,且加油地点即合同履行地位于香港南丫岛,香港系原告经常居所地及与案涉合同具备最密切联系之地,故根据《法律关系适用法》第41条规定,本案应适用香港法律作为处理纠纷的准据法。但根据《涉外民事关系法律适用法》第10条第2款的规定,因原告作为主张适用香港法律的一方未予提供,本院亦无法查明;且在庭审中原告实际援引国内法主张权利,被告也据此主张抗辩,故本案适用中华人民共和国法律作为本案准据法。

2007年《最高人民法院关于审理涉外民事或商事合同纠纷案件法律适用若干问题的规定》还专门针对17类合同规定了其特征履行地或最密切联系地:

(1)买卖合同,适用合同订立时卖方住所地法;如果合同是在买方住所地谈判并订立的,或者合同明确规定卖方须在买方住所地履行交货义务的,适用买方住所地法;

(2)来料加工、来件装配以及其他各种加工承揽合同,适用加工承揽人住所地法;

(3)成套设备供应合同,适用设备安装地法;

(4)不动产买卖、租赁或者抵押合同,适用不动产所在地法;

---

[1] 厦门海事法院〔2013〕厦海法商初字第166号民事判决书。

(5)动产租赁合同,适用出租人住所地法;

(6)动产质押合同,适用质权人住所地法;

(7)借款合同,适用贷款人住所地法;

(8)保险合同,适用保险人住所地法;

(9)融资租赁合同,适用承租人住所地法;

(10)建设工程合同,适用建设工程所在地法;

(11)仓储、保管合同,适用仓储、保管人住所地法;

(12)保证合同,适用保证人住所地法;

(13)委托合同,适用受托人住所地法;

(14)债券的发行、销售和转让合同,分别适用债券发行地法、债券销售地法和债券转让地法;

(15)拍卖合同,适用拍卖举行地法;

(16)行纪合同,适用行纪人住所地法;

(17)居间合同,适用居间人住所地法。

在上述17类合同中,并非所有种类合同的最密切联系地都是按照特征履行说来确定的,有些合同则直接以"合同履行地"作为最密切联系地,如成套设备供应合同、工程承包合同以及拍卖合同等。〔1〕

此外,2007年《最高人民法院关于审理涉外民事或商事合同纠纷案件法律适用若干问题的规定》第5条还规定了一条例外条款。根据该例外条款,对于上述17类有名合同,如果上述合同明显与另一国家或者地区有更密切联系的,适用该另一国家或者地区的法律。这主要是因为在司法实践中难免会存在一些例外情况,在这些例外情况下,合同可能并没有和立法指定的特征履行地存在最密切联系,而是和其他国家或地区存在最密切联系,此时作为例外,应适用该更密切联系地法,也只有这样,才能真正体现最密切联系原则。由于《涉外民事关系法律适用法》第41条关于最密切联系原则的规定非常富于弹性和灵活性,因而其已没有必要再规定例外条款了。

[示例7.3]　在上诉人永华油船公司因与被上诉人福清市通达船务有限公司(以下简称通达公司)、何某某、李某某船舶物料、备品供应合同纠纷案〔2〕中,当事人的主要争议是时效问题,广州海事法院首先认为:

〔1〕　参见杜涛:《国际经济贸易中的国际私法问题》,武汉大学出版社2005年版,第190页。

〔2〕　广东省高级人民法院〔2012〕粤高法民四终字第13号民事判决书。

本案永华油船公司的住所地在香港，本案具有涉港因素。永华油船公司和通达公司、何某某、李某某没有选择本案合同争议所适用的法律，根据《最高人民法院关于审理涉外民事或商事合同纠纷案件法律适用若干问题的规定》第5条、第11条的规定，涉港合同纠纷可参照适用与合同有最密切联系地区的法律。本案合同履行地和通达公司、何某某、李某某的住所地均在中国内地，中国内地法律与本案合同具有最密切联系，应适用中国内地法律解决本案纠纷。

根据《民法通则》第135条和第137条的规定，本案纠纷诉讼时效期间为二年，从知道或应当知道权利被侵害之日起计算……本案诉讼时效依法应从2008年10月20日开始起算。永华油船公司于2010年11月5日向通达公司提出履行要求以及2010年12月23日提起本案诉讼，均已超过诉讼时效。因此，通达公司关于本案已超过诉讼时效的抗辩依法成立。

永华油船公司不服原审判决，向广东省高级人民提起上诉。广东省高级人民作出了不同的判决：

本案双方争议的焦点问题为本案的法律适用问题。首先，本案事实表明，通达公司和永华油船公司在原审期间均没有选择合同争议所适用的法律，永华油船公司在起诉和原审审理期间也没有援引中国内地法律主张权利，原审法院根据最密切联系原则确定本案应适用中国内地法律；其次，本案合同为船舶油料、备品合同，符合买卖合同的特征，应认定为买卖合同；最后，根据《最高人民法院关于审理涉外民事或商事合同纠纷案件法律适用若干问题的规定》第5条第2款第1项关于"买卖合同，适用合同订立时卖方住所地法；如果合同是在买方住所地谈判并订立的，或者合同明确规定卖方须在买方住所地履行交货义务的，适用买方住所地法"的规定，在本案合同履行地珠江口桂山附近水域并不明确，永华油船公司上诉提出法律适用异议的情况下，本案适用卖方住所地法，即永华油船公司住所地香港的法律，更能体现本案船舶物料、备品供应合同的本质特性。因此，本案应当适用香港法律进行审理，原审判决适用法律不当，本院依法予以纠正。

关于本案的诉讼时效问题。根据《涉外民事关系法律适用法》第7条关于"诉讼时效，适用相关涉外民事法律关系应当适用的法律"的规定，结合本院查明香港法例第347章"诉讼时效"第4条的规定，本案的诉讼时效应为6年。从双方约定的还款期限届满之日起计算，本案未超出上述规定的诉讼时效期间，故永华油船公司的诉讼请求应当予以支持。通达公司认为香港《时效条例》不能适用本案的理由不能成立，本院不予采纳。

7.2.3 关于合同法律适用的单边冲突规则

☆我国关于合同法律适用的单边冲突规则

在我国立法实践中,出于维护我国重大经济利益的目的,对于一些在我国履行的合同,尤其是投资类合同,往往会规定单边冲突规范,要求对这类合同适用我国相关实体法。

《合同法》第126条第2款规定:

在中华人民共和国境内履行的中外合资经营企业合同、中外合作经营企业合同、中外合作勘探开发自然资源合同,适用中华人民共和国法律。

2007年《最高人民法院关于审理涉外民事或商事合同纠纷案件法律适用若干问题的规定》第8条规定了如下合同单边适用中国法:

(1)中外合资经营企业合同;

(2)中外合作经营企业合同;

(3)中外合作勘探、开发自然资源合同;

(4)中外合资经营企业、中外合作经营企业、外商独资企业股份转让合同;

(5)外国自然人、法人或者其他组织承包经营在中华人民共和国领域内设立的中外合资经营企业、中外合作经营企业的合同;

(6)外国自然人、法人或者其他组织购买中华人民共和国领域内的非外商投资企业股东的股权的合同;

(7)外国自然人、法人或者其他组织认购中华人民共和国领域内的非外商投资有限责任公司或者股份有限公司增资的合同;

(8)外国自然人、法人或者其他组织购买中华人民共和国领域内的非外商投资企业资产的合同;

(9)中华人民共和国法律、行政法规规定应适用中华人民共和国法律的其他合同。

7.2.4 直接适用的法

☆直接适用的法

在合同法律适用中,当事人意思自治也可能受到“直接适用的法”(loi d'application immédiate)的制约。所谓“直接适用的法”,通常是指为实现国家重大社会经济利益而制定的直接适用于涉外民商事关系的具有强制效力的实体法律规范。[1] 直接适用的法主要有以下几个特点：

(1)在法律渊源上来自国内立法，且分散于各相关立法中，是一些个别化的法律规范的总称；

(2)性质上为实体法；

(3)在立法政策上通常体现一国的社会、经济、财税、金融等领域的重要政策，如公平竞争的经济秩序、外汇管制、进出口管制、劳工保护、消费者保护、儿童保护等；

(4)在效力上具有强制性；

(5)在适用上不须经冲突规范指引；

(6)在名称上各国有不同称谓，除了直接适用的法外，还有诸如警察法、国际强制规则、即刻适用的法、自我限定的规则以及空间受限制的规范等。

涉外合同纠纷是直接适用的法最常适用的领域。当一国法院受理一起涉外合同纠纷时，无论当事人选择何国法律为准据法，或者在当事人没有选法的情况下无论根据最密切联系原则何国法律为准据法，如果法院地国在相关领域制定有直接适用的法，则这些直接适用的法都将得到优先适用。在直接适用的法规制范围之外，则依然根据合同准据法解决纠纷。

法律与规范链接

▲ 必读法条

《民法通则》

第 145 条　涉外合同的当事人可以选择处理合同争议所适用的法律，法律另有规定的除外。

涉外合同的当事人没有选择的，适用与合同有最密切联系的国家的法律。

《海商法》

第 269 条　合同当事人可以选择合同适用的法律，法律另有规定的除外。合同当事人没有选择的，适用与合同有最密切联系的国家的法律。

《民用航空法》

第 188 条　民用航空运输合同当事人可以选择合同适用的法律，但是法律另有

[1] 参见刘仁山：《"直接适用的法"在我国的适用——兼评〈涉外民事关系法律适用法解释(一)〉第 10 条》，载《法商研究》2013 年第 3 期。

规定的除外;合同当事人没有选择的,适用与合同有最密切联系的国家的法律。

《涉外民事关系法律适用法》

第41条 当事人可以协议选择合同适用的法律。当事人没有选择的,适用履行义务最能体现该合同特征的一方当事人经常居所地法律或者其他与该合同有最密切联系的法律。

《涉外民事关系法律适用法解释(一)》

第6条 中华人民共和国法律没有明确规定当事人可以选择涉外民事关系适用的法律,当事人选择适用法律的,人民法院应认定该选择无效。

第7条 一方当事人以双方协议选择的法律与系争的涉外民事关系没有实际联系为由主张选择无效的,人民法院不予支持。

第8条 当事人在一审法庭辩论终结前协议选择或者变更选择适用的法律的,人民法院应予准许。

各方当事人援引相同国家的法律且未提出法律适用异议的,人民法院可以认定当事人已经就涉外民事关系适用的法律做出了选择。

第9条 当事人在合同中援引尚未对中华人民共和国生效的国际条约的,人民法院可以根据该国际条约的内容确定当事人之间的权利义务,但违反中华人民共和国社会公共利益或中华人民共和国法律、行政法规强制性规定的除外。

第10条 有下列情形之一,涉及中华人民共和国社会公共利益、当事人不能通过约定排除适用、无需通过冲突规范指引而直接适用于涉外民事关系的法律、行政法规的规定,人民法院应当认定为涉外民事关系法律适用法第四条规定的强制性规定:

(一)涉及劳动者权益保护的;

(二)涉及食品或公共卫生安全的;

(三)涉及环境安全的;

(四)涉及外汇管制等金融安全的;

(五)涉及反垄断、反倾销的;

(六)应当认定为强制性规定的其他情形。

△ 延伸法条

欧盟2008年《罗马条例Ⅰ》第3条、第4条、第9条、第12条;

2007年《日本法律适用通则法》第7条、第8条、第9条;

2010年修订的《瑞士联邦国际私法法规》第116条、第117条。

典型案例

B 金融公司诉 H 公司合同纠纷案

【案情概述】

原告 B 金融公司与被告 H 公司同为在新加坡注册成立的企业法人。2016 年 3 月，被告 H 与中国 G 市某公司 C 签订了合作经营广州市新天地大酒店合同。为筹措合作经营的资金，被告与原告于 2016 年 9 月 5 日在新加坡签订贷款协议，并约定贷款协议适用新加坡法律。合同订立后，被告于当月分三次向原告共提取了贷款 780 万美元。被告随后虽向原告偿还了部分贷款，但由于其与 C 公司合作经营新天地大酒店过程中产生经济纠纷而未能按照合同还清全部贷款。原告因多次要求被告还贷不成，遂向广州市中级人民法院起诉，请求法院根据中国法律的规定，判令被告偿还原告贷款本金、利息及其他费用若干。被告同意适用中国法律处理本案，但要求待其与 C 公司的纠纷经仲裁解决后再偿还贷款，并请求原告减免计收利息、复息和罚息。

【关键问题】

本案应如何适用法律？

【简要评论】

本案中双方当事人最初在贷款协议中约定其协议适用新加坡法律，这个对准据法的选择应是有效的。但在诉讼过程中，原告在向中国广州市中级人民法院起诉时请求适用中国法律，而被告也同意适用中国法律，这意味着双方当事人变更了其对准据法的选择。这一变更符合我国法律的相关规定，因而是有效的，故本案应适用中国法律。

【核心知识】

当事人变更其先前对准据法的选择不仅是当事人的自由，同时也更符合意思自治原则的本意。但根据最高人民法院《涉外民事关系法律适用法解释(一)》第 8 条的规定，当事人变更准据法应在一审法庭辩论终结前完成。

7.3 消费者合同和劳动合同的法律适用

知识要点

7.3.1 消费者合同的法律适用

☆消费者合同的概念

所谓消费者合同,是指由专供消费者个人或家庭使用而与其职业或商务活动无关的日常消费给付所形成的合同。[1] 由于消费者合同是消费者与企业(如生产者、销售者等)之间签订,消费者是合同中的弱方当事人,其相关权益有可能会被企业侵犯,因而在法律适用方面,消费者合同与一般的合同有较大不同。

☆区分"主动"消费者和"被动"消费者

在消费者合同法律适用问题上,《罗马条例Ⅰ》的做法令人瞩目,其通过引入直接适用的法限制意思自治以保护消费者。《罗马条例Ⅰ》第6条将消费者区分为"被动"的消费者和"主动"的消费者。

● 在"被动"的消费者的情况下,均是经营者主动地在消费者惯常居所地国或通过任何其他方式(其中主要是网络方式)针对消费者惯常居所地国实施商业或营业活动,而消费者则"被动地"在其惯常居所地国与经营者签订消费者合同。

● 在其他情形之下,如消费者主动赴经营者营业地国进行旅游消费等,则属于消费者主动追求与经营者签订消费者合同,属于"主动"的消费者。对于"主动"的消费者,通常按照合同法律适用的一般规定确定准据法,此类合同与一般合同在法律适用上没有任何不同,消费者不能享受任何照顾。[2]

☆突出消费者惯常居所地法的保护

对于"被动"消费者签订的消费者合同,当事人虽也可以自由地选择准据法,但

---

〔1〕 参见2010年《瑞士联邦国际私法法规》第120条第1款的规定。

〔2〕 《罗马条例Ⅰ》第6条之所以在消费者合同的法律适用问题上区分"被动"和"主动"的消费者,主要是因为过度保护消费者即意味着对企业利益的损害,不利于鼓励企业将其产品投入国际流通。因此,为了实现企业和消费者的利益平衡,在消费者合同与企业所在地存在更密切联系的情况下,或者在企业因产品的国际流通而对法律适用完全不可预测的情况下,上述旨在保护消费者的特殊法律适用规则即应不予适用。参见向在胜:《日本国际私法现代化的最新进展——从〈法例〉到〈法律适用通则法〉》,载《时代法学》2009年第1期。

消费者惯常居所地法的强制规则为消费者提供的保护不得受到任何妨碍。《罗马条例Ⅰ》第6条第1款运用消费者惯常居所地法的强制规则对当事人的意思自治进行约束,使经营者不能运用其优势地位在准据法的选择上侵害消费者的合法权益。此外,在消费者为"被动"的情况下,如果双方当事人没有选择准据法,《罗马条例Ⅰ》第6条第2款没有采用最密切联系原则,而是要求适用消费者惯常居所地法,从而在法律适用层面作出了对消费者有利的安排。

☆限制意思自治的适用

在消费者合同法律适用问题上,为保护消费者的目的,现代立法普遍限制或排除意思自治原则。例如,根据《瑞士联邦国际私法法规》第120条第1款的规定,[1]无论是"被动"的消费者和"主动"的消费者,在法律适用上均得排除当事人意思自治。瑞士国际私法区分两类消费者的意义在于,对于"被动"的消费者签订的消费者合同,要求强制性地适用消费者惯常居所地法,以为此类消费者提供一定程度的保护。

☆我国关于消费者合同法律适用的规定

根据《涉外民事关系法律适用法》第42条的规定,消费者合同适用消费者经常居所地法律;消费者选择适用商品、服务提供地法律或者经营者在消费者经常居所地没有从事相关经营活动的,适用商品、服务提供地法律。

从第42条的措辞来看,《涉外民事关系法律适用法》以经营者是否在消费者经常居所地从事相关经营活动为标准,将消费者区分为"被动"的消费者和"主动"的消费者。

(1)对于"被动"的消费者参与签订的消费者合同,适用消费者惯常居所地法,但消费者亦可以选择适用商品、服务提供地法;

(2)对于"主动"的消费者参与签订的消费者合同,则适用商品、服务提供地法。

在意思自治原则可否适用于消费者合同的问题上,《涉外民事关系法律适用法》第42条区别于《罗马条例Ⅰ》,而采纳了与《瑞士联邦国际私法法规》第120条一样的做法,即在消费者合同法律适用问题上完全排除了当事人意思自治。《涉外民事关系法律适用法》第42条的立法特色在于,对于"被动"的消费者参与签订的

---

〔1〕 2017年修订的《瑞士联邦国际私法法规》第120条第1款规定,消费者合同符合下述条件之一者,适用消费者惯常居所地国家的法律:(a)供应商在该国收到订单;(b)在该国发出要约或广告以订立合同为目的,且消费者完成了为订立合同所必需的法律行为;或者(c)消费者在供应商的安排下来到外国并在那里提交订单。其第2款同时规定,当事人的法律选择应予排除。

消费者合同,其允许消费者在其惯常居所地法和商品、服务提供地法之间进行选择,从而在法律适用上为"被动"的消费者作出了最有利的安排。

[示例 7.4] 在李某某、蒋某某买卖合同纠纷案[1]中,原告李某某向被告购买龙凤檀原木(红色)木地板,并陆续支付材料款,但被告交付的并非龙凤檀,而是普通杂木及贴纸,为此,原告要求被告返还木地板材料款,并赔偿损失。

法院认为:本案为买卖合同纠纷,本案上诉人李某某为台湾地区居民,而台湾地区与大陆为同一国家之内的不同法域,其法律冲突问题应当参照我国涉外法律的相关规定进行审理。根据《涉外民事关系法律适用法》第 42 条"消费者合同,适用消费者经常居所地法律;消费者选择适用商品、服务提供地法律或者经营者在消费者经常居所地没有从事相关经营活动的,适用商品、服务提供地法律的规定",虽然本案消费者李某某的经常居所地在台湾地区,但商品的提供者蒋艺某、蒋某某在台湾地区并未从事相关经营活动,且李某某在商品提供者所在地桂林提起本案诉讼,根据大陆法律要求商品提供者蒋艺某、蒋某某承担赔偿责任,故本案的实体处理应当适用商品提供地法律即大陆法律。

7.3.2 劳动合同的法律适用

"劳动合同",是劳动者与用人单位(雇主)之间确立劳动关系、明确双方权利和义务的合同,也称雇佣合同。[2] 劳务合同是平等主体之间就某一项劳务以及劳务成果所达成的协议,属于一般民事合同,无需在此单独列出。

☆对意思自治原则的地域限制

出于对劳动者的保护,现代立法对劳动合同当事人选择法律进行了一定的限制。瑞士国际私法则仅允许当事人在劳动者惯常居所地法与雇主营业所所在地、住所地或惯常居所地法之间选择准据法,其采取的是地域限制。《罗马条例 I》对当事人选择法律没有地域上的限制,其强调当事人选择准据法不得影响相关法律的强制规则为受雇人提供的保护。

☆突出对劳动者的保护

在劳动合同法律适用问题上,现代立法通常允许当事人双方约定准据法。但

---

[1] 广西壮族自治区高级人民法院[2016]桂民终 34 号民事判决书。

[2] 参见万鄂湘主编:《〈中华人民共和国涉外民事关系法律适用法〉条文理解与适用》,中国法制出版社 2011 年版,第 307 页。

在双方没有选择准据法时，与劳动合同有密切联系国家的法律中的强制规则为受雇人提供的保护不得受到任何影响，也就是说，在准据法的选择上，雇佣企业不得利用其优势地位侵害受雇人的合法权益。[1]

在当事人没有选择法律的情况下如何确定准据法，《罗马条例Ⅰ》则采取了最密切联系原则，首先推定受雇人惯常工作地为最密切联系地，如果不存在这一地点，则推定劳动者受雇营业所所在地为最密切联系地。此外，如果存在其他地点与合同的联系比以上地点更为密切的情况，则该更密切联系地的法律应予适用。

☆我国关于劳动合同法律适用的规定

根据《涉外民事关系法律适用法》第 43 条的规定，劳动合同适用劳动者工作地法律；难以确定劳动者工作地的，适用用人单位主营业地法律。劳务派遣，可以适用劳务派出地法律。

首先，关于劳动合同的法律适用，《涉外民事关系法律适用法》第 43 条不承认当事人意思自治，而仅允许根据相关客观连结点确定准据法。在客观连结点方面，《涉外民事关系法律适用法》第 43 条规定了一个阶梯性的冲突规则，要求首先适用劳动者工作地法，如果这一地点难以确定，则适用用人单位主营业地法。

其基本考虑是：劳动者在工作地从事劳务工作，应当遵守工作地的法律，而工作地的法律诸如禁止使用童工、健康保险、最低薪酬等也包含了对劳动者权益特殊保护的内容，能够切实反映劳动者的正当权益。此外，劳务争议发生时，为方便判决或仲裁裁决的执行，劳动者往往会在工作地提起诉讼或仲裁，而此时劳动者工作地的法律通常与劳动仲裁或审判所依据的法律是一致的。因此，适用劳动者工作地的法律不仅有利于法律的查明和适用，同时也更利于仲裁裁决或法院判决的承认与执行，最大程度地保障劳动者的合法权益。

其次，对于劳务派遣，《涉外民事关系法律适用法》第 43 条规定除可以适用劳动者工作地法或用人单位主营业地法外，法院也可以选择适用劳务派出地法。这是因为我国《劳动合同法》采用“单一雇主”模式，即明确劳务派遣单位为被派遣劳动者唯一法律上的雇主，进而规定劳务派遣单位承担主要的劳动保护义务，用工单

---

[1] 《罗马条例Ⅰ》第 8 条第 1 款规定，劳动合同可以适用当事人选择的法律，但当事人对准据法的选择不得剥夺在当事人没有选择准据法时根据该条第 2、3、4 款规定应予适用的法律中的强制规则所赋予受雇人的保护。条例第 8 条第 2 款接着规定，在当事人没有选择准据法的情况下，劳动合同适用受雇人惯常工作地法。根据该条第 3 款，如果实务中不存在受雇人惯常工作地，则劳动合同适用雇佣劳动者的营业所所在地法。第 4 款则是一个例外条款，根据该款规定，如果合同与第 2 款和第 3 款所指定之外的国家有更密切联系，则该更密切联系地国家的法律应予适用。

位仅仅承担与劳动者工作场地相关的部分保护义务。据此,为保障劳务派遣单位依法定和依约定履行劳动保护义务,理应将劳务派出地法律作为劳务派遣关系的准据法。[1] 考虑到我国向海外派遣劳工人数近年持续增加的情况,《涉外民事关系法律适用法》第43条的前述规定可提高适用中国法律的机会,这无疑会有利于加强对我国海外劳工的保护。

> **[示例7.5]** 在2013年林某某与厦门圣源金属制造有限公司劳动争议案[2]中,就涉及劳动合同的法律适用问题。原告林某某住台湾地区台北县,争议发生时暂住福建省厦门市集美区。厦门市海沧区人民法院认为:原告系台湾地区居民,本案系涉台案件,应参照涉外案件处理。本案被告住所地在福建省厦门市,且本案属厦门市中级人民法院指定由本院集中管辖的涉台案件,故本院对本案享有管辖权。根据《涉外民事关系法律适用法》第43条"劳动合同,适用劳动者工作地法律;难以确定劳动者工作地的,适用用人单位主营业地法律"之规定,本案应适用中华人民共和国法律。[3]

法律与规范链接

▲ 必读法条

《涉外民事关系法律适用法》

第42条 消费者合同,适用消费者经常居所地法律;消费者选择适用商品、服务提供地法律或者经营者在消费者经常居所地没有从事相关经营活动的,适用商品、服务提供地法律。

第43条 劳动合同,适用劳动者工作地法律;难以确定劳动者工作地的,适用用人单位主营业地法律。劳务派遣,可以适用劳务派出地法律。

---

[1] 参见万鄂湘主编:《〈中华人民共和国涉外民事关系法律适用法〉条文理解与适用》,中国法制出版社2011年版,第310页。

[2] 福建省厦门市海沧区人民法院〔2013〕海民初字第4066号民事判决书。

[3] 法院进一步判决:本案中,原告在被告处就业,但被告未根据《台湾香港澳门居民在内地就业管理规定》第4条第1款"台、港、澳人员在内地就业实行就业许可制度。用人单位拟聘雇或者接受被派遣台、港、澳人员的,应当为其申请办理《台港澳人员就业证》"之规定,为原告办理《台港澳人员就业证》,导致原、被告之间未能依法成立劳动关系,而仅能被认定为雇佣关系。因此,原告诉请判令确认双方于1996年4月至2013年3月期间存在劳动关系,于法无据,本院不予支持。参见福建省厦门市海沧区人民法院〔2013〕海民初字第4066号民事判决书。

《涉外民事关系法律适用法解释(一)》

第10条　(见本书第114页)

△ **延伸法条**

欧盟2008年《罗马条例Ⅰ》第6条、第8条;

2007年《日本法律适用通则法》第11条、第12条;

瑞士2010年修订的《瑞士联邦国际私法法规》第120条、第121条。

典型案例

郑州市金水区基石外语培训中心与白某某劳动合同纠纷案〔1〕

【案情概述】

2008年7月21日,基石培训中心与白某某(美国公民),在郑州签订了一份劳动合同,合同约定:基石培训中心聘请白某某为教师。合同期限自2008年8月1日起至2009年8月31日止。后双方在履约过程中发生纠纷,原告请求判令基石培训中心支付拖欠工资及其他费用。

河南省高级人民法院认为:本案一方当事人白某某是美国公民,根据《民法通则意见》第178条关于"凡民事关系的一方或双方当事人是外国人、无国籍人、外国法人的为涉外民事关系"之规定,本案为涉外民事案件。《涉外民事关系法律适用法》第43条规定"劳动合同,适用劳动者工作地法律。"本案属于劳动合同纠纷,劳动者的工作地在中国河南省郑州市,故本案应适用中华人民共和国法律。

阎某与大连远洋渔业金枪鱼钓有限公司
船员劳务合同纠纷一审民事判决书〔2〕

【案情概述】

原告阎某同被告金枪鱼钓公司签订劳动合同,规定月工资4600元,期限两年,生效日为2014年10月25日。但由于被告金枪鱼钓公司原因,使原告阎某于2015年3月30日提前解除合同回港并于4月4日离船。原告起诉要求被告金枪鱼钓公司总计支付剩余工资和加班费。

---

〔1〕 河南省高级人民法院〔2011〕豫法民三终字第139号民事判决书。

〔2〕 大连海事法院〔2015〕大海商初字第433号民事判决书。

大连海事法院认为:原告阎某与被告金枪鱼钓公司之间形成的是劳动合同法律关系,原告阎某系劳动者,被告金枪鱼钓公司是用人单位,原告阎某工作的“天祥七”轮渔船主要在西太平洋公海作业,双方劳动合同主要在中华人民共和国领域外履行,本案具有涉外因素。根据《涉外民事关系法律适用法》第 43 条“劳动合同,适用劳动者工作地法律;难以确定劳动者工作地的,适用用人单位主营业地法律”的规定,本案劳动者原告阎某工作地为公海海域,用人单位被告金枪鱼钓公司主营业地在中华人民共和国境内,本案应适应中华人民共和国法律。

延伸阅读

1. 范娇艳:《国际劳动合同的法律适用问题研究》,武汉大学出版社 2008 年版。
2. 沈涓:《法律选择协议效力的法律适用辩释》,载《法学研究》2015 年第 6 期。
3. 陈卫佐:《当代国私上的一般性例外条款》,载《法学研究》2015 年第 5 期。
4. 刘仁山:《“直接适用的法”在我国的适用——兼评〈涉外民事关系法律适用法解释(一)〉第 10 条》,载《法商研究》2013 年第 3 期。

第8章　非合同之债的法律适用

教学目标

1. 在了解各国有关侵权行为之债的不同规定的基础上，理解国际社会关于侵权法律适用的主要理论和实践。
2. 理解产品责任和人格侵权法律适用的特殊性，识记我国关于侵权法律适用的相关规定，并能运用这些规定分析涉外侵权纠纷的法律适用问题。
3. 理解国际社会关于不当得利和无因管理法律适用的主要理论和实践，识记我国关于不当得利和无因管理法律适用的相关规定，并能运用这些规定分析相关涉外纠纷的法律适用问题。

推荐参考资料

1. 向在胜：《跨国环境污染中的国际私法问题研究——以法律适用问题为中心》，中国政法大学出版社2016年版。
2. 王艺：《结果选择理论研究：以涉外产品责任领域为例》，光明日报出版社2014年版。
3. 许凯：《侵权冲突法研究》，法律出版社2013年版。
4. 胡敏飞：《跨国环境侵权的国际私法问题研究》，复旦大学出版社2009年版。
5. 朱子勤等：《网络侵权中的国际私法问题研究》，人民法院出版社2006年版。
6. 齐湘泉：《涉外民事关系法律适用法——侵权论》，法律出版社2006年版。
7. 霍政欣：《不当得利的国际私法问题》，武汉大学出版社2006年版。
8. 曾二秀：《侵权法律选择的理论、方法与规则——欧美侵权冲突法比较研究》，法律出版社2004年版。

8.1 侵权行为概述

知识要点

8.1.1 侵权行为的概念与分类

☆侵权行为的概念

侵权行为是人类社会最古老的规范现象之一。对人身和财产的侵害，作为人类社会中最基本的冲突形式，一直是社会规范力求控制的对象。早在古罗马法中，就已把民事责任分为违反约定义务的民事责任和侵权行为的民事责任。[1]

目前，关于侵权行为并没有一个统一的、被普遍接受的定义。一般来说，侵权行为是指因作为或不作为而侵害了他人财产或者人身权利的行为。在大陆法系，通常将侵权行为作为民法中债的关系的一种而予以规定，在立法体例上侵权行为法属于"债法"的内容。《德国民法典》在"债法"中设立"侵权行为"一节，《法国民法典》将侵权行为作为"非合同之债"的一种。在英美法系国家，侵权行为法是一个独立的法律体系。

☆侵权行为的分类

根据不同的标准，侵权行为可有不同的分类。传统的划分方法是将侵权行为区分为一般侵权行为和特殊侵权行为。

● 一般侵权行为，是指行为人因过错而实施并致人损害、依照民法上的一般责任条款承担民事责任的侵权行为。

● 特殊侵权行为则，是指当事人基于与自己有关的他人行为、事件或其他特别原因致人损害，依照民法上的特别责任条款或民事特别法的规定承担民事责任的侵权行为。

一般侵权行为采用过错责任原则，责任构成采用侵权责任的一般构成要件，责任承担方式为直接责任；而特殊侵权行为则采用过错推定责任或无过错责任原则，责任构成往往有特殊要求，责任承担方式为间接责任，即责任人对他人行为所造成的损害结果或对自己管理下的物件所造成的损害结果承担赔偿责任。[2]

---

〔1〕 参见王家福主编：《中国民法学·民法债权》，法律出版社 1991 年版，第 407 页。

〔2〕 杨立新：《侵权法论》（上册），吉林人民出版社 1998 年版，第 280 ~ 282 页、第 351 ~ 355 页。

8.1.2　侵权行为之债的法律冲突

☆侵权行为之债的法律冲突

在侵权行为之债方面，各国法律之间的冲突主要体现在以下几个方面：

(1)侵权行为的外延不同

由于社会制度、经济发展水平、民族文化传统以及价值观念等的不同，各国侵权法所保护的范围亦有明显不同。如在西方发达国家，对于行为人基于无过错而造成的污染物排放、噪声、服务瑕疵、产品瑕疵等各种损害，通常都规定了赔偿责任，有些甚至是非常严格的责任。而在一些发展中国家，对前述行为要求承担的责任相对较少，甚至未规定赔偿责任。另外，在有些国家，基于特殊的民族文化和价值观念，其对于家庭成员间的损害，特别是夫妻间的损害，亦认为可以构成侵权。而在另一些国家，法律不承认前述情形构成侵权。

(2)侵权责任的构成要件

在侵权责任的构成要件方面，各国立法的差异较大。如在大陆法系国家，德国法认为，侵权行为应包括五个构成要件，即行为、违法性、过错、损害以及因果关系；而法国民法则认为，侵权行为应有三个构成要件，即过错行为、损害以及因果关系。[1] 英美法关于侵权行为的构成理论系在判例法的基础上逐步发展而来，英国过失侵权行为的成立实际上也须具备三个要件，即注意义务、义务的违反以及损害。

(3)侵权的赔偿原则

在民法中，侵权的赔偿原则主要有三种，即充分赔偿原则、完全赔偿原则以及照顾当事人经济状况的赔偿原则。在发达国家，一般要求侵权人承担充分的赔偿责任，不仅须赔偿受害人的直接财产损失，甚至还须赔偿可预见的间接财产损失。而发展中国家一般仅要求侵权人给予受害人完全的赔偿，同时还要参照当事人的经济状况确定赔偿数额。此外，在英美法系国家尤其是美国，还规定有惩罚性赔偿，因此，即使是在西方发达国家之间，损害赔偿标准有时也会有很大差别。

---

〔1〕 法国民法是以过错作为判断肇事行为的依据，故“过错”实际上已经涵盖了“行为”和“违法性”，“违法性”不再被单列为一个构成要件。参见王卫国主编：《民法》，中国政法大学出版社2007年版，第606页。

8.2　侵权准据法的确定方法

知识要点

8.2.1　侵权行为地法原则

☆侵权行为地法原则的含义

侵权行为适用侵权行为地法，自 13 世纪法则区别说以来，即已确立。正如法国学者亨利·巴迪福所言，侵权适用侵权行为地法，是国际私法上最早确立的原则之一。[1] 时至今日，侵权行为地法原则仍为世界上绝大部分国家立法采纳。例如，德国于 1999 年修订的《德国民法施行法》第 40 条第 1 款规定，“基于侵权行为而提起的诉讼请求，适用赔偿义务人行为地国法律，受害人可以要求适用结果发生地国法律以代替上述法律”。2007 年《罗马条例Ⅱ》第 4 条第 1 款亦规定，侵权行为所生债务适用损害发生地法。

在不同历史时期和不同国家，采用侵权行为地法原则的理论依据并不完全相同。在法则区别说时期，“场所支配行为”这一古老原则是侵权行为地法原则的理论基础。在现代社会，对侵权行为之所以应适用侵权行为地法，主要基于以下几点考虑：

(1)侵权行为之债的发生是基于法律的权威，而非债权人和债务人的意思，法律要求行为人应预见其行为的后果。

(2)对行为人施加责任，旨在维护每个人的权利平衡，而此种平衡之所以被打破，恰是因为侵权人在侵权行为地实施了侵权行为。

(3)适用行为地法是当地公共秩序的要求，并且易于查明事实和确定法律上的责任。[2]

在英美法系国家，侵权适用侵权行为地法的传统理论依据是戴西的既得权理论。比尔主持编纂的 1934 年美国《第一次冲突法重述》即根据既得权理论，认为受害人在侵权行为地因受到不法侵害而获得的权利，当然应依行为地法予以实现。

---

〔1〕 参见[法]亨利·巴迪福：《国际私法各论》，曾陈明汝译，台北，中正书局 1979 年版，第 255 页。

〔2〕 参见韩德培主编：《国际私法》(第 3 版)，高等教育出版社、北京大学出版社 2014 年版，第 209 ~ 210 页。

采用侵权行为地法原则,在侵权行为的各个要素分散位于不同国家的情况下,便会遇到如何确定侵权行为地的棘手问题。对此,有以下几种不同做法。

★以侵权行为实施地(*lex loci actus*)作为侵权行为地

在国际私法立法中,原则上以侵权行为实施地作为侵权行为地的国家主要有列支敦士登、白俄罗斯、哈萨克斯坦等国。这一做法的合理性在于,其一定程度上有利于对案件作统一处置,即无论侵权行为在哪些国家造成损害,最终都统一适用侵权行为实施地法,而且其也有利于判决的承认与执行,因为侵权行为实施地往往也就是被告的住所地和财产所在地。

★以损害结果发生地(*lex loci damni*)作为侵权行为地

采用损害结果发生地作为侵权行为地。英国、土耳其、罗马尼亚等国的国际私法立法,以及欧盟《罗马条例Ⅱ》第4条有关一般侵权的法律适用规则,采此种做法。这一做法的合理性在于,在侵权事件中,致使受害人提起司法诉讼的关键不是侵权人的作为或不作为,而是其行为对受害人人身或财产造成了损害。无过错责任原则在现代各国侵权法中的渗透进一步突出了"损害"概念在侵权法中的重要性,这一发生于各国实体法中的发展趋势在国际私法中的映射即表现为侵权适用损害结果发生地法。另外,受害人通常都会合理地期待损害结果发生地法为其提供保护,而且损害结果发生地往往也是受害人的住所地和财产所在地。

★可预测性标准

根据可预测性标准适用法律,是指侵权案件原则上适用侵权行为实施地法,但如果侵权人能够预测其行为将在损害结果发生地国造成损害,则适用损害结果发生地法。或者说,侵权案件原则上适用损害结果发生地法,但如果侵权行为在该地造成损害结果通常不可预见,则适用侵权行为实施地法。

可预测性标准的理论基础是信赖原则和最密切联系原则。一方面,可预测性标准可以避免适用损害结果发生地法对侵权人造成所谓的不公平;另一方面,既然侵权人本人都能预测到损害会在相关外国发生,这也意味着案件与损害结果发生地国有较密切联系。一般而言,适用损害结果发生地法对受害人相对有利而对侵权人相对不利,可预测性标准强调,只有在侵权人能够预测到其行为将在外国造成损害时,适用损害结果发生地法对其才是适当的。因此,在价值取向上,可预测性标准强调侵权人与受害人之间利益的协调。

晚近各国国际私法立法中有不少采用可预测性标准,如2001年《俄罗斯民法典》第1219条、2001年《荷兰侵权冲突法》第3条以及2007年《日本法律适用通则法》第 17 条等均是如此。

★有利原则

所谓有利原则，即在侵权行为实施地法和损害结果发生地法中选择适用对受害人最为有利的法律。有利原则体现了在侵权法律适用中保护受害人的政策取向。德国是最先在一般侵权法律适用领域采用有利原则的国家。[1]

☆我国立法关于侵权行为地法原则的规定

我国《民法通则》第 146 条就侵权行为的法律适用作了一般性的规定，侵权行为的损害赔偿，适用侵权行为地法律。此外，《涉外民事关系法律适用法》第 44 条也规定："侵权责任，适用侵权行为地法律，但当事人有共同经常居所地的，适用共同经常居所地法律。侵权行为发生后，当事人协议选择适用法律的，按照其协议。"

显然，与世界上大部分国家一样，我国在侵权法律适用领域也采用侵权行为地法原则。但在侵权案件的相关要素分散于不同国家的情况下，如何确定侵权行为地，无论是《民法通则》还是《涉外民事关系法律适用法》，均没有明确规定。最高人民法院《民法通则意见》第 187 条规定："侵权行为地的法律包括侵权行为实施地法律和侵权结果发生地法律。如果两者不一致时，人民法院可以选择适用。"但上述司法解释对法院在侵权行为实施地法和侵权结果发生地法之间进行选择的标准仍然没有提供明确的答案。

8.2.2 双重可诉原则

☆双重可诉原则的含义

英格兰曾在历史上采用"双重可诉"原则(rule of double actionability)。

"双重可诉"原则于 1870 年由 Phillips v. Eyre 案[2]确立。在该案中，法官指出，在英格兰就据称发生于国外的侵权行为提起一项诉讼，必须符合两项条件：第一，该行为如果发生于英格兰，应是可以起诉的(actionable)；第二，根据行为发生地法，该行为应是不正当的(not justifiable)。在"双重可诉"原则下，法院地法和侵权行为地法并非简单地重叠适用，二者并没有处于同等地位。在该原则中，"英格兰的实体法起着主导作用，案件诉由由该法决定，而行为发生地的法律仅起着从属作用，其作用仅在于为原告的行为提供辩护，从而挫败案件的诉讼理由，但其本身并

[1] 德国法院在侵权案件中运用有利原则最早可追溯至 1888 年的一个案件。该案涉及一份于里昂签发并于苏黎世接收的载有虚假银行信息的票据。审理法院认为，该案涉及一个由不同要素构成的单一侵权行为，里昂和苏黎世都可以作为侵权行为地。

[2] Phillips v. Eyre (1870) LR 6 QB 1.

不能决定案件的诉由”。[1] 因此,“双重可诉”原则在本质上是一项以适用法院地法为基调的法律适用规则。

在英格兰,“双重可诉”原则的产生并非偶然,其有一系列复杂背景:

(1)从历史上看,该规则以适用法院地法为主,源自于英国上议院的审判实践。在 19 世纪中叶,英格兰国际私法的发展还远未完善,在当时适用法院地法完全是常态,其与英格兰法院在当时不愿意适用外国法的传统一脉相承。

(2)从法理上看,当时民事责任与刑事责任尚没有严格区分,侵权法被认为与刑法一样,具有惩罚或恐吓的功能,而不具有补偿的功能。因而,与刑事案件必然适用法院地法一样,对于侵权纠纷,自应适用法院地法。

(3)从实务的便宜性上看,适用侵权行为地法将要求查明外国法,而适用法院地法显然将免除这一麻烦。

受英格兰的影响,绝大部分英联邦国家在侵权法律适用问题上也都曾先后采取了“双重可诉原则。”但 1995 年《国际私法(杂项规定)法规》出台后,英格兰基本废除了上述普通法中的“双重可诉”原则,而代之以侵权行为地法原则。目前,其他受英国法影响较大的英联邦国家也已逐渐放弃了该原则。

8.2.3　重叠适用侵权行为地法与法院地法

☆重叠适用模式的典型做法

德国在 1999 年国际私法改革前,《德国民法施行法》第 38 条曾规定,“就在国外发生的侵权行为而针对德国人所提出的诉讼请求,不能超出德国法律的规定”。在司法实践中,德国法院认为上述第 38 条隐含了有关侵权法律适用的一项基本规则,即侵权适用侵权行为地法。这一条款间接地将被告区分为德国人和非德国人,并对德国被告重叠适用法院地法即德国法,从而为其提供特殊保护。因此,《德国民法施行法》第 38 条一度被德国学术界称之为“内国人保护条款”。德国在 1999 年国际私法改革中废除了前述不合理的重叠适用条款,而代之以现行《德国民法施行法》第 40 条第 3 款的“特殊公共秩序保留条款”。该款规定,对于侵权案件,根据外国法提出的诉讼请求不得从根本上远远超出受害者所需要的适当赔偿,或者不得明显出于对受害者进行适当赔偿之外的目的。

侵权法律适用领域采用重叠适用条款,主要是因为侵权法被视为公共秩序法,

---

〔1〕 Peter M. North,“Reform, but not Revolution: General Courseon Private International Law”, *Recueil Des Cours*, Vol. 220, 1990.

只有重叠适用法院地法,才能够实现以下维护法院地公共秩序的效果。[1]

重叠适用侵权行为地法与法院地法作为侵权法律适用的一种方案已逐步为世界所抛弃。目前相关国家和地区在侵权案件中重叠适用法院地法的目的主要在于对损害赔偿额的计算进行限制,以防止根据外国法作出非补偿性损害赔偿或过高的损害赔偿。

☆《民法通则》第146条关于重叠适用模式的规定

在侵权法律适用问题上,我国《民法通则》也采用重叠适用侵权行为地法和法院地法的做法。《民法通则》第146条规定,"侵权行为的损害赔偿,适用侵权行为地法律……中华人民共和国法律不认为在中华人民共和国领域外发生的行为是侵权行为的,不作为侵权行为处理"。与相关国家如德国采重叠适用模式的主要目的为限制损害赔偿的计算不同,我国《民法通则》仅在侵权行为的成立问题上重叠适用我国法律,而在损害赔偿问题上,则不要求重叠适用。《涉外民事关系法律适用法》第44条已经放弃了重叠适用模式。

8.2.4 当事人共同属人法原则

☆当事人共同属人法原则的含义

在侵权案件中,如果侵权人与受害人拥有同一个国家的国籍,或者在同一个国家拥有住所或惯常居所,通常适用当事人共同属人法。例如,《德国民法施行法》第40条第2款规定,"如果侵权人与受害人在责任事件发生时在同一国家拥有惯常居所,则适用该国法律"。《罗马条例Ⅱ》第4条第2款也有类似规定。

☆当事人共同属人法原则在侵权领域适用的法理基础

相较早期强调适用当事人共同本国法,当代各国立法更强调优先适用当事人共同惯常居所地法或共同住所地法。如前述《德国民法施行法》第40条第2款即强调优先适用当事人共同惯常居所地法。

●侵权人与受害人拥有的共同惯常居所地,对双方当事人而言是一项稳定的联系因素,相对更具临时性和偶然性的侵权行为地而言,其作为侵权法律适用的连结点显然应被置于更为优先的位置。

●适用当事人共同惯常居所地法还有一些实践性的考虑因素,如当侵权事件在外国发生后,双方当事人通常都会返回其惯常居所地;适用共同惯常居所地法有利

〔1〕 参见[日]小出邦夫:《一问一答新国际私法——法律适用通则法的解说》(日文版),商事法务株式会社2006年版,第122页。

于损害赔偿的解决。[1]

● 适用当事人共同惯常居所地法也体现了最密切联系原则。

☆**我国立法关于当事人共同属人法原则的规定**

《民法通则》第 146 条强调，在双方当事人国籍相同或者在同一国家有住所的情况下，可以选择适用当事人共同属人法和侵权行为地法。《涉外民事关系法律适用法》关于当事人共同属人法原则的规定与《民法通则》有明显不同。首先，在《涉外民事关系法律适用法》第 44 条的规定下，国籍不再作为当事人共同属人法的连结点，共同属人法仅以惯常居所为连结点。其次，与《民法通则》第 146 条所规定的当事人共同属人法与侵权行为地法的选择适用不同，《涉外民事关系法律适用法》第 44 条规定了当事人共同属人法的优先适用。

8.2.5　最密切联系原则

☆**侵权行为自体法**

英国学者莫里斯于 1951 年提出了"侵权行为自体法"（proper law of the torts）理论。所谓侵权行为自体法，就是与案件和当事人有最密切联系国家的法律。莫里斯提出侵权行为自体法理论的目的，主要是校正侵权行为的传统法律适用规则的弊端。侵权行为在某地发生有时具有偶然性，侵权行为地并不总是与案件具有最本质的联系，因此对侵权行为地法普遍的、不加分析的适用，并非在任何情况下都能带来令人满意的结果。如果适用侵权行为自体法或者与案件和当事人有最密切联系国家的法律，法院即可以避免绝对适用侵权行为地法所带来的相关弊端。侵权行为自体法理论的本质，在于其主张将最密切联系原则引入侵权法律适用中。从当前各国的立法与司法实践来看，各国均已程度不等地在侵权法律适用中引入了最密切联系原则。

☆**最密切联系原则在侵权领域的适用**

美国纽约州上诉法院早于 1963 年在审理贝科克诉杰克逊案中就已采用了这一原则。此后，美国 1971 年《第二次冲突法重述》正式将最密切联系原则引入侵权法律适用领域。美国《第二次冲突法重述》第 145 条规定，当事人在侵权行为某个问题上的权利义务，依在该特定问题上与该事件及当事人有最密切联系州的法律。

大陆法系国家立法虽然在侵权法律适用领域都采纳了最密切联系原则，但基

---

〔1〕 See Jan Kropholler, *Internationales Privatrecht einschliesslich der Grundbegriffe des Internationalen Zivilverfahrensrechts*, 4. Aufl., Tübingen: Mohr Siebeck, 2001, S. 500.

本都将该原则作为侵权行为地法原则的例外条款,即侵权行为原则上适用侵权行为地法,但如果案件的总体情况表明,侵权行为与另一国有实质性的更密切联系,则适用该另一国法律。如《德国民法施行法》第 41 条第 1 款即规定,如果某一国法律比侵权行为地法或当事人共同惯常居所地法存在实质性更密切联系,则适用该另一国法律。《罗马条例Ⅱ》第 4 条第 3 款也有类似规定。

8.2.6 意思自治原则

☆意思自治原则在侵权领域适用的法理基础

在侵权法律适用领域,基于公平、正义的观念,从维护社会秩序的公益的视角出发,各国向来都拒绝承认当事人意思自治。然而,与公益的视角相比,晚近理论上更加强调侵权的私益性质,更加强调对受害人损失的填补和对当事人间利益的调整;加之由侵权行为所生债权通常亦主要表现为金钱债权,其与其他债权一样,也可以由当事人自由处分。基于此,晚近的主流观点认为,在侵权法律适用领域也应允许当事人意思自治。[1] 在侵权领域引入意思自治有以下优点:

- 增加法律适用的可预测性,从而有助于提高法律安全并实现双方当事人的利益。

- 如果双方当事人选择法院地法,则将有助于使诉讼程序更为迅捷,降低诉讼上的经济成本。

- 在侵权领域引入意思自治会间接带来减少司法诉讼的效果,因为双方当事人通过合作选择准据法,获得了进一步考虑是否有必要进行诉讼的机会,从而有可能选择法院外争议解决机制。

但也有观点对意思自治在侵权领域适用的实际效果提出疑问:一方面,通过客观连结点同样有可能指引适用当事人所选择的法律;另一方面,在侵权案件中,双方当事人就准据法的选择达成一致并非易事,因为如果一项法律对一方当事人有利,势必会对另一方当事人不利,即使双方当事人最终达成一致意见,也会费时费力进而推延诉讼。

☆意思自治原则在侵权领域的适用

《瑞士联邦国际私法法规》第 132 条首次以成文立法的形式,在侵权法律适用领域承认了当事人意思自治,但其将当事人选择法律的范围仅限于法院地法。从

---

〔1〕 参见向在胜:《日本国际私法现代化的最新进展——从〈法例〉到〈法律适用通则法〉》,载《人大复印报刊资料(国际法学)》2009 年第 5 期。

晚近各国立法实践来看，已有越来越多的国家立法在侵权领域允许当事人意思自治，如奥地利、德国、荷兰、韩国以及日本等均是如此。目前立法中对意思自治在侵权领域运用的关键是给予其多大程度的限制，对此各国尚有很大分歧，有些国家立法对其没有特别限制，但有些国家立法如瑞士国际私法仅允许当事人选择法院地法。[1]

☆我国立法关于意思自治原则的规定

相较《民法通则》，《涉外民事关系法律适用法》第44条另一个值得肯定的地方是其关于意思自治的规定。根据该条规定，侵权行为发生后，当事人可以协议选择准据法。从第44条的规定看，《涉外民事关系法律适用法》对当事人在侵权案件中选择准据法没有地域限制。

[示例8.1]　在南京华夏海运公司与塞浦路斯澳非尔堤斯航运有限公司船舶碰撞纠纷案中，原告南京华夏海运公司所属的“华宇”轮船籍为中国；被告塞浦路斯澳非尔堤斯航运有限公司所属的“珊瑚岛”轮船籍为塞浦路斯。1994年停靠于曼谷港装货的“华宇”轮被进港的“珊瑚岛”轮撞击。原告遂向武汉海事法院提起损害赔偿之诉。本案的审理法院就对当事人选择法律的权利给予了一定的重视。法院的判决认为：

关于本案适用实体法的问题，根据《中华人民共和国海商法》关于涉外关系的法律适用原则，本案法律适用的第一选择是《1910年统一船舶碰撞若干法律规定的国际公约》，因该公约对我国尚未生效故不能被选择适用；第二选择是泰国法律即侵权行为地法，但因双方当事人均不属于泰国籍，又不主张适用泰国的法律，视为当事人对泰国法不举证，因此，泰国法律不能被选择适用；第三选择是法院地法，即《中华人民共和国海商法》，双方当事人亦主张适用中国法，基于双方当事人的主张和以上二种选择不成立的原因，本案应适用《中华人民共和国海商法》。

---

[1]　前者如《奥地利联邦国际私法法规》第35条，后者如《瑞士联邦国际私法法规》第132条。

法律与规范链接

▲ 必读法条

《民法通则》

第146条　侵权行为的损害赔偿，适用侵权行为地法律。当事人双方国籍相同或者在同一国家有住所的，也可以适用当事人本国法律或者住所地法律。

中华人民共和国法律不认为在中华人民共和国领域外发生的行为是侵权行为的，不作为侵权行为处理。

《涉外民事关系法律适用法》

第44条　侵权责任，适用侵权行为地法律，但当事人有共同经常居所地的，适用共同经常居所地法律。侵权行为发生后，当事人协议选择适用法律的，按照其协议。

《海商法》

第273条　船舶碰撞的损害赔偿，适用侵权行为地法律。

船舶在公海上发生碰撞的损害赔偿，适用受理案件的法院所在地法律。

同一国籍的船舶，不论碰撞发生于何地，碰撞船舶之间的损害赔偿适用船旗国法律。

第275条　海事赔偿责任限制，适用受理案件的法院所在地法律。

《民用航空法》

第189条　民用航空器对地面第三人的损害赔偿，适用侵权行为地法律。

民用航空器在公海上空对水面第三人的损害赔偿，适用受理案件的法院所在地法律。

△ 延伸法条

欧盟2007年《罗马条例Ⅱ》第4条；

2007年《日本法律适用通则法》第17条、第20～22条；

2017年修订的《瑞士联邦国际私法法规》第132条、第133条。

典型案例

法国人乙和泰国人丙诉泰国人甲侵权纠纷案

【案情概述】

泰国人甲在西安旅游参观时，骑着一辆摩托车，撞伤法国人乙后，又撞伤在西安旅游参观的泰国人丙。乙和丙分别将甲告上法庭。法庭经当事人同意,将两诉合并审理。

【关键问题】

本案根据《民法通则》第146条应如何确定准据法?根据《涉外民事关系法律适用法》第44条又应如何确定准据法?

【简要评论】

首先,根据《民法通则》第146条规定,就法国人乙诉泰国人甲而言,本案应适用侵权行为地法即中国法;就泰国人丙诉泰国人甲而言,由于双方当事人拥有共同国籍,因而本案准据法既可以是作为侵权行为地法的中国法,也可以是双方当事人共同国籍国法即泰国法。

其次,根据《涉外民事关系法律适用法》第44条的规定,就法国人乙诉泰国人甲而言,本案仍应适用侵权行为地法即中国法;就泰国人丙诉泰国人甲而言,假设双方当事人的经常居所地都位于泰国,则根据第44条的规定,双方当事人共同经常居所地法即泰国法应优先得到适用。

8.3　产品责任和人格侵权

知识要点

8.3.1　产品责任

☆产品责任法律适用的基本状况

随着国际贸易的快速发展,由产品的瑕疵而导致对人的生命、身体或财产带来损害的国际产品责任事件层出不穷,有关产品责任的法律适用问题亦逐渐引起各国立法的重视。将产品责任作为一种特殊类型的侵权责任,最初发端于美国,20世纪60年代以后逐渐为世界各国所接受。关于产品责任的法律适用,国际性立法主要有海牙国际私法会议于1973年第12届会议上通过的《产品责任法律适用公约》。此外,《罗马条例Ⅱ》第5条也有关于产品责任法律适用的规定。

对于产品责任,大多数国家将其视为侵权责任。国内有学者认为,根据各国理论和实践,涉外产品责任大致有以下三种法律适用规则:(1)最密切联系原则。产品侵权责任适用侵权行为发生时侵权与侵权行为以及当事人有最密切联系的国家的法律,是现代各国产品责任法律适用的基本原则。(2)有利于原告原则。在产品责任中,消费者在产品侵权案件中是最大的受害者,并且处于弱势地位。因而在涉外产品责任的法律适用上,最大限度地保护消费者利益应作为一项重要的指导原则。(3)排除适用被告不可预见法律的原则。在涉外产品责任法律适用制度上,为了平衡当事人双方的利益,各国在采用最密切联系原则和有利于原告原则的同时,排除当事人不可预见的法律的适用。[1]

在立法例上,国际国内立法关于产品责任的法律适用主要有三种做法,即由受害人选择准据法、适用市场地法以及阶梯型的冲突规则。

☆由受害人选择适用法律

由受害人选择法律,明显是为了更好地保护受害者。其思路在于,既然在实体法层面各国特别制定产品责任法的宗旨在于对受害者的保护,那么在冲突法层面,为产品责任的法律适用设计特别规定也应该以加强对受害者的保护为宗旨。例如,《瑞士联邦国际私法法规》第135条第1款规定,基于产品瑕疵或有瑕疵的产品说明而提出的请求,应依受害人的选择,适用以下任一法律:(a)加害人营业地法或加害人无营业所时其惯常居所地法;(b)产品取得地法,除非加害人证明产品未经其同意而在产品取得地国上市。[2]

☆市场地法

所谓"市场地",也就是最终消费者取得产品的地方,亦即"产品取得地"。产品责任的特点在于,生产有瑕疵的产品且将之投入市场流通,并由此引起侵权责任。原则上,作为生产者适法行为之判断标准的法律规范,与作为生产者生产流通有瑕疵产品的不法行为之判断标准的法律规范,其实是一个事物的两个方面。在现代社会,作为生产者,其通常都遵循产品流通地的产品安全标准,既然适法行为的判断标准是市场地法,那么评价生产者行为不法的标准也应该是市场地法。另外,市场是生产者与受害者(产品取得者)的交会点,市场地与双方当事人均具有较密切联系,与此同时,市场地法对双方当事人而言亦具有中立性,适用该法有利于双方

---

〔1〕 参见徐冬根:《国际私法》,北京大学出版社2013年版,第293页。另外参见杜涛:《涉外民事关系法律适用法释评》,中国法制出版社2011年版,第373~374页。

〔2〕 此外,意大利《国际私法制度改革法》第63条亦规定,对于产品责任,受害人有权选择以下法律作为准据法:生产者的住所地法或管理中心地法,或者产品取得地法,但前提是产品在该地销售须取得生产者的同意。显然,意大利国际私法前述规定的立法宗旨与瑞士国际私法相同。

当事人利益的平衡。[1] 但是,产品责任绝对地适用产品取得地法,有时会出现损害生产者对于准据法的可预见性。

> **[示例 8.2]**　一方当事人在 A 国购买仅能在 A 国流通的产品,然后在 B 国旅行途中,将该产品转卖给 B 国的最终消费者,并在该国造成损害,在此情况下,该产品的取得地与此种产品通常的市场地便有不同。因此,当生产者对于同类产品在 B 国取得不能预见,且其对此种不能预见没有过失时,产品责任应适用生产者的主营业地法。

☆阶梯型的冲突规则

海牙《产品责任法律适用公约》关于产品责任法律适用的规定有以下三个特点:

(1)其指定被害者惯常居所地、加害者主营业地、产品取得地以及损害发生地等四个连结点,以其中两个连结点的竞合作为重点连结政策来作为确定产品责任准据法的依据;

(2)在第一等级连结点的竞合不存在的情况下,根据第二等级的连结点竞合确定准据法;

(3)在一定范围内允许原告选择对其有利的法律。

具体来说,根据海牙《产品责任法律适用公约》第 4 ~ 7 条的规定,应按照如下顺序确定产品责任的准据法:

(1)适用受害者的惯常居所地法,如果该地同时又是加害者的主营业地或产品取得地;

(2)适用损害发生地法,如果该地同时又是受害者惯常居所地或加害者的主营业地或产品取得地;

(3)如果不存在以上法律,则适用加害者主营业地法,但原告可以选择适用损害发生地法;

(4)前述被指定的损害发生地的法律和受害者惯常居所地的法律不予适用,如果加害者能够证明其不能合理地预测其产品将会通过商业渠道流通到这些国家的话,此时只能适用加害者主营业地法。

---

[1] 《日本法律适用通则法》第 18 条规定,因产品的瑕疵而侵害他人生命、身体或财产而产生的债权的成立及效力,适用产品取得地法,但前提是产品在该地销售为通常可以预见,否则适用生产者的主营业地法(如果生产者没有营业地,则适用其惯常居所地法)。

海牙《产品责任法律适用公约》前述规定的政策取向是，通过与被害者和加害者有关的连结点的重叠实现准据法的确定，从而避免在国际产品责任诉讼中由于法律适用的偶然性而导致对被害者不利的结果。

此外，《罗马条例Ⅱ》第5条采取的也是阶梯型的冲突规则：

（1）产品责任适用受害人惯常居所地法，前提是此种产品在受害者惯常居所地有销售；

（2）适用产品取得地法，前提是此种产品在产品取得地有销售；

（3）适用损害发生地法，前提是此种产品在损害发生地有销售；

（4）如果加害者不能预测其产品或同类产品在前述准据法所属国销售的话，则适用加害者惯常居所地法；

（5）如果从案件整体情况看，侵权明显与其他国家有更密切联系，则适用该更密切联系地法。

☆我国立法的相关规定

《涉外民事关系法律适用法》第45条规定："产品责任，适用被侵权人经常居所地法律；被侵权人选择适用侵权人主营业地法律、损害发生地法律的，或者侵权人在被侵权人经常居所地没有从事相关经营活动的，适用侵权人主营业地法律或者损害发生地法律。"

从前述规定看，《涉外民事关系法律适用法》第45条借鉴第42条关于消费者合同的立法思路，将作为受害人的消费者区分为"主动"的消费者和"被动"的消费者。

● 对于"被动"的消费者，产品责任主要适用受害人经常居所地法，考虑到加害人在受害人经常居所地从事相关经营活动，其对于其产品可能会在该地造成损害应有预见可能性，因而为保护消费者的目的而规定适用该法不无合理性。但该法同时规定，在"被动"的消费者的情况下，受害人还可以选择适用侵权人主营业地法或损害发生地法。

● 在"主动"的消费者的情况下，根据第45条的规定，应适用加害人主营业地法或损害发生地法。

总体来看，《涉外民事关系法律适用法》第45条与外国立法和相关国际立法一样，在产品责任法律适用问题上均适当考虑了消费者与企业间利益的平衡，但外国立法和相关国际立法在考虑企业利益时主要是采取企业对其产品在某一连结点所属国家造成损害是否具有可预见性这样的主观标准，而我国立法则采取的是企业是否在相关地点从事了经营活动这样的客观标准。

8.3.2　人格侵权的法律适用

人格权是人身权的组成部分。人身权是指民事主体依法享有的,与其自身不可分离也不可转让的,没有直接财产内容的民事权利。人身权包括人格权和身份权。[1]

● 人格权是指民事主体依法固有的,为维护自身独立人格所必须具备的,以人格利益为客体的权利。

● 身份权则是民事主体在特定的家庭和亲属团体中所享有的地位或资格。

☆人格侵权法律适用的基本状况

关于人格侵权,在运用一般侵权行为的冲突规则解决其法律适用时,问题的关键是相关法益在遭受侵害时不存在相应的物理场所,这使得侵权行为地特别是损害发生地的确定没有一个统一的标准。另外,在人格遭受侵害特别是名誉或信用遭受毁损时,由于互联网等信息传播手段在现代社会的广泛使用,很容易使毁损名誉或信用的相关信息在世界范围内得到迅速传播,此时如何确定侵权行为地特别是损害发生地,就更不是一件易事。正因如此,为人格侵权特别设计一条冲突规范实有必要。但从目前各国立法例来看,有关人格侵权法律适用的立法尚不多见。

☆由受害人选择法律

对于人格权侵权,考虑到对受害者有利的原则,应允许受害者在一定范围内选择对其最有利的法律作为准据法。例如,《瑞士联邦国际私法法规》第139条第1款规定,基于以传播媒介,特别是通过出版物、无线电、电视或一切其他公共信息传播工具侵犯人格权的行为而提出的请求,应依受害人的选择,适用以下任一法律:(a)受害者惯常居所地法,前提是加害者应能预见损害结果将会在该地发生;(b)加害者营业地法或惯常居所地法;(c)损害发生地法,前提是加害者应能预见损害结果将会在该地发生。

☆适用受害人经常居所地法

适用受害人经常居住地法,不仅是出于保护受害人的目的,也考虑到适用该地法律对加害人而言也具有一定的可预测性。与此同时,即使对受害人名誉或信誉的毁损系发生于多个法域,但通常而言,这种毁损在受害人经常居住地国所造成的

---

〔1〕 参见万鄂湘主编:《〈中华人民共和国涉外民事关系法律适用法〉条文理解与适用》,中国法制出版社2011年版,第113页。

社会损害也是最大的。[1] 例如,《日本法律适用通则法》第 19 条规定应适用受害人经常居住地法,受害人为法人及其他社团或者财团时,则适用其主要营业地法。

☆双重可诉原则

英格兰普通法关于侵权法律适用曾采取的是"双重可诉"原则。英格兰 1995 年《国际私法(杂项规定)法规》出台后,原则上废除了上述普通法中的"双重可诉"原则,而代之以侵权行为地法原则。不过,出于保护言论自由的目的,该法第 13 条规定,诽谤诉讼将继续适用"双重可诉"原则。这意味着对于由诽谤而导致的人格权侵权责任,将主要适用作为法院地法的英格兰法律,同时兼顾侵权行为地法。

☆我国立法的相关规定

关于人格侵权的法律适用,《涉外民事关系法律适用法》第 46 条规定:"通过网络或者采用其他方式侵害姓名权、肖像权、名誉权、隐私权等人格权的,适用被侵权人经常居所地法律。"本条将人格权侵权属人法的连接点确定为受害人经常居所地,理由为:

(1)受害人的经常居所地是受害人的经济、社会活动中心,与受害人有最密切联系的社会联系,因此受害人经常居所地构成了损害结果发生地,是损害结果最大、与侵权纠纷联系最密切的地点。

(2)对于姓名权、肖像权、名誉权等人格权的侵害,尽管侵权信息理论上可以传播到世界各地,但对受害人发生实际的侵权结果,最集中的还是受害人生活的经常居所地。而且受害人的经常居所地容易确定,不受网络及其他媒体方式的影响。

(3)适用受害人经常居所地法,体现了我国重视对受害人的补偿和救济、"有利于弱者"的立法理念,与现代社会注重以人为本、关注人格权保护的时代精神相契合。

法律与规范链接

▲ 必读法条

《涉外民事关系法律适用法》

第 45 条 产品责任,适用被侵权人经常居所地法律;被侵权人选择适用侵权人主营业地法律、损害发生地法律的,或者侵权人在被侵权人经常居所地没有从事相关经营活动的,适用侵权人主营业地法律或者损害发生地法律。

---

[1] 参见日本法务省民事局参事官室:《国际私法现代化要纲中间草案补充说明》,载日本法务省网站:www. moj. go. jp/PUBLIC/MINJI57/refer02. pdf,最后访问日期:2007 年 8 月 25 日。

第46条　通过网络或者采用其他方式侵害姓名权、肖像权、名誉权、隐私权等人格权的，适用被侵权人经常居所地法律。

△ **延伸法条**

欧盟2007年《罗马条例Ⅱ》第5条；

2007年《日本法律适用通则法》第18～22条；

2017年修订的《瑞士联邦国际私法法规》第135条、第139条。

典型案例

甘肃省公路局诉日本某橡胶株式会社纠纷案[1]

【案情概述】

2001年10月，本案中甘肃省公路局职工芦某某驾驶甘肃省公路局所拥有的福特越野车行驶至西安绕城高速公路时，左前轮胎突然爆破，致使车辆失控，碰撞紧急停车带防护钢板，造成四位被害人死亡，出事的福特越野车亦报废。相关交通事故报告和道路交通事故责任认定书均证实了本次事故是左轮胎爆破导致车辆失控所致。原告遂就车辆损失向轮胎的生产商日本某橡胶株式会社提起损害赔偿之诉。鉴于日本《制造物责任法》在产品责任问题上采无过错责任原则，原告要求本案适用日本《制造物责任法》。

【关键问题】

本案能否适用当事人选择的法律？

【简要评论】

《涉外民事关系法律适用法》第45条规定，产品责任适用被侵权人经常居所地法律，但被侵权人选择适用侵权人主营业地法律、损害发生地法律的，或者侵权人在被侵权人经常居所地没有从事相关经营活动的，适用侵权人主营业地法律或者损害发生地法律。根据该条规定，被侵权人有权选择适用侵权人主营业地法，因而本案中被侵权人要求适用日本《制造物责任法》的请求应获支持。

---

[1] 《甘肃省公路局诉日本横滨橡胶株式产品质量侵权案》，载 http://www.fsou.com/html/textlfn-li1175273/117527384.html，最后访问日期：2019年4月19日。

8.4 不当得利和无因管理

知识要点

8.4.1 不当得利的法律适用

☆不当得利的含义

凡无法律上或合同上的依据使自己获得利益而使他人受到损害的事实，称为不当得利。如对已经清偿的债务再为给付，或基于原合同关系而为给付，后来合同被宣告无效或撤销，以及在合同双方当事人之间一方因不可抗力无法履行而在此之前已受领了对方的给付等，均属于不当得利的情形。[1]

☆适用不当得利事实发生地法

主张适用不当得利事实发生地法（原因事实发生地法）的根据是，不当得利主要是从正义和衡平的视角出发，在得利者和损失者之间创立债权债务关系的公益性制度，因而对其应由属地法管辖，也就是由不当得利事实的发生地法管辖。根据这一主张，不管当事人身份为何，也不管当事人的国籍、住所在哪些国家，不当得利一律由其所发生的国家的法律支配。[2]

目前有不少国家立法采用这一主张。例如，2007 年《日本法律适用通则法》第 14 条亦规定："由无因管理或不当得利所产生的债权的成立与效力，适用原因事实发生地法。"《罗马条例Ⅱ》第 10 条第 3 款也有类似规定。

☆适用支配基础关系的法律

不当得利通常发生在非债清偿等当事人之间事先已经存在某种法律关系的情况之下。在这种场合，很难将对不当得利的处理与作为其发生原因的基础关系分离开来。在存在基础关系的场合，可将不当得利关系视为作为其发生原因的基础关系的发展与延伸，调整基础关系的法律同时亦调整由该法律关系所产生的不当得利关系。[3] 目前采纳这一主张的国家亦有不少。例如，1978 年《奥地利联邦国际私法法规》第 46 条规定，如果不当得利产生自以某一法律关系为基础的债务履

---

〔1〕 参见韩德培主编：《国际私法新论》，武汉大学出版社 2003 年版，第 235 页。

〔2〕 参见［日］山田镣一：《国际私法》（日文版），有斐阁 1992 年版，第 308 页。

〔3〕 同上注，第 309 页。

行，则支配该法律关系的法律所属国的实体法应为支配不当得利的准据法。

☆适用最密切联系地法

美国《第二次冲突法重述》第 211 条规定，当事人在不当得利诉讼中有关某特定问题的权利和义务，由与案件事实和当事人有最密切联系的那个州的法律调整。在确定最密切联系时应考虑下列因素：当事人之间关系集中的地方，但不当得利须与该关系有实质性联系；不当得利发生地；不当得利起因行为发生地；当事人的住所、居所、国籍、公司成立地及营业地；以及与不当得利有实质性联系的有体物如土地或动产在不当得利产生时的所在地。对这些联系应按其对特定问题的重要程度加以衡量。

在大陆法系国家，最密切联系原则往往作为不当得利法律适用的补充性原则。如根据 2007 年《日本法律适用通则法》第 15 条的规定，相比原因事实发生地，如果案件明显地与其他地方有更密切联系的，适用该更密切联系地法。而且该条还将双方当事人在同一国家拥有惯常居所或双方当事人之间事先存在契约关系作为判断更密切联系地的主要依据。

关于不当得利的法律适用，《罗马条例Ⅱ》第 10 条第 2 款规定，在不当得利的产生没有基础关系的情况下，如果双方当事人在同一国家拥有惯常居所，则适用该共同惯常居所地法。从某种角度说，这也是最密切联系原则的一种体现。

☆当事人意思自治原则

在不当得利法律适用问题上，一些国家立法开始承认当事人意思自治原则。如 1987 年《瑞士联邦国际私法法规》第 128 条第 2 款规定，在没有基础关系的情况下，因不当得利而提出的请求适用不当得利发生地法，但当事人可以约定适用法院地法。晚近一些立法已不要求当事人选择的法律必须被限定于法院地法，如《德国民法施行法》第 42 条规定，在非合同之债法律关系据以产生的事件发生后当事人可以选择应适用的法律，但第三人的权利不受影响。

8.4.2　无因管理的法律适用

☆无因管理的含义

无因管理是指既没有法定义务也没有约定义务，而为他人管理财产或事务并支出劳务或费用，从而在管理人与受益人之间产生的债权债务关系。作为债之法律关系发生的原因之一，与合同和侵权行为相比，各国法律有关无因管理的规定差别较大，不仅大陆法系与英美法系的规定之间有突出的差别，即使是同为大陆法系的国家立法之间，也存在严重的法律冲突。

★适用事务管理地法

与不当得利一样,无因管理也是从正义和衡平的视角,为维持一般的公益目的,对一方当事人在既没有法定义务也没有约定义务的情况下所实施的管理行为赋予其一定的法律效力的制度。[1] 从这个视角来看,对其也应适用属地法,亦即事务管理地法。

适用事务管理地法是各国立法有关无因管理法律适用的最为普遍的做法。如《德国民法施行法》第 39 条规定,"处理他人事务引起的法定请求权,适用事务处理地国法律"。《罗马条例Ⅱ》第 11 条第 3 款亦作如是规定。[2]

★适用支配基础关系的法律

与不当得利一样,有些国家立法规定,如果无因管理也是基于当事人之间事先已经存在的某种法律关系而发生,则此时对无因管理之债亦应适用支配基础关系的法律。如《德国民法施行法》第 39 条规定,"为他人偿还债务引起的请求权,适用支配该债务的法律"。

★适用最密切联系地法

美国《第二次冲突法重述》主张在确定返还请求权的准据法时,应采用最密切联系原则的方法。[3] 在大陆法系国家,最密切联系原则往往亦作为无因管理法律适用的补充性原则。《日本法律适用通则法》第 15 条和《德国民法施行法》第 41 条即是较好的例子,此处不再赘述。关于无因管理的法律适用,《罗马条例Ⅱ》第 11 条第 2 款规定,在无因管理的产生没有基础关系的情况下,如果双方当事人在同一国家拥有惯常居所,则适用该共同惯常居所地法。这一规定背后的法理应该也体现了最密切联系原则。

★当事人意思自治原则

在无因管理法律适用问题上,晚近一些国家立法也开始承认当事人意思自治原则。如《德国民法施行法》第 42 条规定,在非合同之债法律关系据以产生的事件发生后当事人可以选择应适用的法律,但第三人的权利不受影响。《日本法律适用

---

〔1〕 参见[日]山田镣一:《国际私法》(日文版),有斐阁 1992 年版,第 304 页。

〔2〕 实务中,如何确定事务管理地是一个问题。日本有学者认为,事务管理地就是事务管理所实际发生的地方。换言之,也就是管理客体所在地。因此,如果事务管理是财产管理,事务管理地即为财产所在地;如果事务管理是营业管理,事务管理地即为营业所所在地;如果事务管理是人的管理,则事务管理地即为人的所在地。参见[日]山田镣一:《国际私法》(日文版),有斐阁 1992 年版,第 304～305 页。

〔3〕 参见赵相林主编:《国际私法》,中国政法大学出版社 2007 年版,第 271 页。

通则法》第 16 条亦有类似规定。

8.4.3　我国立法关于不当得利与无因管理法律适用的规定

☆《涉外民事关系法律适用法》第 47 条的规定

《涉外民事关系法律适用法》第 47 条规定，不当得利、无因管理，适用当事人协议选择适用的法律。当事人没有选择的，适用当事人共同经常居所地法律；没有共同经常居所地的，适用不当得利、无因管理发生地法律。本条分为三个层次：

（1）适用当事人协议选择适用的法律。在不当得利准据法适用中引入意思自治原则，是我国立法与司法的新尝试，有助于体现当事人对准据法适用的可预见性及确定性，尊重私权自治。这种主观连结点的引入可以对传统冲突规范起到软化作用，增加法律适用的灵活性，有利于公平地保护当事人之间的利益。

（2）当事人没有选择的，适用当事人共同经常居所地的法律。在不当得利准据法适用中引入共同属人法原则，是基于“当事人利益”优先于“交易利益”的理念，与侵权民事关系中准据法适用的共同属人法原则如出一辙，同样是增强连结点灵活性的方式。

（3）没有共同经常居所地的，适用不当得利、无因管理发生地的法律。主张不当得利、无因管理适用实施发生地或者事务管理地法，乃是主流立法，体现了“场所支配行为”的传统规则，也含有最密切联系的因素。但不可否认的是，这一冲突规范也存在无法克服的客观缺陷。例如，在交通及通讯高度发达的现代社会，可能出现不当得利的事实或无因管理行为跨越数个不同国家，不易确定事实发生地。此外，如不当得利、无因管理产生于当事人之间已有的某种法律关系时，事实发生地与当事人之间的联系可能仅具有一定的偶然性，此时单一地适用事实发生地的法过于刚性，不能妥当地调整当事人之间的争议。[1]

法律与规范链接

▲ 必读法条

《涉外民事关系法律适用法》

第 47 条　不当得利、无因管理，适用当事人协议选择适用的法律。当事人没有

〔1〕 参见万鄂湘主编：《〈中华人民共和国涉外民事关系法律适用法〉条文理解与适用》，中国法制出版社 2011 年版，第 339 ~ 340 页。

选择的，适用当事人共同经常居所地法律；没有共同经常居所地的，适用不当得利、无因管理发生地法律。

△ **延伸法条**

欧盟2007年《罗马条例Ⅱ》第10条、第11条；

2007年《日本法律适用通则法》第14条、第15条、第16条；

2017年修订的《瑞士联邦国际私法法规》第128条。

典型案例

美国梵盛服装有限公司诉苏州恒瑞进出口有限公司不当得利纠纷案[1]

【案情概述】

2012年11月10日、11月16日、12月6日，美国梵盛服装有限公司（以下简称梵盛公司）分三次向中国恒瑞进出口有限公司（以下简称恒瑞公司）在中国银行的账户里汇入60,000美元、40,000美元、50,000美元，三笔合计150,000美元。2013年8月，梵盛公司委托律师向恒瑞公司发函，要求返还上述汇款计150,000美元，但未果。梵盛公司遂以财务人员操作失误汇入恒瑞公司账户为由，起诉恒瑞公司并要求其返还不当得利。而恒瑞公司则辩称，梵盛公司分三次支付三笔款项给恒瑞公司是双方与相关企业进行国际贸易业务而发生的转移支付，并非其财务人员操作失误，因而请求法院驳回原告的诉讼请求。

【关键问题】

本案应如何适用法律？

【简要评论】

根据《涉外民事关系法律适用法》第47条的规定，本案中双方当事人既没有协议选择准据法，也没有共同经常居所地，因而只能适用不当得利发生地法律。本案中不当得利发生于中国，因而应适用中国法律为准据法。

延伸阅读

1. 金彭年：《涉外民事关系法律适用法中的不当得利规则》，载《中国法学》2012年第2期。
2. 肖永平、霍政欣：《不当得利的法律适用规则》，载《法学研究》2004年第3期。

---

〔1〕 参见江苏省高级人民法院〔2010〕苏商外终字第0056号民事判决书。

第9章　物权的法律适用

教学目标

1. 识记和理解物之所在地法原则、物之所在地法的适用范围及其例外。
2. 掌握中国关于动产、不动产、特殊动产物权的法律适用规则。
3. 把握国有化的域外效力、理论主张和不同补偿标准。
4. 重点理解物之所在地法的原理、中国关于物权的法律适用规则。

推荐参考资料

1. 杜新丽主编:《国际私法》(第2版),中国人民大学出版社2015年版。
2. 周后春:《物权冲突法研究》,中南大学出版社2014年版。
3. 杜涛:《国际经济贸易中的国际私法问题》,武汉大学出版社2005年版。

9.1　物权法律适用的一般原则

知识要点

9.1.1　物权及其法律冲突

☆物权的概念

物权,系指由法律确认的主体对物的直接管领并排除他人干涉的权利。但物权在通常意义上仅指就有体财产设定的权利,而就权利财产或无体财产,特别是就智力成果设定的财产权,则称为“准物权”。与债权不同,物权本质上是某种对世权、支配权、排他权和绝对权。

国际私法上的物权因含有国际因素或涉外因素不同于国内民法上的物权。在涉外物权关系中,具有极端重要性的是涉外所有权关系,各国所有权法上的冲突往往构成各类物权领域国际私法问题的基础。尽管各国的物权法或财产法有着极大的差别,但确认物权人在法律规定的范围内对其权利客体享有支配权和排除他人干涉的权利,则是各国法律所共同接受的基本原则。

☆物权的类型

根据物权法定原则,物权的种类是由法律具体规定的。但是在不同的历史时期和不同国家的法律中,物权的种类是不一样的。

罗马法将物权分为所有权与定限物权两大类,而定限物权分为役权、永佃权、地上权、质权和抵押权。

1804 年《法国民法典》和 1900 年《德国民法典》虽然受到罗马法的影响,但都有自己独特的分类。《法国民法典》除规定所有权外,还规定了役权和担保物权。《德国民法典》正式从立法上创立物权的概念,在其物权篇中,除规定所有权之外,还规定了地上权、役权、先买权、土地负担、抵押权、土地债务、定期金债务、动产质权和权利质权。[1]

英美法系国家则否认物权类型法定和一物一权原则存在的必要性。在英美各国财产法中,财产权可分为衡平法上的所有权、法律上的所有权和期限性财产权三类,每一类所有权或财产权又均可分为上级所有权与下级所有权多种。此外,每一类财产权均可依其客体不同、权利期限不同、产生形式不同、权利内容不同而分为很多种类,其中最能体现这一特征的就是信托受益人所有权和各种各样的信托财产所有权。

一般而言,物权可分为所有权、地上权、地役权、抵押权、质权、留置权、典权、永佃权等。其中所有权属自物权;永佃权、地役权等属他物权。根据物权的客体物有动产和不动产的区分,物权可分为动产物权和不动产物权。另外,物权还有用益物权和担保物权之分,前者如地上权、永佃权等,后者如抵押权、留置权等。[2]

2007 年中国《物权法》首次使用"物权"一词,并将物权分为所有权、用益物权和担保物权三类法定物权,所有权包括国家所有权和集体所有权、私人所有权、业主的建筑物区分所有权、相邻关系和共有,用益物权包括土地承包经营权、建设用地使用权、宅基地使用权和地役权,担保物权包括抵押权、质权和留置权。

---

〔1〕 参见黄进主编:《国际私法》(第 2 版),法律出版社 2005 年版,第 264 页。

〔2〕 参见王利明等:《民法新论》(下),中国政法大学出版社 1988 年版,第 13 ~ 16 页。

☆物权的法律冲突

物权法律冲突主要体现在以下几个方面:[1]

- 物权的主体
- 物权的客体
- 物权的种类
- 物权的取得
- 物权的变动
- 物权的保护

9.1.2　物之所在地法原则

☆物之所在地法的产生

物之所在地法(lex loci rei sitae,lex rei sitae,lex situs)即物权关系客体物所在地的法律。物之所在地法原则是对物权关系依客体物所在地法律解决的概括表述,它反映了物权关系与特定法律之间的客观联系。

作为一项古老的法律适用原则,物之所在地法原则的产生可追溯至十三四世纪的意大利。当时,意大利学者巴托鲁斯主张将物权区分为动产物权和不动产物权,并认为不动产物权依物之所在地法,即"物法",而动产物权则依当事人的属人法,即"人法"。

自"法则区别说"产生之后,不动产物权依物之所在地法这一做法得到国际私法学者的广泛支持,并相继为欧洲大陆的成文国际私法立法和英美普通法的司法实践所沿袭。目前,世界各国的国际私法均确认了不动产物权适用物之所在地法的原则。例如,1804 年《法国民法典》第 3 条第 2 款规定:"不动产,即使属于外国人所有,仍适用法国法律。"

至于动产物权的法律适用,在意大利"法则区别说"的影响下,欧洲各国发展了"动产随人"(mobilia personam sequuntur)或"动产附骨"(mobilia ossibus inhaerent)或"动产无场所"(mobilia has no locality)规则。也就是说,动产物权适用所有人或者占有人的住所地法来解决。

但随着时代的发展,动产在经营性财产中所占的比例越来越高,它们往往分布于世界各地,而动产所有人的住所也日益具有复杂性和多变性。这时再将动产物权的法律适用集中于所有者的住所地法,不仅有悖于当事人的利益和意志,受到来

---

[1]　参见裴普主编:《涉外民事关系法律适用实务》,厦门大学出版社 2017 年版,第 240 ~ 241 页。

自动产所在国的抵制,而且在多数情况下,物权争议双方的住所地往往也并不相同。因此,从19世纪末开始,许多国家逐渐在立法和司法实践中抛弃了"动产随人"规则,转而主张不分动产和不动产,物权关系一律适用物之所在地法。例如,1898年《日本法例》第10条第1款规定:"关于动产及不动产的物权及其他应登记之权利,依其标的物所在地法。"〔1〕

☆物之所在地法的根据

外国学者提出过种种学说对这个问题加以回答。例如,法国学者梅兰(Merlin)认为,任何国家都有自己的主权,而主权是不可分割的,因此,物权关系依物之所在地法是主权在物权关系法律适用方面的体现。德国法学家萨维尼从他的法律关系本座说出发,认为物权关系之所以依物之所在地法,是因为物权关系的"本座"在标的物所在地。德国学者冯·巴尔(von Bar)和法国学者毕叶(Pillet)认为,法律是为了集体利益而制定的,物权关系适用物之所在地法是"集体利益"和"全人类利益"的需要。〔2〕

中国学者一般认为,物权关系依物之所在地法,实际上是物权关系本身的性质和特点决定的。

(1)从表面上看,物权关系是人对物的关系,但物权关系同其他民事关系一样,实质上是人与人之间的社会关系,各国从维护本国利益出发,总是希望以自己的法律来调整和支配与位于本国境内的物有关的物权关系。

(2)物权关系也是一种人对物的直接利用的权利关系,权利人为了最圆满实现这种权利,谋取经济上的利益,只有适用标的物所在地的法律最为适当。

(3)物权关系的标的是物,而物权就是人对标的物的权利,标的物只有置于其所在地的法律控制下,物权才能得到最为有效的保障。

(4)物权具有排他性,权利人对物具有直接支配权,如果物权受到侵犯,或者权利人行使物权本身产生的优先权、追及权和物上请求权,或者其他人对标的物提出请求,也只有在适用标的物所在地法律的情况下才能实现。

(5)对处于某一国家的物去适用其他国家的法律,在技术上有许多困难,会使物权关系变得更为复杂,影响国际物权关系的稳定。〔3〕

正是基于上述理由,在物权关系的法律适用上,物之所在地法原则在各国的立

---

〔1〕 参见黄进主编:《国际私法》(第2版),法律出版社2005年版,第266~267页。

〔2〕 参见韩德培主编:《国际私法》(第3版),高等教育出版社、北京大学出版社2014年版,第185页。

〔3〕 同〔1〕,第267~268页。

法和司法实践中得到普遍的支持和肯定。

☆**物之所在地的确定**

原则上,对于物之所在地的确定,应以法院地法为依据。要确定物之所在地,相对来说,不动产容易,而动产难;有体物容易,而无体物难。不动产的处所是固定的,其所在地的确定自然十分容易。而动产是可以移动的,其处所常常带有短暂性或偶然性,不易确定,动产的这种特性给其所在地的确定带来了困难。[1]

在实践中,对动产所在地的确定,一般采取如下两种办法加以解决:

(1)在冲突规范中对动产的所在地加以时间上的限定。如1984年《秘鲁民法典》第2091条规定:"在诉讼时效期间变更所在地的财产,其诉讼时效,由财产所在地法规定的时效届满时该财产所在地法确定。"

(2)在冲突规范中对一些特殊的动产物权关系不以物之所在地这一连结点为法律适用的根据,而是以其他的连结点代替。如2007年《土耳其国际私法和国际民事诉讼程序法》第21条第2款规定:"运输中财产的物权,适用财产送达地法律。"

9.1.3 物之所在地法的适用

从世界各国的立法和实践来看,物之所在地法主要适用于下列几个方面:

☆**动产与不动产的识别**

由于各国民法对于动产和不动产的区分规则不同,往往会造成识别冲突。随着国际民事交往的发展和法律观念的变动,传统的一成不变的标准正在发生变化。尽管各国国际私法要求对于识别问题适用法院地法,但在动产与不动产识别上却无一例外地适用物之所在地法。例如,《奥地利联邦国际私法法规》第31条第2款规定,物的法律识别以及有形物的物权内容,依物之所在地国家的法律。

> **[示例9.1]** 在卡特科利夫继承案[2]中,被继承人在加拿大安大略省设有住所,去世前未留遗嘱,曾将其位于英国的土地出售,所得收益用来购买了一家英国公司发行的股票,以作为再投资。该被继承人去世后,其近亲属请求按照安大略省的法律继承这些股票,认为股票属于动产。案件在英国法院审理,根据英国关于无遗嘱继承的冲突规则,不动产继承适用不动产所在地法律,动产继承适用被继承人死亡时住所地法律。根据英国有关法律,这些股票

[1] 参见黄进主编:《国际私法》(第2版),法律出版社2005年版,第268页。

[2] 参见赵一民主编:《国际私法案例教程》,知识产权出版社2005年版,第82~83页。

应被视为土地,因而属于不动产,最后法院按不动产所在地英国的法律处理了该案股票的继承问题。英国法作为该案的物之所在地法律,用于识别标的物为不动产还是动产,反映了物之所在地法在对物的性质进行识别方面所具有的支配地位。即使物之所在地与法院地不一致时,物之所在地法仍然经常用于识别物的性质。

☆物权客体的范围

各国民法对于物权客体的范围有不同的规定,在发生此类法律冲突时,通常依据物之所在地法解决。这一原则实际上避免了涉外物权关系依物之所在地法不可能或不合法的情况。

☆物权的内容和种类

如前所述,各国民法对于物权种类和内容的规定很不相同,除两大法系在物权法制度上具有根本性差别外,在同一法系内部,各国在法定物权之外的物权(如公司财产权)和法律规则间的差别均可形成法律冲突,此类法律冲突也只能依物之所在地法解决。例如,《瑞士联邦国际私法法规》第 100 条第 2 款规定,动产物权的内容与行使,适用动产地国家的法律。

☆物权的取得与变动

在司法实践中,物权的取得、变动和消灭也常常发生复杂的法律冲突,这不仅仅涉及物权移转变动规则,而且还涉及物权原始取得规则、物权灭失风险规则等。在通常情况下,物权取得、变动和消灭的法律冲突也是依物之所在地法解决。例如,《奥地利联邦国际私法法规》第 31 条第 1 款规定,对有形物物权的取得与丧失,包括占有在内,依此种取得或丧失所依据的事实完成时物之所在地国家的法律。

☆物权的保护方法

物权人在其物权受到侵害时,可以依法寻求对其物权的保护。其中大陆法系国家规定的公力救济方法主要是对物上请求权的维护,主要包括判令停止侵害、排除妨碍、消除危险、恢复原状、返还原物、确认产权、损害赔偿等,而英美法中对物权保护的方法更为全面。在发生物权保护方法上的法律冲突时,物权人是否有上述请求权以及如何行使,均应依物之所在地法决定。

9.1.4 物之所在地法的例外

由于某些客体物具有特殊性或者处于某种特殊状态之中,世界各国通常将一些特殊情况作为物之所在地法原则的例外。

☆**在途物品的物权关系**

运送中的物品处于经常变换所在地的状态之中,有时处于公海或公空,难以确定到底以哪一所在地法来调整有关物权关系。在实践中,运送中物品的物权关系的例外规则主要有如下几种:

(1)适用目的地国。例如,2005年《保加利亚国际私法典》第67条第1款规定,运输中物品的物权的取得和终止,依目的国法。

(2)适用发送地法。例如,2012年《波兰国际私法》第43条规定,运输中的货物的物权适用始发地国法律。若情况表明该权利与其他国家有更密切联系,则适用该其他国家法律。

(3)适用所有人本国法。例如,1939年《泰国国际私法》第16条第2款规定,把动产运出国外时,依起运时其所有人本国法。

不过,上述例外规则仅仅适用于一般货物在直接运输途中的物权变动。当运输的货物在中途某地长期滞留或储于仓库时,则仍应适用物之所在地法。此外,当运输货物的权利已被证券化,成为提单交易的工具时,其物权变动一般应适用交易所登记地法。

☆**运输工具的物权关系**

船舶、飞行器等运输工具经常处于运动之中,有关船舶、飞行器等运输工具的物权关系适用物之所在地法是不恰当的。一般主张,有关船舶、飞行器等运输工具的物权关系适用登记注册地法或者其旗国法或标志国法。

☆**遗产继承的物权关系**

遗产继承的法律适用分为两类:一类为单一制,即不将遗产区分为动产和不动产,遗产继承适用同一法律。有的根本不考虑适用物之所在地法,而主张适用被继承人的属人法。另一类为区别制,即将遗产区分为动产和不动产,分别适用不同的法律,动产适用被继承人死亡时的属人法,不动产适用不动产所在地法。

☆**外国法人终止时的物权关系**

根据多数国家接受的国际私法规则,在外国法人自行终止或者依其登记国法令被解散时,其财产清算和清算财产的归属问题通常适用该法人的国籍国法或设立登记国法。这一冲突原则实际上与各国的管辖权规则和法人财产整体清算的要求有着内在的联系。应当说明的是,这一例外规则仅仅适用于外国法人依据其国籍国法终止时的财产清算冲突。外国法人因侵害了东道国的利益而被东道国取缔时,或者外国法人在其终止清算程序之外的财产物权变动,仍应适用东道国法律或物之所在地法律。

☆关于国家豁免财产的所有权

根据世界各国所普遍接受的国家财产豁免权原则,外国国家享有司法豁免权的财产也不受物之所在地法管辖,而应适用该财产所属国法律。

典型案例

卡梅尔诉西韦尔(Cammell v. Sewell)货物所有权纠纷案[1]

【案情概述】

受英国商人卡梅尔的委托,一位俄国代理商要把一批货物从俄国运到英国港口城市赫尔,并将一份普通提单交付给卡梅尔。运输该货物的是一艘德国船,由德国人担任船长。该船在挪威海域失事,但货物被运到岸上。根据挪威法律,在上述失事的情况下,船长有权出卖货物,善意买受人可以取得货物所有权。但如果他不适当地出卖,则必须对原所有人承担责任。按照英国的法律,船长无权转让上述货物。该批货物本来可以转船运往英国,但船长行使他的自决权,通过公开拍卖,将所载货物卖给了一位善意的第三者克劳斯,后来,克劳斯又将货物卖给了西韦尔,西韦尔随后将该货物运到了英国。卡梅尔遂在英国法院提起诉讼,对该批货物主张权利,并要求被告西韦尔赔偿其因货物被非法占有所受的损失。

【关键问题】

本案涉及的主要问题:西韦尔取得货物所有权是否合法?应适用何国法律?

【简要评论】

该案属于货物所有权取得是否合法的问题,应属于物之所在地法的适用范围。根据案情可知,该批货物所有权的转移和被告取得所有权的地点在挪威,故应适用挪威法律。根据挪威法律的规定,船长在本案所发生的情况下,有权出卖货物,善意第三人可以合法取得货物所有权,故西韦尔可以获得货物的合法所有权。一般认为,如动产已依原所在地甲国法规定的条件作了处分后,其所在地变成乙国后,即使此种处分未满足乙国法律规定的条件,也应认为处分有效;反之,如在甲国的处分不符合甲国法律规定的条件而转移至乙国后,即使满足乙国法律规定的条件,也

---

[1] Cammell v. Sewell, Court of Exchequer Chamber, 1860. 5 Hurl. & N. 728. See P. Hay, R. J. Weintraub & P. J. Brochers, *Conflict of Laws: Cases and Materials*, Foundation Press, 2000, 17th ed., pp. 781 – 783.

不应认为已有效转移。因此,被告已取得的该批货物的所有权不因其后来被转移到英国而被剥夺。

9.2 中国关于物权的法律适用

9.2.1 立法概况

☆《民法通则》及司法解释对于物权法律适用的规定

1986年《民法通则》明确肯定了物之所在地法原则,其第144条规定,不动产的所有权,适用不动产所在地的法律。

1988年最高人民法院《民法通则意见》第186条作了进一步解释:不动产的所有权、买卖、租赁、抵押、使用等民事关系,均应适用不动产所在地法律。至于何为不动产以及何为动产,该意见第186条规定,土地、附着于土地的建筑物及其定着物、建筑物的固定附属设备为不动产。

☆《涉外民事关系法律适用法》关于物权法律适用的规定

《涉外民事关系法律适用法》专设第五章"物权",其第36~40条比较全面地规定了一般物权和特殊物权、动产物权和不动产物权的法律适用问题。

(1)对于不动产物权,遵循物之所在地法原则,该法第36条规定,"不动产物权,适用不动产所在地法律"。

(2)对于动产物权,该法第37条、第38条引入当事人意思自治原则,分别规定,"当事人可以协议选择动产物权适用的法律。当事人没有选择的,适用法律事实发生时动产所在地法律""当事人可以协议选择运输中动产物权发生变更适用的法律。当事人没有选择的,适用运输目的地法律"。

(3)对于有价证券,该法第39条主要规定了直接持有体制下有价证券体现的权利,"有价证券,适用有价证券权利实现地法律或者其他与该有价证券有最密切联系的法律"。

(4)对于权利质权,该法第40条规定,"权利质权,适用质权设立地法律"。

☆其他特别法对于物权法律适用的规定

(1)1985年《继承法》第36条对动产继承的法律适用作了规定:"中国公民继承在中华人民共和国境外的遗产或者继承在中华人民共和国境内的外国人的遗产,动产适用被继承人住所地法律,不动产适用不动产所在地法律。外国人继承在中华人民共和国境内的遗产或者继承在中华人民共和国境外的中国公民的遗产，动产适用被继承人住所地法律，不动产适用不动产所在地法律。中华人民共和国与外国订有条约、协定的，按照条约、协定办理。”

（2）《海商法》第十四章对船舶物权的法律适用作了如下规定：

● 关于船舶所有权，第 270 条规定：“船舶所有权的取得、转让和消灭，适用船旗国法律。”

● 关于船舶抵押权，第 271 条规定：“船舶抵押权适用船旗国法律。船舶在光船租赁以前或者光船租赁期间，设立船舶抵押权的，适用原船舶登记国的法律。”

● 关于船舶优先权，第 272 条规定：“船舶优先权，适用受理案件的法院所在地法律。”〔1〕

（3）1995 年《民用航空法》第十四章对民用航空器的物权问题作了如下规定：

● 关于民用航空器的所有权，第 185 条规定：“民用航空器所有权的取得、转让和消灭，适用民用航空器国籍登记国法律。”

● 关于民用航空器的抵押权，第 186 条规定：“民用航空器抵押权适用民用航空器国籍登记国法律。”

● 关于民用航空器的优先权，第 187 条规定：“民用航空器优先权适用受理案件的法院所在地法律。”

9.2.2　不动产物权的法律适用

在不动产物权方面，《涉外民事关系法律适用法》采纳了物之所在地法（lex rei sitae）原则，其第 36 条明确规定：“不动产物权，适用不动产所在地法律。”这与《民法通则》第 144 条“不动产的所有权，适用不动产所在地法律”的规定相比，适用范围扩充为“不动产物权”；与《民法通则意见》第 186 条“不动产的所有权、买卖、租赁、抵押、使用等民事关系，均应适用不动产所在地法律”的规定相比，法律用语更为统一简洁。一方面，2007 年《物权法》已明确采用了物权概念；另一方面，物权法的调整对象是物权的本体关系。《物权法》第 2 条第 1 款规定：“因物的归属和利用而产生的民事关系，适用本法。”也就是说，物权法调整的是物权的归属（取得、设立、丧失或变更）和内容，以及物权的利用和保护。《涉外民事关系法律适用法》对

---

〔1〕 船舶优先权是指海事请求人依照法律的规定，向船舶所有人、光船租赁人、船舶经营人提出的海事请求，对产生该海事请求的船舶具有优先受偿的权利。可见，它是基于债权的一种权利。但是，由于船舶优先权的海事请求产生于船舶，并对船舶物权产生直接的影响，故也可将之置于船舶物权法律适用项下进行讨论。

涉外不动产物权的规定亦主要是针对作为不动产物权关系的本体关系，而对于不动产物权的复合关系，例如最典型的债权关系——不动产物权的转让和侵权，该法并未在涉外不动产物权中规定，而只能由债(权)调整或者需要另行规定。

从中国法院审理涉外物权案件的司法实践来看，对于不动产物权的法律适用问题，尽管在法律选择结果上几乎所有的案件都最终适用了不动产所在地法律，但在部分案件中不同法院之间的判决理由互有歧异。

☆涉外不动产确权

> **［示例9.2］** 在台湾居民阳甘某等5人诉王某某财产权属纠纷一案[1]中，围绕着一套位于广西桂林市的房产，房屋的实际出资购买人的子女与房屋产权登记人的遗孀发生争执，分别要求法院确认其对于该争议房产的所有权。关于本案管辖权及法律适用的问题，法院认为："因台湾省与中国大陆属一国之内的不同法域，其法律冲突问题应准用我国涉外法律的相关规定。由于原、被告没有对处理争议适用的法律作出选择，根据《中华人民共和国民法通则》第144条的规定，不动产的所有权，适用不动产所在地法律。本案不动产房屋所在地在中国大陆，故应适用中国大陆法律。"

不难发现，本案的法律适用结果固然正确，但其所依据的判决理由却不无瑕疵。本案的实质问题在于争议房屋由他人出资购买的事实和证据能否推翻房屋产权证书中所记载的相反内容，进而确定房产的真正所有人及其继承人的权利。这一问题涉及一国法律在不动产所有权归属方面的核心规定，其法律适用自然应依据中国法律明文规定的"不动产的所有权，适用不动产所在地法"的规则来加以解决。但是，法院判决理由中的措辞却表明，审理法院似乎持这样一种观点，即"不动产的所有权，适用不动产所在地法"规则的适用以"原、被告当事人没有对处理争议适用的法律作出选择"为前提条件。这种观点对中国有关法律的理解有失偏颇：在涉外不动产物权方面，中国法律排除当事人意思自治原则的适用。实际上，这也是各国国际私法普遍承认的原则。尽管《涉外民事关系法律适用法》第37条肯定了当事人意思自治原则在动产物权领域的适用，但在不动产的物权问题上，当事人意思自治原则仍然没有适用的余地。

---

〔1〕 广西壮族自治区桂林市中级人民法院(2009)桂市民初字第326号民事判决书。

☆**涉外不动产租赁**

实际上,“不动产物权,适用不动产所在地法”这一规则虽然广为接受,但也常常因其措辞的宽泛而具有误导性。[1] 毕竟,不动产的买卖或租赁法律关系与动产的买卖或租赁法律关系一样,都是既包括物权法律关系,也包括合同法律关系,前者主要涉及有关物权在得丧变更过程中的成立要件、效力、对第三人权利的影响等“物权问题”,而后者主要涉及以转移或设立上述物权为目的而达成的协议的意思表示、协议内容、履行及违约责任等“合同问题”。正是在这一区分的基础上,各国国际私法体系都无一例外地采纳了“物权问题”适用物权冲突法(物之所在地法),而“合同争议”则依合同冲突法(意思自治与最密切联系原则)的做法。因此,中国法院在面对此类案件时应首先对案件争议作出准确的识别,确定有关争议究竟属于“物权问题”还是“合同争议”,进而正确地适用冲突规则作出合乎争议性质要求的法律选择。同时,在将案件争议识别为“合同问题”后,要注意遵行关于最密切联系法律的特征性履行推定:“不动产的买卖、租赁或者抵押合同,适用不动产所在地法。”

[示例9.3] 在林某某、陈某某诉厦门豪客来餐饮管理有限公司、厦门市豪客来餐饮娱乐有限公司无锡朝阳分公司房屋租赁合同纠纷一案[2]中,法院的法律适用依据显然是基于《民法通则意见》第186条关于“不动产所在地法”适用范围的规定:“本案为涉外、涉台商事纠纷案件。本案租赁合同所涉的房屋系位于中华人民共和国大陆地区,不动产的所有权、买卖、租赁、抵押、使用等民事关系,依法均应适用不动产所在地法,故审理本案纠纷应适用中华人民共和国大陆地区法律。”

[示例9.4] 在周某某诉米某某租赁合同纠纷一案[3]中,法院的法律适用依据却是“最密切联系原则”。该案判决书写道:“双方当事人在合同中和起诉前未就法律适用作出约定,但案件涉及的标的物和法律关系发生的事实均在我国境内,涉外合同的双方当事人没有选择处理合同争议所适用的法律时,应当按照最密切联系原则选择以我国内地法律作为处理本案纠纷的准据法。”显然,在该案中,审理法院并不认为在不动产租赁合同履行过程中因一方当事

---

[1] See James Fawcett and Janeen M. Carruthers, Cheshire, *North & Fawcett's Private International Law*, 14th ed., Oxford University Press, 2008, p. 1204.

[2] 江苏省高级人民法院(2009)苏民三终字第0252号民事判决书。

[3] 河南省高级人民法院(2010)豫法民三终字第66号民事判决书。

人违约而引起的纠纷属于须由物之所在地法解决的“物权问题”，而是属于“合同争议”，应与一般合同的法律适用问题相同，在当事人没有选择法律的情况下适用与合同有最密切联系国家的法律。理论上而言，较之于《民法通则意见》第186条失之过宽的规定，[1]该案审理法院所持的观点更为合适。

9.2.3 动产物权的法律适用

在动产物权和运输中动产物权方面，《涉外民事关系法律适用法》在采用“动产所在地”“运输目的地”连结因素的同时，其第37条和第38条引入了当事人意思自治原则，大大突破了物之所在地法的一般规则。

☆动产物权适用意思自治的反思

在中国民法学界的极力反对下，《物权法》最终将物权自由主义排除在外，确立了物权法定主义。[2] 有关涉外物权的法律适用应当与中国现行法律相关规定保持一致才能保证立法的一致性。

(1)物权的法定性、绝对性、对世性和公示性，都要求物权的法律适用只能受物之所在地法支配，而不能任由当事人约定。在物权关系中，除了物权权利人之外，其他当事人都是不特定的。物权是对世权，可以对抗一切人，包括第三人。因此，第37条和第38条所规定的“当事人”就无法特定。这与债权关系不同。债权是对人权，是特定当事人之间的权利义务关系，因而他们就可以协议选择他们之间关系的准据法，且债权只能约束债权关系当事人，不能对抗第三人。同时，物权必须公示，这是物权法的基本原则。[3] 只有物权的准据法明确，物权才可能公示。如果当事人可以任意选择物权的准据法，物权的内容就处于漂浮状态，无法为众人所知晓，尤其会影响第三人利益。因此，为了保障交易安全，必须保证物权的明确性以便让第三人能够知晓物权的内容，使他不至于因为标的物受他不可预见的法律支配而受损。[4]

(2)第37条和第38条与中国现行法律关于动产物权变动的规定不配套。按

---

[1] 参见陈卫佐：《比较国际私法》，清华大学出版社2008年版，第429页。

[2] 参见梁慧星：《物权法草案第六次审议稿的若干问题》，载《比较法研究》2007年第1期。当然，也有学者认为，为了维护民法体系的稳定性和开放性，应在公示基础上采用物权自由的立场。参见常鹏翱：《体系化视角中的物权法定》，载《法学研究》2006年第5期。

[3] 参见王利明：《论物权法中物权和债权的区分》，载《法学论坛》2007年第1期。

[4] 参见杜涛：《涉外民事关系法律适用法释评》，中国法制出版社2011年版，第246~248页。

照第37条和第38条的规定，当事人协议选择的准据法所适用的法律关系是（运输中）动产物权的变动。按照不同的物权变动立法模式，各国法律规定下的动产物权的变动可能有不同的条件。法国和日本采意思主义的物权变动模式，德国和瑞士采物权形式主义的物权变动模式，而奥地利和韩国则采债权形式主义的物权变动模式，等等。[1] 当事人选择法律的同时就选择了一种动产物权变动的方式。这样的规定相当于赋予当事人一种权利，他们可以通过选择法律从而选择动产物权变动的时间。在中国《合同法》的立法模式下，[2]动产所有权的转移（或保留）可以由当事人约定。但是中国《物权法》的规定排除了当事人对动产物权的设立和转让的约定，动产物权“除法律另有规定外”自交付时才转移。这一规定就不再是任意性的立法模式，表明立法者有意对动产物权的设立和转让有所控制，第37条和第38条的规定可能使当事人通过法律选择规避这一强行规则。

（3）物权领域引入当事人意思自治的国外立法例极少，且多有限制，司法现状亦不容乐观。最早在国际私法立法上将当事人意思自治原则引入物权领域的当属瑞士。《瑞士联邦国际私法法规》在确立了物之所在地法原则的同时，其第104条还规定：“对于动产物权的取得与丧失，当事人可以选择适用发送地国法律、目的地国法律或者支配致使物权取得与丧失的法律行为的法律。此项法律选择不得用以对抗第三人。”[3]可见，瑞士国际私法在动产物权方面规定的当事人意思自治是有条件、有限制的当事人意思自治。而中国《涉外民事关系法律适用法》第37条和第38条的规定对当事人所选择的法律没有任何限制。从司法现状看，《瑞士联邦国际私法法规》第104条的规定经过20多年的检验，其所发挥的作用与立法者的预期大相径庭，近年来已经遭到激烈批评。[4] 因此，第37条和第38条不加任何条件限制地引入意思自治原则欠妥，且会给将来的司法实践带来很大的麻烦。

☆动产物权的既得权保护和限制

一般而言，动产经移动致其所在地前后不同时，动产物权即应依其新所在地法。但这一原则有时与保护已依其旧所在地法取得物权的原则难以配合。因此，就存在这样一个问题：对于动产所在地发生改变后，依照先前的所在地法所取得的权

---

[1] 参见王轶：《物权变动论》，中国人民大学出版社2001年版，第18～33页。

[2] 《合同法》第133条规定：“标的物的所有权自标的物交付时起转移，但法律另有规定或者当事人另有约定的除外。”第134条规定：“当事人可以在买卖合同中约定买受人未履行支付价款或者其他义务的，标的物的所有权属于出卖人。”

[3] 邹国勇译注：《外国国际私法立法精选》，中国政法大学出版社2011年版，第162页。

[4] 参见杜涛：《涉外民事关系法律适用法释评》，中国法制出版社2011年版，第247页。

利是否为后来所在地法承认和保护？各国适用的一般规则是，准据法的改变不影响先前所取得的合法权利，但是，依照先前所在地法所取得的权利要受后来所在地法的限制和约束。[1]

☆运输中动产物权适用目的地法

运输中的物，其所在地并不固定。尤其是运输中的货物可能正在公海上或空中，更无法确定所在地。通常情况下存在三个可供选择的地点：始发地、目的地和过境地。过境地通常与案件不具有实质性联系，多数国家规定适用运送目的地国法律。在具体案件中可以根据需要保护的当事人利益，来决定适用始发地国法律还是目的地国法律。一般来说，始发地国法律有利于保护卖方利益，目的地国法律则有利于买方利益。

典型案例

韩国三荣公司诉盘锦庆道服装有限公司海运货物纠纷案[2]

【案情概述】

1992年2月29日，被告盘锦庆道服装有限公司与发货人韩国庆道经贸公司签订了《来料加工皮革服装合同》。合同约定由发货人向被告提供原材料、辅料，由被告负责加工。为履行该合同，发货人分别于1995年的8月31日、9月25日、10月6日将3个集装箱的原材料及辅料，在韩国釜山交与原告韩国三荣公司承运。原告向发货人签发3份提单，提单记载：发货人庆道贸易公司，收货人凭指示，装货港韩国釜山，卸货港中国大连，承运船为“朝阳”轮。发货人凭原告签发的提单已于韩国(株)韩一银行结汇，并通过韩国结汇银行将正本提单邮寄给开证行中国银行盘锦分行。该3份提单项下的货物分别于同年9月8日、9月30日、10月12日抵达大连港。提货时，被告以正本提单未到为由向原告提出先行提货后补交提单的请求，原告同意，并凭被告出具的“保函”，将该批货交与被告。被告接受货物后，以该批货物存在质量等问题为由，未向中国银行盘锦分行付款赎单，该分行便将3份正本提单邮回韩国(株)韩一银行，故被告无正本提单补交给原告。原告要求返还货物，被告予以拒绝。1996年3月19日，该批货物的正本提单持有人韩国(株)韩一银行以本案原告不法放货为由向韩国法院提起诉讼，要求本案原告赔偿因无单放货造

[1] 参见杜涛：《国际经济贸易中的国际私法问题》，武汉大学出版社2005年版，第157页。

[2] 关于该案详情，参见《最高人民法院公报》1997年第4期。

成的经济损失。同年3月21日,原告以被告无正本提单提货并占有货物为由提起诉讼,要求判令被告立即返还以上3个集装箱的货物。同月原告又提出财产保全的申请,请求查封为被告非法占有的3个集装箱的皮革及辅料,原告缴纳保全费后,法院裁定将被告存放于仓库内的该批货物予以查封。

大连海事法院认为,争议提单项下的货物在原告承运期间至收货人凭提单提取之前,应属原告合法占有,被告与发货人之间虽有《来料加工皮革服装合同》,但未向银行付款赎单,依法无权提取并占有该批货物;原告将货交与被告是基于被告的补单承诺而为之。因此,被告仅在提单流转至开证银行前可以占有该货物。当提单流转至开证银行,被告不予赎取,违背了先前的承诺,继续占有该批货物没有合法依据,强行占有属不当得利。依照《民法通则》第92条规定"没有合法根据,取得不当利益,造成他人损失的,应当将取得的不当利益返还受损失的人。"原告要求被告返还货物于法有据,应予以支持;被告主张应由其占有的抗辩理由不能成立。原告未按合法程序将货物放给被告,对本案诉讼起因也负有一定责任。据此,大连海事法院于1996年5月6日判决如下:被告盘锦庆道服装有限公司于其仓库向原告韩国三荣公司按原状返还本案争议的3个集装箱的货物。

【关键问题】

本案的法律适用存在什么问题?

【简要评论】

法院的如上判决在结果上没有问题,但是没有体现法律选择的思维和过程,直接依据中国实体法裁判。关于运输过程中的货物所有权争议,中国之前的法律没有规定法律适用规则,但按照物之所在地法原则,该系争货物在中国大连,也可得出准据法为中国法律的结论。按照目前《涉外民事关系法律适用法》新的法律适用规则,在当事人没有协议选择的情况下,客观上要适用运输目的地法律,联系到本案也就是中国法律。

9.2.4 有价证券的法律适用

在有价证券方面,《涉外民事关系法律适用法》第39条首次规定:"有价证券,适用有价证券权利实现地法律或者其他与该有价证券有最密切联系的法律。"显然,该规定只涉及有价证券体现的权利的法律适用,而不包括有价证券本身的物权的法律适用;只考虑到有价证券直接持有体制下的法律适用,而不包括有价证券间接持有体制下的法律适用。

☆**区分两种不同性质的权利关系**

有价证券的权利包括两种权利：

(1)持有证券的人对证券本身的物质权利，即证券所有权和其他物权，它是一种物权。

(2)构成证券内容的权利，即证券所体现的权利，也就是证券持有人依照证券上的记载而享有或行使的权利，通常称为证券权利。

因此，有价证券的法律适用，要区分对证券本身的物权和对证券中所体现的权利的所有权。[1]

★对于证券本身的所有权、占有权等物权，应当适用证券的物权准据法，一般就是证券的所在地法，或者说是证券通常能够被发现的国家的法律。

证券的物权准据法适用的范围包括：对某一证券本身的所有权和担保权，证券转让的条件、效力，证券所有人与第三人间的关系，证券的抵押担保等。比如，中国《担保法》第75条规定了权利质押，可以在票据、债券、提单、股票等有价证券的权利上设置质押，这是一种担保物权。中国《物权法》第223条规定了权利质权，票据、债券、提单、股权等权利可以出质。对于权利质押应当适用哪一法律，《涉外民事关系法律适用法》第40条规定："权利质权，适用质权设立地法律。"这一规定很不明确，用设立地作为连结点也不合适。如何判断设立地？由于可供质押的权利类型多样，其性质也大相径庭，有些权利质权需要登记，比如股票，办理出质登记时设立；有些权利质权不需要登记，比如债券，权利凭证交付时即可设立。因此，权利质权应当依据不同权利本身的性质适用其准据法，对于需要登记的权利质权，适用权利登记地法；对于不需要登记的权利质权，适用权利成立地法。[2]

★对于证券中所体现的权利，则要适用证券权利准据法，即支配相关的证券法律关系的准据法。

证券权利的准据法决定某一书面凭证是否为有价证券、是何种有价证券以及如何实现有价证券的权利。[3] 根据证券类型的不同，证券所体现的权利也会有所不同。有价证券所体现的权利(证券权利)大多是债权，比如请求支付金钱的请求权(票据)；也可表现为物权，比如请求交付货物的请求权(提单)；还有一些有价证

〔1〕 参见黄进主编：《中华人民共和国涉外民事关系法律适用法建议稿及说明》，中国人民大学出版社2011年版，第81页。

〔2〕 同上注，第80页。

〔3〕 同上注，第81页。

券体现的是一种社员权或成员资格权，比如股票。因此，对于有价证券的权利，应依照权利的不同性质，适用与该权利有关的法律关系的准据法。

> [示例9.5] 甲在澳门地区购买某澳门公司的股票，后甲将该股票带回中国内地并转让给乙。该股票所有权的转让应当依据转让行为发生时股票所在的中国内地法律（物之所在地法）判断，而乙获得股票后能否享有澳门公司的股东权利则应依据澳门地区法律（公司属人法）。

☆区分两种不同方式的持有体制

传统的证券交易体制是一种直接持有体制，即证券发行人与证券所有人之间存在直接的法律关系。投资者要么直接持有证券，要么作为所有人将无纸化的证券直接登记在发行人的股东名册上。当证券转让时，投资者要么持纸质证券去交易所进行交换，一手交钱一手交货；要么通过在发行人的登记簿上进行变更登记完成交易。随着现代计算机技术的发展和跨国证券交易的迅猛发展，这种传统的交易体制逐步被间接持有体制所取代。

中国证券市场正逐步对外开放，在证券持有模式上，中国目前采用的是直接持有和间接持有相结合的"双轨制"模式。[1]

因此，对于证券的物权，如果仍然按照传统的"物之所在地法"（证券所在地法），如何确定"物之所在地"就成为一个难题。2006 年 7 月 5 日，海牙国际私法会议通过了《关于经由中间人持有的证券的某些权利的法律适用公约》，试图统一间接持有体制下证券跨国交易的冲突规则。该公约提出了一个特殊的连结点，即"相关中间人账户所在地"（the place of relevant intermediary approach，PRIMA），同时引入了有限制的意思自治原则，即公约中所规定的有关事项所适用的法律为账户持有人与相关中间人在账户协议中明确同意的国家的法律，或者账户协议明确指明的另一国家的法律；但必须满足在协议签订时，相关中间人在该国有分支机构，且该分支机构应符合公约规定的条件。

将"相关中间人账户所在地"与"当事人意思自治"相结合的这一做法意义重大，正获得日益广泛的接受。

---

[1] 对于境内居民投资 B 股，同 A 股一样实行直接持有或直接登记制度；对于境外投资者投资境内 B 股，境外投资者通过 QFII（合格境外机构投资者）投资中国国内证券市场，以及中国境内投资者通过 QDII（合格境内机构投资者）投资境外证券市场的，则采用证券间接持有模式。在间接持有体制下，证券的登记、持有、转让和抵押等都通过位于不同国家的中间人的电子账户的记载来完成。

9.2.5 权利质权的法律适用

中国《物权法》第2条允许以权利作为物权的客体，由单行法特别规定。由此产生权利质权，比如以应收账款、股权、知识产权等设立质权等。在权利质权方面，《涉外民事关系法律适用法》第40条首次规定："权利质权，适用质权设立地法律。"

权利质权，是为了担保债权清偿，就债务人或第三人所享有的权利设定的质权。《物权法》第223条规定："债务人或者第三人有权处分的下列权利可以出质：(一)汇票、支票、本票；(二)债券、存款单；(三)仓单、提单；(四)可以转让的基金份额、股权；(五)可以转让的注册商标专用权、专利权、著作权等知识产权中的财产权；(六)应收账款；(七)法律、行政法规规定可以出质的其他财产权利。"可见，中国法律规定的权利质权是在无形财产上设定的权利。

对于权利质权应当适用哪一法律，各国有不同规定。很多国家未将权利质权从无形财产中分离出来，单独规定权利质权的法律适用，而是通过规定无形财产的法律适用，一并解决权利质权的法律适用问题。例如，《韩国2001年修正国际私法》第23条中就规定，以债权、股份和其他权利或与其类似的有价证券为对象的约定担保物权适用作为担保对象的权利的准据法。少数国家将权利质权从无形财产中分离出来，单独规定了权利质权的法律适用。[1]

从上述相关国家国际私法的规定来看，对于权利质权的法律适用，各国立法具有较大差异性，尚未形成普遍的法律适用规则。《涉外民事关系法律适用法》采用"权利质权，适用质权设立地法律"的规定具有一定合理性，但也存在连结点的不确定性。"适用质权设立地法律"的核心是确定权利质权的设立地，即在何种情形下权利质权得以设立。一般来说，交付权利凭证或登记等公示方法为质权的设立要件。例如，中国《物权法》第224条规定："以汇票、支票、本票、债券、存款单、仓单、提单出质的，当事人应当订立书面合同。质权自权利凭证交付质权人时设立；没有权利凭证的，质权自有关部门办理出质登记时设立。"但是，《涉外民事关系法律适用法》没有考虑到有些权利质押需要登记，如知识产权；有些不需要登记，如票据质押等。

---

〔1〕 例如，《瑞士联邦国际私法法规》第105条规定："债权、有价证券或其他权利的质押，适用当事人所选择的法律。此项法律选择不得用以对抗第三人。当事人未进行法律选择时，债权和有价证券的质押，适用质押权人的惯常居所地法律；其他权利的质押，适用支配该权利的法律。除了支配受质押的权利的法律外，其他任何法律不得用以对抗债务人。"

> [示例 9.6] 甲和乙签订协议,甲向乙贷款 100 万元,乙将其在澳门地区获得的发明专利质押给甲作为担保,双方未办理质押登记。后双方发生纠纷,甲能否根据合同向乙主张质押权?如何来判断本案中质权的设立地?

权利质押应当根据不同权利本身的性质适用其自身准据法,具体而言,需要登记的以权利为客体的物权,指的是适用权利登记地法律;不需要登记的,指的是适用权利成立地法律。

法律与规范链接

▲ 必读法条

《民法通则》

第 144 条 不动产的所有权,适用不动产所在地法律。

第 149 条 遗产的法定继承,动产适用被继承人死亡时住所地法律,不动产适用不动产所在地法律。

《涉外民事关系法律适用法》

第 36 条 不动产物权,适用不动产所在地法律。

第 37 条 当事人可以协议选择动产物权适用的法律。当事人没有选择的,适用法律事实发生时动产所在地法律。

第 38 条 当事人可以协议选择运输中动产物权发生变更适用的法律。当事人没有选择的,适用运输目的地法律。

第 39 条 有价证券,适用有价证券权利实现地法律或者其他与该有价证券有最密切联系的法律。

第 40 条 权利质权,适用质权设立地法律。

典型案例

马来西亚巴拉普尔公司等诉汕头广澳公司等货物所有权纠纷案[1]

【案情概述】

1985年5月，印度贸易公司作为买方，与卖方马来西亚巴拉普尔公司、库帕克公司、纳林公司（分别系本案第一、二、三原告）分别签订了购买棕榈脂肪酸馏出物的合同，规定了CIF价格条件、信用证支付和装船码头等条款。同年6月，印度贸易公司作为买方又与卖方马来西亚橡胶开发公司（本案第四原告）签订了购买烟花胶片和标准香蕉的合同，其中含有C & F（CFR）价格条件和花五包装等条款。另一方面，马来西亚巴拉普尔公司、库帕克公司、纳林公司就棕榈脂肪酸馏出物分别向保险公司办理了保险手续，印度贸易公司也向本国保险公司办理了所购橡胶的保险手续。1985年7月，四位原告根据各自的合同共同租用巴拿马籍“热带皇后”号货轮承运其货物。“热带皇后”号货轮在驶往印度目的港途中，中断与船代理的联系而告失踪。4位原告遂以货物灭失为由，分别向其投保的保险公司提出索赔，保险公司分别对其作了赔偿。1985年8月，保险公司经过调查发现，停靠在广东汕头港的“塔瓦洛希望”号货轮即为失踪了的“热带皇后”号货轮，从该船卸下的货物就是四位原告先前装运的货物。原来，这些货物是香港利高洋行（本案第三人）卖给本案被告汕头广澳公司和北京兴利公司广东分公司的。经保险公司同意，4位原告向两位被告提出返还其货物的要求，经多次交涉未果，遂于1986年6月向广东省高级人民法院提起诉讼，主张对该批货物的所有权，并要求两被告返还货物。

广东省高级人民法院于1988年3月对本案作出判决，确认作为本案争议物物权凭证的不可转让的正本提单分别由4位原告持有，香港利高洋行向两被告提交的提单是不真实的提单，并宣布4位原告分别为争议物的所有权人，两被告进口本案争议货物的行为无效，其不能通过该行为取得争议货物的所有权，故应将货物按现状返还给4位原告。

【关键问题】

涉案争议货物所有权的取得应适用何种法律？

---

〔1〕 参见赵一民主编：《国际私法教学案例》，知识产权出版社2005年版，第80～81页。

【简要评论】

从1986年《民法通则》及其司法解释来看,中国仅就不动产所有权规定适用不动产所在地法律,而未涉及动产所有权的法律适用问题。因此,解决本案所有权争议、如何确定准据法没有明确的立法依据。但是,广东省高级人民法院对本案的上述处理符合国际社会对动产物权也适用物之所在地法律的普遍做法。在此案中,中国是所有权争议发生时的物之所在地。根据中国的司法实践,善意第三人的合法权益应受保护,而本案两被告对存在明显瑕疵或疑点的提单不进一步核实,且事实上也未支付货款,这表明其不能成为付出代价的善意第三人,故不能对抗原权利人。

富运发展有限公司诉成都新津宝珠酒业有限公司曲酒所有权纠纷案[1]

【案情概述】

2004年8月10日,原告富运发展有限公司(系英属维尔京群岛法人,以下简称富运公司)与被告成都新津宝珠酒业有限公司(以下简称宝珠公司)签订租用协议,约定:富运公司提供研发的酒类陈化器,在宝珠公司内对新酒进行实地试验;富运公司提供5万元的前期生产预支费,此费用含半年的试验场地的租用费。宝珠公司负责提供厂房,并妥善保管富运公司的产品。富运公司于2004年9月1日支付了宝珠公司半年租用场地费等共计5万元。2004年9月至10月,富运公司出资分4次到四川省宜宾市宜福曲酒厂购得50.797吨曲酒,存放于宝珠公司库房内。2005年1月20日,因宝珠公司与他人民事纠纷一案,四川省新津县人民法院查封了属富运公司所有的该批曲酒。富运公司向新津县人民法院提出异议,新津县人民法院于2005年5月19日作出裁定,要求富运公司应通过对宝珠公司提起民事诉讼法律程序,来解决该批曲酒的财产权属。富运公司遂向四川省成都市中级人民法院提起诉讼,请求人民法院判令确认其对该批曲酒的所有权。成都市中级人民法院受理了此案,并判决确认存放于宝珠公司库房内的曲酒属富运公司所有。

成都市中级人民法院认为:"本案富运公司诉宝珠公司是确认存放于宝珠公司库房内的曲酒所有权纠纷,其行为地在中华人民共和国境内,同时,双方当事人一致陈述适用中华人民共和国法律。故本案应适用中华人民共和国法律。"

---

[1] 四川省成都市中级人民法院(2005)成民初字第850号民事判决书。

【关键问题】

案涉争议曲酒所有权属的认定,应适用何种法律?

【简要评论】

成都市中级人民法院是依行为发生地以及当事人意思自治原则适用中国法律的。法院的这一推理过程并不恰当。首先,本案涉诉的标的是曲酒,属于动产,且原告为外国法人,因此,本案应属于涉及动产所有权的国际私法案件。处理国际私法案件,首先需要确定应援用的冲突规则。我国现行法律仅规定了不动产所有权的法律适用规则,而对动产物权的法律适用未作规定。通观世界各国关于物权的法律适用的规定,各国一般主张适用物之所在地法原则加以解决。本案的标的——曲酒位于中国境内,因此,依据物之所在地法,应适用中国法律。需要指出的是,依据《民法通则》及其司法解释的规定,外国法人在我国领域内进行的民事活动,必须符合其本国法与我国法律的规定;但本案是确认之诉,所以援引行为发生地法,并不恰当。依据《民法通则》和《合同法》,涉外合同当事人可以选择处理合同争议所适用的法律,但本案不涉及合同纠纷,因此,适用当事人意思自治原则亦欠妥当。

9.3　国有化及其补偿问题

9.3.1　国有化的概念

☆国有化的定义

国有化(nationalization)是指国家通过有关主权立法对原属私人(包括内、外国自然人和法人)所有的某项或某类财产以征收、征用、没收或其他类似方式收归国有,由国家或其机构加以控制和使用的强制性法律措施。

●"征收"(expropriation)是指政府为了国家需要依法将私人的财物或企业收归公有,政府将给予补偿,也可能不给予补偿。

●"征用"(requisition)通常是指政府在紧急情况下为了公共利益而在一定期限内对私人财产予以征收使用,并给予一定补偿的一种措施。

●"没收"(confiscation)是指政府将私人财产永远收为公有,不给予任何补偿的一种措施。

●"其他类似方式"是指实际上将产生所有权变动效果的类似法律措施,包括逐步国有化等措施。

☆**国有化的法律要件**

从历史上看，世界上许多国家特别是发展中国家在其法制建设的初期都曾采取过国有化措施，这一过程往往伴随着旧法统废止和新法统建立之过程。在各国民商法制度完善之后，国有化措施往往被纳入其国内法框架中，而在国际经济贸易高度发展的情况下，各国的国有化措施又进一步被纳入国际公法和国际私法协调的体系。随着国家间相互依赖程度的加深，各国对国有化的态度发生了变化，普遍认为国有化的实施应具备四个法律要件：

(1)国有化必须以公共利益为目的。

(2)国有化过程中不涉及歧视。

(3)实行国有化的国家应给予外国投资者以补偿。

(4)国有化应依正当的法律程序要求进行。

[示例9.7] 在意大利AGIP公司诉刚果政府国有化赔偿纠纷案[1]中，1962年，意大利AGIP公司依据刚果法律设立布拉公司，该公司主要从事石油产品的销售经营。1974年1月，刚果政府依该国有关法令对石油产品销售实行国有化。根据此前AGIP公司与刚果政府达成的一项协议，布拉公司作为例外，不在被国有化之列。1975年4月，刚果政府宣布对布拉公司实行国有化。AGIP公司对此表示不满，遂向解决国家与他国国民投资争端中心——ICSID提起仲裁，要求刚果政府赔偿AGIP公司所遭受的全部损失。仲裁庭经过审理认为：刚果政府对布拉公司实行国有化违反了该政府与AGIP公司所订立协议的有关条款，这种违反协议的行为，按照刚果的法律并参照国际法，是不合法的、不正当的行为，因而应视为无效。故于1979年11月30日作出裁决，刚果政府败诉，由其承担全部补偿AGIP公司实际所受损失的责任。本案全部补偿的裁决结果实际上是以刚果政府实行国有化是不合法的这一判断为基础，这就涉及国有化的合法有效性问题，而不再是单纯的国有化补偿问题。

☆**国有化的性质和效果**

从性质上讲，国有化措施具有主权性和强制性。

(1)主权性。一个国家实行国有化是该国家的主权行为，任何主权国家都有权

[1] AGIP S. P. A. v. People's Republic of the Congo(ICSID Case No. ARB/77/1), 21 International Legal Materials(ILM)726(1982);1 ICSID Rep. 306(1993).

采取国有化措施,其他国家不得干涉。这已成为国际法上公认的原则。

(2)强制性。一个国家实行国有化措施是一种强制性措施,对国有化的对象具有强行法律效力,属于国有化对象的内、外国人均不得违抗这种措施。

作为国家所采取的法律强制措施,国有化具有如下法律效果:[1]

(1)国有化的结果改变了财产所有权的主体。在国有化前,被国有化的财产属于自然人或法人;在国有化后,被国有化的财产所有权转归实行国有化的国家。

(2)根据国家主权派生出来的属地管辖权,一国国有化法令对其境内的内、外国人财产均有法律效力,外国人不能享有特权而不受国有化法令的管辖。

(3)一国实行国有化的法令对本国自然人或法人在国外的财产具有域外效力,有关外国国家从尊重别国主权的原则出发,对这种法令的域外效力应加以承认。但是,这种法令对在本国的外国人在外国的财产是否具有效力则大有疑问。

(4)从现代国际实践来看,一国实行国有化应对被国有化的财产给予补偿。尽管国际社会对于补偿的标准仍有分歧,但给予补偿是确定无疑的。

9.3.2 国有化的域内外效力

国有化的效力包括两个方面的内容:

(1)国有化措施的效力是否及于外国人在本国的财产。

(2)国有化法令是否具有域外效力的问题。

一般来说,各国均承认国有化措施的效力及于外国人在本国的财产。而国有化法令的域外效力问题是指国有化法令的效力是否能及于内、外国人境外的财产。具体来说,也就是实行国有化的国家能否将国有化对象在国外的财产收归国有,或者说该财产所在地国是否承认该国有化法令的效力。对此,不同国家有不尽相同的主张。

9.3.3 国有化后的补偿标准

尽管各国法律原则上均承认国有化措施的法律效力,但在国有化措施的条件和国有化的补偿问题上,发达国家与发展中国家有着尖锐的对立。多数发达国家认为,国有化作为一种主权行为是可以采取的,但应当有前提条件。在一般情况下,主权国家只有基于公共政策,并依据正当程序方可实施此种措施。而对于被国有

---

[1] 参见黄进主编:《国际私法》(第2版),法律出版社2005年版,第274页。

化的财产是否给予补偿的问题，国际上也一直存在分歧，主要有以下三种不同主张：[1]

(1)不予补偿。此种主张认为，国有化是主权国家行使主权的内政问题。一国有权从国家利益出发，根据有关法律或法令采取国有化措施。一切外国自然人或法人都必须尊重和服从居住国的法律或法令。如果实行国有化的国家对本国人不予补偿，那么对外国人同样可以不予补偿。

(2)充分、有效、即时的补偿。西方资本输出发达国从保护其海外私人投资及私有财产神圣不可侵犯的立场出发，以保护既得权和反对不当得利为法律依据，主张对财产被国有化的外国人应该给予“充分、有效、即时”的补偿。这一补偿标准说是由美国国务卿赫尔(Hull)于1938年写给墨西哥政府的信中明确提出的，故称为“赫尔规则”。

(3)适当的、合理的补偿。这是目前世界上多数国家，特别是发展中国家所持的主张。按照联合国大会1962年《关于自然资源永久主权宣言》、1974年《建立新的国际经济秩序宣言》和《各国经济权利与义务宪章》的规定，对征用的外资，应按国家经济财政状况给予适当的补偿。因此，“适当的”“合理的”补偿方法承认给予补偿，但这种补偿是实行国有化国家的财政所能负担的，而且必须经双方协商同意，即补偿能为投资国所接受。这就是人们所称的“卡尔沃主义”。

以上不同主张中，完全不予补偿的观点在目前已经不合时宜。目前，许多国家为了发展国家间平等互利的投资关系，往往通过国际条约互相保证，在一般情况下不对对方私人投资采取国有化措施，如有必要采取国有化措施，应给予适当的补偿。

9.3.4 中国有关国有化的规定与实践

☆中国有关国有化的规定

中国有关国有化的法律规定主要体现在国内法律规定和所缔结或参加的国际条约两方面，目前均有了很大的进展。

★国内法律规定

●宪法。以往中国的宪法没有关于国有化的规定，也就是说在实行国有化时并无宪法依据。2004年中国对1982年《宪法》实行了第四次修改，将原有的“国家为了公共利益的需要，可以依照法律规定对土地实行征用”的规定改为“国家为了公

---

[1] 参见黄进主编：《国际私法》(第2版)，法律出版社2005年版，第274～275页。

共利益的需要,可以依照法律规定对土地实行征收或者征用并给予补偿”(第 10 条第 3 款)。该规定对于外商投资来说则意味着,它们在投资中形成的土地使用权、占有权以及用益权等被征收或者征用时得到补偿有了宪法依据。原有的“国家保护公民的合法的收入、储蓄、房屋和其他合法财产的所有权”和“国家依照法律规定保护公民的私有财产的继承权”的规定,改为“公民的合法的私有财产不受侵犯”、“国家依照法律规定保护公民的私有财产权和继承权”和“国家为了公共利益的需要,可以依照法律规定对公民的私有财产实行征收或者征用并给予补偿”(第 13 条)。这里的私有财产可以根据国民待遇的原则将其引申为包括外国当事人在中国的财产。在中国已经加入 WTO 的今天,如果对外国当事人在中国的财产不能实行与中国当事人财产同等的保护,将背离中国“入世”的承诺。因此,该规定是完全可以适用于外商投资企业的国有化的保护。

● 基本法。2007 年我国《物权法》进一步明确规定了征收和征用的国有化措施,即为了公共利益的需要,依照法律规定的权限和程序,可以征收集体所有的土地和单位、个人的房屋及其他不动产,但应当给予补偿。[1]

● 特别法。2019 年《外商投资法》第 21 条规定,国家对外国投资者的投资不实行征收。在特殊情况下,国家为了公共利益的需要,可以依照法律规定对外国投资者的投资实行征收或者征用。征收、征用应当依照法定程序进行,并及时给予公平、合理的补偿。

★国际条约方面

中国与主要发达国家以及很多发展中国家签署有保护投资双边协定。目前,中国已经生效的双边投资协定超过 100 个,它们分为两类:

一类是中国与发达国家之间的保护投资协定。

> **[示例 9.8]** 1988 年《中华人民共和国和日本关于鼓励和相互保护投资协定》
>
> 第 5 条 一、缔约任何一方国民和公司的投资财产和收益,在缔约另一方境内,应始终受到保护和保障。
>
> 二、缔约任何一方国民和公司的投资财产和收益,在缔约另一方境内,只有为了公共利益,依照法律和法规,是非歧视性的并给予补偿,方可被采取征

---

〔1〕 参见《物权法》第 42 ~ 44 条。

收、国有化或其他类似效果的措施。

三、本条第二款所述的补偿,应使该国民和公司处于未被采取本条第二款所述的征收、国有化或其他类似效果的措施时相同的财政状况。补偿不得迟延。补偿应能有效地兑换和自由转移,兑换和转移时所使用的外汇兑换率按确定补偿价款之日使用的有效兑换率。

四、缔约任何一方国民和公司,当其投资财产和收益被采取征收、国有化或其他类似效果的措施时,有权就这些措施和补偿的价款,根据采取这些措施的缔约另一方的有关法律和法规,请求或接受该缔约另一方有管辖权的法院的审理,或向有权限的行政机关提出申诉。

五、缔约任何一方在其境内,关于本条第一款至第四款规定的事项,给予缔约另一方国民和公司的待遇,不应低于给予第三国国民和公司的待遇。

另一类是中国与发展中国家之间的保护投资协定。例如,1995 年《中华人民共和国和古巴关于鼓励和相互保护投资协定》规定了充分补偿的内容。

☆中国有关国有化的立场

中国目前基于本国国情和发展与世界各国平等互利投资关系的宗旨,通过与许多国家签署的双边投资保护协定和国内立法,在国有化问题上确定了以下基本规则:

● 中国原则上对外资企业、合营企业和外国投资者的财产不实行国有化和征收,只有在根据社会公共利益的需要,按照法律程序,并且是在非歧视的条件下,才可对外资企业、合营企业或外国投资者的财产采取征收或其他相同效果的措施。

● 实行国有化或相同效果的措施应当给予补偿,该补偿应当等同于被征收财产的实际价值,该补偿应当是可自由兑换和可自由转移的,该补偿不能不适当和无故地迟延。

● 关于外国投资保护和国有化补偿的争议可以向中国有管辖权的法院起诉,也可以向有权限的行政机关提出申诉,或者提交第三方按照双方所签订的协定和一般的国际法原则进行仲裁解决。

[示例 9.9] 从中国涉外民商事审判实践来看,2008 年年底以前尚未报道过处理涉及国有化及其补偿的案件,但是,自 2008 年年底以来,由于卷入"富通门事件",中国平安保险(集团)股份有限公司(以下简称中国平安)受到中国

投资者的关心。“富通门事件”源于席卷美国和欧洲的金融危机。富通集团是比利时与荷兰合资的一家以经营银行及保险业务为主的国际金融服务提供商。受金融危机影响,富通集团逐步陷入破产困境。2008年10月,比利时政府决定以换股的形式将富通集团在比利时的银行业务转让给法国巴黎银行。由于富通集团的资产剥离过程未征得股东大会同意,富通集团两千一百多名小股东联名提起诉讼,要求判定富通集团向巴黎银行转让资产为非法。同年12月12日,布鲁塞尔上诉法院以比利时政府在国有化过程中“未履行股东大会程序”为由,暂停其对富通集团的拆分行动,以待股东大会的批准。同时,由于涉嫌“政治力量干预司法”,比利时内阁集体辞职。

比利时政府将富通集团部分资产出售给巴黎银行,应当看成是富通集团国有化的整体组成部分。富通集团的小股东已经向比利时提起诉讼,寻求司法救济。但作为富通集团的最大单一股东(持股4.81%),中国平安的损失远远超过其他小股东。[1]

在与比利时政府多次磋商未果后,中国平安于2012年9月7日向ICSID提出仲裁申请,指控比利时政府的干预行为构成对申请人财产的征收,且未对申请人给予公平的补偿。[2] 2015年4月30日,ICSID仲裁庭发布“中国平安

---

〔1〕 按照我国政府与比利时政府在1984年签署,并于2005年修订的《关于相互促进和保护投资的协定》(以下简称《协定》),中国平安向富通集团索赔实则“有法可依”。《协定》第4条明确规定,缔约各方承诺不采取任何征收或国有化措施,或任何具有直接或间接剥夺缔约另一方投资者在其领土内的投资的效果的措施。如果是由于公共目的、安全或国家利益的原因需要采取征收或者国有化措施的,也应符合下列条件:应根据国内法律程序采取措施;措施不应具有歧视性;措施同时应有给予补偿的规定,并且,该等补偿应等于在采取措施或者措施公开之日投资的实际价值。按照《协定》第8条的规定,缔约一方投资者和缔约另一方间产生法律争议的,争议任何一方应书面通知争议另一方。争议当事方应尽可能通过磋商、在必要的情况下通过寻求第三方的专业建议或通过缔约方间经由外交途径进行磋商解决争议。如果争议在争议一方将争议通知争议另一方后6个月内未能通过磋商解决,缔约各方同意根据投资者的选择将争议提交:(1)作为争议一方的缔约方国内有管辖权的法院;(2)依照1965年华盛顿《关于解决国家与他国国民投资争端的公约》设立的“解决投资争端国际中心”,对上述两种程序之一的选择应是终局的。仲裁裁决应是终局的并对争议双方具有拘束力。缔约各方承诺根据其国内法规执行裁决。因此,中国平安可以采取的行动有:寻求权威中介机构的专业意见,如寻求律师事务所、会计师事务所以及公估机构确定损失,分析富通集团、比利时政府的过错;通过中国政府依据中比双边协定与比利时政府进行外交磋商,以维护本国投资者的权益;做好采取法律行动的前期准备,将相关的争议和主张通过书面方式正式通知比利时政府,以便一旦不能协商解决的话,能尽快进入法律程序。

〔2〕 2012年9月19日,ICSID正式登记该仲裁案,案件编号为ARB/12/29。

诉比利时案”的裁决报告，以缺乏管辖权为由驳回中国平安的全部指控。因此，未就申请人所主张的比利时政府的干预行为具有征收效果等实体诉求进行审查。[1]

法律与规范链接

▲ 必读法条

《物权法》

第42条　为了公共利益的需要，依照法律规定的权限和程序可以征收集体所有的土地和单位、个人的房屋及其他不动产。

征收集体所有的土地，应当依法足额支付土地补偿费、安置补助费、地上附着物和青苗的补偿费等费用，安排被征地农民的社会保障费用，保障被征地农民的生活，维护被征地农民的合法权益。

征收单位、个人的房屋及其他不动产，应当依法给予拆迁补偿，维护被征收人的合法权益；征收个人住宅的，还应当保障被征收人的居住条件。

任何单位和个人不得贪污、挪用、私分、截留、拖欠征收补偿费等费用。

第43条　国家对耕地实行特殊保护，严格限制农用地转为建设用地，控制建设用地总量。不得违反法律规定的权限和程序征收集体所有的土地。

第44条　因抢险、救灾等紧急需要，依照法律规定的权限和程序可以征用单位、个人的不动产或者动产。被征用的不动产或者动产使用后，应当返还被征用人。单位、个人的不动产或者动产被征用或者征用后毁损、灭失的，应当给予补偿。

《外商投资法》

第21条　国家对外国投资者的投资不实行征收。

在特殊情况下，国家为了公共利益的需要，可以依照法律规定对外国投资者的投资实行征收或者征用。征收、征用应当依照法定程序进行，并及时给予公平、合理的补偿。

---

〔1〕 刘勇：《中国平安诉比利时王国投资仲裁案——以条约适用的时际法为视角》，载《环球法律评论》2016年第4期。

△ **延伸法条**

2016年《台湾同胞投资保护法》

第4条　国家对台湾同胞投资者的投资不实行国有化和征收；在特殊情况下，根据社会公共利益的需要，对台湾同胞投资者的投资可以依照法律程序实行征收，并给予相应的补偿。

典型案例

美国独立石油公司诉科威特国有化补偿纠纷案[1]

【案情概述】

1948年6月，科威特与美国独立石油公司签订了石油特许协议，特许该公司在科威特的特定区域从事石油生产经营活动，该公司则向科威特支付一定的提成费。1974年11月，几个海湾国家在阿布扎比议定了一项限制外国石油公司利润率的公式，即所谓的“阿布扎比公式”。科威特政府于1977年9月发布法令，宣布终止特许协议，将美国独立石油公司收归国有，同时建立补偿委员会评估补偿数额。但美国独立石油公司拒不与补偿委员会合作，而是根据特许协议有关条款要求诉诸国际仲裁。在补偿这一核心问题上，双方之间在仲裁过程中存在重大分歧。科威特主张依“账面净值”的方法作“适当补偿”，即以美国独立石油公司账簿上记载的位于科威特境内的固定资产购进时的原价为基数，扣除公司已经回收的折旧费即为补偿额。美国独立石油公司则认为，对于起因于科威特政府的违约行为而产生的国有化，自己有权获得相当于安全恢复原状的损害赔偿，即以“折旧重置成本”的方法计算补偿额，具体而言，就是以重新购置现有固定资产的成本为基数，扣除公司已经回收的折旧费。此外，补偿还应包括公司非固定资产的价值和公司继续经营可能得到的预期利润。仲裁庭最后以多数意见作出结论，认为本案以“折旧重置成本”的方法计算公司固定资产的价值是合适的，并且考虑双方财务报告提供的非固定资产数字，以及特许权人的合法期望，补偿额应为20,604.10万美元，但扣除公司的对外债务，补偿额实为8300万美元。

【关键问题】

本案涉及的主要问题：国有化后应实行全部补偿抑或部分或适当的补偿标准？

---

〔1〕　参见赵一民主编：《国际私法教学案例》，知识产权出版社2005年版，第85～87页。

【简要评论】

仲裁庭认为联合国大会《关于自然资源永久主权宣言》等文件所确定的“适当补偿”的标准是合法国有化的通用标准，也是双方当事人已经接受的法典化原则。至于具体补偿额的计算，仲裁庭认为，“账面净值”的方法只能适用于一些投资建成不久的企业，因为其固定资产购进时的原价与重置成本不会相差太大，而本案以适用“折旧重置成本”的方法较为适当，是考虑到国际法院和国际仲裁庭曾作出的有关判决或裁决并未表明其接受“账面净值”的计算方法。本案是国际上有影响的一个判例，其部分补偿裁决所体现的“适当补偿”原则，有别于所谓的“充分、有效、及时”的补偿标准。

延伸阅读

1. 杜焕芳:《论我国涉外物权法律适用的完善》,载《当代法学》2013 年第 2 期。
2. 宋晓:《意思自治与物权冲突法》,载《环球法律评论》2012 年第 1 期。
3. 余劲松:《论国际投资法中国有化补偿的根据》,载《中国社会科学》1986 年第 2 期。
4. 黄进:《论国际私法上的物权问题》,载《法商研究》1995 年第 3 期。
5. 肖永平:《论几类特殊动产的法律适用》,载《政治与法律》1994 年第 2 期。

第10章　知识产权的法律适用

教学目标

1. 领会知识产权法律冲突的原因及法律适用的一般规则。
2. 掌握专利权、商标权以及著作权的法律冲突与法律适用规则。
3. 了解知识产权的国际保护以及我国知识产权法律适用的规则和实践。

推荐参考资料

1. James J. Fawcett and Paul Torremans, *Intellectual Property and Private International Law*, 2nd ed. ,Oxford University Press, 2011.
2. 杨长海:《知识产权冲突法论》,厦门大学出版社2011年版。
3. 吴汉东:《知识产权法》,北京大学出版社2007年版。
4. 朱榄叶、刘晓红主编:《知识产权法律冲突与解决问题研究》,法律出版社2004年版。

10.1　知识产权的法律冲突概述

知识要点

10.1.1　知识产权概述

知识产权(intellectual property)是指人们对通过脑力劳动创造出来的智力成果依法享有的专有权利,主要包括专利权、商标权和著作权。其中,专利权和商标权可统称为“工业产权”,著作权也被称为“版权”。

☆专利权

专利权,是指一国专利主管部门根据该国法律的规定,授予发明创造人或合法申请人对某项发明创造在法定期限内享有的一种独占权或专有权。专利权的主要内容有制造权、使用权、销售权、进口权、转让权和许可使用权等。一般而言,专利包括发明专利、外观设计专利和实用新型专利三类。专利权具有独占性、地域性和时间性等特点,是知识产权最重要的组成部分。

专利权法律冲突的成因主要是:首先,专利权具有严格的地域性特征;其次,各国承认和保护外国人的专利权,并给予国民待遇,这是专利权法律冲突的重要条件;最后,各国专利法关于专利的种类、保护范围、申请原则、审查制度和保护期限的规定互不相同。

☆商标权

商标通常由文字、图形或文字加图形组成,是商品生产者或销售者在自己的商品或服务上使用的、用于区别其他商品生产者或销售者的商品的一种专有标记。商标权是商标所有人对法律确认并给予保护的商标所享有的权利,主要包括商标专用权、商标续展权、商标转让权、商标许可使用权等。商标权是一种无形产权,属于工业产权的一种,具有专有性、时间性和地域性等特征。

由于各国商标法在商标权的获取原则、注册原则和保护期限方面的差异,涉外商标权保护的法律冲突在所难免。各国商标法的差异主要表现在商标权的确立条件及权利内容、期限、效力和保护方式等方面。

[示例10.1]　2000年8月11日,浙江省某进出口公司向深圳文锦渡海关申报出口滑雪茄克4194件,申报价格55,000美元,指运地香港。经现场海关查验,发现实际出口的滑雪茄克标有“NIKE”商标,涉嫌侵犯权利人耐克国际有限公司在海关总署备案的“NIKE”商标专用权,该关根据权利人的申请依法扣留了上述货物。[1]

货物扣留后,当事人立即向海关提出书面异议,认为其出口的滑雪茄克不侵犯耐克国际有限公司的“NIKE”商标专用权,理由如下:第一,出口产品所使用的“NIKE”商标是由西班牙CIDESPORT公司在西班牙合法注册的,中国公司是受其委托生产这批产品,与美国耐克公司无关;第二,这批货物生产后,并不在国内销售,而是经香港转往西班牙,整个过程合法。

当事人提出异议后,权利人耐克国际有限公司就侵权争议向深圳市中级人

---

[1] 资料来源于南方网:http://www. southcn. com/news/gdnews/sz/zscq/al/200404280542. htm,最后访问日期:2019年3月12日。

民法院提起诉讼。2002年12月10日，深圳市中级人民法院做出一审判决，认为“NIKE”商标在中国经核准注册，就在国家商标局核定使用的商品范围内受到保护，无论是中国的当事人，还是外国的当事人，都不得侵害原告的“NIKE”注册商标专用权。且商标权作为知识产权具有地域性，在中国，不经耐克国际有限公司的许可，任何人不得以任何方式侵害其注册商标专用权。因此，应立即停止侵权并对权利人进行赔偿。

2003年1月2日，西班牙CIDESPORT公司不服深圳市中级人民法院的判决，向广东省高级人民法院提出上诉。但CIDESPORT公司未在规定时间内交上诉案件受理费，因此广东省高级人民法院裁定CIDESPORT公司自动撤诉，深圳市中级人民法院的判决自该裁定送达之日起生效。

鉴于法院最终判决浙江省某进出口公司的行为构成商标侵权，因此该关根据《知识产权海关保护条例》第23条的规定，没收上述标有“NIKE”商标的滑雪茄克。

☆著作权

著作权又称版权，是指作者及其他著作权人依著作权法对文学、艺术和科学作品所享有的各项专有权利。

有关著作权的理论繁多，并影响着各国著作权法的立法及实践，各国著作权法在著作权的保护对象、内容和期限等方面的差异也会导致法律适用的冲突。著作权保护具有严格的地域性，各国著作权法属于国内法，只在本国境内生效，跨国保护著作权就可能产生法律冲突现象，从而涉及法律适用问题。

10.1.2　知识产权法律冲突

在早期，知识产权的严格属地性决定了根据一国法律取得的知识产权只能在该国有效，原则上不具有域外效力。知识产权的地域性意味着依据一个国家法律产生的知识产权，在另一个国家并不能当然地得到承认和保护，这与依据一国家法律产生的物权在其他国家普遍受到承认和保护的情况完全不同。[1] 然而，随着国际技术交流的大规模发展，知识产权逐步突破了传统的地域性，这就使同一项知识产权可能会受制于两个或两个以上国家法律的调整，进而出现了知识产权法律适

---

〔1〕 参见吴汉东：《知识产权总论》，中国人民大学出版社2013年版，第28～29页。

用上的冲突。这些法律冲突包括但不限于如下几个方面:[1]

(1)保护客体。例如,在著作权领域,欧盟保护一种没有独创性的数据库,在中国它并不是著作权法保护的客体,自然没有提供保护的依据。另外,在一些国家,某些兼具艺术创作特质和实用功能的物品化表达形式,如家具、装饰品、服装设计等,可以构成著作权上的作品,[2]而中国则不予以保护。

(2)保护期限。中国著作权法保护作者权利的保护期一直到作者死后50年,[3]这与《保护文学艺术作品伯尔尼公约》的规定是一致的。[4] 而美国著作权法有专门的延长保护期的法案。根据该法案,职务作品保护期自创作完成后可以长达120年或者出版后95年。[5] 比如迪士尼的相关作品,按照美国的法案,最高可以保护到95年。

(3)保护标准。例如,欧盟关于地理标志保护的标准非常高。在侵权的判定上,只要使用相关地理标志就构成侵权。而中国对商标侵权的判断是相同或近似,对消费者构成混淆。[6] 再如,以未注册商标为例,未注册商标在中国保护力度很小。但是在美国,使用产生权利,不注册不影响商标的有效性。

(4)侵权认定。商标是否构成近似的判断标准上,各国也是不一样的。比如,德国有品牌boss,我国广东企业有BOSSsunwen(博斯绅威),该商标是经过评审、认定而注册的,还被认定为驰名商标。

(5)赔偿标准。关于知识产权的侵权赔偿数额,各国差异很大。例如,根据美国的法律规定,如果个人通过P2P或者网络下载一首歌曲,最高赔偿数额可达到15万美元。[7]我国目前的法律没有关于终端用户处罚的相关规定。[8] 而且我国《著作权法》规定的法定赔偿上限为50万元人民币。[9]

---

〔1〕 关于著作权法律冲突的表现形式,更详细的讨论请参见徐妮娜:《著作权的国际私法问题研究》,中国社会科学出版社2015年版,第8~22页。

〔2〕 See Paul E. Geller, "International Copyright: An Introduction §2(2)", in *International Copyright Law and Practice*, 2011.

〔3〕 参见我国《著作权法》第21条第1款。

〔4〕 参见《保护文学艺术作品伯尔尼公约》第7条第1款。

〔5〕 参见徐妮娜:《著作权的国际私法问题研究》,中国社会科学出版社2015年版,第8~9页。

〔6〕 参见《商标法》第57条。

〔7〕 See 17 USC 504(c)(1)&(2).

〔8〕 具体中美之间关于赔偿标准的差额,王迁教授文中有着详细的讨论,参见王迁:《〈承认和执行外国判决公约〉(草案)中知识产权条款研究》,载《中国法学》2018年第1期。

〔9〕 参见《著作权法》第49条第2款。

10.1.3　知识产权的国际保护

知识产权的国际保护制度是指以多边国际公约为基本形式,以政府间国际组织为协调机构,通过对各国国内知识产权法律进行协调并使之形成相对统一的国际法律制度。它是国际经济贸易关系不断发展的产物,也是知识产权制度自身变革的结果,现已成为国际经济、文化、科技、贸易领域中的一种法律秩序。自1883年《保护工业产权巴黎公约》与1886年《保护文学艺术作品伯尔尼公约》以来,围绕知识产权国际保护的相关国际性法律文件不断出台。我国已加入或实施了诸如《保护工业产权巴黎公约》、《保护文学艺术作品伯尔尼公约》、《世界版权公约》以及《与贸易有关的知识产权协议》(TRIPs)等重要的国际知识产权公约或协定。

国际统一性知识产权保护文件的出现提升了国际社会对知识产权的保护水平,使得涉外知识产权的法律适用有了一定程度的统一基础,这些统一或协调知识产权保护的国际知识产权条约深刻影响着涉外知识产权的法律适用。在涉外知识产权纠纷涉及的国家存在共同的知识产权公约适用的情形下,这些国际公约可通过直接或间接的方式影响涉外知识产权法律纠纷解决中的法律适用,并在总体上缩减了各国知识产权法律制度之间存在冲突的空间。

10.2　知识产权的法律适用

20世纪50年代以来,一些国家开始不再固守外国知识产权法在本国没有法律效力的观点,有限度地对知识产权的某些事项适用外国法。也就是说,知识产权在一定范围内已突破其严格的地域性要求,具有可诉性和域外效力。[1] 知识产权的法律适用通常采用分割方法,即根据涉及知识产权的不同问题,分别适用不同的冲突规则以确定适当的准据法。知识产权的法律适用可分为三个方面。

10.2.1　知识产权归属、内容和效力

由于知识产权具有"属地性"或"地域性"的特点,即知识产权的效力和内容,原则上仅限于权利授予国的领土。因此,关于知识产权的一般事项,如其归属和内容,一般应适用"被请求保护地国"或"权利主张地国"的法律。该原则得到了多数国家

〔1〕 See Lawrence Collins (et. al,ed.),*Dicey,Morris and Collins on the Conflict of Laws*,15 th ed.,Sweet & Maxwell,2012,p. 2289.

国内立法和有关国际公约的承认。《保护工业产权巴黎公约》第10.3条针对商标、厂商名称、假标记以及不正当竞争的救济措施、起诉权的相关规定都指向被请求保护地国法律。《保护文学艺术作品伯尔尼公约》第5条第2款第2句规定:"除本公约条款外,保护的程度以及为保护作者权利而向其提供的补救方法完全由被请求给予保护的成员国法律规定。"[1]有学者还认为,对于知识产权的产生、注册、效力、转让等其他带有所有权性质的事项,亦可适用被请求保护国法,依据是将其视为无形财产而适用传统的"物之所在地"法。[2]

我国《涉外民事关系法律适用法》第48条规定,知识产权的归属和内容,适用被请求保护地法律。被请求保护地是涉外知识产权关系法律中最重要的术语之一,其具有独特的内涵。

(1)被请求保护地不能等同于法院地。各国知识产权法往往规定了多种知识产权保护的方式和途径,除了诉讼方式外,不少国家还规定了仲裁、海关保护以及其他行政保护等。权利人有多种保护途径可以选择,并非必须通过法院以诉讼方式获得保护。因而,被请求保护地并不必然是法院地。

(2)被请求保护地也不等同于提起保护请求地。立法管辖权和司法管辖权分离的必然结果是案件管辖权和法律适用问题的区分。权利人可以在具有案件管辖权的任何法院或者仲裁机构提起保护请求,但是该管辖法院或者仲裁庭适用的法律并不必然是当事人提起保护请求地的法律。如果权利人在权利注册地或者登记地提起保护请求,被请求保护地和提起保护请求地就重合了;如果权利人在权利注册地或者登记地以外提起诉讼请求,两者并不重合。

(3)被请求保护地是指被请求保护的权利地。由于知识产权中既有自动产生的权利,又有需要登记或者注册方可产生的权利,该两类知识产权的被请求保护地存在某些差别。对于自动产生的权利而言,例如版权和邻接权,被请求保护地法律是指该被请求保护的权利地法律;对于非自动产生的权利例如专利权、商标权、植物新品种、集成电路布图设计等而言,被请求保护地法律则是指该权利的注册地或登记地的法律。[3]

---

[1] 杜涛:《涉外民事关系法律适用法释评》,中国法制出版社2011年版,第396页。

[2] See Lawrence Collins (el. ed.), *Dicey, Morris and Collins on the Conflict of Laws*, 15 th ed., Sweet & Maxwell, 2012, p. 2289.

[3] 参见万鄂湘主编:《〈中华人民共和国涉外民事关系法律适用法〉条文理解与适用》,中国法制出版社2011年版,第339~340页。

10.2.2　知识产权侵权

知识产权的侵权责任适用被请求保护国法律，是涉外知识产权侵权法律适用的主要规则和主流理论，为许多国家立法采用。这是由知识产权的地域性所决定的，且一般不区别不同类型的知识产权。[1]

被请求保护地是一个较为宽泛和灵活的连结点，它可能是侵权行为实施地，可能是侵权行为损害结果地，也可能是法院地。[2] 例如，根据《罗马条例Ⅱ》就适用被请求保护地国的法律或者侵害行为实施地法。为克服被请求保护地自身的局限性，一些国家包括我国又引入意思自治原则，允许当事人协议选择适用法院地的法律，既尊重当事人的意愿，也扩大了法律适用范围，增强了法律适用的合理性。

我国《涉外民事关系法律适用法》第 50 条规定，知识产权的侵权责任，适用被请求保护地法律，当事人也可以在侵权行为发生后协议选择适用法院地法律。

● 被请求保护地的法律。此处的被请求保护地的含义同知识产权的归属和内容法律适用中的被请求保护地具有相同的含义，即被请求保护的权利地。需要说明的是，被请求保护地是从当事人的角度而言的，是当事人认为其享有权利并请求对该权利给予保护的地方，至于当事人是否真正享有权利并能获得保护，则取决于被请求保护地的法律。因而，这里面的被请求保护地是程序意义上的，而不是实体结果意义上的保护地。

● 当事人的意思自治原则。本条将当事人的意思自治原则引入知识产权侵权领域，在扩大意思自治适用领域的同时，又基于效率和便利的考虑，将当事人意思自治的范围限制为只能协议选择法院地法。[3]

10.2.3　知识产权的转让

对于知识产权的转让和许可，由于其通常是通过知识产权转让合同与许可合同来实现，具有债权性质，因此相应地应采纳合同法律适用的首要原则，即当事人意思自治原则，允许当事人通过协议来选择适用的法律。[4] 在当事人未指定准据法时，以最密切联系原则作为意思自治原则的补充。另外，也有一些国家将知识产

---

〔1〕 参见杨长海：《知识产权冲突法论》，厦门大学出版社 2011 年版，第 300 页。

〔2〕 参见韩德培主编：《国际私法》（第 3 版），高等教育出版社 2014 年版，第 317 页。

〔3〕 参见万鄂湘主编：《〈中华人民共和国涉外民事关系法律适用法〉条文理解与适用》，中国法制出版社 2011 年版，第 339 ~ 340 页。

〔4〕 参见黄进、姜茹娇主编：《〈中华人民共和国涉外民事关系法律适用法〉释义与分析》，法律出版社 2011 年版，第 289 页。

权定性为物权，规定知识产权转让和许可使用适用物之所在地法或者财产所在地法，[1]如罗马尼亚和意大利。

我国《涉外民事关系法律适用法》第49条规定，当事人可以协议选择知识产权转让和许可使用适用的法律。当事人没有选择的，适用本法对合同的有关规定。一般认为，对于知识产权纯粹合同关系，例如合同的成立、合同义务、合同解释、支付方式等，当事人享有选择所应适用的法律的自由。需要注意的是，即使在这个范围内，当事人的意思自治也不是绝对的。我国法律对涉外民事关系有强制性规定的，直接适用该强制性规定。这一现象在知识产权领域尤为明显。由于知识产权的保护的独立性和公共政策性，各国对于知识产权合同往往又有一些特殊的强制性规定，这些强制性规定具有直接适用的效力，排除了当事人协议选择的法律的适用。这类强制性规定主要包含以下内容：第一，关于知识产权的可转让性的强制性规定。例如《对外贸易法》第16条等规定了对特定技术的进出口禁止或者限制。第二，关于知识产权合同形式及效力的强制性规定，如《专利法》第10条等。第三，关于公共秩序保留原则的强制性适用。[2]

[示例10.2]　在华为技术有限公司与IDC公司标准必要专利使用费纠纷案[3]中，广东省高级人民法院认为：首先，本案纠纷属于标准必要专利使用费纠纷，双方争议的问题仅仅是标准必要专利使用费问题。其次，根据当事人的诉辩主张，本案所涉及的标准必要专利仅仅是指IDC公司在中国申请或者获得授权的标准必要专利，并不涉及IDC公司在法国或者其他国家的标准必要专利问题。也就是说，双方争议的标的是IDC公司在中国的专利或者专利申请。再次，《涉外民事关系法律适用法》第49条规定，当事人可以协议选择知识产权转让和许可适用的法律。当事人没有选择的，适用本法对合同的有关规定；第41条规定，当事人可以协议选择合同适用的法律，当事人没有选择的，适用履行义务最能体现该合同特征的一方当事人经常居所地或者其他与该合同有密切联系的法律。华为公司与IDC公司之间并无约定如果双方就标准必要专利使用费问题发生纠纷应当适用哪国法律。而华为公司住所地、涉案专利

[1] 参见齐湘泉：《〈涉外民事关系法律适用法〉原理与精要》，法律出版社2011年版，第377页。

[2] 参见万鄂湘主编：《〈中华人民共和国涉外民事关系法律适用法〉条文理解与适用》，中国法制出版社2011年版，第339～340页。

[3] 广东省高级人民法院〔2013〕粤高法民三终字第305号。

实施地、谈判协商地均在中国,与中国有最密切的联系。最后,本案所涉IDC公司的中国标准必要专利或者专利申请,均是根据中国专利法的规定申请或者获得授权的。根据我国专利法规定,在中国没有经常居所或者营业场所的外国人、外国企业或者外国其他组织在中国申请专利,应当根据中国专利法办理。在中国申请专利应当依据中国专利法的规定,获得授权后,应当受到何等保护,比如专利保护期的长短、保护程序,均应当依照中国法律的规定,而不应当依照申请人所在国的法律或者其他国家的法律。综合分析,本案应当适用中国法律。

法律与规范链接

▲ 必读法条

《涉外民事关系法律适用法》

第48条　知识产权的归属和内容,适用被请求保护地法律。

第49条　当事人可以协议选择知识产权转让和许可使用适用的法律。当事人没有选择的,适用本法对合同的有关规定。

第50条　知识产权的侵权责任,适用被请求保护地法律,当事人也可以在侵权行为发生后协议选择适用法院地法律。

△ 延伸法条

《涉外民事关系法律适用法解释(一)》

第3条第1款　(见本书第71页)

第4条　涉外民事关系的法律适用涉及适用国际条约的,人民法院应当根据《中华人民共和国民法通则》第一百四十二条第二款以及《中华人民共和国票据法》第九十五条第一款、《中华人民共和国海商法》第二百六十八条第一款、《中华人民共和国民用航空法》第一百八十四条第一款等法律规定予以适用,但知识产权领域的国际条约已经转化或者需要转化为国内法律的除外。

典型案例

努伊特里克公开股份有限公司(NEUTRIKAG)与宁波海曙区西尚电子有限公司侵害外观设计专利权纠纷案〔1〕

【案情概述】

2016年4月11日,努伊特里克公开股份有限公司(NEUTRIKAG)(住所地:列支敦士登公国(Liechtenstein)向宁波市中级人民法院提起侵害外观设计专利权纠纷诉讼,请求判定宁波海曙区西尚电子有限公司(住所地:中华人民共和国浙江省宁波市鄞州区)停止制造、销售、许诺销售侵犯其外观设计专利权的行为并赔偿经济损失。

法院审理后认为,依据作为被请求保护地的中国法,被诉侵权设计与涉案专利外观设计构成相近似的设计,落入涉案专利权的保护范围,且认定被告存在制造、销售、许诺销售被控侵权产品的行为,故裁定被告立即停止制造、销售、许诺销售侵害原告专利权的行为,并赔偿原告的经济损失及为制止侵权所支付的合理费用。

【关键问题】

如何确定我国涉外专利侵权中的法律适用?

【简要评论】

专利权是知识产权司法实践中涉及的重要领域,其法律适用问题应遵循知识产权法律适用的一般规则和思路,除非存在特别规定或国际性法律文件。该案发生于2016年,根据《涉外民事关系法律适用法》的相关规定,有关涉外知识产权侵权的法律适用应遵从"被请求保护地法律"的一般规定。

广州市养玉堂植物研究有限公司与广州市爱特丽贸易有限公司纠纷案〔2〕

【案情概述】

广州市爱特丽贸易有限公司(以下简称爱特丽公司)、广州市养玉堂植物研究有限公司(以下简称养玉堂公司)因与萨拉莉家庭及个人用品荷兰有限公司(以下简称萨拉莉公司)商标侵权纠纷一案,向广州市中级人民法院起诉,并上诉至广东

---

〔1〕 宁波市中级人民法院〔2016〕浙02民初492号。

〔2〕 广东省高级人民法院〔2006〕粤高法民三终字第111号。

省高级人民法院。

广东省高级人民法院经审理认为，本案为涉外商标侵权纠纷案件。萨拉莉公司是第3142448号“香必飘”文字注册商标的注册人，其注册商标专用权受法律保护。根据《中华人民共和国民法通则》以及《最高人民法院关于贯彻执行〈中华人民共和国民法通则〉若干问题的意见(试行)》等相关法律适用规则，法院依据我国的《商标法》等实体法律对该案进行了裁断。

【关键问题】

如何确定我国涉外商标侵权中的法律适用？

【简要评论】

该案发生于2006年，根据《民法通则》等法律中的法律适用规则，侵权行为地法律为案件的准据法；而根据《涉外民事关系法律适用法》的规定，有关涉外知识产权侵权，包括商标侵权的法律适用应遵从“被请求保护地法律”的一般规定。从适用结果来看，法律适用规则的变化并未导致相关实体法律依据的变化。

微软公司诉列奥纳多(天津)汽车模具有限公司侵犯计算机软件著作权纠纷案[1]

【案情概述】

微软公司(Microsoft Corporation)(住所地：美国华盛顿州邮递区号98052－6399，雷德蒙市微软路1号)因与列奥纳多(天津)汽车模具有限公司(住所地：天津空港物流加工区)侵犯计算机软件著作权纠纷案，于2009年7月28日向天津市第二中级人民法院提起诉讼，请求根据《著作权法》《计算机软件保护条例》等相关规定，判定列奥纳多(天津)汽车模具有限公司停止著作权侵权、赔偿损失、赔礼道歉并承担诉讼费用。

天津市第二中级人民法院经审理认为，本案是在我国领域内进行的涉外著作权侵权诉讼纠纷，被控侵权行为发生在我国境内，故应适用我国法律的相关规定。由于我国与美国均是《伯尔尼公约》成员国，按照该公约确定的国民待遇原则，根据《著作权法》以及《计算机软件保护条例》等相关法律规定，原告微软公司是涉案两种软件的著作权人，其享有的著作权依法应受我国法律保护，并据此部分支持了原告微软公司的诉讼请求。

---

〔1〕 天津市第二中级人民法院〔2009〕二中民三知初字第42号。

【关键问题】

如何确定我国涉外著作权侵权中的法律适用？

【简要评论】

涉外著作权的法律适用是涉外知识产权法律适用中的重要组成部分。由于著作权相关规则的国际统一度较高，存在诸多的国际公约，其中《保护文学艺术作品伯尔尼公约》是最为广泛签署的公约之一，因而该领域的法律适用具有相较于其他知识产权法律适用领域的特殊性。在我国，有关知识产权的诸多国际条约，已通过国内立法的形式得以转化，我国法院在受理涉外著作权纠纷案件时依据我国相关的冲突规则指引，可适用被请求保护地的我国法律予以裁判。

延伸阅读

1. 王迁：《〈承认和执行外国判决公约〉（草案）中知识产权条款研究》，载《中国法学》2018 年第 1 期。

2. 何艳：《知识产权国际私法保护规则的新发展》，载《法商研究》2009 年第 1 期。

3. 王承志：《论涉外知识产权审判中的法律适用问题》，载《法学评论》2012 年第 1 期。

第11章　婚姻家庭关系的法律适用

教学目标

1. 从宏观上了解中国关于涉外婚姻家庭关系法律适用问题的概况;识记涉外结婚、婚姻的效力、离婚、父母子女关系、扶养、监护法律适用的主要理论和制度。
2. 理解《涉外民事关系法律适用法》中涉及涉外结婚、婚姻的效力、离婚、父母子女关系、扶养、监护的法律适用规则的立法原理;掌握相关法律适用规则。

推荐参考资料

1. 汪金兰:《儿童权利保护的国际私法公约及其实施机制研究——以海牙公约为例》,法律出版社2014年版。
2. 杜焕芳:《国际诱拐儿童民事问题研究——〈海牙公约〉解释、实施与适用》,法律出版社2014年版。
3. 袁发强:《人权保护与现代家庭关系中的国际私法》,北京大学出版社2010年版。
4. 吴用:《儿童监护国际私法问题研究》,对外经济贸易大学出版社2009年版。
5. 焦燕:《婚姻冲突法问题研究》,法律出版社2007年版。
6. 齐湘泉:《涉外民事关系法律适用法——婚姻、家庭、继承论》,法律出版社2005年版。

知识要点

11.1　结　　婚

结婚,是男女双方根据法律规定的程序和条件结成夫妻的一种法律行为。婚姻合法有效的前提是双方当事人必须符合一定的结婚条件,否则结婚的效力将受到影响。结婚条件在各国婚姻家庭立法中通常都有明确规定，一般分为结婚实质要件和结婚形式要件。

> ［示例 11.1］《诗·郑风丰笺》："婚姻之道，谓嫁娶之礼"。
>
> 《礼记·昏礼》："昏礼者，将合二姓之好，上以事宗庙，而下以继后世也，故君子重之。"
>
> 汉代郑玄在《礼记·昏义疏》中解释道："男以昏时迎女，女因男而来……论其男女之身谓之嫁娶，指其好合之际，谓之婚姻，其事是一，故云婚姻之道，谓嫁娶之礼也。"

11.1.1 结婚的实质要件

☆结婚的实质要件

结婚实质要件是指婚姻当事人结婚必须具备的要件（又称必备条件或积极条件）和禁止结婚的条件（又称禁止条件或消极条件）。前者一般是指双方当事人必须达到法定婚龄，必须双方当事人自愿等。而后者一般是指双方不在禁止结婚的血亲之内，不存在不能结婚的疾病或生理缺陷，没有另外的婚姻关系等。

结婚的实质要件一般适用婚姻举行地法（亦即婚姻缔结地法），或适用当事人的属人法（包括当事人的本国法或住所地法），或兼采上述各连结点而依不同情况分别予以适用的混合制。〔1〕

★适用婚姻举行地法

婚姻是人身关系的契约，应受"场所支配行为"原则的支配，该原则还有"既得权说"理论的支持，该理论认为婚姻关系作为当事人的权利，理应得到相关国家的承认和保护。采取这种方式的国家主要有美国、加拿大、巴西、智利以及斯堪的纳维亚国家等，这些国家外来移民较多，适用婚姻举行地法既可以扩大本国法律的适用范围，又能够为外来移民提供便利，促进本地社会经济的发展。适用婚姻举行地法的缺点是易于给当事人提供规避法律的机会，当事人通过选择婚姻举行地，规避本应适用的准据法，使非法婚姻合法化。〔2〕 但因婚姻举行地与居所地没有任何关系，易产生"跛脚婚姻"的情形。

---

〔1〕 参见李双元、欧福永主编：《国际私法》（第 4 版），北京大学出版社 2015 年版，第 298 页。

〔2〕 参见万鄂湘主编：《〈中华人民共和国涉外民事关系法律适用法〉条文理解与适用》，中国法制出版社 2011 年版，第 158 页。

★适用当事人属人法

当事人的属人法包括本国法和住所地法。

● 适用当事人本国法的依据是：国籍较住所固定，与个人的法律联系久远，本国的法律更加符合个人的利益和习惯，适用本国法的婚姻效力易于得到本国的承认和受到本国的外交保护。适用当事人本国法的国家主要有德国、法国、日本、奥地利、荷兰等。

● 适用当事人住所地法的依据是：住所为一个人的生活重心，婚姻的效力关系到住所地国家的公共秩序和伦理道德，以住所地法决定结婚的实质要件最为合理。适用当事人住所地法的国家有英国、加拿大、澳大利亚、新西兰等英联邦国家以及挪威、丹麦、冰岛等国。

适用当事人属人法的缺点是如果当事人属人法的规定与婚姻举行地法公共秩序抵触，会增加结婚的障碍和困难。[1]

★混合制

混合制考虑了在不同的情况下适用不同的准据法，采取以一项冲突原则为主，兼采其他原则的制度，避免了单纯适用婚姻举行地法或当事人属人法的不足。由于其比较灵活和切实可行，已在越来越多的国家，尤其是欧洲国家立法中被接受。[2]

11.1.2　结婚的形式要件

结婚的手续又称结婚的形式要件或者程序要件，是指婚姻合法成立必须履行的法定手续或形式。在结婚的形式方面，目前主要有民事登记婚姻方式、宗教婚姻方式、世俗仪式方式、领事婚姻方式、兵役婚姻方式、公海婚姻方式、民事登记和宗教（世俗）仪式结合方式以及不要求任何形式等制度。

对于婚姻形式的法律适用，根据"场所支配行为"的原则，世界上许多国家长期以来都适用婚姻举行地法。但单纯适用婚姻举行地法，有时会出现"跛脚婚姻"，即在一国有效而在另一国无效的婚姻。为避免这种情况，很多国家开始采纳以婚姻举行地法为主，同时兼采当事人属人法的方式。这种"无序性选择规范"在立法上表现出较大的灵活性，其目的是尽可能使结婚形式要件得到有效确认，不使婚姻仅

---

〔1〕 参见万鄂湘主编：《〈中华人民共和国涉外民事关系法律适用法〉条文理解与适用》，中国法制出版社 2011 年版，第 158 页。

〔2〕 参见黄进主编：《国际私法》（第 2 版），法律出版社 2005 年版，第 348 页。

因形式要件欠缺而无效。[1]

法律与规范链接

▲ 必读法条

《涉外民事关系法律适用法》

第21条　结婚条件，适用当事人共同经常居所地法律；没有共同经常居所地的，适用共同国籍国法律；没有共同国籍，在一方当事人经常居所地或者国籍国缔结婚姻的，适用婚姻缔结地法律。

第22条　结婚手续，符合婚姻缔结地法律、一方当事人经常居所地法律或者国籍国法律的，均为有效。

《婚姻法》

第5条　结婚必须男女双方完全自愿，不许任何一方对他方加以强迫或任何第三者加以干涉。

第6条　结婚年龄，男不得早于二十二周岁，女不得早于二十周岁。晚婚晚育应予鼓励。

第7条　有下列情形之一的，禁止结婚：

（一）直系血亲和三代以内的旁系血亲；

（二）患有医学上认为不应当结婚的疾病。

典型案例

毛某与陈某婚姻无效纠纷申请再审案[2]

【案情概述】

原告毛某与庞某于1954年8月29日在香港按习俗举行婚礼，并共同在香港生活，并育有五名子女。2013年5月16日，庞某又与被告陈某在广州市民政局登记结婚，并共同在广东省珠海市生活。原告毛某提起诉讼，要求判决庞某与被告陈某的婚姻关系无效。庞某于2013年6月15日死亡。

---

〔1〕参见万鄂湘主编：《〈中华人民共和国涉外民事关系法律适用法〉条文理解与适用》，中国法制出版社2011年版，第167页。

〔2〕广东省珠海市中级人民法院〔2015〕珠中法审监民提字第7号。

法院认为，第一，关于本案准据法问题。庞某是香港居民，庞某生前与被告陈某的共同经常居住地在中国内地，根据《涉外民事关系法律适用法》第 21 条关于"结婚条件，适用当事人共同经常居所地法律"的规定，本案对于庞某与陈某之间婚姻关系的认定应适用中华人民共和国内地法律。毛某与庞某于 1954 年 8 月 29 日在香港按习俗举行婚礼，双方当时的共同经常居所地为香港，根据上述法律规定，本案对于庞某与原告毛某之间婚姻关系的认定应适用香港法律。

第二，关于庞某与被告陈某之间婚姻效力问题。根据《涉外民事关系法律适用法》第 22 条关于"结婚手续，符合婚姻缔结地法律、一方当事人经常居所地法律或者国籍国法律的，均为有效"及香港《婚姻制度改革条例》第 7 条关于"(1)就本条例而言，凡于指定日期(1971 年 10 月 7 日，下同)前按照中国法律与习俗在香港举行婚礼者，即构成旧式婚姻；(2)凡于指定日期前在香港所举行的婚礼，如按照以下地方当时接受为举行婚礼的适当传统中国习俗而举行，则该婚礼须当作符合中国法律与习俗——(a)在香港内举行婚礼的地方……(3)现宣布受中国法律与习俗约束人士所缔结的旧式婚姻为有效婚姻"的规定，法院认定原告毛某与庞某系合法夫妻关系。

庞某在与原告毛某婚姻关系存续期间，在明知自己有配偶的情况下，又与被告陈某登记结婚，到婚姻登记机关骗领了结婚证，违反了我国一夫一妻的婚姻制度和公序良俗，是重婚行为。原告毛某作为庞某的合法配偶，要求判决庞某与被告陈某的婚姻关系无效的请求，理由正当，法院予以支持。

11.2　婚姻的效力

夫妻是男女双方以永久共同生活为目的依法结合的伴侣。男女因结婚而成为夫妻，双方之间具有特定的身份，与其他两性关系有着本质的区别。夫妻关系不仅是重要的伦理关系，而且是重要的法律关系。夫妻关系的内容十分广泛，仅就民事法律关系而言，夫妻关系是指夫妻双方在人身方面和财产方面享有的权利和承担的义务。[1]

---

〔1〕　参见马忆南：《婚姻家庭法新论》，北京大学出版社 2002 年版，第 135 页。

11.2.1 夫妻人身关系

☆夫妻人身关系

夫妻人身关系，又称婚姻的一般效力，包括姓氏权、同居义务、忠贞及扶助义务、住所决定权、从事职业和社会活动的权利、夫妻之间的代理权等方面的内容。由于各国政治、经济、社会风俗、历史传统和宗教信仰的不同，常有不同的法律规定而发生法律冲突。[1] 我国《婚姻法》规定的夫妻人身关系包括四个方面的内容：

（1）夫妻姓名权（《婚姻法》第 14 条）；

（2）夫妻人身自由权（《婚姻法》第 15 条）；

（3）夫妻住所决定权（《婚姻法》第 9 条）；

（4）计划生育。

也有观点认为，我国《婚姻法》第 3 条关于“禁止重婚、禁止有配偶者与他人同居”的规定和第 4 条关于“夫妻应当互相忠实”的规定，实质上规定了夫妻的同居义务和忠实义务。

对于夫妻人身关系的法律适用，主要有以下几种方式：

（1）适用当事人的本国法。基于国际私法中普遍适用的原则“人的身份能力适用当事人的本国法”，欧洲大陆多数国家、日本和泰国等都规定夫妻人身关系适用当事人的本国法，但在适用夫的本国法还是妻的本国法或者双方共同的本国法上的规定不尽相同。

（2）适用当事人的住所地法。基于“婚姻关系到住所地公共秩序和经济环境，与住所地的关系极其密切”的观点，英国、美国、丹麦、乌拉圭、秘鲁、巴西等国规定住所地法作为夫妻人身关系的准据法。[2]

（3）适用最密切联系地法。20 世纪 70 年代以后，最密切联系理论的适用领域从合同、侵权、国籍的积极冲突扩展到婚姻家庭领域，以其弹性和灵活性来弥补传统冲突规范机械僵化的缺陷。不少国家，如日本、瑞士等国以属人法作为人身关系首选的准据法，并以最密切联系原则作为补充。

（4）适用法院地法和行为地法。1905 年海牙《婚姻对夫妻身份和财产关系的效力的法律冲突公约》规定，夫妻人身关系涉及法院地或行为地的公共秩序和善良风俗，因此，夫妻人身关系应适用法院地法或行为地法。

---

〔1〕 参见黄进主编：《国际私法》（第 2 版），法律出版社 2005 年版，第 350 页。

〔2〕 参见齐湘泉：《涉外民事关系法律适用法——婚姻、家庭、继承论》，法律出版社 2005 年版，第 98 页。

《涉外民事关系法律适用法》第 23 条规定："夫妻人身关系，适用共同经常居所地法律；没有共同经常居所地的，适用共同国籍国法律。"

11.2.2　夫妻财产关系

☆夫妻财产关系

夫妻财产关系是指具有合法婚姻关系的男女双方对于家庭财产的权利义务关系，主要内容包括夫妻财产所有权和处分权、夫妻债务清偿责任。

夫妻财产所有权又称夫妻财产制，我国《婚姻法》采夫妻法定财产制(《婚姻法》第 17、18 条)和约定财产制(《婚姻法》第 19 条)。

(1)法定财产制包括夫妻共同所有的财产和夫妻个人特有财产。

● 夫妻共同财产包括婚姻关系存续期间夫妻任何一方获得的财产，如工资、奖金、生产经营收益、知识产权的收益，非指定由特定一方继承或受赠的财产等。

● 夫妻个人财产。夫妻一方的婚前财产，夫妻一方因身体伤害获得的医疗费、残疾人生活补助费等费用，指定由夫妻一方继承或受赠的财产以及由夫妻一方专用的生活用品属于夫妻一方的个人财产，不因婚姻存续而发生转化，但夫妻双方约定将上述夫妻一方个人财产转化为夫妻共同所有的除外。

(2)约定财产制。我国《婚姻法》允许夫妻双方约定婚姻关系存续期间所得的财产或婚前财产的所有权，可以约定归夫妻双方各自所有、共同所有或部分各自所有、部分共同所有，但该约定必须采书面形式方产生法律效力。夫妻双方签署的财产所有权书面协议优先于法定的夫妻财产制，夫妻双方未约定夫妻财产所有权或约定不明的，仍适用法定财产制。

关于夫妻财产的处分权，指的是属于夫妻一方个人所有的财产应由所有权人处分，无须经对方同意。但就夫妻共同生活的本质来看，该处分权应当以不损害家庭共同利益为限。对夫妻共同所有的财产，夫妻双方有平等的处理权(《婚姻法》第 17 条第 2 款)。

关于夫妻债务的处理，区分为法定财产制下的夫妻债务和约定财产制下的夫妻债务。

(1)在实行法定财产制的情况下，夫妻双方对因夫妻共同生活所负的债务应负连带清偿责任，举债一方与债权人明确约定的个人债务和婚前一方个人所负的债务，只要未用于夫妻共同生活，由举债一方承担责任。

(2)实行约定财产制的情况下，如夫妻双方约定婚前个人财产和婚后获得的个人财产均归夫妻财产共同所有，则原个人财产上所负债务及其他为共同生活所负的债务均应由夫妻双方承担清偿责任。如夫妻双方约定实行分别财产制，约定婚姻存续期间所得财产归各自所有的，夫妻一方对外所负债务，如债权人知道夫妻双方实行分别财产制，则夫妻一方对外所负债务由举债方承担独立的清偿责任；如夫妻一方对外设立债务时，未告知债权人其实行分别财产制，则夫妻双方应对该项债务负连带清偿责任。如夫妻双方约定部分财产共同所有，部分财产分别所有，则就共同财产所发生的债务以及因共同生活所发生的债务应承担连带责任；就个人所有财产发生的债务，如债权人知道该项债务是基于夫妻一方的个人财产而产生的，则举债一方负独立的清偿责任。

★意思自治原则

《涉外民事关系法律适用法》第24条规定："夫妻财产关系，当事人可以协议选择适用一方当事人经常居所地法律、国籍国法律或者主要财产所在地法律。当事人没有选择的，适用共同经常居所地法律；没有共同经常居所地的，适用共同国籍国法律。"

该条款采用了国际私法领域夫妻财产法律适用规则中较为普遍的意思自治原则，允许夫妻双方协议选择调整夫妻财产关系的法律。16世纪杜摩兰在解决加纳夫妻财产制的问题中首先提出意思自治原则，他将婚姻财产关系看作是一种默示的合同关系，在夫妻财产关系适用夫妻共同住所地法这一规则的描述中，他使用了"应和当事人默示或可能的意向相符合"这样的语句。《涉外民事关系法律适用法》第24条一方面规定夫妻可以自行选择夫妻财产关系适用的法律，另一方面对该选择的范围作出了限制，旨在确保选择的法律与夫妻财产关系有实际联系。该条款规定当事人选择夫妻财产关系准据法的范围包括一方当事人的属人法和主要财产所在地国的法律，否则视为未选择。

★属人法

与夫妻人身关系法律适用条款相同，该条款也折衷了以国籍国法和住所地法作为自然人属人法的冲突，将自然人的经常居所地法和国籍国法均作为属人法适用。[1]

---

〔1〕 参见万鄂湘主编：《〈中华人民共和国涉外民事关系法律适用法〉条文理解与适用》，中国法制出版社2011年版，第183页。

法律与规范链接

▲ 必读法条

《涉外民事关系法律适用法》

第 23 条　夫妻人身关系,适用共同经常居所地法律;没有共同经常居所地的,适用共同国籍国法律。

第 24 条　夫妻财产关系,当事人可以协议选择适用一方当事人经常居所地法律、国籍国法律或者主要财产所在地法律。当事人没有选择的,适用共同经常居所地法律;没有共同经常居所地的,适用共同国籍国法律。

《婚姻法》

第 13 条　夫妻在家庭中地位平等。

第 14 条　夫妻双方都有各用自己姓名的权利。

第 15 条　夫妻双方都有参加生产、工作、学习和社会活动的自由,一方不得对他方加以限制或干涉。

第 16 条　夫妻双方都有实行计划生育的义务。

第 17 条　夫妻在婚姻关系存续期间所得的下列财产,归夫妻共同所有:

(一)工资、奖金;

(二)生产、经营的收益;

(三)知识产权的收益;

(四)继承或赠与所得的财产,但本法第十八条第三项规定的除外;

(五)其他应当归共同所有的财产。

夫妻对共同所有的财产,有平等的处理权。

第 18 条　有下列情形之一的,为夫妻一方的财产:

(一)一方的婚前财产;

(二)一方因身体受到伤害获得的医疗费、残疾人生活补助费等费用;

(三)遗嘱或赠与合同中确定只归夫或妻一方的财产;

(四)一方专用的生活用品;

(五)其他应当归一方的财产。

第 19 条　夫妻可以约定婚姻关系存续期间所得的财产以及婚前财产归各自所有、共同所有或部分各自所有、部分共同所有。约定应当采用书面形式。没有约定或约定不明确的,适用本法第十七条、第十八条的规定。

夫妻对婚姻关系存续期间所得的财产以及婚前财产的约定,对双方具有约束力。

夫妻对婚姻关系存续期间所得的财产约定归各自所有的,夫或妻一方对外所负的债务,第三人知道该约定的,以夫或妻一方所有的财产清偿。

典型案例

罗某与朱某甲等法定继承纠纷案〔1〕

【案情概述】

原告朱某甲、朱某乙、朱某丙、朱某丁、朱某戊与被告朱某已均系被继承人朱某庚与原告罗某共同生育的子女。罗某与被继承人朱某庚未领取结婚证,未在中国内地或者香港办理结婚登记手续,仅于1949年在香港按照风俗习惯摆酒席结婚。朱某庚生前系香港特别行政区居民,其于2006年4月9日因病去世。

【关键问题】

本案适用何地法律?

【简要评论】

法院认为:本案原告朱某甲属加拿大国籍,其余当事人以及被继承人均为我国香港特别行政区居民,故本案为涉外、涉港法定继承纠纷案件。本案诉争的遗产包括位于广州市南沙区的房屋以及银行存款。关于准据法问题:

第一,本案诉争遗产系在罗某与朱某庚依风俗习惯摆酒席结婚后取得,罗某是否系被继承人朱某庚的合法配偶,以及是否得作为其配偶享有诉争遗产的相关权益,属于对罗某与被继承人朱某庚的夫妻关系以及夫妻财产关系的认定。《涉外民事关系法律适用法》第23条规定:"夫妻人身关系,适用共同经常居所地法律;没有共同经常居所地的,适用共同国籍国法律";第24条规定:"夫妻财产关系,当事人可以协议选择一方当事人经常居所地法律、国籍国法律或者主要财产所在地法律。当事人没有选择的,适用共同经常居所地法律;没有共同经常居所地的,适用共同国籍国法律"。罗某与被继承人均为我国香港特别行政区居民,因此双方的夫妻人身关系和夫妻财产关系的认定均应当适用我国香港特别行政区法律。根据我国香港特别行政区法律规定,双方婚姻关系有效,系合法夫妻关系。

---

〔1〕 广东省广州市南沙区人民法院〔2015〕穗南法民一初字第104号。

第二，本案诉争遗产包括了位于广州市南沙区的房屋及银行存款，《涉外民事关系法律适用法》第 31 条规定："法定继承，适用被继承人死亡时经常居所地法律，但不动产法定继承，适用不动产所在地法律。"因此本案诉争房屋的法定继承应适用《继承法》及其他内地法律，诉争银行存款的法定继承应适用我国香港特别行政区法律。

11.3　父母子女关系

☆父母子女人身、财产关系

父母子女关系又称亲子关系，指父母和子女之间的一种法律关系。从内涵上讲，父母子女关系包括人身关系和财产关系两方面。从外延上讲，父母子女关系包括亲生父母子女关系（包括父母与婚生子女关系和父母与非婚生子女关系）和养父母子女关系两方面。[1]

关于父母子女关系的法律适用，各国主要有以下几种类型：

（1）以父母尤其是父亲的住所作为行使亲权的中心，适用父母属人法，如英国等。

（2）考虑为子女的幸福和利益加以保障，适用子女属人法，如日本、匈牙利等。

（3）适用父母和子女的共同本国法，如瑞士等。

我国《涉外民事关系法律适用法》第 25 条规定："父母子女人身、财产关系，适用共同经常居所地法律；没有共同经常居所地的，适用一方当事人经常居所地法律或者国籍国法律中有利于保护弱者权益的法律。"

该条款规定父母子女之间的人身、财产关系，适用统一法律适用规则。

首先，适用父母子女共同经常居所地法律，盖因父母子女的共同经常居所地是父母对未成年子女行使亲权的中心，也是成年子女赡养父母的中心，与父母子女关系通常具有最密切的联系。父母子女关系通常涉及其居住地的道德风化和社会秩序，因此应当首先由共同经常居所地法调整。

其次，如果父母和子女没有共同经常居所地，则适用一方当事人经常居所地法律或者国籍国法律中有利于保护弱者权益的法律，该规定旨在保护未成年子女或

〔1〕 参见黄进主编：《国际私法》（第 2 版），法律出版社 2005 年版，第 355 页。

年迈需赡养的父母的利益。该条款在一定程度上吸收了近代国际私法领域中的淡化“管辖选择”、重视“规则选择”的趋势,该趋势的核心理论是传统的准据法选择规则是一种被动的、消极的选择,主张直接了解有关的实体法规则的内容,看选择哪一种实体法更适合案件的公正解决,然后确定这种更好的实体法为准据法。[1]

法律与规范链接

▲ 必读法条

《涉外民事关系法律适用法》

第25条 父母子女人身、财产关系,适用共同经常居所地法律;没有共同经常居所地的,适用一方当事人经常居所地法律或者国籍国法律中有利于保护弱者权益的法律。

《婚姻法》

第21条 父母对子女有抚养教育的义务;子女对父母有赡养扶助的义务。

父母不履行抚养义务时,未成年的或不能独立生活的子女,有要求父母付给抚养费的权利。

子女不履行赡养义务时,无劳动能力的或生活困难的父母,有要求子女付给赡养费的权利。

禁止溺婴、弃婴和其他残害婴儿的行为。

第22条 子女可以随父姓,可以随母姓。

第23条 父母有保护和教育未成年子女的权利和义务。在未成年子女对国家、集体或他人造成损害时,父母有承担民事责任的义务。

典型案例

皮×与王×监护权纠纷案[2]

【案情概述】

上诉人(原审被告)P×(中文名皮×),德意志联邦共和国国籍。

---

〔1〕 参见万鄂湘主编:《〈中华人民共和国涉外民事关系法律适用法〉条文理解与适用》,中国法制出版社2011年版,第189页。

〔2〕 北京市第一中级人民法院〔2016〕京01民辖终288号。

被上诉人(原审原告)W×(中文名王×),德意志联邦共和国国籍。

2006 年,王×(德国籍)与皮×(德国籍)的非婚生女儿××Wang(中文名王××)在德国帕绍市出生。按照德国的法律规定,王×对于非婚生女儿拥有单独的监护权和抚养权。

孩子出生后,王×一直单独抚养女儿。2009 年年中王×与皮×开始同居生活,直到 2011 年 11 月结束。2012 年王×与女儿王××搬回北京生活,并定居于北京。

2012 年德国法院终审判决认定王×依据德国法律拥有对女儿王××的单独监护权,但在其与女儿移居北京后,皮×依据中国法律,同时也享有了共同监护权。

但王×认为皮×自享有共同监护权之后,并不履行监护义务,甚至严重侵害到王××的民事权利和出行自由,导致对王××的生活成长和身心健康都造成了严重的不良后果。

基于此,王×请求判决王×对非婚生女儿王××拥有单独监护权,女儿王××由王×单独抚养;并判决皮×支付抚养费。

皮×在提交答辩状期间对管辖权提出异议,认为王×及其女儿王××均系德国公民,王×及其女儿在中国境内并没有住所,且案件主要事实亦发生在德国,故本案应由德国法院管辖。

北京第一中级人民法院经审查认为:第一,本案的双方当事人均为外国公民,根据《最高人民法院关于适用〈中华人民共和国民事诉讼法〉的解释》第 522 条的规定,本案争议的法律关系依法应认定为涉外民事关系。

第二,《涉外民事关系法律适用法》第 25 条规定:父母子女人身、财产关系,适用共同经常居所地法律;没有共同经常居所地的,适用一方当事人经常居所地法律或者国籍国法律中有利于保护弱者权益的法律。

本案中,王×与皮×之间的监护权纠纷属于“父母子女人身关系”的纠纷,且双方当事人没有共同经常居所地,故管辖法院的判定应当适用一方当事人经常居所地法律或者国籍国法律中有利于保护弱者权益的法律。

王×向法院提交了中华人民共和国北京市公安局甘家口派出所出具的《临时住宿表》及中华人民共和国北京市海淀区甘家口街道办事处××居委会出具的《证明》,证明王×自 2012 年起一直在中华人民共和国北京市海淀区居住,故一审法院及二审法院均认定中华人民共和国北京市海淀区为王×的经常居所地。

因此,本案管辖法院的判断应当适用中华人民共和国法律。

第三,《最高人民法院关于适用〈中华人民共和国民事诉讼法〉的解释》第 10 条规定,不服指定监护或者变更监护关系的案件,可以由被监护人住所地人民法院管辖。

本案中的被监护人为王××,中华人民共和国北京市公安局甘家口派出所出具的《临时住宿表》及中华人民共和国北京市海淀区甘家口街道办事处××居委会出具的《证明》,证明王××自2012年起一直在中华人民共和国北京市海淀区居住,故本案应当由中华人民共和国北京市海淀区人民法院管辖。

11.4　离　婚

11.4.1　协议离婚

协议离婚是指夫妻双方自愿达成解除婚姻关系的协议,并通过法定程序解除婚姻关系的法律行为。

《涉外民事关系法律适用法》第26条规定,协议离婚,当事人可以协议选择适用一方当事人经常居所地法律或者国籍国法律。当事人没有选择的,适用共同经常居所地法律;没有共同经常居所地的,适用共同国籍国法律;没有共同国籍的,适用办理离婚手续机构所在地法律。对于法律适用,该条规定了如下三个层次:

◆首先,协议离婚的当事人可以协议选择一方当事人经常居住地法律或国籍国法律。与诉讼离婚相比,协议离婚是在夫妻双方自愿的基础上完成,本质上是在离婚领域引入意思自治原则,尊重当事人的自由意志。因而只要不违反社会道德风俗,有关国家的法律并不会否认协议离婚的效力。这与《涉外民事关系法律适用法》第3条“当事人依照法律规定可以明示选择涉外民事关系适用的法律”规定相一致。

◆其次,协议离婚在当事人没有选择的情况下适用属人法。属人法的选择包括共同经常居所地法和共同国籍国法。其根据在于,离婚是消灭既存婚姻关系的一种法律行为,关系到人的身份问题,身份问题又与当事人的经常居所地和本国法密切相关,而且为了避免“跛脚婚姻”,规定了双方共同的属人法,如共同本国法或共同住所地法,或共同的惯常居所地法。

◆最后,本条规定在当事人既没有共同经常居所地法,又没有共同国籍国法可以适用的情况下,适用办理离婚手续机构所在地法律。当事人达成协议离婚后须向法定机关提出离婚请求,办理离婚手续。办理离婚手续机构所在地法律与当事人的协议离婚具有实质性的联系，适用办理离婚手续所在地法律有利于确定协议离婚的效力。本条规定的办理离婚手续机构所在地的法律，如果指向的是外国法，那么办理离婚手续机构所在地法不仅包括当事人户籍管理机关所在地法，还包括办理离婚手续的行政机关所在地法以及法院地法。[1]

[示例 11.2]　2012 年 2 月 8 日之前，原告松某甲（日本籍）与被告松某乙（日本籍）签订一份离婚协议书，其中内容有：日本的房子归原告所有，中国福州的房子归被告松某乙所有。

2012 年 5 月 2 日，两被告签订房地产买卖契约约定，被告松某乙分别以人民币 24.5 万元、20 万元将讼争房转让被告黄某。2012 年 5 月 14 日、15 日，讼争房所有权人变更登记为被告黄某。原告诉请根据中华人民共和国法律确认讼争房买卖合同无效。

法院认为，原告松某甲与被告松某乙均属日本国籍，双方因协议离婚产生纠纷，根据《涉外民事关系法律适用法》第 26 条规定，双方可以选择日本法律。原告主张其与被告松田某乙签订的离婚协议的效力认定适用《日本民法》，两被告没有异议，法院予以采纳。双方因夫妻财产关系发生纠纷，根据《涉外民事关系法律适用法》第 24 条规定，双方可以选择其国籍（日本）法律或者主要财产所在地（中国）法律。原告主张选择确认讼争房买卖合同无效适用中国法律，两被告亦没有异议，法院予以采纳。[2]

11.4.2　诉讼离婚

当事人以诉讼方式提起涉外离婚一系列问题的法律适用，包括夫妻间身份关系、财产分配、子女抚养及离婚损害赔偿等。各国对此的主张与实践包括：

- 属人法。因离婚而引起的财产分割、子女的教育和抚养、赡养费的给付以及因家庭破裂而引起的种种问题都与当事人的身份有关，欧洲大陆大多数国家采取属人法原则。
- 法院地法。因国家的道德、宗教等观念对婚姻制度的影响很大，有关离婚的法律规范属于各国的强制性规范的范畴，关系到适用该规范的法院地国的公共秩

〔1〕参见万鄂湘主编：《〈中华人民共和国涉外民事关系法律适用法〉条文理解与适用》，中国法制出版社 2011 年版，第 194 页。

〔2〕福州市晋安区人民法院〔2014〕晋民初字第 641 号。

序和善良风俗,英国、美国、丹麦、挪威等国适用法院地法。[1]

● 当事人属人法与法院地法相结合的方式。为避免"跛脚婚姻",日本、瑞士等国采取此做法。

● 在婚姻自由,包括离婚自由观念进一步更新的潮流下,欧洲大陆国家立法的趋势体现在为法院提供指向数国法律的一系列可选择的连结因素,指引法院选择产生预定结果的法律。

涉外离婚案件存在先决问题,离婚是解除夫妻间既存的婚姻关系,对于当事人在国外结婚在国内离婚的,该涉外离婚案件中先要判断当事人的婚姻是否有效。我国法院对该涉外离婚案件享有管辖权并受理后,应当先依照外国法律对当事人的婚姻进行判断,确定应适用结婚效力的准据法。如果当事人婚姻的形式要件、实质要件符合结婚效力准据法的规定,应认定当事人之间存在有效的婚姻关系,然后才根据我国法律的规定,判决准予离婚或不准予离婚。如果当事人的婚姻并不符合结婚效力准据法的规定,则认定当事人之间不存在有效的婚姻关系,法院应驳回其离婚的诉讼请求。[2]

法律与规范链接

▲ **必读法条**

《涉外民事关系法律适用法》

第 27 条 诉讼离婚,适用法院地法律。

典型案例

大某与郑某离婚(先决问题)后财产纠纷案[3]

【案情概述】

本案原告美国人大某与被告中国人郑某在美国登记结婚。后因二人感情不和,2016 年 8 月 8 日,美国华盛顿州国王郡高级法院裁决原、被告离婚,并就双方财

---

〔1〕 参见刘想树:《国际私法基本问题研究》,法律出版社 2001 年版,第 322 页。

〔2〕 参见万鄂湘主编:《〈中华人民共和国涉外民事关系法律适用法〉条文理解与适用》,中国法制出版社 2011 年版,第 199 页。

〔3〕 浙江省杭州市下城区人民法院〔2016〕浙 0103 民初 8721 号。

产分割作出裁决。依照该裁决，任何一方若隐瞒超过 1000 美元以上的财产，则另一方可要求分得该笔财产的 75%，价值以该财产金额被发现时或 2016 年 5 月 4 日较高的市值为准。

原告向法院请求分割被告郑某通过国泰君安证券杭州市庆春路营业部开立的证券账户转移隐匿的夫妻共同财产人民币 600 万元（具体以该财产金额已被发现时或 2016 年 5 月 4 日较高的市值为准），即判决原告大某分得该财产的 75%。

法院认为，原告为美国公民，根据《最高人民法院关于适用〈中华人民共和国民事诉讼法〉的解释》第 522 条第 1 款第 1 项“当事人一方或者双方是外国人、无国籍人、外国企业或者组织的，人民法院可以认定为涉外民事案件”的规定，本案系涉外民事纠纷。

关于法律适用，《涉外民事关系法律适用法》第 24 条规定，“夫妻财产关系，当事人可以协议选择适用一方当事人经常居所地法律、国籍国法律或者主要财产所在地法律”。本案原告选择以被告国籍国法律，即中华人民共和国法律作为适用的准据法，被告在本案审理中亦表示同意。故中华人民共和国法律应作为处理本案争议的准据法。

关于本案实体法的适用与处理。本案原告主张双方当事人已于 2016 年 8 月 8 日经美国华盛顿州国王郡高级法院判决离婚，并以离婚后财产纠纷为由向法院提起诉讼。故双方之间的婚姻关系为“离婚”是原告提起本案诉讼的前提。因原告所依据的离婚判决属于外国法院作出的离婚判决，根据《民事诉讼法》第 281 条的规定，其在中国领域内的效力需要经过中国有管辖权的中级人民法院承认，故对该外国法院离婚判决的效力，受理法院无权在本案中审查认定。综上，本案中外国法院做出的离婚判决未经中国的人民法院按照法定程序承认，尚未在中国领域内发生效力，导致本案中尚不能确定双方已离婚的事实。在此情形下，原告直接提起离婚后财产纠纷，并不符合起诉条件。原告可向中国有管辖权的中级人民法院申请承认该离婚判决，如该离婚判决被中国的人民法院承认后，原告可再行提起本案诉讼。

11.5　收　　养

11.5.1　收养的一般问题

收养是指收养人根据法律规定的条件和手续，领养他人的子女为自己的子女，从而使本无父母子女关系的收养人与被收养人之间建立拟制亲子关系的法律行为。

收养的成立必须符合一定的实质要件和形式要件,即收养必须符合法定的条件和手续。收养的条件是指收养关系中的收养人和被收养人的年龄和身份、收养人收养的意思表示和送养人送养的意思表示等内容。收养的手续即收养的法律程序。

11.5.2 收养的条件和手续

在收养成立的形式要件上,各国大多主张适用收养成立地法,一般要求经过申请及有关主管部门的核准备案,进行公证或登记,收养才能生效。但在具体法律手续上互有差异。

对涉外收养的实质要件采取重叠适用法律的规则,是当今国际社会涉外收养关系法律适用的立法潮流。[1] 而且,各国立法对收养的条件和手续的法律适用一般不作区分。《涉外民事关系法律适用法》第 28 条第 1 款顺应了这种立法潮流,就收养的条件和手续规定了一条重叠适用准据法的双边冲突规范,即同时适用收养关系双方的属人法,具体而言,适用收养人和被收养人的经常居所地法律。如果收养人和被收养人的经常居所地相同,那么"重叠适用"的意义并不突出;如果双方具有不同的经常居所地,那么收养的条件和手续必须同时符合双方经常居所地法律的规定。显然,这是为了力求跨国收养的顺利进行,确保跨国收养的成立得到双方主要生活地区的共同承认,减少或消除"跛足收养"。[2]

11.5.3 收养效力的法律适用

《涉外民事关系法律适用法》第 28 条第 2 款规定,收养的效力适用收养时收养人经常居所地法律。由于经常居所地是一个可变动的连结点,有必要从时间上加以界定,故本条规定了其时间要素为收养成立时。规定收养效力适用收养人的属人法,主要是考虑到收养的效力决定于收养人对被收养人地位的态度,而且跨国收养的通常实践是被收养人到收养人的家中跟随收养人生活起居,对收养人的生活影响也较大。这样的规定能较好地保护收养人的利益,也能较好地保护收养人的积极性,从而起到鼓励跨国收养这一善举的效果。

---

〔1〕 参见李双元等:《中国国际私法通论》,法律出版社 1996 年版,第 471 ~ 473 页。

〔2〕 参见万鄂湘主编:《〈中华人民共和国涉外民事关系法律适用法〉条文理解与适用》,中国法制出版社 2011 年版,第 211 页。

11.5.4　收养解除的法律适用

在收养解除的法律适用上，主要有两种做法：(1)采用与收养成立相同的准据法，如奥地利；(2)采用与收养效力相同的准据法，如日本。[1]

由于收养关系的解除对被收养人的利益影响较大，《涉外民事关系法律适用法》第 28 条第 3 款规定，收养关系的解除可以选择适用被收养人的属人法，并规定了时间要素为收养成立时。经常居所地较能反映被收养人在收养关系成立前的主要生活所在地域，体现了注重保护处于弱势一方当事人利益的立法取向。

同时，本款还规定法院可以选择适用受理解除收养案件的法院地法。鉴于我国目前主要是作为被收养儿童送养国这一社会现实情况，我国法院受理的涉外收养纠纷案件中，被收养人经常居所地通常就是我国，即法院地法与被收养人属人法在大多数情况下都是重合的。[2]

法律与规范链接

▲ **必读法条**

《涉外民事关系法律适用法》

第 28 条　收养的条件和手续，适用收养人和被收养人经常居所地法律。收养的效力，适用收养时收养人经常居所地法律。收养关系的解除，适用收养时被收养人经常居所地法律或者法院地法律。

典型案例

新加坡居民宋某收养案[3]

【案情概述】

原籍辽宁的新加坡居民宋某，于 1949 年在新加坡定居。宋某在新加坡结婚，婚后无子女。其妻在新加坡病逝后，宋某孑然一身。1991 年，宋某回中国探亲时，经

[1] 参见黄进主编：《国际私法》(第 2 版)，法律出版社 2005 年版，第 356 页。

[2] 参见万鄂湘主编：《〈中华人民共和国涉外民事关系法律适用法〉条文理解与适用》，中国法制出版社 2011 年版，第 211 页。

[3] 赵秀文、杜焕芳主编：《国际私法原理与案例教程》，中国人民大学出版社 2016 年版，第 259 ~ 264 页。

人介绍在中国收养一子,并在养子所在地的民政部门办理了收养手续,到当地公安机关进行了户籍登记。后来,宋某发现养子有先天性心脏病,遂反悔,否认他与养子之间的收养关系成立。为此,宋某与养子的亲生父母发生争执,诉至法院。法院经调查认为,收养人、送养人系成年人,被收养人系未成年人,符合我国法律规定的收养条件。收养人已经履行了收养法定手续,收养关系已正式成立,具有法律效力,应予确认。宋某否定收养关系的存在,与事实不符,有悖法律,但送养人未向收养人如实告知其儿子的身体情况,亦是事实。法院从实际情况出发,对本案予以调解,解除了宋某与养子之间的收养关系。

本案中,收养关系的成立与效力均发生在中国,理应适用中华人民共和国有关收养的法律、法规。由于宋某在中国收养子女是其真实意思表示,并到民政部门办理了收养手续,到公安机关进行了户籍登记,收养关系已经成立。宋某否定收养关系的存在,与事实不符,有悖法律。但是,送养人未向收养人如实告知其儿子的身体情况,送养人隐瞒被收养人的健康状况,送养行为有瑕疵,所以收养关系可以解除。

11.6 扶　　养

扶养是指根据身份关系,在一定的亲属间,有经济能力的对于无力生活的应给予扶助以维持其生活的一种法律制度。

《涉外民事关系法律适用法》第 29 条规定,扶养,适用一方当事人经常居所地法律、国籍国法律或者主要财产所在地法律中有利于保护被扶养人权益的法律。本条适用于跨国扶养关系的成立、终止以及扶养关系当事人之间权利、义务的内容。

该条所适用的“扶养”,应与《民法通则》第 148 条所称的扶养相同,即作广义的解释,具体包括:长辈对晚辈(包括父母对子女、祖父母对孙子女、外祖父母对外孙子女)的扶养、晚辈对长辈(包括子女对父母、孙子女对祖父母、外孙子女对外祖父母)的扶养、平辈之间(包括夫妻之间、兄弟姐妹之间)的互相扶养。

本条规定了一则选择适用的双边冲突规范。其中,可供选择适用的系属既包括属人法,也包括物之所在地法;法律选择的标准是政策定向、结果选择的方法。

首先,属人法中的“人”,包括扶养人或被扶养人中的任何一方;同时,任何一方的属人法都包括经常居所地法和国籍国法两种系属。

其次,物之所在地法是指主要财产所在地法;“主要财产”包括扶养人或被扶养人之中任何一方的主要财产。

上述准据法的选择标准是唯一的,即“有利于保护被扶养人权益”。本条是一种特殊的选择适用规范,其不同于本法第 28 条规定中的一般选择适用规范。在一般选择适用规范下,法官可以在各个选择项之中任意择一适用,并不须遵循任何既定的选择标准;而在本条规定下,法官不是随意地选择适用,而是需要谨慎地对各个选项进行比较、筛选。在司法实务中,政策定向的法律选择规范比最密切联系原则在适用上对法官的要求更高,法官不仅需要考查各个连结点,而且要对所有连结点指向的准据法内容都进行查明,并依据有关的政策标准去对各个准据法进行比较,选出最符合该政策标准的一个准据法。[1]

法律与规范链接

▲ **必读法条**

《涉外民事关系法律适用法》

第 29 条　扶养,适用一方当事人经常居所地法律、国籍国法律或者主要财产所在地法律中有利于保护被扶养人权益的法律。

11.7　监　　护

监护,一般是对无行为能力和限制行为能力人,在无父母或父母不能行使亲权的情况下,为保护其人身和财产利益而设置的一种法律制度。各国关于监护的法律适用主要包括两种形式:

(1)鉴于监护制度是为保护被监护人的利益而设置的,从此目的出发,大多数国家以被监护人的属人法作为有关监护问题的准据法,如意大利、泰国、土耳其等国;

(2)在监护问题上首先从管辖权入手,如英国法院若对某一涉及监护的案件有管辖权,它便只适用英国法。[2]

---

〔1〕 参见万鄂湘主编:《〈中华人民共和国涉外民事关系法律适用法〉条文理解与适用》,中国法制出版社 2011 年版,第 211 页。

〔2〕 参见黄进主编:《国际私法》(第 2 版),法律出版社 2005 年版,第 363 页。

《涉外民事关系法律适用法》第30条规定:"监护,适用一方当事人经常居所地法律或者国籍国法律中有利于保护被监护人权益的法律。"本条为有条件的选择适用的冲突规范。而有条件的选择性冲突规范分为两种情况:一种情况是这种冲突规范中的两个或两个以上的连结点所指向的法律有主次或先后顺序之分,只允许依顺序或有条件地选择其中之一来处理某一涉外民事关系;而另一种情况则是附"结果导向"的有条件的选择性冲突规范。[1]《涉外民事关系法律适用法》第30条明显为后者,法官需要从"一方当事人的经常居住地法"和"国籍国法"中有条件地选择有利于保护被监护人权益的法律作为准据法。

法律与规范链接

▲ **必读法条**

《涉外民事关系法律适用法》

第30条 监护,适用一方当事人经常居所地法律或者国籍国法律中有利于保护被监护人权益的法律。

典型案例

胡某某与余某某申请撤销监护人资格案[2]

【案情概述】

申请人胡某某(加拿大国籍)系被监护人郑甲的祖母,被申请人余某某(中国国籍)系郑甲的外祖母;2011年12月,郑甲的父母因车祸死亡;2014年3月,上海市静安区江宁路街道新安居民委员会指定余某某为郑甲的监护人;嗣后,申请人诉至上海市静安区人民法院,申请指定其为郑甲的监护人,法院判决驳回申请人的申请。

法院认为,因申请人胡某某系加拿大国籍,本案为涉外监护纠纷。《中华人民共和国涉外民事关系法律适用法》第30条规定:"监护,适用一方当事人经常居所地法律或者国籍国法律中有利于保护被监护人权益的法律。"本案中,被监护人郑甲自出生起,便随父母及外祖父母共同在上海生活,父母去世后,一直由外祖父母实际承担其日常的生活和学习。从有利于郑甲的身心健康及成长角度看,适用我

---

〔1〕 李双元、欧福永主编:《国际私法》(第4版),北京大学出版社2015年版,第86页。
〔2〕 上海市闵行区人民法院〔2015〕闵民一(民)特字第39号。

国法律更有利于保护郑甲的权益。

根据《中华人民共和国民法通则》规定，未成年人的父母是未成年人的监护人。未成年人的父母已经死亡或者没有监护能力的，由下列人员中有监护能力的人担任监护人：(1)祖父母、外祖父母；(2)兄、姐；(3)关系密切的其他亲属、朋友愿意担任监护责任，经未成年人的父、母的所在单位或者未成年人住所地的居民委员会、村民委员会同意的。对担任监护人有争议的，由未成年人的父、母的所在单位或者未成年人住所地的居民委员会、村民委员会在近亲属中指定。对指定不服提起诉讼的，由人民法院裁决。监护人应当履行监护职责，监护人不履行监护职责或者侵害被监护人的合法权益的，应当承担责任。人民法院可以根据有关人员或者有关单位的申请，撤销监护人的资格。本案中，被申请人余某某作为郑甲的外祖母，在郑甲的父母已经死亡的情形下，是法律规定的郑甲的首选监护人之一。现余某某有监护能力且愿意承担监护职责，又经上海市静安区江宁路街道新安居民委员会指定，其依法担任郑甲的监护人。依照法律规定，申请人也可以担任郑甲的监护人，但双方经过协商，达成了由余某某担任郑甲的监护人的协议，该协议系双方真实意思表示，不违反法律规定，合法有效，具有法律约束力。现申请人申请撤销余某某的监护人资格，但未能充分举证证明余某某担任监护人后有不履行监护职责或者侵害被监护人合法权益的行为，故对于申请人的申请，法院难以支持。至于申请人提及的郑甲的国籍问题，因与本案无涉，法院不作评价。对于申请人要求探望郑甲的诉求，被申请人应当提供相应的便利，被申请人拒不配合的，申请人可以通过合法途径解决。

延伸阅读

1. 袁发强：《我国国际私法中弱者保护制度的反思与重构》，载《法商研究》2014 年第 6 期。
2. 梅傲：《“人本”语境下的规则冲突与冲突规则》，载《现代法学》2012 年第 4 期。
3. 郭玉军：《涉外民事关系法律适用法中的婚姻家庭法律选择规则》，载《政法论坛》2011 年第 3 期。
4. 陈卫佐：《中国国际私法立法的现代化——兼评〈中华人民共和国涉外民事关系法律适用法的得与失〉》，载《清华法学》2011 年第 2 期。
5. 汪金兰：《关于涉外婚姻家庭关系的法律适用立法探讨——兼评〈涉外民事关系法律适用法〉(草案)的相关规定》，载《现代法学》2010 年第 4 期。

第 12 章　涉外继承关系的法律适用

教学目标

1. 了解涉外继承中所存在的国际私法问题及争点。
2. 理解在处理涉外遗产继承法律适用的相关理论。
3. 识记和理解我国有关涉外继承的基本法律规定。
4. 了解海牙国际私法会议对涉外继承相关法律问题的统一与协调。

推荐参考资料

1. 李浩培:《国际私法在遗产继承方面的几个新发展》,载《李浩培文选》,法律出版社 2000 年版。
2. Li Hopei, "Some Recent Developments in the Conflict of Laws of Succession", *Collected Courses of the Hague Academy of International Law*, Vol. 224, 1990.
3. Louis Garb and John Wood (eds.), *International Succession*, 4th Edition, Oxford University Press, 2015.

12.1　法 定 继 承

知识要点

12.1.1　继承的法律冲突

☆继承的概念与法律归类

继承是指被继承人死亡后,按照一定程序将死者所留的财产及其与财产相关的权利义务转移给继承人的一种法律制度。继承同时具有身份性和财产性,在不同法系国家的法律中所处的地位有所不同。

● 英美等普通法国家认为，继承在本质上属于财产所有权的一种转移方式，因此在这些国家的国际私法著作中，一般把继承放在财产权编并将其作为财产的总括转移方式。

● 大陆法系的许多国家虽然也不否认继承是财产的一种转移方式，但其或着眼于此种财产转移乃与特定的身份相关联，或着眼于此种财产转移与债权一样，也是一种财产取得方式。

继承主要区分为法定继承和遗嘱继承，此外还包括无人继承在内。在继承先后位序上遗嘱继承优于法定继承。如果继承关系的主体、所涉财产和法律事实等法律要素中，有一个因素具有涉外因素，则该继承即属于涉外继承，受国际私法调整，在管辖权和法律适用上均有其特殊性。

☆法定继承的法律冲突

法定继承（intestate succession）是按照法律规定的继承人范围、继承顺序和继承份额，以及财产分配和取得方式等所进行的财产继承。各国立法对此类问题的规定不尽相同，由此在跨国财产继承中，不可避免地引起法律冲突。

（1）各国有关继承人范围的规定有所不同。不少国家将继承人的范围规定得很宽，譬如《德国民法典》规定，继承人的配偶和下至子女、孙子女、曾孙子女和玄孙子女等直系血亲，上至父母、祖父母、曾祖父母直至高祖父母等直系尊亲都有继承权。该法几乎把与被继承人有直系血亲身份关系的一切生存者，都列入了继承人范围。而另一些国家则可能规定较窄，譬如《俄罗斯民法典》即规定，只有被继承人的配偶、子女、兄弟姐妹、父母、祖父母、外祖父母以及被继承人生前抚养过 1 年以上，并丧失劳动能力的人才有继承权。我国《继承法》有关继承人范围的规定亦较为狭窄：被继承人的配偶、子女、父母、兄弟姐妹、祖父母、外祖父母以及其他对被继承人尽了抚养义务的人。

继承人的范围除上述一些不同规定外，不同国家法律对于诸如妻子、兄弟姐妹、养子女等是否可作为继承人，也有不同规定。一般来说大多国家都规定妻子享有继承权，而且是主要继承人，而法国法律规定较为特殊，妻子只有在死者未遗有按其亲等为继承的血亲，或仅有兄弟姐妹以外的旁系亲属时，才能成为法定继承人。

（2）各国对继承人的顺序规定不同。例如，《日本民法典》规定了四个顺序的继承人，即直系卑血亲、直系尊血亲、兄弟姐妹、兄弟姐妹的直系卑亲属，配偶则可以与任何一个顺序的继承人共同继承,只是取得遗产的份额多少要视参加哪一顺序而定。

《德国民法典》则规定了五个顺序的继承人,即死者的后裔、死者的父母及其后裔、死者的祖父母和外祖父母及其后裔、死者的曾祖父母及其后裔、死者较远的后裔及其后裔。

我国《继承法》第 13 条规定了两个顺序的继承人:配偶、子女、父母为第一顺序的继承人,兄弟姐妹、祖父母、外祖父母为第二顺序的继承人。

(3)各国有关继承份额的法律规定不同。各国立法对同一顺序继承人的继承份额,基本采取的是平均分配原则,但对配偶继承份额的规定,则差异较大。如配偶同被继承人的直系卑亲属共同继承时的应继承份额,日本规定为 1/3,德国规定为 1/4,法国规定为 1/4 的用益权;配偶同被继承人的尊亲属共同继承时的应继承份额,日本、德国规定为 1/2,法国规定为 1/2 的用益权。

(4)各国法律关于继承开始的时间、代位继承、继承权的丧失、继承权的放弃及恢复、遗产的范围等相关问题,也存在不同规定。因为各国立法和实践在上述问题上所存在的差异,必然导致跨国遗产继承问题处理中的法律冲突。

12.1.2 法定继承的法律适用

注意到继承法律关系本身兼有人身性和财产性之双重属性的法律特质,各国在处理遗产继承法律适用问题时,自然地从人身法律适用规则和财产法律适用规则两个维度出发构建相应的法律适用规则。

(1)侧重于继承人身属性的国家,往往倾向于从被继承人的属人法出发确立法律适用规则。

(2)侧重于继承财产属性的国家,则更倾向于将继承作为一种财产总括取得方式,以财产所在地法作为处理问题的基点。

当然现实中亦不乏同时顾及继承所存人身属性和财产属性,融属人法规则和财产所在地法规则为一体的混合法律适用规则。特别是越来越多的国家开始注重对被继承人意志的考察,以及对遗嘱或遗产继承合同法律适用条款的尊重与执行。

事实上,在各国继承法律适用规则中,都首先肯定属人法规则的适用,对动产继承而言,几乎可肯定各国首先都考虑属人法的适用。从原则方法的角度言之,区别主要存在于有关不动产的继承可否适用属人法,抑或必先适用财产所在地法的问题。尽管各国有关继承的具体法律适用规则各有不同,但概括起来大致有两种基本的规则,即“同一制”(unitary system)和“区别制”(scission system)。绝大多数大陆法系国家采用同一制，而相反绝大多数普通法系国家采用区别制。

☆同一制和区别制

（1）同一制，又称单一制，是指在涉外继承中，将遗产视为一个整体，不区分动产和不动产，也不问不动产所在地位于何处，统一适用同一冲突规范所指向的实体法，即被继承人的属人法。

由于各国有关属人法的传统不同，在依循被继承人属人法的国家，又存在适用被继承人本国法和被继承人住所地法的区别。

- 采用被继承人本国法的国家有德国、意大利、日本、西班牙、葡萄牙、荷兰、希腊、瑞典、伊拉克、匈牙利、墨西哥、巴拿马等国；
- 采用被继承人住所地法的国家有挪威、丹麦、冰岛、巴西、哥伦比亚、阿根廷、秘鲁等国。
- 不过有些国家采用比较灵活的做法，比如，2012 年捷克共和国《关于国际私法的法律》第 76 条即规定，"继承关系，依照被继承人死亡时其经常居所所在国的法制。如果被继承人曾为捷克共和国国民或者至少一个继承人在捷克共和国境内有经常居所，则适用捷克法律"，依循 2012 年《欧盟继承条例》的规定，适用被继承人死亡时的惯常居所地法律。

（2）区别制，又称分割制，是指在涉外继承中，将遗产区分为动产和不动产，对动产和不动产分别适用不同的冲突规范所指向的实体法，即动产适用被继承人的属人法，而不动产则适用不动产所在地法。[1] 区别制在 19 世纪成为占主导地位的涉外继承法律适用规则，当前仍为英美法国家和若干大陆法国家所采用。考察起来，相对于同一制而言，采用区别制的国家还要更为普遍些。采取区别制原则的国家主要有英国、美国、法国、卢森堡、保加利亚、泰国、智利、俄罗斯等国。我国也采用区别制解决涉外继承法律适用问题。

☆同一制和区别制的优劣

在继承法律适用上采取同一制的一个最大优越性是简单方便，相关所有问题可依据同一标准得以处理。依该种继承制度，不管被继承人的遗产分布在多少个国家，也不管其所遗留财产的动产或不动产属性，其遗产均构成同一个单一财团，一并处理。所有的共同继承人也都是该财团财产的共同继承人，这一财团可以被继承人生前一样的方式对其债务负责。而且在同一制下，一项遗嘱处分的有效或

---

〔1〕 参见韩德培主编：《国际私法》（第 3 版），高等教育出版社、北京大学出版社 2014 年版，第 242 页。

无效，一个人有无继承资格，都将由同一法律作出裁判。不过同一制所存在的问题也不容忽视。其所存在的最大问题是，如果有关财产所在地国采取区别制原则，则依据属人法所作出的裁决，有可能得不到财产所在地国家的承认与执行。

与同一制正好相反，采用区别制往往有助于维护法院地国当事人的权益，并使有关判决容易得以承认和执行。但问题是，采用区别制，不仅存在区分动产和不动产并进而分别适用属人法和财产所在地法的困扰，而且在所涉不动产位于不同国家境内时，还进一步存在适用不同国家法律的麻烦，由此也难以确保所有的继承人均能依据同一标准参与继承，同时还有可能引致不同法律适用后果间的冲突。

有必要强调指出，同一制和区别制的优劣不能简单地一概而论，它们各有利弊，而且在不断发展和兼容，并呈现如下特点：

(1)强调继承之财产属性的国家倾向于采用区别制，而强调继承之人身属性的国家则倾向于采用同一制。

(2)不少国家倾向于保护内国当事人权益或者内国法的优先适用，受案法院在实践中也不乏存在通过反致来扩大内国法适用的情形。

(3)有必要提及的是，随着属人法连结点的发展演变，不少较新立法亦肯定了惯常居所在继承法律适用中的重要性，以惯常居所为属人法的连结点或以内国惯常居所因素对继承法律适用规则予以矫正，而不动产所在地规则有可能仅针对受案法院所属国境内的财产而言。

(4)值得注意的是，2012 年《欧盟继承条例》在一般性地确认被继承人惯常居所地法之适用的同时，还确认可出于更密切联系之考虑而适用更密切联系国法。

(5)某些国家因在继承领域认可反致制度的原因，也有可能导致原本秉承同一制的国家，因为对外国冲突规范的援引转而在法律适用上依循了区别制。比如，《瑞士联邦国际私法法规》在第 90 条规定采取同一制适用被继承人最后住所地法的同时，第 91 条进一步规定，“最后住所在外国的人，其遗产继承适用其最后住所地国家的冲突规范所指引的法律”。

12.1.3 中国有关涉外法定继承的立法规定

在涉外继承问题上，我国新旧立法虽然一贯延续了区别制继承规则，但《继承法》《民法通则》《涉外民事关系法律适用法》等相关法律具体规定有所不同。

1985 年《继承法》第 36 条规定：“中国公民继承在中华人民共和国境外的遗产或者继承在中华人民共和国境内的外国人的遗产，动产适用被继承人住所地法律，不动产适用不动产所在地法律。”

1986年《民法通则》第149条规定:"遗产的法定继承,动产适用被继承人死亡时住所地法律,不动产适用不动产所在地法律。"

2010年《涉外民事关系法律适用法》第31条规定:"法定继承,适用被继承人死亡时经常居所地法律,但不动产法定继承,适用不动产所在地法律。"

(1)在有关法律适用范围问题,《继承法》对涉外性有不周延的列举,而其后的两部法律都摒除了有关涉外性的列举,从而避免了有关立法规定所存在的不周延性问题。

(2)与《继承法》就有关法律适用条款既可适用于法定继承,亦可适用于遗嘱继承不同,《民法通则》仅就法定继承法律适用有所规定。相反《涉外民事关系法律适用法》则较为全面地规定了有关法定继承、遗嘱继承、遗产管理,以及无人继承法律适用的问题。

(3)该三部法律在有关属人法连结点的规定上,有显著的不同。《继承法》笼统地采纳了被继承人住所地标准;《民法通则》进一步将属人法限定在被继承人死亡时的住所地法这一较为确定的时间要素基础之上;而《涉外民事关系法律适用法》与该法有关属人法之规定的一般规则相一致,采纳了"死亡时经常居所地"标准。

(4)有必要指出的是,依据《涉外民事关系法律适用法》第51条之规定,《继承法》第36条之规定如果与《涉外民事关系法律适用法》之规定不一致的,将不予适用。

法律与规范链接

▲ 必读法条

《民法通则》第149条

《涉外民事关系法律适用法》第31条

《继承法》第36条

△ 延伸法条

《涉外民事关系法律适用法》

第51条　《中华人民共和国民法通则》第一百四十六条、第一百四十七条,《中华人民共和国继承法》第三十六条,与本法的规定不一致的,适用本法。

《欧盟继承条例》

第21条　除非本《条例》另有规定,继承应该整体适用被继承人死亡时的惯常居所地法国家的法律。

但是,作为例外,如果案件所有情形表明,被继承人在死亡时与另一国的联系明显比前款所规定法律应予适用国的联系更为密切,则应该适用该另一国的法律。

典型案例

王某等继承纠纷案[1]

【案情概述】

被继承人王某1与卓某原系夫妻,婚后生有一子塔某。1987年9月29日,二人经法院调解离婚,婚生子塔某(5岁)由卓某自行抚养。后塔某随卓某赴美国生活,并取得美国国籍。2010年9月10日,王某1与高某结婚,婚后未生育子女。同年9月30日,双方协议离婚。王某1于2014年10月16日在山东祭祖时猝死,未留有遗嘱。王某1之父母先于其去世。王某1自有房屋一套。王某1去世后,塔某前往北京市方正公证处办理继承公证,该公证处于2015年8月14日作出(2015)京方正内民证字第55180号公证书,证明8号房屋由塔某一人继承。2015年9月17日,塔某将8号房屋变更登记在其名下。王某1的兄长王某3之子本案上诉人原审原告王某,以塔某并非被继承人王某1的法定继承人,自己对王某1"给予一定程度的精神慰藉"等为由,主张继承王某1去世时其名下房屋中百分之五十的份额。

法院认为,根据《涉外民事关系法律适用法解释(一)》第1条第1项规定,一方当事人为外国公民,本案涉及的民事法律关系为涉外民事法律关系,故适用《涉外民事关系法律适用法》和《涉外民事关系法律适用法解释(一)》。《涉外民事关系法律适用法》第31条规定,"法定继承,适用被继承人死亡时经常居所地法律,但不动产法定继承,适用不动产所在地法律。"本案中,塔某系美国公民,其要求继承在我国境内的不动产,依法应当适用中国的相关法律审理本案。继承人以外的对被继承人扶养较多的人,可以分给他们适当的遗产。

【关键问题】

1. 本案是否涉及法律选择问题?

2. 涉外法定继承争议解决中,继承人的范围、顺序和份额该如何确定?

---

〔1〕 北京市第一中级人民法院〔2017〕京01民终2998号。

【简要评论】

本案争议，虽然被继承人国籍和住所均在我国境内，争议房产亦在我国境内，但是争议继承人具有美国国籍，并惯常居住在国外，因之本案争议具有涉外因素，根据《涉外民事关系法律适用法解释(一)》第1条和《民法通则意见》第178条之规定，属于涉外继承案件无疑。

就本案争议所涉法律适用问题，根据《涉外民事关系法律适用法》第2条等规定，应依据该法有关冲突规范的援引予以确定。本案当事人没有订立遗嘱，因之属于应该援引《涉外民事关系法律适用法》第31条有关法定继承法律适用规则的情形，即“法定继承，适用被继承人死亡时经常居所地法律，但不动产法定继承，适用不动产所在地法律”。本案争议遗产是我国境内的房产，当援引该条规定适用我国有关法律解决遗产之争。与前述有关继承法律适用范围的论述相一致，本案有关继承人的范围、顺序和份额之争，是属于不动产所在地法律，即我国法支配的事项。

12.2 遗嘱继承

知识要点

12.2.1 遗嘱的法律冲突

☆遗嘱的概念

遗嘱(testamentary succession)是被继承人在生前依法对其遗产或其他事务予以处分，并于死后发生法律效力的法律行为。进言之，遗嘱是被继承人生前对其遗产在不违反法律强制性规定的前提下，变更法定继承中有关继承人的范围、继承顺序、继承份额等事项的一种意思表示。与法定继承相比较，遗嘱继承具有优先性。

遗嘱继承是各国都认可的一种继承制度，但各国有关遗嘱继承的具体立法和司法实践却不尽相同。

(1)各国对遗嘱实质要件规定不同。遗嘱的实质要件主要包括遗嘱能力和遗嘱内容两个方面。

● 关于遗嘱能力，大多国家并不作特别规定，遗嘱能力与一般行为能力相同，即只有成年后且具备完全行为能力的人才有立遗嘱的能力。但也有些国家规定，达到一定年龄的未成年人，也具有立嘱能力。如法国法律规定18岁成年，但年满16

岁的人可以订立遗嘱;日本法律规定20岁成年,但年满15岁的人就可以立遗嘱。我国《继承法》则规定,无行为能力或限制行为能力人所立遗嘱无效。

●关于遗嘱内容,即立遗嘱人处理遗产的意思表示,也就是遗嘱规定的继承人范围及继承份额等事项,对此各国立法规定也有所不同。一般而言,英美普通法国家赋予立遗嘱人以很大的权利,而相反大陆法系国家则通常对遗嘱自由有较大的限制。我国《继承法》也顾及特殊继承人利益保护的需要,规定遗嘱应当对缺乏劳动能力又没有生活来源的继承人保留必要的份额。

(2)各国对遗嘱形式要件的规定不同。遗嘱形式要件也称遗嘱方式,即遗嘱制作设立的法定方式。各国法律对于遗嘱方式一般均有明文规定,但不尽一致。例如,《日本民法典》第967~984条对遗嘱方式作出了详细而具体的规定,将遗嘱方式区分为普通方式遗嘱和特殊方式遗嘱。普通方式遗嘱包括自笔证书遗嘱、公证书遗嘱和秘密证书遗嘱三种。特殊方式遗嘱则指在死亡危急、传染病隔离、船舶遇难等情况下所立的遗嘱。在英国法中,对遗嘱方式的规定相对比较简单,一般有自笔遗嘱和公证遗嘱两种类别,只有军人和船员等才可使用口授遗嘱。不过在英国法上,无论是自笔遗嘱,抑或是公证遗嘱,都无须像日本法一样要求有证人和其他人员在场,只要遗嘱上签有立嘱人的姓名,而且该签字有两人证明,即为合法。我国《继承法》第17条则规定了五种遗嘱方式,即公证遗嘱、自书遗嘱、代书遗嘱、录音遗嘱和危急情形下的口头遗嘱。

(3)各国立法对遗嘱的变更和撤销等问题的规定也存在差异。例如,按照《法国民法典》之规定,遗嘱仅得以日后重订的遗嘱,或在公证人面前作成证书以声明改变的方式全部或部分地加以取消。以后重订的遗嘱未明确取消以前的遗嘱时,以前的遗嘱中与新订遗嘱相抵触或相反的条款无效。而根据我国《继承法》的规定,自书、代书、录音、口头遗嘱,不得撤销更不得变更公证遗嘱。

由于各国法律对于遗嘱的相关规定有所不同,因而在涉外遗嘱继承中,不可避免地引发遗嘱继承法律适用上的冲突,而此种法律冲突,有必要通过法律选择来解决。

12.2.2 遗嘱的法律适用

一般而言,有关遗嘱法律适用问题主要集中在遗嘱实质要件和效力的法律适用,以及遗嘱形式要件法律适用两个方面。

☆遗嘱实质要件及效力的法律适用

关于遗嘱实质要件及效力法律适用问题的解决,各国立法和司法实践中主要有以下几种不同法律适用规则。

(1)立遗嘱人的本国法。德国、日本、奥地利、波兰、匈牙利等国均采取这一规则。这些国家一般都强调遗嘱实质要件与立遗嘱人本国有密切联系,因而适用立遗嘱人本国法。不过对于立遗嘱人立遗嘱后国籍发生变更的,该适用立遗嘱人立遗嘱时的本国法,还是适用立遗嘱人死亡时的本国法的问题,各国实践亦有所不同。多数国家明确规定应适用立遗嘱时立遗嘱人的本国法。例如,2006 年《日本法律适用通则法》第 37 条规定,"遗嘱的成立及效力,适用遗嘱成立时遗嘱人的本国法"。不过也有些国家法律规定,既可以适用立遗嘱时立遗嘱人的本国法,也可以适用立遗嘱人死亡时的本国法。

(2)立遗嘱人的住所地法。阿根廷、泰国等国即采取这一规则。比如《泰国国际私法》第 42 条规定:"遗嘱全部或部分条款失效或消灭,依遗嘱人死亡时的住所地法。"

(3)区分动产和不动产,适用不同的法律。英国、美国、俄罗斯、法国等国,对于遗嘱的实质要件及效力,也和法定继承一样,区分动产与不动产,分别适用不同的法律。2007 年《土耳其国际私法与国际诉讼程序法》第 20 条一般性地规定,"遗产继承,依死者的本国法。就土耳其境内的不动产而言,则应适用土耳其法律"。

☆遗嘱形式要件的法律适用

关于遗嘱方式法律适用问题,各国主要有两种不同的解决方法。

(1)区别制,即区分动产和不动产,分别确定应适用的法律。目前在遗嘱方式法律适用上,采取区别制的国家主要有英国、美国、德国等国家。德国、瑞士、比利时等国,因为通过立法纳入奉行区别制的《海牙遗嘱形式法律适用公约》的原因,对遗嘱方式法律适用问题,亦采取区别制。

> **[示例 12.1]**　英国 1961 年以前所遵从的判例原则是,不动产的遗嘱方式依遗产所在地法,动产的遗嘱方式依立遗嘱人死亡时的住所地法。英国法院据此曾经判决一个死亡时住所在法国的英国妇女,生前依据英国法规定的遗嘱方式所立的遗嘱无效。此案判决引起了人们的非议和法学界的广泛讨论,导致英国重修了关于遗嘱的法律,于 1861 年通过了"金斯唐法"。根据该法规定,不动产遗嘱方式仍适用遗产所在地法;而动产遗嘱方式,只要符合行为地法、立遗嘱人立遗嘱时的住所地法、立遗嘱人死亡时的住所地法和立遗嘱人在英国的原始住所地法之一,即为有效。

(2)单一制,对遗嘱方式法律适用问题,不区分动产与不动产,统一适用立遗嘱人的属人法或行为地法。目前采取这一原则的国家主要有泰国、捷克、俄罗斯等国家。如《泰国国际私法》第 40 条规定:“遗嘱方式,依遗嘱人本国法,或以遗嘱地法。”[1]此外有个别国家,如拉丁美洲的阿根廷、乌拉圭、巴拉圭等国家,对遗嘱方式不区分动产和不动产,均适用财产所在地法。

☆遗嘱变更或撤销的法律适用

一份有效成立的遗嘱,可能因为嗣后新订遗嘱和其他行为,以及结婚、离婚或子女出生等事件或行为而被予以变更或撤销。遗嘱变更或撤销主要涉及两个方面的问题:一是变更和撤销的能力,二是变更或撤销的形式。关于遗嘱变更或撤销法律适用问题,实践中主要有两种解决路径。

(1)对遗嘱变更或撤销确立特殊的法律适用规则,比如《德国民法施行法》第 26 条即规定,“……一份遗嘱,即使系由数人在同一文件上设立或者据此而撤销了以前的遗嘱,只要符合适用于死亡而发生的权利继承法律的法律,或者设立遗嘱时本应适用的法律所规定的形式要件,则在形式上有效”。

(2)对有关遗嘱变更或撤销并不另行规定,而分别适用确定遗嘱能力和遗嘱方式的准据法,比如捷克、奥地利、瑞士、波兰、俄罗斯等国。《欧盟继承条例》第 24 条亦明确规定,有关遗嘱变更或撤销,适用支配继承关系的法律,在遗嘱继承之被继承人对所适用法律予以选择的情形下,则适用该有关当事人所选择的法律。

12.2.3 中国有关涉外遗嘱继承的立法规定

我国新旧立法有关涉外遗嘱继承法律适用的规定,发展变化较大。1985 年《继承法》不区分法定继承和遗嘱继承,有关遗嘱继承奉行区别制。

《涉外民事关系法律适用法》有关遗嘱继承法律适用问题的规定,集中体现在该法第 32 条和第 33 条规定之中。其中该法第 32 条规定:“遗嘱方式,符合遗嘱人立遗嘱时或者死亡时经常居所地法律、国籍国法律或者遗嘱行为地法律的,遗嘱均为成立。”第 33 条则进一步规定:“遗嘱效力,适用遗嘱人立遗嘱时或者死亡时经常居所地法律或者国籍国法律。”

该法对前述遗嘱成立实质要件法律冲突问题,并未规定相应的法律适用规则,

---

[1] 另外,《俄罗斯民法典》第 1224 条规定,“当事人设立和撤销遗嘱的能力,包括设立和撤销涉及不动产的遗嘱能力,以及该遗嘱的形式或撤销遗嘱的文书之形式,均依遗嘱人设立遗嘱或制作撤销遗嘱文书时的住所地国家的法律”。

此外,也缺乏有关遗嘱变更或撤销之法律适用问题的规定。

法律与规范链接

▲ **必读法条**

《涉外民事关系法律适用法》第32~33条

△ **延伸法条**

《民法通则》第149条;

《继承法》第36条。

典型案例

黄某甲与黄惠珍、黄少联遗嘱继承纠纷案[1]

【案情概述】

黄某甲父亲黄某丁(香港居民)与母亲马某于××年登记结婚,1993年8月10日离婚。黄某丁与马某共生育有三个子女,分别是长子黄某甲、次子黄某戊、女儿黄某戊。黄某丁与马某离婚后未再婚,也未再生育有其他子女。黄某丁于2001年11月5日在香港病逝,黄某丁病逝之前,其父母亲已去世多年。2001年10月21日,黄某丁病重期间在香港立下最后遗嘱,指定黄某乙、黄某丙为该遗嘱执行人及受托人。根据该遗嘱第4条,黄某丁将其全部的财产在支付各项税、费后给予黄某乙、黄某丙"平均使用及受益"。该遗嘱第6条规定,黄某乙、黄某丙以信托的形式持有黄某丁的资产并使用及接收资产所得收益,有权委任专业顾问处理黄某丁的遗产。黄某丁死后,黄某乙、黄某丙接管了黄某丁在香港的全部资产。坐落于台山市台城某路某号104房以及某街25号房(以下简称涉讼房屋)属黄某丁个人所有的财产。涉讼房屋自购之日起一直由台山市某制衣有限公司(该公司法定代表人是黄某甲)使用至今将近二十年,期间从未有人提出异议。2012年2月20日,黄某乙、黄某丙持"黄某丁遗嘱"到江门市公证处申请办理接受遗赠公证,江门市公证处于当天出具(2012)江证内字第×××号公证书,证明遗赠人黄某丁已将涉讼房屋遗赠给黄某乙、黄某丙所有。黄某乙、黄某丙拿到此公证书后,以涉讼房屋所有权人的身份,

---

〔1〕 广东省江门市中级人民法院〔2014〕江中法民一终字第517号民事判决书。

向台山市人民法院起诉台山市某制衣有限公司，要求该司将涉讼房屋退还给黄某乙、黄某丙。

关于本案定性和有关遗嘱的有效性问题，原审法院认为，本案黄某甲和黄某乙、黄某丙均为香港居民，为涉及香港的民事纠纷。根据最高人民法院《涉外民事关系法律适用法解释（一）》第 19 条“涉及香港特别行政区、澳门特别行政区的民事关系的法律适用问题，参照适用本规定”的规定，涉及香港的民事关系的法律适用问题，参照适用《涉外民事关系法律适用法》。根据《涉外民事关系法律适用法》第 32 条“遗嘱方式，符合遗嘱人立遗嘱时或者死亡时经常居所地法律、国籍国法律或者遗嘱行为地法律的，遗嘱均为成立”，第 33 条“遗嘱效力，适用遗嘱人立遗嘱时或者死亡时经常居所地法律或者国籍国法律”的规定，被继承人黄某丁为香港居民，于 2001 年 10 月 21 日于香港立下最后遗嘱。该遗嘱已于 2002 年 8 月 27 日在香港高等法院遗嘱认证司法管辖权下获得认证及予以登记，表明遗嘱方式及效力均符合香港法律，应认定为成立有效。因此，本案的民事关系为根据该份遗嘱内容确定被继承人黄某丁的案涉遗产继承问题。根据《涉外民事关系法律适用法》第 8 条“涉外民事关系的定性，适用法院地法律”的规定，本案的民事关系的定性应适用我国内地的法律确定。

二审法院判决认为：黄某甲以其是被继承人黄某丁的法定继承人为由，诉请依法继承黄某丁的涉案遗产，故本案应为法定继承纠纷。原审将本案定性为遗嘱继承纠纷不当，本院予以纠正。对一审法院判决其他事项，二审予以认可。二审法院判决指出，本案当事人黄某甲和黄某乙、黄某丙均为香港居民，故本案为涉及香港的民事纠纷；又鉴于本案诉争的遗产为不动产且在我国内地，故依照《涉外民事关系法律适用法》第 31 条“法定继承，适用被继承人死亡时经常居所地法律，但不动产法定继承，适用不动产所在地法律”的规定，本案适用中华人民共和国内地法律。

该二审法院判决指出：首先，依照《涉外民事关系法律适用法》第 32 条“遗嘱方式，符合遗嘱人立遗嘱时或者死亡时经常居所地法律、国籍国法律或者遗嘱行为地法律的，遗嘱均为成立”和第 33 条“遗嘱效力，适用遗嘱人立遗嘱时或者死亡时经常居所地法律或者国籍国法律”的规定，被继承人黄某丁于 2001 年 10 月 21 日于香港立下本案遗嘱，该遗嘱已于 2002 年 8 月 27 日在香港高等法院遗嘱认证司法管辖权下获得认证及予以登记，故本案现有证据表明该遗嘱方式及效力均符合香港法律，应认定为有效遗嘱。因此，被继承人黄某丁的案涉遗产应根据该份遗嘱的内容进行处理。其次，依照《涉外民事关系法律适用法》第 8 条“涉外民事关系的定性，适用法院地法律”的规定，本案的民事关系的定性应适用我国内地的法律确定。

【关键问题】

1. 涉外案件定性的法律适用；

2. 涉外遗嘱方式及效力的法律适用。

【简要评论】

本案争议在涉外遗嘱继承法律适用问题上，很具有典型性，广泛涉及遗嘱继承与法定继承的定性，以及遗嘱内容的解释、遗嘱方式和效力等法律适用问题。

各国在处理遗产继承次序上，都是将遗嘱继承和被继承人所做安排置于优先地位，在不存在有效遗嘱的情形下，才依法定继承之规定处分遗产。由此在有关该问题的识别上，不能仅以当事人之片面主张作为识别依据。尽管二审法院不认可原审法院对争议纠纷属性的认识，在法律适用上，依然认可了原审法院的判决结果。由此倒是提出了一个有趣的问题，即有关案件定性识别，到底应确立在当事人初步权利请求基础之上，抑或是应确立在案件实质争议事实基础之上？此外，对于遗嘱内容解释的法律适用问题，在我国立法上并无明文规定，本案受案法院依循立遗嘱人属人法，充分尊重被继承人意志和生前安排的法律适用结果，值得肯定。

12.3　无人继承财产

知识要点

12.3.1　无人继承财产及其法律冲突

☆无人继承财产的概念

无人继承财产，是指继承已经开始，但在法定期限内，没有人接受继承或者受领遗赠。亦即继承开始后，既没有法定继承人，也没有遗嘱继承人，或者全部继承人都放弃继承或者被剥夺继承权。

☆无人继承财产的法律冲突

首先，各国立法有关继承人的范围、继承份额、特留份、继承权的取得和丧失、可继承财产的范围等继承事项规定有所不同，同时有关继承人状况不明时发布公告的时间和方式也存在较大差异，由此在认定被继承人的遗产是否属于无人继承财产时,依据不同国家的法律所得出的结论可能有所不同。

其次,尽管各国法律一般规定无人继承的财产由国家或其他公共团体取得,但有关国家以什么名义或资格取得无人继承财产,对此有两种不同的理论主张。其一是继承权理论,其二是先占权理论。

(1)继承权理论,即国家以特殊继承人资格取得无人继承财产。首先提出这一主张的是德国学者萨维尼,他认为国家和地方团体可以假定为最后的继承人。这一理论自提出以来,很快在欧陆国家受到欢迎和依循。德国、希腊、意大利、波兰、葡萄牙、西班牙、瑞士等国即是秉承此种理论的典型。

(2)先占权理论,即国家以先占权取得无人继承财产。该种理论为法国学者魏斯首先倡导。其主张无人继承财产是无主物,为防止个人先占,引起社会混乱、公益受损,国家根据领土主权原则,以先占权取得其领土内无人继承财产的所有权。采取这一主张的国家有英国、法国、比利时、奥地利、瑞典、荷兰等国。

12.3.2 无人继承财产的法律适用

无人继承财产的法律适用,涉及两方面的问题:

(1)应适用何国法律判定被继承人遗留下的财产是否为无人继承财产。对此,各国一般主张适用继承的准据法,即依照法院地国冲突规范援用的支配该继承关系的有关国家的实体法来确定。

(2)应适用何国法律解决无人继承财产的归属问题。实践中各国采用的冲突原则有两种:

- 适用被继承人的本国法。德国在审判实践中即采用此原则解决无人继承财产的归属问题。如被继承人本国法将国家对无人继承财产的权利视为继承权,则德国就把该项财产交给被继承人所属国的国库所有;如被继承人本国法把国家对无人继承财产的权利,视为对无主财产的先占权,则德国就以先占权名义把该项财产收归德国国库所有。一般来说,采用此原则的国家多主张国家以特殊继承人资格取得无人继承财产。
- 适用财产所在地法。对于涉外无人继承财产的归属问题,该原则主张只适用财产所在地法。一般来说,采用此原则的国家多是主张以先占权取得无人继承财产的国家。2012 年《欧盟继承条例》采纳了财产所在地标准。

12.3.3 我国有关无人继承财产的法律适用

有关无人继承财产问题,我国《继承法》第 32 条规定:“无人继承又无人受遗赠的遗产，归国家所有；死者生前是集体所有制组织成员的，归所在集体所有制组织所有。”与此相对应，《涉外民事关系法律适用法》第35条规定：“无人继承遗产的归属，适用被继承人死亡时遗产所在地法律。”

从上述规定不难得出，我国对无人继承财产取得所奉行的是先占权理论。关于有关财产是不是无人继承财产认定的法律适用问题，在《民法通则》和《涉外民事关系法律适用法》均对该问题不作特别或例外规定的情形下，应适用继承准据法解决无人继承财产认定问题。至于《民法通则》第149条在动产继承属人法认定上采纳被继承人死亡时住所地标准，《涉外民事关系法律适用法》第31条适用被继承人死亡时经常居所地标准的问题，因为我国司法实践将二者作同一解释的原因，不会引发所谓时际法律冲突的困难。

根据1988年《民法通则意见》第191条的规定：“在我国境内死亡的外国人，遗留在我国境内的财产如果无人继承又无人受遗赠的，依照我国法律处理，两国缔结或者参加的国际条约另有规定的除外。”据此规定，对于外国人遗留在我国的无人继承财产，应收归我国所有，只有在负有条约义务的情况下，才将该项财产交归死者的所属国。

但根据条约约定和互惠，我国在涉外无人继承财产争议解决上，也适当地采取灵活立场。1954年外交部、最高人民法院所发布的《外国人在华遗产继承问题处理原则》规定，如果所有的合法继承人及受赠人均拒绝受领，或有无继承人不明确，在公告继承期满（6个月），仍无人申请继承，财产即成为无人继承财产，应收归我国所有。如果外国人遗留在我国的无人继承财产为动产，该外国人所属国与我国建立了外交关系，则在互惠原则下，可将动产遗产移交给该外国驻我国使领馆处理。后一项原则在我国缔结的双边条约中得到采纳。如1987年生效的《中蒙领事条约》第29条第（4）款规定：“派遣国公民死亡后在接受国境内留下的遗产中的动产，应将其移交给派遣国领事官员。”

法律与规范链接

▲ 必读法条

《继承法》

第32条　无人继承又无人受遗赠的遗产，归国家所有；死者生前是集体所有制组织成员的，归所在集体所有制组织所有。

《涉外民事关系法律适用法》

第35条　无人继承遗产的归属，适用被继承人死亡时遗产所在地法律。

△ 延伸法条

《民法通则》

第15条　公民以他的户籍所在地的居住地为住所，经常居住地与住所不一致的，经常居住地视为住所。

《民法通则意见》

第191条　在我国境内死亡的外国人，遗留在我国境内的财产如果无人继承又无人受遗赠的，依照我国法律处理，两国缔结或者参加的国际条约另有规定的除外。

典型案例

何某与佛山市顺德区乐从镇小布村民委员会法定继承纠纷案[1]

【案情概述】

被继承人陈某于1917年9月6日出生，为香港特别行政区永久性居民。陈某与何某显结婚，但没有生育、收养子女，何某显于1952年死亡。陈某的父母及祖父母均早于其死亡，陈某没有兄弟姐妹。何某是陈某的堂侄，陈某自1992年长期在小布村定居直到终老，期间多由何某照顾，陈某于1996年3月26日死亡，其丧葬事宜也由何某处理。陈某死亡时有遗产位于顺德市乐从镇小布村（旧址）的房屋一间，为砖木结构一层，土地面积56.25平方米。2016年10月21日，小布村委会曾在村内张贴公示，因何某申请继承案涉房屋，要求如有异议在公示之日起十五日内提出，公示期满小布村委会未收到异议。何某于2016年12月14日向法院提出诉讼请求，请求法院判令权属陈某的坐落于佛山市顺德区乐从镇小布村的房产由其继承。

受案法院认为，《民事诉讼法》第33条第（3）项规定："因继承遗产纠纷提起的诉讼，由被继承人死亡时住所地或者主要遗产所在地人民法院管辖。"《涉外民事关系法律适用法》第35条规定："无人继承遗产的归属，适用被继承人死亡时遗产所在地法律。"本案中，被继承人陈某没有配偶子女等法定继承人，何某提供手上持有

---

〔1〕 广东省佛山市顺德区人民法院〔2016〕粤0606民初21376号。

案涉房屋的房地产权证原件、骨灰存放证原件，还有街坊和小布村委会证明等，能证实何某作为继承人以外的对被继承人照顾扶养较多的人，依照《继承法》第14条的规定，可分得适当的遗产，考虑陈某所在的小布村委会已出具声明表示不对上述房屋主张权利，还有何某其他兄弟姐妹也声明不对此主张权利，因此，陈某上述房屋遗产本院确定由何某分得。

【关键问题】

1. 无人继承财产的认定；

2. 无人继承财产归属的法律适用。

【简要评论】

本继承案虽然案件事实比较简单，同时也因当事人之间不存在什么争议，因此判词比较简单。不过无人继承所涉核心法律问题，即涉外无人继承的认定和无人继承财产的归属及其法律适用问题还是较为完整地体现了出来。

对于无人继承财产归属之法律适用问题，《涉外民事关系法律适用法》第35条规定得很清楚，即适用被继承人死亡时遗产所在地法律，本案涉案财产在我国境内，受案法院适用我国法律不存在任何疑问。问题是被继承人具有香港特别行政区永久性居民身份地位，无疑通过法律选择的方法路径予以处理才较为合理。我国立法并不存在有关无人继承财产认定法律适用问题的规则，与大多国家实践一致，我国事实上也是适用有关法定继承相关法律适用规则解决此一问题之法律适用问题的。注意到被继承人自1992年直至死亡时长期居住在内地的事实，该被继承人死亡时的住所地和本案涉案财产均在我国境内，因之受案法院依据我国法律解决有关问题并不存在什么争议，问题是受案法院该问题之解决简单地系属于我国法律制度支配之下，缺乏任何有关涉外民事关系法律适用之分析的判案逻辑推理和法律适用路径，还是有可改进之处。

12.4　涉外继承的国际法制

知识要点

12.4.1　通过公约对涉外继承予以协调的必要性

尽管在某些方面，国际社会在涉外继承法律规定和继承事项解决上，存在某些发展态势，然而因为继承法律关系本身属性的复合性，以及继承事项解决中多元利益需求及不同政策导向所引致的多维考量，各国在继承人范围、遗产认定、继承顺序、继承份额、遗产管理、遗嘱有效性、遗嘱效力、继承协议、遗嘱与信托、无人继承财产认定、无人继承财产归属等相关法律问题上，不可避免地倚重于不同法律规则，或秉承不同的法律传统。在人员、财产、资金、技术跨国流转越来越便捷的当前背景下，注重涉外财产继承的国际协调和统一，无疑有其理论价值和实践意义，事实上也受到全球不同国家和地区的普遍重视。

考察起来，在所形成的相关公约和其他统一或协调成就中，由海牙国际私法会议所通过的三个公约受到重视。此外，由欧盟成员国所制定的2012年《欧盟继承条例》，虽然因自2015年8月17日在欧盟成员国的生效施行而在整个欧盟范围内有深远影响，但无论《欧盟继承条例》内容如何丰富，其毕竟是个地区性的立法，下文仅就海牙国际私法会议所议定的三个公约，即1961年《海牙遗嘱处分公约》、1973年《遗产国际管理公约》和1988年《死者遗产继承法律适用公约》予以简要评介。

12.4.2 《海牙遗嘱处分公约》

为了统一各国关于遗嘱方式的法律适用规则，海牙国际私法会议于1961年制定了《海牙遗嘱处分公约》，公约共20条，已于1964年1月生效，截至2019年初，该公约有缔约国42个。

海牙《遗嘱处分公约》第1条规定，遗嘱方式只要符合下列法律之一，即为有效：

- 立遗嘱地法；
- 遗嘱人立遗嘱时或死亡时的国籍国法；
- 遗嘱人立遗嘱时或死亡时的住所地法；
- 遗嘱人立遗嘱时或死亡时的惯常居所地法；
- 关于不动产的遗嘱，适用该不动产的所在地法。

公约尽管对动产和不动产遗嘱方式有所区分，但并不能就此认为不动产遗嘱方式必须依循不动产所在地法，事实上公约关于不动产遗嘱方式规定了更多的选择。

此外，公约第5条规定："在适用本公约时，任何以立遗嘱人的年龄、国籍或其他个人条件来限制被许可的遗嘱处分方式的法律条款，应视为属于方式问题。同一规则适用于遗嘱处分的有效性所要求的证人必须具有的资格问题。"

公约关于遗嘱方式准据法问题的规定，对许多国家产生了很大影响，如公约所规定遗嘱处分方式,先后为日本、瑞士等国有关立法所采纳。可见,公约在遗嘱方式法律适用问题上所持的宽松态度和做法,比较全面地反映了当今世界各国遗嘱方式法律适用制度的发展趋势。

12.4.3 《遗产国际管理公约》

被继承人死亡后,有关遗产是直接由继承人取得,抑或需由第三人收集、清理之后才可转移给继承人,在各国立法和司法实践中差别较大。

- 在大陆法系国家,实行的是直接的遗产转移制度,即被继承人死亡后,继承人按照法律规定或者按照遗嘱,直接从被继承人或遗嘱执行人那里取得遗产;
- 在普通法系国家,实行的是间接遗产转移制度,即被继承人死亡后,其遗产由被继承人指定并经法院认许的遗产执行人或由法院选定的遗产管理人出面收集,并由其清理被继承人的债务和遗嘱,然后将遗产在有关继承人之间进行分配。也就是说,被继承人死亡后,遗产并不立即归属于继承人,而是先归属于法院,再由遗产管理人交给继承人。

各国在遗产管理执行制度上所奉行的不同规则,不可避免地导致在涉外继承中,常因遗产的管理而产生冲突。为此,海牙国际私法会议于 1973 年制定了《遗产国际管理公约》专门就此予以协调。该公约共 8 章 46 条。

公约主要规定了对涉外继承的遗产实行国际许可证(international certificate)管理制度。

(1)许可证应由死者惯常居所地国的主管机关制作,许可证持有人(遗产管理人)的指定及其权限,原则上依照制作许可证国家的法律,但作为例外,也可以依照被继承人的本国法,或者根据被继承人的选择依循惯常居所地法或本国法之任何一国法律。

(2)许可证持有人的权限,仅凭许可证证明,不需要履行确认其是否真实等手续(公证和认证),许可证在其他缔约国应得到承认。但如果许可证是非正式的或者未依公约所附格式,或制作机关不属于公约规定的机关,或死者在该国有惯常居所,或死者具有该国国籍的情况下,被请求国可拒绝承认许可证。

(3)对许可证持有人交付或支付财产的任何人,均应免除责任,除非其行为出于恶意;任何人从许可证持有人那里得到的财产,均视为从有权处分该财产者手中取得的财产,除非证明其行为出于恶意。但被请求国可以要求许可证持有人行使其权利时,服从地方当局适用于其本国遗产代表人的同样的监督和管理,被请求国并得占有在其领土内的财产以清偿债务。

(4)公约还允许将许可证持有人的权限扩大到不动产,但缔约国可以全部承认或承认一部分。

目前我国尚未参加该公约,也未制定调整遗产管理和遗债清偿的冲突规则。

12.4.4 《死者遗产继承法律适用公约》

海牙国际私法会议经过近20年的努力,于1988年第16届会议上通过了《死者遗产继承法律适用公约》。公约共5章31条,采用融入多元连结因素的同一制法律适用规则。

★公约的调整事项和适用范围

关于调整事项范围,公约第1条明确规定,该公约只解决遗产继承的法律适用;关于公约空间范围,公约第2条规定,即使准据法为非缔约国法律,公约仍应适用,亦即只要受理案件的法院地国参加了公约,该法院就要适用公约,而不问准据法所属国是否参加了公约。

★继承准据法的确定

公约在采用多元连结因素的同一制继承制度的同时,融入了最密切联系原则和有限意思自治法律适用规则。该公约采用了继承法律适用的"同一制",即把死者的遗产看成一个不可分割的整体,统一适用一个准据法。依据公约第3条之规定,原则上遗产的继承适用被继承人死亡时的惯常居所地国家的法律,只要他那时也具有该国国籍,或者在该国至少居住了5年时间;而在其他情况下,继承则受与死者有密切联系的国籍国法律支配,除非那时死者与另一国有更为密切的联系,在这种情况下,应适用该另一国法律。

★被继承人对继承准据法的选择

公约采纳了有限制的意思自治原则。公约第5条、第6条之规定允许被继承人生前选择适用于其遗产继承的法律,明确承认涉外继承领域的当事人意思自治原则。但是,此种意思自治是有严格限制的,有关限制主要为:

(1)从形式上必须是明示的,而且必须符合订立遗嘱的形式要件;

(2)从范围上仅限于其死亡时的国籍国法或惯常居所地法;

(3)而且法律选择的作出人对此种选择的撤销,也必须符合遗嘱撤销方式的同样规则。

★准据法的适用范围

继承所涉法律问题甚为复杂,各国法律制度也存在较大差异。公约对准据法的适用范围作出了明确的规定。按照公约第7条规定,准据法适用于死者的全部遗产，无论这些财产位于何处。而依据公约规定所确定的准据法，适用于以下事项：

(1)确定继承人及其继承份额与义务，以及因死亡而引起的其他继承权；

(2)因有关行为而引起的继承权的剥夺和丧失；

(3)在确定继承人和继承份额时，任何返还或说明赠与物品、特留份或遗物的义务；

(4)对于遗嘱的限制；

(5)遗嘱的实质有效性。

公约还规定，准据法可适用于法院地国法律认为属于继承法调整范围的其他事项。

★反致制度

公约注意到反致制度在继承领域中所发挥的作用，公约排除反致，但在适用非缔约国法律时允许转致。按照公约第 4 条之规定，如果应适用的法律为某一非缔约国的法律，而该国的冲突法规则指定适用另一非缔约国法律，且该另一国也适用自己的法律时，则另一非缔约国法律应予适用。与以往海牙公约毫无保留地拒绝反致制度的传统态度和做法相比，该公约则明确采用了二级反致，即转致制度。

另外，关于公共秩序保留，公约第 18 条规定，本公约所规定适用的任何法律，只有在其适用将明显违反公共秩序时方可被拒绝。

法律与规范链接

▲ 延伸法条与公约规范

1961 年《海牙遗嘱处分公约》；

1973 年海牙《遗产国际管理公约》；

1989 年海牙《死者遗产继承法律适用公约》。

延伸阅读

1. 宋晓：《同一制与区别制的对立及解释》，载《中国法学》2011 年第 6 期。

2. 李建忠：《论涉外遗嘱法律适用制度的发展趋势——兼论〈涉外民事关系法律适用法〉第 32、33 条的解释与完善》，载《法律科学》2014 年第 1 期。

3. 李浩培：《国际私法在遗产继承方面的几个新发展》，载《李浩培文选》，法律出版社 2000 年版。

4. Kenneth Reid, Marius de Waal, and Reinhard Zimmermann (eds.), *Comparative Succession Law: Volume II: Intestate Succession*, Oxford University Press, 2015.

5. Alfonso – Luis Calvo Caravaca, Angelo Davì and Heinz – Peter Mansel, *The EU Succession Regulation: A Commentary*, Cambridge University Press, 2016.

第 13 章　商事关系的法律适用

教学目标

1. 识记和理解主要国际商事关系概念和内涵。
2. 重点理解调整几种主要国际商事关系的冲突规范和统一实体规范。

推荐参考资料

1. 房沫:《信用证法律适用问题研究》,中国民主法制出版社 2012 年版。
2. 张磊:《涉外保证的国际私法问题研究——以中国司法实践为视角》,法律出版社 2012 年版。
3. 张晓静:《货币债务跨国履行的法律问题研究》,法律出版社 2012 年版。
4. 王瀚:《国际航空运输责任法研究》,法律出版社 2012 年版。
5. 王立武:《国际物流法律问题研究》,山东大学出版社 2010 年版。
6. 萧凯:《跨国证券交易的国际私法问题》,武汉大学出版社 2008 年版。
7. 张玲:《跨境破产的国际合作——国际私法的视角》,法律出版社 2007 年版。
8. 杜涛:《国际经济贸易中的国际私法问题》,武汉大学出版社 2005 年版。
9. 何其生:《电子商务的国际私法问题》,法律出版社 2004 年版。
10. 潘攀:《票据的法律冲突》,北京大学出版社 2002 年版。

13.1 国际商事合同

知识要点

13.1.1 国际商事合同法律适用概述

☆国际商事合同法律适用的概念

国际商事合同指的是具有涉外因素的商事合同。国际商事合同因涉及不同国家或法域的法律,需要解决法律适用的问题。

国际商事合同的法律适用,指在发生国际商事合同法律调整的冲突时,运用国际私法的有关原理和规则来确定处理国际商事合同争议所应适用的法律。

☆国际商事合同法律适用的一般原则

(1)当事人意思自治原则,即国际商事合同当事人可以通过协商一致,自由选择支配合同的准据法的一项法律选择原则。

(2)最密切联系原则,作为意思自治原则的补充,其核心是通过对国际商事合同有关的各要素进行综合分析来寻找与合同有最密切联系的法律,其给予法官以较大的自由裁量权,提高了法律适用的灵活性,有利于合同调整的合理性。

(3)强制性规则,也称为"直接适用的法律",是指那些具有强制力的,可以撇开冲突规范援引而直接适用的法律规范。此类规则,当事人不能通过协议选择和减损,而必须得到适用。

13.1.2 国际货物买卖合同

☆国际货物买卖的概念

国际货物买卖又称国际货物销售,是指营业地分别位于不同国家境内的买方和卖方之间进行的有形商品进出口交易。提供出口货物并收取货款的一方称为卖方,接受进口货物并支付货款的一方称为买方。

☆国际货物买卖的特征

(1)买卖双方的营业地分别位于不同的国家。这既是国际货物买卖的基本特征,也是判定国际货物买卖的重要标准。

(2)买卖标的是有形动产商品,而无形财产,如股票、债券、流通票据等的买卖,以及不动产的买卖,均不属于国际货物买卖。

(3)国际货物买卖是为了通过货物的进出口以实现国际商品流转和买卖双方的经济目的,而不是为了满足个人消费的需要。

(4)买卖标的应进、出国境,即买卖双方要实现货物进出口目的,必须将货物作跨越国境的运输。

☆国际货物买卖合同的法律适用

国际货物买卖合同,是指营业地位于不同国家的当事人之间签订的关于一方出口货物、收取货款,另一方接受货物并支付货款的协议。从各国冲突法和有关冲突法条约的规定来看,国际货物买卖合同的法律适用主要有以下规则:

(1)意思自治。根据各国立法和有关国际条约,国际货物买卖合同一般应当首先适用双方当事人明示选择的法律。

(2)最密切联系。当事人未选择法律时,通常应按照最密切联系原则确定国际货物买卖合同的准据法。

☆调整国际货物买卖的实体法公约

自19世纪末20世纪初以来,经过国际社会长期努力,国际上缔结了一系列调整国际货物买卖的实体法公约。如1964年《国际货物买卖统一法公约》和《国际货物买卖合同成立统一法公约》、1974年联合国《国际货物销售时效期限公约》、1980年《联合国国际货物销售合同公约》、1983年《国际货物销售代理公约》等。此外,有关国家之间还签订了大量的双边和多边交货共同条件协定。其中,规定最完善,影响最广泛的是1980年缔结并于1988年1月1日生效的《联合国国际货物销售合同公约》。

★《联合国国际货物销售合同公约》

公约核心内容包括以下几方面:

(1)公约的适用范围。该公约**适用**于下列合同:

- 营业地分别位于不同缔约国的双方当事人之间签订的货物买卖合同;
- 买卖双方或一方营业地不在缔约国内,但依国际私法规范(冲突规范)应适用某缔约国法律的货物买卖合同。缔约国对该规定可以声明保留。[1]

该公约**不适用**于下列销售:

- 购买供私人或家庭使用的货物;
- 经由拍卖的销售;

---

〔1〕 参见《联合国国际货物销售合同公约》第1条、第95条。

- 根据法律执行令状或其他令状而进行的销售；
- 各种有价证券、票据、货币的销售；
- 船舶、气垫船、飞机或电力的销售；
- 补偿贸易。[1]

此外，该公约的适用具有任意性。双方当事人可以约定不适用该公约，也可以在合同中对该公约的条款加以修改或变更，或者通过选择适用其他法律以排除该公约的适用。只有当事人未排除该公约的适用时，才依公约的有关规定调整他们之间的买卖关系。

(2)合同的形式。该公约第11条规定，销售合同无须书面订立或书面证明，在形式上也不受任何其他条件的限制，销售合同可以用包括人证在内的任何方法证明。但其国内法规定国际货物买卖合同必须采用书面形式的缔约国，对这一规定可以声明保留。我国曾经对合同的形式提出保留，随着我国《合同法》与公约的规定及适用趋于统一，我国撤回了对公约第11条的保留。

(3)合同的成立。该公约规定，合同经要约和承诺而成立。向一个或一个以上特定的人提出订立合同的建议，如果十分确定并且表示在得到承诺时承受其约束，即构成要约。一个建议如果写明货物并且明示或暗示地规定数量和价格，或者规定如何确定数量和价格，即为"十分确定"。要约于送达被要约人时生效，因此，如果撤回要约的通知先于要约或与要约同时送达被要约人，该要约就可以被撤回。要约送达被要约人后，在被要约人表示承诺之前，要约人可以撤销要约，但有下列情形之一的，要约不可撤销：①写明了要约的有效期或者以其他方式表明该要约不可撤销的；②被要约人有理由信赖该要约不可撤销，并已基于此种信赖行事的。[2]

被要约人声明或以某种行为同意一项要约，即为承诺。承诺的通知于送达要约人时生效。如果根据当事人之间的习惯做法，被要约人以作出某种行为来表示同意，则承诺于该行为作出时生效。承诺生效即合同成立。[3]

根据该公约第22条的规定，承诺可以撤回。如果撤回承诺的通知先于或与承诺同时送达要约人，承诺即被撤回，合同就不能成立。

(4)买卖双方的义务。根据该公约的规定，**卖方**的基本义务是：[4]

---

〔1〕《联合国国际货物销售合同公约》第2条。

〔2〕同上注，第14~16条。

〔3〕同上注，第18条。

〔4〕同上注，第30~44条。

● 按规定的时间、地点交付货物,移交与货物有关的单据并转移货物所有权;

● 承担货物的品质担保,即交付的货物须与合同规定的数量、质量、规格、包装等相符合;

● 承担货物的权利担保,即交付的货物必须是第三方不能提出任何权利或要求的货物,并不得侵犯任何第三方的知识产权。

买方的基本义务是:

● 支付货款;

● 接受货物。[1]

如果一方当事人违反合同,另一方当事人可以采取相应的救济办法,包括:[2]

● 要求违约方实际履行;

● 宣布中止合同;

● 宣布合同无效;

● 要求支付违约金;

● 请求损害赔偿等。

(5)货物风险的转移。该公约对货物风险的转移规定了以下几种情况:[3]

● 合同中的运输条款规定卖方应在某一特定地点将货物交给承运人运输的,自卖方在该地点将货物交给承运人时起,货物风险转移给买方;

● 合同中的运输条款没有指明具体交货地点的,自卖方按合同将货物交给第一承运人时起,货物风险转移给买方;

● 对于正在运输中的货物的买卖,自该买卖合同成立时起风险转移给买方;

● 其他情况下,从买方接受货物时起,风险转移给买方。

(6)免责。该公约规定,当事人因某种"非所能控制的障碍"而不能履行合同时,可以免除责任。但因此种障碍而不能履行合同的当事人,必须在合理时间内通知另一方,否则,对另一方因未及时得到通知而遭受的损失应负赔偿责任。[4]

(7)保全货物。该公约规定,买卖双方均有保全货物的权利义务。一方当事人因采取措施保全货物而支付的合理费用应由对方偿还。保全货物的一方有权保有货物,直到对方将其支付的合理费用偿还为止。[5]

---

〔1〕 参见《联合国国际货物销售合同公约》第53~60条。

〔2〕 同上注,第45~52条、第61~65条。

〔3〕 同上注,第66~70条。

〔4〕 同上注,第79~80条。

〔5〕 同上注,第85~88条。

★国际货物买卖惯例

所谓国际货物买卖惯例，是指在国际货物买卖中通行的具有确定内容的习惯规则。国际货物买卖惯例可以分为两大类型：一类是国际货物买卖价格术语，另一类是国际机构或商业团体制定的共同条件。[1] 这两类惯例中，适用较广泛的是国际货物买卖价格术语。

目前，在国际上影响较大的解释国际货物买卖惯例的非官方文件主要有三个：一是1932年《华沙—牛津规则》，该规则由国际法协会制订，对CIF（成本、保险费加运费）这一价格术语作了解释；二是美国商会等九个商业团体制定的《1941年美国对外贸易定义修订本》，该文件对CIF等六种价格术语作了解释；三是国际商会制定并多次修订和补充的《国际贸易术语解释通则》[2]。

国际货物买卖惯例都是任意性的惯例，只有经当事人双方在合同中引用或者有关当局认可，才能作为确定买卖双方权利义务的依据。同时，当事人双方在合同中引用某项国际货物买卖惯例时，还可以约定修改或者变更该惯例的既定规则，如果合同的规定与引用的惯例抵触的，应当以合同的规定为准。

2000年版《国际贸易术语解释通则》（International Rules for the Interpretation of Trade Terms，INCOTERMS）按照交货方式和卖方责任的大小，将11种价格术语分为E、F、C、D四组。E组只有一个价格术语，即EXW（工厂交货）。F组包括三个价格术语，即FCA（货交承运人）、FAS（船边交货）、FOB（船上交货）。C组包括四个价格术语，即CFR（成本加运费）、CIF（成本、保险费加运费）、CPT（运费付至）、CIP（运费及保险费付至）。D组有五个价格术语，即DAF（边境交货）、DES（目的港船上交货）、DEQ（目的港码头交货）、DDU（未完税交货）、DDP（完税后交货）。

2010年版《国际贸易术语解释通则》用两个可以不顾及运输模式的新术语DAT[运输终端交货（……指定目的地）]和DAP[目的地交货（……指定目的地）]代替了2000年版《国际贸易术语解释通则》中的DAF、DES、DEQ和DDU术语。

本书重点介绍FCA、FOB、CFR、CIF四种价格术语：[3]

（1）FCA（Free Carrier）。FCA即货交承运人，是指卖方在指定的地点将货物交

---

〔1〕 如联合国欧洲经济委员会在20世纪50年代和60年代就制定了30多种共同条件，供当事人选择适用。这些共同条件是分别为不同种类货物的买卖而制定的，具有较强的针对性。

〔2〕 国际商会于1936年形成定本，先后于1953年、1967年、1976年、1980年、1990年、2000年和2010年对该文件进行修订，并形成不同版本。其中，2010年版本与2000年版本并用，供当事人选择适用。

〔3〕 具体规定可参见国际商会网站www.iccwbo.org。

由买方指定的承运人照管而履行其交货义务。此价格术语适合于一切运输方式。

按该价格术语,**卖方**的主要义务是:

- 提供合同规定的货物、商业发票或相等的电子单证,以及合同要求的其他凭证;
- 取得出口许可证或其他官方批件,办理货物出口的海关手续;
- 在指定的地点将货物交给买方指定的承运人,并通知买方;
- 向买方提供各项通常单证,如双方约定使用电子通证,则可以相等的电子资料单证代替;
- 承担货交承运人照管以前的一切风险和费用。

买方的主要义务是:

- 支付货款;
- 取得进口许可证及其他官方批件,办理货物进口及必要时经另一国境所需的海关手续;
- 订立运输合同并将承运人名称、交货时间和地点通知卖方;
- 承担货交承运人照管以后的一切风险和费用。

(2)FOB(Free on Board)。FOB 即装运港船上交货,是指卖方在指定的装运港将货物装至买方指定的船上履行其交货义务。此价格术语仅适用于海上或内河运输方式。

按该价格术语,**卖方**的主要义务是:

- 提供合同规定的货物和商业发票或相等的电子单证,以及合同要求的其他凭证;
- 取得出口许可证或其他官方批件,办理出口海关手续;
- 按期在指定的装运港将货物装至买方指定的船上,并通知买方;
- 向买方提供通常运输单证,如双方约定使用电子通证,则可以相等电子资料单证替代;
- 承担货物在装运港越过船舷以前的一切风险和费用。

买方的主要义务是:

- 支付货款;
- 取得进口许可证或其他官方批件,办理货物进口及必要时经另一国境所需的海关手续;
- 订立运输合同,并将船名、装货时间和地点通知卖方;

● 承担货物自装运港越过船舷以后的一切风险和费用。

(3)CFR(Cost and Freight)。CFR 即成本加运费,是指卖方自费订立运输合同,在指定的装运港船上履行交货义务。此价格术语仅适合于海上和内河运输方式。

按该价格术语,**卖方**的义务主要是:

● 提供合同规定的货物和商业发票或相等的电子单证,以及合同要求的其他凭证;

● 取得出口许可证或其他官方批件,办理出口海关手续;

● 订立运输合同;

● 按期在装运港将货物装船并通知买方;

● 向买方提供通常运输单证,如双方约定使用电子单证则可以相等电子资料单证代替;

● 承担货物在装运港越过船舷以前的一切风险和费用。

买方的主要义务是:

● 支付货款;

● 取得进口许可证或其他官方批件,办理货物进口及必要时经另一国境所需的海关手续;

● 接受运输单证,在目的港受领货物;

● 承担货物在装运港越过船舷以后的一切风险和除运费以外的一切费用。

(4)CIF(Cost,Insurance and Freight)。CIF 即成本、保险费加运费,是指卖方自费订立保险合同和运输合同,在指定的装运港将货物装至船上履行其交货义务。此价格术语适合于海上和内河运输方式。

按该术语,卖方和买方的基本义务,除了卖方应办理货物的运输保险外,其余与 CFR 基本一致。同时要明确的是,在 CIF 价格条件下,除非双方另有约定,卖方只需办理最低险别的海运保险。如果买方要求投保较高险别或附加险的,卖方可代为办理,但费用由买方承担。

最后还需明确的是,上述国际货物买卖惯例都是任意性的惯例,它们并不是当然地对国际货物买卖合同具有强制性。任何一种国际货物买卖惯例,都只有经当事人双方在合同中引用或者有关当局认可,才能作为确定买卖双方权利义务的依据。同时,当事人双方在合同中引用某项国际货物买卖惯例时,还可以约定修改或者变更该惯例的既定规则,如果合同的规定与引用的惯例抵触的,应当以合同的规定为准。

13.1.3　国际技术转让合同

☆国际技术转让的概念

国际技术转让,是指住所或营业所位于不同国家的当事人之间进行的技术转让。转让技术的一方称技术输出方或供方,接受技术的一方称技术引进方或受让方。国际技术转让包括商业性技术转让和非商业性技术转让。商业性技术转让是指以合同方式进行的技术有偿转让,也就是国际技术贸易。非商业性技术转让则是指通过政府援助、技术情报交换、学术交流和技术考察等形式进行的技术转让。这里所称的“技术”,包括工业产权、专有技术使用权、计算机软件的许可使用权等。本节所讲的国际技术转让专指商业性技术转让。

☆国际技术转让的特点

(1)双方当事人住所或营业所分别位于不同国家,以致技术跨国界转让;

(2)国际技术转让由供方和受让方订立和履行合同来实现,这种合同是双务、诺成、有偿合同;

(3)国际技术转让的标的一般是技术的使用权。

☆国际技术转让合同的种类

按照国际技术转让的方式,国际技术转让合同可以分为国际许可合同、国际技术咨询服务合同、国际技术培训合同、国际租赁中的技术转让合同、国际合作生产中的技术转让合同、BOT合同等不同的类型。其中,最为重要的是国际许可合同。

国际许可合同又称国际许可证协议,是指住所或营业所位于不同国家的供方和受让方签订的,由供方准许受让方在一定时期和地域内使用供方的某项技术,受让方取得该项技术的使用权并向供方支付使用费的合同。国际许可合同可按以下不同标准进行分类:

(1)按所转让技术的性质,国际许可合同可分为专利技术许可合同、专有技术许可合同、商标使用许可合同和计算机软件许可合同等类型;

(2)按受让方享有权利的大小,国际许可合同又可分为独占许可合同、排他许可合同、普通许可合同、从属许可合同和交叉许可合同等多种类型。

国际许可合同并无统一的格式,不同标的和不同类型的国际许可合同,具体内容也不完全一致。但其应包括以下基本条款:

(1)序言,应订明合同名称、编号、双方当事人名称和地址、签约时间和地点等;

(2)定义条款,即对合同中使用的关键名词术语作出解释;

(3)标的条款,应订明转让技术的内容、授权范围和要求等;

(4)价格条款,应订明技术使用费的计算方法以及支付使用费的时间、方式等;

(5)技术资料的交付与验收条款,应订明有关技术资料的交付时间与条件,并具体规定技术资料的验收标准与方法;

(6)担保与保证条款,应订明供方向受让方担保或保证的有关事项;

(7)保密条款,应订明受让方保密的期限、范围、手段等,该条款通常见之于专有技术许可合同,而在专利和商标许可合同中无须订立保密条款;

(8)违约责任条款,应订明供方和受让方违反合同所应承担的责任;

(9)法律适用和争议解决条款,应订明支配合同的法律,解决争议的办法等。

☆国际技术转让合同的法律适用

综观各国的立法和理论,主要有下列几种主张:

(1)适用当事人选择的法律。国际技术转让合同与其他合同具有相同的性质,当今大多数国家都允许将确定国际合同准据法的首要原则——意思自治原则适用于国际技术转让合同。在当事人没有选择合同应适用的法律时,这些国家中有的规定适用供方住所或营业所所在地国家的法律,有的规定适用受让方住所或营业所所在地国家的法律,还有的规定适用与合同有最密切联系的国家的法律。

(2)适用受让方住所或营业所所在地国家的法律。一些发展中国家坚持国际技术转让合同只能适用受让方住所或营业所所在地国家的法律。

(3)禁止当事人选择适用外国法律。阿根廷等国家采取的就是这种主张。这样规定的目的在于,当住所或营业所在内国的当事人向外国引进或者转让技术时,国际技术转让合同受内国法律支配。

13.1.4 我国关于国际技术转让合同法律适用的立法与实践

我国现行立法中没有专门针对国际技术转让合同制定特殊的法律适用规则,但对知识产权转让和许可使用进行了规范。对于国际技术转让合同的法律冲突,应采取区分做法:如果合同转让的技术涉及知识产权,应适用《涉外民事关系法律适用法》第49条之规定;其他技术转让合同,则应根据我国调整国际合同的冲突原则加以解决。总体而言,我国解决国际技术转让合同的法律冲突应遵循以下原则:

(1)意思自治原则。我国《民法通则》第145条、《涉外民事关系法律适用法》第49条,以及《合同法》第126条都将意思自治原则作为确定国际合同准据法的首要原则,该原则同样适用于国际技术转让合同。

(2)最密切联系原则。当事人没有选择法律时,国际技术转让合同应当适用与之有最密切联系的国家的法律。何国法律与国际技术转让合同有最密切的联系,应当根据国际技术转让的具体情况来判定。

(3)在应当适用外国法律的情况下,该外国法律的适用不得违反我国有关技术进出口管理的强制性规定,如我国《技术进出口管理条例》第 29 条规定。

法律与规范链接

▲ 必读法条

《合同法》

第 126 条　涉外合同的当事人可以选择处理合同争议所适用的法律,但法律另有规定的除外。涉外合同的当事人没有选择的,适用与合同有最密切联系的国家的法律。

在中华人民共和国境内履行的中外合资经营企业合同、中外合作经营企业合同、中外合作勘探开发自然资源合同,适用中华人民共和国法律。

△ 延伸法条

《技术进出口管理条例》

第 29 条　技术进口合同中,不得含有下列限制性条款:

(一)要求受让人接受并非技术进口必不可少的附带条件,包括购买非必需的技术、原材料、产品、设备或者服务;

(二)要求受让人为专利权有效期限届满或者专利权被宣布无效的技术支付使用费或者承担相关义务;

(三)限制受让人改进让与人提供的技术或者限制受让人使用所改进的技术;

(四)限制受让人从其他来源获得与让与人提供的技术类似的技术或者与其竞争的技术;

(五)不合理地限制受让人购买原材料、零部件、产品或者设备的渠道或者来源;

(六)不合理地限制受让人产品的生产数量、品种或者销售价格;

(七)不合理地限制受让人利用进口的技术生产产品的出口渠道。

典型案例

丰罗(亚洲)私人有限公司诉艾思艾贸易(上海)有限公司买卖合同纠纷案〔1〕

【案情概述】

2010年5月13日,上诉人艾思艾贸易(上海)有限公司(以下简称艾思艾公司)因采购聚酯纤维板而向丰罗(亚洲)私人有限公司(以下简称丰罗公司)发送电子订单,丰罗公司予以承诺,双方约定艾思艾公司应于收到发票后30日内付款,货款金额为50,056.80欧元。签约后,丰罗公司已向艾思艾公司交付了全部货物并分别出具了发票(付款到期日分别为2010年8月25日、2010年9月3日),艾思艾公司至今未支付丰罗公司货款。2012年7月3日,丰罗公司曾因与艾思艾公司买卖合同纠纷诉至上海市黄浦区人民法院,2013年6月26日,丰罗公司撤回诉讼。现丰罗公司再次诉讼至上海市黄浦区人民法院。

关于本案争议的处理应适用哪国法律,丰罗公司认为,要约由艾思艾公司发出,丰罗公司的承诺到达艾思艾公司后合同成立。因艾思艾公司住所地在中国大陆,根据最密切联系原则,本案争议的解决应适用中国大陆法律。

艾思艾公司则认为,根据最密切联系原则,本案应适用新加坡法律或交货地所在国法律。因丰罗公司经常居住地在新加坡,交货地在比利时,故本案争议的处理应适用新加坡或比利时国家法律。

上海市黄浦区人民法院认为,本案系涉外民商事案件。因当事人未约定争议处理适用的法律,故本案的争议应适用与合同有最密切联系的国家或地区的法律。同时,人民法院根据最密切联系原则确定合同争议应适用的法律时,应根据合同的特殊性质,以及某一方当事人履行的义务最能体现合同的本质特性等因素,确定与合同有最密切联系的国家或地区的法律作为合同的准据法。本案中,艾思艾公司在中国大陆通过电子邮件向丰罗公司发送采购货物订单,即艾思艾公司向丰罗公司发出要约,丰罗公司也以电子邮件形式予以承诺。根据法律规定,承诺生效时合同成立。承诺通知到达要约人时生效。因买卖合同是在买方即艾思艾公司在中国大陆住所地谈判并订立,本案应适用买方住所地法,即中国大陆法律,故对艾思艾公司关于合同争议的处理应适用新加坡或比利时国家法律的主张,因缺乏相关依

〔1〕 上海市第二中级人民法院〔2014〕沪二中民四(商)终字第S661号民事判决书。

据，法院不予支持。

综上所述，原审法院认为，买卖合同成立并生效后，当事人均应按约履行义务。现丰罗公司已履行交货义务，艾思艾公司理应按约付款。因艾思艾公司违约，丰罗公司提出要求艾思艾公司支付货款的诉讼请求，理由正当，法院予以支持。关于丰罗公司主张的利息损失，艾思艾公司应承担因逾期付款造成的丰罗公司利息损失。因双方未约定艾思艾公司逾期付款的违约责任，现丰罗公司按中国人民银行发布的同期贷款基准利率计算，与法不悖，法院也予支持。至于利息起算日，双方约定艾思艾公司应于收到发票后30日内付款，现艾思艾公司确认收到发票的日期为2011年4月24日前，丰罗公司也同意自2011年5月25日起计算，故对于丰罗公司的该项诉请，法院一并支持。

原审法院判决后，上诉人艾思艾公司不服，向本院提起上诉称，在当事人没有约定具体适用哪国法律的情况下，应当适用合同履行地的法律，由于本案合同订单在工厂交货，应适用工厂所在地法律。即便依照《最高人民法院关于审理涉外民事或商事合同纠纷案件法律适用若干问题的规定》第5条之规定，对于"买卖合同"明确应"适用合同订立时卖方住所地法"，即被上诉人住所地(新加坡)法律，故原审法院适用法律错误。被上诉人在第一次诉讼之前从未主张过相应的货款，且双方对于付款时间的约定不明，所以计算利息应当自第一次起诉的时间(2012年7月3日)起算。上诉人请求二审法院依法改判。

被上诉人丰罗公司辩称，根据《最高人民法院关于审理涉外民事或商事合同纠纷案件法律适用若干问题的规定》第5条之规定，本案应适用与合同最密切联系的国家或地区的法律。本案的买卖合同由上诉人通过电子邮件向被上诉人发送要约，继而由被上诉人向上诉人提供发票做出承诺。被上诉人认为合同是在买方住所地订立，应适用买方住所地法。此外本案合同的连接点包括合同签订地、违约行为地、标的物所在地、买方即违约方住所地、受诉法院所在地、买方即违约方主要财产所在地等均位于中国，故原审法院适用法律正确。被上诉人在提起诉讼前曾经多次向上诉人主张货款支付，采购订单中也明确了付款日期。货款利息损失自2011年5月25日起算并无不妥之处。被上诉人请求二审法院依法驳回上诉人的上诉请求。

本院经审理查明，原审法院认定的事实无误，本院予以确认。

本院认为，当事人未选择合同争议应适用的法律的，适用与合同有最密切联系的国家或者地区的法律。人民法院根据最密切联系原则确定合同争议应适用的法律时,应根据合同的特殊性质,以及某一方当事人履行的义务最能体现合同的本质特性等因素,确定与合同有最密切联系的国家或者地区的法律作为合同的准据法。依法成立的合同对合同当事人具有法律约束力,当事人均应当按照约定履行各自的义务,不得擅自变更或者解除。当事人一方不履行合同义务或者履行合同义务不符合约定的,应当承担继续履行、采取补救措施或者赔偿损失等违约责任。

本案为涉外民商事纠纷,双方的争议焦点为法律适用问题。在涉案合同没有明确约定法律适用的情况下,应适用与合同有最密切联系的国家或地区的法律。关于合同订立的过程,被上诉人诉称由上诉人向被上诉人以电子邮件的方式发送电子订单,然后被上诉人予以承诺。被上诉人对此提供了电子邮件的翻译件和公证件。上诉人虽提出异议,但对订约过程未能提供合理陈述及相应的证据,故对上诉人的异议本院不予采信。原审法院根据本案在案证据及涉案买卖合同的连接点等因素确定本案适用中华人民共和国的法律并无不当……

13.2 国际代理关系

知识要点

13.2.1 国际代理的法律冲突

代理是各国民法中普遍存在的一个法律制度。但是大陆法系国家和英美法系国家之间关于代理的法律制度存在非常大的差异。

- 大陆法系的代理是指代理人以被代理人的名义,在代理权限内与第三人为意思表示或接受意思表示的行为,其效力直接或间接及于被代理人。
- 英美法中的代理一般不区分委托和代理权,只要是代理人为了被代理人的利益而与第三人实施的法律行为都可以称为代理。

13.2.2 国际代理的法律适用

解决国际代理的法律适用问题时,一般应就被代理人(本人)和代理人的关系、被代理人和第三人的关系以及代理人和第三人的关系,分别确定其准据法。

☆被代理人和代理人关系

国际代理中,被代理人和代理人之间的关系、有关代理人权限的范围、代理人的报酬、代理关系的终止以及代理人超越代理权限时对被代理人应负的责任等问题,一般由合同予以约定。因此,被代理人和代理人关系的法律适用,也应当依照调整合同的冲突原则来确定。

各国立法和实践都主张将意思自治原则作为确定被代理人和代理人关系准据法的首要原则。但在当事人双方未合意选择代理合同准据法时的法律适用,各国的立法和实践则有下面不同的主张与做法:

(1)适用与当事人和交易有最密切联系的法律。有些国家笼统地规定,当事人未选择法律时,被代理人和代理人的关系应当适用最密切联系的法律,如1971年美国《第二次冲突法重述》第291条。

(2)适用代理人实施代理行为地的法律。有些国家认为代理人实施代理行为地的法律与代理关系有最密切的联系,因而主张对被代理人和代理人的关系适用代理人实施代理行为地的法律,如《奥地利联邦国际私法法规》。

(3)适用代理人住所或机构所在地法律。采用这一冲突原则的国家比较多。如根据法国的司法实践,被代理人与代理人关系的准据法,在当事人无合意选择时,一般应适用代理人营业地法,如2011年《波兰国际私法》第23条第1款。

☆被代理人与第三人的关系

确定被代理人与第三人关系的准据法,归纳各国的立法和实践,主要有以下几种冲突原则:

(1)适用与当事人及交易有最密切联系的法律。该冲突原则为美国等国家所采用,如1971年美国《第二次冲突法重述》第292条。

(2)适用代理人营业地或主要活动地法律。该冲突原则被瑞士等国家所采用,如《瑞士联邦国际私法法规》第126条。

(3)适用代理人行为地法。此处行为地是指代理行为实施地。

☆代理人与第三人的关系

综观各国立法和实践,代理人和第三人关系的准据法,大多与被代理人和第三人关系的准据法相同,即支配被代理人和第三人关系的法律,亦支配代理人和第三人之间的关系。

国际商务代理还涉及代理权的问题。代理人是否具有代理权,往往是代理人和第三人的行为能否约束被代理人的关键。由于该问题直接涉及各方当事人的利益,从保护不同当事人的利益出发,有关国家各自采用的法律适用规则并不完全相同。各国关于代理权的法律适用规则主要有:被代理人住所地法、被代理人和代理人关系的主合同(由代理人与第三人缔结的合同)的准据法、代理人行为地法。

13.2.3 1978 年海牙《代理法律适用公约》评介

☆公约的适用范围

《代理法律适用公约》[1]主要适用于具有国际性质的商行为代理,即代理人代表被代理人与第三人进行或打算进行交易,但也并不排除适用于代理人负责以他人名义接收和传达意思表示,或者与第三人进行谈判等场合。但对以船长身份从事的代理、诉讼代理、亲属继承法中的代理,公约明文规定不予适用。公约也不适用于代理关系中当事人的行为能力以及形式方面的要求。[2]

☆被代理人与代理人的关系

公约规定,被代理人与代理人之间的关系,法律适用遵守如下规则:[3]

(1)当事人按照双方共同的意思表示所选择的某国国内法。此种选择必须是明示的,或是从当事人间的协议以及案件的事实中合理而必然地可以推定的。

(2)如果当事人未作选择,则适用代理关系成立时代理人的营业所所在地法;假如代理人没有营业所,则改为适用其惯常居所地法。但如果被代理人在代理人为代理行为国家内有营业所或惯常居所,则应适用代理人为代理行为地法。在被代理人或代理人有一个以上的营业所时,上述所谓的营业所则是指与代理关系有最密切联系的营业所。

但在代理关系是基于雇佣合同而产生的场合,公约则规定被代理人与代理人关系的准据法的确定,不适用公约的上述规定。

按照该公约的规定,被代理人与代理人关系的准据法适用范围为:代理关系的成立及其效力、双方当事人的义务、履行的条件、不履行的后果以及此项义务的消灭。并且强调被代理人与代理人关系的准据法特别适用于下列事项:

(1)代理权的存在和范围,变更或终止,代理人逾越权限或滥用代理权的后果;

(2)代理人指定替补代理人、分代理人或增设代理人的权利;

(3)在代理人和被代理人之间存在潜在的利益冲突的场合,代理人以被代理人

---

〔1〕 公约于 1978 年 3 月 14 日订于荷兰海牙,1992 年 5 月 1 日生效。

〔2〕《代理法律适用公约》第 1 条。

〔3〕 同上注,第 5 ~ 8 条。

名义订立合同的权利；

(4)非竞争性营业的条款和信用担保条款；

(5)在顾客中树立的信誉的补偿；

(6)可以获得赔偿的损害的种类。

☆被代理人与第三人的关系

公约第 11 条第 1 款规定，在被代理人与第三人关系中，代理权的存在与范围，以及代理人行使或意图行使代理权所产生的效力，应适用代理人为有关行为时其营业所所在地法。

为保护第三人的利益，该条第 2 款又规定，有下列情形之一的，则改为适用代理人为代理行为地法：(1)被代理人在代理人为有关代理行为地国家内设有营业所，或虽无营业所但设有惯常居所，并且代理人以被代理人名义进行活动；(2)第三人在代理人为代理行为地国家内设有营业所，或虽无营业所但设有惯常居所；(3)代理人在拍卖行或交易所为代理行为；(4)代理人无营业所。

公约第 11 条还指出，在当事人一方有数个营业所的场合，该条所指的营业所，系指与代理人所为的有关行为有最密切联系的营业所。公约还规定了第 11 条第 2 款适用代理人为代理行为地法的例外，即如果代理人与第三人在不同国家通过信件、电报、电传、电话或其他类似手段进行通讯联系的，则应视为在其营业所所在地从事此类代理活动，不适用代理人为代理行为地法，改为适用代理人营业所所在地法，无营业所的，则适用代理人惯常居所所在地法。

公约第 12 条规定，根据代理人与被代理人之间的雇佣合同而进行活动的代理人，如果没有营业所的，则被代理人的营业所视为代理人的营业所，从而适用被代理人的营业所所在地法来支配被代理人与第三人之间的关系。

公约还规定，如果被代理人或第三人已就第 11 条涉及的问题的法律适用作了书面约定，并且此项约定已为另一方当事人所接受的，则该约定的法律应适用于此类问题。

☆代理人与第三人的关系

公约第 15 条规定，支配被代理人与第三人关系的准据法，也应支配代理人与第三人之间因代理人行使其代理权、超越代理权或无权代理所产生的关系。

☆一般条款

公约规定，在适用本公约时，如根据与案件有重大联系的任何国家的法律，该国强制性规范必须适用，则该项强制性规范可以予以实施，而不管该国国际私法规则规定应适用何种法律。

公约允许缔约国实行公共秩序保留,但同时又对公共秩序保留规定了严格限制,即本公约规定应适用的法律只有在其适用会明显地与公共政策相抵触时,才可拒绝适用。

法律与规范链接

▲ **必读法条**

《涉外民事关系法律适用法》

第16条 代理适用代理行为地法律,但被代理人与代理人的民事关系,适用代理关系发生地法律。

当事人可以协议选择委托代理适用的法律。

△ **延伸法条**

2017年修订的《奥地利联邦国际私法法规》

第49条 1.委托代理的要件与效力,就委托人和代理人与第三人之间的关系而言,依照该委托人以第三人明显可见的方式所指定的法律判定。

2.如果未指定应适用的法律,则以代理人按委托人为第三人明显可见的意思而行事的所在地国法律为准;如果代理人受委托实施多种行为,则以代理人在通常情况下按委托人为第三人明显可见的意思而行事的所在地国法律为准。

3.如果依照第2款所规定的连结点不能确定应适用的法律,则以代理人行为地国法律为准。

《第二次冲突法重述》

第291条 被代理人与代理人相互间的权利和义务,应适用当事人及交易与其有最密切联系的州的法律。

第292条 被代理人是否受其代理人在交易中与第三人所为行为的约束,适用与当事人及交易有最密切联系的州的法律。

《波兰国际私法》

第23条 1.委托,适用委托人所选择的法律。只有在第三人已知晓或能轻易知晓该法律选择时,方能对该第三人援引所选择的法律。只有在受托人已知晓或能轻易知晓该法律选择时,委托人方能对受托人援引所选择的法律。

2.未选择法律时,委托依次地适用下列法律:

(1)受托人的固定从业所在地国法;或者

(2)委托人的营业地国法,前提是受托人的固定从业地也在该国境内;

(3)受托人已事实上作为委托人的代理人实施交易所在地国法或者依照委托人的意愿本应实施交易所在地国法。

《瑞士联邦国际私法法规》

第126条　[代理合同]

1. 因法律行为而发生代理时,被代理人与代理人之间的关系适用其合同的准据法。

2. 代理行为使被代理人对第三人产生义务的条件,适用代理人的营业所所在地国家的法律,或者,如果此种营业所不存在或无法为第三人所辨认,适用代理人在个案中的主要活动地国家的法律。

3. 如果代理人与被代理人存在劳动关系且无自己的商业营业所时,则其营业所视为位于被代理人的主要事务所所在地。

4. 本条第2款所指定的法律同样适用于无权代理人与第三人之间的关系。

典型案例

广州乐盈国际货运代理有限公司诉上海菱浦水产有限公司、上海菱海水产经贸有限公司货运代理合同纠纷案[1]

【案情概述】

2012年6月1日,广州菱山公司和两被告即上海菱浦水产有限公司(以下简称上海菱浦公司)、上海菱海水产经贸有限公司(以下简称上海菱海公司)共同向原告即广州乐盈国际货运代理有限公司(以下简称广州乐盈公司)出具1份委托授权函,授权原告为广州菱山公司和两被告的指定代理,代为操作该3公司经由深圳港的冷冻集装箱出口海运业务,包括向船公司申请优势运价、海运出口操作、代结相关费用等事宜,委托有效期至2013年12月31日止。2013年1月至5月,原告根据委托授权函陆续办理了30个冷冻集装箱从深圳港口至国外的海运出口业务,具体的操作流程为:广州菱山公司向原告提供出口货物的相关信息,原告根据信息办理向海运承运人订舱、安排拖车等货物出口运输事宜并垫付相关费用,原告垫付的30

[1] 广州海事法院[2014]广海法初字第233号民事判决书。

个冷冻集装箱货物的海运费、拖车费、出口文件费、封条费、装货港码头费、紧急燃油附加费等各项运输费用共计人民币 191,799.37 元。海运承运人就上述货物签发的正本提单均由原告交付给上海菱浦公司，上海菱浦公司为提单记载的托运人。10 月 24 日，原告向广州菱山公司发送一份对账单，该对账单详细列明了每月产生的具体运输费用并附有相关增值税发票。同日，广州菱山公司盖章确认该对账单金额准确无误。原告诉至法院要求两被告承担涉案 30 个冷冻集装箱货物产生的运输费用。

两被告为证明原告请求的运输费用应由广州菱山公司支付而提交了 1 份代理协议的复印件。该代理协议记载：广州菱山公司销售给国外的产品，全部以两被告的名义进行报关出口，开票给广州菱山公司并负责付清全部报关、运输等费用，协议期限为 2011 年 6 月至 2014 年 6 月。原告认为该份证据为无原件可供核对的复印件，且内容仅涉及广州菱山公司和两被告，不能约束原告，因此对该份证据的真实性和关联性均不予认可。

法院审理认为：本案原告代为办理的货物运输是从中国深圳至国外，故本案是一宗涉外货运代理合同纠纷。涉案代理行为和代理关系均产生于中国，根据《涉外民事关系法律适用法》第 16 条"代理适用代理行为地法律，但被代理人与代理人的民事关系，适用代理关系发生地法律"的规定，本案纠纷应适用中华人民共和国法律处理。

【关键问题】

1. 涉外代理合同如何认定？

2. 涉外代理合同如何法律适用？

【简要评论】

1. 本案中，根据广州菱山公司和两被告共同向原告出具的授权原告为广州菱山公司和两被告的指定代理的委托授权函，即可认定广州菱山公司和两被告与原告之间成立代理合同关系，其中被代理人为广州菱山公司及两被告，代理人为原告。原告代为办理的货物运输是从中国深圳至国外，因而具有了涉外因素。因而本案涉及涉外代理合同关系。

2. 根据我国《涉外民事关系法律适用法》第 16 条的规定，本案中双方当事人在委托授权函中没有选择准据法，也未在争议发生后协议选择适用的法律，因而应适用调整关于被代理人与代理人之间关系的冲突规范寻找准据法。

13.3　国际票据关系

知识要点

13.3.1　票据

☆票据的概念

票据是具有法定形式，写明一定数额货币单位的，由出票人或其指定的人无条件支付该项数额货币单位的凭证。票据具有与其票面所载数额货币单位相等的价值，能够代替货币流转以冲销当事人之间的债权债务，在国际贸易支付中被广泛采用。

☆票据的种类

作为国际贸易支付工具的票据，主要有本票、支票、汇票三种。

(1)本票是出票人出具的保证由其本人于见票日或到期日无条件地支付票面所载数额货币单位给受款人的票据。本票有两个当事人，一个是签发本票并自负付款义务的出票人，另一个是持本票向出票人请求付款的受款人。

(2)支票是出票人向银行开出的要求该银行于见票时无条件付给指定的人(或持票人)票面所载数额货币单位的凭证。支票涉及三方当事人，即出票人、付款人和受款人。其中，付款人是出票人有存款的银行。

(3)汇票是出票人向受票人开出的，要求受票人在见票时或一定时期内付给指定的人(或持票人)票面所载数额货币单位的支付命令。这是在国际贸易支付中最常用的一种票据。汇票涉及三方当事人：

- 出票人，即签发汇票的人；
- 受票人，即汇票的付款人；
- 受款人，即受领汇票所载数额货币单位的人。

在国际贸易支付中，出票人可以开出以其自己为受款人的汇票，要求受票人支付一定的金额，在这种情况下，出票人和受款人实际上为同一人。按受票人付款的时间不同，汇票可分为即期汇票和远期汇票。即期汇票要求受票人于见票时立即付款。远期汇票则要求受款人见票后于汇票写明的到期日履行付款义务。

☆票据行为

在票据流转的过程中，当事人之间会发生一系列的票据行为，并由此而引起一系列债权债务关系的产生、变更或消灭。主要的票据行为有：

（1）出票，是指出票人按照法定要求填写票据并将填写了的票据交给受款人的行为。出票行为导致出票人和受款人之间债权债务关系的发生。汇票和支票的出票人应保证受款人在法定条件下能够取得款项，本票的出票人在到期日应向受款人履行付款义务。

（2）背书，是指受款人在票据背面签字转让该票据的行为。票据经背书转让后，受让人即成为受款人。背书人负有保证受让人在法定条件下得到承兑和付款的义务，如果日后票据遭到拒绝，受让人可以向背书人行使追索权。

（3）提示，是指受款人在法定期限内向受票人出示票据，要求受票人承兑或付款的行为。提示分承兑提示和付款提示两种。远期汇票应先作承兑提示，然后于到期日再作付款提示。即期汇票的承兑提示和付款提示则同时进行。由于本票和支票无须承兑，因此，本票和支票的受款人都只作付款提示而不作承兑提示。

（4）承兑，是指受票人在汇票上注明“承兑”字样，并签上自己的姓名和日期，以表示愿意按汇票金额承担付款义务的行为。汇票经受票人承兑后，受票人和受款人之间便形成了债权债务关系，受票人应当承担向受款人支付汇票所载金额的义务。

（5）付款，是指受票人（或本票的出票人）向受款人实际支付票据所载数额货币单位的行为。付款人依法履行付款义务后，票据关系即告结束，该票据便不再继续流通。

13.3.2　票据的法律冲突

当今各国票据法的规定并不完全相同：

（1）从世界范围来看，两大票据法体系国家的票据法的规定存在较大的差异。

欧洲大多数国家以及日本和拉丁美洲的部分国家已经加入了1930年在日内瓦签订的《本票、汇票统一法公约》和《关于解决本票、汇票若干法律冲突的公约》，以及1931年在日内瓦签订的《支票统一法公约》和《关于解决支票若干法律冲突的公约》。因而，这些国家调整票据关系的国内立法都在不同程度上受到上述公约的影响，并由此而形成了日内瓦票据法体系。

英国、美国以及一些英联邦的国家一直拒绝参加上述日内瓦票据法公约，而是坚持其传统的票据法体系，从而也就形成了英美票据法体系。

（2）同一票据法体系内的不同国家之间，票据法的具体规定也不完全一致。因此，在国际贸易支付中，当一张流通的票据涉及不同国家的法律时，就必须解决票据的法律适用问题。

13.3.3　票据的法律适用

综观各国立法及有关国际条约的规定，票据的法律适用有如下特点：

● 行为地法被有关国家广泛采用。在票据行为中，遵循“场所支配行为”原则，行为地国家的法律常常被作为准据法。如票据的形式依票据签发地法、背书的形式依背书地法、承兑形式依承兑地法、票据签字人所负义务依签字地法、票据追索权的行使期限依票据签发地法等。

● 适用付款地法的情形较多。如承兑人所应负的义务、承兑可否限于票额的一部分、受款人是否必须接受部分付款、票据遗失或被盗时应采取的措施等，一般都是适用付款地法。

● 当事人属人法在解决票据法律冲突时也常被适用。凡因票据而受约束的人，如出票人、背书人、受票人、受款人等，其权利能力和行为能力，适用各当事人属人法。但如果依当事人属人法为无权利能力或行为能力，而依行为地法为有权利能力或行为能力的，则依行为地法。

我国《票据法》对票据的法律适用作了如下规定：

(1)票据债务人的民事行为能力，适用其本国法律。但如果票据债务人依其本国法律为无民事行为能力或者为限制行为能力，而依行为地法律为完全民事行为能力的，适用行为地法律。

(2)汇票、本票出票时的记载事项适用出票地法律。支票出票时的记载事项适用出票地法律，但经当事人协议，也可适用付款地法律。

(3)票据的背书、承兑、付款和保证行为，适用行为地法律。

(4)票据追索权的行使期限，适用出票地法律。

(5)票据的提示期限、有关拒绝证明的方式、出具拒绝证明的期限，适用付款地法律。

(6)票据丧失时，失票人请求保全票据权利的程序，适用付款地法律。

此外，我国《票据法》还规定，我国缔结或者参加的国际条约同我国《票据法》有不同规定的，适用国际条约的规定，但我国声明保留的条款除外。我国《票据法》和我国缔结或者参加的国际条约没有规定的，可以适用国际惯例。

法律与规范链接

▲ 必读法条

《票据法》

第94条 涉外票据的法律适用,依照本章的规定确定。

前款所称涉外票据,是指出票、背书、承兑、保证、付款等行为中,既有发生在中华人民共和国境内又有发生在中华人民共和国境外的票据。

第95条 (见本书第22~23页)

第96条 票据债务人的民事行为能力,适用其本国法律。

票据债务人的民事行为能力,依照其本国法律为无民事行为能力或者为限制民事行为能力而依照行为地法律为完全民事行为能力的,适用行为地法律。

第97条 汇票、本票出票时的记载事项,适用出票地法律。

支票出票时的记载事项,适用出票地法律,经当事人协议,也可以适用付款地法律。

第98条 票据的背书、承兑、付款和保证行为,适用行为地法律。

第99条 票据追索权的行使期限,适用出票地法律。

第100条 票据的提示期限、有关拒绝证明的方式、出具拒绝证明的期限,适用付款地法律。

第101条 票据丧失时,失票人请求保全票据权利的程序,适用付款地法律。

△ 延伸法条

《国际商会托收统一规则》

典型案例

韩国大邱银行诉威海纺织集团进出口有限责任公司等票据付款请求权纠纷案[1]

【案情概述】

2007年3月6日,被告纺织集团与韩国CDP PLAS公司(以下简称CDP公司)签订一份买卖合同,约定由纺织集团购买CDP公司纺织原料,价值489,000美元。CDP公司将货物装船后于同年3月15日签发一张商业汇票,并向原告大邱银行递

〔1〕 山东省威海市中级人民法院〔2008〕威民二外初字第63号民事判决书。

交了出口汇票议付(托收)申请书,委托原告大邱银行收取该汇票款项,该汇票载明付款人为被告纺织集团,金额489,000美元,付款日期为承兑交单后120天付款。

原告接受CDP公司的委托后又委托被告交通银行代收该笔款项,其向交通银行寄送了托收面函、涉案商业汇票及相关发票、提单、装箱单等单据,在托收面函中汇票一栏记载了出票人为CDP公司,付款人为被告纺织集团,金额489,000美元,付款日期为承兑交单后120天付款;付款指示一栏记载:"将款项通过纽约美联银行贷记我行账户,引用我行业务编号226XP0074447"。并特别批注"凭承兑交付单据并通知我行承兑日及到期日"。

交通银行收到上述托收面函、商业汇票及单据后,于同年3月19日向纺织集团提示单据和承兑,纺织集团在交通银行制作的对外付款/承兑通知书中"付款人"一栏加盖了财务专用章及法定代表人的私人印章,表示同意承兑并到期付款。

同年8月1日,交通银行通过SWIFT系统向原告发出承兑电文,称付款人纺织集团已承兑汇票金额489,000美元,到期日2007年7月6日。后纺织集团实际未支付汇票款项,在原告的要求下,交通银行于2007年10月16日将涉案汇票通过快递公司寄送原告,同年10月19日,交通银行又发电通知原告,称其所寄送的信件包括涉案汇票在邮寄过程中丢失。

原告遂诉至法院,认为原告系涉案汇票出票时记载的收款人,被告纺织集团对汇票已承兑,应当承担付款责任;被告交通银行将已承兑的汇票丢失,应对该汇票金额承担连带清偿责任。在诉讼中,原告又称其已向出票人CDP公司支付对价买入该汇票,取得了票据权利,请求判令二被告支付汇票款项489,000美元,并自汇票到期日起至履行之日止按中国人民银行规定的同期贷款利率计付利息。

被告纺织集团认为原告大邱银行并非涉案汇票记载的收款人,不是票据当事人,原告系接受CDP公司的委托办理涉案汇票的委托收款业务,其作为托收行无权主张票据权利,且被告纺织集团并未对涉案汇票进行签章承兑,不应承担票据上的付款责任;被告交通银行则认为其在本案汇票托收业务中处于代收行的地位,接受托收行原告的指示,代其向付款人提示单据和承兑,依据《国际托收统一规则》(简称UCR522)的相关规定,其对汇票及单据在传送中的遗失应当免责。二被告均拒绝原告的诉讼请求。

关于准据法的确定,山东省威海市中级人民法院一审经审理认为:因涉案汇票为出口托收交单项下的用于国际流通的商业汇票,涉及国际银行间的委托收款业务,中华人民共和国法律和中华人民共和国缔结或者参加的国际条约对此均没有规定,故应当适用《国际托收统一规则》(UCR522);同时,依据《中华人民共和国票据法》第99条关于"票据的背书、承兑、付款和保证行为,适用行为地法律"的规定,涉案汇票的付款人纺织集团的住所地和主要营业场所均在威海市,因此有关本案汇票的承兑、付款行为则应当适用行为地中华人民共和国法律。

【关键问题】

本案中汇票承兑、付款行为如何进行法律适用?

【简要评论】

本案涉及国际银行间的委托收款业务行为效力问题,根据我国《票据法》第95条规定,我国法律以及我国加入的国际条约没有规定的,可以适用国际惯例,因而法院适用《国际托收统一规则》。而对本案涉及国际贸易中的商业汇票承兑、付款等行为效力依何地法律对其进行判定问题,由于我国票据法对该问题的法律适用已有冲突规范调整,可直接援引冲突规范确定准据法。

延伸阅读

1. 何其生:《新实用主义与晚近破产冲突法的发展》,载《法学研究》2007年第6期。
2. 黄进、何其生:《电子商务与冲突法的变革》,载《中国法学》2003年第1期。
3. 王闯:《当前人民法院审理商事合同案件适用法律若干问题》,载《法律适用》2009年第9期。
4. 宣增益:《国际代理法律适用研究》,载《政法论坛》2002年第6期。

第14章　海事关系的法律适用

教学目标

1. 理解船舶关系与海上运输关系的概念和国际海事法律关系的法律冲突。
2. 了解海事领域达成的国际统一实体法规范即国际条约。
3. 理解和运用船舶物权、海上运输与保险、海上侵权、共同海损和海事赔偿责任限制法律适用的冲突规则，并识记我国的相关规定。

推荐参考资料

1. 韩立新编著：《海事国际私法》（第2版），大连海事大学出版社2015年版。
2. 屈广清：《海事冲突法新论》，人民出版社2013年版。
3. 刘兴莉：《国际海事货物索赔管辖权的选择：从适格法院到适当法院》，北京大学出版社2011年版。
4. 王国华：《海事国际私法：冲突法篇》，北京大学出版社2009年版。
5. 邢海宝：《海事诉讼特别程序研究》，法律出版社2002年版。

14.1　船舶物权

知识要点

14.1.1　船舶物权及其法律冲突

船舶物权，是指权利人依法对船舶享有直接支配和排他的权利。典型的船舶物权包括船舶所有权、船舶抵押权和船舶优先权。由于各国立法对上述内容规定不尽相同，从而产生法律冲突。

☆船舶所有权及其法律冲突

船舶所有权,是指船舶所有人依法对船舶享有的占有、使用、收益和处分的权利。有关船舶所有权的法律冲突主要体现在船舶登记上。各国关于船舶所有权登记的法律规定差异主要表现在:

(1)登记方式。有的国家立法要求强制登记,船舶只有通过登记,才能取得船舶国籍或者船舶执照;有的国家则采取“开放登记”,即对登记进行柔性管理,基本无限制,手续相当简便。

(2)所有权人的资格。有的国家规定,一般情况下,只有本国公民或法人才能在本国进行船舶登记,如利比里亚;有的国家对船东的国籍没有硬性规定,如巴拿马;有的国家规定,原则上本国公民或法人才能在本国进行船舶登记,但在一定条件下,非本国国民也可以进行登记,如挪威;有的国家则区分船舶吨位,对不同吨位的船舶规定了不同的船东资格,如巴哈马、新加坡。

(3)对登记船舶的限制。各国在船舶长度、船名、船龄等方面也有不同规定。如利比里亚法律规定,登记的船舶不能超过20年船龄;新加坡对超过15年船龄的船舶不予登记;百慕大、挪威和我国对船龄没有限制。

☆船舶抵押权及其法律冲突

船舶抵押权,是指抵押权人对于抵押人提供的作为债务担保的船舶,在抵押人不履行债务时,可以依法拍卖,从卖得的价款中优先受偿的权利。虽然船舶抵押权通常是以签订书面合同的形式设立的,但由于船舶被各国视作不动产,所以船舶抵押权也涉及主管机关登记的问题。各国对抵押登记效力的不同规定可能导致法律冲突。

☆船舶优先权及其法律冲突

船舶优先权又称为船舶优先请求权、海上优先请求权、海上留置权或优先受偿权,是指海事请求人依照法律的规定向船舶所有人、船舶承租人或船舶经营人提出海事请求,对产生该海事请求的船舶具有优先受偿的权利。各国船舶优先权制度的差异,主要体现在优先权的种类、标的、顺序和消灭等方面。

14.1.2　有关船舶物权的国际公约

有关船舶物权的国际公约主要是涉及船舶担保物权的公约。目前较为重要的公约有:1926年《统一船舶优先权和抵押权某些法律规定的国际公约》、1967年《统一船舶优先权和抵押权某些法律规定的国际公约》以及1993年《船舶优先权和抵押权国际公约》。1926年公约与1967年公约的缔约国较少,影响甚微;2004年9月生效的 1993 年公约影响较大。

1993 年《船舶优先权和抵押权国际公约》主要内容如下：

● 关于相互承认和执行船舶担保物权。公约第 2 条规定，凡根据船舶登记国法律设定和登记的船舶担保物权，应在其他缔约国获得尊重；已登记的担保物权彼此之间的排列顺序及对第三方的效力，在不妨碍本公约的条件下，应根据登记国法律确定，遵守登记国法律。

● 具有优先权的海事请求项目。公约第 4 条规定，具有优先权的海事请求项目包括：船长、船员和其他在编人员的工资、遣返费、社会保险费，与船舶营运有关的人身伤亡费，救助报酬费，规费和引航费，由于船舶营运所引起的侵权行为索赔的费用。

● 受偿顺序。对于船舶优先权、船舶抵押权和船舶留置权三者的受偿位序，公约第 5 条规定船舶优先权第一，船舶留置权第二，船舶抵押权第三。

14.1.3 船舶物权的法律适用

☆船旗国法

船旗国法，是指船舶悬挂旗帜所属国的法律。任何船舶均需通过登记获取一国国籍并在运营中悬挂该国国旗，所以船旗国通常就是船舶登记注册国。

船舶作为来往于不同国家的移动物，牵涉不同国家的法律。如果将解决物权法律冲突的一般原则——物之所在地法原则适用于船舶物权，必将影响船舶物权的稳定性。因此，以相对稳定且具有明示性的船旗国法作为船舶物权的准据法，为众多国家的立法所采纳，如我国《海商法》和奥地利联邦等国国际私法法规。

在特殊情况下，对船舶物权也可以依物之所在地法进行调整。例如，有关当局应权利人的申请将船舶扣押，并对扣押船舶进行处置，此时，可以适用物之所在地法。《奥地利联邦国际私法法规》第 31、33 条就明确规定了交通工具的物权在某些情况下应当适用物之所在地法。

☆法院地法

法院地法，是指受理案件的法院所在国家的法律。法院地法通常用以解决程序性问题，在有的情况下也被用来调整某些实体性问题。在船舶物权方面，法院地法主要用于解决船舶优先权的法律冲突。以法院地法作为船舶优先权的准据法，已为许多国家的立法所接受和确认。我国《海商法》第 272 条规定也采此种做法。

以法院地法作为船舶优先权的准据法，其合理性在于：首先，船舶优先权的行使直接受到法院地法的干涉和控制，以法院地法作为其准据法，有利于船舶优先权的保护和行使;其次,船舶经常处于移动状态之中,以法院地法作为船舶优先权的准据法,有利于简化法律选择过程,降低法律适用的难度;最后,船舶优先权在实施过程中,常常涉及强制性程序问题,关涉到法院地的公共秩序。

法律与规范链接

▲ 必读法条

《海商法》第270～272条

△ 延伸法条

《奥地利联邦国际私法法规》

第33条

1. 在登记机关注册的水上或者空中运输工具的物权,除第2款另有规定外,依照注册国的法律判定;铁路运输工具,依照在营业中使用该运输工具的铁路企业的主要管理中,实际所在国法律判定。

2. 为担保因运输工具所造成的损害或者费用引起的赔偿请求权而依法设立或者强制设立的抵押权或者法定留置权,均适用第31条的规定。

典型案例

原告德国航运贷款银行诉被告艾斯姆阿明航运有限公司、舍库萨格凯斯航运有限公司船舶权属纠纷案[1]

【案情概述】

2013年11月1日,申请人德国航运贷款银行与艾斯姆阿明航运有限公司等签订贷款协议发放贷款,该司以"阿明"轮作为担保,双方签订《抵押协议》等法律文件并办理了抵押权登记,但艾斯姆阿明航运有限公司未经德国航运贷款银行同意将船舶转让给伊朗舍库萨格凯斯航运有限公司。德国航运贷款银行以违反合同诸多约定,拖欠债务本息为由,向法院申请扣押停泊于漳州港的"阿明2"(MV Amin2)

---

[1] 参见《服务保障"一带一路"建设典型案例——原告德国航运贷款银行诉被告艾斯姆阿明航运有限公司、舍库萨格凯斯航运有限公司船舶权属纠纷案》,载 http://www.ccmt.org.cn/shownews.php?id=16539,最后访问日期:2017年6月5日。

轮,并责令被申请人提供担保。法院经审查后,裁定予以准许,并于当日在漳州港实行扣押。在"阿明2"轮被扣押之后第三十日,原告德国航运贷款银行就案涉纠纷以艾斯姆阿明航运有限公司、舍库萨格凯斯航运有限公司为被告向法院提起诉讼,请求判决确认其就约3000万欧元贷款本息对"阿明2"轮具有抵押权,被告赔偿损失及承担诉讼、律师费用。

在诉讼过程中,因被告不能提供担保,法院根据原告申请拍卖了该船,并最终以3.24亿元高价成交。船舶成功拍卖后,法院及时研判国际形势,利用联合国有条件取消对伊制裁的时机,结合船舶拍卖的有利条件,主持双方当事人最终达成调解。

【关键问题】

涉外船舶抵押权的法律适用。

【简要评论】

我国海商法规定,船舶抵押权适用船旗国法律。船舶在光船租赁以前或者光船租赁期间,适用原船舶登记国的法律。本案中,我国法院在扣押涉案船舶后主持了调解,但若不进行调解,则应适用船旗国法律对船舶抵押权进行审理。

14.2　海上运输与保险

14.2.1　海上货物运输

☆海上货物运输的概念

海上货物运输,是指用海船将货物从一国港口运至另一港口的运输,主要有班轮运输和租船运输两种方式。

(1)班轮运输,是指海上货物承运人按固定航期、固定航线、固定港口和固定运费率接受托运人货物并运输至目的港的运输方式。托运人和承运人之间的合同关系主要以提单的形式确立。

(2)租船运输,是指船舶所有人或管理人出租船舶的一部分或全部舱位运送货主的货物的运输方式。租船运输法律关系的书面化,即为租船合同,简称为租约。租船合同已经高度标准化,按其方式不同,可以分为航次租船合同、定期租船合同、光船租船合同。

☆海上货物运输的国际公约

调整海上货物运输的国际公约主要是针对提单达成的1924年《统一提单若干法律规则的国际公约》(以下简称海牙规则)、1968年《关于修改1924年统一提单若干法律规则的国际公约的议定书》(以下简称维斯比规则)和1978年《联合国海上货物运输合同公约》(以下简称汉堡规则)。

★海牙规则

该公约于1936年生效,是目前调整海上货物运输最重要、最有影响力的国际公约。我国未参加海牙规则,但我国海商法关于承运人责任的规定基本采用该规则。公约共16条,其中第1条至第10条是实质性条款,主要内容包括:

(1)承运人的基本义务:提供适航船舶和适当而谨慎地装载、搬移、配载、运输、保管、照料及卸载承运货物。[1]

(2)承运人的责任期间和责任限额。责任期间实行"钩到钩原则",即货物自装载港装船时起至目的港卸货后为止。责任限额为,每件货物或每一计费单位的货物的损害或灭失,最高赔偿额为100英镑,但托运人于装货前已就该项货物的性质和价值提出声明并已在提单中注明的,不在此限。[2]

(3)承运人的免责事项。不论承运人或船舶,对下列原因所引起或造成的灭失或损失都不负责:船长、船员、引水员或承运人的受雇人在航行或管理船舶中的行为、疏忽或不履行义务;火灾,但承运人过失或私谋所引起的除外;海上或其他通航水域的灾难、危险或意外事故;天灾;战争行为;公敌行为;有关当局或人民的扣押或管制;检疫限制;托运人的行为或不行为;罢工;暴动或骚乱;救助或企图救助海上人命或财产;货物本身的缺点、性质或缺陷;包装不良;标志不清或不当;虽恪尽职守亦不能发现的潜在缺点;非由于承运人的过失或私谋,或承运人的代理人或受雇人的过失或疏忽所引起的其他任何原因。[3]

(4)诉讼时效:公约规定了1年的诉讼时效,自货物交付之日或应交付之日起算。[4]

★维斯比规则

该规则共17条,对海牙规则部分条文进行了修改,其修改内容为:

---

〔1〕《海牙规则》第1~3条。

〔2〕同上注,第4条第6款。

〔3〕同上注,第4条第2款。

〔4〕同上注,第3条第6款。

（1）提高了承运人的赔偿限额，将最高赔偿限额规定为每件或每单位货物不超过 10,000 法郎，或者按灭失或损坏货物的毛重每公斤不超过 30 法郎。[1]

（2）扩大了责任主体，把承运人的责任限制的各项抗辩延及其雇员和代理人。[2]

（3）有条件地延长诉讼时效，即在诉讼事由发生后，经双方当事人同意，可以延长诉讼时效。[3]

★汉堡规则

该规则于 1992 年 11 月 1 日生效，与海牙规则相比，作了如下重大变革：

（1）改变承运人责任的归责原则，将不完全过失责任制度改为推定过失责任制度，废除了对航行和管理船舶的过失免责的规定。[4]

（2）延长了承运人的责任期限，将"钩到钩"原则改为"港到港"或"接到交"原则。[5]

（3）改变了承运人责任限额。承运人对货物灭失或损坏造成的损失所负的赔偿责任，以灭失或损坏的货物每件或每其他货运单位相当于 835 记账单位或毛重每公斤 2.5 记账单位的数额为限，两者中以较高的数额为准。[6]

（4）延长了诉讼时效，时效期限为 2 年。[7]

从海牙规则到汉堡规则，国际立法历程实质上是承运人利益与货主利益之间的博弈过程。前者的承运人中心主义受到后者的矫正，在承运人和货主之间获得了一定的衡平。

★鹿特丹规则

鹿特丹规则全称《联合国全程或部分海上国际货物运输合同公约》，2008 年 12 月 11 日通过，目前尚未生效。鹿特丹规则共 18 章 96 条，是迄今为止条文最多、调整运输范围最广和吸收、创设新规则最多的国际货物运输合同公约。鹿特丹规则与现在国际上普遍采用的海牙规则、维斯比规则相比较，对承运人责任制度的规定有很大的变化，扩大了承运人责任期间，改变了承运人的责任基础，取消了传统的

---

〔1〕《维斯比规则》第 2 条。
〔2〕同上注，第 3 条。
〔3〕同上注，第 1 条。
〔4〕《汉堡规则》第 5 条。
〔5〕同上注，第 4 条第 1 款。
〔6〕同上注，第 6 条第 1 款。
〔7〕同上注，第 20 条。

承运人免责事项,提高了承运人责任限额。如果该规则生效,将大大加重承运人的责任,从而对航运业及保险业带来重大影响。

☆海上货物运输的法律适用

海上货物运输是一种合同关系,其法律适用原则如下:

(1)意思自治原则。在班轮运输中,运输合同的存在是由承运人签发提单来证明的,当事人的权利和义务也依提单条款来确定。提单载明的格式条款中通常都有一项"首要条款",即关于该提单受何种法律支配的条款。因此,根据意思自治原则确定的班轮运输合同的准据法,也就是提单"首要条款"中指定的法律。在租船运输中,各国也普遍主张适用租船合同当事人自己选择的法律。

(2)最密切联系原则。在班轮运输中,当提单没有指定适用的法律时,多数国家都根据最密切联系原则,主张适用承运人营业所所在地法。在租船运输中,当事人没有选择法律时,有的国家主张适用船旗国法,有的国家主张适用合同缔结地法,还有的国家笼统地规定适用与租船合同有最密切联系的国家的法律。

我国《海商法》第269条规定:"合同当事人可以选择合同适用的法律,法律另有规定的除外。当事人没有选择的,适用与合同有最密切联系的国家的法律。"

14.2.2 海上旅客运输

☆海上旅客运输的概念

海上旅客运输是一种合同关系,是指承运人以适合旅客运输的船舶将旅客及其行李经海路从一港运至另一港,由旅客支付票款、购买客票的合同。客票包括船票和行李票,其在海上旅客运输中具有重要的意义:

(1)客票是海上旅客及其行李运输合同成立的证明;

(2)客票是旅客已支付运费的证明;

(3)客票是旅客乘船和提取行李的凭证;

(4)客票是旅客索赔、承运人赔付的重要依据。

从调整海上旅客运输的法律来看,国际社会只在有限的范围内达成了统一实体规范,有关海上旅客运输的大量法律问题,主要由各国的国内立法进行调整。各国对承运人的责任、承运人免责、责任限制、索赔、旅客责任以及司法管辖权等问题具体规定存在差异。

☆海上旅客运输的国际公约

目前调整海上旅客运输的国际公约主要是雅典公约体系。雅典公约是在1974年12月由现今的国际海事组织制定的,全称为《海上旅客及其行李运输雅典公约》,1987 年 4 月生效。我国于 1994 年 5 月加入该公约,1994 年 8 月该公约对我国生效。其主要内容如下:

(1)公约的适用范围。公约以肯定和否定两种方式对其适用范围进行了界定。肯定适用的范围为:船旗国为公约缔约国,或者运输合同在缔约国订立,或者起运地或目的地在缔约国境内。否定适用的范围为:承运人和旅客属同一缔约国国民,则该缔约国可书面保留公约的适用;核事故造成的损害赔偿;其他国际公约在以其他运输方式运输旅客或行李方面存在某种民事责任制的规定,则在这些规定强制适用于海上运输的范围内,本公约不适用。[1]

(2)归责原则与免责制度。在归责原则方面,两种责任制并存,一般实行过失责任制,但在特定的范围内实行推定过失责任制。在免责制度方面,如果旅客人身伤亡或行李灭失是由于其自身的过失造成的,则承运人在举证证明的范围内免责;诸如黄金、珠宝、艺术品等贵重物品的毁损灭失,也在承运人的免责范围内,但当事人另有约定的除外。[2]

(3)承运人的责任限制。公约对旅客伤亡、自带行李、其他行李和车辆规定了不同的赔偿限额,但若承运人对损失的发生存在主观故意或明知,则丧失责任限制权。当事人也可约定高于上述限额的赔偿。此外,责任限额不包括损害赔偿金的利息和诉讼费用。[3]

(4)无效合同条款。公约规定,合同中存在的下列条款无效:①旨在解除承运人对旅客承担责任的条款;②降低公约确定的责任限额的条款;③旨在推卸承运人举证责任的条款;④限制旅客依公约规定选择诉讼法院的条款。[4]

(5)诉讼时效和司法管辖权。公约规定,旅客人身伤亡、行李灭失所引起的损害赔偿诉讼时效为 2 年;原告可以选择司法管辖,当事人双方也可协商确定司法管辖。[5]

☆海上旅客运输的法律适用

(1)意思自治原则。海上旅客运输合同当事人选择法律的方式,通常表现为在客票中订立法律适用条款。客票是格式化的海上旅客运输合同,一般记载有船名、航次、日期、起运港、目的港、客舱等级、票价、承运人的名称与地址、旅客姓名与地

---

〔1〕《海上旅客及其行李运输雅典公约》第 2 条。

〔2〕同上注,第 3 ~ 6 条。

〔3〕同上注,第 7 ~ 13 条。

〔4〕同上注,第 18 条。

〔5〕同上注,第 16 条和第 17 条。

址、船舶抵达目的港日期以及调整旅客和承运人权利义务关系所应适用的法律等事项。其中的法律适用条款,就是海上旅客运输合同当事人意思自治的体现。

(2)最密切联系原则。当事人没有选择适用的法律或其选择无效时,各国大都主张依最密切联系原则确定海上旅客运输合同的准据法。在具体实践中,有关国家一般认为承运人主营业所所在地法律与海上旅客运输合同存在最密切的联系。

14.2.3 海上保险

☆海上保险的概念

海上保险也称水险,是指投保人向保险人支付保险费,保险人对于合同约定的风险造成的海上财产的灭失或损害承担赔偿责任的行为。海上保险属于财产保险的范畴,不包括人身保险,因此,海上旅客意外伤害保险、船员意外伤害保险等不在海上保险之列。海上保险的种类很多,按照保险标的的不同可以分为两大类:

(1)海上财产保险,主要包括船舶保险、货物运输保险、运费保险和海上石油开发保险等;

(2)海上责任保险,主要有碰撞责任险、油污责任险和保赔责任险等。责任险通常是附加在财产保险中。

各国保险立法和保险人制定的保险条款对承保范围、风险归类、保险期限、索赔时效等均有不同的规定,因此,海上保险法律冲突不可避免。

☆海上保险的法律适用

目前还没有统一的关于海上保险的国际公约,调整国际海上保险关系主要是借助于各国的冲突法和有关的国际惯例。在冲突法调整方面,由于海上保险法律关系都是通过保险合同来体现,所以用于确定海上保险准据法的冲突原则仍然主要是意思自治原则和最密切联系原则。

海上保险当事人的意思自治,集中体现在保险单证的法律适用条款上。最密切联系原则是对意思自治原则的补充,具体到海上保险合同中,各国一般认为保险人营业所所在地法律与保险合同有着最密切的联系。

法律与规范链接

▲ 必读法条

《海商法》

第269条 (见本书第113页)

典型案例

佛山市顺德区汇成实业有限公司诉深圳市旭晖达国际货运代理有限公司海上货物运输合同案[1]

【案情概述】

2012年1月6日和9日，原告与CE公司通过电子邮件的方式签订15份采购订单，订单编号从0158240号至0158254号，均约定CE公司向原告购买多种摇头功能落地扇，付款方式为先付20%订金，80%尾款见提单复印本付清；每份订单订购的货物数量均为700台。

合同签订后，CE公司于2月20日和3月2日分别支付订金。原告将0158240号、0158241号、0158242号、0158254号订单项下的四票货物委托美的公司代为办理出口报关和从广东省佛山市顺德区北滘港运至美国华盛顿西雅图的运输手续。该4单货物由被告承运，被告在运输过程中通过电子邮件等方式直接与原告联系运输事宜。后签发了4套各一式三份提单。4套提单抬头均为RS Logistics Limited，托运人为美的公司，收货人和通知人为CE公司，收货地顺德北滘，装货港蛇口，卸货港华盛顿西雅图，交货地俄亥俄州辛辛那提，被告在提单承运人签发处加盖"旭晖物流有限公司RS Logistics Limited"印章并签名。被告称其为香港企业旭晖公司在深圳的代理，两者的英文名称均为RS Logistics Limited。涉案提单的样式与被告在中华人民共和国交通运输部备案的提单样式一致，被告英文名称也与备案的英文名称一致。5月8日，被告将上述4份提单邮寄给原告。5月11日，原告通知被告，被告须凭正本提单交付货物。美的公司向法院出具证明，确认本案4套正本提单的真正托运人及货主均为原告，4套提单由原告持有和行使权利。

2012年6月8日，被告告知原告，其目的港代理已经联系了收货人并取得了收货人的银行付款底单。8月3日，被告向原告确认，涉案货物已经清关并交付CE公司。原告向法院起诉，诉称被告无正本提单交付货物的行为导致原告遭受货款损失，请求被告赔偿原告货物损失及利息，并承担本案诉讼费。

广州海事法院经审理认为：本案货物从中国广东顺德经海上运输运至美国华盛顿西雅图，具有涉外因素，故本案是一宗涉外海上货物运输合同纠纷。

根据《最高人民法院关于海事法院受理案件范围的若干规定》第11条的规定，

---

[1] 广州海事法院〔2012〕广海法初字第923号民事判决书。

本案由海事法院专门管辖。本案运输始发地和被告住所地均在本院辖区,依照《民事诉讼法》第27条关于"因铁路、公路、水上、航空运输和联合运输纠纷提起的诉讼,由运输始发地、目的地或者被告住所地人民法院管辖"的规定,本院对本案具有管辖权。原、被告双方均为中国法人,在庭审中均选择适用中国法律解决本案纠纷,依照《海商法》第269条适用中华人民共和国法律解决实体争议。

【关键问题】

涉外海上货物运输合同纠纷如何进行法律适用?

【简要评论】

本案中海上运输合同标的具有涉外因素,因而是涉外海上货物运输合同。关于其法律适用,根据《海商法》第269条"合同当事人可以选择合同适用的法律,法律另有规定的除外。合同当事人没有选择的,适用与合同有最密切联系的国家的法律"规定,在双方当事人没有选择海上货物运输合同准据法的情况下,应运用最密切原则联系寻找准据法。法院认为,双方当事人均为中国法人,由此认为中国法为最密切联系地法律。

14.3 海上侵权

14.3.1 船舶碰撞

☆船舶碰撞的概念

船舶碰撞,一般是指两艘或两艘以上的船舶的某一部位同时占据同一空间,致使一方或几方发生损害的物理状态。

各国对船舶碰撞的立法规定存在较大差异,表现在:船舶的范围和种类,如是否包括非商业性船舶、是否对船舶的吨位等指标有特殊要求;碰撞损失的赔偿范围和责任限制;管辖权的确定;归责与免责原则;等等。

☆有关海上碰撞的国际公约

关于船舶碰撞的国际公约数量较多,如1910年《统一船舶碰撞若干法律规定的国际公约》、1952年《统一船舶碰撞中民事管辖权方面若干规定的国际公约》、1972年《国际海上避碰规则》等。

《统一船舶碰撞若干法律规定的国际公约》是在国际海事委员会的主持下于1910年9月签订的,于1931年生效,我国于1994年加入。其是有关船舶碰撞的最早最重要的国际公约，主要内容包括：

(1)适用范围。公约适用于海船之间、海船与内河航运船舶之间碰撞的损害赔偿，不适用于军舰或政府公务船的碰撞。[1]

(2)碰撞种类与责任划分。按是否存在过失，将碰撞分为无过失碰撞、单方过失碰撞和共同过失碰撞，并规定了对应的责任负担，即自负责任、过失方负责任和按过失比例负责任(若不能确定过失比例，则均担责任)。[2]

(3)诉讼时效。诉讼时效为自事故发生之日起 2 年，连带责任者的追偿权时效为自付款日起 1 年。[3]

(4)碰撞中的救助责任。救助责任对相碰撞船舶的船长而言，是一种强制性的义务，缔约国应采取措施防范违反此类责任的行为发生。[4]

☆**船舶碰撞的法律适用**

国际上确定船舶碰撞准据法的冲突原则主要有：

(1)侵权行为地法。这一冲突原则在理论上得到了许多学者的支持。从各国立法来看，也有许多国家将侵权行为地法作为船舶碰撞的基本准据法。

(2)船旗国法。在当事船舶为同一国籍时，可适用船旗国法。该冲突原则的优点在于：一是方便明了，易于确定准据法；二是船舶所有权变换并不频繁，准据法比较稳定；三是船旗国法通常与碰撞双方联系最密切，依该法律解决碰撞双方的损害赔偿纠纷，比较公平合理。

(3)法院地法。该冲突原则的优点在于无须解决外国法的查明问题。公海上发生的碰撞案件，除非国籍相同或当事人在同一国家有住所，否则，法院地法很可能是唯一可行的选择。

(4)重叠适用侵权行为地法和法院地法。持此观点者认为，对于不在法院地国发生的碰撞提起诉讼，原告必须证明，根据侵权行为地法和法院地法，被告都须承担侵权责任。有学者称此为“双重可诉性原则”。

我国《海商法》第 273 条规定：“船舶碰撞的损害赔偿，适用侵权行为地法律。船舶在公海上发生碰撞的损害赔偿，适用受理案件的法院所在地法律。同一国籍的船舶，不论碰撞发生于何地，碰撞船舶之间的损害赔偿适用船旗国法律。”

---

〔1〕《统一船舶碰撞若干法律规定的国际公约》第 1 条。

〔2〕同上注，第 3 ~ 5 条。

〔3〕同上注，第 7 条。

〔4〕同上注，第 8 条。

14.3.2 海上油污损害

☆海上油污损害的概念

海上油污损害,是指船舶或其他海上装置在正常营运或发生事故时,逸出或排放油类物质,对海洋生物资源、人类健康、渔业生产、海水和环境质量等造成损害的行为。

关于海上油污损害的国际公约主要有1954年《防止海洋油污国际公约》(经1962年、1969年、1971年三次修订)、1969年《国际油污损害民事责任公约》(1976年、1984年制定了两个议定书)、1971年《设立国际油污损害赔偿基金国际公约》(1976年、1984年制定了两个议定书)。

我国于1984年加入了1969年《国际油污损害民事责任公约》。公约的主要内容如下:

(1)公约适用的范围。公约适用于在缔约国领土和领海以及专属经济区上由于船舶逸出或排放持久性油类而发生的污染损害,以及防止油污损害或将这种损害减小到最低限度而采取预防措施所造成的损失或损害。军舰和政府公务船不在公约管辖之内。责任主体是登记的船舶所有人;没有登记的,则指拥有船舶的人;但如船舶为国家所有而由在该国登记为船舶经营人的公司所经营,船舶所有人即指这个公司。此时,国家不能以主权国家的地位和身份进行抗辩和答辩。[1]

(2)赔偿范围。公约规定,赔偿范围由两部分构成:其一是直接损害,指船舶逸出或排放油类物质在船舶本身以外造成污染而产生的灭失或损害;其二是附加费用,指为抑制或减小油污损害而采取预防措施的费用,以及由于采取预防措施而造成的其他灭失或损害。[2]

(3)责任构成和免责。公约第3条规定,只要船舶逸出或排放散装油类,并污染了缔约国的领土或领海而且对缔约国造成损害,则无论这种逸出或排放发生在何处,油污责任即告成立。公约为加重船舶所有人的责任,实行推定过失责任制,即只有在船舶所有人能证明油污是下列原因造成的,方能免责:战争行为、敌对行为、内战或武装暴动、特殊的不可抗拒的自然现象等;第三者有意的行为或怠慢;负责灯塔或其他助航设备的政府或其他主管当局在执行其职责时的疏忽或其他过失行为。

---

〔1〕《国际油污损害民事责任公约》第1~2条。

〔2〕同上注,第3条第1款。

(4)责任限制与例外。公约第 5 条第 1 款规定赔偿责任限额按船舶吨位计算，不超过 5000 吨的船舶为 300 万特别提款权；超过 5000 吨的，每吨再增加 420 特别提款权，但总额不超过 5970 万特别提款权。若船舶所有人实际过失或暗中参与造成了油污损害，则责任限制对其不予适用。

(5)赔偿基金的设置和分配。公约第 5 条还规定，船舶所有人应在受理诉讼的法院或其他主管当局设立相当于其责任限度的基金，载运 2000 吨以上散装油料的船舶所有人必须进行保险或取得财务保证。赔偿基金应在索赔人之间依其索赔额比例分配，基金所在国法院可独自决定有关基金的分摊和分配的一切事项。

(6)诉讼时效、管辖权、判决的承认与执行。自损害发生之日起，诉讼时效为 3 年。

油污所涉及的国家和采取预防措施所在地国家的法院享有管辖权。

判决应得到其他缔约国的尊重，但在下列情况下可不予承认和执行：①判决是以欺诈取得；②未给被告人适当的通知和陈述其立场的公正机会。[1]

☆海上油污损害的法律适用

(1)侵权行为地法。油污损害作为一种特殊侵权行为，应当首先适用侵权行为地法，即海上油污损害行为和结果所在领海或内水的管辖国的法律。

(2)法院地法。油污损害发生在公海时，由于公海被认为是全人类的财产，任何国家都不能在公海行使管辖权和设定法律制度，因而在全人类的财产受到损害的情况下，可能出现损害行为不能受到法律追究的尴尬局面。基于此，国际社会于 1969 年签订的《国际干预公海油污事故公约》规定：当公海遭遇“重大的和紧急的危险，有理由预料会导致重大有害情形”时，沿海国可以采取干预行动，但干预措施应当与实际或将要发生的损害相适应。在判断何为重大紧急危险、采取干预措施的种类、干预是否得当、干预措施所耗费用的补偿等方面依据的准据法，最适当的是法院地法。

14.3.3　海上运输中的侵权行为和船舶内部发生的侵权行为

☆海上运输中的侵权行为及其法律适用

海上运输中的侵权行为，是指海上运输导致旅客伤亡或物品毁损的侵权行为。目前，国际上还没有专门调整海上运输侵权行为的国际公约。海上运输侵权之债，涉及侵权责任和海上运输合同的违约责任竞合的问题。若当事人选择契约之债进行索赔，则应按海上运输的规定确定法律适用；若当事人选择侵权之债进行索赔，

---

〔1〕《国际油污损害民事责任公约》第 8、9、10 条。

一般可适用侵权行为地法,或船旗国法(侵权时船舶处于公海),或法院地法。如果双方国籍相同或在同一国内有住所的,也可以适用共同的属人法。

☆船舶内部发生的侵权行为及其法律适用

船舶内部发生的侵权行为主要是指发生在同一船上的旅客之间、船员之间、旅客和船员之间的侵权行为。对于此类侵权行为,多数国家主张适用船旗国法,而不论船舶所处何地;有的国家主张,当船舶处于一国管辖水域,此时应当适用该水域管辖国法;也有国家认为,如果双方当事人具有同一国籍或在同一国内具有住所的,可适用当事人的属人法。

法律与规范链接

▲ 必读法条

《海商法》

第273条　(见本书第134页)

典型案例

罗克韦尔航运有限公司与法国达飞轮船有限公司、普罗旺斯船东2008-1有限公司船舶碰撞损害责任纠纷案[1]

【案情概述】

2013年3月16日约21:30时,罗克韦尔公司所有的舟山轮空载由秦皇岛山海关船厂离泊开航,计划驶往澳大利亚ABBOT POINT港。同年3月18日约16:12时,普罗旺斯公司所有并由达飞公司光船租赁经营的佛轮从上海洋山港装载2681只TEU集装箱离港开航,计划驶往韩国釜山港。途中佛轮左舷中后部位与舟山轮船首左舷发生碰撞(碰撞位置:约31°30.76′N、124°53.55′E)。碰撞事故发生后,各方均无人员伤亡。舟山轮产生修理费、引航费、移泊费、船舶代理费等各项费用与损失。罗克韦尔公司诉至法院要求法国达飞轮船有限公司、普罗旺斯船东2008-1有限公司承担各项损失费用及诉讼费用。

一审法院认为:本案系涉外船舶碰撞引起的损害责任纠纷。双方均选择适用

---

〔1〕 浙江省高级人民法院〔2015〕浙海终字第319号民事判决书。

中国法律,根据《涉外民事关系法律适用法》第 44 条规定,本案适用中国法律。

二审法院认为:本案各方当事人均为境外注册的公司,故本案为涉外船舶碰撞损害责任纠纷。一审庭审中各方当事人均选择适用中国法律,故对一审法院适用中华人民共和国法律审理本案予以确认。

【关键问题】

涉外船舶碰撞如何适用法律?

【简要评论】

本案中,船舶碰撞引起的侵权属于特殊侵权,我国海商法关于船舶侵权的冲突规则应优于我国《涉外民事关系法律适用法》中关于一般侵权的冲突规范,即应适用我国《海商法》第 273 条规定。本案中两审法院关于涉外船舶碰撞侵权的法律适用存在瑕疵。

14.4　共同海损

14.4.1　共同海损的概念

共同海损,是指在同一海上航程中,船舶、货物和其他财产遭遇共同危险时,为了共同安全,有意地、合理地采取措施所直接造成的特殊牺牲及支付的特殊费用。共同海损的成立必须满足四个条件:

(1)船舶和货物必须遭遇共同的真实危险;

(2)采取的措施必须是有意和合理的;

(3)作出的牺牲和支付的费用必须是特殊的;

(4)措施必须要有船舶和货物共同获救的效果。

各国有关共同海损的立法在共同海损牺牲的构成以及共同海损费用的构成和理算方面都存在着一定差异,常常会引起共同海损的法律冲突。

14.4.2　国际上主要的共同海损理算规则

共同海损理算是在船方宣布共同海损后,各受益方雇请专门机构和人员对共同海损的损失金额、如何分摊等问题进行调查研究和审核计算的过程。由于各国对共同海损的立法规定不同,导致处理结果差距过大,国际航运界、保险界、理算界强烈要求统一国际立法。一些主要的海运国家经过努力和协调制订了一套著名的理算规则即《约克—安特卫普规则》,供各国参考。该规则正式诞生于1877年,经过1890年、1924年、1950年、1974年、1990年、1994年、2004年和2016年数次修订,形成多规则并存、自由选用的格局。中国国际贸易促进委员会于1975年也制订了一个《共同海损理算暂行规则》。

☆1974年《约克—安特卫普规则》

该规则是在1950年规则的基础上修订,于1974年在汉堡通过的,在国际上被广泛使用。规则由22条数字规则和7条字母规则构成,字母规则规定基本原则,数字规则规定具体办法。数字规则的适用优先于字母规则。

(1)数字规则规定了共同海损的损失和费用、货物因牺牲所损失的补偿数额、共同海损的分摊价值及共同海损利息及保证金。

(2)字母规则的内容包括共同海损行为及其分摊原则、可作为共同海损的损失和费用、共同海损与过失的关系、举证责任及替代费用。

与1950年规则相比,1974年规则主要是简化了两项确定共同海损损失的方法,即火烤和烟熏造成的损失不得列入共同海损,以及不论船舶是否势将搁浅,只要是为了共同安全而有意搁浅,其损失可以作为共同海损得到补偿。

☆1994年《约克—安特卫普规则》

与1974年规则相比,1994年规则修订的主要内容有:(1)增加首要规则,强调牺牲和费用的合理性;(2)规定在拖带或顶推作业中的船舶可处于同一航程中;(3)规定如何处理环境污染损害和清除污染的费用问题;(4)规定通知共同海损索赔和提供理算所需材料的期限;(5)增加了不可分离协议的内容;(6)规定了货物运转时船舶、货物分摊价值的计算方法;(7)规定了延长计息的时间。1994年《约克—安特卫普规则》是使用最多的版本。

☆中国国际贸易促进委员会《共同海损理算暂行规则》

该规则内容基本承袭《约克—安特卫普规则》,共8条,主要规定了共同海损的范围、共同海损理算的原则、共同海损损失金额的计算、共同海损的分摊、利息和手续费、共同海损担保、共同海损时限和理算的简化等内容。

该规则有三个明显的特征:一是以存在共同危险为共同海损成立的前提,以求得共同安全为目的,不包括为恢复续航能力而产生的费用和损失;二是简化了共同海损的理算手续;三是该规则是一个民间规则,只有双方当事人约定采用时,才对当事人具有法律拘束力。

14.4.3 共同海损的法律适用

关于共同海损的法律适用,国际上主要有以下几种冲突原则:

(1)意思自治原则。即当事人可以协商选择共同海损的准据法。共同海损一般与海上货物运输合同联系在一起,当事人可在提单或合同中约定共同海损所应适用的法律。日本和我国均有意思自治的立法规定。

(2)船旗国法。当共同海损发生在公海时,《布斯塔曼特法典》规定,共同海损的确定及分担比例适用船旗国法。意大利和阿根廷也有依船旗国法的规定。

(3)理算地法。共同海损的理算适用理算地法,已得到不少国家的支持,如我国《海商法》第274条。

法律与规范链接

▲ **必读法条**

《海商法》

第274条 共同海损理算,适用理算地法律。

《涉外民事关系法律适用法》

第3条 当事人依照法律规定可以明示选择涉外民事关系适用的法律。

△ **延伸法条**

中国国际贸易促进委员会《共同海损理算暂行规则》

典型案例

连云港明日国际海运有限公司诉纳塔斯有限公司等共同海损纠纷案[1]

【案情概述】

案外人厦门远洋运输公司(以下简称厦门远洋公司)为"桐城"轮船舶所有人,2006年11月14日,厦门远洋公司与连云港明日公司签订了光船租赁合同并进行了光租登记。后该船又被连云港明日公司期租给案外人上海明日国际船务有限公司(以下简称上海明日公司)。上海明日公司为运输涉案货物于2006年11月28日

---

〔1〕 天津市高级人民法院〔2013〕津高民四终字第54号民事判决书。

至同年12月17日期间先后签发LD08号、LD09号等35份提单,上述提单均载明:承运人为上海明日公司,运输船舶为“桐城”轮。

2006年12月23日,“桐城”轮从最后的装货港韩国釜山港起航驶往古巴哈瓦那港和另三个加勒比海港口。该船遭遇恶劣天气,大量海水自船舷灌到甲板上。2007年1月6日9:00时,船舶2号污水道的舱底水位出现异常,经启动水泵暂时控制渗漏。2007年1月9日约8:10时,船舶2号舱水位迅速上升深达两米,约10:00时,水位约为三米,无法得到控制。在船舶和船上货物处于共同危险的状况下,当天12:00时该船从原定航线绕航驶往夏威夷的火奴鲁鲁港。2007年1月22日,“桐城”轮驶入火奴鲁鲁港,船长发布海事声明并宣布共同海损。经对船舶进行临时修理后又于3月17日驶往中华人民共和国上海港进行永久修理。修理完成后,该轮于2007年5月11日重新开始其航程并在7月23日完成本次航行。

2007年5月17日,为接收上述提单项下的货物,纳塔斯公司等十家公司作为货物的保险人向“桐城”轮船东和其他有关利益方出具共同海损担保函,保证向船东或其他航程利益方支付货物应分摊的共同海损或救助报酬或特殊费用,并进一步同意:(A)立即支付经中国国际贸易促进会海损理算处证明的此货物共同海损分摊;(B)立即向海损理算人提供要求的为理算此货物共同海损分摊所需要的资料。

中国国际贸易促进会海损理算处于2010年5月31日作出最终理算报告,该理算报告根据1974年《约克—安特卫普规则》对涉案提单项下货物的理算结果为:应分摊共同海损费用1,176,534.49美元和人民币795,198.64元,共同海损理算人代表船东于2010年5月31日通知纳塔斯公司等十被上诉人根据共同海损理算结果支付共同海损分摊费用至共同海损理算人银行账户,但纳塔斯公司等十被上诉人一直未付,本案由此成讼。

【关键问题】

涉外共同海损如何进行法律适用?

【简要评论】

本案属于共同海损纠纷,主体具有涉外因素。由于各方当事人在庭审中均同意适用中华人民共和国法律审理本案,依照《涉外民事关系法律适用法》第3条之规定,一审法院适用中华人民共和国法律正确。

14.5　海事赔偿责任限制

14.5.1　海事赔偿责任限制概述

海事赔偿责任限制,是指在发生重大海损事故时,作为责任人的船舶所有人、经营人和承租人等,可根据法律的规定,将其赔偿责任限制在一定范围内的法律制度。

在国际上,海事赔偿责任限制有四种基本制度:

(1)委付制,其赔偿额以船舶所有人委付的该船舶和该航次的运费为限。委付以船舶所有人意思表示为之。

(2)执行制,其赔偿额以船舶所有人的该项海上财产(如该航次的船舶和运费)为限。无须船舶所有人的意思表示,即可强制执行该项海上财产。

(3)船价制,其赔偿额以发生海损事故的航次终了时船舶的价值和运费为限。

(4)金额制,赔偿额以船舶总吨位与每吨限赔额之积为限。

前三种制度均以航次为单位,一个航次一个责任限额,不管这一航次发生多少海损事故;金额制以事故为单位,一次事故一个责任限额。

各国有关海事赔偿责任限制的立法差异,除体现在上述制度层面以外,还表现在海事赔偿责任主体、海事赔偿责任限制条件、限制性债权与非限制性债权的区分与构成、责任限额、程序等具体问题上。各国不同的立法规定都可能导致法律冲突。

14.5.2　有关海事赔偿责任限制的国际公约

有关海事赔偿责任限制的国际公约主要有 1924 年《关于统一海运船舶所有人责任限制若干法律规定的国际公约》、1957 年《海运船舶所有人责任限制国际公约》、1976 年《海事赔偿责任限制公约》、1974 年《海上旅客及其行李运输雅典公约》。1924 年公约签订于布鲁塞尔,因没有达到生效的国家数目,一直未能生效。

《海事赔偿责任限制公约》于 1976 年 11 月通过,1986 年生效,我国于 1997 年 7 月 1 日交存批准书,但公约仅适用于香港特别行政区。该公约的目的是统一各国在船舶所有人责任限制上的分歧,其主要内容包括:

(1)责任主体。该公约规定的责任主体除了包括 1957 年公约规定的责任主体以外,还包括救助人及其雇用人员、责任保险人。[1]

(2)责任限制与例外。1957 年公约将船舶所有人的实际过失作为责任限制的例外,1976 年《海事赔偿责任限制公约》则将责任限制的例外改为"责任人本身有意造成,或明知可能造成这一损失而轻率地采取的行为或不为所引起"。[2]

(3)限制性债权与非限制性债权。[3]

● 限制性债权有:船上或与船舶营运、救助直接相关的人身伤亡或财产灭损引起的债权;海上货物、旅客或行李运输的迟延导致损害引起的债权;与船舶营运或救助直接相关的侵犯合同外利益导致损害所引起的债权;清除沉没、搁浅、遗弃船舶或船上货物所引起的债权;非责任人为避免或减少责任人的限赔损失所采取的措施,以及由此措施导致的进一步损失所引起的债权。

● 非限制性债权有:海难救助或共同海损分摊引起的债权;根据 1969 年《油污损害民事责任公约》及其生效议定书确定的油污损害所引起的债权;制约或禁止责任限制的国际公约或国内法所确定的债权;核动力船舶所有人因核损害引起的债权;船舶所有人或救助人与其受雇人签订的合同的准据法规定船舶所有人或救助人不得限制责任,或虽可限制责任,但限额高于公约规定金额的债权。

(4)责任限额。对责任限额,公约主要规定了三种计算方法:[4]

● 按船舶吨位计算。对于人身伤亡的索赔,公约规定了五级计算单位制并相应规定了责任限额。对于非人身伤亡索赔,公约规定了四级计算单位制并相应规定了责任限额。

● 对于不从任何船舶进行救助或只是在被救助船舶进行救助的救助人,责任限额按 1500 吨计算。

● 对于旅客伤亡的赔偿,按船舶载额定员乘以 46,666 计算单位,最高为 2500

---

〔1〕 1957 年《海运船舶所有人责任限制国际公约》第 6 条规定:1. 在本公约内,船舶所有人的责任,包托船舶本身的责任在内。2. 除本条第 3 款另有规定外,本公约的条款应与适用于船舶所有人本身同样,适用于船舶的承租人,经理人和营运人,以及船长、船员和为船舶所有人、承租人、经理人或营运人服务的其他雇佣人员;但对发生于一个特定场合的人身请求和财物请求,船舶所有人和上述一切其他人员的责任限额总数,不得超过根据本公约第三条所确定的金额。3. 对船长或船员提起诉讼时,即使引起索赔的事故是由于其中一人或数人的实际过失或私谋而发生,他们亦可限制其责任。但如船长或船员同时是船舶的所有人、共有人、承租人、经理人和营运人,则仅在其行为、疏忽或过失是该有关人员以该船舶长或船员身份做出时,才能适用本款规定。

〔2〕《海事赔偿责任限制公约》第 4 条。

〔3〕 同上注,第 2 ~ 3 条。

〔4〕 同上注,第 6 ~ 7 条。

万计算单位。

(5)准据法。公约规定,对于责任基金的设立与分配的原则,以及与之有关的一切程序性规则,适用基金设立国法律。[1]

14.5.3 海事赔偿责任限制的法律适用

海事赔偿责任限制的法律适用有同一制与分割制之分。

● 同一制认为,船长和其他受雇人的行为可以视作船舶所有人的行为,调整船长和其他受雇人的行为引起的侵权之债或契约之债的准据法,也就是船舶所有人海事赔偿责任限制的准据法;

● 分割制则将海事赔偿责任限制问题分离出来,不依侵权之债或契约之债的准据法调整,而是单独确定其准据法。

采取分割制的做法时,海事赔偿责任限制的法律适用主要有以下几种规则:

● 依船旗国法。由于船旗国法关于海事赔偿责任限制的规定对于责任主体和潜在的受害人来说是透明、清晰、稳定的,因而适用起来简便易行,能够得到较为广泛的接受。英国、意大利、阿根廷即有如此规定。

● 依法院地法。海事赔偿责任限制涉及有关责任限制的举证责任、船舶所有人过错、设立基金的程序和分配规则、时效等问题,而法院地法经常用以调整海事赔偿责任限制基金的设立及其程序性事项,举证责任以及时效问题也因其具有公法性质而多适用法院地法,因此,法院地法作为海事赔偿责任限制的准据法具有务实性。我国《海商法》第 275 条规定:"海事赔偿责任限制,适用受理案件的法院所在地法律。"

● 依有关雇佣合同的准据法。这一法律适用规则为 1976 年《海事赔偿责任限制公约》所确立。该公约第 3 条规定了非限制性海事赔偿责任的五种情况,其中一种就是,根据调整船舶所有人或救助人与其受雇人之间签订的合同的准据法规定,对海事赔偿没有限制或限制额高于公约规定的限额,则该债权为非限制性债权。根据这一规定,如果调整雇佣合同的准据法对海事赔偿责任限额没有规定,或者规定的数额超过公约规定的数额,则海事赔偿责任限制应当依该合同的准据法调整。

---

〔1〕《海事赔偿责任限制公约》第 14 条。

法律与规范链接

▲ **必读法条**

《海商法》第275条 （见本书第134页）

典型案例

韩国Sekwang船务有限责任公司申请设立海事赔偿责任限制基金案[1]

【案情概述】

2001年4月17日，韩国Sekwang船务有限责任公司（以下简称S公司）所有的"大勇"轮（M. V. "DAE MYONG"）在长江口附近海域（离上海南汇三甲港、横沙岛只有几十海里的长江口"鸡骨礁"附近）与香港籍"大望"轮发生碰撞，导致"大勇"轮船载苯乙烯泄漏的重大海损事故。涉案船舶"大勇"轮于2001年6月15日更名为M. V. "BOGHIL"，总吨位1999吨。

S公司根据《中华人民共和国海事诉讼特别程序法》（以下简称《海事诉讼特别程序法》）及《中华人民共和国海商法》（以下简称《海商法》）的相关规定，向上海海事法院申请设立数额为417,333计算单位（特别提款权）的海事赔偿责任限制基金。上海海事法院依法向已知利害关系人发出通知，并通过报纸发布了公告。

上海市环保局、东海渔监局、上海海事局在公告期间向上海海事法院提出异议称：碰撞事故引起船载苯乙烯泄漏并导致事发洋面受污和环境受损，由此引起的环境污染损害赔偿属非限制性债权，申请人应当承担行政法律责任；异议人作为国家有关行政职能部门依职权采取了应急处置强制措施，并对碰撞事故引起的环境污染进行了检测及分析评估，由此产生的相应费用属行政干预费用，依法不能作为海事赔偿责任限制的项目；申请人在船员配备上存在过失，其船长未经英语培训，"大勇"轮属不适航船舶。为此，请求驳回S公司设立海事赔偿责任限制基金的申请。

上海海事法院经审理认为：S公司具备申请设立海事赔偿责任限制基金的主体资格。S公司因其所属船舶在营运过程中发生碰撞事故引发重大海损而申请设立海事赔偿责任限制基金于法不悖，上海市环保局、东海渔监局、上海海事局请求驳

---

〔1〕 参见《韩国Sekwang船务有限责任公司申请设立海事赔偿责任限制基金案》，载中国涉外商事海事审判网：http://www.ccmt.org.cn/shownews.php? id=3934，最后访问日期：2017年6月5日。

回S公司设立该责任限制基金缺乏相应的法律依据。至于涉案化工品污染损害赔偿及行政机关的相关费用是否属限制性债权,以及涉案船舶是否适航等争议,则属实体审理范围,并不影响本案海事赔偿责任限制基金的设立。S公司就涉案海损的赔偿限额为417,333计算单位,按海损事故发生之日(2001年4月17日)国际货币基金组织公布的特别提款权与美元的折算率1:1.26181计算,折合526,594.95美元。遂依照《海事诉讼特别程序法》相关规定裁定准许S公司设立海事赔偿责任限制基金的申请。上海市环保局、东海渔监局、上海海事局提起上诉。

上海市高级人民法院审理查明,各方当事人对原审法院认定的事实均无异议。上海市环保局、东海渔监局、上海海事局在二审中陈述:根据《中华人民共和国海洋环境保护法》第90条第2款"对破坏海洋生态、海洋水产资源、海洋保护区,给国家造成重大损失的,由依照本法规定行使海洋环境监督管理权的部门代表国家对责任者提出损害赔偿要求"的规定,上诉人将保留以民事主体身份就涉案事故造成的损害向S公司主张民事损害赔偿的权利。

上海市高级人民法院认为:涉案海损事故发生地及损害结果发生地均在我国境内,应适用我国法律。《海事诉讼特别程序法》是规范我国领域内海事诉讼的特别程序法,《海商法》是调整海上运输关系和船舶关系的特别法,上述法律中有关海事赔偿责任限制基金的规定应适用于本案。根据《海诉法》第102条的规定,本案S公司可以向事故发生地的上海海事法院提出设立海事赔偿责任限制基金的请求。

【关键问题】

本案中海事赔偿责任限制问题应如何适用法律?

【简要评论】

本案中当事人焦点在于S公司是否符合设立海事赔偿责任限制基金的条件,申请人S公司为韩国法人,具有涉外性。根据我国《海商法》第275条规定,海事赔偿责任限制,适用受理案件的法院所在地法律。本案中,上海高级人民法院依据海损事故发生地及损害结果发生地均在我国境内而适用我国法律,存在将侵权法律关系与海事赔偿责任限制法律适用混淆的问题。

延伸阅读

1. 王国华:《"泰坦尼克"案与海事赔偿责任限制的法律适用》,载《现代法学》2005年第4期。
2. 何丽新、陈永灿:《索马里海盗赎金的共同海损性质论》,载《中国海商法年刊》2010年第3期。

第三编

国际私法条约与国际惯例

第 15 章　国际私法条约的适用

教学目标

1. 了解国际条约的概念;掌握国际私法条约的概念和类型。
2. 理解不同领域的国际私法条约在我国的适用方式。

推荐参考资料

1. 李双元主编:《中国与国际私法统一化进程》(修订版),武汉大学出版社 2016 年版。
2. 孙希尧:《国际海事私法统一研究——条约视角》,知识产权出版社 2014 年版。
3. 徐国建:《国际统一私法总论》,法律出版社 2011 年版。
4. 高旭军:《〈联合国国际货物销售合同公约〉适用评释》,中国人民大学出版社 2017 年版。
5. 张玉卿:《国际货物买卖统一法——联合国国际货物销售合同公约释义》,中国商务出版社 2009 年版。
6. 何其生编著:《统一合同法的新发展——〈国际合同使用电子通信公约〉评述》,北京大学出版社 2007 年版。

15.1　国际私法条约概述

知识要点

☆国际条约的概念

国际条约是国际法主体(国家、国际组织等)之间签订的一种书面协议。国际条约是国际法的主要渊源。但是对于国际条约是否构成一个国家的国内法的法律渊源,必须要依据各国法律的规定。

☆国际私法条约

国际条约作为我国国际私法的渊源,包括双边条约和多边公约。在国际民事诉讼领域,特别是在国际民事司法协助方面,我国与其他许多国家签订了大量的双边司法协助条约。[1] 很多专门性双边协定中也包含有国际私法方面的条款,比如《中华人民共和国与德意志联邦共和国社会保险协定》第8条的规定。

我国缔结或参加的国际私法方面的多边国际条约也很多,包括外国人民事法律地位的条约、冲突法公约、民事诉讼条约和国际商事仲裁条约。很多国际条约里面既有关于外国人法律地位的规定,有冲突法规定,也有国际民事诉讼法规定。

15.2 国际私法条约在我国的适用

我国《民法通则》第142条第2款规定:"中华人民共和国缔结或者参加的国际条约同中华人民共和国的民事法律有不同规定的,适用国际条约的规定,但中华人民共和国声明保留的条款除外。"

我国《票据法》第95条、《海商法》第268条、《民用航空法》第184条和《民事诉讼法》第260条则规定,中华人民共和国缔结或者参加的国际条约同本法有不同规定的,适用国际条约的规定;但是,中华人民共和国声明保留的条款除外。

《涉外民事关系法律适用法解释(一)》第4条规定:"涉外民事关系的法律适用涉及适用国际条约的,人民法院应当根据《中华人民共和国民法通则》第一百四十二条第二款以及《中华人民共和国票据法》第九十五条第一款、《中华人民共和国海商法》第二百六十八条第一款、《中华人民共和国民用航空法》第一百八十四条第一款等法律规定予以适用,但知识产权领域的国际条约已经转化或者需要转化为国内法律的除外。"

我国上述关于国际条约与我国国内法关系的规定存在不足之处。

(1)我国只是在《民法通则》和几部民事单行法中规定了国际条约在我国的适用方式。但在其他法律领域,如刑法和行政法领域,则没有相应的规定。

---

[1] 参见最高人民检察院刑事检察厅编:《中外司法协助与引渡条约集》,中国人民公安大学出版社1997年版。

(2)大多数国家都是在宪法中直接规定国际条约在本国的地位和效力。[1] 而我国宪法没有这方面的规定。

(3)我国《民法通则》和《民事诉讼法》等民事法律中都规定当国际条约与我国法律有不同规定时,应优先适用国际条约。但有些民商事国际条约,比如《联合国国际货物销售合同公约》,虽然我国是缔约国,但该公约并不优先于我国国内法。

15.3 未生效条约在我国的适用

《涉外民事关系法律适用法解释(一)》第 9 条还规定:"当事人在合同中援引尚未对中华人民共和国生效的国际条约的,人民法院可以根据该国际条约的内容确定当事人之间的权利义务,但违反中华人民共和国社会公共利益或中华人民共和国法律、行政法规强制性规定的除外。"

实践中,当事人选择尚未对我国生效的国际条约的情况,最常见的是当事人在提单中载明适用 1924 年《海牙规则》的内容。在海事运输领域,由于海牙规则下承运人责任较轻,因此,多受承运人的青睐。我国是海运大国,海牙规则的适用也是我国远洋运输公司提单的条款之一。

一般而言,条约约束力针对的是缔约国,此即《维也纳条约法公约》第 34 条"条约非经第三国同意,不为该国创设义务或权利",其所体现的是传统国际法中"公约对第三国不加损害也不予利益"的原则。非缔约国法院主动适用公约的后果只是对特定案件的当事人具有法律约束力。因此,对于同一个条约,非缔约国法院的适用,在性质上并不同于缔约国法院的适用。对我国未生效的国际条约本身对我国并无约束力。换言之,我国法院只是处理案件中为解决纠纷需要而进行的个案适用,而非直接履行公约义务的普遍适用。由此可知,这种适用对同类案件的处理不具普遍约束力。

在 2012 年《涉外民事关系法律适用法解释(一)》的起草过程中,对此问题主要有三种观点:

---

[1] 如《联邦德国基本法》第 25 条规定:"国际法之一般规则构成联邦法律之一部分。其效力高于法律,并对联邦领土内居民直接产生权利义务。"《美国联邦宪法》第 6 条规定:"本宪法及依本宪法所制定之合众国法律以及合众国已经缔结及将要缔结之一切条约,皆为全国之最高法律。每个州的法官都应受其约束,任何一州宪法或法律中的任何内容与之抵触时,均不得有违这一规定。"

第一种观点认为,可以把这种情况作为当事人约定适用“外国法律”的情形对待。

第二种观点认为,可以把这类国际条约视为国际惯例。

第三种观点认为,把这类国际条约作为构成当事人之间合同的组成部分,据以确定当事人之间的权利义务。[1]

从《涉外民事关系法律适用法解释(一)》第9条规定的措辞和精神来看,我国将当事人选择的对我国尚未生效的国际条约视为合同的组成部分来对待。

法律与规范链接

▲ 必读法条

《民法通则》

第142条第2款　(见本书第22页)

《民用航空法》

第184条第1款　(见本书第23页)

《海商法》

第268条第1款　(见本书第22页)

《票据法》

第95条第1款　(见本书第22~23页)

《著作权法》

第2条第2款　外国人、无国籍人的作品根据其作者所属国或者经常居住地国同中国签订的协议或者共同参加的国际条约享有的著作权,受本法保护。

第2条第4款　未与中国签订协议或者共同参加国际条约的国家的作者以及无国籍人的作品首次在中国参加的国际条约的成员国出版的,或者在成员国和非成员国同时出版的,受本法保护。

《商标法》

第17条　外国人或者外国企业在中国申请商标注册的,应当按其所属国和中华人民共和国签订的协议或者共同参加的国际条约办理,或者按对等原则办理。

第21条　商标国际注册遵循中华人民共和国缔结或者参加的有关国际条约确

---

〔1〕 参见高晓力:《〈关于适用涉外民事关系法律适用法若干问题的解释(一)〉的理解与适用》,载《人民司法》2013年第3期。

立的制度，具体办法由国务院规定。

《专利法》

第 18 条　在中国没有经常居所或者营业所的外国人、外国企业或者外国其他组织在中国申请专利的，依照其所属国同中国签订的协议或者共同参加的国际条约，或者依照互惠原则，根据本法办理。

第 20 条　任何单位或者个人将在中国完成的发明或者实用新型向外国申请专利的，应当事先报经国务院专利行政部门进行保密审查。保密审查的程序、期限等按照国务院的规定执行。

中国单位或者个人可以根据中华人民共和国参加的有关国际条约提出专利国际申请。申请人提出专利国际申请的，应当遵守前款规定。

国务院专利行政部门依照中华人民共和国参加的有关国际条约、本法和国务院有关规定处理专利国际申请。

对违反本条第 1 款规定，向外国申请专利的发明或者实用新型，在中国申请专利的，不授权专利权。

《民事诉讼法》

第 260 条　中华人民共和国缔结或者参加的国际条约同本法有不同规定的，适用该国际条约的规定，但中华人民共和国声明保留的条款除外。

第 276 条第 1 款　根据中华人民共和国缔结或者参加的国际条约，或者按照互惠原则，人民法院和外国法院可以相互请求，代为送达文书、调查取证以及进行其他诉讼行为。

第 281 条　外国法院作出的发生法律效力的判决、裁定，需要中华人民共和国人民法院承认和执行的，可以由当事人直接向中华人民共和国有管辖权的中级人民法院申请承认和执行，也可以由外国法院依照该国与中华人民共和国缔结或者参加的国际条约的规定，或者按照互惠原则，请求人民法院承认和执行。

第 282 条　人民法院对申请或者请求承认和执行的外国法院作出的发生法律效力的判决、裁定，依照中华人民共和国缔结或者参加的国际条约，或者按照互惠原则进行审查后，认为不违反中华人民共和国法律的基本原则或者国家主权、安全、社会公共利益的，裁定承认其效力，需要执行的，发出执行令，依照本法的有关规定执行。违反中华人民共和国法律的基本原则或者国家主权、安全、社会公共利益的，不予承认和执行。

第 283 条　国外仲裁机构的裁决，需要中华人民共和国人民法院承认和执行的，应当由当事人直接向被执行人住所地或者其财产所在地的中级人民法院申请，人民法院应当依照中华人民共和国缔结或者参加的国际条约，或者按照互惠原则办理。

《企业破产法》

第 5 条第 2 款　对外国法院作出的发生法律效力的破产案件的判决、裁定，涉及债务人在中华人民共和国领域内的财产，申请或者请求人民法院承认和执行的，人民法院依照中华人民共和国缔结或者参加的国际条约，或者按照互惠原则进行审查，认为不违反中华人民共和国法律的基本原则，不损害国家主权、安全和社会公共利益，不损害中华人民共和国领域内债权人的合法权益的，裁定承认和执行。

《涉外民事关系法律适用法解释(一)》

第 4 条　(见本书第 23 页)

典型案例

蒂森克虏伯冶金产品有限责任公司 (ThyssenKrupp Metal lurgical Products GmbH) 与中化国际(新加坡)有限公司 [Sinochem International(Overseas) Pte Ltd.] 国际货物买卖合同纠纷上诉案[1]

【案情概述】

上诉人蒂森克虏伯冶金产品有限责任公司(以下简称德国克虏伯公司)因与被上诉人中化国际(新加坡)有限公司(以下简称中化新加坡公司)国际货物买卖合同纠纷一案，不服江苏省高级人民法院(以下简称江苏高院)的民事判决，向最高人民法院提起上诉。中化新加坡公司向一审法院江苏高院起诉称:2008 年 4 月 11 日，中化新加坡公司与德国克虏伯公司签订《采购合同》，约定中化新加坡公司向德国克虏伯公司购买石油焦 25,000 吨，石油焦的 HGI 指数应在 36 至 46 间。中化新加坡公司按约支付了全部货款，但德国克虏伯公司交付的石油焦 HGI 指数仅为 32，严重影响中化新加坡公司在中国市场销售，构成根本违约。中化新加坡公司有权解除合同，要求德国克虏伯公司返还全部货款，并赔偿中化新加坡公司由此遭受的全

[1] 最高人民法院〔2013〕民四终字第 35 号民事判决书。

部损失。

江苏高院认为:

一、关于本案的法律适用

中化新加坡公司系新加坡公司,德国克虏伯公司系德国公司,故本案系国际石油焦买卖合同纠纷。虽然双方当事人在合同中约定涉案合同应当根据美国纽约州当时有效的法律订立、管辖和解释,但在诉讼中双方当事人均选择《联合国国际货物销售合同公约》(以下简称《销售公约》)作为确定其权利义务关系的依据,而新加坡与德国均为《销售公约》的缔约国,故涉案合同应适用公约的有关规定。

……

德国克虏伯公司不服江苏高院一审判决,向最高人民法院提起上诉称:

一审判决对本案适用法律认定错误。根据合同约定以及我国的冲突规范,本案应适用美国纽约州法律。《销售公约》应适用于本案,《销售公约》的解释、《美国统一商法典》以及商业惯例等同样适用于本案,《〈联合国国际货物销售合同公约〉判例法摘要汇编》也是审理本案的依据。江苏高院认定只有《销售公约》才适用于本案是错误的。

中化新加坡公司答辩称:一审判决根据双方当事人的选择适用《销售公约》审理本案是正确的。依据双方在《采购合同》中的约定,应适用美国纽约州法律,德国克虏伯公司主张《销售公约》为纽约州法律的一部分。而《〈联合国国际货物销售合同公约〉判例法摘要汇编》不是《销售公约》的组成部分,也非公约的官方解释,不能作为本案的法律依据。

最高人民法院认为:

一、本案法律适用以及合同效力问题

本案为国际货物买卖合同纠纷,双方当事人均为外国公司,案件具有涉外因素。最高人民法院《关于适用〈中华人民共和国涉外民事关系法律适用法〉若干问题的解释(一)》第 2 条规定:"涉外民事关系法律适用法实施以前发生的涉外民事关系,人民法院应当根据该涉外民事关系发生时的有关法律规定确定应当适用的法律;当时法律没有规定的,可以参照涉外民事关系法律适用法的规定确定。"案涉《采购合同》签订于 2008 年 4 月 11 日,在《中华人民共和国涉外民事关系法律适用法》实施之前,当事人签订《采购合同》时的《中华人民共和国民法通则》第 145 条规定:"涉外合同的当事人可以选择处理合同争议所适用的法律,法律另有规定的除外。涉外合同的当事人没有选择的,适用与合同有最密切联系的国家的法律。"本案双方当事人在合同中约定应当根据美国纽约州当时有效的法律订立、管辖和解释，该约定不违反法律规定，应认定有效。由于本案当事人营业地所在国新加坡和德国均为《销售公约》缔约国，美国亦为《销售公约》缔约国，且在一审审理期间双方当事人一致选择适用《销售公约》作为确定其权利义务的依据，并未排除《销售公约》的适用，江苏高院适用《销售公约》审理本案是正确的。而对于审理案件中涉及到的问题《销售公约》没有规定的，应当适用当事人选择的美国纽约州法律。《〈联合国国际货物销售合同公约〉判例法摘要汇编》并非公约的组成部分，其不能作为审理本案的法律依据。但在如何准确理解公约相关条款的含义方面，其可以作为适当的参考资料。

人民法院审理合同纠纷案件，无论当事人是否对合同效力存在异议，均应首先对该问题作出认定。《销售公约》第 4 条规定："本公约只适用于销售合同的订立和卖方和买方因此种合同而产生的权利和义务。特别是：本公约除非另有明文规定，与以下事项无关：(a)合同的效力，或其任何条款的效力，或任何惯例的效力；(b)合同对所售货物所有权可能产生的影响。"由于公约并未对合同效力问题作出规定，故本案应适用当事人在合同中选择的美国纽约州法律对此问题作出认定。德国克虏伯公司在本院二审期间提交了《美国统一商法典》和相关判例，认为案涉合同应认定有效。中化新加坡公司虽对德国克虏伯公司代理人关于美国法律的说明不予认可，但对于德国克虏伯公司提交的相关美国法律并未提出异议，且亦认为案涉合同应认定有效。对德国克虏伯公司提交的美国法律，本院予以确认。根据双方当事人提交并确认的美国法律，案涉《采购合同》并不存在应认定无效的情形，《采购合同》有效。

……

【简要评论】

一、关于准据法的适用问题。该国际货物买卖合同纠纷的双方当事人营业地分别位于新加坡和德国，当事人在合同中约定适用美国法律。新加坡、德国、美国均为《联合国国际货物销售合同公约》缔约国，当事人未排除公约的适用，因此本案的审理应首先适用《联合国国际货物销售合同公约》。对于审理案件中涉及的问题公约没有规定的，例如合同效力问题、所有权转移问题，应当适用当事人选择的美国法律。

二、适用《联合国国际货物销售合同公约》对根本性违约的认定问题。在国际货物买卖合同中，卖方交付的货物虽然存在缺陷，但只要买方在不存在不合理的麻烦的情况下，能使用货物或转售货物，甚至打些折扣，质量不符不应视为构成《联合国国际货物销售合同公约》规定的根本违约的情形。

延伸阅读

1. 杜焕芳:《国际私法条约解释的路径依赖与方法展开》,载《中国法学》2014 年第 2 期。
2. 彭岳:《国际条约在国内适用中的制度僵化及其解决》,载《中国法学》2014 年第 4 期。
3. 陈卫佐:《法院地国家国内法中的冲突规则与国际条约的关系》,载《法学研究》2013 年第 2 期。
4. 赵建文:《国际条约在中国法律体系中的地位》,载《法学研究》2010 年第 6 期。
5. [德]彼得·施莱希特里姆:《〈联合国国际货物销售合同公约〉评释》(第 3 版),李慧妮编译,北京大学出版社 2006 年版。

第 16 章　国际惯例的适用

教学目标

1. 了解国际惯例的概念。
2. 掌握国际惯例在我国的适用方式。

推荐参考资料

1. 傅龙海主编:《信用证与 UCP600》(第 2 版),对外经济贸易出版社 2014 年版。
2. 郑远民:《国际商事习惯法发展趋势研究》,湖南人民出版社 2010 年版。
3. 张玉卿主编:《国际统一私法协会国际商事合同通则 2010》(第 3 版),中国商务出版社 2012 年版。
4. 于强主编:《URDG758 与银行保函实务操作指南》,中国海关出版社 2010 年版。
5. 李金泽主编:《UCP600 适用与信用证法律风险防控》,法律出版社 2007 年版。
6. 国际商会编:《国际商会托收统一规则评注》,国际商会中国国家委员会组织翻译,段东辉译,中国民主法制出版社 2004 年版。
7. 尚明主编:《国际统一私法协会国际商事合同通则》,陈福利等编译,商务部条约法律司编译,法律出版社 2004 年版。
8. 国际商会中国国家委员会编:《2000 年国际贸易术语解释通则》,中信出版社 2000 年版。

知识要点

16.1　国际惯例的概念

我国《民法通则》第 142 条第 3 款规定[1]:"中华人民共和国法律和中华人民共和国缔结或者参加的国际条约没有规定的,可以适用国际惯例。"应当把这里的"国际惯例"区别于"国际习惯"。这两个用语的含义,我国学术界存在许多分歧。这主要是由于各位学者对英文中的 custom 和 usage 的翻译和理解不同而造成的。权威的观点是将 custom(习惯)视为具有法律约束力的国际法渊源,而 usage(惯例)则不具有法律约束力。[2]

上述条款中规定的国际惯例是用来弥补我国国内民法中的漏洞的。这些国际惯例与各种贸易术语、交货条件、标准合同、格式条款、示范法等一起构成了一个相对独立的"商人法"(lex mercatoria)部门,我国著名国际私法学者李浩培将其称为"自发法"(spontaneous law)。[3] 这种"商人法"或"自发法"不同于国际法,也不同于国内法,是一个自治的法律领域,属于任意性规范,供从事国际商业交往的当事人任意选用。[4]

16.2　国际惯例的适用方式

如果国际惯例被当事人选择,则可以作为合同条款被并入合同,从而约束当事人。许多国际惯例对此都给予了肯定。

1994 年罗马国际统一私法协会《国际商事合同通则》前言就明确指出:"在当事人一致同意其合同受通则管辖时,适用通则。"另外,"当无法确定合同的适用法律

---

〔1〕《海商法》第 268 条第 2 款、《民用航空法》第 184 条第 2 款、《票据法》第 95 条第 2 款的规定也相同,这里的分析也适用于它们。

〔2〕参见[英]奥本海:《奥本海国际法·第一卷,第一分册》,詹宁斯、瓦茨修订,王铁崖等译,中国大百科全书出版社 1995 年版,第 16 页。

〔3〕参见《中国大百科全书·法学卷》,中国大百科全书出版社 1984 年版,第 230 页、第 828 页。

〔4〕关于"现代商人法"参见郑远民:《现代商人法研究》,法律出版社 2001 年版。

对某一问题的相关规则时，通则可以对该问题提供解决办法”。

国际商会制定的《国际贸易术语解释通则》（INCOTERMS2000）、《托收统一规则》、《跟单信用证统一惯例》、《华沙—牛津规则》、《欧洲合同法原则》也有类似规定。1980年《联合国国际货物销售合同公约》第9条第1款也规定，只有双方当事人业已同意的任何惯例和他们之间确立的任何惯常做法，才对双方有约束力。

最高人民法院《关于审理信用证纠纷案件若干问题的规定》第2条规定，“人民法院审理信用证纠纷案件时，当事人约定适用相关国际惯例或者其他规定的，从其约定”。2016年7月11日最高人民法院颁布的《关于审理独立保函纠纷案件若干问题的规定》第5条也规定：“独立保函载明适用《见索即付保函统一规则》等独立保函交易示范规则，或开立人和受益人在一审法庭辩论终结前一致援引的，人民法院应当认定交易示范规则的内容构成独立保函条款的组成部分。不具有前款情形，当事人主张独立保函适用相关交易示范规则的，人民法院不予支持。”由此可见，我国法院在实践中也是以当事人的选择作为适用国际惯例的前提，而且也只认为国际惯例仅仅对当事人之间具有约束力。此外，适用国际惯例应当“谁主张，谁举证”，对方可以反证。

16.3 国际惯例的效力

我国《民法通则》第150条规定：“依照本章规定适用外国法律或国际惯例的，不得违背中华人民共和国的社会公共利益。”《海商法》第276条规定：“依照本章规定适用外国法律或者国际惯例，不得违背中华人民共和国的社会公共利益。”从这些条文来看，我国立法主张当事人之间约定的“国际惯例”的适用不得违背我国的公共秩序。

总之，我国《民法通则》第142条第3款、原《涉外经济合同法》第5条第5款、《海商法》第268条第2款、《民用航空法》第184条第2款、《票据法》第95条第2款的规定本身是一种非独立的、补充性的冲突规范，它们所要表明的是当准据法为中国法律而中国法律没有相应规定时，可以用国际惯例作为我国法律的漏洞补充。[1]

---

〔1〕 参见梁慧星：《民法解释学》，中国政法大学出版社1995年版，第270页。

法律与规范链接

▲ **必读法条**

《民法通则》

第 142 条第 3 款　（见本书第 22 页）

《票据法》

第 95 条第 2 款　本法和中华人民共和国缔结或者参加的国际条约没有规定的,可以适用国际惯例。

《海商法》

第 268 条第 2 款　中华人民共和国法律和中华人民共和国缔结或者参加的国际条约没有规定的,可以适用国际惯例。

《民用航空法》

第 184 条第 2 款　（见本书第 23 页）

典型案例

刘某诉荷兰皇家航空公司损害赔偿案〔1〕

【案情概述】

1999 年 2 月 12 日,原告刘某在北京购买了被告荷兰航空公司北京巴黎的往返机票。同年 3 月 3 日,原告在法国搭乘被告的 KL1264 班机返回北京。在托运行李时,原告被告知航班的限重是 20 公斤,因行李超重,其多支付了 10 公斤的行李超重费 2075 法郎(折合人民币约 2864 元)。原告认为,被告作为经中国政府批准在国内从事民用航空运输服务的外国航空服务机构,应遵守中国的相关法律。《中华人民共和国消费者权益保护法》规定,消费者在接受服务时,有知悉其所接受的服务的真实情况的权利。因此,对于行李的限重,在英文提示外,对中国消费者还应附加中文的提示和说明。被告未履行用中文告知的义务,致其在不知情的情况下遭受了财产损失,侵害了其作为中国消费者的知情权和财产权。故向法院提起诉讼,要求被告返还多收的行李费人民币 2864 元,并支付到实际给付之日止的利息以及判令被告承担其为此诉讼所花费的律师费、交通费等费用共计 9075 元人民币。被告荷

〔1〕 北京市第二中级人民法院〔2001〕二中民终字第 5868 号民事判决书。

兰航空公司认为本公司已使用国际惯例的英文履行了告知义务后，向原告收取超出免费部分的合理运费，是合理且合法的，请求依法驳回原告的诉讼请求。

一审法院经审理认定：原告刘某在搭乘被告荷兰皇家航空公司的 KL1264 班机往返北京巴黎的过程中，与被告荷兰皇家航空公司因行李超重所产生的纠纷属国际航空运输纠纷。《中华人民共和国民用航空法》规定在处理涉外关系时，应适用中华人民共和国缔结或者参加的国际条约的规定，但中华人民共和国声明保留的条款除外，中华人民共和国的法律或中华人民共和国缔结或参加的国际条约没有规定的，可以适用国际惯例。我国分别于 1958 年和 1975 年参加了涉及国际航空运输的《统一国际航空运输某些规则的公约》(《华沙公约》)和《修改 1929 年 10 月 12 日在华沙签订的统一国际航空运输某些规则的公约的议定书》(《海牙议定书》)。上述文件对国际航空运输中应以何种语言文字向乘客履行告知义务未作规定。而刘某所购买的 BSP 中的国际运输客票，是经我国民航行政管理部门允许使用的统一票证式样。在此情况下，国际运输中的国际客票使用英语对旅客进行提示符合国际惯例。应当说，荷兰皇家航空公司在统一客票中使用英语对国际航空运输中的消费者进行提示已履行了告知的义务。原告刘某的诉讼请求因缺乏法律依据，法院不予支持。故依据《中华人民共和国民用航空法》及国际运输公约的有关规定判决：驳回原告刘某的诉讼请求。

一审宣判后，原告刘某不服，提出上诉。二审法院经审理驳回上诉，维持原判。

【关键问题】

本案如何适用法律？

【简要评论】

1. 本案中所涉法律关系是涉外法律关系

本案的关键所在是涉外民事法律关系中的法律适用问题。本案中的被告荷兰皇家航空公司是国外公司，本案所涉国际航空旅客运输合同的履行地也有涉外的因素，因此，可认定本案诉争的法律关系为涉外民事法律关系。依据我国《民法通则》第 142 条的规定，涉外合同的法律适用，在我国法律和缔结的国际条约没有规定时，可适用国际惯例。而我国关于国际航空旅客运输的《民用航空法》仅规定，在处理涉外关系时，应适用中华人民共和国缔结或者参加的国际条约的规定，但中华人民共和国声明保留的条款除外；中华人民共和国的法律或中华人民共和国缔结或参加的国际条约没有规定的，可以适用国际惯例。而对应以何种语言作旅客机票的提示语言并没有规定。我国分别于 1958 年和 1975 年参加的涉及国际航空运输的《华沙公约》和《海牙议定书》对国际航空运输中,应以何种语言文字向乘客履行告知义务也未作规定。由此可见,在我国法律和相关国际公约没有规定的情况下,案件所涉法律关系应适用国际惯例进行调整。

2. 本案中国际惯例的认定

国际惯例是指在国际交往中逐渐形成的不成文的法律规范。国际惯例只有经过国家认可才有约束力。本案中,法院认定以英文作为国际旅客运输机票的提示语言符合国际惯例,主要考虑了以下两个因素:一是根据荷兰皇家航空公司提交的中国民用航空总局运输管理司在 1995 年 5 月 24 日的民航运函〔1995〕09 号批复等证据材料,中国民用航空总局同意国际航空运输协会驻京办事处(ITAT 组织)推荐的标准运输票证(BSP 票)在中国国内使用。法院向中国民用航空总局调查的证据也显示,中国民用航空总局认可 BSP 票证的格式和在国际票中用英文文字书写票联是经过批准的,BSP 票证中的国际票仅用英文文字即履行了告知义务。二是由于世界语言文字的繁多,在 BSP 国际票联中用英文体现出便利的原则。国际航班面对的是来自不同国家使用各种语言作旅客,如果对中国的乘客使用汉语印制的机票,而根据公平原则,也应对使用不同语言的乘客使用其相应的语言印制的客票,全世界的语言有几百种,印制如此多种语言的机票本身即耗费巨大。更进一步讲,如果使航空公司承担绝对的使每个乘客都知晓其拿到的机票上内容的义务,那么航空公司还要弄清每位旅客所使用的语言,这将导致航空公司成本增加,最终不利于消费者。因此,法院认为以英文印制机票为国际惯例。

另外,本案中,原告刘某提出,本案应优先适用《消费者权益保护法》,而不应适用《民用航空法》。根据特别法优于普通法的适用原则,《消费者权益保护法》是关于消费者权益保护的一般性规定,而《民用航空法》关于旅客运输的规定则是调整航空公司与旅客关系的特别规范,其与《消费者权益保护法》中的规定是特别法与一般法的关系,因此,本案应优先适用《民用航空法》。

延伸阅读

1. 李旺:《论国际民商事条约的适用——以国际民商事条约与国际私法的关系为视角》,载《法学家》2017 年第 4 期。
2. 单文华:《中国有关国际惯例的立法评析——兼论国际惯例的适用》,载《中国法学》1997 年第 3 期。
3. 陈安:《论适用国际惯例与有法必依的统一》,载《中国社会科学》1994 年第 4 期。

第四编

国际民事诉讼

第 17 章　国际民事诉讼概述

教学目标

1. 掌握国际民事诉讼程序的概念、特点。
2. 了解国际民事诉讼程序的诉和诉权的特殊性。
3. 理解和掌握外国当事人的诉讼地位、诉讼代理、诉讼费用担保和救助制度。
4. 重点掌握国民待遇原则、对等原则。

推荐参考资料

1. 何其生:《比较法视野下的国际民事诉讼》,高等教育出版社 2015 年版。
2. 鞠海亭:《网络环境下的国际民事诉讼法律问题》,法律出版社 2006 年版。
3. 张潇剑:《国际民商事及经贸争端解决途径专论》,北京大学出版社 2003 年版。
4. 李双元、谢石松:《国际民事诉讼法概论》,武汉大学出版社 2001 年版。
5. 张茂:《美国国际民事诉讼法》,中国政法大学出版社 1999 年版。
6. 李浩培编著:《国际民事程序法概论》,法律出版社 1996 年版。

17.1　国际民事诉讼

知识要点

17.1.1　国际民事诉讼概述

国际民事诉讼,对于一个具体的国家而言,就是具有国际因素或涉外因素的民事诉讼,即在民事诉讼程序中,涉及两个或两个以上国家的人、事、物,或同两个或两个以上的国家存在不同程度的联系。而关于涉外案件审理的诉讼程序,即为涉外民事诉讼程序或国际民事诉讼程序。

一国法院在审理涉外民商事案件时,通常要适用国内法中关于审理一般民商事案件的诉讼程序。但由于涉外民商事案件的特殊性,涉外民事诉讼产生了许多不同于纯粹的国内民事诉讼的问题。例如,涉外案件经常会涉及国际性法律,诸如国际条约的适用等问题;很多国内民事诉讼不会考虑的原则诸如国家主权原则、国民待遇原则、平等互惠原则、尊重国际条约和国际惯例原则等,则是国际民事诉讼的基本原则。

由于涉外民商事案件的特殊性,仅仅适用国内一般的诉讼程序难以满足涉外民事诉讼的需要,不便于涉外民商事争议的解决,因而,还要适用一些专门用于审理涉外民商事案件的特别程序规范。鉴于此,许多国家都针对涉外民事诉讼规定了特别的程序。我国《民事诉讼法》在第四编中也专门规定了"涉外民事诉讼程序的特别规定"。这就导致了在国内民事诉讼与国际民事诉讼的研究中一直存在一元论和二元论的争议。其争论根源在于国际民事诉讼与国内民事诉讼既有许多相似之处,也有诸多明显的不同,国际民事诉讼有国内民事诉讼所不具有的特殊问题。

17.1.2 国际民事诉讼程序与法院地法

在国际民事诉讼中,尽管实体问题常常根据冲突规则的指引适用外国法,但各国法院通常都遵循它们自己的程序规则。程序问题适用法院地法并无很大的分歧,其主要理由如下:

(1)国际民事程序法属于公法,原则上只能适用国内法,而不能适用外国法。所以关于程序问题,法院和当事人都必须遵守法院地法。

(2)如果程序问题适用外国法,那么由于内国法院不熟悉外国的程序法,必然会发生确定程序法的困难,从而导致在案件审理上时间和金钱的浪费,以及程序规则的不确定性。[1]

(3)在现代各国立法和国际法律文件中,程序问题适用法院地法已得到了公认。例如,美国法学会1986年修订的《第二次冲突法重述》第122条规定,诉讼程序规则,通常由法院地州的本地法确定,即使法院对案件中其他问题适用另一州的本地法。除国内立法以外,肯定这个原则的国际条约也很多。例如,1928年的《布斯塔曼特法典》第314条规定,各缔约国法院的管辖和组织,依其法律决定。诉讼程

[1] 参见李浩培编著:《国际民事程序法概论》,法律出版社1996年版,第17~18页。

序、执行判决的方式，以及对于裁判的上诉，亦同。

尽管程序适用法院地法现在已成为全世界国家公认的原则，但何为程序问题，何为实体问题，则首先需要识别。因为一个问题如果属于程序，就需适用法院地法；如果属于实体问题，就需要根据冲突规则所指定的准据法解决。对于二者的区分，在时效法规、证据规则、审理方式和救济方法、损害赔偿以及优先权的问题上，尤其存在分歧。目前，对于这两类问题的区别，并无确定性的规则可以适用。具体如何进行区别，需要研究该问题的性质，并以当事人之间的公平为目标，予以决定。

在我国，民事诉讼程序适用法院地法主要表现为以下几个方面：

（1）外国自然人、法人、国家和国际组织等，在我国必须遵守我国的民事诉讼法，享有诉讼权利，承担诉讼义务。

（2）在管辖权问题上，民事诉讼法规定属我国法院管辖的案件，我国法院均有权审理。而专属我国法院管辖的案件，外国法院无权管辖。

（3）在具体审判程序上，应依照我国民事诉讼法规定的程序进行审判。

（4）外国法院判决和仲裁裁决的承认与执行，均需首先根据我国法律规定的条件进行审查，之后该外国判决或者仲裁裁决才能在我国生效，并根据我国法律规定的程序执行。

17.1.3　国际民事诉讼中的诉和诉权

☆当事人

在涉外案件当事人的确定上，与国内民事诉讼不同的是，相关标准不仅要符合法院地法关于原被告的要求，而且需要考虑案件应适用的准据法。在适格当事人的确定上，1992 年罗马尼亚《关于调整国际私法法律关系的第一百零五号法》第 160 条规定，适用支配引起争议的法律关系的法律。而对于当事人的适格问题，因适用法律的差异，可能会产生较大的差距。

[示例 17.1]　在原告的适格上，苏格兰法院有一个著名的判例（罗西斯诉辛格）。该案的原告是一个妇女。她向苏格兰法院起诉，声称被告曾在英格兰诱奸她，要求被告赔偿损害。根据法院地法（苏格兰法），她有权起诉，即可作原告。但是该案是一件涉外侵权行为案件（因为苏格兰和英格兰是两个法域），适格的原告要由案件的准据法决定。当时该案的准据法是侵权行为地法，即英格兰法。根据英格兰法，诱奸受害者本人没有起诉的权利，只有她的父

母有此项权利。苏格兰法院认为，她不是适格的原告，她没有起诉的权利。[1]

由上可见，在当事人适格的问题上，尽管法院地法有着直接的影响，但实体问题的准据法也决定着当事人的适格性。

☆**诉讼标的**

国际民事诉讼的诉讼标的由于涉及不同国家的法律，也需要考虑准据法进行识别，以下述施韦伯尔诉安加案为例。

[示例 17.2]　该案涉及的一对夫妻都是犹太人，他们在匈牙利设有住所。后来他们决定移居以色列。在去以色列途中，他们在意大利的一个犹太人居住区离婚。对他们的离婚，匈牙利法律是不承认的（当时他们的住所仍在匈牙利），但依照以色列法则是可以承认的。离婚后，他们均在以色列选择了住所。其后女方到加拿大多伦多市与第二个丈夫举行了婚礼，但她就其第二次结婚在加拿大安大略法院请求宣告婚姻无效。本案涉及的主要问题是女子的再婚能力问题。根据安大略省的冲突规范，这一问题应适用以色列法解决，先决问题是该女子与第一个丈夫离婚的有效性问题。依照安大略省冲突规范指定适用的准据法，该离婚无效；但依照以色列的冲突规范指定的准据法，则离婚有效。加拿大最高法院肯定了安大略省上诉法院的判决，并裁定该女子离婚有效，因为根据该女子婚前住所地法，她具有单身女子身份。因此驳回了该女子的诉请。[2]

该案显示，诉讼标的可以因适用法律的不同，而有不同的识别。在此问题上，尽管起诉的标的通常适用支配引起争议的法律关系的法律，但法院地法才是关键。

☆**诉因**

在国际民事诉讼中，由于涉及不同国家的实体法，在诉因的确定上也有很大的差异。

[示例 17.3]　在德·布里蒙特诉佩里曼案中，被告和原告是翁婿关系。《法国民法典》第 206 条和第 207 条规定，女婿与媳妇，在同样的情况下，对岳父母与公婆也负有赡养的义务。但这种赡养的义务，为赡养人与被赡养人双方

[1]　See CGJ Morse, *Torts in Private International Law*, Amsterdam, North Holland Publishing, 1978, p. 142.

[2]　参见袁成第：《涉外法律适用原理》，同济大学出版社 1988 年版，第 236 页。

对等的义务。原告根据这些规定,在法国法院向被告提起诉讼,要求被告支付他一笔津贴。法国法院作出了支持原告的判决。由于这一判决需要在美国执行,原告便到美国法院申请执行。但是,美国法院没有承认法国法院这一判决,其理由是该判决所基于的诉讼原因是美国法所不知道的。[1]

在对国际私法法律关系进行诉讼的程序中,诉因通常适用支配引起争议的法律关系的法律,但法院地法通常起限制性的作用。

☆**诉权**

诉权是诉的法律制度所确定的、赋予当事人进行诉讼的基本权利,是诉讼权利的基础,而诉讼权利则是诉权的具体表现形式。因为只有依法享有诉权的人才能具体进行诉讼,不具有诉权的人不具有当事人的资格,不能进行诉讼,就无所谓诉讼权利。《法国民事诉讼法》第 30 条规定,对于提出某项请求的人,诉权是指其对该项请求之实体的意见陈述能为法官所听取,以便法官裁判该请求是否有依据的权利。对于他方当事人,诉权是指辩论此项请求是否有依据的权利。[2]

诉讼权利是程序法上规定的从事诉讼活动的系列权利,而诉权是实体法和程序法两方面法律所确定的有权进行诉讼的权利。在国际民事诉讼中,当事人诉权会涉及法律适用问题。

因此,在国际民事诉讼中,不仅要考虑本国诉讼程序的规定,也要考虑实体问题上所应该适用的法律,进而确定当事人是否有实体法上的请求权。实体法确定的权利是国际民事诉讼中诉权的实质,程序法确定的权利是诉权的形式,不可将二者截然分开。

17.1.4　“国际”民事诉讼在中国的识别

国内案件和涉外案件的区分不仅是涉外民事诉讼程序启动的先决条件,也是适用国际私法规则的前提性问题。我国现行《民事诉讼法》并没有对“涉外”或“国际”民商事案件的概念下定义,但一些司法解释对此早有界定。

1992 年《民事诉讼法意见》第 304 条规定,当事人一方或双方是外国人、无国籍人、外国企业或组织,或者当事人之间民事法律关系的设立、变更、终止的法律事实发生在外国,或者诉讼标的物在外国的民事案件,为涉外民事案件。从上述规定来看,我

---

〔1〕 参见袁成第:《涉外法律适用原理》,同济大学出版社 1988 年版,第 242 页。

〔2〕 参见《法国新民事诉讼法典》,罗结珍译,中国法制出版社 2008 年版,第 71 页。

国对涉外案件的识别主要通过主体涉外、客体涉外、内容涉外三个方面进行区分。

《民事诉讼法解释》第522条进一步扩大了“涉外”的标准。该条规定，有下列情形之一，人民法院可以认定为涉外民事案件：(1)当事人一方或者双方是外国人、无国籍人、外国企业或者组织的；(2)当事人一方或者双方的经常居所地在中华人民共和国领域外的；(3)标的物在中华人民共和国领域外的；(4)产生、变更或者消灭民事关系的法律事实发生在中华人民共和国领域外的；(5)可以认定为涉外民事案件的其他情形。与《涉外民事关系法律适用法解释(一)》相比，最高人民法院在《民事诉讼法解释》中将“外国法人”改为“外国企业”，不仅扩大了民事诉讼法的适用范围，更省去了定性“外国法人”的问题。而两部司法解释都赋予了法院自由裁量权，规定了“可以认定为涉外民事案件的其他情形”。这一规定非常必要。随着我国的国际化进程加快，越来越多的案件具有涉外性因素。赋予法院自由裁量权，能够更好地处理复杂的涉外案件。

☆涉港澳台地区与涉外

国际私法中所讲的“外国因素”，不仅指外国国家因素，还经常包括一个国家内部不同的法域。我国是一个多法域国家。由于内地、香港、澳门、台湾地区四地施行互不相同的法律，在区际民商事交往中，当某一事项或一项争议涉及两个或两个以上的地区时，就需要确定此类案件的程序如何处理。2015年《民事诉讼法解释》第551条明确指出，人民法院审理涉及香港、澳门特别行政区和台湾地区的民事诉讼案件，可以参照适用涉外民事诉讼程序的特别规定。既然涉港澳台案件参照《民事诉讼法》中关于涉外民事诉讼程序的特别规定，而与该特别规定相关的司法解释无疑也应得以适用。

典型案例

刘某诉东莞绿洲鞋业有限公司债权转让纠纷[1]

【案情概述】

东莞东城优丰鞋材厂(优丰厂)是高允贸易有限公司在东莞市经营管理的一家来料加工企业。该厂欠原告2003年3月至9月租车运费共计人民币22,330元。双方签订了一份《协议书》，除确认上述欠款外，还约定“优丰厂因经济困难，现又有

[1] 广东省东莞市人民法院〔2003〕东法民四初字第1144号民事判决书。

客户东莞绿洲鞋业有限公司拖欠优丰厂货款，双方协商一致，优丰厂自愿同意将该债权转让给刘泽成，刘泽成可以向该客户追收有关债权”。同年 10 月 14 日，优丰厂将一份《通知》以速递方式交给绿洲公司，《通知》称“因贵公司尚欠我厂加工费……现我厂与刘泽成签订协议书，将我厂部分款项转让给刘泽成，请贵公司直接支付给刘泽成人民币 22,330 元，届时我厂收取贵司款项时扣减相等费用”。绿洲公司收到了该通知。之后，原告因向绿洲公司追索未果遂于 2003 年 10 月 30 日诉至法院。法院认为，第三人高允公司在中华人民共和国台湾地区注册登记，故本案是涉台商事纠纷案件。审理法院据此在案件的判决中分别对管辖权、法律适用等问题按照涉外案件的标准进行了认定，并对一些涉台的文件进行了公证和认证。

【简要评论】

主体涉外主要是指民事法律关系的主体一方或各方是外国国家、法人或自然人。在我国审判实践中，主体涉外的认定标准十分宽松。主体涉外不仅包括原告和被告当事人涉外，而且也包括第三人涉外的情形。

17.2　外国当事人的诉讼地位

知识要点

国际民事诉讼中当事人的诉讼地位主要是针对外国人而言的，即外国人在内国享有什么样的诉讼权利，承担什么样的义务。外国当事人的诉讼地位还体现在与内国当事人相比，存在多大的差距等方面。

17.2.1　一般原则

☆国民待遇原则

在国际民事诉讼中，国民待遇表现为一个国家把给予其本国国民的民事诉讼权利也给予在本国境内的外国人，该国法院并不仅仅以有关当事人具有外国国籍和无国籍为理由，而要求其提供诉讼费用担保或对其采取其他限制其诉讼权利的措施。

国民待遇原则包含两个方面的内容：一是外国人在内国境内享受与内国国民同等的诉讼权利，承担同等的诉讼义务，其诉讼权利不因其为外国人而受到限制；二是外国人在内国境内享有的诉讼权利不能超出内国国民所能享有的权利范围。

我国《民事诉讼法》第 5 条第 1 款规定，外国人、无国籍人、外国企业和组织在人民法院起诉、应诉,同中华人民共和国公民、法人和其他组织有同等的诉讼权利义务。即在诉讼地位问题上,民事诉讼法赋予外国人以国民待遇。

☆对等原则

一般而言,各国出于对本国国民权利的保护,在规定国民待遇原则的同时,还会进一步规定对等原则,强调外国法院如果对内国公民的诉讼权利加以限制,内国法院也会对该外国公民的民事诉讼权利加以限制。例如,《俄罗斯联邦民事诉讼法》第433条第3款规定,对俄罗斯公民、企业或组织的民事诉讼权利规定特别限制的国家,俄罗斯对其公民、企业或组织实行对等的限制。

我国《民事诉讼法》第5条第2款规定了对等原则,即外国法院对中华人民共和国公民、法人和其他组织的民事诉讼权利加以限制的,中华人民共和国人民法院对该国公民、企业和组织的民事诉讼权利,实行对等原则。

17.2.2 外国人的诉讼行为能力

当事人的诉讼行为能力,是指当事人以自己的名义独立行使诉讼权利与履行诉讼义务的能力。诉讼行为能力以民事行为能力为基础,但是民事行为能力与诉讼行为能力并不完全一致。民事行为能力可以分为完全行为能力、限制行为能力和无行为能力。而诉讼行为能力只能区分为有诉讼行为能力和无诉讼行为能力。限制行为能力人和无行为能力人没有诉讼行为能力,他们的诉讼活动由他们的法定代理人代理。自然人的诉讼行为能力始于成年,终于死亡。法人的诉讼行为能力与其权利能力同始同终,即始于成立,终于消灭,其诉讼活动由其法定代表人行使。

☆诉讼行为能力适用其属人法

诉讼行为能力是决定一个人诉讼地位的重要因素,它直接影响着诉讼权利的行使。对于外国人能否或能在多大程度上以自己的行为有效地行使诉讼权利和承担诉讼义务的问题,各国的诉讼立法都作了明确的规定,而且普遍承认外国人的诉讼行为能力依其属人法。一些大陆法系国家的民事诉讼法规定外国人的民事诉讼行为能力依其本国法,例如,1992年罗马尼亚《关于调整国际私法法律关系的第一百零五号法》第158条规定,诉讼当事人的诉讼行为能力适用其本国法。[1] 而英、美普通法系国家原则上依据住所地法来决定外国人的民事诉讼行为能力问题。

☆原则上适用当事人属人法,而以法院地法加以限制

为了求得民商事法律关系的稳定,保护善意的对方当事人特别是本国国民的

---

〔1〕 参见李双元、欧福永、熊之才编:《国际私法教学参考资料选编》,北京大学出版社2002年版,第288页。

合法权益,各国在规定依属人法决定外国人的民事诉讼行为能力为原则的同时,作为补充,规定如果依法院地法外国人具有民事诉讼行为能力,即视为有诉讼行为能力。[1] 例如,美国《第二次冲突法重述》第 125 节规定,法院地法决定谁能充当诉讼当事人,如果这样做影响当事人实质性的权利和义务时则不在此限。《德意志联邦共和国民事诉讼法》第 55 条规定:"外国人,虽然依其本国法为无诉讼能力人,但依受诉法院的法律有诉讼能力时,视为有诉讼能力。"[2]《日本新民事诉讼法》第 33 条规定:"外国人虽然依据其本国法没有诉讼能力,但依据日本法律应该有诉讼行为能力的,视为有诉讼行为能力者。"[3]

至于我国对于外国人民事诉讼行为能力的确定问题,虽然我国《民事诉讼法》和《涉外民事关系法律适用法》没有对此作出明确的规定,但根据我国有关立法的精神,原则上应该依外国人的属人法来确定其民事诉讼行为能力。而且,如果有关外国人依其属人法没有诉讼行为能力,而依我国民事诉讼法具有该项能力时,其在我国所为的诉讼行为应视为有能力所为的行为。

17.2.3 当事人出境限制

根据 2005 年《第二次全国涉外商事海事审判工作会议纪要》,人民法院在审理涉外商事纠纷案件中,对同时具备下列条件的有关人员,可以采取措施限制其出境:(1)在我国确有未了结的涉外商事纠纷案件;(2)被限制出境人员是未了结案件中的当事人或者当事人的法定代表人、负责人;(3)有逃避诉讼或者逃避履行法定义务的可能;(4)其出境可能造成案件难以审理、无法执行的。有未了结民事案件(包括经济纠纷案件)的,由人民法院决定限制出境并执行,同时通报公安机关。[4]

---

〔1〕 参见黄进主编:《国际私法》(第 2 版),法律出版社 2005 年版,第 632 页。

〔2〕 《德意志联邦共和国民事诉讼法》,谢怀栻译,中国法制出版社 2001 年版,第 11 页。

〔3〕 《日本新民事诉讼法》,白绿铉编译,中国法制出版社 2000 年版,第 42 页。

〔4〕 可参见 2010 年最高人民法院《关于进一步做好边境地区涉外民商事案件审判工作的指导意见》(法发〔2010〕57 号)第 7 条的规定。其他限制外国人或中国公民出境的审批权限:(1)公安机关和国家安全机关认定的犯罪嫌疑人或有其他违反法律的行为尚未处理并需要追究法律责任的,其限制出境的决定需经省、自治区、直辖市公安厅、局或国家安全厅、局批准。(2)人民法院或人民检察院认定的犯罪嫌疑人或有其他违反法律的行为尚未处理共需要追究法律责任的,由人民法院或人民检察院决定限制出境并按有关规定执行,同时通报同级公安机关。(3)国家安全机关对某些外国人或中国公民采取限制出境措施时,要及时通报公安机关。(4)对其他需要在边防口岸限制出境的人员,可按 1985 年公安部、国家安全部《关于做好人出境查控工作的通知》(〔85〕公发 24 号文件)精神办理。

17.2.4　律师代理制度

诉讼代理制度，是指诉讼代理人基于诉讼当事人或其法定代理人的授权以当事人的名义代为实施诉讼行为，而直接对当事人发生法律效力的行为。

在当代国际社会，由于司法制度的差异，各国对于诉讼代理制度的要求也不一致。

(1)当事人诉讼制度。一些普通法系国家实行当事人本人诉讼制度，当事人无论有没有诉讼代理人，都需要出庭参加诉讼。但大多数国家则规定当事人本人自诉或代理均可。例如，1992 年罗马尼亚《关于调整国际私法法律关系的第一百零五号法》第 164 条规定，如果无行为能力或限制行为能力的外国人按照其本国法没有确定其代理人或监护人，并因此而延迟其诉讼行为，法院可临时为其指定特别监护人。

(2)强制性的律师代理制度。法国、奥地利等大陆法系国家实行强制性的律师代理制度。当事人必须委托律师为诉讼代理人，其本人则不必亲自出庭。[1] 涉外民事诉讼中的律师代理有一个特点，即各国通常要求聘请法院地国的律师。法院地国不允许委托外国律师代理诉讼主要有两种理由：

- 委托诉讼代理人目的在于寻求法律上的帮助，而外国律师一般对法院地国的法律不熟悉；相反，法院地国的律师代理诉讼往往有利于案件的公正解决；
- 基于主权因素，外国律师是根据外国的法律制度所赋予的身份，一般不为内国所承认。[2]

17.2.5　领事代理

领事代理是派遣国的领事在驻在国以代理人的身份保护本国公民和法人的合法权益的制度。领事代理有两个特点：

(1)领事对代理行为不享有领事特权，是以私人身份进行；

(2)如果当事人本人或其委托的领事以外的任何人开始行使诉讼权利时，领事代理即应终止。

1963 年《维也纳领事关系公约》第 5 条第 9 款规定，领事“以不抵触接受国内施行之办法与程序为限，遇派遣国公民因不在当地或由于其他原因不能于适当期间自行辩护其权利和利益时，在接受国法院及其他机关之前担任其代表或为其安排

---

〔1〕 参见章尚锦主编：《国际私法》，中国人民大学出版社 2000 年版，第 226 页。
〔2〕 参见黄进主编：《国际私法》（第 2 版），法律出版社 2005 年版，第 632 页。

适当之代表，俾依照接受国法律规章取得保全此等国民之权利和利益之临时措施”。此外，许多双边领事条约也确认了领事代理制度，如 1980 年《中华人民共和国和美利坚合众国领事条约》第 24 条即有类似的规定。

[示例 17.4]　在德国籍人尤某离婚案中，尤某根据中德学术交流计划，来到中国上海市某大学任教。在任教期间与在该大学任教的中国公民结婚。后因双方性格不和等因素，尤某向上海市中级人民法院起诉，要求离婚。起诉后，尤某任教期满，回到本国。考虑到诉讼的问题，尤某向上海市中级人民法院提出，欲委托他在上海市任教的某德国籍人或德国驻上海领事馆的工作人员，担任其在离婚诉讼中的诉讼代理人。由于法律规定中没有明确此问题，上海市高级人民法院就是否允许外籍当事人委托居住在我国境内的外国人或本国驻我国领事馆工作人员为诉讼代理人问题，向最高人民法院请示，要求作出司法解释。

最高人民法院在批复中专门指出：(1)外籍当事人委托居住我国境内的本国人为诉讼代理人，不违背我国民事诉讼法的规定，可以准许。(2)外国驻华使、领馆官员，受本国国民的委托，以个人名义担任诉讼代理人时，亦应准许。同时根据我国参加的《维也纳领事关系公约》的规定，外国驻华领事馆官员（包括经我国外交部确认的外国驻华使馆的外交官同时兼有领事官衔者），当作为当事人的本国国民不在我国境内，或由于其他原因不能适时到我国法院出庭时，还可以在没有委托的情况下，直接以领事名义担任其代表或为其安排代表在我国法院出庭。[1]

尽管外国驻华使领馆官员，受本国公民的委托，可以以个人名义担任诉讼代理人，但在诉讼中不享有外交或者领事特权和豁免。

对于领事代理，根据国际法的原则，派遣国领事可以在其驻在国法律规定的范围内，代表派遣国国民参加诉讼，以保护本国公民的合法权益。最高人民法院批复的依据就在于此。但领事代理是领事依职权采取的临时措施，一旦该国民本人或其委托的领事以外的任何人开始行使诉讼权利时，领事代理自行终止。

在实践中，还可能会涉及外国当事人是否可以委托本国驻法院地国大使馆职员代为聘请代理人的问题。

---

〔1〕　参见林准主编：《国际私法案例选编》，法律出版社 1996 年版，第 132 页。

［示例 17.5］　曾有瑞士籍人李美某、李爱某委托瑞士驻华大使馆参赞，以外交代表身份为其在我国法院进行的民事诉讼中代为聘请中国律师代理诉讼的案例。最高人民法院为此曾批复指出：根据我国参加的《维也纳外交关系公约》和《维也纳领事关系公约》的有关规定，瑞士驻华大使馆受其本国国民李美某、李爱某的委托代聘律师，属于使馆公务，因此，该大使馆授权本馆职员以外交代表身份为李美某、李爱某在我国聘请中国律师代理民事诉讼，是可以的。[1]

这一批复后来凝练成《民事诉讼法解释》第 529 条，即涉外民事诉讼中，外国驻华使领馆授权其本馆官员，在作为当事人的本国国民不在中华人民共和国领域内的情况下，可以以外交代表身份为其本国国民在中华人民共和国聘请中华人民共和国律师或者中华人民共和国公民代理民事诉讼。

17.2.6　诉讼费用担保和救助制度

在国际民事诉讼中，原告除了在起诉时缴纳案件受理费之外，一些国家还可能要求缴纳其他一些费用，诸如当事人、证人、鉴定人、翻译人员的旅差费、出庭费及其他费用等，以担保以后可能判决由他负担的诉讼费用。如果原告不提供诉讼费用担保，则面临诉讼被驳回的危险。如《日本民事诉讼法》第 78 条规定，原告在应提供担保的期间不提供担保时，法院不经过口头辩论，可以判决驳回其诉讼。但是，在作出判决之前，提供担保的，则不在此限。[2]

☆国内立法

关于诉讼费用担保，目前各国的国内立法主要有以下几种情况：

（1）不要求作为原告的外国人提供诉讼费用担保，如意大利和法国等。

（2）实行互惠原则，规定内国人在某一外国作为原告无须提供诉讼费用担保时，该外国人在内国作为原告也无须提供，如德国、西班牙等国。

（3）不以原告的国籍为准，而以原告在内国有无住、居所或足够的财产为准，决定原告是否应提供诉讼费用担保。例如，按照 1962 年《英国高级法院规则》命令第 23 号规则，根据被告的申请，法院认为原告通常居住在英国管辖区域以外时，可以命令原告对被告提供其认为公正的担保。但如原告证明其在英国管辖区域内有相

---

〔1〕 参见 1985 最高人民法院《关于外国驻华使馆参赞能否以外交代表身份为本国国民在我国聘请中国律师代理民事诉讼的批复》（〔85〕民他字第 5 号）。该文件目前已经失效。

〔2〕 参见《日本新民事诉讼法》，白绿铉编译，中国法制出版社 2000 年版，第 54 页。

当数量的财产足以清偿诉讼费用时，法院不作出这种命令。

(4)要求外国籍原告提供诉讼费用担保，但其中一部分国家以被告申请为条件，如瑞典、奥地利、荷兰等。

诉讼费用担保的制度，主要目的在于保护被告，因为一个没有根据的跨国诉讼很容易对被告造成严重损害，而且对管辖法院所属国也会造成司法资源和费用上的损失。当法院在最后判决中驳回某一外国原告的请求时，在很多情况下，由于有关判决在国外得不到执行，被告无法获得其为此诉讼而支出的费用，管辖法院也无法得到费用上的补偿。不过，要求外国原告提供诉讼费用担保的制度毕竟加重了外国原告的负担，违反了国民待遇原则，目前一些国家纷纷采取一些措施，如互惠原则、被告申请等，以减少或免除诉讼费用担保制度的适用。

在中国，根据《诉讼费用交纳办法》[1]第六章"司法救助"的规定，当事人交纳诉讼费用确有困难的，可以依照本办法向人民法院申请缓交、减交或者免交诉讼费用的司法救助。但诉讼费用的免交只适用于自然人。由于司法救助并没有规定只适用于中国公民，可以推定，该办法也应该适用于外国自然人。

☆国际立法

在国际立法中，关于诉讼费用担保和救助制度，目前已经有不少国际条约进行了规定，如1928年《布斯达曼特法典》、1954年海牙《民事诉讼程序公约》。而1980年10月25日订于海牙的《国际司法救助公约》则是这方面的专门性条约。

1980年的《国际司法救助公约》作为专门性的司法救助公约，分四章进行了规定，即法律援助，诉讼费用的担保及诉讼费用支付令的执行，记录和判决书的副本，人身拘留及安全通行。在此就该公约的主要内容介绍如下：[2]

(1)法律援助

缔约国的国民以及常住在缔约国国内的居民，在各缔约国国内进行民商事诉讼，均应视同各该国国民及其常住居民，有在同等条件下享受法律援助的权利。不符合前述规定，但在将要或已经开始诉讼程序的缔约国内曾有惯常居所的人，如果诉因是基于他们在该国的前惯常居所而产生，则应仍享有前述规定法律援助的权利。在对行政、社会或税务事项提供法律救助的国家里，该规定应一并适用于向有权受理各该项事件的法院或其他裁判机关提出的案件。已被核准法律援助之人，

---

[1] 2006年12月19日国务院令第481号公布，自2007年4月1日起施行。

[2] 下述公约内容参考了中华人民共和国外交部条约法律司编：《海牙国际私法会议公约集》，法律出版社2012年版，第134～137页。

于其案件判决以后,在任何其他缔约国请求承认和执行该项判决时,应毋庸再经调查,有径行享受法律援助的权利。

(2)诉讼费用的担保及诉讼费用支付令的执行

● 诉讼费用担保的免除。在某一缔约国惯常居住的人(包括法人)在另一缔约国法院或其他裁判机构为原告或诉讼参加人时,不得仅以其属于外国国籍或现在该国无住所或居所为由而要求其提供担保、保证金或押金。对原告或诉讼参加人要求支付任何款项以作为法院诉讼费用的担保时,亦应适用上述规定。

● 诉讼费用支付令的执行。对于某一缔约国内依本公约或该国法律的规定,针对免予提供担保、保证金、押金或支付款项的任何人所作出的支付诉讼费用和开支的命令,在其他缔约国内,经过此命令享有权益的人提出申请,应予以执行,毋庸缴纳任何(申请执行)费用。

(3)记录和判决书的副本

任何缔约国的国民以及常住在任何缔约国国内的居民得在其他任何缔约国内,依照与该国国民同等的待遇和条件,取得公共登记机关登记内容的摘录和民商事案件判决书的副本,并在必要时,可以对上述文件进行认证。

(4)人身拘留及安全通行

● 人身拘留。在逮捕和拘留国不得对其国民行使逮捕和拘留的各类情况下,不得对任何缔约国的国民或惯常居民,在民商事案件中,作为执行手段或预防性措施而实施逮捕和拘留。如惯常居住在该国的国民可以通过援引任何事实从逮捕或拘留状态中被释放,则任何缔约国的国民或惯常居民,也可援引该事实并产生同样的效果,即使该事实发生于国外。

● 安全通行。任何缔约国的国民或其惯常居住的居民,经另一缔约国的法院或其他裁判机关,或经由其核准的一方当事人,被指名传唤出庭充当证人或专家时,在该另一缔约国领土内,不得根据在其到达该国以前发生的任何行为或有罪判决,而对之检举或加以拘留或对其人身自由施加任何限制。前述规定的豁免,应自讯问证人或专家的确定日期开始,至经司法当局通知其无须再到庭应讯之日后连续七天,虽有机会离境而仍留在境内或离境后又自动返回时即停止。

17.2.7 国际民事诉讼中的语言、文字

目前,各国法院都要求在涉外民事诉讼中使用本国的语言文字。因此,在内国法院涉讼的外国人如果不懂内国法院的语言文字,必须依赖翻译。例如,《俄罗斯

联邦民事诉讼法》第 8 条规定,民事诉讼使用俄语进行。[1]

在我国,人民法院审理涉外民事案件,应当使用中华人民共和国通用的语言、文字。当事人要求提供翻译的,可以提供,费用由当事人承担。当事人向人民法院提交的书面材料是外文的,应当同时向人民法院提交中文翻译件。当事人对中文翻译件有异议的,应当共同委托翻译机构提供翻译文本;当事人对翻译机构的选择不能达成一致的,由人民法院确定。

法律与规范链接

▲ 必读法条

《民事诉讼法》

第 259 条　在中华人民共和国领域内进行涉外民事诉讼,适用本编规定。本编没有规定的,适用本法其他有关规定。

第 260 条　(见本书第 295 页)

第 261 条　对享有外交特权与豁免的外国人、外国组织或者国际组织提起的民事诉讼,应当依照中华人民共和国有关法律和中华人民共和国缔结或者参加的国际条约的规定办理。

第 262 条　人民法院审理涉外民事案件,应当使用中华人民共和国通用的语言、文字。当事人要求提供翻译的,可以提供,费用由当事人承担。

第 263 条　外国人、无国籍人、外国企业和组织在人民法院起诉、应诉,需要委托律师代理诉讼的,必须委托中华人民共和国的律师。

第 264 条　在中华人民共和国领域内没有住所的外国人、无国籍人、外国企业和组织委托中华人民共和国律师或者其他人代理诉讼,从中华人民共和国领域外寄交或者托交的授权委托书,应当经所在国公证机关证明,并经中华人民共和国驻该国使领馆认证,或者履行中华人民共和国与该所在国订立的有关条约中规定的证明手续后,才具有效力。

《民事诉讼法解释》

第 522 条　有下列情形之一,人民法院可以认定为涉外民事案件:

---

〔1〕 该条还规定,对于不通晓诉讼语言的人,要保证他们有权用本民族语言提出申请,进行说明,提供证言,在法庭上陈述和申辩,以及按本法典规定的程序得到翻译人员的帮助。《俄罗斯联邦民事诉讼法、执行程序法》,张西安、程丽庄译,中国法制出版社 2002 年版,第 3 ~4 页。

（一）当事人一方或者双方是外国人、无国籍人、外国企业或者组织的；

（二）当事人一方或者双方的经常居所地在中华人民共和国领域外的；

（三）标的物在中华人民共和国领域外的；

（四）产生、变更或者消灭民事关系的法律事实发生在中华人民共和国领域外的；

（五）可以认定为涉外民事案件的其他情形。

第523条 外国人参加诉讼，应当向人民法院提交护照等用以证明自己身份的证件。

外国企业或者组织参加诉讼，向人民法院提交的身份证明文件，应当经所在国公证机关公证，并经中华人民共和国驻该国使领馆认证，或者履行中华人民共和国与该所在国订立的有关条约中规定的证明手续。

代表外国企业或者组织参加诉讼的人，应当向人民法院提交其有权作为代表人参加诉讼的证明，该证明应当经所在国公证机关公证，并经中华人民共和国驻该国使领馆认证，或者履行中华人民共和国与该所在国订立的有关条约中规定的证明手续。

本条所称的“所在国”，是指外国企业或者组织的设立登记地国，也可以是办理了营业登记手续的第三国。

第524条 依照民事诉讼法第二百六十四条以及本解释第五百二十三条规定，需要办理公证、认证手续，而外国当事人所在国与中华人民共和国没有建立外交关系的，可以经该国公证机关公证，经与中华人民共和国有外交关系的第三国驻该国使领馆认证，再转由中华人民共和国驻该第三国使领馆认证。

第525条 外国人、外国企业或者组织的代表人在人民法院法官的见证下签署授权委托书，委托代理人进行民事诉讼的，人民法院应予认可。

第526条 外国人、外国企业或者组织的代表人在中华人民共和国境内签署授权委托书，委托代理人进行民事诉讼，经中华人民共和国公证机构公证的，人民法院应予认可。

第527条 当事人向人民法院提交的书面材料是外文的，应当同时向人民法院提交中文翻译件。

当事人对中文翻译件有异议的，应当共同委托翻译机构提供翻译文本；当事人对翻译机构的选择不能达成一致的，由人民法院确定。

第528条 涉外民事诉讼中的外籍当事人，可以委托本国人为诉讼代理人，也可以委托本国律师以非律师身份担任诉讼代理人；外国驻华使领馆官员，受本国公民的委托，可以以个人名义担任诉讼代理人，但在诉讼中不享有外交或者领事特权和豁免。

第 529 条　涉外民事诉讼中，外国驻华使领馆授权其本馆官员，在作为当事人的本国国民不在中华人民共和国领域内的情况下，可以以外交代表身份为其本国国民在中华人民共和国聘请中华人民共和国律师或者中华人民共和国公民代理民事诉讼。

延伸阅读

1980 年海牙《国际司法救助公约》第 1 ~ 20 条；

1954 年海牙《民事诉讼程序公约》第 17 条。

典型案例

刘某与 KAMCO GLOBAL INVESTMENT II LIMITED、广州客车厂债权转让合同纠纷案[1]

【案情概述】

1999 年 8 月 16 日，中国工商银行广州市庙前直街支行（以下简称工行庙前支行）与广州客车厂签订一份《人民币短期借款合同》，约定工行庙前支行贷款人民币 3170 万元给广州客车厂。后包括本案债权之内的相关债权转让给韩国全球投资有限公司Ⅱ（KAMCO GLOBAL INVESTMENT II LIMITED，以下简称全球公司）全球公司。2015 年 1 月 15 日，刘某与全球公司签订《债权转让协议》（编号：2015 - 1），约定全球公司将包括本案债权在内的五份债权的本金及利息以人民币 360 万元的价格转让给刘某。

一审法院认为，本案为债权转让合同纠纷。全球公司将享有的涉案债权及相关从权利转让给刘某，该协议是当事人的真实意思表示，且不违反法律和行政法规的禁止性规定，合法有效。

在上诉中，广州客车厂主张：全球公司的转委托手续不合法，其委托的是一家公司，而公司并不在我国民事诉讼法规定的可以作为诉讼代理人的范围中，其无权

---

〔1〕 广东省广州市中级人民法院〔2015〕穗中法民四终字第 104 号民事判决书。

代表全球公司出庭应诉,更无权转委托律师出庭。刘某的委托手续也不合法,其委托谭某担任代理人但其并非律师,刘某亦未提供有关推荐信,事后补办也不能对之前的代理工作起到追认作用。特上诉请求撤销原判,改判被上诉人刘某与全球公司之间的债权转让行为无效。

被上诉人全球公司答辩认为:根据《中华人民共和国民事诉讼法》第264条规定,对于外国企业的授权行为并没有对于其他人是否是公司的限制,且全球公司的授权已经经过我国司法部委托的公证人香港律师的认证和内地的公证,该转委托手续合法有效。

广东省广州市中级人民法院查明的相关事实如下:全球公司2009年5月25日在我国香港地区注册成立为有限公司,2013年10月3日,该公司作出董事会决议,委托哈尔滨东某投资咨询有限公司(以下简称东某公司)作为全球公司代理人……代理权限为特别授权代理,受委托单位可在勿需委托单位出具书面文件的前提下转委托律师作为上述案件的委托代理人,转委托权限不得超出上述权限,委托单位认可经转委托确认的代理律师的行为。2015年3月19日和10月19日,东某公司两次向广东源通律师事务所王海敏律师出具《授权委托书》,转委托王海敏律师在本案一审、二审过程中作为全球公司代理人,代理权限为一般代理。

此外,一审过程中,刘某于2015年1月29日委托谭某和徐昌健律师作为本案代理人,并提供了基层组织在2015年5月4日出具的推荐函。二审过程中,刘某仅委托徐昌健律师作为其代理人。一、二审过程中,徐昌健律师均代理刘某出庭。

广东省广州市中级人民法院认为,全球公司是在香港特别行政区注册成立的企业,本案属涉港商事纠纷,应比照涉外商事案件处理。各方当事人均未对原审法院行使管辖权和适用内地法律处理本案提出异议,本院对此予以确认。

首先,关于全球公司在本案的授权委托手续是否符合《中华人民共和国民事诉讼法》规定的问题。全球公司作为香港公司,通过董事会决议的方式委托东某公司在处理包含涉案债权在内的相关债权涉及的诉讼、执行、回收债权及资产处置过程中作为其代理人并出具《授权委托书》,该董事会决议已经中国委托公证人暨香港律师练绍良律师确认根据香港法律具有法律约束力,因此,该《授权委托书》是全球公司真实意思表示,全球公司因此与东某公司成立委托合同关系,并赋予东某公司转委托权。《中华人民共和国民事诉讼法》第58条仅是针对诉讼代理人的规定,在进入民事诉讼过程中,只有该条规定的人员可以担任诉讼代理人,而在本案一、二审诉讼过程中,东某公司根据该《授权委托书》转委托了符合我国《民事诉讼法》第

58 条的王海敏律师代理全球公司，并无不当。至于刘某的委托代理人问题，刘某在本案审理过程中除委托谭某之外，尚委托徐昌健律师作为其代理人，上诉人对此提出的上诉依据不足，本院不予采纳。

延伸阅读

1. 何其生：《大国司法理念与中国国际民事诉讼制度的发展》，载《中国社会科学》2017 年第 5 期。
2. 何其生：《构建具有国际竞争力的国际民事诉讼制度》，载《法制与社会发展》2015 年第 5 期。
3. 涂广建：《构建外向型的国际民事诉讼程序体系》，载《武汉大学学报》（哲学社会科学版）2016 年第 5 期。

第 18 章　国际民事诉讼管辖权

教学目标

1. 了解国际民事案件管辖权的概念、种类和意义，确定国际民事案件管辖权的一般原则。
2. 掌握我国有关国际民事案件管辖权的规定，以及如何避免和消除国际民事案件管辖权的冲突。

推荐参考资料

1. 刘力主编:《中国涉外民事诉讼立法研究——管辖权与司法协助》,中国政法大学出版社 2016 年版。
2. 胡振杰:《国际合同争议管辖权与判决执行比较研究》,中国法制出版社 2014 年版。
3. 李晶:《国际民事诉讼中的挑选法院》,北京大学出版社 2008 年版。
4. 李旺:《国际诉讼竞合》,中国政法大学出版社 2002 年版。
5. 罗剑雯:《欧盟民商事管辖权比较研究》,法律出版社 2003 年版。
6. 徐伟功:《不方便法院原则研究》,吉林人民出版社 2002 年版。
7. 徐卉:《涉外民商事诉讼管辖权冲突研究》,中国政法大学出版社 2001 年版。
8. 倪征燠:《国际法中的司法管辖问题》,世界知识出版社 1985 年版。

18.1　国际民事诉讼管辖权概述

知识要点

18.1.1　国际民事诉讼管辖权的概念

国际民事诉讼管辖权是指一国法院受理某一国际民商事案件并行使审判权的资格或权限,也称为司法管辖权、法院管辖权或裁判管辖权。确定国际民事诉讼管辖权的问题,也就是应该由哪个国家行使管辖权来审理某国际民商事案件,该管辖权的确定主要依据国内立法或有关国际条约。

国际民事诉讼管辖权以国家权力为基础,目的是在国际社会的范围内进行管辖权的分配,这与国内民事诉讼管辖权强调的在一国境内何种法院之间以及何地法院之间进行管辖权限的分配存在本质区别。就国际民事诉讼而言,管辖权的分配存在两层意思:首先,确定案件在国家之间的分配;其次,确定国内民事诉讼管辖权问题,也就是国内哪一个法院和哪一级法院管辖的问题,该管辖权的确定主要依据国内民事诉讼法。

18.1.2　确定国际民事诉讼管辖权的价值

确定国际民事诉讼管辖权的意义在于以下几方面:

(1)国际民事诉讼管辖权是国家主权原则的体现。一国法院对某一涉外民事案件行使管辖权是国家司法主权的一种表现,是国家主权在司法领域的必然延伸。

(2)管辖权的确定是法院受理涉外民事案件的前提。一国法院只有先确定了管辖权,才有可能进行国际民事诉讼的各项程序,包括送达程序、调查取证程序以及判决的域外承认和执行程序等。管辖权的确定有利于诉讼活动的进行,从而保证法院及时审理案件。

(3)管辖权的确定直接关系到案件的审理结果。在国际民事诉讼中,一国法院在确定管辖权的同时,也就确定了适用本国冲突法的权力,并直接关系到案件审理实体法的确定。

(4)正确地确定管辖权,有利于判决的域外承认和执行。一国法院承认和执行外国法院判决的前提条件之一就是外国法院有适当的管辖权。换句话说,如果作出法院判决的国家本无管辖权,则其判决不会被他国承认与执行。

法律与规范链接

▲ 必读法条

《民事诉讼法解释》

第533条第1款 中华人民共和国法院和外国法院都有管辖权的案件,一方当事人向外国法院起诉,而另一方当事人向中华人民共和国法院起诉的,人民法院可予受理。判决后,外国法院申请或者当事人请求人民法院承认和执行外国法院对本案作出的判决、裁定的,不予准许;但双方共同缔结或者参加的国际条约另有规定的除外。

《最高人民法院关于涉外民商事案件诉讼管辖若干问题的规定》

第1条 第一审涉外民商事案件由下列人民法院管辖:

(一)国务院批准设立的经济技术开发区人民法院;

(二)省会、自治区首府、直辖市所在地的中级人民法院;

(三)经济特区、计划单列市中级人民法院;

(四)最高人民法院指定的其他中级人民法院;

(五)高级人民法院。

上述中级人民法院的区域管辖范围由所在地的高级人民法院确定。

第2条 对国务院批准设立的经济技术开发区人民法院所作的第一审判决、裁定不服的,其第二审由所在地中级人民法院管辖。

第3条 本规定适用于下列案件:

(一)涉外合同和侵权纠纷案件;

(二)信用证纠纷案件;

(三)申请撤销、承认与强制执行国际仲裁裁决的案件;

(四)审查有关涉外民商事仲裁条款效力的案件;

(五)申请承认和强制执行外国法院民商事判决、裁定的案件。

典型案例

海牙《选择法院协议公约》生效

【案情概述】

1992年,经美国提议,海牙国际私法会议决议将管辖权公约的起草列入工作议程。之后经过 5 次特别会议讨论,最终在 1999 年形成了《民商事管辖权与外国法院判决的承认与执行公约》草案,但这一草案并未得到大多数国家的认同。该公约草案的失败主要是因为过于期望实现各国管辖权的统一,从而使各国法院判决能够在全球范围得到承认与执行。而实际上在当前管辖权冲突因素多元化的情况下这无疑过于理想化。

在此情况下,海牙国际私法会议不得不推迟管辖权公约的制订计划,并缩小公约的适用范围,经成员国同意,决定制定一个仅仅规范民商事交往中排他性选择法院协议的公约。批准公约的国家将尊重合同当事方选择的管辖法院,法院判决也会得到适用公约国家的承认和执行。

2005 年 6 月 14 日,海牙国际私法会议第 20 届外交大会上,各国代表以协商一致为原则,采取逐条通过的方式,最终通过了《选择法院协议公约》的全部条文。随后,墨西哥于 2007 年加入公约,美国和欧盟在 2009 年签署公约。

2014 年 10 月 10 日,欧盟成员国司法部长们当天批准了 2005 年海牙《选择法院协议公约》。2015 年 6 月 11 日,欧盟正式交存海牙《选择法院协议公约》批准书,同时作出公约第 30 条允许的声明,即欧盟以区域经济组织的身份加入公约,其成员国不会成为公约缔约国。

根据第 31 条的规定,《选择法院协议公约》于第二份批准书交存后,在为期三个月的过渡期间届满后的下一个月的第一天起生效。据此,在墨西哥和欧盟交存批准书后,公约已于 2015 年 10 月 1 日生效。

目前,海牙国际私法会议正在起草制定《外国法院判决承认与执行公约》,该公约将对国际司法制度产生较大影响。

18.2　管辖权基础

知识要点

18.2.1　概述

☆国际民事诉讼管辖权基础的概念

国际民事诉讼的管辖权基础又称为管辖权根据,是一国就某国际民商事争议行使诉讼管辖权的标准或理由。

常见的管辖权基础包括国籍、住所、居所、惯常居所、营业所、行为地、诉讼标的物所在地、被告财产所在地、当事人合意选择的法院地等。就国内法层面而言，因为国际民商事案件的复杂性和各国立法的差异，各国对管辖权基础的选择并不相同。

18.2.2　管辖权的分类

☆对人管辖权和对物管辖权

美国的司法管辖权分为对人管辖权、对物管辖权和准对物管辖权。

●对人管辖权是指法院审理针对被告人身的诉讼请求并针对被告及其财产作出一项判决的权力。在对人管辖权下，法院具有确定当事人之间权利和义务的权限，并且对当事人具有约束力。[1] 法院通常是通过在州内送达传票或其他一些与当事人具有本质上的充分联系而取得这种权力的。[2] 根据被告与法院地联系的不同，又分为一般管辖权和特殊管辖权。[3] 在判断美国法院对某一当事人是否具有对人管辖权时，美国法律规定应参照以下两个方面的条件：首先，必须有立法上的授权赋予法院对被告行使管辖权的权力；其次，依据立法授权行使管辖权必须符合美国宪法中正当程序条款的要求。只有在这两个条件都得到满足的情况下，美国法院才能行使对人管辖权。[4]

●对物管辖权涉及对特定财产的所有权或其他权利诉讼请求的审判，虽然基于对物管辖权的判决仅仅涉及该特定财产，但它对于涉及此财产权益的人均有拘束力。对物诉讼，其诉讼目的在于通过法院的判决确定某一特定财产的权利和当事人的权利，法院判决的效力不但拘束案件的当事人，而且还及于所有跟当事人或该特定财产有法律关系的其他人，诸如房地产诉讼和一些海事案件。另外，英美法还把涉及身份行为的诉讼，识别为对物诉讼。不管当事人是否于诉讼开始时正处于法院地，其住所地法院均有管辖权。[5]

●准对物诉讼针对已知的人而非财产。原告提出准对物管辖是要将特定的人的某些财产权置于其提出的诉讼请求之下。[6] 一个准对物判决只影响在特定财产

---

〔1〕参见何其生：《比较法视野下的国际民事诉讼》，高等教育出版社 2015 年版，第 57 页。

〔2〕参见韩德培、韩健：《美国国际私法（冲突法）导论》，法律出版社 1994 年版；张茂：《美国国际民事诉讼法》，中国政法大学出版社 1999 年版。

〔3〕参见何其生：《比较法视野下的国际民事诉讼》，高等教育出版社 2015 年版，第 57 页。

〔4〕See Omni Capital Int'l v. Rudolf Wolff Co. ,484 U. S. 97,104 (1987); C. Wright & A. Miller, Federal practice and Procedure §1063, 2d ed. , Thomson West, 1987.

〔5〕参见黄进主编：《国际私法》（第 2 版），法律出版社 2005 年版，第 643 页。

〔6〕See Freeman v. Alderson, 119 U. S. 185, 7 S. Ct. 165, 166 – 167, 30 L. Ed. 372, 373 (1886).

之上、属于被告的那部分权益，而不会影响其他所有已知或未知的人在该特定财产上的权益。[1] 在美国的司法实践中，请求消除所有权瑕疵、确认欺诈性转让财产无效、请求取消违约买主对不动产的衡平法权利、申请强制按约定履行转让不动产之诉等都属于这类管辖。[2] 在此类诉讼中，当事人另有其他更为主要的争议，而财产权仅仅与此争议的救济有关。准对物管辖权主要是用于在法院地境内扣押财产或债务，以作为对与被扣押的财产无关的诉讼请求所作判决的保证。

☆属地管辖权和属人管辖权

(1)属人管辖侧重于当事人的国籍管辖，是以当事人的国籍作为管辖权的根据。根据这一标准，国际民商事案件的当事人，不论是原告还是被告，也不论其居住于何处，当事人国籍国法院对案件均享有管辖权。

> **[示例 18.1]**　以法国为代表的拉丁法系国家曾经多以国籍作为管辖依据。1804 年《法国民法典》第 14 条规定："不居住在法国的法国人，曾在法国与法国人订立契约者，因此契约所生的债务问题，得由法国法院受理；其曾在外国订约对法国人负有债务者，亦得由法国法院受理。"第 15 条规定："法国人在外国订立契约所负的债务，即使对方为外国人的情形，得由法国法院受理。"所以，只要原被告中有一方为法国人，不论该法律关系发生在法国还是外国，法国法院都可以受理。

(2)属地管辖权侧重于法律事实或法律行为的地域性质或属地性质，强调一国法院对其所属国领域内的一切人和物，以及法律事件和行为都具有管辖权；其管辖权的基础是被告人在法院所属国设有住所或习惯居所，或者是物质所在地或法律事件和行为发生地位于该国领域内。[3]

☆专属管辖权和任意管辖权

(1)专属管辖权，即有关国家对特定范围内的民事案件无条件地保留其受理诉讼和作出裁决的权利，从而排除其他国家法院对此类民事案件的管辖权。[4]

(2)任意管辖权，即根据连结因素的指引，既可以由内国法院管辖，也可以由外

---

〔1〕 See Gassert v. Strong, 38 Mont. 18, 98 p. 497(1908), appeal dismissed 215 U. S. 583, 30 S. Ct. 403, 54 L. Ed. 338(1909).

〔2〕 See Jack H. Friedenthal *et al*, *Civil Procedure* 115, 3 rd ed, 1999.

〔3〕 参见韩德培主编:《国际私法》(第 3 版),高等教育出版社、北京大学出版社 2014 年版,第 488 页。

〔4〕 同上注。

国法院管辖的一种管辖权。

18.2.3　中国涉外民事管辖权

☆一般管辖

以被告住所、居所、惯常居所为根据确定的管辖权，也可以简称为“原告就被告”原则，即原告向被告住所地国家或被告所在地国家的法院起诉的原则。被告住所地作为一般管辖权根据，无论是在大陆法系国家还是英美法系国家，都得到广泛的承认，并为国际社会普遍接受。[1]“原告就被告”原则是我国民事诉讼法在管辖权上的一般原则，适用于所有的案件。[2]

对公民提起的民事诉讼，由被告住所地人民法院管辖；被告住所地与经常居住地不一致的，由经常居住地人民法院管辖。对法人或者其他组织提起的民事诉讼，由被告住所地人民法院管辖。而且同一诉讼的几个被告住所地、经常居住地在两个以上人民法院辖区的，各人民法院都有管辖权。[3]被告住所地作为被告生活的中心，与被告的各种行为有着重要的联系。在被告住所地进行诉讼，不仅有利于案件的审理、判决的承认和执行，而且可以避免原告挑选法院，有利于原、被告权益的平衡保护。

在民事诉讼法领域，根据2015年《民事诉讼法解释》第3条的规定，公民的住所地是指公民的户籍所在地，法人或者其他组织的住所地是指法人或者其他组织的主要办事机构所在地。法人或者其他组织的主要办事机构所在地不能确定的，法人或者其他组织的注册地或者登记地为住所地。[4]

☆物之所在地管辖

作为确定管辖权连结因素的物有两种，即诉讼标的物和被告财产。诉讼标的

---

〔1〕参见1968年的《布鲁塞尔公约》第2条；2001年《布鲁塞尔条例Ⅰ》第2条；1986年美国《第二次冲突法重述》第29条和第30条。

〔2〕无论是在国际民事诉讼中，还是在国内民事诉讼中，通常遵循“原告就被告”的原则。被告住所地国家的法院行使管辖权被称为普通国际民事管辖权，或称为“普通审判籍”。此原则起源于罗马法，为很多国家所接受，如《瑞士联邦国际私法法规》第2条规定：“除本法有特别规定外，被告住所地的瑞士司法或行政机关有管辖权。”《德国民事诉讼法典》第12条规定，“某人的普通审判籍所在地的法院，是管辖对他提起的一切诉讼的法院，但以未定专属审判籍的诉讼为限”；第13条规定：“人的普通审判籍，依其住所定之。”

〔3〕参见《民事诉讼法》第21条。

〔4〕另外，在住所地的判断上，我国《民法通则》第15条规定：公民以他的户籍所在地的居住地为住所，经常居住地与住所不一致的，经常居住地视为住所。而对于法人，第39条规定法人以它的主要办事机构所在地为住所。

物或被告财产所在地法院行使管辖权，可使受案法院有效控制诉讼标的物或被告财产，便于判决的执行。诉讼标的物为不动产的，由不动产所在地法院管辖，这种做法已被世界各国普遍承认和采用。

根据《民事诉讼法》第 265 条的规定，合同标的物所在地和可供执行的财产所在地是确定涉外合同管辖权的重要根据。争讼合同标的物位于一国领域之内，就意味着与该国有客观的、空间上的联系，这也是一国行使管辖权的重要依据。可供执行的财产一般指被告的财产，尽管它可能与诉讼争议并无直接联系，但许多国家都将其作为确立管辖权规则的基础之一。这是因为，只有能有效控制被告的财产，才可以保证判决被实际执行，而被告财产所在地法院对于控制被告财产最为有利。但被告财产所在地管辖是一种不太合理的国际民事管辖规则。因为被告并非法院地国居民，即使偶有财产出现在法院地国领域内也与争讼无关，如果被迫接受管辖，可能有失公允。

☆**行为地管辖**

行为地管辖是依据行为发生地或者诉讼原因发生地等连结点而确定的管辖。这类管辖的争议主要包括两种：合同和侵权。通常情况下，合同案件由合同签订地或履行地国法院管辖。侵权案件由侵权行为地法院管辖。

（1）合同签订地与合同履行地。我国《民事诉讼法》第 23 条规定："因合同纠纷提起的诉讼，由被告住所地或者合同履行地人民法院管辖。"而对于涉外合同纠纷，该法第 265 条规定："因合同纠纷或者其他财产权益纠纷，对在中华人民共和国领域内没有住所的被告提起的诉讼，如果合同在中华人民共和国领域内签订或者履行，或者诉讼标的物在中华人民共和国领域内，或者被告在中华人民共和国领域内有可供扣押的财产，或者被告在中华人民共和国领域内设有代表机构，可以由合同签订地、合同履行地、诉讼标的物所在地、可供扣押财产所在地、侵权行为地或者代表机构住所地人民法院管辖。"这就意味着在合同争议中，合同签订地、合同履行地以及其他几个管辖权依据是法院行使管辖权的重要标准。

（2）侵权行为地。在我国，侵权行为案件的管辖权也在不断地发展变化，某些特定类型侵权案件的管辖权呈逐步扩大的趋势。首先，"侵权行为地"不仅包括行为实施地，而且包括结果发生地。例如，我国《民事诉讼法》第 28 条规定："因侵权行为提起的诉讼，由侵权行为地或者被告住所地人民法院管辖。"《民事诉讼法解释》第 24 条进一步解释：前述规定的侵权行为地，包括侵权行为实施地、侵权结果发生地。

☆**专属管辖**

专属管辖权是指依照国际条约或国内立法,某些涉外案件特定国家的内国法院具有独占管辖权,而排除任何其他国家法院对此类案件的管辖权。

通常情况下,被列入专属管辖的案件一般都与内国的政治、经济、法律或公共秩序有密切联系,例如,不动产案件、知识产权案件、法人破产案件等。专属管辖的效力即具有独占并排他的管辖权,也就是凡属于一国立法专属管辖的案件,其他任何国家的法院均无管辖权,同时专属管辖也排除当事人基于意思自治原则所达成的协议管辖。

我国《民事诉讼法》第266条规定:"因在中华人民共和国履行中外合资经营企业合同、中外合作经营企业合同、中外合作勘探开发自然资源合同发生纠纷提起的诉讼,由中华人民共和国人民法院管辖。"对于这一规定的合理性,下文将专门讨论。

另外,《民事诉讼法》第33条规定,下列案件,由本条规定的人民法院专属管辖:(1)因不动产纠纷提起的诉讼,由不动产所在地人民法院管辖;(2)因港口作业中发生纠纷提起的诉讼,由港口所在地人民法院管辖;(3)因继承遗产纠纷提起的诉讼,由被继承人死亡时住所地或者主要遗产所在地人民法院管辖。这一规定主要针对国内案件而言,就涉外而言,由于本条规定的是双边性管辖权依据,很难构成"专属性"的管辖。而且关于继承遗产纠纷,本身就规定了选择性的管辖权连结因素,已经不具有"专属性"的特征。但当不动产所在地在中国境内,则完全可以由中国法院专属管辖,其他国家不得行使管辖权。

☆**协议管辖**

协议管辖又称约定管辖、合意管辖,是指双方当事人出于方便考虑,在不违背内国专属管辖的前提下,以协商一致的方式来选择管辖法院。协议管辖是契约自由和私法自治原则在国际民事诉讼领域的自然延伸。协议管辖可以使原来没有管辖权的外国法院获得管辖权,也可以使原本具有管辖权的法院丧失管辖权。

虽然协议管辖为各国立法和实践普遍承认,但在涉及协议选择的案件范围、被选择法院与案件的实际联系程度、协议管辖的排他效力等问题上,各国规定存在相当大的差异,或者说,各国对待协议管辖往往附加一定的限制,主要表现在:

(1)协议管辖的范围限于有关合同或财产权益的争议;

(2)协议管辖仅限于选择一审法院;

（3）当事人协议选择的管辖法院须与案件有实际联系；

（4）一般情况下，当事人的管辖协议应是书面的或以书面形式证明。

[示例 18.2]　在徐某与张某股权转让纠纷案[1]中，涉案股权转让合同第 7 条约定："协议一经签订，双方不得反悔，如违约则可向蒙古国法院起诉，并有权申请查封 RICHFORTUNE 相关财产。"原告不服武汉中级人民法院和湖北省高级人民法院关于管辖权的裁定，申诉到最高人民法院。

最高人民法院认为：本案属于股权转让合同纠纷。涉案股权转让合同在蒙古国乌兰巴托市签订，且合同约定转让徐某持有在蒙古国注册的公司 RICHFORTUNE 的股权，本案具有涉外因素。

《中华人民共和国民事诉讼法》第 34 条规定："合同或者其他财产权益纠纷的当事人可以书面协议选择被告住所地、合同履行地、合同签订地、原告住所地、标的物所在地等与争议有实际联系的地点的人民法院管辖，但不得违反本法对级别管辖和专属管辖的规定。"该管辖条款约定的管辖法院即蒙古国法院系合同签订地、股权转让义务的履行地法院，与本案争议有实际联系。至于双方当事人没有具体约定纠纷由蒙古国哪一个法院管辖，当事人可以根据蒙古国法律的规定向该国某一具体法院起诉，同样具有确定性。徐某以协议选择的法院不唯一为由主张该管辖条款无效，缺乏事实和法律依据。双方当事人约定其有权申请查封 RICHFORTUNE 公司的财产，该项约定是否因损害第三人利益而无效，属于实体问题，不影响双方当事人约定蒙古国法院管辖的效力。涉案管辖条款没有违反《中华人民共和国民事诉讼法》对专属管辖的规定，符合该法第 34 条规定的精神。

一、二审法院认定涉案管辖条款合法有效，并无不当。涉案管辖条款中的"可"字符合起诉系当事人的一项权利而非义务的实际。涉案管辖条款表明在当事人行使诉讼权利时可以向蒙古国法院起诉，但并没有表明当事人有权选择向蒙古国以外的其他国家法院起诉，涉案股权转让合同没有载明蒙古国法院对有关纠纷享有非排他性管辖权。双方当事人签订涉案股权转让合同时，徐某持有 RICHFORTUNE 公司 100% 的股权，其拟将该股权全部转让给张某，双方当事人在约定蒙古国法院管辖的同时，进一步约定"有权申请查封位于蒙

[1]　中华人民共和国最高人民法院〔2015〕民申字第 471 号民事裁定书。

古国的RICHFORTUNE相关财产”,虽然在该两项约定中后者不影响前者的效力,但如果当事人依法可以申请法院查封RICHFORTUNE公司相关财产,约定蒙古国法院管辖显然是该项查封的一个重要便利条件,由此可以推断双方当事人当时具有选择蒙古国法院管辖的真实意思和特定意图,而难以推断双方当事人还具有可以向其他国家法院起诉的意思。在这种情况下,徐某认为当事人还可以向其他国家法院起诉,没有合同依据。一、二审法院认定涉案管辖条款具有排他性,具有充分事实依据。当事人就涉案纠纷提起诉讼,应当遵守双方关于管辖法院的约定,向蒙古国法院起诉。二审法院裁定维持一审法院驳回徐某起诉的裁定,驳回徐某的上诉,并无不当。

☆应诉管辖

应诉管辖也称为被告无保留应诉管辖,是指根据国际条约或国内立法,国际民商事案件被告不抗辩法院无管辖权而出庭应诉并进行言词辩论,因而确定法院管辖权的制度。综合国际条约和各国立法,被告应诉接受管辖可通过下列行为表示:被告人出庭或通过律师出庭、被告提交答辩状、提起反诉等。

2007年《民事诉讼法》第243条规定:“涉外民事诉讼的被告对人民法院管辖不提出异议,并应诉答辩的,视为承认该人民法院为有管辖权的法院。”这一规定在2012年《民事诉讼法》进行修改时被删除。推定管辖实际上是通过对当事人意图的推定,进而确定人民法院的管辖权。2007年《民事诉讼法》第243条规定中的“应诉答辩”应该理解为进行了实体答辩。如果是特别出庭抗议管辖权则意味着对人民法院的管辖权提出了异议。但本条没有对被告不提出异议的时间期限进行界定。

法律与规范链接

▲ 必读法条

《民事诉讼法》

第34条 合同或者其他财产权益纠纷的当事人可以书面协议选择被告住所地、合同履行地、合同签订地、原告住所地、标的物所在地等与争议有实际联系的地点的人民法院管辖,但不得违反本法对级别管辖和专属管辖的规定。

第127条 人民法院受理案件后,当事人对管辖权有异议的,应当在提交答辩状期间提出。人民法院对当事人提出的异议,应当审查。异议成立的,裁定将案件移送有管辖权的人民法院；异议不成立的，裁定驳回。

当事人未提出管辖异议，并应诉答辩的，视为受诉人民法院有管辖权，但违反级别管辖和专属管辖规定的除外。

第 265 条　因合同纠纷或者其他财产权益纠纷，对在中华人民共和国领域内没有住所的被告提起的诉讼，如果合同在中华人民共和国领域内签订或者履行，或者诉讼标的物在中华人民共和国领域内，或者被告在中华人民共和国领域内有可供扣押的财产，或者被告在中华人民共和国领域内设有代表机构，可以由合同签订地、合同履行地、诉讼标的物所在地、可供扣押财产所在地、侵权行为地或者代表机构住所地人民法院管辖。

第 266 条　因在中华人民共和国履行中外合资经营企业合同、中外合作经营企业合同、中外合作勘探开发自然资源合同发生纠纷提起的诉讼，由中华人民共和国人民法院管辖。

△ **延伸法条**

《民事诉讼法》第 21 条、第 22 条、第 33 条、第 259 条；

《海事诉讼特别程序法》第 7 条、第 8 条；

《民事诉讼法解释》第 522 条、第 531 条。

典型案例

鄂托克旗常洪口中山煤业有限公司、香港源宏集团实业发展有限公司股权转让纠纷管辖权异议案[1]

【案情概述】

该案双方当事人之间于 2011 年 11 月 7 日签订的《股权转让合同》和 11 月 18 日签订的《股份转让合同》均约定“如双方发生争议，应友好协商解决，若协商不成，由守约方指定人民法院解决”，2012 年 9 月 16 日由中山公司出具的《还款承诺及保证书》确认“贵公司随时可以按照《股权转让合同》约定的纠纷解决方式提请争议解决部门处理”。2013 年 8 月 19 日，香港源宏集团实业发展有限公司（以下简称宏源公司）以鄂托克旗常洪口中山煤业有限公司（以下简称中山公司）、神泰矿业投资有限公司（以下简称神泰公司）为被告向甘肃省高级人民法院提起股权转让纠纷诉

〔1〕 参见最高人民法院〔2014〕民四终字第 16 号民事裁定书。

讼，请求判令中山公司偿还合同定金及赔偿款共计1亿元人民币，神泰公司承担连带清偿责任。同年12月23日，甘肃高院以(2013)甘民二初字第16－2号民事裁定准许宏源公司撤回对神泰公司的起诉。

中山公司在答辩期内提出管辖异议，认为《股权转让合同》中关于管辖的约定即“由守约方指定人民法院解决”属约定不明，选择管辖的协议无效，本案争议应依据《中华人民共和国民事诉讼法》第23条“因合同纠纷提起的诉讼，由被告住所地或者合同履行地人民法院管辖”的规定确定管辖，而被告住所地为内蒙古自治区鄂托克旗阿尔巴斯苏木，合同履行地为内蒙古自治区呼和浩特市，故甘肃高院对本案无管辖权，请求将本案移送至有管辖权的人民法院审理。

甘肃高院审查认为：关于本案管辖权问题，中山公司、神泰公司与宏源公司2011年11月7日签订的《股权转让合同合同》、2011年11月18日签订的《股份转让合同》均约定“如双方发生争议，应友好协商解决，若协商不成，由守约方指定人民法院解决”。2012年9月16日，中山公司、神泰公司向宏源公司出具的《还款承诺及保证书》确认“贵公司随时可以按照《股权转让合同》约定的纠纷解决方式提请争议部门处理”。因此，宏源公司可以选择被告住所地、合同履行地、合同签订地、原告住所地、标的物所在地人民法院管辖本案纠纷。兰州市为前述《股权转让合同》《股份转让合同》的签订地，现宏源公司选择到该院起诉，不违反当事人管辖协议约定；本案当事人争议标的额1亿元人民币，符合最高人民法院规定的该院管辖第一审民商事案件标准，该院对本案具有管辖权。中山公司对本案管辖权提出的异议不能成立。依照《中华人民共和国民事诉讼法》第34条、第127条第1款的规定，裁定：驳回中山公司对本案管辖权提出的异议。

中山公司不服原审裁定，向最高人民法院提起上诉称：一、《股权转让合同》中所载“由守约方指定人民法院解决”属管辖约定不明，《还款承诺及保证书》有关管辖内容仅仅是对前述无效管辖约定的确认，仍然未明确约定纠纷的管辖法院；二、在合同双方选择管辖无效的情况下，本案应由被告住所地或合同履行地人民法院管辖。故本案应移送内蒙古自治区有管辖权的人民法院审理。

宏源公司未作书面答辩。

最高人民法院审理认为，此案为涉港民商事纠纷，程序问题应适用《中华人民共和国民事诉讼法》涉外民事诉讼程序的特别规定，本案涉及当事人之间约定管辖条款的效力认定。涉外民事诉讼程序的特别规定对约定管辖未作规定，根据《中华人民共和国民事诉讼法》第259条的规定，该编没有规定的，适用该法其他有关规定。《中华人民共和国民事诉讼法》第34条规定:“合同或者其他财产权益纠纷的当事人可以书面协议选择被告住所地、合同履行地、合同签订地、原告住所地、标的物所在地等与争议有实际联系的地点的人民法院管辖,但不得违反本法对级别管辖和专属管辖的规定。”本案双方当事人仅仅约定争议“由守约方指定人民法院解决”,既未明确管辖法院亦无法确定谁为守约方,约定并不明确,最高人民法院《关于适用〈中华人民共和国民事诉讼法〉若干问题的意见》第24条规定:“合同的当事人选择管辖的协议不明确……的,选择管辖的协议无效,依照民事诉讼法第二十四条(旧法,新法应为第二十三条)的规定确定管辖。”因此,本案所涉选择管辖条款因约定不明确而应认定无效,本案应根据《民事诉讼法》第23条的规定确定管辖,即被告住所地或者合同履行地人民法院有权管辖本案纠纷。由于本案被告住所地和合同履行地均在内蒙古自治区辖区,且本案争议标的额为1亿元人民币,根据最高人民法院《关于调整高级人民法院和中级人民法院管辖第一审民商事案件标准的通知》(法发〔2008〕10号)的相关规定,本案应由内蒙古自治区高级人民法院管辖。上诉人中山公司上诉有理,本院予以支持。

【关键问题】

1. 如何理解协议管辖中的实际联系?

2. 当事人约定不明如何处理?

【简要评论】

我国《民事诉讼法》第34条规定,合同或者其他财产权益纠纷的当事人可以书面协议选择被告住所地、合同履行地、合同签订地、原告住所地、标的物所在地等与争议有实际联系的地点的人民法院管辖,但不得违反本法对级别管辖和专属管辖的规定。由此条文可见,合同当事人选择的法院应与争议有实际联系,而非盲目选择,至于哪些法院存在与争议的实际联系,条文也给出了要求,例如被告住所地、合同履行地、合同签订地、原告住所地、标的物所在地,虽然条文难以穷尽每一个具体合同中的实际联系场所,条文也用了一个“等”字,但很显然,单纯选择法院本身,并不能构成与争议有实际联系。

当事人约定不明时,根据最高人民法院《民事诉讼法解释》第30条规定,“根据管辖协议,起诉时能够确定管辖法院的,从其约定;不能确定的,依照民事诉讼法的相关规定确定管辖”。

18.3 管辖权冲突

知识要点

18.3.1 管辖权冲突及原因

国际民事诉讼管辖权冲突是指在国际民事诉讼中,与涉外民事案件相关联的所有国家都主张管辖权或都拒绝管辖的情况,前者称为管辖权的积极冲突,后者称为管辖权的消极冲突。

管辖权冲突的主要原因有:

(1)主权原因。国家主权原则中很重要的内容是独立的立法权和司法权,基于本国国情,选择适合的管辖权基础首先是立法的需要,维护本国立法并尊重当事人(尤其是原告)选择又构成司法的需要。所以,如果产生了管辖权的积极冲突,相关国家是积极争夺管辖权,还是主动放弃管辖权,都是可以从主权原则上找寻依据的。

(2)法律原因。各国的立法差异是国际民事诉讼管辖权冲突形成的直接原因,这种差异主要表现在各国关于管辖权的基础规定不同,且一事两诉为多数国家立法和实践肯定。

(3)经济原因。尤其对于国际民事案件的原告而言,挑选法院的目的是获得一个对自己最有利的判决。而各国关于管辖的不同规定为原告挑选法院创造了可能,同时多数国家许可平行诉讼的事实又进一步为当事人挑选法院创造了机会。

18.3.2 管辖权冲突的表现

☆一事两诉或平行诉讼

一事两诉、一事再理、平行诉讼、重复诉讼或重叠诉讼、未决诉讼等现象都是国际民商事诉讼管辖权积极冲突的表现方式。这种形式的特点就是有关国家的法院对同一事实的案件都具有管辖权,而且也不排斥其他国家法院的管辖。平行诉讼的构成要素在理论上和实践中都存在差异,一般认为该诉讼应具有争议事项的同一性,其判断标准可以包含两方面:主体标准,即当事人相同;事实标准,即案件事实相同。由此,平行诉讼又可划分为两类:

(1)重复诉讼,或称为相同原告诉讼、原被告共同型诉讼;

(2)对抗诉讼,也称为相反当事人诉讼、原被告逆转型诉讼,即同一纠纷当事人中的一方作为原告在甲国以对方当事人为被告提起诉讼,而对方当事人同时作为原告在乙国以甲国诉讼中的原告为被告提起诉讼,也就是原告、被告的地位在两个或两个以上国家法院中的地位发生逆转。

☆诉讼无门

这种表现形式即可表述为国际民事诉讼管辖权消极冲突,其解决途径相对于管辖权积极冲突要简单得多,主要是通过国内立法的方式予以解决,或者增加一些连结因素或依据,或者赋予法官一定的自由裁量权,在便利当事人诉讼并保护当事人利益的原则下,受理别国法院均不受理的一些案件。这种解决方式也可以作为管辖权确立的一个例外来处理,例如,《瑞士联邦国际私法法规》第 4 条规定:"对于本法未作规定的,瑞士法院有权酌情决定对下述案件行使管辖权:(1)原告无法在国外提起诉讼或诉讼有困难的;(2)当考虑到所有案件,尤其是在紧急情况下,或某案与瑞士有特殊关系时,瑞士法院可以行使管辖权。拒绝这种管辖,对瑞士法院来说是不公正的。"

18.3.3　国际民事诉讼管辖权积极冲突的协调途径

☆通过缔结国际条约解决管辖冲突

当前,全面调整各民商领域管辖权冲突的国际条约也是很难达成的,一方面是国家间的利益博弈在所难免,另一方面也很难让所有国家都接受这一类的国际条约。

2005 年海牙《选择法院协议公约》的生效则是一大进步。该公约已于 2015 年 10 月 1 日生效,主要内容如下:

★协议管辖事项

协议管辖事项局限于民商事合同事项,但不包括雇佣合同与消费者合同,同时也不包括自然人的身份及法律能力、扶养义务、遗嘱与继承、运输货物和旅客、版权和邻接权以外的知识产权的有效性、不动产物权以及不动产租赁权等 16 种事项。

公约规定国际性的判断标准是:当事人不在同一缔约国居住,或者当事人的法律关系具有涉外性,或者案件涉及的其他因素具有涉外性。但是,倘若上述条件并不具备,而当事人仅仅选择了外国法院进行管辖的话,该案件并不能被称为国际案件,或者不属于公约调整范围。换句话说,公约所确立的"国际"标准与选择法院是无关的。

★**管辖协议的形式**

公约规定，选择法院管辖的协议必须用以下方式签订或以文件形式证明：

(1)以书面形式。

(2)以其他任何联系方式，且该方式能提供可获取的信息，使其日后能够被引用。

★**管辖协议的实质内容**

按照公约的规定，一项有效的管辖协议应包含下列内容：

(1)签约双方应具备相关的行为能力，并意思表示真实；

(2)选择管辖的事项应在公约允许规定之内；

(3)管辖协议符合公约规定的形式；

(4)协议管辖的法院应是缔约国的一个或多个法院。

但是，由于各国无法就缔约能力和协议实质有效性问题达成一致，公约决定将此类问题交由各国国内法予以调整，也就是说，各国在审定协议有效性问题时，有权将其认定为无效或不能生效。同时，出于谨慎考虑，公约又用"明显不公正""明显违背受理案件国家的公共秩序"等措辞对这一"权限"进行了限制，即一般情况下，管辖协议应被确认为有效且具有排他性。

★**管辖协议的效力**

公约第 3 条规定："排他选择法院协议"系指双方或多方当事人缔结的符合形式要求，为解决与某一特定法律关系有关的已发生或可能发生的争议，而指定某个缔约国的法院或某个缔约国的一个或多个特定的法院并且排除其他任何(国家)法院管辖的协议。可见，公约致力于一项有效的管辖协议具有排他性的意图是非常明确的，虽然公约本身的名称并未直接使用"排他"一词。

因此，在一项有效的管辖协议下，被选择的缔约国法院就享有唯一管辖权，排除他国管辖，且不得以该案件应由别国审理为由而拒绝管辖。而该国法院所作判决，应得到其他缔约国承认和执行。

☆**放宽当事人的协议管辖**

将私法中的意思自治原则引入管辖权领域，通过当事人合意选择法院而使管辖特定于某一国法院，不仅能够避免管辖冲突，也可以使当事人对判决的结果具有一定的预见，从而确保判决的执行。应该承认，赋予当事人协议管辖的权利且各国普遍认可这一管辖基础，是当前解决国际民事诉讼管辖权冲突的最佳途径。这一途径通过 2005 年海牙《选择法院协议公约》正在努力加以实现。

☆采用一事不再理原则

一事不再理是指对于外国已经受理的相同当事人基于相同事实和相同目的的诉讼,后受理法院承认外国法院正在进行的诉讼的效力而拒绝或中止本国诉讼的制度。在这一原则指导下,各国采用的具体做法并不相同,例如美国在实践中确立了未决诉讼原则、禁诉令制度、不方便法院原则等;再如欧盟采用先受理法院原则。

其中,不方便法院原则受到国际社会广泛关注。所谓不方便法院原则是指一国法院依据内国法或有关国际条约,对某一涉外民事案件享有管辖权,但因其本身审理该案非常不方便或不公平,而拒绝行使管辖权,使当事人在另一个更为方便的法院进行诉讼的制度。一般情况下,不方便法院原则的运用要求存在一个更为合适的可替代法院。

我国在《民事诉讼法解释》中首次规定了不方便法院原则。

法律与规范链接

△ **延伸法条**

《民事诉讼法解释》

第 532 条 涉外民事案件同时符合下列情形的,人民法院可以裁定驳回原告的起诉,告知其向更方便的外国法院提起诉讼:

(一)被告提出案件应由更方便外国法院管辖的请求,或者提出管辖异议;

(二)当事人之间不存在选择中华人民共和国法院管辖的协议;

(三)案件不属于中华人民共和国法院专属管辖;

(四)案件不涉及中华人民共和国国家、公民、法人或者其他组织的利益;

(五)案件争议的主要事实不是发生在中华人民共和国境内,且案件不适用中华人民共和国法律,人民法院审理案件在认定事实和适用法律方面存在重大困难;

(六)外国法院对案件享有管辖权,且审理该案件更加方便。

第 533 条第 1 款 (见本书第 330 页)

第 2 款 外国法院判决、裁定已经被人民法院承认,当事人就同一争议向人民法院起诉的,人民法院不予受理。

典型案例

巴润摩托车有限公司(Baron Motorcycles INC.)
诉美顺国际货运有限公司(Awell Logistics Group,Inc.)
海上货物运输合同货损赔偿纠纷案[1]

【案情概述】

2006年7月,案外人Freedonotor Company Limited为春风控股集团有限公司的外贸代理人向原告销售一批摩托车及配件等货物,并委托被告办理该批货物从中国宁波到美国Miami的海运事宜。货物到目的港后,原告凭被告签发的提单向被告提货,但被告始终不予交付货物。为此,原告于2008年10月9日向法院提起诉讼,要求将涉案货物交付给原告,或赔偿货物损失。该案的原、被告系涉案提单的收货人和承运人,都是在美国注册的公司,涉案提单也由被告签发,运费由收货人到付,故原、被告之间提单项下货物在美国港口的交付纠纷可以适用提单背面第40条第2项载明的"美国区法院(U. S District Court)裁决"的管辖条款。即便提单背面的该管辖条款对原告没有约束力,依据《中华人民共和国民事诉讼法》的规定,涉案货物是在我国宁波港装运,宁波海事法院对该案件具有管辖权。

但是宁波海事法院认为其系不方便法院,理由有:一是原、被告双方均系美国注册的公司,案件的审理不涉及我国公民、法人或者其他组织的利益;二是原、被告没有约定选择本院管辖的协议,且本案争议不属于我国法院专属管辖;三是案件争议的主要事实,即被告是否在目的港无单放货,不在我国境内发生,本院受理非常不便利,如证据的公证、认证和证明程序,对可能适用的美国法律的熟悉程度及其查明,裁判等法律文书的承认和执行,以及案件审理的效率和法院财政开支,等等;四是涉案货物交付地及无单放货争议事实的发生地在美国,美国当地法院对本案享有管辖权,且审理该案件更加方便,如原、被告参加庭审,证人出庭,证据收集和出示等。

综上,该案在美国当地法院受理,对双方当事人参加诉讼都较为便利,案件会得到公正处理,并且不会损害原告的合法权益,被告提出的管辖异议成立。法院裁定驳回原告的起诉。

---

[1] 宁波海事法院[2008]甬海法商初字第277号民事裁定书。

【关键问题】

如何在实践中运用不方便法院原则?

【简要评论】

本案是运用不方便法院成功的案例。依据 2005 年《第二次全国涉外商事海事审判工作会议纪要》第 11 条的规定:我国法院在审理涉外商事纠纷案件过程中,如发现案件存在不方便管辖的因素,可以根据“不方便法院原则”裁定驳回原告的起诉。“不方便法院原则”的适用应符合下列条件:(1)被告提出适用“不方便法院原则”的请求,或者提出管辖异议而受诉法院认为可以考虑适用“不方便法院原则”;(2)受理案件的我国法院对案件享有管辖权;(3)当事人之间不存在选择我国法院管辖的协议;(4)案件不属于我国法院专属管辖;(5)案件不涉及我国公民、法人或者其他组织的利益;(6)案件争议发生的主要事实不在我国境内且不适用我国法律,我国法院若受理案件在认定事实和适用法律方面存在重大困难;(7)外国法院对案件享有管辖权且审理该案件更加方便。

随后,2015 年《民事诉讼法解释》正式在第 532 条增加了“不方便法院原则”,确认了上述规定。

延伸阅读

1. 肖永平、朱磊主编:《批准〈选择法院协议公约〉之考量》,法律出版社 2017 年版。
2. [美]阿瑟·冯迈伦:《国际私法中的司法管辖权之比较研究》,李晶译,法律出版社 2015 年版。
3. 叶斌:《比较法视角下的 2005 年海牙选择法院协议公约研究》,中国社会科学出版社 2013 年版。
4. 刘力:《国际民事诉讼管辖权研究》,中国法制出版社 2010 年版。
5. 王吉文:《2005 年海牙〈选择法院协议公约〉研究》,东南大学出版社 2008 年版。
6. 何其生:《中国加入海牙〈选择法院协议公约〉的规则差异与考量》,载《武汉大学学报》(哲学社会科学版)2016 年第 4 期。

第 19 章　国际民事诉讼中的送达

教学目标

1. 了解域外送达在民事司法协助中的重要性。
2. 通过学习《海牙送达公约》，用历史研究、比较研究的态度看待主权与效率在送达途径上的矛盾与统一，并以正视科技进步的现实，看电子送达途径的发展趋势。
3. 熟悉中国关于域外送达的立法与实践发展。

推荐参考资料

1. 刘力主编：《中国涉外民事诉讼立法研究——管辖权与司法协助》，中国政法大学出版社 2016 年版。
2. 赵相林主编：《国际民商事案件司法协助制度研究》，法律出版社 2008 年版。
3. 徐宏：《国际民事司法协助》，武汉大学出版社 2006 年版。
4. 何其生：《域外送达制度研究》，北京大学出版社 2006 年版。

19.1　域外送达概述

知识要点

19.1.1　域外送达的概念

域外送达是指在国际民事诉讼中，请求国依据其参加的国际条约或其本国法律规定的方式，将司法文书(judicial documents)和司法外文书(extrajudicial documents)交由居住在被请求国的诉讼当事人或诉讼参与人的制度。

司法文书一般被认为是具有诉讼意义的文件，是一国法院在审理涉外民事案件中依法制作的各种书面材料，主要有传票、通知、决定、调解书、裁定书、判决书、送达回证、公告、法庭制作的各种笔录，还包括诉讼参与人依法提交的起诉书、答辩书、反诉状、上诉状、申请书、委托书及鉴定意见书等。司法外文书指非法院制作的诉讼程序以外的文书，它包括有关国家机关依法制作的公证书、认证书、汇票拒绝书、给付催告书、离婚协议书、收养同意书、申请人提交的需要确认的材料等。

域外送达在国际民事诉讼中的作用举足轻重。对于法院而言，只有合法而有效地送达了文书，才能保证诉讼活动的进行，法院才能就案件作出判决；对于受送达人而言，受送达人只有收到诉讼文书并获悉诉讼文书的内容，才能确定自己如何行使诉讼权利和承担诉讼义务。

19.1.2 域外送达的分歧

英美法系国家和大陆法系国家对于域外送达的性质存在不同认识，这与两大法系的民事审判模式存在差异有很大关系。

- 英美法系国家实行当事人主义，诉讼活动由当事人发动、推进和主导，法院或法官则处于中立的裁判者地位；因此，英美法系国家更倾向于认为送达文书是当事人或其律师的职责。
- 大陆法系国家实行职权主义，诉讼过程主要由法官控制和主导，法官处于主动地位，送达文书也被视为法院的职权行为。

典型案例

1979 年 9 月 27 日德意志联邦共和国大使馆向美国国务院的外交照会

【案情概述】

德意志联邦共和国大使馆向美国国务院致意，并提及美国通过邮寄向德国受送达人送达司法文件的近来三个案例，大使馆荣幸地向国务院通报德国关于外国国家邮寄送达此类文件的观点：

根据德国的法律解释，外国直接向德意志联邦共和国邮寄送达外国的司法文件是对德国主权的侵犯。此类送达行为，是一个主权的行为，在德意志联邦共和国境内实施却不能为德国机构所控制，这是为德国法律所不允许的。根据德国的法律，德国当局必须能够检查外国送达的请求是否符合德国法律条款所规定的目的，是否符合德意志联邦共和国的公共秩序。这是德意志联邦共和国在批准 1965 年11

月15日海牙《关于向国外送达民事或商事司法文书和司法外文书公约》时，根据公约第21条第2款第1项反对适用公约第10条所规定的转送途径的原因。由于《海牙送达公约》已经于1979年6月26日在美利坚合众国和德意志联邦共和国间生效，如果仅根据《海牙送达公约》的规定就来源于美国境内司法程序文件向德意志联邦共和国境内的人进行送达，并且对美国的法院和律师作以通知，德国政府将十分感谢。[1]

1980年11月6日美国法院职员行政办公室对于向外国进行送达的备忘录

国务院已经向我们建议，一些外国政府近来已经呈送外交抗议照会，反对向居住他们国家领域内的被告进行国际邮寄送达。这个分发的备忘录旨在努力澄清美国司法文件域外送达所遵守的程序。

联邦法院审理的案件要向国外被告送达的适用《联邦民事诉讼规则》第4条第9款的规定，[2]邮寄送达规定在第4条第9款第(1)(D)项中。该条规定允许法院职员负责通过国际邮寄的方式送达传票和起诉状。当传票和起诉状根据第4条第9款第(1)(D)项的规定邮寄到国外时，一些外国国家认为，这种送达方法侵犯了外国国家的司法主权和国际法。这些国家抗议这种送达方法侵犯了他们国家国内法所规定的执行送达程序官员的职能。同时，向《海牙送达公约》成员国、特别是那些对《公约》第10条的规定提出保留的国家，以及宣布反对邮寄送达的国家进行邮寄送达，也已经引起了一些外交抗议。为了避免将来这些问题再次发生，我们要求法院的职员在向那些反对国际邮寄送达国家的被告送达传票和起诉状时，不要再采取国际邮寄的方式。这些国家有捷克斯洛伐克、瑞士、苏联。对于这些国家，请求书方式是适合的送达机制。[3]

---

[1] Diplomatic Note Dated September 27, 1979 from the Embassy of the Federal Republic of Germany to the U. S. Department of State, *See* Born & Rutledge, International Civil Litigation in United States Courts, 5 th ed, 2011, 883 – 884.

[2] 指1983年修订以前的《联邦民事诉讼规则》。

[3] Memorandum dated November 6, 1980 form the Administrative Office of the United States Court Clerks re Service of Process in Foreign Countries.

19.2 《海牙送达公约》评介

知识要点

19.2.1 《海牙送达公约》概述

1965 年《海牙送达公约》是迄今为止国际上关于文书域外送达最为完备的公约,截至 2019 年 4 月,加入该公约的国家和地区已有 74 个。我国于 1991 年加入该公约,其于 1992 年 1 月 1 日起对我国生效,而且中国香港特别行政区与澳门特别行政区也同为该公约成员。

公约的基本宗旨是:建立一套制度,在尽可能的范围内使受送达人能够实际知悉被送达的文书,以便其有足够的时间为自己辩护;简化请求国和被请求国间对这些文书的转递方式;以统一规格的证明书方式便利对已完成送达的证明程序。

公约第 1 条规定,在所有民事或商事案件中,如有须递送司法文书或司法外文书以便向国外送达的情形,均应适用本公约。在文书的受送达人地址不明的情况下,本公约不予适用。但是,公约没有明确哪些情形下应视为文书必须向国外送达,所以实践中,各国有权根据本国法决定是否要向国外进行送达,一旦决定向国外送达,公约必须适用。

19.2.2 《海牙送达公约》规定的送达方式

☆中央机关送达

中央机关(central authority)送达也称为请求书送达制度。公约首先要求各缔约国指定一个中央机关,负责接受缔约国间文书送达的请求并负责送交。中国加入该公约时,明确我国的中央机关是司法部。

☆外交代表或领事送达

外交代表或领事送达由文书发出国驻文书接收国的外交代表或领事代表机关直接将文书送达给收件人,无论收件人国籍如何,但是,这种方式允许缔约国保留。也就是说,缔约国可以只允许外国外交代表或领事向其本国国民直接送达。我国加入公约时,对公约第 8 条第 2 款声明保留,即只有在文书送达给文书发出国国民时,才能采用领事送达方式在我国境内送达。

☆**邮寄送达**

公约允许缔约国通过邮寄方式直接将诉讼文书寄给在国外的人,但是公约明确规定,此送达途径须经目的地国也就是受送达国同意,否则无效。我国加入公约时就明确反对在我国境内采用该送达途径。

☆**个人送达**

公约允许个人(包括司法助理人员、司法官员、其他主管人员或诉讼利害关系人)通过受送达国或目的地国的有关个人(包括主管司法人员、官员或其他人员)送达,该送达方式也须受送达国同意。包括中国在内的很多国家都在加入公约时明确提出反对。

19.2.3 关于文书送达的若干程序规定

公约关于文书送达的若干程序主要有以下规定:

- 确立请求书制度,其实质就是通过有关国家之间的相互请求与协作完成文书送达;请求的执行依被请求国法律所允许的方式进行,也可按请求国所请求的特殊方式进行,但以不违反被请求国法律为限。
- 缔约国之间的送达互免费用,但因使用特殊方式而发生的费用由请求国支付。
- 公约还规定了对请求拒绝送达的理由,即被请求国认为请求书不符合公约规定、受送达人地址不明、请求的执行有损被请求国的主权或安全等。

19.2.4 对受送达人,尤其是被告的保护措施

对受送达人,尤其是被告的保护措施主要是:

- 在送达完成之前,法官应推迟对案件的判决。
- 如果法院已作出判决,在被告非因自己的过失而未能在合理期间内知悉该判决从而丧失答辩或上诉机会的情况下,法官有权使被告免于承担该判决因上诉期间届满所产生的丧失上诉权的后果。

法律与规范链接

▲ **必读法条**

《海牙送达公约》第1条、第2条、第8条、第9条、第10条、第15条、第16条;

最高人民法院《关于向外国公司送达司法文书能否向其驻华代表机构送达并

适用留置送达问题的批复》。

△ **延伸法条**

全国人大常委会关于批准加入《关于向国外送达民事或商事司法文书和司法外文书公约》的决定；

最高人民法院、外交部、司法部关于执行《关于向国外送达民事或商事司法文书和司法外文书公约》有关程序的通知。

典型案例

从电子邮件送达到社交网络送达

【案情概述】

《海牙送达公约》制定之初，对于未来任何现代科技通讯方式的送达途径都是缺乏认识的，直到 1999 年 9 月，海牙国际私法会议组织常设事务局与日内瓦大学合作，召开一个圆桌会议讨论电子商务和互联网对国际私法的挑战，并设立第五委员会专门研究和讨论电子通讯手段对 1965 年《海牙送达公约》的影响。第五委员会认为，只要电子送达方式能够提供安全性保证，就应该予以采用。由于科学技术的不断发展，很难保证将来的送达方式依旧是电子邮件，为避免由于只考虑一种技术手段而落后于时代发展的要求，第五委员会采取了一种技术中立立场，并未针对任何具体的通讯技术作出规定，相反对于任何传送技术所需要达到的安全标准做了要求，如机密性、完整性、不可更改性、可识别性等。

实践中，多数国家对于传真、电子邮件等电子送达方式给予了空前活跃的肯定和采用。

结合 2003 年公约特别委员会的如下结论，更为前沿的利用现代科技手段而发展起来的电子送达途径也开始步入有关国家的实践。2003 年公约特委会的结论是：第一，公约的条款并不阻止或强迫使用现代技术来提供协助，以进一步提升它的实施；第二，公约的条款并不直接处理国内的程序问题，但是在国内法制和公约的功能之间存在着一定的联系；第三，尽管如此，可以肯定的是，为公约目的而在国家间进行司法文书的转递，不仅能够而且应该由包括电子邮件在内的现代 IT 商业技术来承担。特委会建议公约的成员方为此目的应该探索所有能够使用现代技术的方法。

目前，通过社交网络平台，例如 Facebook 送达，在域外司法实践中早已不是创举。2008 年 12 月,澳大利亚法院批准一家抵押贷款公司律师的申请,允许其通过 Facebook 通知一直无法通过传统方法联系上的一对夫妇,告知他们因房贷违约而丧失房产所有权。这是全球首例通过 Facebook 送达的案件。2009 年 3 月,新西兰法官批准用 Facebook 发送起诉书给一名旅居海外的男子,新西兰因而成为全球第二个尝试通过 Facebook 完成送达的国家。此后,英国一起商事案件的原告律师申请通过 Facebook 向被告送达。该律师称,被告的 Facebook 账号近期增加了两个好友,证明该账号仍在使用,遂申请通过 Facebook 向该账户发送起诉书,获英格兰高等法院大法官批准。这是英国法院首次授权通过 Facebook 发送起诉书。此外,美国司法实践中也出现了利用 Facebook 送达离婚起诉书的案件。

19.3 中国关于域外送达的立法与实践

知识要点

19.3.1 概述

我国已经加入了 1965 年《海牙送达公约》,并从 1987 年起先后同法国、蒙古、波兰、意大利、比利时等 30 多个国家签订了生效的双边民事司法协助条约。在这些双边条约中,大多规定了域外送达途径。2013 年,最高人民法院制定了《关于依据国际公约和双边司法协助条约办理民商事案件司法文书送达和调查取证司法协助请求的规定》,针对依据国际公约还是双边条约进行域外送达问题做出了明确规定,该规定有以下三个特点:

(1)明确了人民法院提出办理民商事案件司法文书送达、调查取证国际司法协助请求时应当遵循的原则,包括便捷高效原则、对等原则、依法审查原则等。也就是说,人民法院应当根据便捷、高效的原则,确定依据《海牙送达公约》《海牙取证公约》还是双边民事司法协助条约对外提出送达和调查取证请求,而不必坚持双边条约优先适用。

(2)明确了人民法院国际司法协助工作的管理机制,即统一管理和专人负责相结合的管理机制。

(3)明确了人民法院国际司法协助工作的制度建设,包括登记制度和档案制度。

19.3.2　《民事诉讼法》规定的域外送达途径

《民事诉讼法》第267条规定了我国法院对外国送达诉讼文书的途径，这些途径包括条约途径、外交途径、领事途径、个人送达、邮寄送达、电子送达、公告送达等。

（1）条约途径。依照受送达人所在国与中华人民共和国缔结或者共同参加的国际条约中规定的方式送达。这一途径就是请求书送达途径，主要由双方司法部作为中央机关进行送达。

（2）外交途径。这一送达途径是在下列情况下采用的，该国与我国建立了外交关系但未与我国缔结双边司法协助条约，或其也未加入《海牙送达公约》。根据最高人民法院、外交部、司法部《关于我国法院和外国法院通过外交途径相互委托送达法律文书若干问题的通知》，凡已同我国建交国家的法院，通过外交途径委托我国法院向我国公民或法人以及在华的第三国或无国籍当事人送达法律文书，除该国同我国已订有协议的按协议办理外，一般根据互惠原则按下列程序和要求办理：

- 由该国驻华使馆将法律文书交外交部领事司转递给有关高级人民法院，再由该高级人民法院指定有关中级人民法院送达给当事人。当事人在所附送达回证上签字后，中级人民法院将送达回证退给高级人民法院，再通过外交部领事司转退给对方；如未附送达回证，则由有关中级人民法院出具送达证明交有关高级人民法院，再通过外交部领事司转给对方。
- 委托送达法律文书须用委托书。委托书和所送法律文书须附有中文译本。
- 法律文书的内容有损我国主权和安全的，予以驳回；如受送达人享有外交特权和豁免，一般不予送达；不属于我国法院职权范围或因地址不明或其他原因不能送达的，由有关高级人民法院提出处理意见或注明妨碍送达的原因，由外交部领事司向对方说明理由，予以退回。

（3）领事途径：对具有中华人民共和国国籍的受送达人，可以委托中华人民共和国驻受送达人所在国的使领馆代为送达。

（4）个人送达。包括：

- 诉讼代理人送达：即向受送达人委托的有权代其接受送达的诉讼代理人送达。2006年《最高人民法院关于涉外民事或商事案件司法文书送达问题若干规定》清晰界定了何为“有权”代其接受送达的诉讼代理人：除受送达人在授权委托书中明确表明其诉讼代理人无权代为接收有关司法文书外，其委托的诉讼代理人即为有权代其接受送达，人民法院可以向该诉讼代理人送达。
- 代表机构或代办人送达：向受送达人在中华人民共和国领域内设立的代表机

构或者有权接受送达的分支机构、业务代办人送达。此外,人民法院向受送达人在中华人民共和国领域内的法定代表人、主要负责人、诉讼代理人、代表机构以及有权接受送达的分支机构、业务代办人送达司法文书,可以适用留置送达。

(5)邮寄送达。受送达人所在国的法律允许邮寄送达的,可以邮寄送达,自邮寄之日起满三个月,送达回证没有退回,但根据各种情况足以认定已经送达的,期间届满之日视为送达。邮寄送达时应附有送达回证。受送达人未在送达回证上签收但在邮件回执上签收的,视为送达,签收日期为送达日期。自邮寄之日起满三个月,如果未收到送达的证明文件,且根据各种情况不足以认定已经送达的,视为不能用邮寄方式送达。

(6)电子途径送达。采用传真、电子邮件等能够确认受送达人收悉的方式送达。

(7)公告送达。不能用上述方式送达的,公告送达,自公告之日起满三个月,即视为送达。

此外,《民事诉讼法》第277条规定了外国法院向在我国领域内的受送达人送达的途径:条约途径、外交途径、领事途径。

法律与规范链接

▲ 必读法条

《民事诉讼法》

第267条 人民法院对在中华人民共和国领域内没有住所的当事人送达诉讼文书,可以采用下列方式:

(一)依照受送达人所在国与中华人民共和国缔结或者共同参加的国际条约中规定的方式送达;

(二)通过外交途径送达;

(三)对具有中华人民共和国国籍的受送达人,可以委托中华人民共和国驻受送达人所在国的使领馆代为送达;

(四)向受送达人委托的有权代其接受送达的诉讼代理人送达;

(五)向受送达人在中华人民共和国领域内设立的代表机构或者有权接受送达的分支机构、业务代办人送达;

(六)受送达人所在国的法律允许邮寄送达的,可以邮寄送达,自邮寄之日起满三个月，送达回证没有退回，但根据各种情况足以认定已经送达的，期间届满之日视为送达；

（七）采用传真、电子邮件等能够确认受送达人收悉的方式送达；

（八）不能用上述方式送达的，公告送达，自公告之日起满三个月，即视为送达。

第 277 条　请求和提供司法协助，应当依照中华人民共和国缔结或者参加的国际条约所规定的途径进行；没有条约关系的，通过外交途径进行。

外国驻中华人民共和国的使领馆可以向该国公民送达文书和调查取证，但不得违反中华人民共和国的法律，并不得采取强制措施。

除前款规定的情况外，未经中华人民共和国主管机关准许，任何外国机关或者个人不得在中华人民共和国领域内送达文书、调查取证。

《民事诉讼法解释》第 534 ~ 537 条；

《海事诉讼特别程序法解释》第 53 ~ 55 条。

△ 延伸法条

《最高人民法院关于内地与香港特别行政区法院相互委托送达民商事司法文书的安排》〔1〕

根据《中华人民共和国香港特别行政区基本法》第九十五条的规定，经最高人民法院与香港特别行政区代表协商，现就内地与香港特别行政区法院相互委托送达民商事司法文书问题规定如下：

一、内地法院和香港特别行政区法院可以相互委托送达民商事司法文书。

二、双方委托送达司法文书，均须通过各高级人民法院和香港特别行政区高等法院进行。最高人民法院司法文书可以直接委托香港特别行政区高等法院送达。

三、委托方请求送达司法文书，须出具盖有其印章的委托书，并须在委托书中说明委托机关的名称、受送达人的姓名或者名称、详细地址及案件的性质。

委托书应当以中文文本提出。所附司法文书没有中文文本的，应当提供中文译本。以上文件一式两份。受送达人为两人以上的，每人一式两份。

受委托方如果认为委托书与本安排的规定不符，应当通知委托方，并说明对委托书的异议。必要时可以要求委托方补充材料。

四、不论司法文书中确定的出庭日期或者期限是否已过，受委托方均应送达。委托方应当尽量在合理期限内提出委托请求。

---

〔1〕　法释〔1999〕9 号，1998 年 12 月 30 日最高人民法院审判委员会第 1038 次会议通过。

受委托方接到委托书后,应当及时完成送达,最迟不得超过自收到委托书之日起两个月。

五、送达司法文书后,内地人民法院应当出具送达回证;香港特别行政区法院应当出具送达证明书。出具送达回证和证明书,应当加盖法院印章。

受委托方无法送达的,应当在送达回证或者证明书上注明妨碍送达的原因、拒收事由和日期,并及时退回委托书及所附全部文书。

六、送达司法文书,应当依照受委托方所在地法律规定的程序进行。

七、受委托方对委托方委托送达的司法文书的内容和后果不负法律责任。

八、委托送达司法文书费用互免。但委托方在委托书中请求以特定送达方式送达所产生的费用,由委托方负担。

九、本安排中的司法文书在内地包括:起诉状副本、上诉状副本、授权委托书、传票、判决书、调解书、裁定书、决定书、通知书、证明书、送达回证;在香港特别行政区包括:起诉状副本、上诉状副本、传票、状词、誓章、判案书、判决书、裁决书、通知书、法庭命令、送达证明。

上述委托送达的司法文书以互换司法文书样本为准。

十、本安排在执行过程中遇有问题和修改,应当通过最高人民法院与香港特别行政区高等法院协商解决。

《最高人民法院关于内地与澳门特别行政区法院就民商事案件相互委托送达司法文书和调取证据的安排》[1]

根据《中华人民共和国澳门特别行政区基本法》第九十三条的规定,最高人民法院与澳门特别行政区代表经协商,现就内地与澳门特别行政区法院就民商事案件相互委托送达司法文书和调取证据问题规定如下:

一、一般规定

第1条 内地人民法院与澳门特别行政区法院就民商事案件(在内地包括劳动争议案件,在澳门特别行政区包括民事劳工案件)相互委托送达司法文书和调取证据,均适用本安排。

第2条 双方相互委托送达司法文书和调取证据,均须通过各高级人民法院和澳门特别行政区终审法院进行。最高人民法院与澳门特别行政区终审法院可以直接相互委托送达和调取证据。本安排在执行过程中遇有问题,应当通过最高人民

〔1〕 法释〔2001〕26号,2001年8月7日最高人民法院审判委员会第1186次会议通过。

法院与澳门特别行政区终审法院协商解决。

第3条　各高级人民法院和澳门特别行政区终审法院相互收到对方法院的委托书后,应当立即将委托书及所附司法文书和相关文件转送根据其本辖区法律规定有权完成该受托事项的法院。

如果受委托方法院认为委托书不符合本安排规定,影响其完成受托事项时,应当及时通知委托方法院,并说明对委托书的异议。必要时可以要求委托方法院补充材料。

第4条　委托书应当以中文文本提出。所附司法文书及其他相关文件没有中文文本的,应当提供中文译本。

第5条　委托方法院应当在合理的期限内提出委托请求,以保证受委托方法院收到委托书后,及时完成受托事项。

受委托方法院应优先处理受托事项。完成受托事项的期限,送达文书最迟不得超过自收到委托书之日起两个月,调取证据最迟不得超过自收到委托书之日起三个月。

第6条　受委托方法院应当根据本辖区法律规定执行受托事项。委托方法院请求按照特殊方式执行委托事项的,如果受委托方法院认为不违反本辖区的法律规定,可以按照其特殊方式执行。

第7条　委托方法院无须支付受委托方法院在送达司法文书或调取证据时发生的费用或税项。但受委托方法院根据其本辖区法律规定,有权在调取证据时,要求委托方法院预付鉴定人、证人、翻译人员的费用,以及因采用委托方法院在委托书中请求以特殊方式送达司法文书或调取证据所产生的费用。

第8条　受委托方法院收到委托书后,不得以其本辖区法律规定对委托方法院审理的该民商事案件享有专属管辖权或不承认对该请求事项提起诉讼的权利为由,不予执行受托事项。

受委托方法院在执行受托事项时,如果该事项不属于法院职权范围,或者内地人民法院认为在内地执行该受托事项将违反其基本法律原则或社会公共利益,或者澳门特别行政区法院认为在澳门特别行政区执行该受托事项将违反其基本法律原则或公共秩序的,可以不予执行,但应当及时向委托方法院书面说明不予执行的原因。

二、司法文书的送达

第9条　委托方法院请求送达司法文书,须出具盖有其印章的委托书,并在委托书中说明委托机关的名称、受送达人的姓名或者名称、详细地址及案件性质。如果执行方法院请求按特殊方式送达或者有特别注意的事项的,应当在委托书中注明。

第10条　委托书及所附司法文书和其他相关文件一式两份,受送达人为两人以上的,每人一式两份。

第11条　完成司法文书送达事项后,内地人民法院应当出具送达回证;澳门特别行政区法院应当出具送达证明书。出具的送达回证和送达证明书,应当注明送达的方法、地点和日期,及司法文书接收人的身份,并加盖法院印章。受委托方法院无法送达的,应当在送达回证或者送达证明书上注明妨碍送达的原因、拒收事由和日期,并及时退回委托书及所附全部文件。

第12条　不论委托方法院司法文书中确定的出庭日期或者期限是否已过,受委托方法院均应送达。

第13条　受委托方法院对委托方法院委托送达的司法文书和所附相关文件的内容和后果不负法律责任。

第14条　本安排中的司法文书在内地包括:起诉状副本、上诉状副本、反诉状副本、答辩状副本、授权委托书、传票、判决书、调解书、裁定书、支付令、决定书、通知书、证明书、送达回证以及其他司法文书和所附相关文件;在澳门特别行政区包括:起诉状复本、答辩状复本、反诉状复本、上诉状复本、陈述书、申辩书、声明异议书、反驳书、申请书、撤诉书、认诺书、和解书、财产目录、财产分割表、和解建议书、债权人协议书、传唤书、通知书、法官批示、命令状、法庭许可令状、判决书、合议庭裁判书、送达证明书以及其他司法文书和所附相关文件。

三、调取证据

第15条　委托方法院请求调取的证据只能是用于与诉讼有关的证据。

第16条　双方相互委托代为调取证据的委托书应当写明:

(一)委托法院的名称;

(二)当事人及其诉讼代理人的姓名、地址,及其他一切有助于辨别其身份的情况;

(三)委托调取证据的原因,以及委托调取证据的具体事项;

(四)被调查人的姓名、地址,及其他一切有助于辨别其身份的情况,以及需要向其提出的问题;

(五)调取证据需采用的特殊方式;

(六)有助于执行该委托的其他一切情况。

第17条 代为调取证据的范围包括:代为询问当事人、证人和鉴定人,代为进行鉴定和司法勘验,调取其他与诉讼有关的证据。

第18条 如委托方法院提出要求,受委托方法院应当将取证的时间、地点通知委托方法院,以便有关当事人及其诉讼代理人能够出席。

第19条 受委托方法院在执行委托调取证据时,根据委托方法院的请求,可以允许委托方法院派司法人员出席。必要时,经受委托方允许,委托方法院的司法人员可以向证人、鉴定人等发问。

第20条 受委托方法院完成委托调取证据的事项后,应当向委托方法院书面说明。

如果未能按委托方法院的请求全部或部分完成调取证据事项,受委托方法院应当向委托方法院书面说明妨碍调取证据的原因,并及时退回委托书及所附全部文件。

如果当事人、证人根据受委托方的法律规定,拒绝作证或推辞提供证言时,受委托方法院应当以书面通知委托方法院,并退回委托书及所附全部文件。

第21条 受委托方法院可以根据委托方法院的请求,并经证人、鉴定人同意,协助安排其辖区的证人、鉴定人到对方辖区出庭作证。

证人、鉴定人在委托方地域内逗留期间,不得因在其离开受委托方地域之前,在委托方境内所实施的行为或针对他所作的裁决而被刑事起诉、羁押,或者为履行刑罚或者其他处罚而被剥夺财产或者扣留身份证件,或者以任何方式对其人身自由加以限制。

证人、鉴定人完成所需诉讼行为,且可自由离开委托方地域后,在委托方境内逗留超过七天,或者已离开委托方地域又自行返回时,前款所指的豁免即行终止。

证人、鉴定人到委托方法院出庭而导致的费用及补偿,由委托方法院预付。

该条所指出庭作证人员,在澳门特别行政区还包括当事人。

第22条 受委托方法院取证时,被调查的当事人、证人、鉴定人等的代理人可以出席。

四、附则

第23条 受委托方法院可以根据委托方法院的请求代为查询并提供本辖区的有关法律。

第24条 如果本安排需要修改,应当通过最高人民法院与澳门特别行政区代表协商解决。

第25条　本安排自2001年9月15日起生效。

典型案例

东莞奔驰案

【案情概述】

1999年1月31日下午,深圳居民蔡先生的长子蔡某某开着奔驰S320轿车在广深高速公路虎门路段发生交通事故,车子撞断护栏后坠入路下水沟,蔡某某当场死亡,同车两人受伤。事后,死者父亲蔡先生认为,奔驰车安全气囊未弹出是造成孩子死亡的重要原因。在与奔驰公司交涉一年无果的情况下,2000年1月蔡先生将奔驰的生产商戴姆勒－克莱斯勒股份公司告上广东东莞中级人民法院。

2000年1月17日,东莞市中级人民法院正式受理此案,将起诉书送达给奔驰公司北京办事处时,被拒绝。自此,拉锯战式送达拉开序幕:3年间,仅起诉书送达就达7次,两次开庭被临时取消。其间,送达难也包括被告奔驰公司的名称变更,从“梅赛德斯－奔驰汽车有限公司”改为“戴姆勒－奔驰汽车有限公司”再变更为“戴姆勒－克莱斯勒股份有限责任公司”。此外还有戴姆勒－克莱斯勒中国投资有限公司以自身是独立的中国法人,无权替德国奔驰公司接收送达为由而拒绝接受送达等情形。该案成为东莞中级人民法院碰到的最棘手的马拉松式的跨国纠纷。

2002年1月30日,珠海市香洲区人民法院审理的黄冠诉奔驰公司产品质量纠纷案也宣布延期审理,同样涉及奔驰公司提出的送达异议问题。

在东莞法院审理的奔驰案中,被告方奔驰公司一方面拒绝各种送达途径,另一方面要求按照《海牙送达公约》以外交方式将起诉书送达德国总部。

2002年3月全国“两会”期间,全国人大代表苏子锐与数位人大代表向大会提交了要求保护使用进口产品者的正当权益的联名议案,建议司法部门应协助解决起诉书送达问题。2002年6月22日,最高人民法院发布第15号公告,规定司法文书可以向受送达人设在我国境内的代表机构送达并可以采用留置送达,这才解决了之前诉状无法送达的问题。该案中方原告最终胜诉。

【简要评论】

这个案件的意义并不仅仅是中国消费者权益得到了保护,而是这个案件促成了中国对外送达立法的逐步完善,具体的几个阶段性成果如下。

第一,最高人民法院法释〔2002〕15号批复。2002年6月11日通过的最高人民法院《关于向外国公司送达司法文书能否向其驻华代表机构送达并适用留置送达问题的批复》指出:当受送达人在中华人民共和国领域内设有代表机构时,便不再属于《海牙送达公约》规定的"有须递送司法文书或司法外文书以便向国外送达的情形",因此,人民法院可以根据《民事诉讼法》第247条第5项的规定,〔1〕向受送达人在中华人民共和国领域内设立的代表机构送达诉讼文书,而不必根据《海牙送达公约》向国外送达。

根据《民事诉讼法》第237条的规定,〔2〕人民法院向外国公司的驻华代表机构送达诉讼文书时,可以适用留置送达的方式。简言之,最高人民法院发布的这一公告直接解决了奔驰案的送达问题,明确了《海牙送达公约》中什么是"有须向国外送达的情形",以及确定了涉外民事诉讼中的留置送达。

第二,最高人民法院法释〔2006〕5号规定。《民商事司法文书送达解释》于2006年7月17日由最高人民法院审判委员会第1394次会议通过,自2006年8月22日起施行。该规定对于中国的人民法院审理涉外民事或商事案件时,如何向在中华人民共和国领域内没有住所的受送达人送达司法文书给出了比较详尽的司法实践指导,不仅对2002年第15号公告进一步明确下来,也规范了一些定义概念,例如"有权代其接受送达的诉讼代理人"是指"除受送达人在授权委托书中明确表明其诉讼代理人无权代为接收有关司法文书外,其委托的诉讼代理人为民事诉讼法第247条第4项规定的有权代其接受送达的诉讼代理人,人民法院可以向该诉讼代理人送达"。〔3〕更增加了传真、电子邮件等送达途径。

第三,最高人民法院法释〔2008〕4号规定。最高人民法院《关于涉台民事诉讼文书送达的若干规定》由最高人民法院审判委员会第1421次会议通过,自2008年4月23日起施行。该规定虽然仅涉及大陆与台湾地区之间的送达,且是最高人民法院单方面做出的规定,但规定不仅解决了大陆人民法院审理涉台案件的送达问

---

〔1〕1991年《民事诉讼法》第247条第5项规定,向受送达人在中华人民共和国领域内设立的代表机构或者有权接受送达的分支机构、业务代办人送达。该条款在2007年修订版中是第245条,内容未变;2012年修订版中是第267条,内容未变。

〔2〕1991年《民事诉讼法》第237条规定:"在中华人民共和国领域内进行涉外民事诉讼,适用本编规定。本编没有规定的,适用本法其他有关规定。"该条款在2007年修订版中是第235条,内容未变;2012年修订版中是第259条,内容未变。

〔3〕条文引用仍依据1991年版《民事诉讼法》,2007年修订版改为第245条,2012年修订版改为第267条。

题,也规定了接受台湾地区有关法院的委托代为送达的程序。

第四,2012 年第二次修订的《民事诉讼法》增加了一项送达途径,即采用传真、电子邮件等能够确认受送达人收悉的方式送达;同时,修改了邮寄送达和公告送达的期限,由 6 个月期限届满改为 3 个月。增加电子送达途径是信息时代的必然趋势,国际社会大都予以了认同,中国在送达领域的阶段性司法实践中也采用了这一做法,因此,有必要以立法方式予以明确。至于送达期限缩短,则不言自明,是交通迅猛快捷的现实使然。

延伸阅读

1. 何其生:《我国域外送达机制的困境与选择》,载《法学研究》2005 年第 2 期。
2. 齐湘泉:《中美两国司法文书域外送达法律冲突及其解决》,载《政法论坛》1999 年第 2 期。

第 20 章　国际民事诉讼中的取证

教学目标

1. 了解国际民事诉讼中取证的概念和意义。
2. 识记和理解国际民事诉讼中的取证方式。
3. 理解和运用我国民事诉讼中的涉外取证制度。

推荐参考资料

1. 何其生:《比较法视野下的国际民事诉讼》,高等教育出版社 2015 年版。
2. 乔雄兵:《域外取证的国际合作研究——以〈海牙取证公约〉为视角》,武汉大学出版社 2010 年版。
3. 王克玉:《国际民商事案件域外取证法律适用问题研究》,人民法院出版社 2008 年版。
4. 杜焕芳:《国际民商事司法与行政合作研究》,武汉大学出版社 2007 年版。
5. 徐宏:《国际民事司法协助》(第 2 版),武汉大学出版社 2006 年版。

20.1　国际民事诉讼中的取证制度概述

知识要点

20.1.1　国际民事诉讼取证制度的概念

国际民事诉讼中的取证制度,又称为域外取证,是国际民事诉讼程序中,当事人或其他机构及人员在法院国境外调取证据的行为。[1] 证据是诉讼中确定当事人

〔1〕 参见何其生:《比较法视野下的国际民事诉讼》,高等教育出版社 2015 年版,第 261 页。

之间的争点和案情的关键,决定着法官对案件的判断和审理。国家间的取证又涉及不同国家的法律制度问题,因此,国际民事诉讼取证制度对于诉讼案件的的审理和裁判有着重要意义。

首先,如果域外取证中的某一方面处理不当,就有可能侵害到他国的司法主权,破坏两国之间的民商事交往、民间交流、外交政策,进而对两国之间的司法协助产生隔阂,导致两国友好关系恶化。而反过来,两国之间的外交关系也可能阻碍取证的顺利进行。

其次,域外证据涉及当事人的合法权益。证据是诉讼的关键,是案件审理的依据,也是确定案情和当事人之间权利与义务的重要依据。域外取证与案件对错和公正与否的判断有直接的关系,直接影响到诉讼当事人的切身利益。

20.1.2 域外调查取证的范围

由于各国诉讼制度的差异,各国关于域外调查取证方面的立法和实践有很大的不同。在一些大陆法系国家,域外调查取证被认为是涉及一国的司法主权和安全,这些国家都强调其严格的属地性。

在英美法系国家,"抗辩制度"的诉讼体制使法官在调查取证过程中充当被动的、消极的角色。在美国,当事人可以自由选择使用何种调查方式,无须得到法院的许可。

为了协调各国不同的取证制度,国际社会经过大量的努力,已经缔结了很多双边条约和多边条约。其中影响力比较大的有 1954 年海牙《民事诉讼程序公约》和 1970 年《海牙取证公约》。海牙《民事诉讼程序公约》第二章专门规定了域外调查取证制度。《海牙取证公约》则详细规定了域外调查取证的规则。

各国对证据本身有着不同的理解和规定,范围也没有统一的规定,因此域外取证的范围界定也没有统一的规定。普通法系国家,尤其是美国,取证的范围非常广泛,几乎没有限制。美国联邦证据法把证据大致分为四种,即实物证据、书面证据、证人证言和司法认知,但在调取证据时,只要当事人及其诉讼代理人认为与诉讼有关的材料,即使关联性很小,都在其收集范围之内。大陆法系国家如德国,其规定的范围远远小于美国的取证范围。《德国民事诉讼法典》中规定了询问当事人、证人、书证、勘验和鉴定五种证明方式。我国国内立法在《民事诉讼法》第 63 条规定了证据的法定形式,即书证、物证、视听资料、电子数据、证人证言、当事人陈述、鉴定意见及勘验笔录八种,并未对域外取证的范围作出明确规定。

关于域外取证的范围,有关国际条约和双边司法协助条约通常不作明确规定。

根据中国与外国缔结的双边司法协助条约，域外调查取证的范围通常包括询问当事人、证人和鉴定人，进行鉴定和司法勘验，以及其他与调查取证有关的诉讼行为。[1] 我国与有关国家缔结的双边司法协助条约对调查取证的范围未做规定的，对哪些属于需要调查取证的范围，通常依据各国国内法确定。

法律与规范链接

▲ 必读法条

《民事诉讼法》

第 61 条　代理诉讼的律师和其他诉讼代理人有权调查收集证据，可以查阅本案有关材料。查阅本案有关材料的范围和办法由最高人民法院规定。

第 63 条　证据包括：

（一）当事人的陈述；

（二）书证；

（三）物证；

（四）视听资料；

（五）电子数据；

（六）证人证言；

（七）鉴定意见；

（八）勘验笔录。

证据必须查证属实，才能作为认定事实的根据。

第 64 条　当事人对自己提出的主张，有责任提供证据。

当事人及其诉讼代理人因客观原因不能自行收集的证据，或者人民法院认为审理案件需要的证据，人民法院应当调查收集。

人民法院应当按照法定程序，全面地、客观地审查核实证据。

《民事诉讼证据规定》

第 11 条第 1 款　当事人向人民法院提供的证据系在中华人民共和国领域外形成的，该证据应当经所在国公证机关予以证明，并经中华人民共和国驻该国使领馆予以认证，或者履行中华人民共和国与该所在国订立的有关条约中规定的证明手续。

---

〔1〕 参见屈广清、欧福永主编：《国际民商事诉讼程序导论》，武汉大学出版社 2016 年版，第 324 页。

△ **延伸法条**

《中华人民共和国和波兰人民共和国关于民事和刑事司法协助的协定》

第13条　范围

缔约双方应根据请求相互代为送达司法文书和司法外文书，询问当事人、证人和鉴定人，进行鉴定和司法勘验，以及收集其他证据。

20.2　国际民事诉讼中取证的方式

知识要点

20.2.1　国际民事诉讼中取证方式概述

诉讼法上的“跨国取证”，一方面是指被申请国司法机关代为收集提取在该国境内的与案件有关的证据，另一方面是指申请国有关机关在域外直接提取案件所需要的证据。在国际民事诉讼中提取证据一般是通过直接、间接两种途径。

(1)直接取证，指受诉法院国在征得有关国家同意的情况下直接提取有关案件所需的证据。

(2)间接取证，指受诉法院国通过司法协助的委托途径委托有关国家的主管机关进行取证。

20.2.2　国际民事诉讼中取证方式

☆**请求书取证**

请求书取证又称为代为取证，是指一国受理案件的司法机关向证据所在国的司法机关提出请求，由后者进行取证。这种取证方式一般都以条约或互惠为前提，顾及了证据所在国的主权利益，尊重了将取证视为司法权的国家的立场，因而得到了各国的普遍采用。[1] 由于这种取证方式的优越性，大多数国家都将之作为本国法院到域外取证和外国法院到本国取证的最主要方式。例如，法国《新民事诉讼法典》规定：“法官依当事人的请求或依职权，可以向外国主管司法机关……签发司法委托书，以求在该国进行其认为必要的调查取证及其他司法行为。”我国也将请求书取证作为域外取证的主要方式，我国《民事诉讼法》第267条规定，根据中华人民

〔1〕 参见徐宏：《国际民事司法协助》(第2版)，武汉大学出版社2006年版，第189页。

共和国缔结或者参加的国际条约，或者按照互惠原则，人民法院和外国法院可以相互请求，代为调查取证以及进行其他诉讼行为。

《海牙取证公约》规定了通过请求书进行取证的制度。公约成员国应当根据各自国内法组建或任命一个中央机关，负责接收从另一个公约成员国司法机关传递的请求书，以及将此请求书转交国内相对应的机关以便执行。并且请求书应当直接送达执行国的中央机关，而不应经过该国其它机关的转交。

《海牙取证公约》第12条规定了请求书接收国可以在两种情形下拒绝调查取证，这两种情形是：(1)依据请求书接收国的法律，请求书的请求事项不属于司法机关的管辖范围；(2)请求书接收国认为，该请求书的内容侵犯了其主权或者国家安全。

☆领事取证

领事取证，是指一国司法机关通过该国派驻他国的领事或外交官员在其驻在国直接收集调取证据的做法。与请求书取证相比，领事取证方式避免了传递请求书的复杂程序，高效易行；因领事官员行使领事职权是公职行为，所以不产生费用问题；领事官员对其本国的法律和证据制度比较熟悉，调取证据时更符合法院地的法律要求。[1]

《海牙取证公约》第二章规定了有关外交官员、领事代表取证的内容。根据调查取证对象的不同，外交官员、领事取证可以分为两种情形：

- 对本国国民取证。
- 向驻在国国民或第三国国民取证。

因为领事的主要职责之一就是保护驻在国境内的本国公民的利益，因此，第一种情形为大多数国家所接受。《维也纳领事关系公约》以及大量的双边领事条约都肯定了这种做法。但少数国家，如葡萄牙、丹麦和挪威等国，则要求领事取证必须事先征得该国同意。

☆特派员取证

特派员取证方式是指一国法院在审理国际民事诉讼案件时，委派专门官员，包括法官、书记员以及律师，甚至是取证地国的公职人员或律师，在有关外国境内直接调取证据。

- 大陆法系国家对于特派员取证的态度极为谨慎，主要是考虑到司法主权的不

---

〔1〕 参见徐宏：《国际民事司法协助》（第2版），武汉大学出版社2006年版，第191页。

可侵犯性，对该方式加以保留。

● 英美法系国家虽然同为特派员取证的践行国，不过在其内部，对于该制度的适用也作出了不同程度的限制：英国法下，这一制度要求以互惠为前提；而在美国，特派员取证方式的实行则要求事先得到主管机关的许可。

1970 年《海牙取证公约》与美国法保持了一致，第 17 条规定，特派员取证只有得到取证国的许可并遵守取证国主管机关所规定的条件方得进行。

☆当事人或诉讼代理人取证

各国的民事诉讼法一般都规定当事人对自己的诉讼请求负有举证责任，当事人有义务提出证据来支持自己的主张，即所谓的“谁主张，谁举证”。但对于当事人是否有跨国取证的权利，国际上有两种截然相反的态度。以美国为代表的普通法国家，较为提倡当事人和诉讼代理人直接跨国取证，而一部分大陆法系国家，如匈牙利，也认为法院可以考虑由有关当事人通过这种方式获取文书的证据法上效力。但是英国则一反与美国法保持一致的态度，公开反对直接取证。

《海牙取证公约》原则上不否认当事人和诉讼代理人取证的方式，但同时允许缔约国对此声明保留。

法律与规范链接

▲ 必读法条

《海牙取证公约》

第 1 条 在民事或商事案件中，每一缔约国的司法机关可以根据该国的法律规定，通过请求书的方式，请求另一缔约国主管机关调取证据或履行某些其他司法行为。

请求书不得用来调取不打算用于已经开始或即将开始的司法程序的证据。

“其他司法行为”一词不包括司法文书的送达或颁发执行判决或裁定的任何决定，或采取临时措施或保全措施的命令。

第 2 条 每一缔约国应指定一个中央机关负责接收来自另一缔约国司法机关的请求书，并将其转交给执行请求的主管机关。各缔约国应依其本国法律组建该中央机关。

请求书应直接送交执行国中央机关，无须通过该国任何其他机关转交。

第 3 条 请求书应载明：

(一)请求执行的机关,以及如果请求机关知道,被请求执行的机关;

(二)诉讼当事人的姓名和地址,以及如有的话,他们的代理人的姓名和地址;

(三)需要证据的诉讼的性质,及有关的一切必要资料;

(四)需要调取的证据或需履行的其他司法行为。

必要时,请求书还应特别载明:

(五)需询问的人的姓名和地址;

(六)需向被询问人提出的问题或对需询问的事项的说明;

(七)需检查的文书或其他财产,包括不动产或动产;

(八)证据需经宣誓或确认的任何要求,以及应使用的任何特殊格式;

(九)依公约第九条需采用的任何特殊方式或程序。

请求书还可以载明为适用第十一条所需的任何资料。

不得要求认证或其他类似手续。

第4条　请求书应以被请求执行机关的文字作成或附该种文字的译文。

但是,除非缔约国已根据第三十三条提出保留,缔约国应该接受以英文或法文作成或附其中任何一种文字译文的请求书。

具有多种官方文字并且因国内法原因不能在其全部领土内接受由其中一种文字作成的请求书的缔约国,应通过声明方式指明请求书在其领土的特定部分内执行时应使用的文字或译文。如无正当理由而未能遵守这一声明,译成所需文字的费用由请求国负担。

每一缔约国可用声明方式指明除上述各款规定的文字以外,送交其中央机关的请求书可以使用的其他文字。

请求书所附的任何译文应经外交官员、领事代表或经宣誓的译员或经两国中的一国授权的任何其他人员证明无误。

第5条　如果中央机关认为请求书不符合本公约的规定,应立即通知向其送交请求书的请求国机关,指明对该请求书的异议。

第6条　如被送交请求书的机关无权执行请求,应将请求书及时转交根据其国内法律规定有权执行的本国其他机关。

第7条　如请求机关提出请求,应将进行司法程序的时间和地点通知该机关,以便有关当事人和他们已有的代理人能够出席。如果请求机关提出请求,上述通知应直接送交当事人或他们的代理人。

第8条　缔约国可以声明,在执行请求时,允许另一缔约国请求机关的司法人员出席。对此,声明国可要求事先取得其指定的主管机关的授权。

第9条 执行请求书的司法机关应适用其本国法规定的方式和程序。

但是,该机关应采纳请求机关提出的采用特殊方式或程序的请求,除非其与执行国国内法相抵触或因其国内惯例和程序或存在实际困难而不可能执行。

请求书应迅速执行。

第10条 在执行请求时,被请求机关应在其国内法为执行本国机关的决定或本国诉讼中当事人的请求而规定的相同的情况和范围内,采取适当的强制措施。

第11条 在请求书的执行过程中,在下列情况下有拒绝作证的特权或义务的有关人员,可以拒绝提供证据:

(一)根据执行国法律;或

(二)根据请求国法律,并且该项特权或义务已在请求书中列明,或应被请求机关的要求,已经请求机关另行确认。

此外,缔约国可以声明在声明指定的范围内,尊重请求国和执行国以外的其他国家法律规定的特权或义务。

第12条 只有在下列情况下,才能拒绝执行请求书:

(一)在执行国,该请求书的执行不属于司法机关的职权范围;或

(二)被请求国认为,请求书的执行将会损害其主权和安全。

执行国不能仅因其国内法已对该项诉讼标的规定专属管辖权或不承认对该事项提起诉讼的权利为理由,拒绝执行请求。

第13条 证明执行请求书的文书应由被请求机关采用与请求机关所采用的相同途径送交请求机关。

在请求书全部或部分未能执行的情况下,应通过相同途径及时通知请求机关,并说明原因。

第14条 请求书的执行不产生任何性质的税费补偿。

但是,执行国有权要求请求国偿付支付给鉴定人和译员的费用和因采用请求国根据第九条第二款要求采用的特殊程序而产生的费用。

如果被请求国法律规定当事人有义务收集证据,并且被请求机关不能亲自执行请求书,在征得请求机关的同意后,被请求机关可以指定一位适当的人员执行。在征求此种同意时,被请求机关应说明采用这一程序所产生的大致费用。如果请求机关表示同意,则应偿付由此产生的任何费用;否则请求机关对该费用不承担责任。

第15条　在民事或商事案件中,每一缔约国的外交官员或领事代表在另一缔约国境内其执行职务的区域内,可以向他所代表的国家的国民在不采取强制措施的情况下调取证据,以协助在其代表的国家的法院中进行的诉讼。

缔约国可以声明,外交官员或领事代表只有在自己或其代表向声明国指定的适当机关递交了申请并获得允许后才能调取证据。

第16条　在符合下列条件的情况下,每一缔约国的外交官员或领事代表在另一缔约国境内其执行职务的区域内,亦可以向他执行职务地所在国或第三国国民在不采取强制措施的情况下调取证据,以协助在其代表的国家的法院中进行的诉讼:

(一)他执行职务地所在国指定的主管机关已给予一般性或对特定案件的许可;并且

(二)他遵守主管机关在许可中设定的条件。

缔约国可以声明,无须取得事先许可即可依本条进行取证。

第17条　在符合下列条件的情况下,在民事或商事案件中,被正式指派的特派员可以在不采取强制措施的情况下在一缔约国境内调取证据,以协助在另一缔约国法院中正在进行的诉讼:

(一)取证地国指定的主管机关已给予一般性或对特定案件的许可;并且

(二)他遵守主管机关在许可中设定的条件。

缔约国可以声明在无事先许可的情况下依本条进行取证。

第18条　缔约国可以声明,根据第十五条、第十六条、第十七条被授权调取证据的外交官员、领事代表或特派员可以申请声明国指定的主管机关采取强制措施,对取证予以适当协助。声明中可包含声明国认为合适的条件。

如果主管机关同意该项申请,则应采取其国内法规定的适用于国内诉讼程序的一切合适的强制措施。

第19条　主管机关在给予第十五条、第十六条或第十七条所指的许可或同意第十八条所指的申请时,可规定其认为合适的条件,特别是调取证据的时间和地点。同时,它可以要求得到有关取证的时间、日期和地点的合理的事先通知。在这种情况下,该机关的代表有权在取证时出席。

第20条　根据本章各条取证时,有关人员可以得到合法代理。

第21条　如果外交官员、领事代表或特派员根据第十五条、第十六条或第十七条有权调取证据:

（一）他可以调取与取证地国法律不相抵触并不违背根据上述各条给予的任何许可的各种证据，并有权在上述限度内主持宣誓或接受确认；

（二）要求某人出庭或提供证据的请求应用取证地国文字作成或附有取证地国文字的译文，除非该人为诉讼进行地国国民；

（三）请求中应通知该人，他可得到合法代理；在未根据第十八条提出声明的国家，还应通知该人他的出庭或提供证据不受强制；

（四）如果取证地国法律未禁止，可以依受理诉讼的法院所适用的法律中规定的方式调取证据；

（五）被请求提供证据的人员可以引用第十一条规定的特权和义务拒绝提供证据。

第22条　因为某人拒绝提供证据而未能依本章规定的程序取证的事实不妨碍随后根据第一章提出取证申请。

20.3　我国的域外取证制度

知识要点

20.3.1　中国到国外取证的途径

关于中国的域外取证，根据《民事诉讼法》第276条的规定："根据中华人民共和国缔结或者参加的国际条约，或者按照互惠原则，人民法院和外国法院可以相互请求，代为送达文书、调查取证以及进行其他诉讼行为。外国法院请求协助的事项有损于中华人民共和国的主权、安全或者社会公共利益的，人民法院不予执行。"第277条第1款进一步规定："请求和提供司法协助，应当依照中华人民共和国缔结或者参加的国际条约所规定的途径进行；没有条约关系的，通过外交途径进行。"由此可见，我国法律所规定的法院之间的域外取证主要有三种方式：条约所规定的途径、外交途径及根据互惠关系进行取证。

根据目前我国所签订的司法协助条约的情况，条约途径主要分为两种情况：

其一，《海牙取证公约》。1997年7月3日，全国人民代表大会常务委员会通过了《关于我国加入〈关于从国外调取民事或商事证据的公约〉的决定》，该公约已于1998年2月6日对我国生效。我国在加入时声明：

(1)根据公约第 2 条,指定中华人民共和国司法部为负责接收来自另一缔约国司法机关的请求书,并将其转交给执行请求的主管机关的中央机关;

(2)根据公约第 23 条声明,对于普通法国家旨在进行审判前文件调查的请求书,仅执行已在请求书中列明并与案件有直接密切联系的文件的调查请求;

(3)根据公约第 33 条声明,除第 15 条所规定的领事官员向在驻在国的本国国民取证的方式以外,不适用公约所规定的外交官员、领事代表和特派员取证。

其二,双边司法协助条约。目前,中国已经与三十多个国家签订了涉及民商事内容的双边司法协助条约。这些双边司法协助条约,有的直接以民事和商事条约名义签订,如中国同法国、比利时、意大利、西班牙、新加坡、韩国等签订的司法协助条约;有的采取的是民事与刑事混合形式,如中国同波兰、蒙古、俄罗斯、土耳其、乌克兰、白俄罗斯、埃及等签订的司法协助条约。

对于有些国家既是《海牙取证公约》的缔约国,又与我国签订了双边司法协助条约的情况,根据《海牙取证公约》第 28 条的规定,《海牙取证公约》不妨碍任何两个或两个以上的缔约国缔结协定排除其相关条款的适用。这表明,当缔约国间的双边司法协助条约与《海牙取证公约》不一致时,双边司法协助条约优先适用。

对于国际司法协助,根据 2013 年最高人民法院《关于依据国际公约和双边司法协助条约办理民商事案件司法文书送达和调查取证司法协助请求的规定实施细则(试行)》[1](以下简称《司法协助请求实施细则》),国际司法协助专办员收到人民法院审判、执行部门或者下级法院报送的依据双边民事司法协助条约提出的调查取证请求后,应当按照下列标准进行审查:

(1)有审判、执行部门或者下级法院的转递函;

(2)被请求国与我国签订双边民事司法协助条约且已经生效;

(3)请求书及其附件的译文符合双边民事司法协助条约的规定,附件译文的语种与请求书的语种一致;

(4)请求书的各项内容符合双边民事司法协助条约的具体规定,填写规范、完整;

(5)附件中不含有明确标注密级的材料;

(6)其他应当审查的事项。[2]

---

〔1〕 法发〔2013〕6 号。

〔2〕 参见《司法协助请求实施细则》第 30 条。

需要说明的是,最高人民法院2001年《民事诉讼证据规定》[1]还针对当事人提取域外证据的情况进行了规定。其第11条规定,当事人向人民法院提供的证据系在中华人民共和国领域外形成的,该证据应当经所在国公证机关予以证明,并经中华人民共和国驻该国使领馆予以认证,或者履行中华人民共和国与该所在国订立的有关条约中规定的证明手续。当事人向人民法院提供的证据是在香港、澳门、台湾地区形成的,应当履行相关的证明手续。该规定第12条还要求,当事人向人民法院提供外文书证或者外文说明资料,应当附有中文译本。由此观之,我国法院并不禁止当事人通过一定的途径获取域外证据,但对于合法获取的方式,则没有加以规定。

20.3.2 外国在中国取证的许可

对于外国在中国取证,依照前述《民事诉讼法》第276条和第277条的规定,依旧是条约所规定的途径、外交途径及根据互惠关系进行取证,但所不同的是,我国法院对于外国在中国进行取证规定了一些限制。

(1)公共秩序的限制。根据《民事诉讼法》第276条第2款的规定,外国法院请求协助的事项有损于中华人民共和国的主权、安全或者社会公共利益的,人民法院不予执行。

(2)请求书取证的限制。根据《民事诉讼法》的规定,外国法院请求人民法院提供司法协助的请求书及其所附文件,应当附有中文译本或者国际条约规定的其他文字文本。[2] 而且,人民法院提供司法协助,依照中华人民共和国法律规定的程序进行。外国法院请求采用特殊方式的,也可以按照其请求的特殊方式进行,但请求采用的特殊方式不得违反中华人民共和国法律。[3] 2013年《司法协助请求的规定》第4条第2款进一步规定,请求方要求按照请求书中列明的特殊方式办理的,如果该方式与我国法律不相抵触,且在实践中不存在无法办理或者办理困难的情形,应当按照该特殊方式办理。

(3)领事取证时不得违反我国的法律,不得采取强制措施。根据《民事诉讼法》第277条第2款规定,外国驻中华人民共和国的使领馆可以向该国公民送达文书和调查取证,但不得违反中华人民共和国的法律,并不得采取强制措施。

(4)不允许特派员取证及当事人或诉讼代理人自行取证。《民事诉讼法》第

---

〔1〕 2001年12月6日最高人民法院审判委员会第1201次会议通过,自2002年4月1日起施行,法释〔2001〕33号。

〔2〕 参见《民事诉讼法》第278条第1款。

〔3〕 参见《民事诉讼法》第279条。

277条第3款还规定,除前述使领馆取证外,未经中华人民共和国主管机关准许,任何外国机关或者个人不得在中华人民共和国领域内送达文书、调查取证。结合前述我国在加入《海牙取证公约》时的声明可以看出,我国不允许外国在我国境内进行特派员取证、当事人或诉讼代理人自行取证。

另外,根据1997年7月3日,全国人民代表大会常务委员会通过的《关于我国加入〈关于从国外调取民事或商事证据的公约〉的决定》,我国在加入时还声明:

根据公约第23条声明,对于普通法国家旨在进行审判前文件调查的请求书,仅执行已在请求书中列明并与案件有直接密切联系的文件的调查请求;

根据公约第33条声明,除第15条所规定的领事官员向在驻在国本国国民取证的方式以外,不适用公约第二章所规定的外交官员、领事代表和特派员取证。

对于国际司法协助,最高人民法院国际司法协助统一管理部门收到中央机关转来的外国法院依据《海牙取证公约》或者双边民事司法协助条约提出的民商事案件调查取证请求后,应当按照下列标准进行审查:

(1)有中央机关的转递函或者请求书;

(2)依据《海牙取证公约》提出调查取证请求的,该公约在我国与请求国之间已经生效;依据双边民事司法协助条约提出调查取证请求的,该条约已经生效;

(3)属于《海牙取证公约》或者双边民事司法协助条约规定的范围;

(4)属于人民法院的办理范围;

(5)不具有《海牙取证公约》或者双边民事司法协助条约中规定的拒绝提供协助的情形;

(6)请求方要求采取特殊方式调查取证的,所要求的特殊方式与我国法律不相抵触,且在实践中不存在无法办理或者办理困难的情形;

(7)请求书及其附件有中文译文或者符合《海牙取证公约》、双边民事司法协助条约规定的语种译文;

(8)其他应当审查的事项。[1]

调查取证完毕后,办理调查取证的法官应当对调查取证结果按照下列标准进行审查:

(1)调查取证的内容符合请求书的要求;

(2)不含有明确标注密级的材料;

---

〔1〕 参见《司法协助请求实施细则》第34条。

(3)调查取证结果对外提供后不存在损害国家主权、安全、泄露国家秘密、侵犯商业秘密等情形；

(4)提供的证据材料符合民事诉讼法和相关司法解释规定的形式要件；

(5)其他应当审查的事项。[1]

法律与规范链接

▲ 必读法条

《民事诉讼法》

第276条第1款 (见本书第295页)

第2款 外国法院请求协助的事项有损于中华人民共和国的主权、安全或者社会公共利益的，人民法院不予执行。

第277条 (见本书第357页)

第278条 外国法院请求人民法院提供司法协助的请求书及其所附文件，应当附有中文译本或者国际条约规定的其他文字文本。

人民法院请求外国法院提供司法协助的请求书及其所附文件，应当附有该国文字译本或者国际条约规定的其他文字文本。

第279条 人民法院提供司法协助，依照中华人民共和国法律规定的程序进行。外国法院请求采用特殊方式的，也可以按照其请求的特殊方式进行，但请求采用的特殊方式不得违反中华人民共和国法律。

第280条 人民法院作出的发生法律效力的判决、裁定，如果被执行人或者其财产不在中华人民共和国领域内，当事人请求执行的，可以由当事人直接向有管辖权的外国法院申请承认和执行，也可以由人民法院依照中华人民共和国缔结或者参加的国际条约的规定，或者按照互惠原则，请求外国法院承认和执行。

中华人民共和国涉外仲裁机构作出的发生法律效力的仲裁裁决，当事人请求执行的，如果被执行人或者其财产不在中华人民共和国领域内，应当由当事人直接向有管辖权的外国法院申请承认和执行。

---

[1] 参见《司法协助请求实施细则》第39条。

△ **延伸法条**

《最高人民法院关于内地与澳门特别行政区法院就民商事案件相互委托送达司法文书和调取证据的安排》(见本书第 358 页)

《最高人民法院关于内地与香港特别行政区法院就民商事案件相互委托提取证据的安排》〔1〕

根据《中华人民共和国香港特别行政区基本法》第九十五条的规定,最高人民法院与香港特别行政区经协商,就民商事案件相互委托提取证据问题作出如下安排:

第 1 条　内地人民法院与香港特别行政区法院就民商事案件相互委托提取证据,适用本安排。

第 2 条　双方相互委托提取证据,须通过各自指定的联络机关进行。其中,内地指定各高级人民法院为联络机关;香港特别行政区指定香港特别行政区政府政务司司长办公室辖下行政署为联络机关。

最高人民法院可以直接通过香港特别行政区指定的联络机关委托提取证据。

第 3 条　受委托方的联络机关收到对方的委托书后,应当及时将委托书及所附相关材料转送相关法院或者其他机关办理,或者自行办理。

如果受委托方认为委托材料不符合本辖区相关法律规定,影响其完成受托事项,应当及时通知委托方修改、补充。委托方应当按照受委托方的要求予以修改、补充,或者重新出具委托书。

如果受委托方认为受托事项不属于本安排规定的委托事项范围,可以予以退回并说明原因。

第 4 条　委托书及所附相关材料应当以中文文本提出。没有中文文本的,应当提供中文译本。

第 5 条　委托方获得的证据材料只能用于委托书所述的相关诉讼。

第 6 条　内地人民法院根据本安排委托香港特别行政区法院提取证据的,请求协助的范围包括:

(一)讯问证人;

(二)取得文件;

(三)检查、拍摄、保存、保管或扣留财产;

---

〔1〕　法释〔2017〕4 号,2016 年 10 月 31 日由最高人民法院审判委员会第 1697 次会议通过。

(四)取得财产样品或对财产进行试验;

(五)对人进行身体检验。

香港特别行政区法院根据本安排委托内地人民法院提取证据的,请求协助的范围包括:

(一)取得当事人的陈述及证人证言;

(二)提供书证、物证、视听资料及电子数据;

(三)勘验、鉴定。

第7条 受委托方应当根据本辖区法律规定安排取证。

委托方请求按照特殊方式提取证据的,如果受委托方认为不违反本辖区的法律规定,可以按照委托方请求的方式执行。

如果委托方请求其司法人员、有关当事人及其诉讼代理人(法律代表)在受委托方取证时到场,以及参与录取证言的程序,受委托方可以按照其辖区内相关法律规定予以考虑批准。批准同意的,受委托方应当将取证时间、地点通知委托方联络机关。

第8条 内地人民法院委托香港特别行政区法院提取证据,应当提供加盖最高人民法院或者高级人民法院印章的委托书。香港特别行政区法院委托内地人民法院提取证据,应当提供加盖香港特别行政区高等法院印章的委托书。

委托书或者所附相关材料应当写明:

(一)出具委托书的法院名称和审理相关案件的法院名称;

(二)与委托事项有关的当事人或者证人的姓名或者名称、地址及其他一切有助于联络及辨别其身份的信息;

(三)要求提供的协助详情,包括但不限于:与委托事项有关的案件基本情况(包括案情摘要、涉及诉讼的性质及正在进行的审理程序等);需向当事人或者证人取得的指明文件、物品及询(讯)问的事项或问题清单;需要委托提取有关证据的原因等;必要时,需陈明有关证据对诉讼的重要性及用来证实的事实及论点等;

(四)是否需要采用特殊方式提取证据以及具体要求;

(五)委托方的联络人及其联络信息;

(六)有助执行委托事项的其他一切信息。

第9条 受委托方因执行受托事项产生的一般性开支,由受委托方承担。

受委托方因执行受托事项产生的翻译费用、专家费用、鉴定费用、应委托方要求的特殊方式取证所产生的额外费用等非一般性开支,由委托方承担。

如果受委托方认为执行受托事项或会引起非一般性开支,应先与委托方协商,以决定是否继续执行受托事项。

第10条 受委托方应当尽量自收到委托书之日起六个月内完成受托事项。受委托方完成受托事项后,应当及时书面回复委托方。

如果受委托方未能按委托方的请求完成受托事项,或者只能部分完成受托事项,应当向委托方书面说明原因,并按委托方指示及时退回委托书所附全部或者部分材料。

如果证人根据受委托方的法律规定,拒绝提供证言时,受委托方应当以书面通知委托方,并按委托方指示退回委托书所附全部材料。

第11条 本安排在执行过程中遇有问题,或者本安排需要修改,应当通过最高人民法院与香港特别行政区政府协商解决。

第12条 本安排在内地由最高人民法院发布司法解释和香港特别行政区完成有关内部程序后,由双方公布生效日期。

本安排适用于受委托方在本安排生效后收到的委托事项,但不影响双方根据现行法律考虑及执行在本安排生效前收到的委托事项。

典型案例

Tiffany v. Andrew 案〔1〕

【案情概述】

在 Tiffany v. Andrew 一案中,原告在纽约南部联邦地区法院对中国被告提起商标侵权之诉,并要求中国银行、招商银行和中国工商银行的纽约支行提供被告的银行记录。这些银行同意提供存放在纽约的记录,但拒绝提供存放在中国的记录,理由是这种信息披露违反中国法的规定,且这些存放于中国的记录不在它们的控制范围内。尽管法院认为由中国总部保管的记录能被视为在美国分行的控制范围内,这些银行依然成功地说服了法院适用《海牙取证公约》。法院没有采纳《海牙取证公约》途径既费时又不可靠的观点,并认为利用海牙公约在中国取证是可行的。法院认为,中国为保护机密银行记录的国家利益和违反银行保密法的严苛后果比美方保护其知识产权的利益更为重要。银行作为第三方而非诉讼当事方的这一身

〔1〕 See Tiffany (NJ) LLC, et al., v. Qi Andrew, et al., 276 F. R. D. 143 (S. D. N. Y. 2011).

份也支持了银行的立场。

Gucci America, Inc. v. Weixing Li 案[1]

【案情概述】

尽管有 Tiffany v. Andrew 的先前结论,但是不到一个月后,同一司法管辖区的另一位法官却得出了相反的结论。在 Gucci America, Inc. v. Weixing Li 一案中,同样是针对中国被告的商标侵权之诉,中国银行纽约分行再次被要求提供存放在中国的银行记录。与 Tiffany 一案不同的是,该案审理法院认为不能通过海牙公约获得可被披露的证据。同时法院也认为中国银行将不会因违反中国法律披露信息而承担法律责任的风险。法院认为美方保护知识产权的利益重于中国保护银行秘密的国家利益,并强制银行根据联邦民事诉讼规则提供账户记录。

Tiffany (NJ) LLC v. Forbse 案[2]

【案情概述】

在 2011 年 7 月,原告 Tiffany 同样在纽约南部联邦地区法院以商标侵权为由提起诉讼。中国招商银行、中国银行、中国工商银行三个与案件没有关联的第三方被要求出示与被告相关的金融文件。[3]

在本案中,法官布赫瓦尔德(Buchwald)将其证据调取分成两部分:一是根据中国银行因遵循《联邦民事诉讼规则》的相关规定对文件进行披露,二是对中国招商银行和中国工商银行的文件获取需要通过《海牙取证公约》规定的方式进行调取。

延伸阅读

1. 鞠海亭:《网络环境下的国际民事诉讼法律问题》,法律出版社 2006 年版。
2. 段东辉:《论我国民商事域外取证的立法和实践》,载《政法论坛》1998 年第 5 期。
3. 王克玉:《域外取证法律冲突下证人权益保障问题的审视》,载《政法论坛》2015 年第 4 期。

---

[1] See Gucci America v. Weixing Li, 2011 U. S. Dist. Lexis 97814 (S. D. N. Y. August 23, 2011).
[2] See Tiffany (NJ) LLC v. Forbse, No 11 Civ. 4976, 2012 WL 1918866 (S. D. N. Y. May 23, 2012).
[3] See Tiffany v. Forbse, 2012 WL 1918866, at *1.

第 21 章　外国法院判决的承认与执行

教学目标

1. 掌握外国法院判决承认与执行的基本概念。
2. 理解和掌握外国法院判决承认与执行的理论依据；重点掌握承认与执行外国法院判决一般应具备的条件，以及主要国家的不同程序。

推荐参考资料

1. 何其生：《比较法视野下的国际民事诉讼》，高等教育出版社 2015 年版。
2. 王吉文：《外国判决承认与执行的国际合作机制研究》，中国政法大学出版社 2014 年版。
3. 宣增益：《国家间判决承认与执行问题研究》，中国政法大学出版社 2009 年版。
4. 孙劲：《美国的外国法院判决承认与执行制度研究》，中国人民公安大学出版社 2003 年版。

21.1　外国法院判决承认与执行概述

知识要点

21.1.1　承认与执行外国法院判决的定义

在涉外民商事案件中，诉讼当事人除考虑案件胜诉之外，往往要考虑法院确定的民事权利如何实现的问题。只有经法院确定的权利义务能够得到切实的实现时，法院判决才具有意义。

外国法院判决的承认与执行一般是指法院依据内国法律或有关的国际条约承认有关外国法院民事判决在内国的效力，并在必要时予以强制执行的制度。

对外国法院判决的承认与执行的前提是民商事判决而不能是刑罚性判决或者

行政性判决,刑罚性判决和行政性判决因具有较强的公法性或惩罚性,往往涉及主权国家的司法主权问题,属于相应的国家专属管辖,所以不能在其他法域生效。

☆"外国"的概念

"外国"一词应是一个国际私法或宪法上的概念,而并非纯粹地理上的概念。一般而言,依据内国法律规定,非内国法院判决即为外国法院判决,如外国的领事法庭在内国作出的判决,或者一些国际法院等在内国作出的判决,通常都认为是外国法院判决。

☆"法院"的概念

外国"法院"也并非仅仅限于冠以"法院"名称的司法机构,还应包括行使司法权的其他机构。在英国,上议院、枢密院司法委员会也是其司法机关之一;在波兰,除法院外,公证处也有权处理数额不大的财产纠纷,以及关于遗嘱有效性、遗产保护方面的争议;有些国家的教会机构也具有一定司法权。[1] 因此,我国与一些国家签订的司法协助条约中,承认与执行的范围包括外国"法院或其他主管机构"作出的裁决,其判断标准依该机构所在国的法律来识别。[2]

☆"判决"的概念

"判决"一词是一个广义的概念。由于各国法律制度的差异,司法裁决在不同的国家有着不同的名称。例如,在匈牙利,法院就案件事实作出的裁决成为"判决",而就其他事项作出的裁决则成为"命令"。[3] 一般来说,下述一些事项常常纳入"判决"的范畴之内:法院制作或经法院认可的调解书、刑事案件有关损害赔偿的裁决、先行给付的裁决等。

2005年《选择法院协议公约》规定,公约中"判决"是指法院就实体问题作出的任何决定,包括裁判或命令,以及法院对费用的决定,不论其如何称谓,只要与实体问题有关且可以根据公约得到承认与执行即可。

2012年《布鲁塞尔条例Ⅰ》规定,判决是指某一成员国法院或法庭所作的任何决定,不论该决定的名称是什么,包括裁决、命令、决定和执行令状,法院书记官就诉讼费用或其他费用所作的决定,公证文书和法院和解也可以予以承认和执行。[4] 在我国,对外国的判决也持广义的概念。

---

〔1〕 参见徐宏:《国际民事司法协助》(第2版),武汉大学出版社2006年版,第224页。

〔2〕 参见何其生:《比较法视野下的国际民事诉讼》,高等教育出版社2015年版,第314页。

〔3〕 同上注。

〔4〕 参见《布鲁塞尔条例Ⅰ》第58~60条。

我国与外国缔结的一些双边司法协助条约中对“判决”也持扩大解释。例如，《中华人民共和国和白俄罗斯共和国关于民事和刑事司法协助的条约》第17条第2款规定，本条约所指的“法院裁决”在中华人民共和国方面系指法院作出的民事判决、裁定、决定和调解书及刑事案件中有关损害赔偿的裁决；在白俄罗斯共和国方面系指法院（法官）（包括经济法院（法官）作出的已发生法律效力的民事判决、裁定、决定和调解书及刑事案件中有关损害赔偿的判决。

21.1.2　承认与执行的关系

承认与执行是两个既有联系又有区别的概念。承认外国法院的判决意味着外国法院判决取得了与内国法院判决同等的效力，外国法院判决中所确定的权利义务关系在内国法院得到了确认。承认外国法院判决是执行外国法院判决的前提；执行外国法院判决是承认外国法院判决的结果，但并非必然的结果，有些外国法院的判决只需承认，而无须执行。

根据判决的性质的不同，可以分为给付判决、确认判决和形成判决。给付判决是确定当事人之间实体权利义务关系，要求当事人履行一定义务的判决，因此给付判决通常既需要承认也需要执行；确认判决是确认当事人之间的某种法律关系是否存在的判决，形成判决是变更当事人之间现存的法律关系的判决，这两种判决只要被承认，就达到了判决的法律目的。

典型案例

五味晃案〔1〕

【案情概述】

1990年，日本日中物产有限公司及其法定代表人宇佐邦夫以在中国投资的中国大连发日海产食品有限公司急需资金为由，向申请人五味晃借款15,000万日元。因到期未还，五味晃以日中物产有限公司及宇佐邦夫为被告，起诉至日本横滨地方法院，要求二被告连带偿还该借款，并承担利息。1991年，日本国横滨地方法院小田原分院作出第529号判决，判决二被告偿还借款并承担利息。但因二被告在日本无可供执行的财产，判决生效后一直无法执行。1993年12月21日，日本国熊本县地方法院根据该生效判决，在执行中作出第171号债权扣押令，追加中国大连发日

---

〔1〕　朱子勤：《国际私法案例研习》，中国政法大学出版社2014年版，第377～379页。

海产食品有限公司为债务第三人,并责令大连发日海产食品有限公司将二被告在该公司的投资款人民币485万元予以扣押,不得向该二被告偿还。随后,熊本县地方法院玉名分院又作出第76号债权转让命令.要求大连发日海产食品有限公司将上述扣押令扣押的人民币485万元转让给五味晃,以替代二被告偿还五味晃的债务。1994年2月,日本国樵本县地方法院依据《海牙送达公约》,通过其中央机关经我国司法部将上述债权扣押令送达给大连发日海产食品有限公司。大连发日海产食品有限公司收到债权扣押令后认为,本公司虽系与该案被告之一日中物产有限公司合资成立,但该公司自1988年后再无投资,故该公司此后在日本国内所欠债务与本公司无关,日本法院欲将该案两被告在国内所欠债务转嫁给本公司,没有道理。况且,本公司系中国法人,只接受中国法律保护和管辖.没有义务履行国外法院的判决和裁定。因此,该公司拒绝履行该债权扣押令。五味晃因日本国法院的裁判未能得到执行,于1994年5月27日向中国大连市中级人民法院提出申请,要求中国法院承认日本国法院的上述判决,承认债权扣押令和债权转让命令的法律效力,并执行日本日中物产有限公司与宇佐邦夫在大连发日海产食品有限公司的投资款。

大连市中级人民法院驳回了五味晃的申请。法院认为,本案发生时,中国和日本之间没有两国共同参加的有关相互承认和执行法院判决的国际条约,亦没有互惠依据。日本横滨地方法院小田原分院作出的判决,其当事人均系日本国国民,且双方借贷行为也发生在日本,与中川大连发日海产食品有限公司无任何法律关系。日本熊本县地方法院在执行上述判决不成情况下,未经通知中方,便追加中国大连发日海产食品有限公司为债务第三人,没有任何法律依据,实质是侵犯中华人民共和国司法主权之行为。另外,日本横滨地方法院小回原分院的判决系在被告之一宇佐邦夫缺席情况下作出的,申请人未能向中国法院提供足以证明受案法院已向宇佐邦夫发出过合法传唤的证据。故驳回了五味晃的申请。

21.2 承认与执行外国法院判决的理论依据与条件

21.2.1 承认与执行外国法院判决的理论依据

☆**国际礼让说**

该学说由17世纪的荷兰学者胡伯(Huber)为代表的荷兰法学派所创立。该学说主张内国法院承认与执行外国法院判决,并不是因为该外国法院判决具有什么域外效力,而是基于内国对该外国的"礼让"(comity)而作出的行为。

☆**既得权(vested right)说**

英国学者戴西在其著作《法律冲突法》中对该学说作出了系统的论述。该学说认为,诉讼当事人一方依据有关外国法院判决取得的对于诉讼相对方的权利,应该属于一种既得权,内国法院既然应该尊重该项既得权,就应该承认创设或确定该项权利的外国法院判决,并给予执行。该学说的实质是内国法院应尊重胜诉方当事人基于外国法院判决获得的权利,从而应在内国境内承认与执行该项外国法院判决。

☆**法律债务说(legal obligation)**

法律债务说源起于英国,其认为外国法院判决产生的债务应如同根据该外国法产生的任何其他债务一样,在内国法院得到承认与执行。

☆**既判力说(res judicata)**

既判力说类似于"一事不再理"观念,并主要为美国学者所主张。[1] 既判力体现的是排除政策,即案件的审理是寻求在当事人之间实现正义,并结束其争议,法律不允许就同一案件提出无休止的重复诉讼。一项有效的终局判决是对所涉法律争议的最终决定,排除了当事人再行诉讼的权利。[2] 既判力理论指出了即使是一个外国判决,终结诉讼的要求和任何人都不能两次起诉对手的原则也能适用,它可以构成承认外国判决效力的合法依据。[3]

☆**互惠说理论**

作为内国法院承认与执行外国法院判决理论依据的互惠说,就是指一国法律之所以规定内国法院应该承认与执行外国法院所作出的判决是因为它期望本国法院的判决能在同样的情况下获得有关外国法院的承认与执行。这一学说首先承认内国的主权地位;认为内国法律规定承认与执行外国法院判决不是由于要尊重外国的既得权,或由于要承认外国法院判决所确定的债务等,而完全是基于本国利益的考虑,即希望使本国法院的判决能得到外国法院的承认与执行,从而保护内国及内国当事人的利益。

---

〔1〕 See Willis L. M. Reese, "The Policies Underlying Judgment Recognition," *Colum. L. Rev*. 50, 1950.

〔2〕 参见孙劲:《美国的外国法院判决承认与执行制度研究》,中国人民公安大学出版社2003年版,第30页。

〔3〕 See Hans Smit, "International Res Judicate and Collateral Estoppel in the United States", 9 *UCLA Law Review* 56, 1962.

21.2.2 外国法院判决承认与执行的条件

各国法院在承认与执行外国法院判决的同时，都会规定一定的限制性条件。各国立法及国际条约对这些条件的规定不尽相同。综合而言，大致可以概括为以下几个方面。

☆原判决国法院具有合格的管辖权

法院对涉外民事案件具有管辖权，是其审理并作出判决的先决条件。因此，承认与执行外国法院判决的一项基本条件是原判决国法院必须具有合格的管辖权。在什么样的情况下外国法院对有关案件具有管辖权，各国立法的规定存在很大的差异，有关国际条约也有着不同的规定。同时，原判决国法院是否对有关案件具有合格的司法管辖权也是承认与执行外国法院判决时争论最多的一个问题。而且，大多数国家的诉讼立法都严格规定，原判决国法院的管辖权应该依承认与执行地国家的内国立法来确定，即所谓的“映像原则”。如《德国民事诉讼法》第 328 条规定，依德国法律，该外国法院所属国家的法院无管辖权时，则拒绝承认外国法院的判决。比较而言，美国法律的规定更加灵活，实践中存在大量依美国管辖权不能成立但获得承认的案件。我国民事诉讼法虽然没有明确规定对间接管辖权的要求，但在与外国订立的双边民商事司法协助协定中通常有规定，如《中华人民共和国和法兰西共和国关于民事、商事司法协助的协定》（以下简称《中法民商事司法协助协定》）第 22 条第 1 款也明确规定，“按照被请求一方法律有关管辖权的规则，裁决是由无管辖权的法院作出的”时，“不予承认和执行”。[1]

☆诉讼程序具有必要的公正性

一国法院应经过一定的诉讼程序才能作出生效判决。但从诉辩双方公平的角度出发，各国立法和有关条约一般都会规定，在承认与执行外国法院判决时，内国法院应对外国法院判决进行的诉讼程序的特定方面，或者说，对败诉一方当事人的程序利益是否受到保护进行审查。如果发现败诉方本身失误以外的原因而未能适当行使辩护权，内国法院就可以因此拒绝承认与执行该外国法院判决。1971 年《海牙判决承认与执行公约》第 5 条规定，“裁决是在违背法律的正当程序要求的诉讼中作出的，或在该案中，当事人未能平等地得到充分的陈述机会”，被请求的缔约国法院可以拒绝承认和执行该裁决。我国最高人民法院《关于中国公民申请承认外国法院离婚判决程序问题的规定》第 12 条第 3 款规定，判决是在被告缺席且未得到

---

〔1〕 韩德培主编：《国际私法》（第 3 版），武汉大学出版社、高等教育出版社 2014 年版，第 539 页。

合法传唤情况下作出时可以不予承认。我国在同一些国家签订的双边司法协助协定中作了明确规定，如《中法民商事司法协助协定》第22条第4款规定，在“败诉一方当事人未经合法传唤，因而没有出庭参加诉讼”的情况下作出的判决，“不予承认和执行”。

> **[示例21.1]**　在最高人民法院关于对乌兹别克斯坦共和国Chorvanaslx-izmat有限责任公司申请承认和执行乌兹别克斯坦共和国费尔干纳州经济法院作出的NO15－08－06/9474号民事判决一案的请示的复函中，[1]最高人民法院认为，乌国法院向我国境内当事人送达开庭传票和判决书，应由乌国的中央机关以请求书的形式向我国的中央机关提出请求，由我国的中央机关进行送达。根据你院请示报告所述，乌国费尔干纳州经济法院一是通过我国驻乌国大使馆经商参处转新疆外经贸厅转交海洪公司送达开庭传票，二是通过传真方式送达开庭传票及判决书，这两种方式均不符合《海牙送达公约》规定，有损我国的司法主权。

☆有关国家之间存在互惠原则

原判决法院所在国与被请求承认与执行的法院所在国之间存在互惠关系，常常是各国承认与执行外国法院判决所要求的一项重要条件。这是基于两个司法利益对等原则下采取的自我保护措施。也就是说，各国承认与执行外国法院判决时，需要将外国承认和执行我国法院判决的条件和我国承认和执行外国法院的判决作比较，在外国规定的条件与我国规定的条件相一致或更优惠时，才可以承认外国法院的判决。许多国家都承认和规定了互惠原则。日本大审院1932年曾判示：“《日本民事诉讼法》第200条第4项的相互保证意味着外国并不依国际条约或其国内法来审查日本判决的妥当性，而是在与《日本民事诉讼法》第200条的规定相同或更宽大的条件下承认日本判决的效力的状态。”《斯洛文尼亚国际私法与诉讼程序法》第101条规定，无互惠关系的，拒绝承认外国法院的判决。不过，对于那些对外国法院判决进行实质性审查的国家，如阿根廷、印度、希腊、葡萄牙等，由于要对案件的事实和法律适用进行审查，因此并不需要互惠。[2]

我国也规定了关于外国判决的承认与执行中适用互惠原则。《民事诉讼法》第

---

〔1〕 2011年8月16日，〔2011〕民四他字第18号。

〔2〕 参见何其生：《比较法视野下的国际民事诉讼》，高等教育出版社2015年版，第325页。

282 条规定，人民法院对申请或者请求承认和执行的外国法院作出的发生法律效力的判决、裁定，依照中华人民共和国缔结或者参加的国际条约，或者按照互惠原则进行审查后，认为不违反中华人民共和国法律的基本原则或者国家主权、安全、社会公共利益的，裁定承认其效力，需要执行的，发出执行令，依照本法的有关规定执行。违反中华人民共和国法律的基本原则或者国家主权、安全、社会公共利益的，不予承认和执行。2015 年《民事诉讼法解释》第 544 条第 1 款以否定的视角作出规定，"当事人向中华人民共和国有管辖权的中级人民法院申请承认和执行外国法院作出的发生法律效力的判决、裁定的，如果该法院所在国与中华人民共和国没有缔结或者共同参加国际条约，也没有互惠关系的，裁定驳回申请，但当事人向人民法院申请承认外国法院作出的发生法律效力的离婚判决的除外"。

☆不违反本国的公共秩序

大多数国家的法律都有公共秩序条款，这一制度具有"安全阀"的作用，有关外国法院判决的承认与执行不能与内国的公共秩序相抵触，否则被请求国可以拒绝承认和执行外国法院的判决，这是国际社会普遍公认的一个条件。各国立法及有关国际条约都对此作了明确规定。值得注意的是，各国通常还赋予本国法院或其他主管机关在解释公共秩序方面以自由裁量权，其内容不仅仅包括国家主权和安全，还包括道德、伦理、习俗等方面的内容。《海牙判决承认与执行公约》第 5 条第 1 项规定，承认或执行判决与被请求国的公共政策显然不相容的，可以拒绝承认和执行该外国判决。在国内立法中，《日本民事诉讼法》第 200 条第 3 款规定的承认与执行的条件之一是"外国法院的判决，不违背日本的公共秩序或善良风俗"。《瑞士联邦国际私法法规》第 27 条第 1 款规定，一项在外国作出的判决，如果承认该判决将显然与瑞士公共秩序不相容，应在瑞士拒绝予以承认。[1]

在这一原则的适用方面，应该是承认与执行外国法院判决的结果不与内国的公共秩序相抵触，而不是外国法院判决本身的内容不与内国的公共秩序相抵触。因为各国在规定这一条件时，只是为了保护本国的重大利益，维护本国的基本政策、道德与法律的基本观念和基本原则，使它们不至于因为外国法院判决在内国的承认与执行而受到威胁和动摇，不能随意扩大该原则的适用范围。

☆有关外国法院判决是确定的合法判决

判决必须具有确定性，是承认与执行外国法院判决的前提。如果一项判决在

---

〔1〕 参见何其生：《比较法视野下的国际民事诉讼》，高等教育出版社 2015 年版，第 339 页。

判决作出国未生效或不具有执行力，在作出国就不能被执行，其他国家更不会被承认与执行。具有确定性的判决，是指由一国法院或有审判权的其他机关按照内国法规定的程序，对诉讼案件中的程序问题和实体问题所作的具有约束力而且已经发生法律效力的判决。认定外国法院判决是否为确定的判决的依据，大多数国家倾向于主张外国法院地法。例如，《德国民事诉讼法典》第723条第2款规定，为执行某一外国判决，只有当它是一个终局判决时，才能颁发执行令。《瑞士联邦国际私法法规》第25(b)条规定，瑞士予以承认的外国判决是不能再对该判决提起普通的上诉或者该判决为终审判决。[1]

此外，请求承认与执行的外国法院判决必须合法，也就是说，有关的外国法院判决是基于合法手段获取的。运用欺诈手段获得的外国法院判决在大多数国家的立法和国际条约中都不会得到认可，因此通常不能在内国得到承认与执行。1971年《海牙判决承认与执行公约》第5条规定，如果判决是在诉讼程序中欺诈取得的，则可以拒绝承认和执行。欺诈行为的标准认定应当适用于哪一个国家的法律，世界各国一般都没有作出明确规定。大多数国家的法院都是基于内国法来决定，如美国法院通常都是基于美国法对欺诈行为所下的定义去审查外国法院判决，只有在原判决国立法中有关欺诈的范围比美国法规定的范围更广时，才考虑适用该外国法的规定。

☆不与其他有关法院判决相抵触

相同当事人就同一争议的案件所作出的判决只能有一个。当同一争议的案件进入诉讼并取得了生效判决，当事人之间的权利义务关系就明确下来，不允许当事人利用外国法院的判决加以对抗，这是维护法律关系的稳定性和法律的严肃性所必须的要求。因此，只有外国法院判决与内国法院就相同当事人之间的相同争议所作的判决不相抵触和冲突时，内国法院才可以在同时满足其他条件的情况下承认与执行该外国法院的判决。如《中华人民共和国和波兰人民共和国关于民事和刑事司法协助的协定》第20条第5款规定，被请求国法院已经就相同当事人之间的同一诉讼作出确定的判决，或正在进行审理，或被请求国法院已经承认了第三国法院就相同当事人之间的同一案件所作出的确定判决时，应拒绝承认与执行有关的外国法院的判决。

---

〔1〕 参见何其生：《比较法视野下的国际民事诉讼》，高等教育出版社2015年版，第338页。

法律与法规链接

▲ **必读法条**

《最高人民法院关于内地与澳门特别行政区关于相互认可和执行民商事判决的安排》[1]

根据《中华人民共和国澳门特别行政区基本法》第九十三条的规定,最高人民法院与澳门特别行政区经协商,就内地与澳门特别行政区法院相互认可和执行民商事判决事宜,达成如下安排:

第1条 内地与澳门特别行政区民商事案件(在内地包括劳动争议案件,在澳门特别行政区包括劳动民事案件)判决的相互认可和执行,适用本安排。

本安排亦适用于刑事案件中有关民事损害赔偿的判决、裁定。

本安排不适用于行政案件。

第2条 本安排所称"判决",在内地包括:判决、裁定、决定、调解书、支付令;在澳门特别行政区包括:裁判、判决、确认和解的裁定、法官的决定或者批示。

本安排所称"被请求方",指内地或者澳门特别行政区双方中,受理认可和执行判决申请的一方。

第3条 一方法院作出的具有给付内容的生效判决,当事人可以向对方有管辖权的法院申请认可和执行。

没有给付内容,或者不需要执行,但需要通过司法程序予以认可的判决,当事人可以向对方法院单独申请认可,也可以直接以该判决作为证据在对方法院的诉讼程序中使用。

第4条 内地有权受理认可和执行判决申请的法院为被申请人住所地、经常居住地或者财产所在地的中级人民法院。两个或者两个以上中级人民法院均有管辖权的,申请人应当选择向其中一个中级人民法院提出申请。

澳门特别行政区有权受理认可判决申请的法院为中级法院,有权执行的法院为初级法院。

第5条 被申请人在内地和澳门特别行政区均有可供执行财产的,申请人可以向一地法院提出执行申请。

申请人向一地法院提出执行申请的同时,可以向另一地法院申请查封、扣押或

---

[1] 法释[2006]2号,2006年2月13日最高人民法院审判委员会第1378次会议通过。

者冻结被执行人的财产。待一地法院执行完毕后，可以根据该地法院出具的执行情况证明，就不足部分向另一地法院申请采取处分财产的执行措施。

两地法院执行财产的总额，不得超过依据判决和法律规定所确定的数额。

第6条　请求认可和执行判决的申请书，应当载明下列事项：

（一）申请人或者被申请人为自然人的，应当载明其姓名及住所；为法人或者其他组织的，应当载明其名称及住所，以及其法定代表人或者主要负责人的姓名、职务和住所；

（二）请求认可和执行的判决的案号和判决日期；

（三）请求认可和执行判决的理由、标的，以及该判决在判决作出地法院的执行情况。

第7条　申请书应当附生效判决书副本，或者经作出生效判决的法院盖章的证明书，同时应当附作出生效判决的法院或者有权限机构出具的证明下列事项的相关文件：

（一）传唤属依法作出，但判决书已经证明的除外；

（二）无诉讼行为能力人依法得到代理，但判决书已经证明的除外；

（三）根据判决作出地的法律，判决已经送达当事人，并已生效；

（四）申请人为法人的，应当提供法人营业执照副本或者法人登记证明书；

（五）判决作出地法院发出的执行情况证明。

如被请求方法院认为已充分了解有关事项时，可以免除提交相关文件。

被请求方法院对当事人提供的判决书的真实性有疑问时，可以请求作出生效判决的法院予以确认。

第8条　申请书应当用中文制作。所附司法文书及其相关文件未用中文制作的，应当提供中文译本。其中法院判决书未用中文制作的，应当提供由法院出具的中文译本。

第9条　法院收到申请人请求认可和执行判决的申请后，应当将申请书送达被申请人。

被申请人有权提出答辩。

第10条　被请求方法院应当尽快审查认可和执行的请求，并作出裁定。

第11条　被请求方法院经审查核实存在下列情形之一的，裁定不予认可：

（一）根据被请求方的法律，判决所确认的事项属被请求方法院专属管辖；

（二）在被请求方法院已存在相同诉讼，该诉讼先于待认可判决的诉讼提起，且被请求方法院具有管辖权；

（三）被请求方法院已认可或者执行被请求方法院以外的法院或仲裁机构就相同诉讼作出的判决或仲裁裁决；

（四）根据判决作出地的法律规定，败诉的当事人未得到合法传唤，或者无诉讼行为能力人未依法得到代理；

（五）根据判决作出地的法律规定，申请认可和执行的判决尚未发生法律效力，或者因再审被裁定中止执行；

（六）在内地认可和执行判决将违反内地法律的基本原则或者社会公共利益；在澳门特别行政区认可和执行判决将违反澳门特别行政区法律的基本原则或者公共秩序。

第12条　法院就认可和执行判决的请求作出裁定后，应当及时送达。

当事人对认可与否的裁定不服的，在内地可以向上一级人民法院提请复议，在澳门特别行政区可以根据其法律规定提起上诉；对执行中作出的裁定不服的，可以根据被请求方法律的规定，向上级法院寻求救济。

第13条　经裁定予以认可的判决，与被请求方法院的判决具有同等效力。判决有给付内容的，当事人可以向该方有管辖权的法院申请执行。

第14条　被请求方法院不能对判决所确认的所有请求予以认可和执行时，可以认可和执行其中的部分请求。

第15条　法院受理认可和执行判决的申请之前或者之后，可以按照被请求方法律关于财产保全的规定，根据申请人的申请，对被申请人的财产采取保全措施。

第16条　在被请求方法院受理认可和执行判决的申请期间，或者判决已获认可和执行，当事人再行提起相同诉讼的，被请求方法院不予受理。

第17条　对于根据本安排第十一条（一）、（四）、（六）项不予认可的判决，申请人不得再行提起认可和执行的申请。但根据被请求方的法律，被请求方法院有管辖权的，当事人可以就相同案件事实向当地法院另行提起诉讼。

本安排第十一条（五）项所指的判决，在不予认可的情形消除后，申请人可以再行提起认可和执行的申请。

第18条　为适用本安排，由一方有权限公共机构（包括公证员）作成或者公证的文书正本、副本及译本，免除任何认证手续而可以在对方使用。

第19条　申请人依据本安排申请认可和执行判决，应当根据被请求方法律规定，交纳诉讼费用、执行费用。

申请人在生效判决作出地获准缓交、减交、免交诉讼费用的，在被请求方法院申请认可和执行判决时，应当享有同等待遇。

第20条　对民商事判决的认可和执行，除本安排有规定的以外，适用被请求方的法律规定。

《最高人民法院关于认可和执行台湾地区法院民事判决的规定》[1]

为保障海峡两岸当事人的合法权益，更好地适应海峡两岸关系和平发展的新形势，根据民事诉讼法等有关法律，总结人民法院涉台审判工作经验，就认可和执行台湾地区法院民事判决，制定本规定。

第1条　台湾地区法院民事判决的当事人可以根据本规定，作为申请人向人民法院申请认可和执行台湾地区有关法院民事判决。

第2条　本规定所称台湾地区法院民事判决，包括台湾地区法院作出的生效民事判决、裁定、和解笔录、调解笔录、支付命令等。

申请认可台湾地区法院在刑事案件中作出的有关民事损害赔偿的生效判决、裁定、和解笔录的，适用本规定。

申请认可由台湾地区乡镇市调解委员会等出具并经台湾地区法院核定，与台湾地区法院生效民事判决具有同等效力的调解文书的，参照适用本规定。

第3条　申请人同时提出认可和执行台湾地区法院民事判决申请的，人民法院先按照认可程序进行审查，裁定认可后，由人民法院执行机构执行。

申请人直接申请执行的，人民法院应当告知其一并提交认可申请；坚持不申请认可的，裁定驳回其申请。

第4条　申请认可台湾地区法院民事判决的案件，由申请人住所地、经常居住地或者被申请人住所地、经常居住地、财产所在地中级人民法院或者专门人民法院受理。

申请人向两个以上有管辖权的人民法院申请认可的，由最先立案的人民法院管辖。

申请人向被申请人财产所在地人民法院申请认可的，应当提供财产存在的相关证据。

第5条　对申请认可台湾地区法院民事判决的案件，人民法院应当组成合议庭进行审查。

---

〔1〕　法释〔2015〕13号，2015年6月2日最高人民法院审判委员会第1653次会议通过。

第6条　申请人委托他人代理申请认可台湾地区法院民事判决的,应当向人民法院提交由委托人签名或者盖章的授权委托书。

台湾地区、香港特别行政区、澳门特别行政区或者外国当事人签名或者盖章的授权委托书应当履行相关的公证、认证或者其他证明手续,但授权委托书在人民法院法官的见证下签署或者经中国大陆公证机关公证证明是在中国大陆签署的除外。

第7条　申请人申请认可台湾地区法院民事判决,应当提交申请书,并附有台湾地区有关法院民事判决文书和民事判决确定证明书的正本或者经证明无误的副本。台湾地区法院民事判决为缺席判决的,申请人应当同时提交台湾地区法院已经合法传唤当事人的证明文件,但判决已经对此予以明确说明的除外。

申请书应当记明以下事项:

(一)申请人和被申请人姓名、性别、年龄、职业、身份证件号码、住址(申请人或者被申请人为法人或者其他组织的,应当记明法人或者其他组织的名称、地址、法定代表人或者主要负责人姓名、职务)和通讯方式;

(二)请求和理由;

(三)申请认可的判决的执行情况;

(四)其他需要说明的情况。

第8条　对于符合本规定第四条和第七条规定条件的申请,人民法院应当在收到申请后七日内立案,并通知申请人和被申请人,同时将申请书送达被申请人;不符合本规定第四条和第七条规定条件的,应当在七日内裁定不予受理,同时说明不予受理的理由;申请人对裁定不服的,可以提起上诉。

第9条　申请人申请认可台湾地区法院民事判决,应当提供相关证明文件,以证明该判决真实并且已经生效。

申请人可以申请人民法院通过海峡两岸调查取证司法互助途径查明台湾地区法院民事判决的真实性和是否生效以及当事人得到合法传唤的证明文件;人民法院认为必要时,也可以就有关事项依职权通过海峡两岸司法互助途径向台湾地区请求调查取证。

第10条　人民法院受理认可台湾地区法院民事判决的申请之前或者之后,可以按照民事诉讼法及相关司法解释的规定,根据申请人的申请,裁定采取保全措施。

第11条　人民法院受理认可台湾地区法院民事判决的申请后,当事人就同一争议起诉的，不予受理。

一方当事人向人民法院起诉后，另一方当事人向人民法院申请认可的，对于认可的申请不予受理。

第12条 案件虽经台湾地区有关法院判决，但当事人未申请认可，而是就同一争议向人民法院起诉的，应予受理。

第13条 人民法院受理认可台湾地区法院民事判决的申请后，作出裁定前，申请人请求撤回申请的，可以裁定准许。

第14条 人民法院受理认可台湾地区法院民事判决的申请后，应当在立案之日起六个月内审结。有特殊情况需要延长的，报请上一级人民法院批准。

通过海峡两岸司法互助途径送达文书和调查取证的期间，不计入审查期限。

第15条 台湾地区法院民事判决具有下列情形之一的，裁定不予认可：

（一）申请认可的民事判决，是在被申请人缺席又未经合法传唤或者在被申请人无诉讼行为能力又未得到适当代理的情况下作出的；

（二）案件系人民法院专属管辖的；

（三）案件双方当事人订有有效仲裁协议，且无放弃仲裁管辖情形的；

（四）案件系人民法院已作出判决或者中国大陆的仲裁庭已作出仲裁裁决的；

（五）香港特别行政区、澳门特别行政区或者外国的法院已就同一争议作出判决且已为人民法院所认可或者承认的；

（六）台湾地区、香港特别行政区、澳门特别行政区或者外国的仲裁庭已就同一争议作出仲裁裁决且已为人民法院所认可或者承认的。

认可该民事判决将违反一个中国原则等国家法律的基本原则或者损害社会公共利益的，人民法院应当裁定不予认可。

第16条 人民法院经审查能够确认台湾地区法院民事判决真实并且已经生效，而且不具有本规定第十五条所列情形的，裁定认可其效力；不能确认该民事判决的真实性或者已经生效的，裁定驳回申请人的申请。

裁定驳回申请的案件，申请人再次申请并符合受理条件的，人民法院应予受理。

第17条 经人民法院裁定认可的台湾地区法院民事判决，与人民法院作出的生效判决具有同等效力。

第18条 人民法院依据本规定第十五条和第十六条作出的裁定，一经送达即发生法律效力。

当事人对上述裁定不服的，可以自裁定送达之日起十日内向上一级人民法院申请复议。

第19条 对人民法院裁定不予认可的台湾地区法院民事判决,申请人再次提出申请的,人民法院不予受理,但申请人可以就同一争议向人民法院起诉。

第20条 申请人申请认可和执行台湾地区法院民事判决的期间,适用民事诉讼法第二百三十九条的规定,但申请认可台湾地区法院有关身份关系的判决除外。

申请人仅申请认可而未同时申请执行的,申请执行的期间自人民法院对认可申请作出的裁定生效之日起重新计算。

第21条 人民法院在办理申请认可和执行台湾地区法院民事判决案件中作出的法律文书,应当依法送达案件当事人。

第22条 申请认可和执行台湾地区法院民事判决,应当参照《诉讼费用交纳办法》的规定,交纳相关费用。

第23条 本规定自2015年7月1日起施行。《最高人民法院关于人民法院认可台湾地区有关法院民事判决的规定》(法释〔1998〕11号)、《最高人民法院关于当事人持台湾地区有关法院民事调解书或者有关机构出具或确认的调解协议书向人民法院申请认可人民法院应否受理的批复》(法释〔1999〕10号)、《最高人民法院关于当事人持台湾地区有关法院支付命令向人民法院申请认可人民法院应否受理的批复》(法释〔2001〕13号)和《最高人民法院关于人民法院认可台湾地区有关法院民事判决的补充规定》(法释〔2009〕4号)同时废止。

《最高人民法院关于内地与香港特别行政区法院相互认可和执行民商事案件判决的安排》

根据《中华人民共和国香港特别行政区基本法》第九十五条的规定,最高人民法院与香港特别行政区政府经协商,现就民商事案件判决的相互认可和执行问题作出如下安排:

第1条 内地与香港特别行政区法院民商事案件生效判决的相互认可和执行,适用本安排。

刑事案件中有关民事赔偿的生效判决的相互认可和执行,亦适用本安排。

第2条 本安排所称"民商事案件"是指依据内地和香港特别行政区法律均属于民商事性质的案件,不包括香港特别行政区法院审理的司法复核案件以及其他因行使行政权力直接引发的案件。

第3条 本安排暂不适用于就下列民商事案件作出的判决:

(一)内地人民法院审理的赡养、兄弟姐妹之间扶养、解除收养关系、成年人监

护权、离婚后损害责任、同居关系析产案件,香港特别行政区法院审理的应否裁判分居的案件;

(二)继承案件、遗产管理或者分配的案件;

(三)内地人民法院审理的有关发明专利、实用新型专利侵权的案件,香港特别行政区法院审理的有关标准专利(包括原授专利)、短期专利侵权的案件,内地与香港特别行政区法院审理的有关确认标准必要专利许可费率的案件,以及有关本安排第五条未规定的知识产权案件;

(四)海洋环境污染、海事索赔责任限制、共同海损、紧急拖航和救助、船舶优先权、海上旅客运输案件;

(五)破产(清盘)案件;

(六)确定选民资格、宣告自然人失踪或者死亡、认定自然人限制或者无民事行为能力的案件;

(七)确认仲裁协议效力、撤销仲裁裁决案件;

(八)认可和执行其他国家和地区判决、仲裁裁决的案件。

第4条　本安排所称"判决",在内地包括判决、裁定、调解书、支付令,不包括保全裁定;在香港特别行政区包括判决、命令、判令、讼费评定证明书,不包括禁诉令、临时济助命令。

本安排所称"生效判决":

(一)在内地,是指第二审判决,依法不准上诉或者超过法定期限没有上诉的第一审判决,以及依照审判监督程序作出的上述判决;

(二)在香港特别行政区,是指终审法院、高等法院上诉法庭及原讼法庭、区域法院以及劳资审裁处、土地审裁处、小额钱债审裁处、竞争事务审裁处作出的已经发生法律效力的判决。

第5条　本安排所称"知识产权"是指《与贸易有关的知识产权协定》第一条第二款规定的知识产权,以及《中华人民共和国民法总则》第一百二十三条第二款第七项、香港《植物品种保护条例》规定的权利人就植物新品种享有的知识产权。

第6条　本安排所称"住所地",当事人为自然人的,是指户籍所在地或者永久性居民身份所在地、经常居住地;当事人为法人或者其他组织的,是指注册地或者登记地、主要办事机构所在地、主要营业地、主要管理地。

第7条　申请认可和执行本安排规定的判决:

(一)在内地,向申请人住所地或者被申请人住所地、财产所在地的中级人民法院提出；

（二）在香港特别行政区，向高等法院提出。

申请人应当向符合前款第一项规定的其中一个人民法院提出申请。向两个以上有管辖权的人民法院提出申请的，由最先立案的人民法院管辖。

第8条 申请认可和执行本安排规定的判决，应当提交下列材料：

（一）申请书；

（二）经作出生效判决的法院盖章的判决副本；

（三）作出生效判决的法院出具的证明书，证明该判决属于生效判决，判决有执行内容的，还应当证明在原审法院地可以执行；

（四）判决为缺席判决的，应当提交已经合法传唤当事人的证明文件，但判决已经对此予以明确说明或者缺席方提出认可和执行申请的除外；

（五）身份证明材料：

1. 申请人为自然人的，应当提交身份证件复印件；

2. 申请人为法人或者其他组织的，应当提交注册登记证书的复印件以及法定代表人或者主要负责人的身份证件复印件。

上述身份证明材料，在被请求方境外形成的，应当依据被请求方法律规定办理证明手续。

向内地人民法院提交的文件没有中文文本的，应当提交准确的中文译本。

第9条 申请书应当载明下列事项：

（一）当事人的基本情况：当事人为自然人的，包括姓名、住所、身份证件信息、通讯方式等；当事人为法人或者其他组织的，包括名称、住所及其法定代表人或者主要负责人的姓名、职务、住所、身份证件信息、通讯方式等；

（二）请求事项和理由；申请执行的，还需提供被申请人的财产状况和财产所在地；

（三）判决是否已在其他法院申请执行以及执行情况。

第10条 申请认可和执行判决的期间、程序和方式，应当依据被请求方法律的规定。

第11条 符合下列情形之一，且依据被请求方法律有关诉讼不属于被请求方法院专属管辖的，被请求方法院应当认定原审法院具有管辖权：

（一）原审法院受理案件时，被告住所地在该方境内；

（二）原审法院受理案件时，被告在该方境内设有代表机构、分支机构、办事处、营业所等不属于独立法人的机构，且诉讼请求是基于该机构的活动；

（三）因合同纠纷提起的诉讼，合同履行地在该方境内；

（四）因侵权行为提起的诉讼，侵权行为实施地在该方境内；

（五）合同纠纷或者其他财产权益纠纷的当事人以书面形式约定由原审法院地管辖，但各方当事人住所地均在被请求方境内的，原审法院地应系合同履行地、合同签订地、标的物所在地等与争议有实际联系地；

（六）当事人未对原审法院提出管辖权异议并应诉答辩，但各方当事人住所地均在被请求方境内的，原审法院地应系合同履行地、合同签订地、标的物所在地等与争议有实际联系地。

前款所称"书面形式"是指合同书、信件和数据电文（包括电报、电传、传真、电子数据交换和电子邮件）等可以有形地表现所载内容的形式。

知识产权侵权纠纷案件以及内地人民法院审理的《中华人民共和国反不正当竞争法》第六条规定的不正当竞争纠纷民事案件、香港特别行政区法院审理的假冒纠纷案件，侵权、不正当竞争、假冒行为实施地在原审法院地境内，且涉案知识产权权利、权益在该方境内依法应予保护的，才应当认定原审法院具有管辖权。

除第一款、第三款规定外，被请求方法院认为原审法院对于有关诉讼的管辖符合被请求方法律规定的，可以认定原审法院具有管辖权。

第12条　申请认可和执行的判决，被申请人提供证据证明有下列情形之一的，被请求方法院审查核实后，应当不予认可和执行：

（一）原审法院对有关诉讼的管辖不符合本安排第十一条规定的；

（二）依据原审法院地法律，被申请人未经合法传唤，或者虽经合法传唤但未获得合理的陈述、辩论机会的；

（三）判决是以欺诈方法取得的；

（四）被请求方法院受理相关诉讼后，原审法院又受理就同一争议提起的诉讼并作出判决的；

（五）被请求方法院已经就同一争议作出判决，或者已经认可其他国家和地区就同一争议作出的判决的；

（六）被请求方已经就同一争议作出仲裁裁决，或者已经认可其他国家和地区就同一争议作出的仲裁裁决的。

内地人民法院认为认可和执行香港特别行政区法院判决明显违反内地法律的基本原则或者社会公共利益，香港特别行政区法院认为认可和执行内地人民法院判决明显违反香港特别行政区法律的基本原则或者公共政策的，应当不予认可和执行。

第13条　申请认可和执行的判决,被申请人提供证据证明在原审法院进行的诉讼违反了当事人就同一争议订立的有效仲裁协议或者管辖协议的,被请求方法院审查核实后,可以不予认可和执行。

第14条　被请求方法院不能仅因判决的先决问题不属于本安排适用范围,而拒绝认可和执行该判决。

第15条　对于原审法院就知识产权有效性、是否成立或者存在作出的判项,不予认可和执行,但基于该判项作出的有关责任承担的判项符合本安排规定的,应当认可和执行。

第16条　相互认可和执行的判决内容包括金钱判项、非金钱判项。

判决包括惩罚性赔偿的,不予认可和执行惩罚性赔偿部分,但本安排第十七条规定的除外。

第17条　知识产权侵权纠纷案件以及内地人民法院审理的《中华人民共和国反不正当竞争法》第六条规定的不正当竞争纠纷民事案件、香港特别行政区法院审理的假冒纠纷案件,内地与香港特别行政区法院相互认可和执行判决的,限于根据原审法院地发生的侵权行为所确定的金钱判项,包括惩罚性赔偿部分。

有关商业秘密侵权纠纷案件判决的相互认可和执行,包括金钱判项(含惩罚性赔偿)、非金钱判项。

第18条　内地与香港特别行政区法院相互认可和执行的财产给付范围,包括判决确定的给付财产和相应的利息、诉讼费、迟延履行金、迟延履行利息,不包括税收、罚款。

前款所称"诉讼费",在香港特别行政区是指讼费评定证明书核定或者命令支付的费用。

第19条　被请求方法院不能认可和执行判决全部判项的,可以认可和执行其中的部分判项。

第20条　对于香港特别行政区法院作出的判决,一方当事人已经提出上诉,内地人民法院审查核实后,中止认可和执行程序。经上诉,维持全部或者部分原判决的,恢复认可和执行程序;完全改变原判决的,终止认可和执行程序。

内地人民法院就已经作出的判决裁定再审的,香港特别行政区法院审查核实后,中止认可和执行程序。经再审,维持全部或者部分原判决的,恢复认可和执行程序;完全改变原判决的,终止认可和执行程序。

第21条　被申请人在内地和香港特别行政区均有可供执行财产的,申请人可以分别向两地法院申请执行。

应对方法院要求，两地法院应当相互提供本方执行判决的情况。

两地法院执行财产的总额不得超过判决确定的数额。

第22条　在审理民商事案件期间，当事人申请认可和执行另一地法院就同一争议作出的判决的，应当受理。受理后，有关诉讼应当中止，待就认可和执行的申请作出裁定或者命令后，再视情终止或者恢复诉讼。

第23条　审查认可和执行判决申请期间，当事人就同一争议提起诉讼的，不予受理；已经受理的，驳回起诉。

判决全部获得认可和执行后，当事人又就同一争议提起诉讼的，不予受理。

判决未获得或者未全部获得认可和执行的，申请人不得再次申请认可和执行，但可以就同一争议向被请求方法院提起诉讼。

第24条　申请认可和执行判决的，被请求方法院在受理申请之前或者之后，可以依据被请求方法律规定采取保全或者强制措施。

第25条　法院应当尽快审查认可和执行的申请，并作出裁定或者命令。

第26条　被请求方法院就认可和执行的申请作出裁定或者命令后，当事人不服的，在内地可以于裁定送达之日起十日内向上一级人民法院申请复议，在香港特别行政区可以依据其法律规定提出上诉。

第27条　申请认可和执行判决的，应当依据被请求方有关诉讼收费的法律和规定交纳费用。

第28条　本安排签署后，最高人民法院和香港特别行政区政府经协商，可以就第三条所列案件判决的认可和执行以及第四条所涉保全、临时济助的协助问题签署补充文件。

本安排在执行过程中遇有问题或者需要修改的，由最高人民法院和香港特别行政区政府协商解决。

第29条　本安排在最高人民法院发布司法解释和香港特别行政区完成有关程序后，由双方公布生效日期。

内地与香港特别行政区法院自本安排生效之日起作出的判决，适用本安排。

第30条　本安排生效之日，《关于内地与香港特别行政区法院相互认可和执行当事人协议管辖的民商事案件判决的安排》同时废止。

本安排生效前，当事人已签署《关于内地与香港特别行政区法院相互认可和执行当事人协议管辖的民商事案件判决的安排》所称“书面管辖协议”的，仍适用该安排。

第31条 本安排生效后,《关于内地与香港特别行政区法院相互认可和执行婚姻家庭民事案件判决的安排》继续施行。

本安排于二零一九年一月十八日在北京签署,一式两份。

△ **延伸法条**

《最高人民法院关于内地与香港特别行政区法院相互认可和执行婚姻家庭民事案件判决的安排》

典型案例

中国公民忻某诉美国公民曹某案

【案情概述】

中国公民忻某与曹某于1944年在中国结婚。曹某于1949年去台湾,1957年去美国定居,1991年加入美国国籍。忻某与曹某分离后,常有通信联系,忻某也于1975年赴美与曹某共同生活。自1984年起,忻、曹每年回国探亲一次,并先后购买了宁波市江东荷花一村住宅一套,鄞县莫枝镇钱湖西路住宅一套,翻建了鄞县莫枝镇东街住房一间。1983年3月,忻某与曹某在美国发生矛盾,曹某独自来中国同一妇女同居。1990年10月,忻某回到中国,要求曹某断绝与同居妇女的关系,曹某不听,并回美国办理了与忻某的离婚手续,又以挂失为名提取了夫妻在美国合存的存款8万多美元。1991年3月,曹某又来到中国,并于同年8月17日持美国密苏里州杰克逊郡巡回法庭作出的离婚判决书在宁波市民政局涉外婚姻登记处办理了与原同居妇女的结婚登记。1991年12月14日,忻某向宁波市中级人民法院提起诉讼,要求与曹某离婚,分割夫妻关系存续期间的共同财产。

最高人民法院民事审判庭还专门发布了《关于美籍华人曹某与我公民王某结婚登记有关问题的复函》,[1]该复函规定:(1)与中国公民结婚的外国人(包括外籍华人),由外国法院判决离婚后,在中国境内又申请与中国公民结婚的,如果前一婚姻关系的外国法院的离婚判决未经我人民法院确认,该外国人则应就前一婚姻关系的外国法院的离婚判决向人民法院申请承认,经人民法院裁定承认后,婚姻登记机关按照有关规定审查无误才能予以婚姻登记。(2)申请承认外国法院离婚判决,没有时间限制。(3)在忻某不服美国法院对其与曹某离婚所作判决的情况下,曹在

---

〔1〕 1993年1月22日,〔1993〕法民字第2号。

中国境内又申请与王某登记结婚，是违反我国有关法律的，该“结婚登记”应依法予以撤销。但现在曹某与忻某已经由人民法院调解离婚，其与王某的“结婚登记”是否撤销，可酌情处理。

21.3　承认与执行外国法院判决的程序

21.3.1　请求承认与执行外国法院判决的提出

外国法院判决需要在内国法院承认与执行时，必须向内国有关法院提出承认与执行该外国法院判决的请求，这是世界各国立法和司法实践的普遍要求。请求承认与执行外国法院判决的提出，通常有以下三种方法：

(1)只能由当事人提出承认与执行外国法院判决的申请，这是绝大多数国家的立法所采用的做法。

(2)申请先由当事人向作出判决的国家法院提出，然后再由该国法院向被请求国法院提出。

(3)既可以由当事人直接向被请求国法院提出，也可以由作出判决的法院向被请求国法院提出。[1]

我国《民事诉讼法》采取的是第三种方式，该法第281条规定：“外国法院作出的发生法律效力的判决、裁定，需要中华人民共和国法院承认和执行的，可以由当事人直接向中华人民共和国有管辖权的中级人民法院申请承认和执行，也可以由外国法院依照该国与中华人民共和国缔结或者参加的国际条约的规定，或者按照互惠原则，请求人民法院承认和执行。”我国与其他国家签订的司法协助条约中也有类似的规定。

关于提出请求的期限问题，各国立法不尽相同，有些国家甚至没有对这一期限作出明确规定。我国民事诉讼法对这一问题没有作出具体规定，只是在《民事诉讼法》第三编“执行程序”的第239条中规定了申请执行的期限为2年。根据《民事诉讼法》第四编第259条的规定，“本编没有规定的，适用本法其他有关规定”的立法意图，发生这种情况时，法院应该即适用本法第239条的规定。

此外，根据各国立法和有关国际条约的规定，附上有关文件的副本也是请求承

[1]　参见李旺：《国际民事诉讼法》(第2版)，清华大学出版社2011年版，第138～139页。

认与执行外国法院判决时的基本要求,否则,其请求难以得到有关国家法院的承认和执行。而且,通常要求请求人所提出的请求书及相关文件需要用被请求国官方文字写成,或附上用该国文字翻译的经核证无误的译本。

21.3.2 承认与执行外国法院判决的具体程序

☆承认与执行外国法院判决的程序

请求承认与执行外国法院判决的一方当事人或其他利害关系人向内国有管辖权的法院提出承认与执行请求以后,该法院应按照何种程序来承认和执行该外国法院判决是一个国内法上的问题,应当由承认和执行国法院所属国的国内立法来规定。各国法院也是完全按照内国诉讼法规定的程序来承认与执行有关的外国法院判决的,而不像实施协助外国法院送达或取证等诉讼行为时那样,在不与内国诉讼立法的有关规定相抵触的情况下,可以遵循有关外国法院要求的特别程序或方式。至于一国法院在承认与执行外国法院判决时,具体应遵循什么样的程序,各国诉讼立法的规定不尽相同,大致可以分为如下几种:

★执行令程序

欧洲大陆多数国家、拉美国家及日本等一些亚洲国家都采用这一程序。在这种程序中,有关的内国法院受理了承认与执行某一外国法院判决的请求以后,先对该外国法院判决进行审查,如果符合内国法规定的有关条件,即由该内国法院作出一个裁定,发布执行令。发布执行令程序把外国法院判决分为承认和执行程序,不需要执行的,执行令解决了判决中认定的法律关系在该国的地位;如果有执行必要的,按照本国的执行程序予以执行。

★重新审理程序和登记程序

英美等普通法系国家大多采用重新审理程序。这种程序的做法是,本国法院不直接执行外国法院判决,而是把外国法院判决作为向执行地国法院重新提起诉讼的事实或证据,向执行地法院作出一个与外国法院判决内容相似的判决,然后按照本国的执行程序予以执行。法院主要是视原判决法院所属国的不同而分别采用登记程序或重新审理程序来决定是否承认与执行有关的外国法院判决。英美法国家将“法律”与“事实”截然分开,将外国法及外国法院判决作为“事实”看待,当外国法院判决需要在英美国家承认与执行时,申请人只能以该判决为事实依据,向英美法院重新提起诉讼。

英国除采用上述重新审理程序外,还实行登记执行程序。登记执行程序是英国实行的一种特殊程序,在适用的范围和适用的国家上都有限制。根据英国 1868

年的《判决延伸法》、1920年的《司法行政法》、1933年的《〈相互执行〉外国判决法》、1982年的《民事管辖权和判决法》,1968年欧洲共同体国家在布鲁塞尔签订的《关于民商事案件管辖权和判决执行公约》等立法的规定,有管辖权的英国法院对于英联邦国家和欧盟各国法院作出的判决适用登记程序。即英国法院在收到有关利害关系人提交的执行申请书以后,一般只要查明有关外国法院判决符合英国法院所规定的条件,就予以登记,并交付执行。[1]

☆我国关于承认与执行外国法院判决的程序

在承认与执行外国法院判决的程序方面,我国人民法院目前所采用的类似于执行令程序。根据我国《民事诉讼法》第282条规定,"人民法院对申请或者请求承认和执行的外国法院作出的发生法律效力的判决、裁定,依照中华人民共和国缔结或者参加的国际条约,或者按照互惠原则进行审查后,认为不违反中华人民共和国法律的基本原则或者国家主权、安全、社会公共利益的,裁定承认其效力,需要执行的,发出执行令,依照本法的有关规定执行。违反中华人民共和国法律的基本原则或者国家主权、安全、社会公共利益的,不予承认和执行"。我国人民法院在收到有关承认与执行外国法院判决的书面请求以后,应当依据相关立法进行审查,认为不违反我国法律的基本原则或者国家主权、安全、社会公共利益的,裁定承认其效力,需要执行的,发给执行令,由执行机关依照我国民事诉讼立法的有关规定予以强制执行。违反我国法律的基本原则或者国家主权、安全、社会公共利益的,不予承认和执行。

法律与规范链接

▲ 必读法条

《民事诉讼法》

第280条第1款　(见本书第378页)

第281~282条　(见本书第295页)

《民事诉讼法解释》

第546条　对外国法院作出的发生法律效力的判决、裁定或者外国仲裁裁决,需要中华人民共和国法院执行的,当事人应当先向人民法院申请承认。人民法院

---

[1] 参见李旺:《国际民事诉讼法》(第2版),清华大学出版社2011年版,第144页。

经审查，裁定承认后，再根据民事诉讼法第三编的规定予以执行。

当事人仅申请承认而未同时申请执行的，人民法院仅对应否承认进行审查并作出裁定。

第547条 当事人申请承认和执行外国法院作出的发生法律效力的判决、裁定或者外国仲裁裁决的期间，适用民事诉讼法第二百三十九条的规定。

当事人仅申请承认而未同时申请执行的，申请执行的期间自人民法院对承认申请作出的裁定生效之日起重新计算。

第548条 承认和执行外国法院作出的发生法律效力的判决、裁定或者外国仲裁裁决的案件，人民法院应当组成合议庭进行审查。

人民法院应当将申请书送达被申请人。被申请人可以陈述意见。

人民法院经审查作出的裁定，一经送达即发生法律效力。

第549条 与中华人民共和国没有司法协助条约又无互惠关系的国家的法院，未通过外交途径，直接请求人民法院提供司法协助的，人民法院应予退回，并说明理由。

第550条 当事人在中华人民共和国领域外使用中华人民共和国法院的判决书、裁定书，要求中华人民共和国法院证明其法律效力的，或者外国法院要求中华人民共和国法院证明判决书、裁定书的法律效力的，作出判决、裁定的中华人民共和国法院，可以本法院的名义出具证明。

典型案例

Kolmar Group AG与江苏省纺织工业(集团)进出口有限公司申请承认和执行外国法院民事判决、裁定特别程序民事裁定书[1]

【案情概述】

高尔集团申请称，高尔集团因与江苏省纺织工业(集团)进出口有限公司(以下简称省纺集团)买卖合同纠纷，双方达成和解协议，省纺集团承诺赔偿高尔集团35万美元，后因省纺集团未履行和解协议，高尔集团依据和解协议中的约定管辖条款向新加坡共和国高等法院提起诉讼。经合法传唤，省纺集团未到庭，新加坡共和国高等法院于2015年10月22日作出O13号缺席判决，判令省纺集团偿付35万美元

〔1〕 江苏省南京市中级人民法院〔2016〕苏01协外认3号民事裁定书。

及自传讯令状签发之日起至判决之日止按年利率5.33%计算的利息、费用4137.9新元,高尔集团亦向省纺集团进行了送达,但省纺集团完全不予理会。因省纺集团及其财产均在中国境内,现依据《中华人民共和国民事诉讼法》及司法解释相关规定,请求法院对该判决予以承认和执行。

省纺集团陈述意见称,《中华人民共和国民事诉讼法》第282条规定,"人民法院对申请或者请求承认和执行的外国法院作出的发生法律效力的判决、裁定,依照中华人民共和国缔结或者参加的国际条约,或者按照互惠原则进行审查后,认为不违反中华人民共和国法律的基本原则或者国家主权、安全、社会公共利益的,裁定承认其效力"。根据我国和新加坡共和国签署的《关于民事和商事司法协助的条约》的规定,两国之间的司法协助范围并不包括承认和执行法院的判决和裁定,故根据《中华人民共和国民事诉讼法》的规定,应驳回高尔集团的申请。

经审查认定:新加坡共和国高等法院于2015年10月22日作出O13号民事判决,判令省纺集团支付高尔集团35万美元及自传讯令状签发之日起至判决之日止按年利率5.33%计算的利息,并且支付费用4137.9新元。省纺集团在本案听证中承认其得到了新加坡共和国高等法院的合法传唤,但未参加庭审,其亦收到了案涉判决书。另查明,2014年1月,新加坡共和国高等法院作出〔2014〕SGHC16号判决,内容为对我国江苏省苏州市中级人民法院作出的判决进行承认和执行。

本院认为,《中华人民共和国民事诉讼法》第282条规定,"人民法院对申请或者请求承认和执行的外国法院作出的发生法律效力的判决、裁定,依照中华人民共和国缔结或者参加的国际条约,或者按照互惠原则进行审查后,认为不违反中华人民共和国法律的基本原则或者国家主权、安全、社会公共利益的,裁定承认其效力,需要执行的,发出执行令,依照本法的有关规定执行。违反中华人民共和国法律的基本原则或者国家主权、安全、社会公共利益的,不予承认和执行",案涉民事判决系新加坡共和国法院作出,我国与新加坡共和国之间并未缔结或者共同参加关于相互承认和执行生效裁判文书的国际条约,但由于新加坡共和国高等法院曾于2014年1月对我国江苏省苏州市中级人民法院的民事判决进行了执行,根据互惠原则,我国法院可以对符合条件的新加坡法院的民事判决予以承认和执行。经审查,案涉判决亦不违反我国法律的基本原则或者国家主权、安全、社会公共利益,故依照《中华人民共和国民事诉讼法》第282条之规定,裁定如下:

承认和执行新加坡共和国高等法院于2015年10月22日作出的O13号民事判决。

延伸阅读

1. 徐国建:《建立法院判决全球流通的国际法律制度——〈海牙外国判决承认与执行公约草案〉立法资料、观点和述评》,载《武大国际法评论》2017 年第 5 期。

2. 刘仁山:《国际民商事判决承认与执行中的司法礼让原则》,载《中国法学》2010 年第 5 期。

3. 徐崇利:《经济全球化与外国判决承认和执行的互惠原则》,载《厦门大学法律评论》2005 年第 1 期。

第五编

国际商事仲裁

第22章 国际商事仲裁的概念和性质

教学目标

重点掌握国际商事仲裁的概念、特点和性质。

推荐参考资料

1. 黄进主编:《国际商事争议解决机制研究》,武汉大学出版社2010年版。
2. 赵秀文主编:《国际商事仲裁法》(第4版),中国人民大学出版社2014年版。
3. 赵秀文:《国际商事仲裁现代化研究》,法律出版社2010年版。
4. 陈福勇:《未竟的转型——中国仲裁机构现状与发展趋势实证研究》,法律出版社2010年版。
5. 何其生主编:《互联网环境下的争议解决机制:变革与发展》,武汉大学出版社2009年版。
6. 黄进、宋连斌、徐前权:《仲裁法学》,中国政法大学出版社2008年版。
7. 韩健:《现代国际商事仲裁法的理论与实践》,法律出版社2000年版。
8. 赵健:《国际商事仲裁的司法监督》,法律出版社2000年版。

22.1 国际商事仲裁的概念

知识要点

22.1.1 仲裁和国际商事仲裁

☆仲裁及其分类

仲裁,亦称公断,是解决争议的一种方法,即由双方当事人将其争议交付第三者居中评断是非并作出裁决,该裁决对双方当事人均具有拘束力。

仲裁依据适用领域的不同分为国际仲裁、国内仲裁和国际商事仲裁。

国际仲裁是指国家间为某一公法上的争端提请第三方解决的仲裁，是解决国际争端的方法之一，属于国际公法的范围。

国内仲裁是指一国范围内的自然人、法人和其他组织之间不具有国际因素的仲裁，主要解决一国国内贸易、经济等争议。

国际商事仲裁是指自然人、法人和其他组织之间因商事交易而产生的具有国际因素或涉外因素的仲裁。

☆**国际商事仲裁**

国际商事仲裁（international commercial arbitration），即指当事人各方将他们之间发生的含有国际因素的商事争议交由一名或数名仲裁员组成的仲裁庭，授权该仲裁庭进行仲裁程序，就争议作出对当事人各方具有约束力的裁决。[1]

长期以来，由于各国政治经济制度的不一，价值取向和法律文化的差异，在界定国际商事仲裁中的“国际”和“商事”问题上，各国国内法及有关国际条约至今仍然未能达成一致。一般认为应对“国际”和“商事”作广义的解释。

★**“国际”的含义**

对于“国际”仲裁的认定，一般有以下三种做法：[2]

（1）以实质性连结因素为认定标准。若仲裁地点、当事人国籍、住所或居所、法人注册地及公司管理中心所在地等连结因素之一具有国际因素，此类商事仲裁即被视为国际商事仲裁，故又称为地理标准。如英国、瑞典、瑞士等欧洲国家以及埃及、叙利亚等阿拉伯国家在认定仲裁的国际性时，均采此标准。[3]

（2）以争议的国际性质为认定标准。争议性质标准是指依照争议性质确定仲裁的归属，若争议涉及国际商事利益，为解决这一争议的商事仲裁即为国际商事仲裁。采用这一标准的主要有法国、美国和加拿大等国家。

（3）采用混合标准。混合标准将国际仲裁扩及：第一，其营业地在不同国家的当事人之间的争议的仲裁；第二，仲裁地和当事各方的营业地位于不同国家的仲裁；第三，主要义务履行地和当事各方的营业地位于不同国家的仲裁；第四，与争议标的关系最密切的地点和当事各方营业地位于不同国家的仲裁；第五，当事各方明

---

〔1〕 参见韩德培主编：《国际私法》，北京大学出版社、高等教育出版社 2014 年版，第 530 页。

〔2〕 See A. Redfern and M. Hunter, *Law and Practice of International Commercial Arbitration*, 2nd ed., London: Sweet & Maxwell, 1991, pp. 15 – 16.

〔3〕 参见韩健：《现代国际商事仲裁法的理论与实践》（第 2 版），法律出版社 2000 年版，第 4 页。

确同意争议标的与一个以上国家有关的仲裁。

★"商事"的标准

一般而言,多数国家认为"商事"应尽可能作广义解释。1985 年《国际商事仲裁示范法》对"商事"所作的广义解释是:它包括不论是契约性或非契约性的一切商事性质的关系所引起的种种事情。商事性质的关系包括但不限于下列交易:供应或交换货物或服务的任何贸易交易,销售协议,商事代表或代理,代理,租赁,建造工厂,咨询,工程,许可证,投资,筹资,银行,保险,开发协议或特许,合营和其他形式的工业或商业合作,货物或旅客的航空、海上、铁路或公路的载运。

☆中国的实践

中国目前采取多种连结因素界定仲裁国际性的混合标准。按照中国国际私法学界的通说及司法实践,民商事法律关系的涉外或国际性应作广义理解,即其主体、客体或内容这三个因素中至少有一个与中国内地之外的法域相联系。

- 当事人一方或双方的国籍不是中国的;
- 当事人一方或双方的住所不在中国的;
- 争议标的物不在中国境内的;
- 设立、变更或终止民商事法律关系的法律事实发生在中国境外的;
- 当事人住所、争议标的物或法律事实发生在港澳台地区的,也可视为"国际"或"涉外"仲裁。

1987 年 4 月 10 日最高人民法院《关于执行我国加入的〈承认与执行外国仲裁裁决公约〉的通知》就"契约性和非契约性商事法律关系"规定:所谓契约性和非契约性商事法律关系,具体是指由于合同、侵权或者根据有关法律规定而产生的经济上的权利义务关系,例如货物买卖,财产租赁,工程承包,加工承揽,技术转让,合资经营,合作经营,勘探开发自然资源,保险,信贷,劳务,代理,咨询服务和海上、民用航空、铁路、公路的客货运输以及产品责任,环境污染,海上事故和所有权争议等,但不包括外国投资者与东道国政府之间的争端。

22.1.2　国际商事仲裁的特点

☆国际商事仲裁与国际民事诉讼的比较

国际商事仲裁不同于国际民事诉讼:

- 就机构的性质而言,国际商事仲裁机构只具有民间团体的性质,如中国国际经济贸易仲裁委员会,各仲裁机构是相互独立的,彼此没有上下级隶属关系,也不存在级别管辖、地域管辖等限制;而审理国际民商事纠纷的法院,则是国家司法机关,法院之间有上下级关系等。

● 就管辖权来源而言,国际商事仲裁的管辖权完全来自双方当事人的合意,建立在双方当事人自愿达成的仲裁协议的基础上,因而是非强制性的;而法院审理国际民商事诉讼的管辖权则来自国家的强制力,是由法律赋予的,非当事人双方的授权,只要一方当事人提起诉讼,法院就可以管辖,不必有双方当事人的合意。

● 就审理程序的公开性而言,国际商事仲裁程序一般都是不公开进行的,即使双方当事人要求公开审理,也仍由仲裁庭作出是否公开审理的决定。而法院审理国际民商事争议,除极少数涉及国家秘密或个人隐私的之外,原则上必须公开进行。

● 就当事人的自治性而言,国际商事仲裁中当事人的自治性大大超过国际民商事诉讼中当事人的自治性。国际商事仲裁中的当事人可以选择审理案件的仲裁员,可以合意选择仲裁程序;而国际民商事诉讼的当事人既不能选择审理案件的法官,更不能选择诉讼程序,必须遵守法院地国家的诉讼程序法。

● 就作出的裁决而言,国际商事仲裁裁决实行一裁终局制,任何一方当事人均不得向法院上诉;而在国际民商事诉讼中则一般实行二审或三审终审制,只有终审判决或过了上诉期而未上诉的一审判决才具有法律效力。

☆国际商事仲裁与国际仲裁的比较

国际商事仲裁不同于国际仲裁。国际商事仲裁属于国际私法的范畴,它只解决具有涉外因素的自然人或法人之间的商事争议,以及自然人或法人与他国国家或国际组织之间的商事争议。仲裁庭作出的仲裁裁决是终局性的,对双方当事人均有约束力,如一方不履行裁决确定的义务,另一方当事人可以根据国际条约或国内法的有关规定申请有关法院强制执行。

而国际仲裁则属于国际公法的范畴,它是指各主权国家发生争端时,由各当事国选定一名或几名仲裁员组成仲裁庭,根据国际公法或者依照公平原则和平解决该项争端的一种制度。国际常设仲裁法院作出的国际仲裁并无强制力,其裁决依赖于当事国的自觉履行。

☆国际商事仲裁与国内经济仲裁的比较

国际商事仲裁不同于国内经济仲裁。国际商事仲裁是一种涉及国际因素的仲裁制度,具有广泛的国际性。国际商事仲裁一般涉及国际贸易、经济合作、运输、海事等方面关系中所发生的争议,其裁决通常需要外国予以承认及执行。

而且,从事国际商事仲裁的仲裁机构往往还聘请一些外国籍人担任仲裁员,以体现其国际性。而国内经济仲裁只是一种适用于内国当事人之间的仲裁制度，一般只涉及国内经济贸易方面的争议，有的国家还规定只有法人或其他经济组织之间的争议才能提交仲裁，仲裁员也多来自内国国民，其裁决也只在内国执行，因而属于国内程序法的范围。

☆国际商事仲裁的特点

(1)国际性，是指当事人双方或一方不是内国国民或住所不在内国，或争议的标的物或需要履行的行为在境外，或设立、变更或终止民商事法律关系的法律事实发生在境外。

(2)自治性，是指在国际商事仲裁中双方当事人享有多方面的选择自由：

- 当事人可以选择仲裁的形式和机构；
- 当事人可以选择仲裁地点；
- 当事人可以选择仲裁员；
- 当事人可以选择仲裁审理程序；
- 当事人可以选择仲裁适用的法律。

(3)保密性，是指仲裁一般不公开审理，当事人协议公开的，才可以公开审理。

(4)灵活性，是指仲裁不像诉讼那样严格遵守诉讼程序法的规定，而且当事人可以约定适用法律原则来判案，无须像诉讼那样严格依法律判案。仲裁还可以与调解相结合，审理气氛比诉讼宽松。

(5)仲裁裁决的终局性和强制力，是指仲裁裁决是终局性的，有约束力。各国立法和司法实践都明确承认根据争议双方当事人签订的仲裁协议所作出的裁决的法律效力，并赋予仲裁裁决和法院判决同等的强制执行力。如果一方当事人不按事先约定自觉履行仲裁裁决，另一方当事人可以依照有关的公约、协议和执行地国的法律申请强制执行。

法律与规范链接

▲ 必读法条

《民事诉讼法》

第271条　涉外经济贸易、运输和海事中发生的纠纷，当事人在合同中订有仲裁条款或者事后达成书面仲裁协议，提交中华人民共和国涉外仲裁机构或者其他仲裁机构仲裁的，当事人不得向人民法院起诉。

当事人在合同中没有订有仲裁条款或者事后没有达成书面仲裁协议的，可以向人民法院起诉。

△ **延伸法条**

《瑞士联邦国际私法法规》

第176条第1款 仲裁庭所在地位于瑞士且至少有一方当事人在订立仲裁协议时在瑞士既无住所、亦无惯常居所的仲裁，适用本章的规定。

《欧洲国际商事仲裁公约》

第1条 本公约适用于：

(1)旨在解决自然人或法人之间进行的国际贸易所引起的争议的仲裁协议，但以签订协议时，该自然人和法人在不同的缔约国内有其惯常居住地或所在地为限。

(2)根据本条第一款第一项所述协议而进行的仲裁程序和作出的裁决。

典型案例

利夫糖果(上海)有限公司申请承认和执行新加坡国际仲裁中心仲裁裁决〔1〕

【案情概述】

申请人利夫糖果(上海)有限公司(以下简称利夫公司)系荷兰CSM公司在上海设立的外商独资企业，CSM公司是利夫公司的唯一股东。被申请人上海联富食品有限公司(以下简称联富公司)系国内自然人出资设立的有限公司，于2002年1月4日经工商行政管理部门批准设立。2001年12月20日，利夫公司与联富公司、案外人黄某(马来西亚籍)就出售和购买利夫公司的资产和糖果业务签订了一份《资产购买协议》。该协议约定，黄某作为协议约定的买方购买利夫公司的资产和糖果业务，联富公司设立后作为协议约定的"代入买方"承接黄某的所有权利义务，该协议由联富公司继续履行。该协议还约定，协议适用中国法律，如就上述协议发生争议，由新加坡国际仲裁中心进行仲裁。之后，利夫公司和联富公司在履行上述协议过程中因联富公司欠款发生争议。CSM公司和利夫公司于2006年4月25日向新加坡国际仲裁中心提起仲裁，2007年9月12日，新加坡国际仲裁中心作出涉案裁决，联富公司赔偿利夫公司各种费用若干。之后利夫公司向上海市第二中级

〔1〕 上海市第二中级人民法院〔2008〕沪二中民五(商)初字第19号。

人民法院申请承认和执行涉案裁决。

【关键问题】

以“代入买方”这种形式来概括继承《资产购买协议》的操作是否有涉外因素？如若不具有涉外因素，依照该《资产购买协议》的仲裁条款去外国做出的仲裁协议是否有效？

【简要评论】

1. “代入买方”形式操作具有涉外因素

上海市第二中级人民法院裁判：本案所涉《资产购买协议》虽然是由联富公司和利夫公司最终实际履行，黄某在协议约定的“代入买方”即联富公司出现后也不承担任何权利义务，但黄某同样也是《资产购买协议》的签约方，且涉案裁决主文第二项亦将其列为仲裁当事人，故黄某作为马来西亚公民签署的《资产购买协议》具有涉外因素。同时，《资产购买协议》中的仲裁协议系各方当事人的真实意思表示，合法有效，对各方当事人均具有约束力。

2. 无涉外因素的争议不是国际商事仲裁，不可以提交国外仲裁

最高人民法院在民四他字第 2 号《关于江苏航天万源风电设备制造有限公司与艾尔姆风能叶片制品（天津）有限公司申请确认仲裁协议效力纠纷一案的请示的复函》（以下简称《复函》）中明确提出，我国没有规定当事人可以将不具有涉外因素的争议交由境外仲裁机构或者在我国临时仲裁，故本案当事人约定将有关争议提交国际商会仲裁没有法律依据。此《复函》是最高人民法院也是国内首次明确此问题。之前相关此问题的法律条文为《合同法》第 128 条、《民事诉讼法》第 271 条、《仲裁法解释》第 12 条第 2 款等，这些条文对于无涉外因素的案件能否于外国仲裁都一致保持了缄默，虽然该《复函》的法理逻辑和结论值得继续探讨，但可预见此问题在今后的实务中会得到相当程度上的明确。

22.2　国际商事仲裁的性质

知识要点

22.2.1　国际商事仲裁性质概述

国际商事仲裁性质是指能够区分仲裁作为一种争议解决方式与其他争议解决

方式具有实质性差别的基本属性。关于国际商事仲裁的性质，至今还没有普遍接受的观点，传统学说认为仲裁具有司法性，或者认为具有契约性，或者认为仲裁兼具司法性和契约性，即混合理论，而晚近以来兴起自治理论。[1]

22.2.2 国际商事仲裁性质的不同主张

☆国际商事仲裁司法权理论

司法权理论认为，国家具有监督和管理发生在其管辖领域内的一切仲裁的权力。该理论承认仲裁源于当事人之间的协议，但同时强调，在仲裁协议的效力、仲裁员的权力、仲裁员的仲裁行为以及仲裁裁决的承认和执行等方面，其权威性均取决于国家的法律，是国家承认和授权的结果。在仲裁实践中，奉行此说的主要有德国、奥地利、意大利和埃及等国家。

☆国际商事仲裁契约理论

传统的契约理论认为，仲裁是基于当事人的意志和同意创立的，是完全建立在当事人合意达成的仲裁协议的基础上，没有仲裁协议就没有仲裁。仲裁员是当事人的代理人，他所作出的裁决就是代理人为当事人所订立的契约，对当事人具有约束力；当事人有义务自动执行，否则胜诉方可向法院申请强制执行。在仲裁实践中，奉行此说的主要有法国、荷兰和斯堪的那维亚半岛国家等。现代契约论摒弃了仲裁员是当事人的代理人的说法，认为仲裁本质上是私人机制，当事人的合意是仲裁的基础，当订立作为主合同一部分的仲裁协议时，当事人便确立了他们认为更具优越性的有关仲裁的各项权利，裁决是合同关系的直接后果。

☆国际商事仲裁混合理论

混合理论认为，仲裁的司法性和契约性同时存在，且不可分割。现实中的仲裁明显地具有司法性和契约性双重性质：

- 一方面，仲裁来源于仲裁协议，而仲裁协议无疑是一种契约，因而，仲裁协议的效力应依适用于契约的同一准则去确定，仲裁员的任命、仲裁规则的选择、仲裁实质问题准据法的确定等也主要取决于当事人之间订立的仲裁协议；
- 另一方面，仲裁程序一般都要遵循仲裁地法，仲裁不可能超越于所有法制之外，仲裁协议的有效性以及仲裁裁决的承认和执行最终归由法院决定。

☆国际商事仲裁自治理论

自治理论是在20世纪60年代发展起来的一种新学说。自治理论既反对将仲

---

〔1〕 参见黄进、宋连斌、徐前权：《仲裁法学》，中国政法大学出版社2008年版，第9～11页。

裁制度归结为纯司法性或者纯契约性，也反对混合论的观点，而是主张不能把仲裁跟司法权或契约联系起来判断仲裁的性质，仲裁实际上是超越司法权或契约的，具有自治性。持自治理论的学者们把仲裁的产生和发展归结为商人们注重实效的结果，是商人们首先在不顾及法律的情况下创设并发展了仲裁，而后才得到了法律的承认。

法律与规范链接

▲ 必读法条

《仲裁法》

第4条 当事人采用仲裁方法解决纠纷，应当双方自愿，达成仲裁协议。没有仲裁协议，一方申请仲裁的，仲裁委员会不予受理。

第5条 当事人达成仲裁协议，一方向人民法院起诉的，人民法院不予受理，但仲裁协议无效的除外。

第6条 仲裁委员会应当由当事人协议选定。

仲裁不实行级别管辖和地域管辖。

第7条 仲裁应当根据事实，符合法律规定，公平合理地解决纠纷。

第8条 仲裁依法独立进行，不受行政机关、社会团体和个人的干涉。

第9条 仲裁实行一裁终局的制度。裁决作出后，当事人就同一纠纷再申请仲裁或者向人民法院起诉的，仲裁委员会或者人民法院不予受理。

裁决被人民法院依法裁定撤销或者不予执行的，当事人就该纠纷可以根据双方重新达成的仲裁协议申请仲裁，也可以向人民法院起诉。

《民事诉讼法》

第272条 当事人申请采取保全的，中华人民共和国的涉外仲裁机构应当将当事人的申请，提交被申请人住所地或者财产所在地的中级人民法院裁定。

第273条 经中华人民共和国涉外仲裁机构裁决的，当事人不得向人民法院起诉。一方当事人不履行仲裁裁决的，对方当事人可以向被申请人住所地或者财产所在地的中级人民法院申请执行。

△ 延伸法条

《国际商事仲裁示范法》

第1条 适用范围

(1) 本法适用于国际商事仲裁，但须服从在本国与其他任何一国或多国之间有效力的任何协定。

(2) 本法之规定,除第 8、9、17 H、17 I、17 J、35 及 36 条外,只适用于仲裁地点在本国领土内的情况。

(3) 有下列情形之一的,仲裁为国际仲裁:

(a) 仲裁协议的各方当事人在缔结协议时,其营业地点位于不同的国家;或

(b) 下列地点之一位于各方当事人营业地点所在国以外:

(i) 仲裁协议中确定的或根据仲裁协议而确定的仲裁地点;

(ii) 履行商事关系的大部分义务的任何地点或与争议事项关系最密切的地点;或

(c) 各方当事人明确同意,仲裁协议的标的与一个以上的国家有关。

(4) 就本条第 (3) 款而言:

(a) 一方当事人有一个以上营业地点的,营业地点为与仲裁协议关系最密切的营业地点;

(b) 一方当事人没有营业地点的,以其惯常住所为准。

(5) 本法不得影响规定某些争议不可交付仲裁或仅根据本法之外的规定才可以交付仲裁的本国其他任何法律。

第 5 条 法院干预的限度

由本法管辖的事情,任何法院均不得干预,除非本法有此规定。

典型案例

最高人民法院关于王国林申请撤销中国国际经济贸易仲裁委员会华南分会(2012)中国贸仲裁字第 3 号仲裁裁决一案的请示的复函[1]

广东省高级人民法院:

你院〔2012〕粤高法仲复字第 4 号《关于王国林申请撤销中国国际经济贸易仲裁委员会华南分会〔2012〕中国贸仲深裁字第 3 号仲裁裁决一案的请示》收悉。根据你院请示报告所述事实,经研究,答复如下:

本案系当事人申请撤销我国仲裁机构作出的涉台仲裁裁决案件,应当参照《中

〔1〕 2013 年 2 月 26 日,(2013)民四他字第 8 号。

华人民共和国仲裁法》第70条和《中华人民共和国民事诉讼法》(2012年修正)第274条第1款的规定进行审查。

关于仲裁条款的效力问题。本案当事人在案涉合同中约定了明确的仲裁条款。根据仲裁条款独立性原则,案涉合同的无效并不影响合同中仲裁条款的效力。同意你院关于案涉仲裁条款有效的意见。关于仲裁裁决是否存在超裁问题。本案中,吴硕琛系以案涉合同有效并要求王国林支付股权转让余款为请求提起仲裁,仲裁庭有权主动对案涉合同的效力进行审查并作出认定。但是,仲裁庭在未向当事人释明合同无效的后果以及未给予当事人变更仲裁请求机会的情况下,直接对合同无效后的返还以及赔偿责任作出裁决,确实超出了当事人的请求,属于超裁。人民法院可以参照《中华人民共和国仲裁法》第70条和《中华人民共和国民事诉讼法》第274条第1款第4项的规定对案涉仲裁裁决予以撤销。但是考虑到本案标的具体情况,仲裁庭有能力纠正上述错误,人民法院可给予仲裁庭重新仲裁的机会。因此,对于本案的具体处理,人民法院应当根据《中华人民共和国仲裁法》第61条的规定通知仲裁庭重新仲裁,如果仲裁庭拒绝重新仲裁,人民法院可以对案涉仲裁裁决予以撤销。

此复。

延伸阅读

1. [英]艾伦·雷德芬、马丁·亨特:《国际商事仲裁法律与实践》,林一飞、宋连斌译,北京大学出版社2005年版。
2. [英]维杰·K.巴蒂亚、[澳]克里斯托弗·N.坎德林、[意]毛里济奥·戈地编:《国际商事仲裁中的话语与实务:问题、挑战与展望》,林玫、潘苏悦译,北京大学出版社2016年版。
3. [美]克里斯多佛·R.德拉奥萨、理查德·W.奈马克主编:《国际仲裁科学探索——实证研究精选集》,陈福勇、丁建勇译,中国政法大学出版社2010年版。
4. [西]帕德罗·马丁内兹-弗拉加:《国际商事仲裁——美国学说发展与证据开示》,蒋小红、谢新胜等译,中国社会科学出版社2009年版。

第 23 章　国际商事仲裁协议

教学目标

识记和理解国际商事仲裁协议的基本内容、仲裁协议的效力及其认定、仲裁协议独立性理论、仲裁协议的法律适用。

推荐参考资料

1. 汪祖兴、郑夏:《自治与干预——国际商事仲裁当事人合意问题研究》,法律出版社 2016 年版。
2. 刘晓红:《国际商事仲裁协议的法理与实证》,商务印书馆 2005 年版。
3. 宋连斌:《国际商事仲裁管辖权研究》,法律出版社 2000 年版。

23.1　国际商事仲裁协议的概念

知识要点

23.1.1　国际商事仲裁协议定义

国际商事仲裁协议(international commercial arbitration agreement)是双方当事人同意把他们之间已经发生的或将来可能发生的国际商事争议交付某一临时或常设仲裁机构进行仲裁解决的协议。国际商事仲裁协议是仲裁机构或仲裁员受理争议案件的依据,没有国际商事仲裁协议,就不能进行国际商事仲裁,因此,国际商事仲裁协议是国际商事仲裁的基石。

☆有效仲裁协议的必须条件

国际商事仲裁协议既可以在争议发生之前签订,也可以在争议发生之后签订;

既可以选择他们所属国家的仲裁机构,也可以选择第三国或国际性的仲裁机构,还可以选择有关国家承认的临时仲裁机构。但无论如何,一份有效的国际商事仲裁协议在法律上应满足以下条件:

(1)国际商事仲裁协议的主体必须合格,订立国际商事仲裁协议的双方当事人或他们的合法代理人依照应当适用的法律,必须具有合法的资格和能力,如果当事人依据应当适用的法律为无行为能力者,则国际商事仲裁协议无效。

(2)国际商事仲裁协议必须是特定的法律关系双方当事人共同的真实意思表示,应在自愿、平等、协商的基础上达成一致意见,不允许一方当事人将自己的意志强加于另一方当事人。

(3)国际商事仲裁协议的内容应当合法。即当事人约定的仲裁事项必须是按照有关国家的法律可以通过仲裁方式解决,也不得违反仲裁地国或裁决地国法律中有关强制性的规定,不得与这些国家的公共政策相抵触。

(4)国际商事仲裁协议的形式一般是书面的,书面协议包括当事人所签署的仲裁协议书、合同中的仲裁条款以及当事人在往来书信中或电报中的仲裁意思表示。按照《纽约公约》的规定,国际商事仲裁协议必须采用书面形式。

23.1.2　仲裁协议的形式

根据国际商事仲裁法律与实践,国际商事仲裁协议大致分为三类:

(1)仲裁条款。仲裁条款是指在争议发生之前,双方当事人在合同中所订立的将有关争议提交仲裁解决的专门条款。它是国际商事仲裁协议的基本形式。常设仲裁机构一般都拟定有自己的示范仲裁条款,推荐给当事人在订立合同时采用。

> **[示例23.1]**　中国国际经济贸易仲裁委员会
>
> 示范仲裁条款(一):凡因本合同引起的或与本合同有关的任何争议,均应提交中国国际经济贸易仲裁委员会,按照申请仲裁时该会现行有效的仲裁规则进行仲裁。仲裁裁决是终局的,对双方均有约束力。
>
> 示范仲裁条款(二):凡因本合同引起的或与本合同有关的任何争议,均应提交中国国际经济贸易仲裁委员会＿＿＿＿＿＿＿＿分会(仲裁中心),按照仲裁申请时中国国际经济贸易仲裁委员会现行有效的仲裁规则进行仲裁。仲裁裁决是终局的,对双方均有约束力。

(2)仲裁协议书。仲裁协议书是指双方当事人在争议发生后订立的,表示愿意将此争议交付仲裁的专门协议。仲裁协议书独立于主合同之外,在多数情况下,是在合同中没有仲裁条款,或者在仲裁条款不明确而无法执行的情况下,双方当事人在争议发生后根据需要共同达成的书面协议。如果有了仲裁协议书,则无需合同中另订仲裁条款。一般而言,仲裁协议书与仲裁条款具有同等的法律效力,它们都是仲裁机构受理案件的依据。

(3)其他形式的仲裁协议。这主要是指双方当事人就有关的合同、国际商事法律关系等争议,通过往来信函、电报、电传、电子邮件以及其他书面材料等足以说明双方当事人同意将其争议提交仲裁解决的文字表示。

23.1.3　仲裁协议的内容

> **[示例23.2]**　2010年《联合国国际贸易法委员会仲裁规则》附件"合同中的示范仲裁条款":
>
> 任何争议、争执或请求,凡由于本合同而引起的或与之有关的,或由于本合同的违反、终止或无效而引起的或与之有关的,均应按照《联合国国际贸易法委员会仲裁规则》仲裁解决。
>
> 注　各方当事人应当考虑增列:
>
> (a)指定机构应为……(机构名称或人名);
>
> (b)仲裁员人数应为……(一名或三名);
>
> (c)仲裁地应为……(城市和国家);
>
> (d)仲裁程序中使用的语言应为……

一般而言,不论何种形式的仲裁协议,它的基本内容包括如下几个方面:

☆仲裁事项

当事人在仲裁协议中应首先明确表示把他们之间的何种争议提交仲裁。在仲裁条款中一般应规定:"凡因本合同所发生的争议,应提交××仲裁机构仲裁。"目前,各国有关仲裁立法和各常设仲裁机构的规则,都在原则上承认当事人可以自由商定仲裁协议的内容,但同时也都在不同的程度上对之有所限制。如仲裁协议的内容不得违反一国公共秩序,不得把一国法律规定不属于仲裁管辖的事项提交仲裁等。

☆仲裁地点

仲裁地点是仲裁协议的主要内容之一。仲裁地点的选择,实际上直接关系到仲裁的结果，关系到有关当事人的利益，因此这个问题往往成为当事人在订立仲裁条款时争执的焦点。

☆**仲裁机构**

一般而言，确定仲裁机构的做法有两种：一是在常设仲裁机构进行；二是由临时仲裁庭进行特别仲裁。如果被选择的国家有几个仲裁机构，还应明确具体由哪个仲裁机构进行仲裁。当事人在仲裁协议中应当清楚地写明仲裁机构的全称，这样有利于准确决定仲裁机构，对于国际商事仲裁的顺利进行至关重要。

☆**仲裁规则**

仲裁规则是双方当事人和仲裁庭在整个仲裁活动中所应遵守的行为规范。国际上对仲裁规则选择的通行做法是，适用受理案件的仲裁机构所制定的仲裁规则。此外，也有一些国家的仲裁机构允许当事人选择其他仲裁规则。

☆**裁决效力**

仲裁裁决的效力是指裁决是否为终局的，对双方当事人有无约束力以及能否再向法院上诉要求变更等。一般都在仲裁协议中写明：仲裁裁决是终局的，对双方当事人都有约束力，任何一方都不能向法院上诉要求变更。

☆**法律适用**

在国际商事仲裁中，适用何国实体法来确定双方当事人的权利与义务关系，也是仲裁协议应包括的一个内容。国际上通行的做法是，允许当事人自由选择应适用的法律。

法律与规范链接

▲ 必读法条

《仲裁法》

第16条 仲裁协议包括合同中订立的仲裁条款和以其他书面方式在纠纷发生前或者纠纷发生后达成的请求仲裁的协议。

仲裁协议应当具有下列内容：

（一）请求仲裁的意思表示；

（二）仲裁事项；

（三）选定的仲裁委员会。

第17条 有下列情形之一的，仲裁协议无效：

（一）约定的仲裁事项超出法律规定的仲裁范围的；

（二）无民事行为能力人或者限制民事行为能力人订立的仲裁协议；

（三）一方采取胁迫手段，迫使对方订立仲裁协议的。

第18条　仲裁协议对仲裁事项或者仲裁委员会没有约定或者约定不明确的，当事人可以补充协议；达不成补充协议的，仲裁协议无效。

《仲裁法解释》

第1条　仲裁法第十六条规定的"其他书面形式"的仲裁协议，包括以合同书、信件和数据电文（包括电报、电传、传真、电子数据交换和电子邮件）等形式达成的请求仲裁的协议。

第2条　当事人概括约定仲裁事项为合同争议的，基于合同成立、效力、变更、转让、履行、违约责任、解释、解除等产生的纠纷都可以认定为仲裁事项。

第3条　仲裁协议约定的仲裁机构名称不准确，但能够确定具体的仲裁机构的，应当认定选定了仲裁机构。

第4条　仲裁协议仅约定纠纷适用的仲裁规则的，视为未约定仲裁机构，但当事人达成补充协议或者按照约定的仲裁规则能够确定仲裁机构的除外。

第5条　仲裁协议约定两个以上仲裁机构的，当事人可以协议选择其中的一个仲裁机构申请仲裁；当事人不能就仲裁机构选择达成一致的，仲裁协议无效。

第6条　仲裁协议约定由某地的仲裁机构仲裁且该地仅有一个仲裁机构的，该仲裁机构视为约定的仲裁机构。该地有两个以上仲裁机构的，当事人可以协议选择其中的一个仲裁机构申请仲裁；当事人不能就仲裁机构选择达成一致的，仲裁协议无效。

△ 延伸法条

备选案文一

第7条　仲裁协议的定义和形式

（经由委员会2006年第三十九届会议通过）

(1) "仲裁协议"是指当事人同意将他们之间一项确定的契约性或非契约性的法律关系中已经发生或可能发生的一切争议或某些争议交付仲裁的协议。仲裁协议可以采取合同中的仲裁条款形式或单独的协议形式。

(2) 仲裁协议应为书面形式。

(3) 仲裁协议的内容以任何形式记录下来的，即为书面形式，无论该仲裁协议或合同是以口头方式、行为方式还是其他方式订立的。

(4) 电子通信所含信息可以调取以备日后查用的,即满足了仲裁协议的书面形式要求;“电子通信”是指当事人以数据电文方式发出的任何通信;“数据电文”是指经由电子手段、磁化手段、光学手段或类似手段生成、发送、接收或储存的信息,这些手段包括但不限于电子数据交换、电子邮件、电报、电传或传真。

(5) 另外,仲裁协议如载于相互往来的索赔声明和抗辩声明中,且一方当事人声称有协议而另一方当事人不予否认的,即为书面协议。

(6) 在合同中提及载有仲裁条款的任何文件的,只要此种提及可使该仲裁条款成为该合同一部分,即构成书面形式的仲裁协议。

备选案文二

第7条　仲裁协议的定义

(经由委员会2006年第三十九届会议通过)

“仲裁协议”是指当事人同意将其之间一项确定的契约性或非契约性的法律关系中已经发生或可能发生的一切争议或某些争议交付仲裁的协议。

《纽约公约》

第2条　当事人以书面协议承允彼此间所发生或可能发生之一切或任何争议,如关涉可以仲裁解决事项之特定法律关系,不论为契约性质与否,应提交仲裁时,各缔约国应承认此项协议。

“书面协定”一语是指当事人所签订或在来往函电中所载明之契约仲裁条款或仲裁协议。

当事人就诉讼事项订有本条所称之协议者,缔约国法院受理诉讼时应依当事人一方之请求,命当事人提交仲裁,但前述协定经法院认定无效、失效或不能实行者不在此限。

典型案例

浙江逸盛石化有限公司与卢森堡英威达技术有限公司申请确认仲裁条款效力案[1]

【案情概述】

逸盛公司与英威达公司于2003年4月28日及6月15日分别签署了两份技术

---

〔1〕 宁波市中级人民法院〔2012〕浙甬仲确字第4号。

许可协议,约定:“有关争议、纠纷或诉求应当提交仲裁解决;仲裁应在中国北京中国国际经济贸易仲裁中心(CIETAC)进行,并适用现行有效的《联合国国际贸易法委员会仲裁规则》”[以上约定的原文为英文,即“The arbitration shall take place at China International Economic Trade Arbitration Centre (CIETAC),Beijing,P. R. China and shall be settled according to the UNCITRAL Arbitration Rules as at present in force”]。2012 年 7 月 11 日,英威达公司向中国国际经济贸易仲裁委员会提出仲裁申请。2012 年 10 月 29 日,逸盛公司以双方约定的仲裁本质上属于我国仲裁法不允许的临时仲裁为由,向宁波市中级人民法院申请确认仲裁条款无效。宁波市中级人民法院经逐级报请最高人民法院审查后,于 2014 年 3 月 17 日作出终审裁定,认为:当事人在仲裁条款中虽然使用了“take place at”的表述,此后的词组一般被理解为地点,然而按照有利于实现当事人仲裁意愿目的解释的方法,可以理解为也包括了对仲裁机构的约定。虽然当事人约定的仲裁机构中文名称不准确,但从英文简称 CIETAC 可以推定当事人选定的仲裁机构是在北京的中国国际经济贸易仲裁委员会。本案所涉仲裁条款不违反我国仲裁法的规定,裁定驳回逸盛公司请求确认仲裁条款无效的诉请。

【关键问题】

如何判定仲裁协议中约定的仲裁机构不明确?

【简要评论】

该案首次认可当事人约定由中国的常设仲裁机构依据《联合国国际贸易法委员会仲裁规则》管理仲裁程序的条款效力,并明确该条款约定的是机构仲裁,而非临时仲裁。该案对当事人理解存在分歧的合同用词,采取了有利于实现当事人仲裁意愿的目的解释方法,在仲裁条款未明确限定仲裁机构特定职能的情形下,认定当事人关于常设机构适用另一仲裁规则的约定应理解为该机构依仲裁规则管理整个仲裁程序。

23.2　国际商事仲裁协议的效力

知识要点

23.2.1　国际商事仲裁协议的效力

仲裁协议的法律效力，是指一项有效的仲裁协议对有关当事人和机构的作用或约束力。对于此问题，学理及各国法律的相关规定基本上一致，但由谁来认定这种效力则有所不同。

23.2.2　仲裁协议效力的表现

- 有效的仲裁协议是有关仲裁机构行使仲裁管辖权的重要依据之一。世界各国的仲裁机构只能受理有仲裁协议的案件。仲裁庭受理争议的范围也仅限于仲裁协议中明确规定的事项，对于任何超出仲裁协议范围的其他事项，仲裁庭一般无权受理。因此，仲裁庭或仲裁机构不能受理没有仲裁协议的任何案件。
- 仲裁协议排除了法院对该争议案件的管辖权。双方当事人一旦达成仲裁协议，就应受仲裁协议的约束，如果发生争议，应提交仲裁解决，而不得向法院提起诉讼。如果一方当事人不遵守仲裁协议的约束，向法院提起诉讼，则争议的另一方可以根据仲裁协议要求法院拒绝受理案件，法院亦应依照双方当事人所订立的仲裁协议停止诉讼程序。
- 仲裁协议是保证仲裁裁决具有强制执行力的法律前提。有效的仲裁协议是执行有关仲裁程序的依据。在裁决作成之后，一般情况下当事人都能自动执行。如果败诉方拒不履行仲裁裁决，胜诉方即可向有关法院提交有效的仲裁协议和裁决书，请求法院强制执行该裁决。

23.2.3　仲裁协议效力的认定

一般来说，法院和仲裁庭均有权对某一特定仲裁协议的有效性作出认定。根据管辖权/管辖权(competence - competence)原则，仲裁庭有权对其管辖权异议作出决定，显然也包括仲裁庭有权认定仲裁协议的效力。同时，法院也可依照法律应当事人的申请，在仲裁庭作出管辖权决定之后对其决定进行审查，或者在裁决作出后对仲裁庭的管辖权特别是仲裁协议的效力作出认定。法院的此种权力，既是对仲裁的支持,也是对仲裁的监督。

法院或者仲裁庭在对国际商事仲裁协议的效力作出决定时,考虑的主要因素有:该特定的仲裁协议应当适用的法律;仲裁协议本身不得违反裁决地国或裁决执行地国法律中有关强制性的规定,如涉及可仲裁事项的问题、有关当地的社会公共利益等问题的规定。[1]

法律与规范链接

▲ 必读法条

《仲裁法》

第5条 (见本书第421页)

第20条 当事人对仲裁协议的效力有异议的,可以请求仲裁委员会作出决定或者请求人民法院裁定。一方请求仲裁委员会作出决定,另一方请求人民法院作出裁定的,由人民法院裁定。

当事人对仲裁协议的效力有异议,应当在仲裁庭首次开庭提出。

第26条 当事人达成仲裁协议,一方向人民法院起诉未声明有仲裁协议,人民法院受理后,另一方在首次开庭前提交仲裁协议的,人民法院应当驳回起诉,但仲裁协议无效的除外;另一方在首次开庭前未对人民法院受理该案提出异议的,视为放弃仲裁协议,人民法院应当继续审理。

△ 延伸法条

《国际商事仲裁示范法》第8条、第9条、第16条。

典型案例

河南协鑫光伏科技有限公司诉半导体材料株式会社、苏州世宗半导体材料有限公司侵权责任纠纷案[2]

【案情概述】

协鑫公司向苏州市中级人民法院提起诉讼称,协鑫公司与半导体株式会社签

---

〔1〕 参见赵秀文:《论国际商事仲裁协议的有效性及其适用法律》,载《法学家》1993年第5期。

〔2〕 江苏省苏州市中级人民法院〔2013〕苏中商外初字第0045号民事裁定书。

订了《设备采购合同》,双方约定,协鑫公司向半导体株式会社采购型号为SM-150PV的单晶炉。合同签署后,协鑫公司按约向半导体株式会社支付了货款。半导体株式会社向协鑫公司交付单晶炉后,世宗公司派技术人员前往协鑫公司工厂进行设备安装调试。经过多次验收,半导体株式会社交付的单晶炉没有一台能够达到合同约定的技术指标。世宗公司故意谎报技术指标,欺骗误导协鑫公司签订合同,导致协鑫公司3900万元人民币的经济损失,其行为已经构成严重侵权。半导体株式会社、世宗公司作为共同侵权人,应当共同赔偿协鑫公司的经济损失。

半导体株式会社在答辩期内提出管辖权异议,认为:1.《设备采购合同》约定对于因合同产生或与之相关的一切争议均应当提交香港国际仲裁中心进行仲裁。协鑫公司主张侵权是基于其认为合同标的物不符合合同约定,该争议属于仲裁条款提到的"因合同产生或与之相关的一切争议"范畴,应当由香港国际仲裁中心管辖,不属于法院管辖的范围。2.协鑫公司已经将"设备不符合合同约定引起的争议"提交香港国际仲裁中心仲裁,香港国际仲裁中心也已经受理。综上,请求驳回协鑫公司的起诉。

法院认为,仲裁和司法诉讼是国际商事纠纷的主要解决方式,但有效的仲裁协议具有排除法院司法管辖的效力。《中华人民共和国民事诉讼法》第271条第1款规定,涉外经济贸易、运输和海事中发生的纠纷,当事人在合同中订有仲裁条款或者事后达成书面仲裁协议,提交中华人民共和国涉外仲裁机构或者其他仲裁机构仲裁的,当事人不得向人民法院起诉。本案《设备采购合同》第17.1条款有明确的请求仲裁的意思表示、明确的仲裁事项、确定的仲裁机构和唯一的仲裁地点,应当认定为有效的仲裁条款。本院没有管辖权。

【关键问题】

有效仲裁协议能否排除法院的管辖?

【简要评论】

有效的仲裁协议具有排除法院管辖的效力。根据本案合同仲裁条款的约定,与合同有关的一切争议,包括违约纠纷和侵权纠纷,当事人均应当提交仲裁。因合同的签订、履行发生的争议,协鑫公司已以合同相对方违约为由提交香港国际仲裁中心进行仲裁。在仲裁被受理之后,协鑫公司又以合同相对方侵权为由向法院起诉,违反了《民事诉讼法》第271条第1款之规定,应予驳回。至于合同的签订、履行中可能涉及第三方世宗公司的侵权责任,在协鑫公司无法通过仲裁弥补全部损失的情况下,协鑫公司仍可以世宗公司为被告向人民法院起诉,维护其合法权益。

23.3 国际商事仲裁协议的独立性

知识要点

☆23.3.1 仲裁协议独立性的含义

仲裁协议独立性是当代各国仲裁法都接受的原则。按照这一原则,仲裁协议是与主合同相分离,各自独立的契约,其效力不受主合同的影响,主合同无效或失效时,并不必然引起仲裁条款的无效或失效,仲裁协议的效力应单独判断。

关于仲裁协议的独立性问题,理论上有不同主张:

● 传统观点认为,仲裁协议是主合同不可分割的部分。主合同无效,合同中的仲裁条款也无效。作为主合同一部分的仲裁条款,是针对合同法律关系起作用的。既然主合同无效,依附于主合同的仲裁条款因此失去了存在的基础,当然也就失去效力。

● 现代观点认为,仲裁条款与主合同是可分的。主合同是当事人之间实体权利义务的约定,仲裁条款作为从合同,是当事人之间纠纷解决方式的约定。仲裁条款为当事人实现其实体权利提供了救济手段,该特殊性质决定了仲裁条款的独立性。

☆23.3.2 仲裁协议独立性的表现

仲裁条款独立性主要表现在以下两个方面:

● 两者的可分割性。主合同是当事人履行商事义务的条款,从合同是作为当事人必须遵循仲裁义务的条款。如果仲裁后主合同义务如期履行,那么从合同就无需履行了。

● 两者独立适用性。仲裁的过程中,对于仲裁事项经过当事人的同意,可以对合同争议适用特定的法律作出某些变更、让步,乃至和解、撤诉,而仲裁条款一经成立则是不可改变、撤销的;有的情况下,当事人可以对主合同的效力提出异议,但不得对仲裁条款的效力提出异议;如果对主合同争议事项依然有分歧,不得另行申请司法诉讼解决,仍然要依照仲裁协议诉诸仲裁。

法律与规范链接

▲ 必读法条

《合同法》

第57条　合同无效、被撤销或者终止的，不影响合同中独立存在的有关解决争议方法的条款的效力。

《仲裁法》

第19条第1款　仲裁协议独立存在，合同的变更、解除、终止或者无效，不影响仲裁协议的效力。

△ 延伸法条

《瑞典仲裁法》

第3条　构成其他协议的一部分的仲裁协议（指仲裁条款），其效力如必须和仲裁员的管辖权同时确定，则仲裁协议视为独立的协议。

典型案例

最高人民法院关于成都优邦文具有限公司、王某申请撤销深圳仲裁委员会（2011）深仲裁字第601号仲裁裁决一案的请示的复函〔1〕

广东省高级人民法院：

你院〔2012〕粤高法仲复字第2号《关于成都优邦文具有限公司、王某申请撤销深圳仲裁委员会〔2011〕深仲裁字第601号仲裁裁决一案的请示》收悉。经研究，答复如下：

本案系当事人申请撤销我国仲裁机构作出的涉港仲裁裁决的案件。案涉担保合同没有约定仲裁条款，仲裁庭关于主合同有仲裁条款，担保合同作为从合同应当受到主合同中仲裁条款约束的意见缺乏法律依据。仲裁庭对没有约定仲裁条款的担保合同进行审理并作出裁决，担保人王某申请撤销该仲裁裁决中涉及其作为担保人部分的裁项的理由成立。鉴于王某与祈某、陈某系共同保证人，三者具有共同的法律地位，且关于该三人责任的裁决共同表述在裁决书第（四）项中，人民法院宜

---

〔1〕　2013年3月20日，最高人民法院〔2013〕民四他字第9号。

将该裁项作为一项不可分的裁决予以撤销。

综上,根据《中华人民共和国仲裁法》第七十条、《中华人民共和国民事诉讼法》第二百七十四条第一款第(一)项之规定,案涉裁决书第(四)项以及第(六)项中关于王某、祈某与陈某共同承担仲裁费用的内容应予撤销。

此复。

23.4 国际商事仲裁协议的准据法

23.4.1 国际商事仲裁协议准据法概述

国际商事仲裁中,仲裁协议的有效性会遇到适用哪一国法律确定的问题,也就是仲裁协议的准据法问题。很多国家没有明文规定仲裁协议的准据法问题,或是有关规定比较简单。主要因为仲裁协议也是合同的一种,无须也不可能为它确立一套完全不同于其他合同的独特的法律适用准则。

23.4.2 国际商事仲裁协议准据法确定标准

关于认定仲裁协议效力的准据法,无论是形式要件还是实质要件,国际上有不同的理解和做法。

☆当事人选择的法律

现代各国在处理涉外合同的法律适用问题时,都采用当事人意思自治原则。仲裁协议既然是合同,当事人当然有权选择其准据法。实践中,当事人单独约定仲裁协议准据法的情况较为少见,单为仲裁条款约定准据法更是罕见,因此,当事人意思自治原则在这方面的作用主要是理论上的。

☆适用仲裁地或裁决地的法律

当事人未明示选择仲裁协议的准据法时,通常是以仲裁地法或裁决地法作为仲裁协议的准据法。《涉外民事关系法律适用法》第18条规定,当事人可以协议选择仲裁协议适用的法律。当事人没有选择的,适用仲裁机构所在地法律或者仲裁地法律。

☆适用最密切联系地的法律

最密切联系原则理论上亦可用于决定仲裁协议的准据法,但实践中一般都是直接适用仲裁地或裁决地法,只有在仲裁地或裁决地无法确定的情况下,才依各种客观标志确定仲裁协议的准据法。这些客观标志涉及缔约地，争议标的所在地，当事人的住所、国籍、惯常居所、营业地等。实际上，履行仲裁协议的场所在仲裁地，因此，仲裁地法通常就是与仲裁协议有最密切联系的法律。

☆有效的原则

为了体现支持仲裁的国际趋势，尽量使其有效的原则（in favorem of validitatis）也得到广泛认同，即适用能使仲裁协议保持有效的法律。

法律与规范链接

▲ **必读法条**

《仲裁法解释》

第 16 条　对涉外仲裁协议的效力审查，适用当事人约定的法律；当事人没有约定适用的法律但约定了仲裁地的，适用仲裁地法律；没有约定适用的法律也没有约定仲裁地或者仲裁地约定不明的，适用法院地法律。

《涉外民事关系法律适用法》

第 18 条　当事人可以协议选择仲裁协议适用的法律。当事人没有选择的，适用仲裁机构所在地法律或者仲裁地法律。

典型案例

中国法院适用瑞士法律认定临时仲裁条款有效[1]

【案情概述】

中粮酒业是在北京市朝阳区注册成立并进行经营的公司，GLORIA VINO 是在香港特别行政区注册成立的才智有限公司（THINKSMART LIMITED）的下属分公司，其注册和办公地点均位于香港特别行政区。中粮酒业和 GLORIA VINO 于 2011 年签订《销售合同》，约定中粮酒业向 GLORIA VINO 购买进口葡萄酒。《销售合同》第 13 条规定："A）有关本合同或本合同的签署所发生的所有争议均通过友好协商解决。如未能达成一致意见，将把所发生争议提请仲裁。B）仲裁在瑞士进行。C）仲裁裁决为最终裁决，对双方均具有约束力。D）仲裁费用由败诉方承担。"《销

〔1〕 北京市第三中级人民法院〔2014〕三中民特字第 07946 号。

售合同》没有约定发生争议应适用的法律。合同签订后，中粮酒业按约向 GLORIA VINO 支付了全部货款。但 GLORIA VINO 一直未向中粮酒业发货，违反了合同约定。中粮酒业有限公司向法院申请确认中粮酒业与 GLORIA VINO 签订的《销售合同》中的仲裁条款无效，本案诉讼费用由 GLORIAVINO 承担。申请人认为虽然《销售合同》规定双方发生争议通过仲裁解决，仲裁在瑞士进行。但因没有约定仲裁机构，而约定的仲裁地点瑞士是国家名称，并没有约定在瑞士的哪个城市哪个仲裁机构进行仲裁，属于仲裁地点不明，因此，请求确认上述《销售合同》中的仲裁条款无效。

法院经庭审查明，中粮酒业与 GLORIA VINO 于 2011 年 6 月 16 日签订的《销售合同》明确约定争议解决方式为仲裁，仲裁在瑞士进行，但未约定法律适用及仲裁机构。因 GLORIA VINO 系在香港特别行政区注册成立的才智有限公司（THINKSMART LIMITED）的下属分公司，注册和办公地点均位于香港特别行政区，涉案《销售合同》签订于 2011 年 6 月 16 日，《涉外民事关系法律适用法》已经生效，故应当适用该法第 18 条确定应适用的法律。《涉外民事关系法律适用法》第 18 条规定，当事人可以协议选择仲裁协议适用的法律。当事人没有选择的，适用仲裁机构所在地法律或者仲裁地法律。涉案《销售合同》虽然未约定法律适用，但约定在瑞士进行仲裁，故本案应适用瑞士法律确认有关仲裁条款的效力。《瑞士联邦国际私法法规》第十二章规定的“国际仲裁”应符合两个条件：一是仲裁地在瑞士，二是仲裁协议签订时至少有一方当事人的住所、惯常居所地或者营业机构所在地不在瑞士境内。涉案《销售合同》明确约定仲裁在瑞士进行，同时中粮酒业与 GLORIA VINO 的住所、惯常居所地或者营业机构所在地均不在瑞士境内，涉案《销售合同》约定的仲裁符合上述规定。

本案系因涉案《销售合同》产生的争议，属于当事人之间的财产争议，具有可仲裁性。涉案仲裁条款虽然未约定仲裁机构，但《瑞士联邦国际私法法规》第十二章规定当事人对仲裁庭如何组成未作约定时，可以按照第 179 条的规定，请求仲裁地法院任命仲裁员，即瑞士认可临时仲裁。因此，涉案仲裁条款不违反《瑞士联邦国际私法法典》的强制性规定，应认定有效。中粮酒业要求确认其与 GLORIA VINO 所签《销售合同》中的仲裁条款无效，本院不予支持。依照《中华人民共和国仲裁法》第 20 条之规定，裁定驳回中粮酒业有限公司的申请。

【关键问题】

国际商事仲裁协议的准据法应如何确定？

【简要评论】

本案涉及临时仲裁的效力问题。所谓临时仲裁(ad hoc arbitration),是指不通过常设仲裁机构的协助,直接由双方当事人指定的仲裁员组成仲裁庭进行的仲裁。我国《涉外民事关系法律适用法》第 18 条规定:“当事人可以协议选择仲裁协议适用的法律。当事人没有选择的,适用仲裁机构所在地法律或者仲裁地法律。”本案当事人在仲裁条款中并未约定仲裁协议的准据法,因此应当适用仲裁地的法律也即瑞士法,根据法院查明的《瑞士联邦国际私法法规》的规定,法院认为瑞士法律承认临时仲裁,因此本案虽然仅仅约定了仲裁地,并未约定仲裁机构,涉案仲裁条款仍然应认定为有效。北京三中院的裁定再次表明我国法院友好仲裁的态度和司法实践。

延伸阅读

1. 高菲、徐国建:《中国临时仲裁实务指南》,法律出版社 2017 年版。
2. 晏玲菊:《国际商事仲裁制度的经济学分析》,上海三联书店 2016 年版。

第 24 章　国际商事仲裁中的法律适用

教学目标

1. 掌握国际商事仲裁中法律适用的概念;理解“非本地化仲裁”理论。
2. 要求了解国际商事仲裁过程中常见的法律选择问题,重点掌握仲裁协议和仲裁实体问题的法律适用。

推荐参考资料

1. 寇丽:《现代国际商事仲裁法律适用问题研究》,知识产权出版社 2013 年版。
2. 杨玲:《国际商事仲裁程序研究》,法律出版社 2011 年版。
3. 谢新胜主编:《国际商事仲裁程序法的适用》,中国检察出版社 2009 年版。

24.1　国际商事仲裁法律适用概述

知识要点

24.1.1　国际商事仲裁法律适用的概念

国际商事仲裁往往涉及不同国家的当事人,同时由于各国的法律规定不同,解决争议依据不同国家的实体法或程序法会产生不一样的结果。因此,法律适用问题是一个很关键的问题。

国际商事仲裁的法律适用,是指在国际商事仲裁中,适用何种法律来判定国际商事仲裁协议的有效性、仲裁程序所遵守的规则、仲裁当事人的实体权利义务、仲裁裁决的法律效力及其承认和执行。

其突出特点在于仲裁当事人具有很大的自主性来行使意思自治，可以选择仲裁协议所适用的法律、仲裁程序法、仲裁实体法，而不必拘泥于仲裁地法律的限制。国际商事仲裁不同于国内商事仲裁，它通常涉及多个法律体系或法律规则体系。剔除不当的复杂化，可能与国际商事仲裁有关的法律制度至少有五种：

（1）适用于当事人签订仲裁协议的能力的法律；

（2）适用于仲裁协议及仲裁协议履行的法律；

（3）适用于仲裁庭的存在及其所进行程序的法律——仲裁法（lex arbitri）或"法庭法"（curial law）；

（4）适用于争议实体问题的法律或相关法律规则——通常称为"适用法"、"合同准据法"（lex causae）、"实体法"（substantive law）或"管辖法律"；

（5）适用于裁决的承认和执行的法律（实践中，如果承认和执行是在败诉方有或被认为有财产的一个以上国家进行，则可能不只是一个法律，而是两个或多个法律）。

24.1.2　国际商事仲裁法律适用的立法模式

现代各国有关国际商事仲裁法律适用的立法规定极为分散，归纳起来，大致有以下三种模式：

☆在仲裁法中明确规定法律适用规则

有少部分国家在仲裁法中对有关法律适用问题作出相应的规定，其中有的国家的仲裁法仅规定仲裁程序法的适用规则；有的除仲裁程序法以外，还规定了仲裁协议的准据法、仲裁实体法的适用规则。如 2016 年 5 月 29 日修订的《韩国仲裁法》就在第 20 条规定了程序事项的法律适用规则，在第 29 条规定了实体问题的准据法。

☆在国际私法中专门规定仲裁的法律适用规则

有些国家在本国的国际私法中专门规定国际商事仲裁的法律适用规则。如《瑞士联邦国际私法法规》在第十二章"国际仲裁"中系统规定了国际商事仲裁事项，其中第 178 条规定了仲裁协议的法律适用规则，第 182 条规定了仲裁程序的法律适用规则，第 187 条则规定了仲裁裁决适用实体法的规则。这种法律适用的"双轨制"规定显示了国际商事仲裁的法律适用有别于国际民事诉讼。

☆在民事诉讼法中规定仲裁的法律适用规则

一部分国家未制定单行的仲裁法，而是在民事诉讼法中对仲裁制度作出规定。例如，经修订于 1998 年 1 月 1 日生效的《德国民事诉讼法典》第十编关于仲裁程序的规则具有独立的体系，共分十章，其中第1042条第3款规定了仲裁程序法的适用规则，第1051条规定了仲裁实体法的适用规则。

除了国内立法以外，一些重要的有关国际商事仲裁的国际法律文件（如《国际商事仲裁示范法》等）、各主要国际商事仲裁机构的仲裁规则（如《伦敦国际仲裁院仲裁规则》等）也大多就国际商事仲裁的法律适用问题作出详尽的规定。国际商事仲裁法律适用的多样性以及法律规定的分散性，无疑使其比国际民事诉讼的法律适用更为复杂。

法律与规范链接

▲ **必读法条**

《中国国际经济贸易仲裁委员会仲裁规则》(2015年)

第4条

（一）本规则统一适用于仲裁委员会及其分会/仲裁中心。

（二）当事人约定将争议提交仲裁委员会仲裁的，视为同意按照本规则进行仲裁。

（三）当事人约定将争议提交仲裁委员会仲裁但对本规则有关内容进行变更或约定适用其他仲裁规则的，从其约定，但其约定无法实施或与仲裁程序适用法强制性规定相抵触者除外。当事人约定适用其他仲裁规则的，由仲裁委员会履行相应的管理职责。

（四）当事人约定按照本规则进行仲裁但未约定仲裁机构的，视为同意将争议提交仲裁委员会仲裁。

（五）当事人约定适用仲裁委员会专业仲裁规则的，从其约定，但其争议不属于该专业仲裁规则适用范围的，适用本规则。

24.2　国际商事仲裁程序问题的法律适用

知识要点

24.2.1　仲裁程序问题的法律适用概述

尽管相对于诉讼来说，仲裁当事人具有更大的自主性来行使意思自治，可以选择仲裁协议所适用的法律、仲裁程序法、仲裁实体法,而不必拘泥于仲裁地法律的限制,但是商事仲裁并不存在于法律的真空中,仲裁也受到相关法律的约束。

仲裁程序的法律适用,是指适用于仲裁活动和行为本身的法律,即制约和规范仲裁程序的法律。适用于国际商事仲裁程序事项的法律既包括仲裁程序法,同时也包括仲裁规则。前者通常表现为单独的仲裁法,有时也可能包含在民事诉讼法典等程序法中,英美法系国家的判例法和大陆法系国家的司法机关作出的相关司法解释也构成仲裁程序法的组成部分。而后者则仅指各国仲裁机构根据其本国仲裁法,或者国际组织成立的国际商事仲裁机构根据特定的国际法制定的关于如何进行仲裁所遵循的程序规则。

☆仲裁程序问题法律适用的双重性

首先,仲裁是由当事人,或当事人与仲裁庭已经同意或采用的程序规则进行规范的;其次,它还由仲裁地的法律进行规范。

承认仲裁的这种双重性非常重要。但是在某些情况下,仲裁程序并不绝对地从属于一国的司法制度,仲裁所依据的程序法不仅仅是仲裁地法。换句话说,当事人可以选择仲裁地以外的仲裁程序规则和仲裁程序法。

☆仲裁程序法独立于仲裁实体法

仲裁程序法所属法律体系可独立于仲裁实体法所属法律体系的观点已得到了确认。早在 20 世纪 70 年代初英格兰法院审理的“詹姆斯 · 米勒诉威瑟沃斯街房地产公司”[James Miller & Partners Ltd. v. Whitworth Street Estates(Manchester) Ltd.]案[1]中就已明确将仲裁程序法与仲裁实体法相分离,实际上就是承认当事人可以基于不同的考虑分别选择仲裁程序法和实体法。

☆仲裁程序法的内容

实践中,仲裁程序法的内容繁简不一,但通常都包括了解决仲裁过程所涉及的下列主要问题:可仲裁事项的范围;仲裁协议效力的认定,仲裁文书的送达,仲裁员的指定、回避与撤销,仲裁庭的权力和责任,仲裁程序中临时性保全措施的采取、证据的收集和使用,仲裁裁决作出的形式及对裁决异议的处理,仲裁裁决的承认与执行等。关于仲裁程序法的选择与适用,国际上并没有统一的立法和实践,即便是那些同意当事人选择仲裁程序法的国家,其规定的限制条件也各不相同。

---

〔1〕 [1970]1 Lioyd' s Rep. 269.

☆仲裁程序法与仲裁规则

仲裁程序法与仲裁规则是两个既有区别又有密切关系的概念。

仲裁程序法通常被称为仲裁的"法庭法"(curial law)或"仲裁法"(lex arbitri),是世界各国通过国内立法或国际立法的方式,单独或者集体制定的规范商事仲裁的法律规范的总称;商事仲裁规则是由各有关的商事仲裁当事人、商事仲裁机构或其他民间机构所制定的规范商事仲裁活动的程序规则。

仲裁程序法与仲裁规则的区别主要表现在:

(1)制定主体不同。仲裁程序法是由国家立法机关制定颁布的法律、法规和司法机关作出的解释,其制定主体通常为一国的立法机关;而仲裁规则则是由各仲裁机构制定供仲裁庭和当事人直接适用的程序规则,其制定主体通常为民间性质的各个仲裁机构。

(2)调整范围不同。仲裁程序法调整的范围更为广泛,既包括仲裁庭及其内部运作事项,又包括仲裁庭的外部运作事项,如法院强制证人作证、采取证据保全措施、撤销仲裁裁决或拒绝执行仲裁裁决等;而仲裁规则仅调整仲裁庭的内部运作关系,如仲裁的申请、答辩与反诉,仲裁员的指定与确认,请示仲裁员的回避与替代,仲裁地点与仲裁规则的选择与决定,仲裁审理程序的终结,裁决作出的形式、期限,更正及解释,等等。

(3)法律效力不同。仲裁程序法具有普遍性的法律效力;而仲裁规则的效力仅局限于相关的仲裁机构、仲裁员、当事人以及其他仲裁参与人,而且仲裁规则必须服从于相关的商事仲裁法。对于商事仲裁法中的任意性条款,当事人、仲裁庭和仲裁机构可以选择是否适用;但对于其中的强制性条款,当事人、仲裁庭和仲裁机构都必须严格遵守。对此,很多仲裁规则都有明文规定。譬如,2010 年新修订的《联合国国际贸易法委员会仲裁规则》第 1 条第 3 款规定:"仲裁应按照本《规则》进行,但本《规则》任一条款与仲裁所适用的某项法律规定相抵触,且各方当事人又不得背离该法律规定的,以该法律规定为准。"

(4)司法程序不同。仲裁程序法是管辖法院干预商事仲裁的依据;而仲裁规则是法院干预商事仲裁时需要考虑的因素,即主要只是依据仲裁规则的执行情况来对仲裁程序进行监督。并且一个非常重要的前提是,仲裁规则的相关内容不违背商事仲裁法的规定。

同时,仲裁程序法与仲裁规则又是紧密相关的。仲裁程序法是本国仲裁机构制定仲裁规则的依据,仲裁规则必须符合本国仲裁程序法的基本原则,否则法院可以仲裁裁决违反仲裁程序法为由而撤销。两者在通常情况下是不会发生矛盾的。但是,当仲裁庭适用了当事人自行约定的仲裁地以外的仲裁规则进行仲裁时,该仲裁规则就有可能与仲裁地的仲裁程序法的强制性规定产生冲突,此时,仲裁庭只有服从于仲裁地程序法的强制性规定,才能避免其作出的裁决被撤销的后果。

24.2.2　仲裁程序法适用的理论依据

☆适用仲裁地法的理论依据

传统理论认为,仲裁程序受仲裁地法支配。这个理论之所以为大多数国家普遍接受,主要有以下几个依据:

(1)从国际公法的角度来看,主权是国家固有的重要属性,是国家对内最高、对外独立的权力。根据这种属地优越权,一国对在其领域内进行的仲裁享有监督、控制的权力,仲裁的合法性及效力都来自仲裁地法。

(2)从国际私法的角度来看,早在"法则区别说"时代,就有学者根据"场所支配行为"的思想,提出法院地的程序法应适用于在该国进行的一切诉讼活动。将上述原则推广适用于国际商事仲裁领域,便会得出仲裁程序受仲裁地法支配的结论。

(3)从国际商事仲裁本身来看,在一般情况下,仲裁地法与仲裁程序之间的联系十分密切,自一方当事人提请仲裁到有关仲裁裁决得到执行,在这个过程中,仲裁协议效力的认定、仲裁文书的送达、仲裁庭的组成、仲裁员的权利和义务、仲裁程序中的临时措施、证据的收集和使用、裁决的作出等问题无不受制于仲裁地法。仲裁地都理所当然地成为确定仲裁法适用问题时需要考虑的最重要连接因素。

☆适用当事人意思自治原则的理论依据

仲裁相较于诉讼而言,性质上更加温和、更能体现当事人意图。当事人意思自治体现了人们追求法律适用的最佳境界,即简单、统一及裁决的可预见性和稳定性。

国际商事仲裁在程序上适用当事人意思自治原则主要表现为,一国境内的仲裁遵照当事人的意图按照另一国的程序法进行。譬如仲裁在瑞士进行,但是当事人通过约定,要求适用德国的程序法。不过,商事仲裁的实践经验也说明当事人并不具有选择程序规则的绝对自由,而是要受到多个方面因素的制约,国际商事仲裁不处于法律真空中,不存在"绝对的契约自由"原则和"绝对的当事人意思自治"原则。这说明在选择仲裁程序法时,商事争议双方的自由是要受到限制的。譬如在上述例子中,当事人和仲裁员都需要考虑两个程序法:当事人选择的德国程序法和瑞士法中的强制性的程序法。

☆**适用非本地化理论的依据**

★**(1)"非本地化"理论的内容**

自20世纪60年代以来,在国际商事仲裁的理论和实践中涌现出一种否定"所在地理论",力图使国际商事仲裁程序完全摆脱仲裁地法的控制和支配的发展趋向。一些学者提出,仲裁裁决的强制执行效力并不必然来自仲裁地法,仲裁可以独立于仲裁地法进行。即使裁决不依仲裁地法作出也同样有效,并可在他国得到承认和执行。这便是被西方法学家称作国际商事仲裁的"非本地化"理论(Delocalisation)。

"非本地化"理论认为,国际商事仲裁可以不受仲裁地法的限制,仲裁裁决的法律效力也不必由仲裁地法赋予,裁决在申请强制执行之前不受任何国家法院的监督,任何国家的法院均不能行使撤销此项裁决的权力。

按照这一理论,当事人可以在仲裁协议中约定,仲裁程序不遵循任何国家的程序法,而是依照当事人自行选择的程序规则。也就是说,按照这种理论,当事人可以超脱于仲裁所在地国家法律的控制之外,在其合同中约定,仲裁不受任何特定的国家的程序法的调整,仲裁的程序规则将由当事人自由选定,或者由仲裁庭根据符合当事人利益之目的而选择适用于仲裁程序的法律而非仲裁地的强制程序规则。

★**(2)"非本地化"仲裁的目标**

"非本地化仲裁"追求两个目标:

一是保证仲裁不管在什么地方进行,同一个仲裁庭能够以同样的仲裁程序进行仲裁;

二是保证不管由哪一个仲裁庭进行仲裁,也不管仲裁在何处进行,所适用的程序规则都应该是相同的。

第二个目标是对第一个目标的深入和发展,它们的本质都是一样的:目的是在每个案件中使仲裁进行的地点变得毫不相干,仲裁庭能够适用相同的仲裁程序规则,从而使仲裁当事人最大限度地享受到程序的正义和公平。其目标具体如下:

●首先,作为一项基本原则,国际商事仲裁不应受差异极大的各个国家国内法律缺失的支配,特别是某些国家的内国法律制度极不完善,或者不适应现代国际商事仲裁实践的需要。

●其次,仲裁法仅仅是程序方面的规则。在国际商事仲裁中,这些规则完全可以由当事人自己制定或者由仲裁庭代为制定。

●最后,调整仲裁程序的法律应该是仲裁裁决执行地国家的法律,而不是仲裁进行地国家的法律。因为只有仲裁裁决执行地国的法律才是唯一的可以以公共秩序的理由拒绝承认和执行仲裁裁决的国家。

根据此种"非内国仲裁"的观点,"浮动裁决"(floating award)的概念也应运而生。所谓"浮动裁决",是指通过当事人协议,使仲裁不附属于任何特定内国法律体系所作出的裁决,[1]这种裁决通常也被冠以其他许多名称,诸如"非国内裁决"(unnational award)、"非本地裁决"、"非领域化的裁决"。

★(3)非本地化理论评析

"非本地化仲裁"理论是近几十年来,在国际商事仲裁领域出现的一种新的发展动态,是"意思自治"理论同"所在地"理论矛盾与冲突的结果。然而,支持"非本地化仲裁"理论的国家为数并不多。这一理论自身还存在不少难以克服的缺陷。

首先,"非本地化仲裁"理论期望建立一种完全摆脱任何国内法约束的自治仲裁体系,这是不符合现实的。国际私法上的"意思自治"并不是绝对的,当事人的自由约定不得违反公共秩序和法律的强制性规范,这是为各国普遍接受的原则。正是基于这一原则,在国际商事仲裁中,当事人不能通过协议排除仲裁地国的仲裁法中强制性规则的适用。当事人关于仲裁规则的约定,也不能违反仲裁地国仲裁法中的强制性规定。

其次,在由主权国家组成的国际社会中,要让国家完全放弃对其境内的仲裁活动的监督和管理,是既不可能也不必要的。任何国家的法律和法院都不可能完全放弃对其境内的仲裁程序的控制和监督。而且有时国际商事仲裁还必须借助于法院依其当地法律给予协助和支持才可能开展正常的仲裁程序。

最后,"非本地化仲裁"理论完全无视仲裁地法在国际商事仲裁实践中所起的积极作用,也会给国际商事仲裁程序的进行和仲裁裁决的承认与执行带来困难和不便,这也正是各国国内立法很少接受这一理论的真正原因。

"非本地化仲裁"理论虽有不足,但西方国家商业界却多持支持态度。按此种理论进行的仲裁,在当事人能自动履行裁决,即不存在就裁决的有效性或可执行性问题而诉诸法院的可能的情况下,是可以摆脱国内法的限制和法院的监督,从而充分实现当事人意思自治的。其实,就是那些批评"非本地化仲裁"理论的学者也并不都反对这种理论,只是担心在法律根据不充分和各国司法实践未广泛认可的情况下,其裁决的有效性无法得到保证而已。[2]

---

〔1〕 See Pieter. Sanders , Trends in the Field of International Commercial Arbitration, II RECUEIL DES COURS 270(1975).

〔2〕 参见韩健:《现代国际商事仲裁法的理论与实践》(第 2 版),法律出版社 2000 年版,第 272 页。

典型案例

三星物产株式会社与上海金光外滩置地有限公司建设工程施工合同纠纷案[1]

【案情概述】

三星物产株式会社(以下简称三星物产)与上海金光外滩置地有限公司(以下简称上海金光)签订的仲裁条款明确约定为“应在新加坡最终解决,仲裁过程应使用英文”。后双方产生争议,上海金光主张按照仲裁条款交与仲裁,三星物产则向法院提出仲裁条款无效。

一审人民法院认为,合同的该条款应认定合法有效。现双方为履约发生纠纷,应根据双方合同约定的仲裁条款通过仲裁程序解决。

三星物产上诉至上海市高级人民法院,认为原审裁定认定事实不清,适用法律不当。双方合同条款明确约定合同适用中国现行法律,合同应依此约定按中国法进行解释。根据中国《仲裁法》及其最高人民法院的相关司法解释和批复,双方合同中的仲裁条款由于既没有选定或约定仲裁机构,也未达成过补充协议,目前亦不可能达成补充协议,故系争仲裁条款应属无效。原审法院适用《中华人民共和国民事诉讼法》第257条和《中华人民共和国仲裁法》第26条与本案讼争事实不符。同时上诉人还提供了其委托代理人与新加坡国际仲裁中心来往的电子邮件,据此认为根据系争合同的仲裁条款,只有双方当事人同意适用新加坡国际仲裁中心的仲裁规则,该中心才可以受理,否则无法受理,只能适用临时仲裁,而中国法律可能对临时仲裁不予认可。故请求二审法院撤销原审裁定,驳回被上诉人的管辖权异议。

二审法院认为,根据《中华人民共和国民事诉讼法》第257条之规定,涉外经济贸易、运输和海事中发生的纠纷,当事人在合同中订有仲裁条款或者事后达成书面仲裁协议,提交中华人民共和国涉外仲裁机构或者其他仲裁机构的,当事人不得向人民法院起诉。因此,本案的关键在于双方当事人于双方合同文本中关于双方的争议除合同有特别规定外,“应在新加坡最终解决,仲裁过程应使用英文”“仲裁决定对各方均有最终约束力”的约定是否有效。

众所周知,仲裁条款是一项独立于主合同权利义务关系的协议,其效力不受主合同效力的影响。故对仲裁条款效力的审查有其自身的适用法律,应与合同的准

---

[1] 上海市高级人民法院〔2001〕沪高民终字第245号民事裁定书。

据法相分离,《纽约公约》第5条第1款(a)项对此亦作了明确规定。该《公约》规定,“被请求承认和执行裁决的管辖当局只有在作为裁决对象的当事人提出有关下列情况的证明的时候,才可以根据当事人的请求,拒绝承认和执行该项裁决:(a)第2条所述之协议……根据当事人选定的法律,或在没有这种选定的时候,根据仲裁地国的法律,上述协议是无效的……”

本案中虽然三星物产与上海金光在系争合同的条款中约定系争合同的适用法律为我国现行法律,但该条款应视为仅是系争合同准据法的约定,而非对仲裁协议准据法的约定。由于双方当事人在系争仲裁协议中未对该协议适用的准据法作出约定,根据《纽约公约》的上述规定,当事人未对仲裁协议的准据法作出约定,则适用仲裁地国家法律。因此,系争仲裁条款的效力的准据法应依双方选定的仲裁地国家法律,即新加坡共和国的有关仲裁法律规定确定。

根据新加坡共和国《国际仲裁法》第2条第1项之规定,“仲裁庭是指独任仲裁员或仲裁合议庭或常设仲裁机构”。此外,该法第3条还规定,除《联合国国际贸易法委员会国际商事仲裁示范法》(以下简称示范法)第八章规定外,示范法在新加坡具有法律效力。而根据示范法第2条之规定,“仲裁是指无论是否由常设仲裁机构进行的任何仲裁”。因此,可以认为常设机构的仲裁和临时仲裁在新加坡都是有效的。上诉人提交的电子邮件也证明,双方当事人间的纠纷除了可以在满足一定条件后提交新加坡的常设仲裁机构——新加坡国际仲裁中心进行仲裁外,也可以在新加坡进行临时仲裁。同时,根据新加坡上述法律的第8条及示范法的有关规定,当当事人无法就仲裁员的委任或仲裁庭的组成达成协议时,可以应当事人请求由新加坡的指定当局给予委任。故即使如上诉人所言双方当事人无法进一步就适用新加坡唯一的常设仲裁机构——新加坡国际仲裁中心的仲裁规则达成协议,该仲裁协议在新加坡也是可实行的。由此,二审法院维持原审裁定。

【关键问题】

本案约定系争合同的适用法律为我国现行法律,为何最终适用新加坡法律决定仲裁协议是否有效?

【简要评论】

根据仲裁协议的独立性,主合同和仲裁协议适用法律相互独立,虽然主合同适用我国现行法律,但是仲裁协议的准据法与主合同并不相同。而本案中当事人未对仲裁协议的准据法作出约定,则适用仲裁地国家法律。因此,系争仲裁协议的效力的准据法应依双方选定的仲裁地国家法律,即新加坡共和国的有关仲裁法律规定确定。

24.3 国际商事仲裁实体问题的法律适用

24.3.1 仲裁实体问题的法律适用概述

☆仲裁实体问题的法律适用

国际商事仲裁实体问题适用实体法(substantive law),它是确定争议双方当事人权利义务所适用的准据法,是判定争议是非曲直的主要法律依据,对争议的最终裁决结果具有决定性的意义。如何确定和适用仲裁的实体法,是国际商事仲裁的核心问题。它直接制约着仲裁的结果,影响着国际商事仲裁当事人的切身利益。

国际商事仲裁的实体法与支配当事人之间商事关系或者商事合同的法律是一致的。但仲裁实体法的确定与法院确定国际合同的法律适用仍有着许多不同的地方。

● 如果当事人选择了仲裁实体法,仲裁庭将尊重当事人的选择,适用当事人选择的法律。

● 在当事人未作法律选择时,仲裁庭可适用仲裁地国的冲突规则、仲裁员本国的冲突规则或仲裁员认为适当的其他冲突规则,来确定仲裁适用的实体法。

● 仲裁员还可不援引任何冲突规则,而直接适用他认为适当的实体法规则。

☆仲裁适用的实体法的具体表现形式

从国际商事仲裁的实践来看,仲裁中适用的实体法,主要有以下几种:

(1)国内法。国内法一直是国际商事交往中当事人选择准据法的主要对象。如不少国际贸易、投资合同都在争议解决条款中规定:合同适用某国家的法律或本合同发生纠纷时,适用某国法律处理等。

(2)国际公约。近年来,国际商事公约大量增加,参加国也越来越多。有些国际公约具有直接适用的效力。如《联合国国际货物销售合同公约》就规定,缔约国的当事人之间订立的货物销售合同中,如不另外排除对该公约的适用,公约则可直接约束当事人的权利义务。

(3)国际惯例。国际惯例就其性质而言,有公法上的惯例和私法上的惯例。私法上的惯例一般有贸易惯例、航运惯例和其他行业惯例等,其表现形式既有不成文的惯例,也有通过某些国际组织或民间团体编纂成文的惯例。作为国际商事仲裁实体法表现形式的国际惯例就是指私法性质的惯例,一般称作国际商事惯例。由于国际商事惯例是实践的直接产物,并随着国际经济贸易的发展不断得到修改,因而特别能够适应现代国际商事交往发展的需要。

(4)契约条款。主要是指合同条款中对当事人权利和义务的规定。合同中一般都明确规定了当事人的权利和义务。当事人如果不遵守这些条款的规定,应承担由此而引发的责任。这时,合同条款的内容也就具备了一定的强制效力,起着与法律相类似的作用。

24.3.2　国际商事仲裁实体法的确定

在国际合同中,当事人都会订立一条决定实体法的法律选择条款,但是未订立或虽订立却马虎草率者亦屡见不鲜。究其原因,不外乎两点:其一,当事人只注重合同中的商事条款,认为订立合同只是明确双方的权利义务,因而对实体法选择条款考虑得很少;其二,当事人往往来自经济制度、政治制度、法律环境不同甚至迥异的国家,对对方国家的法律既不熟悉又不信任,于是把法律选择问题搁置起来。这样,一旦发生争议,提交仲裁,仲裁员就不得不担负起确定可适用的实体法的工作。

对于当事人在合同中未约定的事项或涉及已约定的内容是否有效时,仲裁员就需要决定适用哪一法律。从国际商事仲裁的实践和立法来看,国际商事仲裁中实体法的确定可以分为两类:一类是当事人通过协议明确选择了仲裁实体法的;另一类是当事人选择不明确或未选择实体法的。

☆当事人通过协议明确选择仲裁实体法

当事人通过协议明确选择仲裁实体法时,应当尊重当事人对法律的选择。仲裁的基础乃是当事人的意志,即当事人通过协议,根据其同意的目的和条件赋予仲裁员以裁决案件的权力。既然仲裁员的权力来源于当事人的协议,那么,他们就必须遵从当事人的合意。因而,如果当事人合意使其之间的商事关系受某一法律支配,或使其争议依某一法律解决,仲裁员有义务尊重当事人的这种合意,并依此合意行事,适用当事人所选择的法律。

☆当事人选择不明确或未选择仲裁实体法

当事人没有明示的法律选择确定仲裁实体法时,仲裁员则肩负着选择仲裁实体法的任务,概括起来可分为两类:

一是根据冲突法规则确定仲裁实体法。即由仲裁员先选择冲突规范,然后再根据冲突规范确定实体法。与法官不同,仲裁员在运用冲突规范确定仲裁实体法时,可以在多种冲突规则之间进行选择。仲裁员通常选择的冲突规则有:仲裁地国冲突规则、其认为最为适当或可适用的冲突规则、最密切联系国家的冲突规则。

二是仲裁员根据案件情况直接确定实体法。

★根据冲突法规则确定仲裁实体法

在国际商事仲裁实践中，在当事人未作法律选择时，传统的方法是依冲突规则确定仲裁实体法，这种方法仍然是当今仲裁庭确定仲裁实体法的主要方法。从国际商事仲裁实践的角度来看，主要有以下几种做法：

● 依仲裁地国的冲突规则。这种做法的理论基础是，当事人选择了仲裁地，也就间接地选择了仲裁地的冲突法规则。其优点就在于具有统一性和可预见性，并尊重了当事人的意愿。但是，该理论过分强调了仲裁地法在国际商事仲裁中的作用，且可能适用与当事人、仲裁员或争议都没有真实联系的冲突规则，导致荒诞的结果：其一，合同当事人有时只是指明了仲裁员，并没有指明进行仲裁的国家，则仲裁地点和所适用的冲突法体系都将由仲裁员确定。在这种情况下适用仲裁地冲突规则确定准据法，所谓尊重当事人意思自治的优点将不复存在。其二，特定仲裁地的识别有时也很困难。出于某些实际原因，仲裁员可能在两个或多个国家听审。另外，仲裁有时通过当事人和仲裁员之间信件往来进行书面审理，这种情况会使仲裁地理论失去其可预见性和统一性的优点。

● 依仲裁庭认为合适的冲突规则确定准据法。大多数学者主张，在当事人未作法律选择的情况下，应赋予仲裁庭广泛的自由裁量权，由仲裁庭选择其认为适当的或可适用的冲突规则来确定仲裁实体法。这种做法给予仲裁庭较大的自主权和灵活性，由仲裁庭综合考虑各方面的因素决定可适用的冲突规则。仲裁庭可以选择的冲突规则的范围是非常广泛的，例如仲裁员本国的冲突规则、裁决可能被执行的国家的冲突规则、与争议有最密切联系的国家的冲突规则等。总之，只要仲裁庭认为某冲突规则是合适的或依据该冲突规则指定的准据法是合适的，它就可以适用。

● 最密切联系原则。最密切联系原则作为当事人未选择合同准据法时确定仲裁实体法的补充原则，是最为可取的。但可作为判定是否存在最密切联系的依据很多，如缔约地、履行地、货物的目的地、住所地、营业地、当事人或他们代理人的国籍、约定支付的货币以及合同使用的术语、合同的内容、有关仲裁的根据、清付或担保债务的条款，以及与前一交易的关系，等等。仲裁员既可以强调某一个或某几个因素，从而认为甲国与合同有密切联系；也可强调其中另一个或另外几个因素，从而认为乙国与合同有最密切联系。可供判断的因素越多，也就越容易掺杂仲裁员主观的意见。因此，最密切联系方式的合理采用，关键在于必须考虑全面的情况，找出那些最具本质意义的连结因素。

★直接确定仲裁实体法

晚近，在仲裁实践中出现了“直接适用实体规则”的方法，即仲裁员不必确定和依靠任何冲突规则，而是根据案情需要，直接确定应适用的实体法规则。这既可以使仲裁员减少确定冲突规则的步骤，而且能实现仲裁的当事人希望程序简化的愿望。

法律与规范链接

▲ 必读法条

《涉外民事关系法律适用法》

第2条　（见本书第10页）

第3条　（见本书第281页）

典型案例

瑞士科玛集团有限公司诉江苏纺织工业(集团)进出口有限公司案[1]

【案情概述】

本案的申请人瑞士科玛集团有限公司(以下简称科玛公司)与被申请人江苏纺织(集团)进出口有限公司(以下简称纺织公司)当初签订了一份买卖合同，由申请人向被申请人出售货物，申请人按照约定准备了货物，然而被申请人迟迟未依约开具信用证，构成实质性违约。申请人不得不终止了买卖合同。之后，申请人根据合同约定的仲裁条款向新加坡国际仲裁中心申请仲裁，主张损失、利息以及相关费用。

新加坡国际仲裁中心经审理认定被申请人根本违约，应赔偿申请人损失，并于2016年3月作出最终裁决书，裁定被申请人向申请人赔偿损失、利息、法律费用以及固定仲裁费用，总计高达100多万美元。但被申请人迟迟不履行仲裁裁决。申请人遂根据《民事诉讼法》、最高人民法院《关于执行我国加入的〈承认和执行外国仲裁裁决公约〉的通知》、《承认和执行外国仲裁裁决公约》的相关规定，向南京市中级人民法院申请：承认并执行新加坡国际仲裁中心关于该案的最终裁决。

被申请人提出：案涉仲裁裁决所依据的合同违反我国的法律。案涉合同内容

〔1〕　参见江苏省南京市中级人民法院〔2016〕苏01协外4号民事裁定书。

涉及非法期货交易，该交易行为性质目前还在确定过程中，根据我国所签署的相关公约规定，境外的裁决与我国公共利益相违背的应该拒绝执行。案涉裁决违反我国法律规定，对该仲裁裁决的承认和执行应该在双方的合同性质认定后才能进行。

南京市中级人民法院审查后认为：本案为申请承认和执行外国仲裁裁决案件，所涉仲裁裁决系在新加坡境内作出，而我国与新加坡均系1958年《承认及执行外国仲裁裁决公约》成员国；依照《民事诉讼法》第283条之规定，法院对该裁决是否应予承认和执行进行审查时，应适用《承认及执行外国仲裁裁决公约》的相关规定。如果被申请人有证据证明仲裁裁决存在《承认及执行外国仲裁裁决公约》第5条第1款规定的情形的，人民法院始得依据被申请人的申请，拒绝承认与执行仲裁裁决。本案中，申请人与被申请人签订的合同中约定相关争议提交新加坡国际仲裁中心，根据该仲裁中心其时有效的仲裁规则进行仲裁，管辖法律为新加坡法律，且双方在合同中已经约定案涉合同根据新加坡法律进行解释，同时省纺集团亦未能提供充分证据证明承认和执行案涉仲裁裁决有违我国公共政策，故法院裁定同意承认和执行该裁决。

【关键问题】

本案应当适用哪一国的实体法？

【简要评论】

本案应当适用新加坡法律。由于双方在合同中已经约定案涉合同根据新加坡法律进行解释，且在被执行人无法证明仲裁裁决违反我国公共政策的情况下，实体问题应当依照双方约定的新加坡法律解决。

延伸阅读

赵秀文：《从相关案例看ICC仲裁院裁决在我国的承认和执行》，载《法学》2010年第3期。

第 25 章　国际商事仲裁裁决的承认与执行

教学目标

1. 通过本章的学习，理解承认与执行国际商事仲裁裁决的概念。
2. 要求了解 1958 年《纽约公约》所规定的承认与执行外国仲裁裁决的条件和程序，了解互惠保留制度和商事保留制度。
3. 重点掌握内国裁决与外国裁决的区别，我国承认与执行外国仲裁裁决的立法与实践。

推荐参考资料

1. 于健龙主编:《〈纽约公约〉与国际商事仲裁的司法实践》，法律出版社 2010 年版。
2. 林一飞编著:《中国国际商事仲裁裁决的执行》，对外经济贸易大学出版社 2006 年版。
3. 杨弘磊:《中国内地司法实践视角下的〈纽约公约〉问题研究》，法律出版社 2006 年版。
4. 李虎:《国际商事仲裁裁决的强制执行——特别述及仲裁裁决在中国的强制执行》，法律出版社 2000 年版。

25.1　国际商事仲裁裁决的承认与执行概述

知识要点

☆国际商事仲裁裁决的承认

"国际商事仲裁裁决的承认"通常是指被申请承认国法院对已作出的仲裁裁决赋予一种法律效力的认可。对在仲裁阶段已经作出的裁决，"承认"旨在阻止任何再在新的程序中提起的可能性。

[**示例 25.1**] 一家汽车公司拟对一家汽车零部件生产商提起诉讼,因为汽车零部件生产商对汽车公司的履行存在瑕疵。假设在汽车公司起诉之前,双方已经将所涉争议提交仲裁解决,并且仲裁庭作出了有利于汽车零部件生产商的仲裁裁决。在这种情况下,汽车零部件生产商可以向有管辖权的法院申请承认已作出的仲裁裁决。如果法院同意承认该裁决,那么法院对裁决的承认就可以作为对汽车公司将该争议提请诉讼的有效抗辩,从而避免对已作出裁决的争议进行重复评判。

☆国际商事仲裁裁决的执行

"国际商事仲裁裁决的执行"是指法院通过采用法律制裁手段强制仲裁的败诉方履行仲裁庭作出的终局性的、具有约束力的仲裁裁决中规定的义务。实践中,"承认"通常被认为是"执行"仲裁裁决的必要前提。只有法院承认了仲裁裁决的效力,那么法院才能启动对该裁决的执行程序。

[**示例 25.2**] 在上述案例中,假设仲裁庭作出了有利于汽车公司的裁决,裁决汽车零部件生产商应当交付无质量瑕疵的产品并赔偿汽车公司因之前瑕疵履行所受损失。如果汽车零部件生产商只交付了合格的产品但拒绝对汽车公司所受损失进行赔偿,汽车公司可以向法院申请执行该裁决。在这种情况下,如果法院同意执行该裁决,法院可以采取法律强制手段直接对汽车零部件生产商的银行账户或交易账户进行冻结或者划拨。

☆国际商事仲裁裁决承认与执行的关系

承认和执行国际商事仲裁裁决这一司法行为的完成实际上存在着"承认"和"执行"两个前后相互独立的阶段。有时二者是可以相分离的,即只需要"承认"而无需"执行"。因为商事仲裁裁决要取得既判力和执行力必须取得法院的承认,而与此同时又并非所有的商事仲裁裁决都需要经过执行程序,只有含有给付内容,并且败诉方不自动履行的商事仲裁裁决才需要强制执行。

☆商事仲裁裁决的国籍

如何确定某一仲裁裁决是外国裁决而不是内国裁决,也就是商事仲裁裁决的国籍认定问题,事关当事人实现权利的方式以及法院对仲裁裁决的监督方式的运用。对此,国际社会主要有两个标准:

★(1)仲裁地标准

以裁决作出地作为划分内国仲裁与外国仲裁的标准。譬如《纽约公约》第 1 条第 1 款规定:“仲裁裁决,因自然人或法人间之争议而产生且在声请承认及执行地所在国以外之国家领土内作成者,其承认及执行适用本公约。”

★(2)非内国裁决标准

对于非内国标准的理解,同样参照《纽约公约》第 1 条规定:“在一个国家请求承认与执行一项仲裁裁决,而这个国家不认为其是内国裁决时,也适用本公约。”根据该项规定,凡是根据内国法律认为不属于内国裁决的,也可以视为外国裁决,不管这种裁决是否在本国境内作出。因为在国际商事仲裁的立法和实践中,部分国家出于特定的考虑,将在本国领域内作出,又在本国申请承认与执行的裁决认定为非内国裁决。

从国际社会的立法和实践来看,仲裁地标准为国际社会广为接受,非内国裁决标准仅是少数国家的规定。

法律与规范链接

▲ 必读法条

《纽约公约》

第 1 条

一、仲裁裁决,因自然人或法人间之争议而产生且在声请承认及执行地所在国以外之国家领土内作成者,其承认及执行适用本公约。本公约对于仲裁裁决经申请承认及执行地所在国认为非内国裁决者,亦适用之。

二、“仲裁裁决”一词不仅指专案选派之仲裁员所作裁决,亦指当事人提请仲裁之常设仲裁机关所作裁决。

三、任何国家得于签署、批准或加入本公约时,或于本公约第十条通知推广适用时,本交互原则声明该国适用本公约,以承认及执行在另一缔约国领土内作成之裁决为限。任何国家亦得声明,该国唯于争议起于法律关系,不论其为契约性质与否,而依提出声明国家之国内法认为系属商事关系者,始适用本公约。

典型案例

宁波工艺品公司案〔1〕

【案情概述】

2003年1月23日，浙江省宁波工艺品进出口公司（以下简称宁波工艺品公司）与瑞士德高钢铁公司（DUFERCO S. A.）在宁波签订了冷轧钢销售合同，合同载有仲裁条款："一切因执行本合同或与本合同有关的争议，应由双方通过友好协商方式解决。如协商不能得到解决，应提交位于中国的国际商会仲裁委员会按照《联合国国际货物销售合同公约》仲裁。"随后双方当事人发生了贸易纠纷，瑞士德高钢铁公司提起仲裁，最终以独任仲裁庭的形式作出14006/MSM/JB/JEM号裁决。因宁波工艺品公司拒绝执行裁决，瑞士德高钢铁公司根据《纽约公约》向浙江省宁波市中级人民法院申请承认与执行其裁决。

作为被申请人的宁波工艺品公司称：涉案仲裁条款的本意为提交中国经济贸易仲裁委员会仲裁，被申请人在仲裁过程中没有给予指定仲裁院或者进行仲裁程序的适当通知，被剥夺了应辩的机会，要求驳回申请人请求承认和执行外国仲裁裁决的申请，同时国际商会在中国境内仲裁违反了中国法律。宁波中级人民法院对该裁决案进行了审查，经审查，法院认为双方当事人之间存在仲裁协议，并且仲裁庭亦按照仲裁规则以邮件及传真的方式送达了文书，不存在仲裁程序不当的现象。此外，根据《最高人民法院关于适用〈中华人民共和国仲裁法〉若干问题的解释》第13条的规定，由于宁波工艺品公司未在仲裁庭首次开庭前对仲裁协议的效力提出异议，因而针对仲裁协议效力的主张不能成立。

在涉及是否适用《纽约公约》的问题上，宁波中院认为该案中的裁决并非我国国内裁决，应当适用《纽约公约》，基于该案中不存在拒绝承认和执行的理由，我国法院最终承认并执行了该案中的裁决。

【关键问题】

1. 本案以什么标准认定裁决为"非内国裁决"？

2.《民事诉讼法》第283条能否成为认定裁决国籍的依据？

【简要评论】

本案中，国际商会仲裁院在中国仲裁，如果根据《纽约公约》第1条的规定，其

〔1〕　参见浙江省宁波市中级人民法院〔2008〕甬仲监字第4号民事裁定书。

应当属于“内国裁决”，则不应当援引《纽约公约》对国际商事仲裁进行承认和执行。

另外，根据《民事诉讼法》第283条规定，“国外仲裁机构的裁决，需要中华人民共和国人民法院承认和执行的，应当由当事人直接向被执行人住所地或者其财产所在地的中级人民法院申请……”。这样的表述造成部分人认为此处的“国外仲裁机构的裁决”是区分内国裁决和外国裁决的依据。但本条款的目的不是为了区分内外国裁决，仅是为了表明我国法院是要承认与执行国际公约中的外国裁决的立场。我国法律并没有认定裁决国籍的依据，因此宁波市中级人民法院的判决有待商榷。

25.2　联合国《承认及执行外国仲裁裁决公约》评介

知识要点

25.2.1　联合国《承认及执行外国仲裁裁决公约》概述

☆《纽约公约》的历史发展

联合国《承认及执行外国仲裁裁决公约》(Convention of the Recognition and Enforcement of Foreign Arbitration Awards)简称为《纽约公约》，是有关仲裁裁决的国际公约。1958年6月10日，在由联合国经济及社会理事会在纽约召开的国际商事仲裁会议上通过，1959年6月7日起生效。

该公约已取代了《1923年日内瓦仲裁条款议定书》和《1927年日内瓦执行外国仲裁裁决公约》，为执行外国仲裁裁决提供了保证和便利，在世界范围内得到了广泛的接受和实施，截至2019年初，缔约国已达到159个。

我国于1987年1月22日加入该公约，并同时声明：

- 中华人民共和国只在互惠的基础上对在另一缔约国领土内作出的仲裁裁决的承认和执行适用该公约；
- 中华人民共和国只对根据中华人民共和国法律认定为属于契约性和非契约性商事法律关系所引起的争议适用该公约。

25.2.2　《纽约公约》的基本内容

☆互惠保留制度

互惠保留，即缔约国可以仅仅对由公约的另一个缔约国作出的裁决进行承认与执行,并保留不对非缔约国裁决承认与执行的权利。以 Weizmann Institute of Science v. Neschis 案为例,美国法院认为对于列支敦士登的裁决不能适用《纽约公约》,因为在案件申请时的 2002 年,列支敦士登还不是公约的缔约国。

然而,一国作出互惠保留并不意味着就是完全拒绝承认与执行非缔约国国家的仲裁裁决,而是拒绝通过适用公约来承认与执行这样的裁决。在这种情况下,仲裁裁决一般是通过其他的途径来寻求承认与执行的。

☆商事保留制度

商事保留,即允许缔约国规定公约仅适用于其内国法规定中的商事关系。值得注意的是,越来越多的案例表明内国法院更倾向于对"商事保留"采用更为宽松的解释,这也正好与《国际商事仲裁示范法》中对于"商事"一词的扩大解释相照应。

☆当事人提交的文件

为了使适用《纽约公约》的裁决得到承认和执行,《纽约公约》在形式上的要求较为简单。申请承认和执行的当事人仅需要向法院提交:

- 经正式认证的裁决正本或经正式证明的副本;及
- 协议正本或经正式证明的副本。

如果裁决和仲裁协议不是以申请承认和执行国正式语言作成,还需要提供经正式证明的译本。一经提供了必要的文件,法院将许可承认和执行,除非具备公约列明的一个或多个拒绝理由。

☆承认与执行的条件及费用的限制

公约第 3 条奠定了公约的核心思想,即各缔约国应当承认公约下的裁决具有约束力。公约规定缔约国应尊重执行地国的程序,以及用第 4 条和第 5 条的相关规定来处理国际商事仲裁裁决的承认与执行。而对于上述要求的唯一限制是"不得较承认与执行内国仲裁裁决附加过苛之条件(onerous)或征收过多之费用"。

因为在公约的框架下并不可能建立一套统一适用于各缔约国的程序规定,因此公约特别规定应当尊重承认与执行地国的程序。但是,司法实践并不都与公约起草者们心目中所期待的相一致。为了保证公约的执行,起草者们便加入了"不得较承认与执行内国仲裁裁决附加过苛之条件或征收过多之费用"的限制。

☆拒绝承认与执行国际商事仲裁裁决的理由

对于承认与执行国际仲裁裁决的条件,《纽约公约》采取否定式加以排除,即规定如下可以拒绝承认和执行国际商事仲裁裁决的理由:

- 仲裁协议当事人无缔约能力或仲裁协议无效(需由被申请执行人证明);

- 仲裁违反正当程序(需由被申请执行人证明);
- 仲裁庭超越权限(需由被申请执行人证明);
- 仲裁庭的组成或仲裁程序不当(需由被申请执行人证明);
- 仲裁裁决不具有约束力或被撤销或停止执行(需由被申请执行人证明);
- 争议事项不具有可仲裁性(法院主动审查);
- 违反法院地的公共秩序(法院主动审查)。

法律与规范链接

▲ 必读法条

《纽约公约》

第3条　各缔约国应承认仲裁裁决具有拘束力,并依援引裁决地之程序规则及下列各条所载条件执行之。承认或执行适用本公约之仲裁裁决时,不得较承认或执行内国仲裁裁决附加过苛之条件或征收过多之费用。

第4条

一、申请承认及执行之一方,为取得前条所称之承认及执行,应于申请时提具:

(甲)原裁决之正本或其正式副本,

(乙)第二条所称协定之原本或其正式副本。

二、倘前述裁决或协定所用文字非为援引裁决地所在国之正式文字,申请承认及执行裁决之一方应备具各该文件之此项文字译本。译本应由公设或宣誓之翻译员或外交或领事人员认证之。

第5条

一、裁决唯有于受裁决援用之一方向申请承认及执行地之主管机关提具证据证明有下列情形之一时,始得依该方之请求,拒绝承认及执行:

(甲)第二条所称协定之当事人依对其适用之法律有某种无行为能力情形者,或该项协定依当事人作为协定准据之法律系属无效,或未指明以何法律为准时,依裁决地所在国法律系属无效者;

(乙)受裁决援用之一造未接获关于指派仲裁员或仲裁程序之适当通知,或因他故,致未能申辩者;

(丙)裁决所处理之争议非为交付仲裁之标的或不在其条款之列,或裁决载有关于交付仲裁范围以外事项之决定者,但交付仲裁事项之决定可与未交付仲裁之事项划分时，裁决中关于交付仲裁事项之决定部分得予承认及执行；

（丁）仲裁机关之组成或仲裁程序与各方间之协议不符，或无协议而与仲裁地所在国法律不符者；

（戊）裁决对各方尚无拘束力，或业经裁决地所在国或裁决所依据法律之国家之主管机关撤销或停止执行者。

二、倘声请承认及执行地所在国之主管机关认定有下列情形之一，亦得拒不承认及执行仲裁裁决：

（甲）依该国法律，争议事项系不能以仲裁解决者；

（乙）承认或执行裁决有违该国公共政策者。

典型案例

最高人民法院关于申请人保罗·赖因哈特公司与被申请人湖北清河纺织股份有限公司申请承认和执行外国仲裁裁决一案请示的答复〔1〕

湖北省高级人民法院：

你院鄂高法〔2015〕518号《关于申请人保罗·赖因哈特公司与被申请人湖北清河纺织股份有限公司申请承认和执行外国仲裁裁决一案的请示》收悉。经研究，答复如下：

本案系申请承认和执行外国仲裁裁决案件，根据《中华人民共和国民事诉讼法》第283条的规定，应当依照我国缔结或者参加的国际条约办理。案涉仲裁裁决在《承认及执行外国仲裁裁决公约》（以下简称《纽约公约》）缔约国英国领土内作出，故本案审查应当适用《纽约公约》的规定。

根据《纽约公约》第5条第1款“裁决惟有于受裁决援用之一方向申请承认及执行地之主管机关提具证据证明有下列情形之一时，始得依该方之请求，拒绝承认及执行”以及第5条第2款“倘申请承认及执行地所在国之主管机关认定有下列情形之一亦得拒不承认及执行仲裁裁决”的规定，人民法院对仲裁裁决是否存在《纽约公约》第5条第1款拒绝承认和执行情形，必须依当事人的请求进行审查，当事人

〔1〕〔2016〕最高法民他11号。参见贺荣主编：《涉外商事海事审判指导》（总第32辑），人民法院出版社2017年版，第116～117页。

未请求的,人民法院不予审查;对仲裁裁决是否存在《纽约公约》第 5 条第 2 款规定的违反可仲裁性和公共政策情形,人民法院则可以依职权主动审查。本案中,被申请人湖北清河纺织股份有限公司未就《纽约公约》第 5 条第 1 款的情形提出不予承认和执行仲裁裁决的主张,你院依职权审查并拟依照《纽约公约》第 5 条第 1 款的规定不予承认和执行裁决,缺乏相应的法律依据。案涉仲裁裁决亦不存在《纽约公约》第 5 条第 2 款规定的情形,故人民法院应予裁定承认和执行。

此复。

中国包装设计公司在荷兰申请执行 CIETAC 裁决案[1]

【案情概述】

申请人中国包装设计公司是一家中国公司,被申请人 SCA Recycling Reukema Trading B. V. 为一家荷兰公司,双方在合同执行过程中发生纠纷,中国公司按照合同仲裁条款的约定提交中国国际经济贸易仲裁委员会(CIETAC)进行裁决,CIETAC裁决荷兰公司向中国公司履行相关违约责任。

后荷兰公司拒绝履行仲裁裁决,中国公司向荷兰 Zutphen 法院申请执行,荷兰公司提出抗辩,其中包括中国公司向法院提交的仲裁协议未按照《纽约公约》的要求以荷兰语提供。

最终,Zutphen 一审法院以灵活的方式处理此抗辩,认为仲裁协议未以荷兰语提供的事实是不重要的,未能提供仲裁协议的荷兰语译本不构成拒绝执行的理由,批准了 CIETAC 仲裁裁决的执行。

【关键问题】

为什么本案申请人未按照《纽约公约》第 4 条的规定提供经正式证明的译本,荷兰法院仍然批准仲裁裁决的执行?

【简要评论】

本案中,荷兰法院认为仲裁协议未以荷兰语提供的事实是不重要的,并且根据《纽约公约》第 5 条的规定,未能提供经正式证明的译本并不构成拒绝承认和执行国际商事仲裁裁决的理由。但实践中,需要尽量符合申请承认和执行地国家法律的要求。

---

〔1〕 参见韩健、林一林主编:《商事仲裁法律报告》(第 1 卷),中信出版社 2005 年版,第 229 ~ 231 页。

25.3　国际商事仲裁裁决在中国的承认与执行

知识要点

国际上对国际商事仲裁裁决的承认与执行，主要可以通过以下途径：

(1)依《纽约公约》承认与执行。

(2)援用双边或多边条约中的有关仲裁裁决承认与执行的规定承认与执行。

(3)依互惠原则承认与执行。

(4)依国内法承认与执行。

国际商事仲裁裁决在中国的承认与执行也不外乎上述几种方式。《民事诉讼法》第281条规定：外国法院作出的发生法律效力的判决、裁定在中国承认和执行，可以由当事人直接向中华人民共和国有管辖权的中级人民法院申请承认和执行，也可以由外国法院依照该国与中华人民共和国缔结或者参加的国际条约的规定，或者按照互惠原则，请求人民法院承认和执行。

☆中国与《纽约公约》

1986年第六届全国人大常委会第十八次会议决定我国加入《纽约公约》，并声明了互惠保留和商事保留。根据公约的生效程序，1987年4月22日，《纽约公约》正式对我国生效。按照我国法律规定，除了保留或声明的条款外，中国加入或批准的国际公约可以直接在中国领域内实施，不必再将其转化为国内法。所以《纽约公约》的适用，标志着我国对其他缔约国仲裁裁决的承认与执行将以《纽约公约》为标准。

为了顺利实施《纽约公约》，最高人民法院于1987年4月10日发布了《关于执行我国加入的〈承认及执行外国仲裁裁决公约〉的通知》（以下简称《执行〈纽约公约〉的通知》）。根据通知的内容，中国法院对国际商事仲裁裁决的承认与执行主要以《纽约公约》为准则。

☆审级与集中管辖制度

1987年4月10日最高人民法院《关于执行我国加入的〈承认及执行外国仲裁裁决公约〉的通知》第3条规定，仲裁裁决的一方当事人到我国法院申请承认和执行在另一缔约国领土内作出的仲裁裁决，应由我国中级人民法院受理。这一规定提高了我国承认与执行外国裁决的审级，即我国中级人民法院为审查此类裁决的一审法院,而非基层法院。

加入世界贸易组织对我国立法提出了与国际接轨的要求,我国立法为了遵循世界贸易组织规则,对涉外民商事案件领域,包括承认与执行外国裁决的案件在内的管辖作出了相应的变动。2002年最高人民法院发布的《关于涉外民商事案件诉讼管辖若干问题的规定》中规定了"集中管辖"。

★级别管辖

最高人民法院《关于涉外民商事案件诉讼管辖若干问题的规定》涉及三类仲裁案件:申请撤销、承认与强制执行国际仲裁裁决的案件,审查有关涉外民商事仲裁条款效力的案件,申请承认和强制执行外国法院民商事判决、裁定的案件。相关管辖为:

- 国务院批准设立的经济技术开发区人民法院;
- 省会、自治区首府、直辖市所在地的中级人民法院;
- 经济特区、计划单列市中级人民法院;
- 最高人民法院指定的其他中级人民法院;
- 高级人民法院。

★地域管辖

1987年最高人民法院《关于执行我国加入的〈承认及执行外国仲裁裁决公约〉的通知》中规定,对于当事人的申请,除了应由中级人民法院管辖以外,还写明了地域管辖,即被执行人为自然人的,受理法院为其户籍所在地或者居住地;被执行人为法人的,为其主要办事机构所在地;被执行人在我国无住所、居所或者主要办事机构,但其财产在中国境内的,为其财产所在地。

☆当事人提交的文件

申请人申请承认和执行裁决时,必须提交:

(1)申请书(中文书写,内容包括申请人及被申请人的名称,执行的依据,执行标的物名称、数量及所在地,被执行人的经济状况等)。

(2)裁决书正本以及我国驻仲裁地国家使领馆对裁决书正本的认证。

(3)仲裁协议书或含有仲裁条款的合同正本以及仲裁地公证机关的公证和我国驻当地使领馆的认证。

如果当事人向法院申请时不具备这些条件,应要求当事人进一步提供,但因上述原因不构成《纽约公约》规定的拒绝承认和执行的理由,故不得以上述理由裁定不予承认和执行。

☆**申请承认和执行的期限**

申请人向法院申请承认和执行仲裁裁决，必须在我国法律规定的申请执行期限内提出。根据《民事诉讼法》第239条规定，申请执行仲裁裁决的期限为2年，并适用诉讼时效中止、中断的规定。

☆**内部报告制度**

1995年颁布的最高人民法院《关于人民法院处理与涉外仲裁及外国仲裁事项有关问题的通知》决定对人民法院受理具有仲裁协议的涉外经济纠纷案、不予执行涉外仲裁裁决以及拒绝承认和执行外国仲裁裁决等问题建立内部报告制度。该通知一共有两项内容：一是指出确认仲裁协议无效时应当呈报上级法院，二是指出在拒绝承认与执行外国裁决时也应当层报上级法院进行审查。

因此在下级法院裁定不予承认与执行外国裁决时，均应层报本辖区所属高级人民法院进行审查；如果高级人民法院同意不予执行或者拒绝承认和执行，应将审查意见报最高人民法院。

此项规定将不予承认及执行外国裁决的权力转移至最高人民法院，只有最高人民法院才能拒绝承认与执行外国裁决。上述的通知使我国承认与执行外国裁决的内部报告制度得以确立。2017年《最高人民法院关于仲裁司法审查案件报核问题的有关规定》[1]确认了上述规定。

法律与规范链接

▲ **必读法条**

《民事诉讼法》

第239条 申请执行的期间为二年。申请执行时效的中止、中断，适用法律有关诉讼时效中止、中断的规定。

前款规定的期间，从法律文书规定履行期间的最后一日起计算；法律文书规定分期履行的，从规定的每次履行期间的最后一日起计算；法律文书未规定履行期间的，从法律文书生效之日起计算。

第283条 （见本书第295～296页）

---

〔1〕 法释〔2017〕21号，最高人民法院审判委员会第1727次会议通过。

△ 延伸法条

《最高人民法院关于认可和执行台湾地区仲裁裁决的规定》[1]

为保障海峡两岸当事人的合法权益，更好地适应海峡两岸关系和平发展的新形势，根据民事诉讼法、仲裁法等有关法律，总结人民法院涉台审判工作经验，就认可和执行台湾地区仲裁裁决，制定本规定。

第1条　台湾地区仲裁裁决的当事人可以根据本规定，作为申请人向人民法院申请认可和执行台湾地区仲裁裁决。

第2条　本规定所称台湾地区仲裁裁决是指，有关常设仲裁机构及临时仲裁庭在台湾地区按照台湾地区仲裁规定就有关民商事争议作出的仲裁裁决，包括仲裁判断、仲裁和解和仲裁调解。

第3条　申请人同时提出认可和执行台湾地区仲裁裁决申请的，人民法院先按照认可程序进行审查，裁定认可后，由人民法院执行机构执行。

申请人直接申请执行的，人民法院应当告知其一并提交认可申请；坚持不申请认可的，裁定驳回其申请。

第4条　申请认可台湾地区仲裁裁决的案件，由申请人住所地、经常居住地或者被申请人住所地、经常居住地、财产所在地中级人民法院或者专门人民法院受理。

申请人向两个以上有管辖权的人民法院申请认可的，由最先立案的人民法院管辖。

申请人向被申请人财产所在地人民法院申请认可的，应当提供财产存在的相关证据。

第5条　对申请认可台湾地区仲裁裁决的案件，人民法院应当组成合议庭进行审查。

第6条　申请人委托他人代理申请认可台湾地区仲裁裁决的，应当向人民法院提交由委托人签名或者盖章的授权委托书。

台湾地区、香港特别行政区、澳门特别行政区或者外国当事人签名或者盖章的授权委托书应当履行相关的公证、认证或者其他证明手续，但授权委托书在人民法院法官的见证下签署或者经中国大陆公证机关公证证明是在中国大陆签署的除外。

---

〔1〕　法释〔2015〕14号，2015年6月2日最高人民法院审判委员会第1653次会议通过。

第7条 申请人申请认可台湾地区仲裁裁决,应当提交以下文件或者经证明无误的副本:

(一)申请书;

(二)仲裁协议;

(三)仲裁判断书、仲裁和解书或者仲裁调解书。

申请书应当记明以下事项:

(一)申请人和被申请人姓名、性别、年龄、职业、身份证件号码、住址(申请人或者被申请人为法人或者其他组织的,应当记明法人或者其他组织的名称、地址、法定代表人或者主要负责人姓名、职务)和通讯方式;

(二)申请认可的仲裁判断书、仲裁和解书或者仲裁调解书的案号或者识别资料和生效日期;

(三)请求和理由;

(四)被申请人财产所在地、财产状况及申请认可的仲裁裁决的执行情况;

(五)其他需要说明的情况。

第8条 对于符合本规定第四条和第七条规定条件的申请,人民法院应当在收到申请后七日内立案,并通知申请人和被申请人,同时将申请书送达被申请人;不符合本规定第四条和第七条规定条件的,应当在七日内裁定不予受理,同时说明不予受理的理由;申请人对裁定不服的,可以提起上诉。

第9条 申请人申请认可台湾地区仲裁裁决,应当提供相关证明文件,以证明该仲裁裁决的真实性。

申请人可以申请人民法院通过海峡两岸调查取证司法互助途径查明台湾地区仲裁裁决的真实性;人民法院认为必要时,也可以就有关事项依职权通过海峡两岸司法互助途径向台湾地区请求调查取证。

第10条 人民法院受理认可台湾地区仲裁裁决的申请之前或者之后,可以按照民事诉讼法及相关司法解释的规定,根据申请人的申请,裁定采取保全措施。

第11条 人民法院受理认可台湾地区仲裁裁决的申请后,当事人就同一争议起诉的,不予受理。

当事人未申请认可,而是就同一争议向人民法院起诉的,亦不予受理,但仲裁协议无效的除外。

第12条 人民法院受理认可台湾地区仲裁裁决的申请后,作出裁定前,申请人请求撤回申请的,可以裁定准许。

第13条 人民法院应当尽快审查认可台湾地区仲裁裁决的申请，决定予以认可的，应当在立案之日起两个月内作出裁定；决定不予认可或者驳回申请的，应当在作出决定前按有关规定自立案之日起两个月内上报最高人民法院。

通过海峡两岸司法互助途径送达文书和调查取证的期间，不计入审查期限。

第14条 对申请认可和执行的仲裁裁决，被申请人提出证据证明有下列情形之一的，经审查核实，人民法院裁定不予认可：

（一）仲裁协议一方当事人依对其适用的法律在订立仲裁协议时属于无行为能力的；或者依当事人约定的准据法，或当事人没有约定适用的准据法而依台湾地区仲裁规定，该仲裁协议无效的；或者当事人之间没有达成书面仲裁协议的，但申请认可台湾地区仲裁调解的除外；

（二）被申请人未接到选任仲裁员或进行仲裁程序的适当通知，或者由于其他不可归责于被申请人的原因而未能陈述意见的；

（三）裁决所处理的争议不是提交仲裁的争议，或者不在仲裁协议范围之内；或者裁决载有超出当事人提交仲裁范围的事项的决定，但裁决中超出提交仲裁范围的事项的决定与提交仲裁事项的决定可以分开的，裁决中关于提交仲裁事项的决定部分可以予以认可；

（四）仲裁庭的组成或者仲裁程序违反当事人的约定，或者在当事人没有约定时与台湾地区仲裁规定不符的；

（五）裁决对当事人尚无约束力，或者业经台湾地区法院撤销或者驳回执行申请的。

依据国家法律，该争议事项不能以仲裁解决的，或者认可该仲裁裁决将违反一个中国原则等国家法律的基本原则或损害社会公共利益的，人民法院应当裁定不予认可。

第15条 人民法院经审查能够确认台湾地区仲裁裁决真实，而且不具有本规定第十四条所列情形的，裁定认可其效力；不能确认该仲裁裁决真实性的，裁定驳回申请。

裁定驳回申请的案件，申请人再次申请并符合受理条件的，人民法院应予受理。

第16条 人民法院依据本规定第十四条和第十五条作出的裁定，一经送达即发生法律效力。

第17条 一方当事人向人民法院申请认可或者执行台湾地区仲裁裁决，另一方当事人向台湾地区法院起诉撤销该仲裁裁决，被申请人申请中止认可或者执行并且提供充分担保的，人民法院应当中止认可或者执行程序。

申请中止认可或者执行的，应当向人民法院提供台湾地区法院已经受理撤销仲裁裁决案件的法律文书。

台湾地区法院撤销该仲裁裁决的，人民法院应当裁定不予认可或者裁定终结执行；台湾地区法院驳回撤销仲裁裁决请求的，人民法院应当恢复认可或者执行程序。

第18条　对人民法院裁定不予认可的台湾地区仲裁裁决，申请人再次提出申请的，人民法院不予受理。但当事人可以根据双方重新达成的仲裁协议申请仲裁，也可以就同一争议向人民法院起诉。

第19条　申请人申请认可和执行台湾地区仲裁裁决的期间，适用民事诉讼法第二百三十九条的规定。

申请人仅申请认可而未同时申请执行的，申请执行的期间自人民法院对认可申请作出的裁定生效之日起重新计算。

第20条　人民法院在办理申请认可和执行台湾地区仲裁裁决案件中所作出的法律文书，应当依法送达案件当事人。

第21条　申请认可和执行台湾地区仲裁裁决，应当参照《诉讼费用交纳办法》的规定，交纳相关费用。

第22条　本规定自2015年7月1日起施行。

本规定施行前，根据《最高人民法院关于人民法院认可台湾地区有关法院民事判决的规定》(法释〔1998〕11号)，人民法院已经受理但尚未审结的申请认可和执行台湾地区仲裁裁决的案件，适用本规定。

《最高人民法院关于内地与澳门特别行政区相互认可和执行仲裁裁决的安排》〔1〕

根据《中华人民共和国澳门特别行政区基本法》第九十三条的规定，经最高人民法院与澳门特别行政区协商，现就内地与澳门特别行政区相互认可和执行仲裁裁决的有关事宜达成如下安排：

第1条　内地人民法院认可和执行澳门特别行政区仲裁机构及仲裁员按照澳门特别行政区仲裁法规在澳门作出的民商事仲裁裁决，澳门特别行政区法院认可和执行内地仲裁机构依据《中华人民共和国仲裁法》在内地作出的民商事仲裁裁

〔1〕　法释〔2007〕17号，2007年9月17日最高人民法院审判委员会第1437次会议通过。

决，适用本安排。

本安排没有规定的，适用认可和执行地的程序法律规定。

第2条 在内地或者澳门特别行政区作出的仲裁裁决，一方当事人不履行的，另一方当事人可以向被申请人住所地、经常居住地或者财产所在地的有关法院申请认可和执行。

内地有权受理认可和执行仲裁裁决申请的法院为中级人民法院。两个或者两个以上中级人民法院均有管辖权的，当事人应当选择向其中一个中级人民法院提出申请。

澳门特别行政区有权受理认可仲裁裁决申请的法院为中级法院，有权执行的法院为初级法院。

第3条 被申请人的住所地、经常居住地或者财产所在地分别在内地和澳门特别行政区的，申请人可以向一地法院提出认可和执行申请，也可以分别向两地法院提出申请。

当事人分别向两地法院提出申请的，两地法院都应当依法进行审查。予以认可的，采取查封、扣押或者冻结被执行人财产等执行措施。仲裁地法院应当先进行执行清偿；另一地法院在收到仲裁地法院关于经执行债权未获清偿情况的证明后，可以对申请人未获清偿的部分进行执行清偿。两地法院执行财产的总额，不得超过依据裁决和法律规定所确定的数额。

第4条 申请人向有关法院申请认可和执行仲裁裁决的，应当提交以下文件或者经公证的副本：

（一）申请书；

（二）申请人身份证明；

（三）仲裁协议；

（四）仲裁裁决书或者仲裁调解书。

上述文件没有中文文本的，申请人应当提交经正式证明的中文译本。

第5条 申请书应当包括下列内容：

（一）申请人或者被申请人为自然人的，应当载明其姓名及住所；为法人或者其他组织的，应当载明其名称及住所，以及其法定代表人或者主要负责人的姓名、职务和住所；申请人是外国籍法人或者其他组织的，应当提交相应的公证和认证材料；

（二）请求认可和执行的仲裁裁决书或者仲裁调解书的案号或识别资料和生效

日期；

（三）申请认可和执行仲裁裁决的理由及具体请求，以及被申请人财产所在地、财产状况及该仲裁裁决的执行情况。

第6条　申请人向有关法院申请认可和执行内地或者澳门特别行政区仲裁裁决的期限，依据认可和执行地的法律确定。

第7条　对申请认可和执行的仲裁裁决，被申请人提出证据证明有下列情形之一的，经审查核实，有关法院可以裁定不予认可：

（一）仲裁协议一方当事人依对其适用的法律在订立仲裁协议时属于无行为能力的；或者依当事人约定的准据法，或当事人没有约定适用的准据法而依仲裁地法律，该仲裁协议无效的；

（二）被申请人未接到选任仲裁员或者进行仲裁程序的适当通知，或者因他故未能陈述意见的；

（三）裁决所处理的争议不是提交仲裁的争议，或者不在仲裁协议范围之内；或者裁决载有超出当事人提交仲裁范围的事项的决定，但裁决中超出提交仲裁范围的事项的决定与提交仲裁事项的决定可以分开的，裁决中关于提交仲裁事项的决定部分可以予以认可；

（四）仲裁庭的组成或者仲裁程序违反了当事人的约定，或者在当事人没有约定时与仲裁地的法律不符的；

（五）裁决对当事人尚无约束力，或者业经仲裁地的法院撤销或者拒绝执行的。

有关法院认定，依执行地法律，争议事项不能以仲裁解决的，不予认可和执行该裁决。

内地法院认定在内地认可和执行该仲裁裁决违反内地法律的基本原则或者社会公共利益，澳门特别行政区法院认定在澳门特别行政区认可和执行该仲裁裁决违反澳门特别行政区法律的基本原则或者公共秩序，不予认可和执行该裁决。

第8条　申请人依据本安排申请认可和执行仲裁裁决的，应当根据执行地法律的规定，交纳诉讼费用。

第9条　一方当事人向一地法院申请执行仲裁裁决，另一方当事人向另一地法院申请撤销该仲裁裁决，被执行人申请中止执行且提供充分担保的，执行法院应当中止执行。

根据经认可的撤销仲裁裁决的判决、裁定，执行法院应当终结执行程序；撤销仲裁裁决申请被驳回的，执行法院应当恢复执行。

当事人申请中止执行的，应当向执行法院提供其他法院已经受理申请撤销仲裁裁决案件的法律文书。

第10条　受理申请的法院应当尽快审查认可和执行的请求，并作出裁定。

第11条　法院在受理认可和执行仲裁裁决申请之前或者之后，可以依当事人的申请，按照法院地法律规定，对被申请人的财产采取保全措施。

第12条　由一方有权限公共机构(包括公证员)作成的文书正本或者经公证的文书副本及译本，在适用本安排时，可以免除认证手续在对方使用。

第13条　本安排实施前，当事人提出的认可和执行仲裁裁决的请求，不适用本安排。

自1999年12月20日至本安排实施前，澳门特别行政区仲裁机构及仲裁员作出的仲裁裁决，当事人向内地申请认可和执行的期限，自本安排实施之日起算。

第14条　为执行本安排，最高人民法院和澳门特别行政区终审法院应当相互提供相关法律资料。

最高人民法院和澳门特别行政区终审法院每年相互通报执行本安排的情况。

第15条　本安排在执行过程中遇有问题或者需要修改的，由最高人民法院和澳门特别行政区协商解决。

第16条　本安排自2008年1月1日起实施。

《最高人民法院关于内地与香港特别行政区相互执行仲裁裁决的安排》〔1〕

根据《中华人民共和国香港特别行政区基本法》第九十五条的规定，经最高人民法院与香港特别行政区(以下简称香港特区)政府协商，香港特区法院同意执行内地仲裁机构(名单由国务院法制办公室经国务院港澳事务办公室提供)依据《中华人民共和国仲裁法》所作出的裁决，内地人民法院同意执行在香港特区按香港特区《仲裁条例》所作出的裁决。现就内地与香港特区相互执行仲裁裁决的有关事宜作出如下安排：

一、在内地或者香港特区作出的仲裁裁决，一方当事人不履行仲裁裁决的，另一方当事人可以向被申请人住所地或者财产所在地的有关法院申请执行。

二、上条所述的有关法院，在内地指被申请人住所地或者财产所在地的中级人民法院，在香港特区指香港特区高等法院。

被申请人住所地或者财产所在地在内地不同的中级人民法院辖区内的，申请

〔1〕　法释〔2000〕3号，1999年6月18日最高人民法院审判委员会第1069次会议通过。

人可以选择其中一个人民法院申请执行裁决,不得分别向两个或者两个以上人民法院提出申请。

被申请人的住所地或者财产所在地,既在内地又在香港特区的,申请人不得同时分别向两地有关法院提出申请。只有一地法院执行不足以偿还其债务时,才可就不足部分向另一地法院申请执行。两地法院先后执行仲裁裁决的总额,不得超过裁决数额。

三、申请人向有关法院申请执行在内地或者香港特区作出的仲裁裁决的,应当提交以下文书:

(一)执行申请书;

(二)仲裁裁决书;

(三)仲裁协议。

四、执行申请书的内容应当载明下列事项:

(一)申请人为自然人的情况下,该人的姓名、地址;申请人为法人或者其他组织的情况下,该法人或其他组织的名称、地址及法定代表人姓名;

(二)被申请人为自然人的情况下,该人的姓名、地址;被申请人为法人或者其他组织的情况下,该法人或其他组织的名称、地址及法定代表人姓名;

(三)申请人为法人或者其他组织的,应当提交企业注册登记的副本。申请人是外国籍法人或者其他组织的,应当提交相应的公证和认证材料;

(四)申请执行的理由与请求的内容,被申请人的财产所在地及财产状况。

执行申请书应当以中文文本提出,裁决书或者仲裁协议没有中文文本的,申请人应当提交正式证明的中文译本。

五、申请人向有关法院申请执行内地或者香港特区仲裁裁决的期限依据执行地法律有关时限的规定。

六、有关法院接到申请人申请后,应当按执行地法律程序处理及执行。

七、在内地或者香港特区申请执行的仲裁裁决,被申请人接到通知后,提出证据证明有下列情形之一的,经审查核实,有关法院可裁定不予执行:

(一)仲裁协议当事人依对其适用的法律属于某种无行为能力的情形;或者该项仲裁协议依约定的准据法无效;或者未指明以何种法律为准时,依仲裁裁决地的法律是无效的;

(二)被申请人未接到指派仲裁员的适当通知,或者因他故未能陈述意见的;

(三)裁决所处理的争议不是交付仲裁的标的或者不在仲裁协议条款之内,或者裁决载有关于交付仲裁范围以外事项的决定的;但交付仲裁事项的决定可与未交付仲裁的事项划分时,裁决中关于交付仲裁事项的决定部分应当予以执行;

(四)仲裁庭的组成或者仲裁庭程序与当事人之间的协议不符,或者在有关当事人没有这种协议时与仲裁地的法律不符的;

(五)裁决对当事人尚无约束力,或者业经仲裁地的法院或者按仲裁地的法律撤销或者停止执行的。

有关法院认定依执行地法律,争议事项不能以仲裁解决的,则可不予执行该裁决。

内地法院认定在内地执行该仲裁裁决违反内地社会公共利益,或者香港特区法院决定在香港特区执行该仲裁裁决违反香港特区的公共政策,则可不予执行该裁决。

八、申请人向有关法院申请执行在内地或者香港特区作出的仲裁裁决,应当根据执行地法院有关诉讼收费的办法交纳执行费用。

九、1997年7月1日以后申请执行在内地或者香港特区作出的仲裁裁决按本安排执行。

十、对1997年7月1日至本安排生效之日的裁决申请问题,双方同意:1997年7月1日至本安排生效之日因故未能向内地或者香港特区法院申请执行,申请人为法人或者其他组织的,可以在本安排生效后六个月内提出;如申请人为自然人的,可以在本安排生效后一年内提出。

对于内地或香港特区法院在1997年7月1日至本安排生效之日拒绝受理或者拒绝执行仲裁裁决的案件,应允许当事人重新申请。

十一、本安排在执行过程中遇有问题和修改,应当通过最高人民法院和香港特区政府协商解决。

典型案例

德国S&H食品贸易有限公司申请承认和执行德国汉堡交易所商品协会仲裁法庭仲裁裁决案〔1〕

【案情概述】

1992年3月11日,S&H公司在向联发公司索赔未果的情况下,根据合同中的

〔1〕 参见《人民法院案例选》1996年第1辑。

仲裁约定，向德国汉堡交易所商品协会仲裁法庭申请仲裁，要求联发公司赔偿延误履行合同给其造成的损失。该仲裁法庭根据双方的合同及汉堡交易所商品协会《业务规定》的规定，于1993年2月2日作出第17/92号裁决书，裁决联发公司应向S&H公司偿付13,392美元，外加1992年4月6日以来的利息并承担仲裁费。

联发公司收到仲裁裁决书后，一直未履行此裁决。为此，S&H公司全权授权在中国境内的舒乐达公司向联发公司交涉履行仲裁裁决的问题。1993年9月1日，舒乐达公司以S&H公司的名义与联发公司签订了一份协议，规定：联发公司尚未支付的15,600美元，将在1994年6月30日前的新业务中扣除；若在该期限内双方未达成新业务，联发公司应向S&H公司支付15,600美元。但至该协议约定的期限届满时，双方未达成新的业务，联发公司亦未向S&H公司支付15,600美元。

1994年12月29日，S&H公司向厦门市中级人民法院申请承认和执行汉堡交易所商品协会仲裁法庭第17/92号裁决书，请求联发公司执行该仲裁裁决。

经审查该项申请和仲裁裁决，厦门市中级人民法院认为：根据我国参加的《承认及执行外国仲裁裁决公约》的规定，申请执行人之申请符合该公约及我国法律的有关规定。根据《中华人民共和国民事诉讼法》第269条的规定，于1995年1月裁定：承认汉堡交易所商品协会仲裁法庭第17/92号仲裁裁决书，并予以执行。厦门市中级人民法院据此向联发公司送达了执行通知书。

联发公司接到执行通知书后，向厦门市中级人民法院提出了执行异议，认为S&H公司在裁决书生效19个月后才向我国法院申请强制执行，已超过了《中华人民共和国民事诉讼法》第219条规定的申请执行期限，应依法裁定不予执行。[1]

厦门市中级人民法院对该项异议经审查认为：在仲裁裁决书生效后的申请执行期限内，双方当事人于1993年9月1日就如何履行该裁决达成了一份协议，并约定最后履行期限为1994年6月30日。因此，本案存在申请执行期间中断的情况，申请执行期限应从1994年7月1日起重新计算，S&H公司公司在1994年12月29日向本院申请执行，并未超过申请执行期限。双方当事人在合同中约定的仲裁内容，是双方当事人的真实意思表示，且约定内容明确，当一方未履行合同时，另一方也是按此约定提交仲裁法庭仲裁的。据此，联发公司所提异议不能成立，不予采纳。

---

〔1〕 1991年《民事诉讼法》第219条规定："申请执行的期限，双方或者一方当事人是公民的为一年，双方是法人或者其他组织的为6个月。前款规定的期限，从法律文书规定履行期间的最后一日起计算；法律文书规定分期履行的，从规定的每次履行期间的最后一日起计算。"现公民和法人统一更改为两年。

厦门市中级人民法院据此裁定驳回了联发公司的执行异议。

【关键问题】

为什么本案申请人在申请执行期限过去 13 个月后向厦门市中级人民法院申请承认和执行汉堡交易所商品协会仲裁法庭第 17/92 号裁决书，厦门市中级人民法院仍然承认和执行该裁决？

【简要评论】

本案中，在仲裁裁决书生效后的申请执行期限内，申请人和被执行人曾就如何履行该裁决达成了一份协议，并约定最后履行期限为 1994 年 6 月 30 日。因此，该协议的存在构成了申请执行期间中断的条件，使得申请执行期限应从 1994 年 7 月 1 日起重新计算，S&H 公司公司在 1994 年 12 月 29 日向厦门市中级人民法院申请执行，并未超过申请执行期限。

延伸阅读

1. 何其生：《国际商事仲裁司法审查中的公共政策》，载《中国社会科学》2014 年第 7 期。
2. 肖芳：《国际投资仲裁裁决在中国的承认与执行》，载《法学家》2011 年第 6 期。
3. 齐湘泉：《外国仲裁裁决承认及执行论》，法律出版社 2010 年版。

附录：司法考试国际私法真题汇总（2002～2017）

题号	题目	答案	涉及法条提示
2002年卷一19题	19. 英国凯英公司与我国贝华公司签订合同在我国共同投资建立中外合资经营企业。如果凯英公司与贝华公司之间就此合同发生争议，提起诉讼。依照我国法律规定，下列表述中哪一说法是正确的？ A. 可以在英国诉讼 B. 必须在中国诉讼 C. 如果双方当事人在合同中选择英国管辖，我国法院就没有管辖权 D. 如果双方当事人在合同中选择第三国管辖，我国法院就没有管辖权	B	2017年修订的《民事诉讼法》第266条
2002年卷一20题	20. 一对夫妇，夫为泰国人，妻为英国人。丈夫在中国逝世后，妻子要求中国法院判决丈夫在中国的遗产归其所有。判断妻子对其夫财产的权利是基于夫妻财产关系的权利还是妻子对丈夫的继承权利的问题在国际私法上被称为什么？ A. 二级识别 B. 识别 C. 法律适用 D. 先决问题	B	本题考查的是识别，是指在适用冲突规范时，依照某一法律观念对有关事实或问题进行分析，将其归入一定的法律范畴，并对有关的冲突规范的范围或对象进行解释，从而确定何种事实或问题的过程

续表

题号	题目	答案	涉及法条提示
2002年卷一21题	21. 塞纳具有甲国国籍，住所在乙国，于1988年死亡。塞纳的亲属要求继承其遗留在丙国的不动产并诉至丙国法院。丙国法院按照本国的冲突规范应适用塞纳的本国法即甲国法；但依甲国冲突规范规定又应适用塞纳的住所地法即乙国法；而乙国冲突规范规定应适用不动产所在地法律即丙国法律。此时，丙国法院适用自己本国法律的行为属于下列哪一选项？ A. 直接反致　B. 间接反致 C. 转致　D. 双重反致	B	本题考查的是间接反致，是指根据法院地国冲突规范本案应适用他国的法律，而根据他国的冲突规范指引本案又应适用第三国的法律，而根据第三国的冲突规范，本案又应适用法院地国的法律，最后法院适用了本国的实体法
2002年卷一22题	22. 依照我国的司法解释，涉外民事诉讼法律关系的诉讼时效，应当依照下列哪一判断确定？ A. 法院地法 B. 原告住所地法 C. 被告住所地法 D. 冲突规范确定的民事法律关系的准据法	D	《民法通则意见》第195条
2002年卷一59题	59. 下列在我国法院提起的诉讼中，构成涉外民事法律关系的有哪些？ A. 发生在美国的犯罪行为因在我国发生结果而对犯罪嫌疑人追究刑事责任 B. 中国公民和美国公民之间的婚姻关系 C. 中国公民和德国公民之间的继承关系的 D. 因发生在印度的交通事故而产生的侵权行为关系	BCD	《民法通则意见》第178条第1款
2002年卷一60题	60. 在国际私法上，准据法的特点有哪些？ A. 准据法必须是通过冲突规范所指定的法律 B. 准据法是能够具体确定当事人权利义务的实体法 C. 准据法可以是国际统一实体规范 D. 准据法一般是依据冲突规范中的系属并结合国际民商事案件的具体情况来确定的	ABD	本题考查的是准据法，是指经冲突规范指定援引用来具体确定民商事法律关系当事人的权利与义务的特定的实体法律

续表

题号	题目	答案	涉及法条提示
2002 年卷一 61 题	61. 下列关于法律规避的说法中哪些是正确的？ A. 当事人有规避法律的故意 B. 当事人是通过变更静态连结点而实现规避法律的 C. 当事人规避我国强行法的行为无效 D. 国际私法上的法律规避是当事人滥用冲突规范的结果	ACD	本题考查的是法律规避，是指国际民商事关系的当事人故意制造某种连结点，以避开本应适用的对其不利的法律，从而使对其有利的法律得以适用的行为
2002 年卷一 62 题	62. 甲国公民汤姆 19 岁，1989 年在我国境内购买了一件民间工艺品，价值 1500 元，现汤姆以其本国法上 20 岁为成年才具有行为能力为由，要求解除合同。我国法院在审理此案时应如何处理？ A. 汤姆的行为无效，可以解除合同，买卖不成立 B. 汤姆的行为有效 C. 法院可以适用 1980 年《国际货物买卖合同公约》处理该案 D. 合同成立	BD	《民法通则意见》第 180 条。亦可见《涉外民事关系法律适用法》第 12 条
2002 年卷一 63 题	63. 依照我国法律的规定，下列哪些合同必须适用我国法律？ A. 德国甲公司与法国乙公司依照《中华人民共和国外资企业法》，为共同投资在中国设立企业丙而订立的合同 B. 美国甲公司与我国乙公司依照《中华人民共和国中外合资经营企业法》，为共同投资在中国设立企业丙而订立的合同 C. 日本国甲公司与意大利国乙公司及中国丁公司依照《中华人民共和国中外合作经营企业法》，为共同投资在中国设立企业丙而订立的合同 D. 中国甲公司与新加坡乙公司签订的在中国境内履行的中外合作勘探开发自然资源合同	BCD	2017 年《民事诉讼法》第 266 条

续表

题号	题目	答案	涉及法条提示
2002 年卷一 64 题	64. 根据我国《民事诉讼法》和有关条约的规定,外国法院向位于我国领域内的当事人送达司法文书和司法外文书时,不能采用下列哪几种送达方式? A. 外交途径送达 B. 通过外交人员或领事向非派遣国国民送达 C. 邮寄直接送达 D. 司法程序中的利害关系人直接送达	BCD	2017 年《民事诉讼法》第 267 条、第 276 条、第 277 条
2002 年卷一 65 题	65. 朴某为韩国人,现在我国某市中级人民法院因民事纠纷涉诉。可以成为朴某诉讼代理人的有哪些? A. 韩国公民 B. 以律师身份接受朴某委托的韩国律师 C. 中国律师 D. 中国公民	ACD	1992 年《民事诉讼法意见》第 308 条, 2015 年《民事诉讼法解释》第 528 条
2002 年卷一 66 题	66. 现有一德国法院的判决在我国欲得到承认和执行,依照我国《民事诉讼法》的规定必须符合下列哪些条件,德国法院的判决才能得到我国的承认和执行? A. 德国法院适用了我国冲突规范所规定的准据法 B. 德国法院判决的承认和执行不会损害我国的公共秩序 C. 德国法院判决已经发生法律效力 D. 德国与我国缔结或者参加了国际条约或有互惠关系	BCD	《民事诉讼法意见》第 306 条, 2017 年《民事诉讼法》第 281、282 条

续表

题号	题目	答案	涉及法条提示
2002年卷一95题	95. 中国人高某想要得到其具有美国国籍的儿子的赡养,要求人民法院给予支持。下列选项中哪些是正确的? A. 我国没行关于赡养的法律适用规范立法,故应驳回高某的起诉 B. 我国没有关于赡养的法律适用规范立法,因此该案应适用我国法律 C. 该案适用《民法通则》的规定来确定准据法 D. 该案适用高某儿子的本国法,即美国法	C	《民法通则》第148条,《民法通则意见》第189条
2002年卷一96题	96. 下列哪些机构是国际性的常设仲裁机构? A. 美国仲裁协会 B. 香港国际仲裁中心 C. 国际商会仲裁院 D. 解决投资争端国际中心	CD	本题考查的是国际常设性仲裁机构,常设仲裁机构包括国际性常设仲裁机构、国家性常设仲裁机构和专用性常设仲裁机构三种
2002年卷一97题	97. 我国民法通则明文规定在下列哪些涉外民事法律关系中应适用"最密切联系的国家的法律"? A. 合同　　B. 扶养 C. 继承　　D. 物权	AB	《民法通则》第145条第2款、第148条、第149条
2003年卷一21题	21. "在中华人民共和国境内履行的中外合资经营企业合同、中外合作经营企业合同、中外合作勘探开发自然资源合同,适用中华人民共和国法律。"该条款属于下列选项中哪一类型的冲突规范? A. 单边冲突规范 B. 双边冲突规范 C. 重叠适用的冲突规范 D. 选择适用的冲突规范	A	本题考查的是单边冲突规范,是指直接规定某涉外民商事法律关系应该适用某国法律的冲突规范

续表

题号	题目	答案	涉及法条提示
2003年卷一22题	22. 中国南方某航运公司将其所有的一艘悬挂巴拿马国旗的远洋货轮转让给印度一家航运公司,该船舶所有权的转让应适用下列哪一国法律? A. 中国法律 B. 巴拿马法律 C. 印度法律 D. 船舶所在地国法律	B	《海商法》第270条
2003年卷一61题	61. 人民法院处理涉外民商事案件会碰到依据我国法律中冲突规范的规定应当适用外国法的情况。对于应当适用的外国法律,人民法院可以通过下列哪些途径查明? A. 由当事人提供 B. 由该国驻我国使馆提供 C. 由我国驻该外国使领馆提供 D. 由中外法律专家提供	ABCD	《民法通则意见》第193条
2003年卷一62题	62. 王某系已取得美国国籍且在纽约有住所的华人,1996年2月回中国探亲期间病故于上海,未留遗嘱。王某在上海遗有1栋别墅和200万元人民币的存款,在美国纽约遗有1套公寓房、2家商店、3辆汽车、若干存款。王某在纽约没有亲属,其在上海的亲属因继承王某遗产发生争议,诉至上海某人民法院。根据国家私法规则,我国法院应适用下列哪些法律审理这一案件? A. 在纽约州的财产适用纽约州法律 B. 在上海的财产适用中国法律 C. 遗产中的动产适用纽约州法律 D. 遗产中的不动产适用不动产所在地法律	ACD	《民法通则》第149条;亦可见《涉外民事关系法律适用法》第31条

续表

题号	题目	答案	涉及法条提示
2003 年卷一 63 题	63. 荷兰人迈克在中国工作期间被一同事过失伤害。因双方就损害赔偿标准达不成协议，迈克向工作所在地某人民法院提起诉讼，他可以委托下列哪些人为其诉讼代理人？ A. 荷兰人 B. 以律师身份担任诉讼代理人的荷兰律师 C. 以非律师身份担任诉讼代理人的荷兰律师 D. 以个人名义出任诉讼代理人的荷兰驻华使领馆官员	ACD	2017 年《民事诉讼法》第 263 条，《民事诉讼法解释》第 308 条、第 309 条
2003 年卷一 64 题	64. 按照我国《民法通则》及其司法解释的规定，父母子女相互之间的扶养、夫妻相互之间的扶养以及其他有扶养关系的人之间的扶养，应当适用与被扶养人有最密切联系的国家的法律。下列哪些国家可以视为与被扶养人有最密切联系的国家？ A. 扶养人和被扶养人的国籍国 B. 扶养人和被扶养人的住所地国 C. 扶养人和被扶养人的居所地 D. 供养被扶养人的财产所在地国	ABD	《民法通则》第 148 条，《民法通则意见》第 190 条
2003 年卷一 65 题	65. 中国法院就一家中国公司和一家瑞士公司之间的技术转让纠纷作出判决。判决发生效力后，瑞士公司拒不执行法院判决，而且该公司在中国既无办事机构、分支机构和代理机构，也无财产。关于该判决的承认和执行，下列选项中的哪些表述是正确的？ A. 中国公司直接向有管辖权的瑞士法院申请承认和执行 B. 中国公司向国际法院申请承认和执行 C. 由人民法院依照我国缔结或者参加的国际条约的规定，请求瑞士法院承认和执行 D. 由人民法院直接采取强制措施执行	AC	2017 年《民事诉讼法》第 280 条

续表

题号	题目	答案	涉及法条提示
2003年卷一98题	秦某出生于美国,具有美国国籍,现年10岁。秦某的父亲是华裔美国人,母亲是中国人。3年前秦某的父母在美国离异后,秦某的母亲携秦某回国定居,秦某的母亲在公安机关办理了常住户口登记,为秦某办理了在中国长期居留的证件。后秦某的父亲委托中国律师在中国某人民法院提起诉讼请求取得监护权。请回答98—100题。 98.关于对秦某监护的设立、变更和终止,我国人民法院应该适用下列哪国法律? A.被监护人的本国法律 B.中国法律 C.美国法律 D.被监护人的住所地国家的法律	BD	《民法通则意见》第190条
2003年卷一99题	99.在该案中,如果秦某只是临时居留在中国,我国人民法院对秦某的监护的设立、变更和终止应该适用下列哪国的法律? A.被监护人的本国法律 B.中国法律 C.美国法律 D.被监护人的住所地国家的法律	AC	《民法通则意见》第190条
2003年卷一100题	100.秦某的父亲从美国寄交委托中国律师的授权委托书,应该办理下列何种手续? A.经美国公证机关证明,并经中华人民共和国驻美国使领馆认证 B.经中华人民共和国驻美国使领馆认证 C.履行中华人民共和国与美国订立的有关条约中规定的证明手续 D.经中华人民共和国外交部有关部门认证	AC	2017年《民事诉讼法》第264条

续表

题号	题目	答案	涉及法条提示
2004 年卷一 35 题	35. 中国公民甲得知 A 国法院正在审理其配偶中国公民乙提起的离婚诉讼,便在自己住所地的中国法院对乙也提起离婚之诉。依我国司法实践,法院对于甲的起诉应如何处理? A. 受理此案 B. 以“一事不两诉”原则为依据不予受理 C. 与 A 国法院协调管辖权的冲突 D. 告知甲在 A 国法院应诉	A	《民事诉讼法意见》第 15 条
2004 年卷一 36 题	36. 依我国法律规定,在我国法院受理的涉外离婚案件审理过程中,认定婚姻是否有效应当以下列哪一项为准据法? A. 婚姻缔结地法 B. 当事人本国法 C. 当事人住所地法 D. 法院地法	A	《民法通则》第 147 条
2004 年卷一 37 题	37. 依我国《民用航空法》的规定,民用航空器的转让、抵押,应当适用哪国法律? A. 民用航空器转让、抵押地国法律 B. 民用航空器所在地国法律 C. 民用航空器国籍登记国法律 D. 受理案件的法院所在地国法律	C	《民用航空法》第 185 条
2004 年卷一 38 题	38. 一艘悬挂巴拿马国旗并由一巴西海运公司经营的海船,运送一批属一家日本公司的货物从日本到中国,在韩国附近海域发生意外。为了安全完成本航程,该海船驶入韩国某港口避难,发生共同海损,后在中国某港口进行理算。该共同海损理算应适用什么法律? A. 船旗国法律 B. 共同海损发生地法律 C. 巴西的法律 D. 理算地法律	D	《海商法》第 274 条

续表

题号	题目	答案	涉及法条提示
2004年卷一39题	39. 侨居甲国的中国公民田某在乙国旅行时遇车祸身亡。其生前在丙国某银行寄存有价值10万美元的股票、珠宝一批,在中国遗留有价值200万元人民币的房产一处。田某在中国的父母要求继承这批股票和珠宝。我国与甲乙丙三国均无有关遗产继承的特别协议。依我国法律,前述股票和珠宝的继承应适用哪一国的法律? A. 中国法　B. 甲国法 C. 乙国法　D. 丙国法	B	《继承法》第36条
2004年卷一40题	40. 甲国人琼斯在我国工作期间不幸病故。琼斯在我国境内遗留有价值300万元人民币的财产,但未留遗嘱,亦无继承人。在这种情况下,琼斯遗留在我国的财产应依据什么法律处理? A. 依甲国法处理 B. 依涉外继承的准据法处理 C. 依中国法律处理,但中甲两国缔结或参加的国际条约另有规定的除外 D. 交甲国驻华使领馆依甲国法处理	C	《涉外民事关系法律适用法》第35条,《民法通则意见》第191条
2004年卷一70题	70. 根据我国的司法解释,我国法院在依法应适用外国法律时,如果该外国的不同地区实施不同的法律,应如何确定准据法? A. 依据该国的区际冲突规则确定准据法 B. 可以直接选择适用该国任一地区的实体法 C. 在无法根据该国的区际冲突规则确定时,依据最密切联系原则确定准据法 D. 依当事人的住所地确定准据法	AC	《民法通则意见》第192条

续表

题号	题目	答案	涉及法条提示
2004 年卷一 71 题	71. 根据我国《海商法》关于船舶物权问题的规定，下列表述哪些是正确的？ A. 船舶抵押权适用抵押地法律 B. 船舶优先权适用受理案件的法院所在地法律 C. 船舶所有权的取得、转让和消灭适用行为地法律 D. 船舶在光船租赁期间设立船舶抵押权的，适用原船舶登记国法律	BD	《海商法》第 270 条
2004 年卷一 72 题	72. 某外国法院依照该国与我国缔结或共同参加的国际条约的规定提出司法协助请求，我国法院应该依照什么程序提供司法协助？ A. 依照国际惯例进行 B. 依照我国法律规定的程序进行 C. 依照该外国法律规定的程序进行，但该程序不得违反我国的公共秩序 D. 在一定条件下，也可依照外国法院请求的特殊方式进行	BD	2017 年《民事诉讼法》第 277 条
2004 年卷一 91 题	91. 大卫是甲国人，同时具有乙国国籍，其住处在甲国，其惯常居所在乙国。后因在丙国为票据行为所引起的票据纠纷在我国涉诉。为了确定大卫之票据行为的效力，我国法院首先要确定他是否具有民事行为能力。按照我国《票据法》的规定，票据债务人的民事行为能力适用其本国法。大卫同时具有甲国国籍和乙国国籍，我国法院应如何确定其本国法？ A. 以大卫有住所的甲国法律为其本国法 B. 以票据行为地丙国的法律为其本国法 C. 以大卫有惯常居所的乙国法律为其本国法 D. 以与大卫有最密切联系的国家的法律为其本国法	AD	《民法通则意见》第 182 条

续表

题号	题目	答案	涉及法条提示
2004年卷一92题	92. 甲国人a和b同受雇于香港某公司，二人均在中国上海有住所。某日，他们同乘轮船自乙国赴中国，途经公海时，二人发生口角，a顺手抓起b的旅行箱向b掷去，造成旅行箱内的贵重仪器被毁坏。轮船抵达上海后，b向我国法院提起诉讼，要求a承担赔偿责任。我国法院可以适用下列何种法律？ A. 甲国法　B. 香港法 C. 乙国法　D. 中国法	AD	《民法通则》第146条
2005年卷一35题	35. 甲乙均为俄罗斯公民。甲定居中国，乙定居韩国，双方在汉城订立了一借贷合同，其中约定有关该合同的争议由中国法院排他管辖，英国法律为合同准据法。后双方因执行该合同发生争议而诉至我国法院。关于该合同争议的诉讼时效所应适用的法律，下列哪一个选项是正确的？ A. 当事人双方都是俄罗斯公民，该合同争议的诉讼时效应适用俄罗斯法律 B. 当事人在汉城订立合同，该合同争议的诉讼时效应适用韩国法律 C. 当事人选择英国法为合同准据法，该合同争议的诉讼时效应适用英国法律 D. 当事人选择由我国法院管辖，该合同争议的诉讼时效应适用我国法律	C	《民法通则意见》第195条，《合同法》第126条

续表

题号	题目	答案	涉及法条提示
2005 年卷一 36 题	36. 中国公司与新加坡公司协议将其货物买卖纠纷提交设在中国某直辖市的仲裁委员会仲裁。经审理,仲裁庭裁决中国公司败诉。中国公司试图通过法院撤销该仲裁裁决。据此,下列选项中哪一项是正确的? A. 中国公司可以向该市高级人民法院提出撤销仲裁裁决的申请 B. 人民法院可依“裁决所根据的证据不充分”这一理由撤销该裁决 C. 如有权受理该撤销仲裁裁决请求的法院做出了驳回该请求的裁定,中国公司可以对该裁定提起上诉 D. 受理该请求的法院在裁定撤销该仲裁裁决前须报上一级人民法院审查	D	《仲裁法》第 58 条、第 70 条,《民事诉讼法》第 154 条
2005 年卷一 37 题	37. 某国公民杰克逊 18 岁,在上海某商店购买一款手机,价值 4000 元人民币。三天之后,杰克逊在另一商店发现该款手机的价格便宜许多,便到前一商店要求退货,被拒绝。杰克逊遂向上海某法院起诉,理由是根据其本国法,男子满 20 岁为成年人,自己未届成年,购买手机行为应属无效。对此,下列哪一种说法是正确的? A. 认定杰克逊的行为无效,手机可以退货 B. 认定杰克逊的行为有效,手机不能退货 C. 认定杰克逊为限制行为能力人,但因本案所涉金额不大,判购买行为有效 D. 法院应根据 1980 年《联合国国际货物销售合同公约》处理该案	B	《民法通则意见》第 180 条

续表

题号	题目	答案	涉及法条提示
2005年卷一38题	38. 中国籍公民张某与华侨李某在某国相识后结婚并定居该国。10年后张某在定居国起诉离婚,但该国法院以当事人双方均具有中国国籍为由拒绝受理该案。张某遂向自己在中国的最后居住地法院起诉。依我国法律及相关司法解释,下列哪一个选项是正确的? A. 因双方在定居国结婚,不应受理 B. 因双方已定居国外10年,不应受理 C. 该中国法院有权受理 D. 告知双方先订立选择中国法院管辖的书面协议	C	《民事诉讼法意见》第14条
2005年卷一39题	39. 新加坡民用航空公司一架客机飞往印度尼西亚途中,因机上物体坠落使在公海上捕鱼的越南渔船受损。后该渔船开往中国港口修理,并就该飞机造成的损害赔偿诉诸我国法院。对于该案,依《中华人民共和国民用航空法》规定,法院应适用下列哪个国家的法律? A. 新加坡法律 B. 印度尼西亚法律 C. 越南法律 D. 中国法律	D	《民用航空法》第189条
2005年卷一40题	40. 甲具有美国国籍,在加拿大有其原始住所。现甲在英国及中国均有住所。甲家人常住英国,甲为生意常年往返于中国和英国。甲在中国住所居住期间,与他人发生民事纠纷而诉至中国法院。依中国有关法律及司法解释,法院应以何地为甲的住所? A. 甲的原始住所,即在加拿大国的住所 B. 甲常住地的住所,即在英国的住所 C. 与产生该纠纷有最密切联系的住所,即在中国的住所 D. 同时以其英国和中国的住所为住所	C	《民法通则意见》第183条

续表

题号	题目	答案	涉及法条提示
2005 年卷一 80 题	80. 位于厦门的甲公司与位于台北的乙公司因货物买卖产生纠纷,双方在台湾地区的有关法院就该纠纷进行诉讼,该法院做出终审判决。根据《最高人民法院关于人民法院认可台湾地区有关法院民事判决的规定》,下列哪些选项是正确的? A. 当事人可在该判决生效后两年内向人民法院提出对该判决的认可申请 B. 当事人对台湾地区有关法院的判决未申请认可,而是就同一案件事实另行向人民法院提起诉讼的,人民法院应予受理 C. 乙公司向人民法院提出认可申请后,甲公司向人民法院就同一案件事实提起诉讼的,人民法院应予受理 D. 当事人提出的认可申请被驳回后,再就同一案件事实向人民法院起诉的,人民法院仍可受理	BD	《最高人民法院关于人民法院认可台湾地区有关法院民事判决的规定》
2005 年卷一 81 题	81. 中国人甲与法国人乙在瑞士结婚并定居在瑞士。婚后因感情不和,甲回到中国提起离婚诉讼。依据《最高人民法院关于贯彻执行〈中华人民共和国民法通则〉若干问题的意见(试行)》,关于该案涉及的离婚以及因离婚而引起的财产分割的法律适用问题,下列哪些选项是正确的? A. 该婚姻的有效性应适用法国法律 B. 该案涉及的离婚条件适用中国法律 C. 财产分割动产适用瑞士法,不动产适用不动产所在地法 D. 涉及该案的财产分割应适用中国法律	BD	《民法通则》第 147 条

续表

题号	题目	答案	涉及法条提示
2005年卷一82题	82. 内地某中级人民法院在审理一民事案件过程中，需从澳门调取证据。依据《最高人民法院关于内地与澳门特别行政区法院就民商事案件相互委托送达司法文书和调取证据的安排》，下列哪些说法是正确的？ A. 该中级人民法院可直接委托澳门的有关法院调取证据 B. 澳门受托法院可以该民事案件属于其专属管辖为由拒绝执行受托事项 C. 受托法院完成调取证据的期限最迟不得超过自收到委托书之日起三个月 D. 最高人民法院与澳门特别行政区终审法院可以直接委托调取证据	CD	《最高人民法院关于内地与澳门特别行政区法院就民商事案件相互委托送达司法文书和调取证据的安排》第2条
2005年卷一83题	83. 根据我国《民事诉讼法》及相关司法解释的规定，在涉外民事诉讼中，外国当事人可以委托下列哪些人作为其诉讼代理人？ A. 中国律师 B. 中国公民 C. 其本国驻华使、领馆官员 D. 其本国公民	ABCD	2017年《民事诉讼法》第263条

续表

题号	题目	答案	涉及法条提示
2005 年卷一 96 题	96. 甲国与中国均为 1965 年在海牙签订的《关于向国外送达民事或商事司法文书和司法外文书公约》的缔约国。现甲国法院依该公约向总部设在南京的东陵公司送达若干司法文件。根据该公约及我国的相关规定,下列判断何者为错误? A. 这些司法文书应由甲国驻华使、领馆直接送交我国司法部 B. 收到司法部转递的司法文书后,执行送达的人民法院如发现该司法文书所涉及的诉讼标的属于我国法院专属管辖,则应拒绝执行甲国的送达请求 C. 执行送达的人民法院如果发现其中确定的出庭日期已过,则应直接将该等司法文书退回,不再向东陵公司送达 D. 东陵公司收到人民法院送达的该等司法文书后,发现其只有英文文本的,可以拒收	BC	《海牙送达公约》第 13 条第 2 款
2006 年卷一 35 题	35. 甲公司在德国注册成立,在中国进行商业活动时与中国的乙公司发生商务纠纷并诉诸中国法院。法院经审理查明:甲公司的控股股东为英国人,甲公司在德国、英国和中国均有营业所。依照我国有关法律及司法解释,法院应如何选择确定本案甲公司营业所? A. 以其德国营业所为准 B. 以其英国营业所为准 C. 以其中国营业所为准 D. 以当事人共同选择的营业所为准	C	《民法通则意见》第 185 条

续表

题号	题目	答案	涉及法条提示
2006年卷一36题	36. 依照我国现行法律规定及司法解释,下列哪项判断是正确的? A. 对于在我国境内没有住所的外国被告提起涉外侵权诉讼,只有该侵权行为实施地在我国境内时,其所属辖区的中级人民法院才可以对该侵权诉讼行使管辖权 B. 我国法院可以根据当事人选择我国法院的书面协议对涉外民事诉讼行使管辖权 C. 对原本无权管辖的涉外民事诉讼,只要该诉讼的被告前来出庭应诉,我国法院就可以对其行使管辖权 D. 因在中国履行中外合资经营企业合同发生的纠纷,当事人只能向中国法院提起诉讼	B	《民事诉讼法》第265条
2006年卷一37题	37. 李某(具有中国国籍)长期居住在甲国,一年前移居乙国并取得当地住所。现李某去世而未立遗嘱。李某生前在中国有投资股权和银行存款。乙国关于法定继承的冲突规范规定法定继承适用被继承人本国法律。现李某的丙国籍的儿子和女儿为继承李某在华的股权和存款发生争议并诉诸中国法院。依照我国相关法律及司法解释下列关于本案的法律适用哪项是正确的? A. 应适用乙国法律,因为李某去世时居住在乙国 B. 应适用甲国法律,因为李某长期居住在甲国 C. 应适用丙国法律,因为李某的儿子和女儿均具有丙国国籍 D. 应适用中国法律,因为李某具有中国国籍,且争议的遗产位于中国	A	《民法通则》第149条

续表

题号	题目	答案	涉及法条提示
2006年卷一38题	38. 我国g公司与荷兰h公司正就签订一项商务合同进行谈判。针对该合同可能产生的争议,h公司提出,如发生争议应尽量协商调解解决,不成再提请仲裁或进行诉讼。在决定如何回应此方案之前,g公司向其律师请教。该律师关于涉外民商事纠纷调解的下列哪一表述是错误的? A. 调解是有第三人介入的争议解决方式 B. 当事人双方在调解人的斡旋下达成的和解协议不具有强制执行的效力 C. 在涉外仲裁程序中进行的调解,仲裁庭无须先行确定双方当事人对调解的一致同意即可直接主持调解 D. 在涉外诉讼中,法官也可以对有关纠纷进行调解	C	《仲裁法》第51条
2006年卷一39题	39. 世界各国都将公共秩序保留作为捍卫本国根本利益的一项重要法律制度。关于这一制度,下列哪项判断是错误的? A. 我国的公共秩序保留制度仅在适用外国法律将违反我国社会公共利益的情况下才可以适用,其结果为排除相关外国法律的适用 B. 在英美普通法系国家中,"公共秩序"的概念一般表述为"公共政策" C. 公共秩序保留制度已经为国际条约所规定 D. 我国法律中常常采用"社会公共利益"来表述"公共秩序"的概念	A	《涉外民事关系法律适用法》第5条

续表

题号	题目	答案	涉及法条提示
2006 年卷一 40 题	40. 中国 x 公司与美国 y 公司订立一项出口电器合同,约定有关该合同争议的解决适用《美国统一商法典》。x 公司负责安排巴拿马籍货轮运输,并约定适用《海牙规则》。该批货物在中国港口装船时因操作失误使码头装卸设备与船舶发生了碰撞,导致船舶与部分货物的损失。依照我国有关法律,下列哪一选项是正确的? A. 该案应由中国该港口辖区中级人民法院管辖 B. 该案应由中国该港口辖区海事法院管辖 C. 出口合同的双方选择适用《美国统一商法典》的约定是无效的 D. 运输合同应当适用中国法	B	《海事诉讼特别程序法》第 7 条,《民法通则》第 145 条第 1 款
2006 年卷一 80 题	80. 关于我国涉外仲裁法律规则,下列哪些表述不符合我国《仲裁法》的规定? A. 只要是有关当事人可以自由处分的权利的纠纷,就可以通过仲裁解决 B. 如果当事人有协议约定,仲裁案件可以不开庭审理 C. 仲裁庭在中国内地进行仲裁时,无权对当事人就仲裁协议有效性提出的异议作出决定 D. 由三人组成仲裁庭审理的案件,裁决有可能根据一个仲裁员的意见作出	AC	《仲裁法》第 2 条

续表

题号	题目	答案	涉及法条提示
2006 年卷一 81 题	81. 中国公民王某在甲国逗留期间,驾车正常行驶时被该国某公司雇员驾驶的卡车撞翻,身受重伤。王某回国后,向该公司在中国的分支机构所在地法院起诉,要求该公司赔偿其损失。我国《民法通则》规定,侵权行为的损害赔偿适用侵权行为地法。依此,关于如何查明应当适用的甲国法,下列哪些选项是正确的? A. 可由中外法律专家向法院提供甲国有关交通肇事损害赔偿方面的法律规定 B. 只有我国驻甲国使领馆才能提供甲国有关交通肇事损害赔偿方面的法律规定 C. 王某自己可以向法院提供甲国有关交通肇事损害赔偿方面的法律规定 D. 经各种途径仍不能查明甲国有关法律时,法院应当依照公平原则裁判	AC	《民法通则意见》第 193 条
2006 年卷一 82 题	82. 依照我国《海商法》相关规定,下列哪些诉讼应适用受理案件的法院所在地法律? A. 我国法院受理的关于海事赔偿责任限制的诉讼 B. 我国法院受理的关于船舶优先权的诉讼 C. 同一国籍的船舶在公海上发生碰撞而在我国法院进行的诉讼 D. 不同国籍的外国船舶在公海上发生的碰撞而在我国法院进行的诉讼	ABD	《海商法》第 275 条

续表

题号	题目	答案	涉及法条提示
2006年卷一94题	94. 在国际私法中,应当适用于某一合同的实体法被称为该合同的准据法。关于合同准据法的确定,下列何种表述是正确的? A. 我国所有的法律都允许涉外合同的当事人自行约定合同准据法 B. 合同的当事人没有选择适用于合同的准据法时,我国法院应适用与该合同有最密切联系的国家的法律 C. 关于对合同当事人的行为能力与合同的有效性应分别适用不同国家法律的主张,称为确定合同准据法的分割论 D. 按照特征性履行方法的理论,当事人未选择适用于合同的法律时,应根据合同的特殊性确定合同准据法	BCD	《民法通则》第145条第1款
2007年卷一35题	35. 一对英国夫妇婚后移居意大利,后来华工作。该夫妇于今年收养一名中国儿童并决定一起回意大利生活。根据我国法律,有关该夫妇收养中国儿童所应适用的法律,下列哪一选项是正确的? A. 应适用中国法和意大利法 B. 应适用中国法和英国法 C. 只需适用中国的有关法律规定 D. 只需适用意大利的有关法律规定	A	1998年《收养法》第21条

续表

题号	题目	答案	涉及法条提示
2007 年卷一 36 题	36. 李某在内地某法院取得一项涉及王某的具有给付内容的生效民事判决。王某的主要财产在澳门，在内地也有少量可供执行的财产。根据《最高人民法院关于内地与澳门特别行政区相互认可和执行民商事判决的安排》，下列哪一选项是正确的？ A. 李某有权同时向内地与澳门有管辖权的法院申请执行 B. 李某向澳门法院提出执行申请的同时，可以向内地法院申请查封、扣押或者冻结王某的财产 C. 如澳门法院受理执行申请，它不能仅执行该判决中的部分请求 D. 该判决的执行应适用内地法律	B	最高人民法院《关于内地与澳门特别行政区相互认可和执行民商事判决的安排》第 5 条
2007 年卷一 37 题	37. 巴拿马籍货轮“安达号”承运一批运往中国的货物，中途停靠韩国。“安达号”在韩国停靠卸载同船装运的其他货物时与利比里亚籍“百利号”相碰。“安达号”受损但能继续航行，并得知“百利号”最后的目的港也是中国港口。“安达号”继续航行至中国港口卸货并在中国某海事法院起诉“百利号”，要求其赔偿碰撞损失。依照我国法律，该法院处理该争议应适用下列哪一国法律？ A. 中国法律，因为本案两船国籍不同，应适用法院地法处理争议 B. 巴拿马法律，因为它是本案原告船舶的国籍国 C. 利比里亚法律，因为它是本案被告船舶的国籍国 D. 韩国法律，因为韩国是侵权行为地	D	《海商法》第 273 条

续表

题号	题目	答案	涉及法条提示
2007 年卷一 38 题	38. 国际海上运输合同的当事人在合同中选定我国某法院作为解决可能发生的纠纷的法院。关于此,下列哪一选项是错误的? A. 该协议不得违反我国有关级别管辖和专属管辖的规定 B. 当事人可以在纠纷发生前协议选择我国法院管辖 C. 如与该合同纠纷有实际联系的地点不在我国领域内,我国法院无权依该协议对纠纷进行管辖 D. 涉外合同或涉外财产权益纠纷的当事人可以选择管辖法院	C	《民事诉讼法》第 265 条
2007 年卷一 39 题	39. 中国 A 公司与德国 B 公司因双方合同中仲裁条款的效力问题在我国涉诉。双方在合同中约定仲裁机构为位于巴黎的国际商会仲裁院,仲裁地为斯德哥尔摩,但对该仲裁条款应适用的法律未作约定。依我国现行司法解释,我国法院审查该仲裁条款效力时,应适用下列哪国的法律? A. 瑞典的法律 B. 法国的法律 C. 中国的法律 D. 德国的法律	A	《仲裁法解释》第 16 条
2007 年卷一 40 题	40. 在一个涉外民事案件中,我国某法院根据我国的冲突规则确定应适用外方当事人的本国法处理该争议,但该外国的不同地区实施着不同的法律。在此情况下,下列哪一选项是正确的? A. 应以该国首都所在地的法律为外方当事人的本国法 B. 应以外方当事人的住所地法代替其本国法 C. 应直接以与该民事关系有最密切联系的法律为外国当事人的本国法 D. 应先依据该国的区际冲突规则加以确定;如该国法律未作规定,再以与该民事关系有最密切联系的法律为外国当事人的本国法	D	《民法通则意见》第 192 条

续表

题号	题目	答案	涉及法条提示
2007年卷一41题	41. 我国某法院接到一位中国公民提出的要求承认一项外国法院判决的申请。依我国法律规定,关于承认该外国判决,下列哪一选项是错误的? A. 如我国与该外国间存在司法协助协定,应依该协定办理 B. 如我国与该外国间既不存在司法协助协定,也不存在任何互惠关系,法院应驳回当事人申请 C. 只有作出判决的外国法院对案件具有管辖权时,该外国判决才有可能被我国法院承认 D. 只有已发生法律效力的外国法院判决才有可能被我国法院承认	B	2017年《民事诉讼法》第280条
2007年卷一80题	80. 某中国企业因与在境外设立的斯坦利公司的争议向我国法院提起诉讼。根据我国现行司法解释,关于向斯坦利公司有效送达司法文书的问题,下列哪些选项是正确的? A. 法院可向该公司设在中国的任何分支机构送达 B. 法院可向该公司设在中国的任何代表机构送达 C. 如该公司的主要负责人位于中国境内时,法院可向其送达 D. 法院可向该公司在中国的诉讼代理人送达	BCD	2017年《民事诉讼法》第267条
2007年卷一81题	81. 定居甲国的华侨王某与李某在甲国结婚,后王某在甲国起诉与李某离婚时被该国法院以当事人均具有中国国籍为由拒绝受理。王某转而在我国法院诉请离婚。根据我国现行司法解释,有关此案的管辖与适用法律,下列哪些选项是正确的? A. 王某原住所地法院有管辖权 B. 因两人定居国外且在国外结婚,我国法院不应受理 C. 李某在国内的最后住所地法院有管辖权 D. 如中国法院管辖,认定其婚姻是否有效应适用甲国法律	ACD	《民事诉讼法意见》第13~16条

续表

题号	题目	答案	涉及法条提示
2007年卷一82题	82. 我国甲公司与瑞士乙公司订立仲裁协议，约定由某地仲裁机构仲裁，但约定的仲裁机构名称不准确。根据最高人民法院关于适用《中华人民共和国仲裁法》的解释，下列哪些选项是正确的？ A. 仲裁机构名称不准确，但能确定具体的仲裁机构的，应认定选定了仲裁机构 B. 如仲裁协议约定的仲裁地仅有一个仲裁机构，该仲裁机构应视为约定的仲裁机构 C. 如仲裁协议约定的仲裁地有两个仲裁机构，成立较早的仲裁机构应视为约定的仲裁机构 D. 仲裁协议仅约定纠纷适用的仲裁规则的，不得视为约定了仲裁机构	AB	《仲裁法解释》第3条
2007年卷一94题	94.《最高人民法院关于涉外民商事案件诉讼管辖若干问题的规定》中，明确了涉外民商事案件的诉讼管辖权限和范围，也规定了例外的情况。不适用上述《规定》进行集中管辖的涉外案件是： A. 涉外房地产案件 B. 边境贸易纠纷案件 C. 强制执行国际仲裁裁决案件 D. 信用证纠纷案件	AB	最高人民法院《关于涉外民商事案件诉讼管辖若干问题的规定》第3条

续表

题号	题目	答案	涉及法条提示
2008 年卷一 35 题	35. 我国“协航”号轮与甲国“瑟皇”号轮在乙国领海发生碰撞。“协航”号轮返回中国后,“瑟皇”号轮的所有人在我国法院对“协航”号轮所属的船公司提起侵权损害赔偿之诉。在庭审过程中,双方均依据乙国法律提出请求或进行抗辩。根据这一事实,下列哪一选项是正确的? A. 因双方均依据乙国法律提出请求或进行抗辩,故应由当事人负责证明乙国法律,法院无须查明 B. 法院应依职权查明乙国法律,双方当事人无须证明 C. 法院应依职权查明乙国法律,也可要求当事人证明乙国法律的内容 D. 应由双方当事人负责证明乙国法律,在其无法证明时,才由法院依职权查明	C	《民法通则意见》第 193 条
2008 年卷一 36 题	36. 朗文与戴某缔结了一个在甲国和中国履行的合同。履约过程中发生争议,朗文向甲国法院起诉戴某并获得胜诉判决。戴某败诉后就同一案件向我国法院提起诉讼。朗文以该案件已经甲国法院判决生效为由对中国法院提出管辖权异议。依据我国法律、司法解释以及我国缔结的相关条约,下列哪一选项是正确的? A. 朗文的主张构成对我国法院就同一案件实体问题行使管辖权的有效异议 B. 我国法院对戴某的起诉没有管辖权 C. 我国法院对涉外民事诉讼案件的管辖权不受任何限制 D. 我国法院可以受理戴某的起诉	D	本题考查的是外国法院判决的承认与执行。对于向我国法院申请承认与执行的外国判决或裁定,我国法院都必须依照我国与该国缔结或参加的国际条约的规定,或者互惠原则进行审查。 《民事诉讼法意见》第 306 条;《民事诉讼法解释》第 533 条。

续表

题号	题目	答案	涉及法条提示
2008年卷一37题	37. 中国豫达公司向甲国来科公司出售一批成套设备，该设备将安装在乙国。合同约定有关的纠纷将由被告一方法院管辖但未约定合同的准据法。后双方因履约发生争议，来科公司在中国法院起诉豫达公司。根据最高人民法院《关于审理涉外民事或商事合同纠纷案件法律适用若干问题的规定》，关于我国法院在该案中应推定适用的法律，下列哪一选项是正确的？ A. 中国法，因豫达公司为设备供应方 B. 甲国法，因来科公司为该批设备的买方 C. 乙国法，因乙国为该批设备的安装地 D.《国际商事合同通则》，因该通则确定的规则具有更广泛的国际性	C	最高人民法院《关于审理涉外民事或商事合同纠纷案件法律适用若干问题的规定》第5条
2008年卷一38题	38. 关于仲裁裁决的撤销，根据我国现行法律，下列哪一选项是正确的？ A. 我国法院可根据我国法律撤销一项外国仲裁裁决 B. 我国法院撤销涉外仲裁裁决的法定理由之一是裁决事项超出仲裁协议范围 C. 撤销涉外仲裁裁决的法定理由和撤销国内仲裁裁决的法定理由相同 D. 对法院作出的不予执行仲裁裁决的裁定，当事人无权上诉	B	《仲裁法》第70条

续表

题号	题目	答案	涉及法条提示
2008年卷一39题	39. 普拉克是外国公民,在一起由中国法院审理的涉外侵权案件中为原告。普拉克请求使用其本国语言进行诉讼。关于中国法院对该请求的处理,下列哪一选项是正确的? A. 尊重普拉克的这一请求,使用其本国的语言进行案件的审理 B. 驳回普拉克的这一请求,使用中文进行案件的审理,告知由其自行解决翻译问题 C. 驳回普拉克的这一请求,以中文进行案件的审理,但在其要求并承担费用的情况下,应为其提供翻译 D. 驳回普拉克的这一请求,使用中文进行案件的审理,但可为其提供免费翻译	C	2017年《民事诉讼法》第262条
2008年卷一40题	40. 外国公民张女士与旅居该国的华侨王先生结婚,后因感情疏离,张女士向该国法院起诉离婚并获得对其有利的判决,包括解除夫妻关系,以及夫妻财产分割和子女抚养等内容。该外国与中国之间没有司法协助协定。张女士向中国法院申请承认该离婚判决,王先生随后在同一中国法院起诉与张女士离婚。根据我国法律和司法解释,下列哪一选项是错误的? A. 中国法院应依《最高人民法院关于中国公民申请承认外国法院离婚判决程序问题的规定》决定是否承认该判决中解除夫妻身份关系的内容 B. 中国法院应依前项司法解释决定是否执行该判决中解除夫妻身份关系之外的内容 C. 若张女士的申请被驳回,她就无权再提出承认该判决的申请,但可另行向中国法院起诉离婚 D. 中国法院不应受理王先生的离婚起诉	B	最高人民法院《关于中国公民申请承认外国法院离婚判决程序问题的规定》第1条、第2条、第19条、第22条

续表

题号	题目	答案	涉及法条提示
2008年卷一46题	46. 根据我国关于外国人在华收养子女的法律规定,下列哪一选项是错误的? A. 外国人在华收养子女,应经其所在国主管机关依照该国法律审查同意 B. 外国收养人应提供由其所在国有权机构出具的有关收养人的年龄、婚姻、职业、财产、健康、有无受过刑事处罚等状况的证明材料 C. 前项证明材料须经该外国人所在国的外交机关或该外交机关授权的机构认证 D. 前项证明材料须经中国驻该外国使馆认证	D	《收养法》第21条第2款,《外国人在中华人民共和国收养子女登记办法》第4条第2款第7项
2008年卷一80题	80. 甲国秋叶公司在该国法院获得一项胜诉的判决,并准备向中国法院申请执行。根据我国现行法律,下列哪些选项是正确的? A. 该判决可以由当事人直接向我国有管辖权的法院申请执行 B. 该判决可以由甲国法院依照该国与我国缔结或共同参加的国际条约的规定向我国有管辖权的法院申请执行 C. 对外国法院判决效力的承认,我国采取裁定方式 D. 对与我国缔结司法协助条约的国家的法院判决,我国法院均应予以执行	ABC	2017年《民事诉讼法》第281条

续表

题号	题目	答案	涉及法条提示
2008 年卷一 81 题	81. 上海甲公司作为卖方和澳门乙公司订立了一项钢材购销合同,约定有关合同的争议在中国内地仲裁。乙公司在内地和澳门均有营业机构。双方发生争议后,仲裁庭裁决乙公司对甲公司进行赔偿。乙公司未在规定的期限内履行仲裁裁决。关于甲公司对此采取的做法,下列哪些选项是正确的? A. 向内地有管辖权的中级人民法院申请执行该仲裁裁决 B. 向澳门特别行政区中级法院申请执行该仲裁裁决 C. 分别向内地有管辖权的中级人民法院和澳门特别行政区中级法院申请执行仲裁裁决 D. 向澳门特别行政区初级法院申请执行该仲裁裁决	ABC	最高人民法院《关于内地与澳门特别行政区相互认可和执行仲裁裁决的安排》第 2 条、第 3 条第 1 款
2008 年卷一 82 题	82. 在我国法院审理的一个涉外诉讼案件中,需要从甲国调取某些证据。甲国是《关于从国外调取民事或商事证据公约》的缔约国。根据该公约,下列哪些选项是正确的? A. 赵律师作为中方当事人的诉讼代理人,可以依照上述公约请求甲国法院调取所需的证据 B. 调取证据的请求,应以请求书的方式提出 C. 请求书应通过我国外交部转交甲国的中央机关 D. 中国驻甲国的领事代表在其执行职务的区域内,可以在不采取强制措施的情况下向华侨取证	BD	《海牙取证公约》第 1 条

续表

题号	题目	答案	涉及法条提示
2008 年卷一 99 题	99. 依据现行的司法解释,我国法院受理对在我国享有特权与豁免的主体起诉的民事案件,须按法院内部报告制度,报请最高人民法院批准。为此,下列表述正确的是: A. 在我国享有特权与豁免的主体若为民事案件中的第三人,该报告制度不适用 B. 若在我国享有特权与豁免的主体在我国从事商业活动,则对其作为被告的民事案件的受理无须适用上述报告制度 C. 对外国驻华使馆的外交官作为原告的民事案件,其受理不适用上述报告制度 D. 若被告是临时来华的联合国官员,则对其作为被告的有关的民事案件的受理不适用上述报告制度	C	最高人民法院《关于人民法院受理涉及特权与豁免的民事案件有关问题的通知》
2009 年卷一 33 题	33. 中国籍 14 岁少年曲某随父赴甲国读书。曲父在甲国购买住房后,因生意原因返回中国,行前安排乙国籍好友李某监护曲某在甲国期间学习生活。现有关曲某的监护问题在中国某法院涉诉。关于本案的法律适用,下列哪一选项是正确的? A. 应适用甲国法律,因曲某在甲国有住所 B. 应适用中国法律,因曲某为中国籍 C. 应适用乙国法律,因监护人李某为乙国籍 D. 应适用与曲某有最密切联系的法律	B	《民法通则意见》 第 190 条

续表

题号	题目	答案	涉及法条提示
2009年卷一34题	34. 中国某航空公司从甲国公司融资租赁一架飞机。双方合同约定适用甲国法律，由乙国银行提供贷款，由住所位于丙国的丙国公司担保。合同以英文作成，但贷款合同和保证合同对法律适用均没有约定。履行中发生争议，诉诸中国法院。依我国相关法律规定，下列哪一选项是正确的？ A. 飞机融资租赁合同应适用甲国法律 B. 飞机融资租赁合同应适用承租人住所地法律 C. 贷款合同应认为当事人默示选择适用英国法 D. 保证合同应适用中国某航空公司的住所地法	A	《民法通则》第145条
2009年卷一35题	35. 甲国人罗得向希姆借了一笔款。罗得在乙国给希姆开具一张5万美元的支票，其记载的付款人是罗得开立帐户的丙国银行。后丙国银行拒绝向持有支票的希姆付款。因甲国战乱，希姆和罗得移居中国经商并有了住所，希姆遂在中国某法院起诉罗得，要求其支付5万美元。关于此案的法律适用，下列哪一选项是正确的？ A. 该支票的追索应适用当事人选择的法律 B. 该支票追索权的行使期限应适用甲国法律 C. 该支票的记载事项适用乙国法律 D. 该支票记载的付款人是丙国银行，罗得的行为能力应适用丙国法	C	《票据法》第97条、第99条

续表

题号	题目	答案	涉及法条提示
2009 年卷一 36 题	36. 中国籍人李某 2008 年随父母定居甲国,甲国法律规定自然人具有完全民事行为能力的年龄为 21 周岁。2009 年 7 月李某 19 周岁,在其回国期间与国内某电脑软件公司签订了购买电脑软件的合同,合同分批履行。李某在部分履行合同后,以不符合甲国有关完全民事行为能力年龄法律规定为由,主张合同无效,某电脑软件公司即向我国法院起诉。依我国相关法律规定,下列哪一说法是正确的? A. 应适用甲国法律认定李某不具有完全行为能力 B. 应适用中国法律认定李某在中国的行为具有完全行为能力 C. 李某已在甲国定居,在中国所为行为应适用定居国法律 D. 李某在甲国履行该合同的行为应适用甲国法律	B	《民法通则》第 143 条,《民法通则意见》第 179 条
2009 年卷一 37 题	37. 甲国人格里为中国境内某中外合资企业的控股股东。2009 年因金融危机该企业出现财务困难,格里于 6 月回国后再未返回,尚欠企业员工工资及厂房租金和其他债务数万元。中国与甲国均为《海牙取证公约》缔约国,依我国相关法律规定,下列哪一选项是正确的? A. 因格里已离开中国,上述债务只应由合资企业的中方承担清偿责任 B. 中国有关主管部门在立案后可向甲国提出引渡格里的请求 C. 中方当事人可在中国有管辖权的法院对格里申请立案 D. 中方当事人的诉讼代理人可请求甲国主管机关代为调取有关格里的证据	C	《外资非正常撤离中国相关利益方跨国追究与诉讼工作指导》第 2 条、第 3 条、第 6 条

续表

题号	题目	答案	涉及法条提示
2009 年卷一 38 题	38. 某国甲公司与中国乙公司订立买卖合同，概括性地约定有关争议由“中国贸仲”仲裁，也可以向法院起诉。后双方因违约责任产生争议。关于该争议的解决，依我国相关法律规定，下列哪一选项是正确的？ A. 违约责任不属于可仲裁的范围 B. 应认定合同已确定了仲裁机构 C. 仲裁协议因约定不明而在任何情况下无效 D. 如某国甲公司不服仲裁机构对仲裁协议效力作出的决定，向我国法院申请确认协议效力，我国法院可以受理	B	《仲裁法》第 2 条、第 3 条，《仲裁法解释》第 7 条
2009 年卷一 39 题	39. 香港甲公司与内地乙公司订立供货合同，约定由香港法院管辖。后双方因是否解除该合同及赔偿问题诉诸香港法院，法院判乙公司败诉。依相关规定，下列哪一选项是正确的？ A. 如该合同被解除，则香港法院管辖的协议也随之无效 B. 如乙公司在内地两省均有财产，甲公司可向两省的有关法院申请认可和执行 C. 如甲公司向内地法院申请认可和执行判决，免除执行费用 D. 如甲公司向内地法院提交的文件无中文文本，应当提交证明无误的中文译本	D	《仲裁法》第 19 条，最高人民法院《关于内地与香港特别行政区相互执行仲裁裁决的安排》第 3 条第 5 款、第 5 条第 1 款、第 6 条第 2 款、第 15 条
2009 年卷一 81 题	81. 李某与王某在台湾地区因民事纠纷涉诉，被告王某败诉，李某向王某在福建的财产所在地的中级法院申请认可台湾地区的民事判决。下列哪些选项可以成为中级法院拒绝认可的理由？ A. 案件为人民法院专属管辖 B. 人民法院已承认了某外国法院就相同案件作出的判决 C. 双方没有关于司法管辖的协议 D. 王某在本案中缺席且未给予合法传唤	ABD	最高人民法院《关于人民法院认可台湾地区有关法院民事判决的规定》第 9 条

续表

题号	题目	答案	涉及法条提示
2009年卷一82题	82. 大陆甲公司与台湾地区乙公司签订了出口家具合同,双方在合同履行中产生纠纷,乙公司拒绝向甲公司付款。甲公司在大陆将争议诉诸法院。关于向台湾当事人送达文书,下列哪些选项是正确的? A. 可向乙公司在大陆的任何业务代办人送达 B. 如乙公司的相关当事人在台湾下落不明的,可采用公告送达 C. 邮寄送达的,如乙公司未在送达回证上签收而只是在邮件回执上签收,可视为送达 D. 邮寄送达未能收到送达与否证明文件的,满三个月即可视为已送达	BC	最高人民法院《关于涉台民事诉讼文书送达的若干规定》第3条、第5条
2009年卷一83题	83. 甲国贸易公司航次承租乙国籍货轮"锦绣"号将一批货物从甲国运往中国,运输合同载有适用甲国法律的条款。"锦绣"号停靠丙国某港时与丁国籍轮"金象"号相撞,有关货损和碰撞案在中国法院审理。关于该案的法律适用,下列哪些选项是正确的? A. 有关航次租船运输合同的争议应适用与合同有最密切联系的法律 B. 有关航次租船运输合同的争议应适用甲国法律 C. 因为"锦绣"号与"金象"号的国籍不同,两轮的碰撞纠纷应适用法院地法解决 D. "锦绣"号与"金象"号的碰撞应适用丙国法律	BD	《海商法》第269条,第273条第1款、第3款

续表

题号	题目	答案	涉及法条提示
2009 年卷一 99 题	99. 甲国籍人罗伯逊与家人久居乙国，其原始住所在甲国。罗伯逊在乙国和丙国均有生意和住所，不时去丙国照看生意，并与在丙国居住的父母小住。近年来，由于罗伯逊在中国的生意越来越好，因而长期居住于在北京某饭店包租的 578 号房间。现涉及丙国的纠纷在中国法院审理，关于罗伯逊住所的认定，下列选项正确的是： A. 应以长期居住地北京某饭店 578 号房间为其住所 B. 应以乙国的住所为其住所 C. 因涉及丙国的纠纷，应以丙国的住所为其住所 D. 应以甲国的原始住所为其住所	C	《民法通则意见》第 183 条
2010 年卷一 33 题	33. 关于冲突规范和准据法，下列哪一判断是错误的？ A. 冲突规范与实体规范相似 B. 当事人的属人法包括当事人的本国法和住所地法 C. 当事人的本国法指的是当事人国籍所属国的法律 D. 准据法是经冲突规范指引、能够具体确定国际民事法律关系当事人权利义务的实体法	A	由于冲突规范是一种法律适用规范，它仅指明某一种涉外民商事法律关系应如何适用法律，因而有别于能直接确定当事人权利义务的实体规范。
2010 年卷一 34 题	34. 甲国某公司拟认购中国境内一家股份有限公司的增资股份，该股份有限公司股东均为中国公民。根据我国相关法律规定，关于该认购增资合同的法律适用和管辖，下列哪一选项是正确的？ A. 双方可以采用明示方式自由约定该合同所适用的法律 B. 该合同只能适用中国法律 C. 如出现争议，双方在一审法庭辩论终结前还可就法律适用进行选择 D. 双方当事人只能选择中国仲裁机构仲裁	B	《合同法》第 126 条第 1 款，最高人民法院《关于审理涉外民事或商事合同纠纷案件法律适用若干问题的规定》第 8 条

续表

题号	题目	答案	涉及法条提示
2010年卷一35题	35. 甲国公司与乙国航运公司订立海上运输合同,由丙国籍船舶"德洋"号运输一批货物,有关"德洋"号的争议现在中国法院审理。根据我国相关法律规定,下列哪一选项是正确的? A. 该海上运输合同应适用船旗国法律 B. 有关"德洋"号抵押权的受偿顺序应适用法院地法律 C. 有关"德洋"号船舶优先权的争议应适用丙国法律 D. 除法律另有规定外,甲国公司与乙国航运公司可选择适用于海上运输合同的法律	D	《海商法》第269条、第271条、第272条
2010年卷一36题	36. 中国和甲国均为《关于从国外调取民事或商事证据的公约》的缔约国。关于两国之间的域外证据调取,下列哪一选项是正确的? A. 委托方向另一缔约方请求调取的证据不限于用于司法程序的证据 B. 中国可以相关诉讼属于中国法院专属管辖为由拒绝甲国调取证据的请求 C. 甲国可以相关事项在甲国不能提起诉讼为由拒绝中国调取证据的请求 D. 甲国外交代表在其驻华执行职务的区域内,在不采取强制措施的情况下,可向甲国公民调取证据	D	《海牙取证公约》第1条、第12条
2010年卷一37题	37. 关于内地与香港民商事案件判决的认可与执行,根据内地与香港的相关安排,下列哪一选项是正确的? A. 申请人向内地和香港法院提交的文件没有中文文本的,均应提交证明无误的中文译本 B. 当事人通过协议选择内地或香港法院管辖的,经选择的法院作出的判决均可获得认可与执行 C. 当事人之间的合同无效,其中选择管辖法院的条款亦无效 D. 当事人对认可和执行与否的裁定不服的,在内地可向上一级法院申请复议,在香港可依其法律规定提出上诉	D	最高人民法院《关于内地与香港特别行政区法院相互认可和执行当事人协议管辖的民事判决的安排》第1条、第3条、第5条、第6条

续表

题号	题目	答案	涉及法条提示
2010 年卷一 38 题	38. 在中国法院审理的某票据纠纷中，与该票据相关的法律行为发生在中国，该票据付款人为甲国某州居民里斯。关于里斯行为能力的法律适用，根据我国相关法律规定，下列哪一判断是正确的？ A. 应适用与该票据纠纷有最密切联系的法律 B. 应适用里斯住所地的法律 C. 如依据中国法里斯具有完全行为能力，则应认定其具有完全行为能力 D. 如关于里斯行为能力的准据法无法查明，则应驳回起诉	C	《票据法》第 96 条，《民法通则意见》第 193 条
2010 年卷一 39 题	39. 中国和甲国均为《承认与执行外国仲裁裁决公约》缔约国。现甲国某申请人向中国法院申请承认和执行在甲国作出的一项仲裁裁决。对此，下列哪一选项是正确的？ A. 我国应对该裁决的承认与执行适用公约，因为该申请人具有公约缔约国国籍 B. 有关中国投资者与甲国政府间投资争端的仲裁裁决不适用公约 C. 中国有义务承认公约缔约国所有仲裁裁决的效力 D. 被执行人为中国法人的，应由该法人营业所所在地法院管辖	B	本题涉及《纽约公约》。在适用公约的规定上，我国作了互惠保留，是否承认外国仲裁裁决的关键在于仲裁地是否为某一缔约国领土，当事人的国籍国是否为公约缔约国不作考量。
2010 年卷一 81 题	81. 根据我国相关法律规定，关于合同法律适用问题上的法律规避，下列哪些选项是正确的？ A. 当事人规避中国法律强制性规定的，应当驳回起诉 B. 当事人规避中国法律强制性规定的，不发生适用外国法律的效力 C. 如果当事人采用明示约定的方式，则其规避中国法律强制性规定的行为将为法院所认可 D. 当事人在合同关系中规避中国法律强制性规定的行为无效，该合同应适用中国法	BD	《民法通则意见》第 149 条，最高人民法院《关于审理涉外民事或商事合同纠纷案件法律适用若干问题的规定》第 6 条

续表

题号	题目	答案	涉及法条提示
2010 年卷一 82 题	82. 澳门甲公司与内地乙公司的合同争议由内地一仲裁机构审理,甲公司最终胜诉。乙公司在广东、上海和澳门均有财产。基于这些事实,下列哪些选项是正确的? A. 甲公司可分别向广东和上海有管辖权的法院申请执行 B. 只有国务院港澳办提供的名单内的仲裁机构作出的裁决才能被澳门法院认可与执行 C. 甲公司分别向内地和澳门法院申请执行的,内地法院应先行执行清偿 D. 两地法院执行财产总额不得超过依裁决和法律规定所确定的数额	CD	最高人民法院《关于内地与澳门特别行政区相互认可和执行仲裁裁决的安排》第 3 条
2010 年卷一 83 题	83. 中国人李某定居甲国,后移居乙国,数年后死于癌症,未留遗嘱。李某在中国、乙国分别有住房和存款,李某养子和李某妻子的遗产之争在中国法院审理。关于该遗产继承案的法律适用,下列哪些选项是正确的? A. 李某动产的继承应适用甲国法 B. 李某动产的继承应适用乙国法 C. 李某动产的继承应适用中国法 D. 李某所购房屋的继承应适用房屋所在国的法律	BD	《民法通则》第 149 条
2011 年卷一 35 题	35. 在某涉外合同纠纷案件审判中,中国法院确定应当适用甲国法律。关于甲国法的查明和适用,下列哪一说法是正确的? A. 当事人选择适用甲国法律的,法院应当协助当事人查明该国法律 B. 该案适用的甲国法包括该国的法律适用法 C. 不能查明甲国法的,适用中华人民共和国法律 D. 不能查明甲国法的,驳回当事人的诉讼请求	C	《涉外民事关系法律适用法》第 10 条第 1 款

续表

题号	题目	答案	涉及法条提示
2011 年卷一 36 题	36. 甲国 A 公司和乙国 B 公司共同出资组建了 C 公司其注册地和主营业地均在乙国。同时,在甲国、乙国和中国设有分支机构。现涉及中国某项业务诉诸中国某法院。根据我国相关法律规定该公司的民事行为能力应当适用哪国法律? A. 甲国法 B. 乙国法 C. 中国法 D. 乙国法或者中国法	B	《涉外民事关系法律适用法》第 14 条
2011 年卷一 37 题	37. 台湾地区甲公司因合同纠纷起诉大陆乙公司,台湾地区法院判决乙公司败诉。乙公司在上海和北京均有财产,但未执行该判决。关于该判决的执行,下列哪一选项是正确的? A. 甲公司向上海和北京的中级人民法院申请认可该判决的,由最先立案的中级人民法院管辖 B. 该判决效力低于人民法院作出的生效判决 C. 甲公司申请财产保全的,人民法院可以要求其提供有效的担保;不提供担保的,视情况决定是否准予财产保全 D. 甲公司申请认可该判决的,应当在判决效力确定后 1 年内提出	A	最高人民法院《关于人民法院认可台湾地区有关法院民事判决的补充规定》第 3 条
2011 年卷一 38 题	38.《涉外民事关系法律适用法》规定:结婚条件,适用当事人共同经常居所地法律;没有共同经常居所地的,适用共同国籍国法律;没有共同国籍,在一方当事人经常居所地或者国籍国缔结婚姻的,适用婚姻缔结地法律。该规定属于下列哪一种冲突规范? A. 单边冲突规范 B. 重叠适用的冲突规范 C. 无条件选择适用的冲突规范 D. 有条件选择适用的冲突规范	D	选择适用的冲突规范,是指其系属有两个或两个以上的,但只能选择其中之一来调整民商事法律关系的冲突规范。

续表

题号	题目	答案	涉及法条提示
2011 年卷一 39 题	39. 中国某法院受理一涉外民事案件后,依案情确定应当适用甲国法。但在查找甲国法时发现甲国不同州实施不同的法律。关于本案,法院应当采取下列哪一做法? A. 根据意思自治原则,由当事人协议决定适用甲国哪个州的法律 B. 直接适用甲国与该涉外民事关系有最密切联系的州法律 C. 首先适用甲国区际冲突法确定准据法,如甲国没有区际冲突法,适用中国法律 D. 首先适用甲国区际冲突法确定准据法,如甲国没有区际冲突法,适用与案件有最密切联系的州法律	B	《涉外民事关系法律适用法》第 6 条
2011 年卷一 77 题	77. 根据我国有关法律规定,关于涉外民事关系的法律适用,下列哪些领域采用当事人意思自治原则? A. 合同　B. 侵权 C. 不动产物权　D. 诉讼离婚	AB	《涉外民事关系法律适用法》第 36 条、第 41 条、第 44 条
2011 年卷一 78 题	78. 甲国人特里长期居于乙国,丙国人王某长期居于中国,两人在北京经营相互竞争的同种产品。特里不时在互联网上发布不利于王某的消息,王某在中国法院起诉特里侵犯其名誉权、肖像权和姓名权。关于该案的法律适用,根据我国相关法律规定,下列哪些选项是错误的? A. 名誉权的内容应适用中国法律,因为权利人的经常居住地在中国 B. 肖像权的侵害适用甲国法律,因为侵权人是甲国人 C. 姓名权的侵害适用乙国法律,因为侵权人的经常居所地在乙国 D. 网络侵权应当适用丙国法律,因为被侵权人是丙国人	BCD	《涉外民事关系法律适用法》第 15 条

续表

题号	题目	答案	涉及法条提示
2011 年卷一 79 题	79. 香港地区甲公司与内地乙公司发生投资纠纷，乙公司诉诸某中级人民法院。陈某是甲公司法定代表人，张某是甲公司的诉讼代理人。关于该案的文书送达及法律适用，下列哪些选项是正确的？ A. 如陈某在内地，受案法院必须通过上一级人民法院向其送达 B. 如甲公司在授权委托书中明确表明张某无权代为接收有关司法文书，则不能向其送达 C. 如甲公司在内地设有代表机构的，受案人民法院可直接向该代表机构送达 D. 同时采用公告送达和其他多种方式送达的，应当根据最先实现送达的方式确定送达日期	BC	最高人民法院《关于涉港澳民商事案件司法文书送达问题若干规定》第 3 条
2011 年卷一 98 题	98. A 公司和 B 公司于 2011 年 5 月 20 日签订合同，由 A 公司将一批平板电脑售卖给 B 公司。A 公司和 B 公司营业地分别位于甲国和乙国，两国均为《联合国国际货物销售合同公约》缔约国。合同项下的货物由丙国 C 公司的“潇湘”号商船承运，装运港是甲国某港口，目的港是乙某港口。在运输途中，B 公司与中国 D 公司就货物转卖达成协议。B 公司与 D 公司就运输途中平板电脑的所有权产生了争议，D 公司将争议诉诸中国某法院。根据我国有关法律适用的规定，关于平板电脑所有权的法律适用，下列选项正确的是： A. 当事人有约定的，可以适用当事人选择的法律，也可以适用乙国法 B. 当事人有约定的，应当适用当事人选择的法律 C. 当事人没有约定的，应当适用甲国法 D. 当事人没有约定的，应当适用乙国法	BD	《涉外民事关系法律适用法》第 38 条

续表

题号	题目	答案	涉及法条提示
2011年卷一100题	100. 如货物运抵乙国后,乙国的E公司指控该批平板电脑侵犯其在乙国取得的专利权,致使货物遭乙国海关扣押,B公司向A公司索赔。在下列选项中,A公司无须承担责任的情形是: A. A公司在订立合同时不知道这批货物可能依乙国法属侵权 B. B公司在订立合同时知道这批货物存在第三者权利 C. A公司是遵照B公司提供的技术图样和款式进行生产的 D. B公司在订立合同后知道这批货物侵权但未在合理时间内及时通知A公司	BCD	《联合国国际货物销售合同公约》第42条
2012年卷一35题	35. 甲国公民琼斯的经常居住地在乙国,其在中国居留期间,因合同纠纷在中国法院参与民事诉讼。关于琼斯的民事能力的法律适用,下列哪一选项是正确的? A. 民事权利能力适用甲国法 B. 民事权利能力适用中国法 C. 民事行为能力应重叠适用甲国法和中国法 D. 依照乙国法琼斯为无民事行为能力,依照中国法为有民事行为能力的,其民事行为能力适用中国法	D	《涉外民事关系法律适用法》第11~13条
2012年卷一36题	36. 某甲国公民经常居住地在甲国,在中国收养了长期居住于北京的中国儿童,并将其带回甲国生活。根据中国关于收养关系法律适用的规定,下列哪一选项是正确的? A. 收养的条件和手续应同时符合甲国法和中国法 B. 收养的条件和手续符合中国法即可 C. 收养效力纠纷诉至中国法院的,应适用中国法 D. 收养关系解除的纠纷诉至中国法院的,应适用甲国法	A	《涉外民事关系法律适用法》第28条

续表

题号	题目	答案	涉及法条提示
2012 年卷一 37 题	37. 居住于我国台湾地区的当事人张某在大陆某法院参与民事诉讼。关于该案，下列哪一选项是不正确的？ A. 张某与大陆当事人有同等诉讼权利和义务 B. 确定应适用台湾地区民事法律的，受案的法院予以适用 C. 如张某在大陆，民事诉讼文书可以直接送达 D. 如张某在台湾地区地址明确，可以邮寄送达，但必须在送达回证上签收	D	2017 年《民事诉讼法》第 8 条， 《最高人民法院关于审理涉台民商事案件法律适用问题的规定》 第 1 条、第 2 条、第 3 条、第 5 条
2012 年卷一 38 题	38. 某外国公民阮某因合同纠纷在中国法院起诉中国公民张某。关于该民事诉讼，下列哪一选项是正确的？ A. 阮某可以委托本国律师以非律师身份担任诉讼代理人 B. 受阮某委托，某该国驻华使馆官员可以以个人名义担任诉讼代理人，并在诉讼中享有外交特权和豁免权 C. 阮某和张某可用明示方式选择与争议有实际联系的地点的法院管辖 D. 中国法院和外国法院对该案都有管辖权的，如张某向外国法院起诉，阮某向中国法院起诉，中国法院不能受理	A	2017 年《民事诉讼法》第 34 条，《民事诉讼法解释》 第 528 条、第 531 条
2012 年卷一 39 题	39. 当事人欲将某外国法院作出的民事判决申请中国法院承认和执行。根据中国法律，下列哪一选项是错误的？ A. 该判决应向中国有管辖权的法院申请承认和执行 B. 该判决应是外国法院作出的发生法律效力的判决 C. 承认和执行该判决的请求须由该外国法院向中国法院提出，不能由当事人向中国法院提出 D. 如该判决违反中国的公共利益，中国法院不予承认和执行	C	2017 年《民事诉讼法》 第 281 条、第 282 条

续表

题号	题目	答案	涉及法条提示
2012 年卷一77 题	77. 甲国公民玛丽与中国公民王某经常居住地均在中国,2 人在乙国结婚。关于双方婚姻关系的法律适用,下列哪些选项是正确的? A. 结婚手续只能适用中国法 B. 结婚手续符合甲国法、中国法和乙国法中的任何一个,即为有效 C. 结婚条件应适用乙国法 D. 结婚条件应适用中国法	BD	《涉外民事关系法律适用法》第 21 条、第 22 条
2012 年卷一78 题	78. 中国 A 公司与甲国 B 公司签订货物买卖合同,约定合同争议提交中国 C 仲裁委员会仲裁,仲裁地在中国,但对仲裁条款应适用的法律未作约定。后因货物质量问题双方发生纠纷,中国 A 公司依仲裁条款向 C 仲裁委提起仲裁,但 B 公司主张仲裁条款无效。根据我国相关法律规定,关于本案仲裁条款的效力审查问题,下列哪些判断是正确的? A. 对本案仲裁条款的效力,C 仲裁委无权认定,只有中国法院有权审查 B. 对本案仲裁条款的效力,如 A 公司请求 C 仲裁委作出决定,B 公司请求中国法院作出裁定的,由中国法院裁定 C. 对本案仲裁条款效力的审查,应适用中国法 D. 对本案仲裁条款效力的审查,应适用甲国法	BC	《仲裁法》第 20 条, 《仲裁法解释》第 16 条

续表

题号	题目	答案	涉及法条提示
2012年卷一79题	79. 甲国公民A与乙国公民B的经常居住地均在中国,双方就在丙国境内发生的侵权纠纷在中国法院提起诉讼。关于该案的法律适用,下列哪些选项是正确的? A. 如侵权行为发生后双方达成口头协议,就纠纷的法律适用做出了选择,应适用协议选择的法律 B. 如侵权行为发生后双方达成书面协议,就纠纷的法律适用做出了选择,应适用协议选择的法律 C. 如侵权行为发生后双方未选择纠纷适用的法律,应适用丙国法 D. 如侵权行为发生后双方未选择纠纷适用的法律,应适用中国法	ABD	《涉外民事关系法律适用法》第44条
2013年卷一35题	35. 中国甲公司与德国乙公司进行一项商事交易,约定适用英国法律。后双方发生争议,甲公司在中国法院提起诉讼。关于该案的法律适用问题,下列哪一选项是错误的? A. 如案件涉及食品安全问题,该问题应适用中国法 B. 如案件涉及外汇管制问题,该问题应适用中国法 C. 应直接适用的法律限于民事性质的实体法 D. 法院在确定应当直接适用的中国法律时,无须再通过冲突规范的指引	C	《涉外民事关系法律适用法解释(一)》第10条

续表

题号	题目	答案	涉及法条提示
2013年卷一36题	36. 根据《涉外民事关系法律适用法》和司法解释，关于外国法律的查明问题，下列哪一表述是正确的？ A. 行政机关无查明外国法律的义务 B. 查明过程中，法院应当听取各方当事人对应当适用的外国法律的内容及其理解与适用的意见 C. 无法通过中外法律专家提供的方式获得外国法律的，法院应认定为不能查明 D. 不能查明的，应视为相关当事人的诉讼请求无法律依据	B	《涉外民事关系法律适用法》第10条第1款
2013年卷一37题	37. 张某居住在深圳，2008年3月被深圳某公司劳务派遣到马来西亚工作，2010年6月回深圳，转而受雇于香港某公司，其间每周一到周五在香港上班，周五晚上回深圳与家人团聚。2012年1月，张某离职到北京治病，2013年6月回深圳，现居该地。依《涉外民事关系法律适用法》（不考虑该法生效日期的因素）和司法解释，关于张某经常居所地的认定，下列哪一表述是正确的？ A. 2010年5月，在马来西亚 B. 2011年12月，在香港 C. 2013年4月，在北京 D. 2008年3月至今，一直在深圳	D	《涉外民事关系法律适用法解释(一)》第15条
2013年卷一38题	38. 法国某公司依1958年联合国《承认与执行外国仲裁裁决公约》，请求中国法院承认与执行一项国际商会国际仲裁院的裁决。依据该公约及中国相关司法解释，下列哪一表述是正确的？ A. 法院应依职权主动审查该仲裁过程中是否存在仲裁程序与仲裁协议不符的情况 B. 该公约第5条规定的拒绝承认与执行外国仲裁裁决的理由是穷尽性的 C. 如该裁决内含有对仲裁协议范围以外事项的决定，法院应拒绝承认执行该裁决 D. 如该裁决所解决的争议属于侵权性质，法院应拒绝承认执行该裁决	B	《纽约公约》第5条

续表

题号	题目	答案	涉及法条提示
2013年卷一39题	39. 中国某法院审理一起涉外民事纠纷,需要向作为被告的外国某公司进行送达。根据《关于向国外送达民事或商事司法文书和司法外文书公约》(海牙《送达公约》)、中国法律和司法解释,关于该案件的涉外送达,法院的下列哪一做法是正确的? A. 应首先按照海牙《送达公约》规定的方式进行送达 B. 不得对被告采用邮寄送达方式 C. 可通过中国驻被告所在国使领馆向被告进行送达 D. 可通过电子邮件方式向被告送达	D	《民事诉讼法》第267条第6项
2013年卷一77题	77. 中国人李某(女)与甲国人金某(男)2011年在乙国依照乙国法律登记结婚,婚后二人定居在北京。依《涉外民事关系法律适用法》,关于其夫妻关系的法律适用,下列哪些表述是正确的? A. 婚后李某是否应改从其丈夫姓氏的问题,适用甲国法 B. 双方是否应当同居的问题,适用中国法 C. 婚姻对他们婚前财产的效力问题,适用乙国法 D. 婚姻存续期间双方取得的财产的处分问题,双方可选择适用甲国法	BD	《涉外民事关系法律适用法》第23条、第24条
2013年卷一78题	78. 甲国某航空公司在中国设有代表处,其一架飞机从中国境内出发,经停甲国后前往乙国,在乙国发生空难。关于乘客向航空公司索赔的诉讼管辖和法律适用,根据中国相关法律,下列哪些表述是正确的? A. 中国法院对该纠纷具有管辖权 B. 中国法律并不限制乙国法院对该纠纷行使管辖 C. 即使甲国法院受理了该纠纷,中国法院仍有权就同一诉讼行使管辖权 D. 如中国法院受理该纠纷,应适用受害人本国法确定损害赔偿数额	ABC	2017年《民事诉讼法》第265条

续表

题号	题目	答案	涉及法条提示
2013 年卷一 79 题	79. 内地某中级法院审理一起涉及澳门特别行政区企业的商事案件,需委托澳门特别行政区法院进行司法协助。关于该司法协助事项,下列哪些表述是正确的? A. 该案件司法文书送达的委托,应通过该中级法院所属高级法院转交澳门特别行政区终审法院 B. 澳门特别行政区终审法院有权要求该中级法院就其中文委托书提供葡萄牙语译本 C. 该中级法院可以请求澳门特别行政区法院协助调取与该案件有关的证据 D. 在受委托方法院执行委托调取证据时,该中级法院司法人员经过受委托方允许可以出席并直接向证人提问	ACD	最高人民法院《关于内地与澳门特别行政区法院就民商事案件相互委托送达司法文书和调取证据的安排》 第 2 条第 1 款、第 4 条、第 19 条
2013 年卷一 98 题	98. 在涉外民事关系中,依《涉外民事关系法律适用法》和司法解释,关于当事人意思自治原则,下列表述中正确的是: A. 当事人选择的法律应与所争议的民事关系有实际联系 B. 当事人仅可在具有合同性质的涉外民事关系中选择法律 C. 在一审法庭辩论终结前,当事人有权协议选择或变更选择适用的法律 D. 各方当事人援引相同国家的法律且未提出法律适用异议的,法院可以认定当事人已经就涉外民事关系适用的法律作出了选择	CD	《涉外民事关系法律适用法解释(一)》第 8 条

续表

题号	题目	答案	涉及法条提示
2014 年卷一 35 题	35. 德国甲公司与中国乙公司在中国共同设立了某合资有限责任公司,后甲公司以确认其在合资公司的股东权利为由向中国某法院提起诉讼。关于本案的法律适用,下列哪一选项是正确的? A. 因合资公司登记地在中国,故应适用中国法 B. 因侵权行为地在中国,故应适用中国法 C. 因争议与中国的联系更密切,故应适用中国法 D. 当事人可协议选择纠纷应适用的法律	A	《涉外民事关系法律适用法》第 14 条
2014 年卷一 36 题	36. 经常居住于中国的英国公民迈克,乘坐甲国某航空公司航班从甲国出发,前往中国,途经乙国领空时,飞机失去联系。若干年后,迈克的亲属向中国法院申请宣告其死亡。关于该案件应适用的法律,下列哪一选项是正确的? A. 中国法 B. 英国法 C. 甲国法 D. 乙国法	A	《涉外民事关系法律适用法》第 13 条
2014 年卷一 37 题	37. 经常居住于英国的法国籍夫妇甲和乙,想来华共同收养某儿童。对此,下列哪一说法是正确的? A. 甲、乙必须共同来华办理收养手续 B. 甲、乙应与送养人订立书面收养协议 C. 收养的条件应重叠适用中国法和法国法 D. 若发生收养效力纠纷,应适用中国法	B	《外国人在中华人民共和国收养子女登记办法》第 8 条、第 9 条第 1 款,《涉外民事关系法律适用法》第 28 条,1998 年《收养法》第 21 条
2014 年卷一 38 题	38. 甲国公民大卫被乙国某公司雇用,该公司主营业地在丙国,大卫工作内容为巡回于东亚地区进行产品售后服务,后双方因劳动合同纠纷诉诸中国某法院。关于该纠纷应适用的法律,下列哪一选项是正确的? A. 中国法 B. 甲国法 C. 乙国法 D. 丙国法	D	《涉外民事关系法律适用法》第 43 条

续表

题号	题目	答案	涉及法条提示
2014 年卷一 39 题	39. 中国与甲国均为《关于从国外调取民事或商事证据的公约》的缔约国，现甲国法院因审理一民商事案件，需向中国请求调取证据。根据该公约及我国相关规定，下列哪一说法是正确的？ A. 甲国法院可将请求书交中国司法部，请求代为取证 B. 中国不能以该请求书不属于司法机关职权范围为由拒绝执行 C. 甲国驻中国领事代表可在其执行职务范围内，向中国公民取证，必要时可采取强制措施 D. 甲国当事人可直接在中国向有关证人获取证人证言	A	《海牙取证公约》第 12 条、第 15 条第 1 款
2014 年卷一 77 题	77. 中国甲公司与巴西乙公司因合同争议在中国法院提起诉讼。关于该案的法律适用，下列哪些选项是正确的？ A. 双方可协议选择合同争议适用的法律 B. 双方应在一审开庭前通过协商一致，选择合同争议适用的法律 C. 因法院地在中国，本案的时效问题应适用中国法 D. 如案件涉及中国环境安全问题，该问题应适用中国法	AD	《涉外民事关系法律适用法》第 7 条、第 10 条、第 41 条，《涉外民事关系法律适用法解释(一)》第 8 条第 1 款
2014 年卷一 78 题	78. 德国甲公司与中国乙公司签订许可使用合同，授权乙公司在英国使用甲公司在英国获批的某项专利。后因相关纠纷诉诸中国法院。关于该案的法律适用，下列哪些选项是正确的？ A. 关于本案的定性，应适用中国法 B. 关于专利权归属的争议，应适用德国法 C. 关于专利权内容的争议，应适用英国法 D. 关于专利权侵权的争议，双方可以协议选择法律，不能达成协议，应适用与纠纷有最密切联系的法律	AC	《涉外民事关系法律适用法》第 8 条

续表

题号	题目	答案	涉及法条提示
2014 年卷一 79 题	79. 中国甲公司与外国乙公司在合同中约定，合同争议提交中国国际经济贸易仲裁委员会仲裁，仲裁地在北京。双方未约定仲裁规则及仲裁协议适用的法律。对此，下列哪些选项是正确的？ A. 如当事人对仲裁协议效力有争议，提请所选仲裁机构解决的，应在首次开庭前书面提出 B. 如当事人将仲裁协议效力的争议诉至中国法院，应适用中国法 C. 如仲裁协议有效，应适用中国国际经济贸易仲裁委员会的仲裁规则仲裁 D. 如仲裁协议有效，仲裁中申请人可申请更改仲裁请求，仲裁庭不能拒绝	ABC	《中国国际经济贸易仲裁委员会仲裁规则》第 4 条、第 6 条、第 17 条，《仲裁法解释》第 16 条
2014 年卷一 98 题	98. 根据我国法律和司法解释，关于涉外民事关系适用的外国法律，下列说法正确的是： A. 不能查明外国法律，适用中国法律 B. 如果中国法有强制性规定，直接适用该强制性规定 C. 外国法律的适用将损害中方当事人利益的，适用中国法 D. 外国法包括该国法律适用法	AB	《涉外民事关系法律适用法》第 4 条、第 10 条第 2 款
2015 年卷一 35 题	35. 沙特某公司在华招聘一名中国籍雇员张某。为规避中国法律关于劳动者权益保护的强制性规定，劳动合同约定排他性地适用菲律宾法。后因劳动合同产生纠纷，张某向中国法院提起诉讼。关于该劳动合同的法律适用，下列哪一选项是正确的？ A. 适用沙特法 B. 因涉及劳动者权益保护，直接适用中国的强制性规定 C. 在沙特法、中国法与菲律宾法中选择适用对张某最有利的法律 D. 适用菲律宾法中选择适用对张某最有利的法律	B	《涉外民事关系法律适用法》第 4 条

续表

题号	题目	答案	涉及法条提示
2015 年卷一 36 题	36. 2014 年 1 月,北京居民李某的一件珍贵首饰在家中失窃后被窃贼带至甲国。同年 2 月,甲国居民陈某在当地珠宝市场购得该首饰。2015 年 1 月,在获悉陈某将该首饰带回北京拍卖的消息后,李某在北京某法院提起原物返还之诉。关于该首饰所有权的法律适用,下列哪一选项是正确的? A. 应适用中国法 B. 应适用甲国法 C. 如李某与陈某选择适用甲国法,不应支持 D. 如李某与陈某无法就法律选择达成一致,应适用甲国法	D	《涉外民事关系法律适用法》第 37 条
2015 年卷一 37 题	37. 甲国游客杰克于 2015 年 6 月在北京旅游时因过失导致北京居民孙某受重伤。现孙某在北京以杰克为被告提起侵权之诉。关于该侵权纠纷的法律适用,下列哪一选项是正确的? A. 因侵权行为发生在中国,应直接适用中国法 B. 如当事人在开庭前协议选择适用乙国法,应予支持,但当事人应向法院提供乙国法的内容 C. 因本案仅与中国、甲国有实际联系,当事人只能在中国法与甲国法中进行选择 D. 应在中国法与甲国法中选择适用更有利于孙某的法律	B	《涉外民事关系法律适用法解释(一)》第 8 条、第 11 条,《涉外民事关系法律适用法》第 44 条

续表

题号	题目	答案	涉及法条提示
2015年卷一38题	38. 2015年3月,甲国公民杰夫欲向中国法院申请承认并执行一项在甲国境内作出的仲裁裁决。中国与甲国均为《承认与执行外国仲裁裁决公约》成员国。关于该裁决的承认和执行,下列哪一选项是正确的? A. 杰夫应通过甲国法院向被执行人住所地或其财产所在地的中级人民法院申请 B. 如该裁决系临时仲裁庭作出的裁决,人民法院不应承认与执行 C. 如承认和执行申请被裁定驳回,杰夫可向人民法院起诉 D. 如杰夫仅申请承认而未同时申请执行该裁决,人民法院可以对是否执行一并作出裁定	C	《民事诉讼法解释》第544条,2017年《民事诉讼法》第283条
2015年卷一39题	39. 英国人施密特因合同纠纷在中国法院涉诉。关于该民事诉讼,下列哪一选项是正确的? A. 施密特可以向人民法院提交英文书面材料,无须提供中文翻译件 B. 施密特可以委托任意一位英国出庭律师以公民代理的形式代理诉讼 C. 如施密特不在中国境内,英国驻华大使馆可以授权本馆官员为施密特聘请中国律师代理诉讼 D. 如经调解双方当事人达成协议,人民法院已制发调解书,但施密特要求发给判决书,应予拒绝	C	《民事诉讼法解释》第529条、第527条,2017年《民事诉讼法》第4条

续表

题号	题目	答案	涉及法条提示
2015 年卷一 77 题	77. 在某合同纠纷中,中国当事方与甲国当事方协议选择适用乙国法,并诉至中国法院。关于该合同纠纷,下列哪些选项是正确的? A. 当事人选择的乙国法,仅指该国的实体法,既不包括其冲突法,也不包括其程序法 B. 如乙国不同州实施不同的法律,人民法院应适用该国首都所在地的法律 C. 在庭审中,中国当事方以乙国与该纠纷无实际联系为由主张法律选择无效,人民法院不应支持 D. 当事人在一审法庭辩论即将结束时决定将选择的法律变更为甲国法,人民法院不应支持	AC	《涉外民事关系法律适用法解释(一)》 第 6~9 条, 2017 年《民事诉讼法》 第 4 条
2015 年卷一 78 题	78. 韩国公民金某与德国公民汉森自 2013 年 1 月起一直居住于上海,并于该年 6 月在上海结婚。2015 年 8 月,二人欲在上海解除婚姻关系。关于二人财产关系与离婚的法律适用,下列哪些选项是正确的? A. 二人可约定其财产关系适用韩国法 B. 如诉讼离婚,应适用中国法 C. 如协议离婚,二人没有选择法律的,应适用中国法 D. 如协议离婚,二人可以在中国法、韩国法及德国法中进行选择	ABCD	《涉外民事关系法律适用法》第 24 条、 第 26 条、第 28 条

续表

题号	题目	答案	涉及法条提示
2015 年卷一 79 题	79. 秦某与洪某在台北因合同纠纷涉诉,被告洪某败诉。现秦某向洪某财产所在地的大陆某中级人民法院申请认可该台湾地区的民事判决。关于该判决的认可,下列哪些选项是正确的? A. 人民法院受理秦某申请后,应当在 6 个月内审结 B. 受理秦某的认可申请后,作出裁定前,秦某要求撤回申请的,人民法院应当允许 C. 如人民法院裁定不予认可该判决,秦某可以在裁定作出 1 年后再次提出申请 D. 人民法院受理申请后,如对该判决是否生效不能确定,应告知秦某提交作出判决的法院出具的证明文件	ABD	最高人民法院《关于认可和执行台湾地区法院民事判决的规定》第 7 条、第 13 条、第 14 条
2016 年卷一 35 题	35. 经常居所同在上海的越南公民阮某与中国公民李某结伴乘新加坡籍客轮从新加坡到印度游玩。客轮在公海遇风暴沉没,两人失踪。现两人亲属在上海某法院起诉,请求宣告两人失踪。依中国法律规定,下列哪一选项是正确的? A. 宣告两人失踪,均应适用中国法 B. 宣告阮某失踪,可适用中国法或越南法 C. 宣告李某失踪,可适用中国法或新加坡法 D. 宣告阮某与李某失踪,应分别适用越南法与中国法	A	《涉外民事关系法律适用法》第 13 条
2016 年卷一 36 题	36. 英国公民苏珊来华短期旅游,因疏忽多付房费 1000 元,苏珊要求旅店返还遭拒后,将其诉至中国某法院。关于该纠纷的法律适用,下列哪一选项是正确的? A. 因与苏珊发生争议的旅店位于中国,因此只能适用中国法 B. 当事人可协议选择适用瑞士法 C. 应适用中国法和英国法 D. 应在英国法与中国法中选择适用对苏珊有利的法律	B	《涉外民事关系法律适用法》第 47 条

续表

题号	题目	答案	涉及法条提示
2016 年卷一 37 题	37. 经常居所在汉堡的德国公民贝克与经常居所在上海的中国公民李某打算在中国结婚。关于贝克与李某结婚,依《涉外民事关系法律适用法》,下列哪一选项是正确的? A. 两人的婚龄适用中国法 B. 结婚的手续适用中国法 C. 结婚的所有事项均适用中国法 D. 结婚的条件同时适用中国法与德国法	A	《涉外民事关系法律适用法》第 21 条
2016 年卷一 38 题	38. 俄罗斯公民萨沙来华与中国公民韩某签订一份设备买卖合同。后因履约纠纷韩某将萨沙诉至中国某法院。经查,萨沙在中国境内没有可供扣押的财产,亦无居所;该套设备位于中国境内。关于本案的管辖权与法律适用,依中国法律规定,下列哪一选项是正确的? A. 中国法院没有管辖权 B. 韩某可在该套设备所在地或合同签订地法院起诉 C. 韩某只能在其住所地法院起诉 D. 萨沙与韩某只能选择适用中国法或俄罗斯法	B	《涉外民事关系法律适用法》第 41 条,《民事诉讼法》第 265 条
2016 年卷一 39 题	39. 蒙古公民高娃因民事纠纷在蒙古某法院涉诉。因高娃在北京居住,该蒙古法院欲通过蒙古驻华使馆将传票送达高娃,并向其调查取证。依中国法律规定,下列哪一选项是正确的? A. 蒙古驻华使馆可向高娃送达传票 B. 蒙古驻华使馆不得向高娃调查取证 C. 只有经中国外交部同意后,蒙古驻华使馆才能向高娃送达传票 D. 蒙古驻华使馆可向高娃调查取证并在必要时采取强制措施	A	《海牙送达公约》第 13 条,《民事诉讼法》第 277 条

续表

题号	题目	答案	涉及法条提示
2016年卷一77题	77. 韩国公民金某在新加坡注册成立一家公司,主营业地设在香港地区。依中国法律规定,下列哪些选项是正确的? A. 该公司为新加坡籍 B. 该公司拥有韩国与新加坡双重国籍 C. 该公司的股东权利义务适用中国内地法 D. 该公司的民事权利能力与行为能力可适用香港地区法或新加坡法	AD	《民法通则意见》第184条,《涉外民事关系法律适用法》第14条
2016年卷一78题	78. 经常居所在上海的瑞士公民怀特未留遗嘱死亡,怀特在上海银行存有100万元人民币,在苏黎世银行存有10万欧元,且在上海与巴黎各有一套房产。现其继承人因遗产分割纠纷诉至上海某法院。依中国法律规定,下列哪些选项是正确的? A. 100万元人民币存款应适用中国法 B. 10万欧元存款应适用中国法 C. 上海的房产应适用中国法 D. 巴黎的房产应适用法国法	ABCD	《涉外民事关系法律适用法》第31条
2016年卷一79题	79. 韩国甲公司为其产品在中韩两国注册了商标。中国乙公司擅自使用该商标生产了大量仿冒产品并销售至中韩两国。现甲公司将乙公司诉至中国某法院,要求其承担商标侵权责任。关于乙公司在中韩两国侵权责任的法律适用,依中国法律规定,下列哪些选项是正确的? A. 双方可协议选择适用中国法 B. 均应适用中国法 C. 双方可协议选择适用韩国法 D. 如双方无法达成一致,则应分别适用中国法与韩国法	AD	《涉外民事关系法律适用法》第50条

续表

题号	题目	答案	涉及法条提示
2017年卷一35题	35.经常居所在广州的西班牙公民贝克,在服务器位于西班牙的某网络论坛上发帖诽谤经常居所在新加坡的中国公民王某。现王某将贝克诉至广州某法院,要求其承担侵害名誉权的责任。关于该纠纷的法律适用,下列哪一选项是正确的? A.侵权人是西班牙公民,应适用西班牙法 B.被侵权人的经常居所在新加坡,应适用新加坡法 C.被侵权人是中国公民,应适用中国法 D.论坛服务器在西班牙,应适用西班牙法	B	《涉外民事关系法律适用法》第46条
2017年卷一36题	36.中国公民李某在柏林签发一张转账支票给德国甲公司用于支付货款,付款人为中国乙银行北京分行;甲公司在柏林将支票背书转让给中国丙公司,丙公司在北京向乙银行请求付款时被拒。关于该支票的法律适用,依中国法律规定,下列哪一选项是正确的? A.如李某依中国法为限制民事行为能力人,依德国法为完全民事行为能力人,应适用德国法 B.甲公司对该支票的背书行为,应适用中国法 C.丙公司向甲公司行使票据追索权的期限,应适用中国法 D.如丙公司不慎将该支票丢失,其请求保全票据权利的程序,应适用德国法	A	《票据法》第96条

续表

题号	题目	答案	涉及法条提示
2017 年卷一 37 题	37. 中国甲公司将其旗下的东方号货轮光船租赁给韩国乙公司,为便于使用,东方号的登记国由中国变更为巴拿马。现东方号与另一艘巴拿马籍货轮在某海域相撞,并被诉至中国某海事法院。关于本案的法律适用,下列哪一选项是正确的? A. 两船碰撞的损害赔偿应适用中国法 B. 如两船在公海碰撞,损害赔偿应适用《联合国海洋法公约》 C. 如两船在中国领海碰撞,损害赔偿应适用中国法 D. 如经乙公司同意,甲公司在租赁期间将东方号抵押给韩国丙公司,该抵押权应适用中国法	D	《海商法》第 271 条
2017 年卷一 38 题	38. 中国甲公司与日本乙公司的商事纠纷在日本境内通过仲裁解决。因甲公司未履行裁决,乙公司向某人民法院申请承认与执行该裁决。中日均为《纽约公约》缔约国,关于该裁决在中国的承认与执行,下列哪一选项是正确的? A. 该人民法院应组成合议庭审查 B. 如该裁决是由临时仲裁庭作出的,该人民法院应拒绝承认与执行 C. 如该人民法院认为该裁决不符合《纽约公约》的规定,即可直接裁定拒绝承认和执行 D. 乙公司申请执行该裁决的期间应适用日本法的规定	A	《民事诉讼法解释》第 548 条

续表

题号	题目	答案	涉及法条提示
2017年卷一39题	39. 中国香港甲公司与内地乙公司签订商事合同,并通过电子邮件约定如发生纠纷由香港法院管辖。后因履约纠纷,甲公司将乙公司诉至香港法院并胜诉。判决生效后,甲公司申请人民法院认可和执行该判决。关于该判决在内地的认可与执行,下列哪一选项是正确的? A. 电子邮件不符合"书面"管辖协议的要求,故该判决不应被认可与执行 B. 如乙公司的住所地与财产所在地分处两个中级人民法院的辖区,甲公司不得同时向这两个人民法院提出申请 C. 如乙公司在内地与香港均有财产,甲公司不得同时向两地法院提出申请 D. 如甲公司的申请被人民法院裁定驳回,它可直接向最高人民法院申请复议	B	《关于内地与香港特别行政区法院相互认可和执行当事人协议管辖的民商事案件判决的安排》第3条和第5条
2017年卷一77题	77. 新加坡公民王颖与顺捷国际信托公司在北京签订协议,将其在中国的财产交由该公司管理,并指定受益人为其幼子李力。在管理信托财产的过程中,王颖与顺捷公司发生纠纷,并诉至某人民法院。关于该信托纠纷的法律适用,下列哪些选项是正确的? A. 双方可协议选择适用瑞士法 B. 双方可协议选择适用新加坡法 C. 如双方未选择法律,法院应适用中国法 D. 如双方未选择法律,法院应在中国法与新加坡法中选择适用有利于保护李力利益的法律	ABC	《涉外民事关系法律适用法》第17条,《涉外民事关系法律适用法解释(一)》第7条

续表

题号	题目	答案	涉及法条提示
2017年卷一78题	78. 中国公民王某将甲国公民米勒诉至某人民法院，请求判决两人离婚、分割夫妻财产并将幼子的监护权判决给她。王某与米勒的经常居所及主要财产均在上海，其幼子为甲国籍。关于本案的法律适用，下列哪些选项是正确的？ A. 离婚事项，应适用中国法 B. 夫妻财产的分割，王某与米勒可选择适用中国法或甲国法 C. 监护权事项，在甲国法与中国法中选择适用有利于保护幼子利益的法律 D. 夫妻财产的分割与监护权事项均应适用中国法	ABC	《涉外民事关系法律适用法》第24条、第27条、第30条
2017年卷一79题	79. 中国甲公司与英国乙公司签订一份商事合同，约定合同纠纷适用英国法。合同纠纷发生4年后，乙公司将甲公司诉至某人民法院。英国关于合同纠纷的诉讼时效为6年。关于本案的法律适用，下列哪些选项是正确的？ A. 本案的诉讼时效应适用中国法 B. 本案的实体问题应适用英国法 C. 本案的诉讼时效与实体问题均应适用英国法 D. 本案的诉讼时效应适用中国法，实体问题应适用英国法	BC	《涉外民事关系法律适用法》第7条、第41条

图书在版编目(CIP)数据

国际私法入门笔记 / 何其生主编. -- 北京 : 法律出版社, 2019(2022.5 重印)
ISBN 978 - 7 - 5197 - 3036 - 9

Ⅰ. ①国… Ⅱ. ①何… Ⅲ. ①国际私法－高等学校－教学参考资料 Ⅳ. ①D997

中国版本图书馆 CIP 数据核字(2019)第 019847 号

国际私法入门笔记
GUOJISIFA RUMEN BIJI

何其生 主编

策划编辑 谢清平
责任编辑 谢清平
装帧设计 李 瞻

出版发行 法律出版社
编辑统筹 法律应用出版分社
责任校对 邢艳萍
责任印制 刘晓伟
经 销 新华书店

开本 710 毫米×1000 毫米 1/16
印张 35.25 **字数** 616 千
版本 2019 年 5 月第 1 版
印次 2022 年 5 月第 2 次印刷
印刷 三河市龙大印装有限公司

地址:北京市丰台区莲花池西里 7 号(100073)
网址:www.lawpress.com.cn
投稿邮箱:info@lawpress.com.cn
举报盗版邮箱:jbwq@lawpress.com.cn
销售电话:010 - 83938349
客服电话:010 - 83938350
咨询电话:010 - 63939796

书号:ISBN 978 - 7 - 5197 - 3036 - 9
定价:69.00 元

凡购买本社图书,如有印装错误,我社负责退换。电话:010 - 83938349